财务报表分析

何永江　编著

南开大学出版社
天　津

图书在版编目(CIP)数据

财务报表分析 / 何永江编著. —天津：南开大学出版社，2021.1
ISBN 978-7-310-06009-2

Ⅰ. ①财… Ⅱ. ①何… Ⅲ. ①会计报表—会计分析 Ⅳ. ①F231.5

中国版本图书馆 CIP 数据核字(2020)第 253470 号

财务报表分析
CAIWU BAOBIAO FENXI

南开大学出版社出版发行
出版人:陈　敬
地址:天津市南开区卫津路 94 号　　邮政编码:300071
营销部电话:(022)23508339　营销部传真:(022)23508542
http://www.nkup.com.cn

北京明恒达印务有限公司印刷　全国各地新华书店经销
2021 年 1 月第 1 版　　2021 年 1 月第 1 次印刷
260×185 毫米　16 开本　35.25 印张　2 插页　812 千字
定价:89.00 元

如遇图书印装质量问题,请与本社营销部联系调换,电话:(022)23508339

前　　言

本书是一本具有中国特色的财务报表分析教材。财务报表就是会计主体在一定的法律、准则和内部程序的约束下，利用投入的会计人力资源、组织、授权、技术及资本对企业的经济交易和事项进行信息加工与处理的产物。这种对经济交易和事项进行信息加工的工具就是会计语言。作为一门关于产权变动和计价的独特的大众性语言，会计遵循语言的基本规则，但其独特性体现在兼具日常语言的大众性和会计语言的专业性两个方面。

财务报表分析是现代商界人士必备的基本工作技能。在生活日益金融化的今天，购买股票、债券、基金等理财产品，与其他人合伙经营和管理企业，进行资本运作和商务谈判，稽查和征税，都需要财务报表分析提供的相关信息，而缺乏财务报表分析技能的人总是处于信息不对称性的弱势一方。学会解读财务报表，就是朝着理性思考投资和经营决策的方向迈出了至关重要的一步。

经济学与财务报表分析共同使用会计的一些基本概念，如成本、收入、利润、资产、负债、股东权益、投资、现金流量等，也共享经济主体和持续经营两个基本假设。但是，经济学与财务报表分析存在以下几个方面的不同。

第一，经济学中的成本与收益的概念更为广泛，是以社会为中心的机会成本概念的应用，强调成本和收益的自然性及客观性。财务报表分析中的成本与收益的概念则更为狭窄，对以企业为中心的成本和收益进行分类整理及归纳，强调成本和收益的制度性、社会性。因此，经济学中的成本与收益的概念更适合思辨分析与社会决策的需要，财务报表分析中的成本与收益的概念则更适合企业的经营和投资的需要。

第二，经济学注重成本与收益的均衡分析。财务报表分析则注重在所有成本与收益的记录和整理的基础上，关注企业的各种经营活动与成本收益之间的关系，以及如何改进企业的经营活动来提高利润。

第三，经济学的概念主要是流量概念，认为流量与存量在本质上是一致的，因此集中于简化的损益表和利润最大化的分析。财务报表分析严格区分流量概念与存量概念，认为流量概念与存量概念具有不同的功能，因此需要损益表之外的资产负债表和现金流量表提供必要的信息。

第四，经济学假设所有的个人都是理性经济人，在相同的确定性环境下会做出相同的利润最大化或效用最大化的决策。由于财务报表是企业整体运营状态的综合反映，因此，财务报表分析更加关注企业经营环境的不确定性和经营业绩的整体性，企业管理层决策的多样性和创造性，会计制度和会计准则对企业的盈余管理与财务决策的影响。

第五，经济学坚持货币中立性假设，忽视时间因素在经济活动中的根本作用。财务报表分析采纳了会计的分期假设和货币计量假设，认为会计分期假设构成会计方法的基础，货币计量假设构成交易和事项计量的基础。经济学认为，计量方法是唯一的，成本或收益的划分是明确的。财务报表分析认为，计量方法是多种多样的人为构造，成本或收益的划分在考虑计量和确认时具有高度的不确定性及模糊性，从而恢复了货币和时间在人类经济活动中的核心地位及作用。会计方法与经济活动一样，都会对交易结果产生重大的影响，从而突出了社会制度和人的主观能动性对经济活动的影响。

第六，经济学研究经济人在确定性环境下的资源配置，价格因素是企业考虑的最重要且唯一的因素。财务报表分析假设企业在不确定性环境中运行，企业的持续经营和发展，或者降低经营风险和提高盈利能力是企业考虑的最重要因素。在经济学中，数学计算是客观的和精确的，每一步都是机械的、根据唯一法则的计算和确定性推断。在财务报表分析中，会计账目只是法律制度规则下经营主体根据多样化的方法和估计进行的概然推断，每一步都是人为参与的、多样化的选择和计算，每种遵守会计准则的选择结果都是合理合法的、可接受的。因此，习惯于运用经济学演绎推理的人会碰到财务报表分析中强调具体问题具体分析的尴尬。

财务报表分析在理论上起源于现代资产负债表和古典政治经济学的发展，在实务上受到股权融资、股票投资、债券发行和银行贷款的推动。马克思的《资本论》可以说开创了独具特色的财务报表分析的先河，比实务界广泛使用的杜邦分析法早了近半个世纪。19世纪末以来，财务报表分析在方法上经历了比率分析、财务预测分析及资本市场分析3个阶段，在目标上从早期的信用分析、一般投资分析、盈利能力分析发展到筹资分析、投资分析、企业内部经营管理分析、企业价值评估、证券分析、并购与重组分析等。财务报表分析越来越被置于基础学科的地位，是财务学、金融学、财务管理甚至经济学的先导学科。

会计学教材往往设有财务报表分析一章，主要介绍水平分析法、垂直分析法、趋势分析法和几个重要的财务比率，很少涉及会计分析、财务比率的因素分析及其应用。财务管理类教材也往往设有财务分析一章，主要介绍各种财务比率，以便为财务管理中的筹资活动、投资活动与分配活动决策提供有关的信息。与会计学教材中简单介绍零散的财务分析方法不同，财务报表分析教材则以会计报告信息分析为出发点，试图从会计假设、会计政策和会计估计等因素的变动中建立一套解释企业的盈利能力、营运能力、偿债能力和评估企业价值的理论体系与方法体系，从而提高企业的财务效率、经营效率和投资效率。

财务报表分析与会计学、财务学之间存在内在的紧密联系。会计学为财务报表分析提供了分析的信息基础，财务报表分析则通过特定的信息加工和处理技术实现了会计信息的决策有用性目标，财务学是财务报表分析结论的进一步实践和验证。与现有的国内外财务报表分析的教材相比，本教材具有如下特色。

一是框架的新颖性。与传统的财务报表分析采用偿债能力、资产运营能力、盈利能力和发展能力“四要素”的框架相比，本教材系统性地对财务报表分析的框架结构进行了改造。本教材从会计假设和会计信息质量出发进行财务报表分析，对三大报表的各主要会计科目进行会计分析和财务分析，再对财务报表进行偿债能力、盈利能力和投资者权益进行分析，最后对企业的价值进行评估和分析，完全摆脱了对财务指标的简单罗列和概念介绍的传统。

二是材料的新颖性。由于会计是财务报表分析的基础，本教材基于理解的需要，对2014年和2017年的会计准则涉及的许多会计科目及其会计方法进行了系统的介绍和讲述。长期股权投资、职工薪酬、政府补助、非流动资产的处置和终止经营、金融工具的确认和计量，以及套期会计等，都考虑了 2017 年会计准则的变化对财务分析的影响。

三是具有高度的现实性。本教材不仅以中国企业会计准则和上市公司的监管规则为基础进行财务报表分析，而且采用了丰富的实际数据、案例和中国企业的财务报表来充实教材内容。本教材的案例分为两类：一类是对讲解的理论进行深化和强化理解的案例；另一类是具有趣味性和知识性的案例。前者是教材内容不可分离的一部分，后者扩大了读者的视野和增强了读者对现实的理解。案例具有现实的具体性、鲜活性和灵动性，有利于缩短理论知识与实践知识之间的距离，培养读者思考问题和解决问题的能力。

本教材通过大量的具体案例来展示企业经营管理中存在的问题，提醒读者合理运用所学知识分析企业的各种财务指标，敦促他们有意识并有能力从多角度对财务问题进行分析和判断。但是，案例有其自身的缺陷性：第一，增加了教材的篇幅；第二，破坏了理论的严谨性；第三，案例具有时效性，影响理论的稳定性。本教材中运用的大量的案例会增加读者学习的乐趣，减少学习的难度，避免知识的灌输与机械化。

财务报表分析具有理论性、专题性、多角度思维性和实践性等特点。本教材强调采取课堂教授与案例教学并重的教学方法，全书的每章都贯串了教学案例、思考题、练习题、案例讨论题，让读者触类旁通，引导读者从不同角度诠释和分析财务现象及问题。读者要花大量的时间和精力去熟悉财务报表及其相关的指标，并找出存在的问题和潜在的价值投资机会。我们希望，本教材不仅能够提供财务报表分析的必要知识、理论和技巧，还会激发读者去分析各种企业的财务问题，进行投资和企业经营，从而在书本知识和生活经验之间架起桥梁，促进自我成长。

作者根据十多年财务报表分析课程教学的思考和总结，充分考虑读者的知识渴求和相关领域的最新研究成果写作了本教材。本教材的许多内容已由作者在南开大学经济学院的本科生、研究生及在职研究生中进行了多次的讲解。作者最初讲解财务报表分析使用的是外国教材。国外财务报表分析教材有大量的案例分析和介绍，但由于会计准则和制度的差异，以及现实的陌生感，国内读者的认知体验和情感共鸣很难得到激发，进而影响到教材实际使用的效果。本教材所包含的鲜活的案例讨论、缜密的理论分析、丰富的讲解内容会让读者具有财务报表分析能力，帮助他们摆脱理论和实践脱节的困境。

在此，作者感谢会计学、经济学、财务报表分析、财务学、财务管理等领域的学者持续不断的研究努力和提供的研究成果。没有一个不断进取的学术共同体，任何教材的编撰都是不可能的。其次，感谢在写作本教材的过程中，提供大量帮助的学牛和老师，是他们的无私帮助和不断的意见反馈，让本教材逐渐成长和丰满起来。再次，感谢南开大学经济学院和研究生院的出版资助、对本教材出版的重视和关怀，感谢南开大学跨国公司研究中心研究生课程建设项目的支持。最后，感谢南开大学出版社，在其支持下本教材才得以顺利出版。

何永江

2020 年 1 月 20 日

目　　录

第一章　导　　言

财务报表分析，又称为企业经济活动分析，在企业的经营管理、证券投资、兼并和收购、信贷分析、价值评估、筹资决策、征税活动及监督企业的经营活动中具有重要的地位和作用。本教材以中国企业会计准则编制的财务报表为基础，进行财务报表分析的讲解，通过对财务报表所体现的会计语言和经济现实的分析与诠释，以期对企业的收益、价值及其所面临的风险或者不确定性进行有效的识别和评价，同时解释不同制度和文化背景下企业在提供会计信息的数量与质量方面的差异。

第一节　财务报表分析概述

财务报表分析是商务分析的一个组成部分。商务分析就是对企业的经营前景和风险进行评估的过程，以便做出有效的商务决策。通常境况下，商务分析涉及对企业的财务状况、管理、计划、战略、经营环境、研究与开发、企业员工的素质等信息的评估。

一、财务报表分析简介

财务报表分析就是在收集和整理公司财务报表和相关信息的基础上，将各种分析工具和技术用来分析财务报表和相关数据，以便为信用分析、权益分析、盈利能力分析等商务分析提供各种可靠的估计和结论，减少商务分析的不确定性，同时对财务报表分析的结果进行报告的过程。因为财务报表受到会计准则、管理激励、法律制度和监管机制的约束，所以，财务报表所依据的会计准则、会计假设、会计政策和会计估计的可选择性，以及财务造假，都可能会扭曲财务报表的信息价值。当企业的信息披露不完全或者大量非货币性的经营管理信息不能反映在财务报表上时，财务报表的局限性就非常明显。

（一）财务报表的风险识别与估计

为了降低商务分析的不确定性，财务报表分析就涉及与财务报表有关的风险识别、风险估计，以及企业的风险和价值判断。财务报表的风险识别就是运用各种财务分析方法和工具，找出财务报表背后所隐藏的各种潜在风险，以及辨认出各种未披露损失和潜在损失的来源。财务报表的风险估计就是利用各种财务指标来衡量企业面临的各种风险和潜在损失的大小。对财务报表的风险进行估计时，通常需要选择适当的财务指标，确定财务指标的基准，然后利用财务报表及相关资料对财务指标进行计算和测量并与基准指标进行比较，根据比较结果对企业的各种风险进行量化描述。一旦对企业的各种风险进行估算，我们就可以利用相应的理论或者模型，如某个至关重要的财务指标或者 Z-score 模型，来判断企业整体风险的严重性，如破产风险或者持续经营风险，以及企业的价值。

（二）会计分析与财务分析的异同

按照风险识别和风险估计的不同，财务报表分析分为会计分析、财务分析和前景分析3种。会计分析是对企业会计信息的质量特征及财务报表的可靠性和相关性做出评价和检验。财务分析是根据会计分析所认可和调整的财务报表提供的有关数据，对企业过去的财务状况和经营成果进行分析、比较、解释和评价。会计分析与财务分析的区别主要表现在以下4个方面。

（1）所依据信息的广度不同。会计分析所依据的信息主要是企业所采用的会计政策、会计原则、会计方法、会计质量情况，以及财务报表及其附注。财务分析所依据的信息，除了财务报表及其附注、管理层讨论与分析、董事会报告，还高度依赖企业的产品质量、销售量、产量、生产能力、人力资源开发等统计数据，以及股票交易量和价格、债券价格和利率、重大的经济新闻、同行业的经济数据、就业率、通货膨胀率、经济增长率等外部统计数据。

（2）分析的侧重点不同。财务分析侧重于企业的经营风险和收益性的分析；会计分析侧重于会计数据的真实性、完整性和会计信息的相关性分析。

（3）分析的方法不同。财务分析更多的是一种定量分析，会计分析则更多的是一种定性分析。财务分析可以采用比较财务报表分析、共同比财务报表分析、比率分析、估值模型等分析技术。会计分析更多地应用会计理论、经济学理论、公司治理理论、审计理论等对会计信息的质量进行分析和判断，可以采用会计假设的会计分析、会计信息质量特征的会计分析、具体科目的会计分析、资产负债表的会计分析等分析技术。

（4）分析质量的影响因素不同。会计分析主要受到企业外部市场环境和分析者自身理论水平的影响，财务分析主要受到会计准则、公允披露的要求及分析者的职业判断能力的影响。为了确保会计分析和财务分析的可靠性和实用性，我们需要对企业的经营环境和战略进行分析。经营环境分析就是对一定经济和制度环境中的公司产品、劳动力和资本市场情况进行的分析，如经济学的产业分析和宏观经济分析。战略分析就是确定企业的竞争优势和劣势，以及可能面临的机会和风险。我们还需要对整个制度环境和产权制度进行分析，以确定财务信息可靠性的社会环境。

（三）财务报表分析的步骤

为了进行有效的财务报表分析，财务报表分析者应该遵循以下分析步骤。

（1）明确定义财务报表分析的目标，如权益分析、流动性分析、信用分析、股票投资、企业价值估计等。

（2）提出与分析目标相一致的具体问题和判别标准。这些判别标准要与风险、回报率要求保持一致。

（3）确定有效的分析工具。这是我们所需要讨论的各种分析程序和技术，如短期流动性、资本结构和偿债能力、投资回报率、资产周转率、经营业绩和预测能力。

（4）收集和整理财务数据，尽可能收集各种来源的财务信息。根据分析的目的和要求收集相应的数据，因为不同的目的会导致信息在来源、内容和形式上存在显著的差异。

（5）进行财务报表信息质量特征的会计分析。注意财务报表的可靠性及其与分析目标的相关性。

（6）证据的解释。这需要运用各种经营和非经营的知识与技能，探索财务数据背后的商业现实和环境，特别是制度性因素、经济学理论、社会学理论、公司治理理论、财务理论等。根据财务报表的数据来追溯企业的各项活动和内部状况，这需要我们对使用的产品、享受的服务、参与公司的商务活动、参观商店等进行调查和体验。一个好的财务报告需要从潜在的信息中分离出各种分析性解释和既相关又可靠的结论。

（四）财务分析报告

财务报表分析的最终成果就是财务分析报告。证券分析师的主要工作就是周详地研究分析行业和上市公司，然后提交财务分析报告。财务分析报告需要数据及时但又毫不含糊，报告内容详尽但又简明扼要，信息极其重要但又不是内部信息。因此，财务分析报告需要遵循一定的规范。通常情况下，财务分析报告包括以下6个部分。

（1）概要：对主要分析结果的概括性总结。

（2）分析概述：介绍和分析公司及所在行业、经济环境的背景材料。

（3）证据材料：分析中使用的财务报表和信息，包括比率、趋势、统计数据和各种分析性指标，将定性分析和定量分析、动态分析和静态分析、个别分析和综合分析集中起来，在对公司整体进行把握的基础上对个别事件或政策变化进行重点分析，以便全面反映公司的经营成果和财务状况。

（4）假设：有关公司所在行业及经营环境的重要假设、有关估算和预测的重要假设，包括公司经营战略。

（5）关键因素：列出与公司业绩相关的各种有利和不利因素，包括定性因素和定量因素。

（6）推论：从以上各部分所得出的预测、估计、解释和结论。为此，需要一个目录表，以便使读者找到与其决策有关的分析内容。

为了让财务分析报告得到更广泛的阅读，财务分析报告必须采用一定的修辞风格：第一，必须清晰明确、生动有趣。这就需要有标准的排版格式、一个总分析表或者目录，尽量加一些图表。第二，幽默，文笔生动，风格清晰，采用机智诙谐、透彻犀利的写作风格。第三，及时性和坦率性，注意证券分析师是公司的评论家。第四，评估管理层，分析管理层人事变动的原因及其对企业发展的影响。

二、财务报表分析的数据来源

为了有效地解读财务报表所包含的真实信息，财务报表的分析者就需要了解公司所在行业的经济特征及公司的竞争战略，以及其他一些新闻报道、政府报告、信息中介机构提供的各种信誉评估等补充信息。同时，财务报表分析还需要了解财务报表背后的故事，如企业的经营、融资和投资活动的特点，以及对这些活动所产生的经济后果进行确认、计量和报告的会计系统，如此才能对财务报表有更为深入的了解。因此，信息的来源、信息的内容和形式、信息的数量和质量，都对财务报表分析的质量和效果具有巨大的影响。通常情况下，财务报表分析需要以下报表或者信息。

（一）财务报表

财务报表提供的财务信息，如资产负债表、损益表、现金流量表、股东权益变动表等。

后面的章节将重点讲解报表的财务信息。

（二）财务报表附注

财务报表附注是财务报表的重要组成部分，是对财务报表的编制基础、编制依据、编制原则和方法及主要项目的内容所做的解释与说明。财务报表附注的内容包括：不符合会计假设的说明；重要会计政策和会计估计变更情况、变更原因及其对财务状况和经营成果的影响；或有事项和资产负债表日后事项的说明；关联方关系及其交易的说明；重要资产转让及其出售的说明；企业合并、分立的说明；重大投资、融资活动；财务报表中重要项目的明细资料；收入来源和构成；所得税的会计处理方法；合并会计报表的说明；等等。通过阅读财务报表附注，财务报表分析者可以了解企业的注册地、组织形式、所处行业、所提供的主要产品或服务、销售策略、监管环节的信息、财务报表的编制基础、遵循企业会计准则的声明、资产减值准备明细表、分部报表、现金流量补充资料等信息。

（三）审计报告

审计报告是反映无保留意见、强调事项段的无保留意见、保留意见、否定意见还是拒绝发表意见的报告。如果财务报表按照适用的会计准则和相关会计制度的规定编制，在所有重大方面公允反映了被审计单位的财务状况、经营成果和现金流量，注册会计师已经按照中国注册会计师审计准则的规定计划和实施审计工作，在审计过程中未受到限制，那么注册会计师就应当对被审计单位的财务报表出具无保留意见审计报告。强调事项段的无保留意见就是无保留意见审计报告意见段后增加对重大事项予以强调的段落，强调事项主要是存在可能导致对持续经营能力产生重大疑虑的事项和存在可能对财务报表产生重大影响的不确定事项。

如果注册会计师认为财务报表整体是公允的，但存在下列情况，则可出具保留意见审计报告：会计政策的选用、会计估计的做出、财务报表的披露不符合使用的会计准则和相关会计制度的规定，审计范围受到限制而不能获取充分适当的审计证据，虽然影响重大，但不至于出具否定意见的审计报告。如果注册会计师在执行审计中，认为审计范围受到限制可能产生的影响非常重大和广泛，不能获取充分适当的审计证据，以至于无法对财务报表发表审计意见，那么，注册会计师应当出具无法表示意见的审计报告。如果注册会计师在执行审计中，认为财务报表没有按照适用的会计准则和相关会计制度的规定编制，未能在所有重大方面公允反映被审计单位的财务状况、经营成果和现金流量，那么注册会计师就应当对被审计单位的财务报表出具否定意见审计报告。

（四）管理层讨论与分析

管理层讨论与分析是对财务报表的补充和完善，是从管理层的角度对财务报表特别是年报的财务状况和经营成果的解释性说明。管理层讨论与分析要求管理层解释和分析当期财务报表及附注中的重要历史信息，并从管理层的角度对下一年度的经营计划及公司未来发展所面临的机遇、挑战、经营环境、战略和各种风险进行说明，如资金来源、流动性及经营成果的重要事项和不确定性。

（五）董事会报告

董事会报告是年度报告信息披露中的一部分，是公司的董事会阐述公司的基本经营情况及重大决策的报告。其主要内容包括：第一，对财务报告与其他必要的统计数据及报告期内发生或将要发生的重大事项的讨论与分析，如公司的主营业务收入、主营业务利润、净利润的变动情况及原因，主营业务收入、主营业务利润分行业、产品或地区的构成情况，资产构成发生的重大变动情况，经营活动、投资活动和筹资活动产生的现金流量构成情况，主要业务开展情况，子公司和参股公司的经营情况及业绩，特殊目的主体情况等。第二，公司未来发展的展望，如公司所处行业的发展趋势及公司所面临的市场竞争格局，公司实现未来发展战略所需的资金需求及使用计划、资金来源情况，对公司未来发展战略和经营目标的实现产生不利影响的风险因素。第三，报告期内的投资情况。第四，董事会对审计报告涉及事项的说明及会计政策变更、会计估计变更及会计差错更正的情形。第五，董事会的日常工作情况，如董事会会议情况、出席董事会会议的董事、对股东大会决议的执行情况、审计委员会的工作总结、薪酬委员会的工作总结、利润分配方案或资本公积转增股本方案等。此外，还要关注董事会报告中有关内部控制制度、财务记录可靠性所采取的政策和程序等信息。

（六）上市公司的年度报告

上市公司的年度报告包括的内容：公司的基本情况简介，会计数据和业务数据摘要，股本变动及股东情况，董事、监事、高级管理人员和员工情况，公司治理结构，股东大会情况简介，董事会报告，监事会报告，重要事项，财务会计报告，公司的其他有关资料，等等。

此外，财务报表分析者还要依靠许多替代性的信息来源，如宏观经济统计数据、行业及公司的信息、管理层的自愿信息披露或者预期调整等。

第二节 会计分析

会计分析就是对会计报表所包含的会计信息或者会计数据的内涵与质量，以及会计报表所依赖的假设和会计原则进行的分析和检验，借以发现会计假设、会计政策、会计方法选择的恰当性和会计信息的可靠性。进行会计分析的主要原因是预防会计信息失真。会计信息失真就是会计数据及会计报表没有真实反映企业的经营活动和财务状况，包括估计错误、报表粉饰、会计操纵、会计准则无法反映经济现实等方式。会计信息失真会引起财务报表分析的不确定性或者会计风险，给使用会计信息的决策者造成不利影响。

一、会计分析的步骤

进行会计分析的目的就是要识别和排除财务报表中的粉饰行为，使会计报表尽可能真实地反映企业的财务状况和经营成果。为此，会计分析需要遵循以下步骤。

（一）对报表粉饰行为的可能性进行分析

除考虑管理层可能的自利动机外，还需要考虑管理层进行舞弊的机会、对舞弊合理化的态度和借口。舞弊的机会通常包括缺乏内部控制、信息不对称性、会计和审计制度不健全、缺乏惩罚措施、工作质量不易辨认、管理人员无知或者无力考查舞弊行为等。舞弊的借口包括“迫不得已”“报酬太低”“人人都这么做，我这么做还是较少的”等。结合粉饰报表的动机、机会和态度，我们就可以分析管理层粉饰财务报表的可能性。

（二）报表的会计分析

对会计报表进行恰当的会计分析，尽量排除有问题的会计信息。这包括确认关键会计政策、评估会计灵活性、评价会计政策、评价信息披露质量、识别报表中的危险信号和估计错误。

（三）剔除扭曲信息

如果发现会计信息遭到扭曲，财务分析人员可以采取现金流量法、虚拟资产剔除法、审计报告分析法、关联交易剔除法、异常利润剔除法等方法予以剔除。

（四）调整会计报表

为了评估和降低会计风险，会计分析需要对企业的盈余质量和持续收益能力进行分析。这包括对企业的经营状况、会计政策、所披露信息的数量和质量、管理绩效和声誉、盈余质量管理的机会与动机进行分析，并调整财务报表。通常需要调整的项目包括长期经营性租赁的资本化处理、在确定收益时确定期权激励费用、调整一次性费用、确认养老金计划和剔出某些递延所得税的影响。在做会计分析时，为了估算企业的持续经营能力，我们需要在利润表中剔除临时项目或重新分配，将管理层资本化（费用化）的项目调整为费用化（资本化）处理。经营性租赁的资本化、权益法处理的投资和其他表外融资都要进行调整。

二、会计分析的内容

会计分析通过对财务报表所提供的数据资料进行加工整理和研究评价，排除财务报表的重大错误或者信息失真，评价企业会计信息的披露程度和质量，使之成为对决策有用的信息。会计分析的内容包括以下 4 个方面。

（一）会计假设的分析

会计假设包括会计主体假设、持续经营假设、分期假设和货币计量假设。对于不同的企业而言，满足这 4 个假设的程度是不同的。例如，集团公司、关联交易、表外资产和负债的存在，都会对会计主体假设造成影响。第二章将对会计假设进行深入的会计分析。

（二）会计信息质量特征的分析

为了对财务报表的可靠性和会计数据真实反映企业经营活动的程度做出判断，我们就需要对财务报表所依赖的会计原则进行分析。例如，实质重于形式的原则是如何体现在财务报表中的。第三章将对会计信息的真实可靠性与会计原则进行会计分析。

（三）会计报表及相关科目内涵的分析

由于会计报表的数据依赖于会计政策和会计方法的选择，因此，我们需要对每个会计科目及会计报表进行深入的会计分析。第四章至第八章将分别对资产负债表、利润表和现金流量表及相关科目进行会计分析。

（四）会计质量及其变动的分析

即使所有的财务报表都符合会计准则的规定，我们也需要对会计的质量进行分析。因为会计报表的数据可能没有反映企业真实的经济活动情况，不同的会计准则会产生不同的会计数据。资产的价值是弹性的，而债务的偿还是刚性的。而且，财务分析和前景分析都依赖于高质量的会计数据。在对会计质量的分析中，我们会高度关注资产的质量、收益的质量、企业竞争力等因素。

三、公司管理层粉饰财务报表的动机

公司管理层可能通过拥有的信息优势来扭曲财务报表的信息和误导投资者的投资决策，同时谋求管理层的利益。财务报表粉饰就是指公司管理层有意识地通过盈余管理、会计政策的选择、平滑收益、收入操纵或者会计欺诈的手段来操纵公司财务报表的行为，以便使财务报表变成管理层“预期”的财务报表。只要存在适当的机会和适当的理由，管理层都有动机去粉饰财务报表。这些动机主要包括以下几个。

（一）管理层的报酬

当管理层的报酬和奖金与股票价格或者会计业绩高度相关时，管理层就会粉饰财务报表或者采取盈余管理的方式来获取高报酬。盈余管理就是企业管理层为了自己的私利，通过提高管理者的报酬、股票价格或者申请政府补贴，而对收益确定过程进行有目的的干预。盈余管理通常可以通过改变会计方法，改变会计估计或者会计政策，如收入确认、存货估价、各种准备的估计、一次性费用的冲销、收益转移、非正常项目的分类盈余管理等手段来影响会计数据。

（二）债务契约

许多贷款合同和债券发行协议规定了利息保障倍数、流动资金比率等财务指标。没有达到约定指标的水平或者技术性违约的企业，就面临提前还贷、支付更高的贷款利率或者不能获得贷款的困境。

举例 债务契约。为了骗取中国工商银行的74亿元贷款，南海华光集团在2004年对财务报表进行了粉饰。具体的会计造假情况见表1-1。

表1-1 南海华光集团具体的会计造假情况

名称	总资产	权益	销售收入	净利润	增值税
真实金额（亿元）	9.77	1.17	3.22	0.11	0.04
报表金额（亿元）	36.43	18.63	64.38	7.31	1.55
虚假金额（亿元）	26.66	17.46	61.16	7.2	1.51
虚假比例（%）	273	1 492	1 899	6 545	3 755

（三）税收和保壳

公司管理层操纵利润，以便少缴所得税和增值税，或者争取财政补贴，确保继续上市的需要。

举例 税收和保壳。东北制药公司在1996年度报告中，利用当地财政部门的批复，将已经发生的折旧费用、管理费用、退税损失、利息支出等1.4亿元列为“递延资产”，从而造成1 920万元利润的假象。

（四）监管

当财务报表提供的数据被反垄断机构、价格管制部门或者关税机构使用时，企业就有动机粉饰会计报告。

（五）新股发行和配股

由于净资产收益率和每股收益与股票首次发行（initial public offering，IPO）、配股、增发、摘牌、退市高度相关，上市公司就有强烈的动机进行报表粉饰。

举例 股票首发与造假。成都一家生产电子设备的红光实业公司在 1997 年 6 月发行股票 7 000 万股，以每股 6.05 元上市。股票发行募集资金 4.102 亿元，只有 6 770 万元用于招股说明书的承诺项目。为了满足上市前盈利的规定，该公司隐瞒 1996 年亏损 5 377 万元的事实，采取虚开增值税发票 2 604 万元等方式虚增 1996 年公司利润 5 428 万元，从而虚报 1996 年利润 10 805 万元。由于采取欺诈的方式发行股票，红光实业公司被罚款 100 万元，4 位负责人被判处 10 年以下有期徒刑。

（六）股权激励与股票价格

股权激励越来越成为上市公司管理层获取高报酬的一种手段，而股权激励的成功有时需要报表粉饰的配合。

举例 股权激励。为了实施有利的股权激励计划，深圳市振业集团在 2005 年对 2002 年和 2003 年的报表进行了高达 2.92 亿元的巨额亏损差错调整。

（七）其他动机

在发生自然灾害、经济案件、公司管理层更迭、会计准则和制度发生重大变化时，新的管理层有强烈的责任推卸动机去粉饰财务报表。

一般而言，基于业绩考核、获取信贷资金和发行股票的目的，会计报表粉饰会采取利润最大化、利润平滑、高估资产、低估负债和或有负债、虚增经营活动现金流量等形式出现。基于偷逃税款和推卸责任等目的，会计报表粉饰会采取利润最小化、巨额冲销、低估资产、高估负债和或有负债、虚减经营活动现金流量等形式。

四、财务报表粉饰的分类

从对财务报表的不同影响角度划分，财务报表粉饰可以分为经营业绩的粉饰、财务状况的粉饰、现金流量的粉饰和资产重组的报表粉饰 4 种。

（一）经营业绩的粉饰

经营业绩的粉饰主要表现为对不同会计期间的利润进行不符合会计准则的调整，以便实现利润最大化、利润最小化、利润平滑或者巨额冲销的目的。

（1）利润最大化，手段包括提前确认收入、推迟结转成本、亏损挂账、资产重组、关联交易。

（2）利润最小化，手段包括推迟收入确认、提前结转成本、实施转移价格，以便为下年的利润提高做准备。

（3）利润平滑，以获得优良的形象或者较好的信用。利润平滑分为收入平滑和费用平滑两种。合法的收入平滑手段包括采取利息收入、租赁收入、分期付款中分期确定收入和长期合同中按照完工进度确定收入，远比销售收入和完工确定收入更加稳定。交易性金融资产和可供出售金融资产的划分也有助于投资收益的平滑。合法的费用平滑手段包括固定资产折旧、无形资产摊销、自然资源折耗等，不合法的收入平滑和费用平滑手段包括逆周期计提坏账损失和预计负债、隐匿或虚构销售收入、设立表外资产或负债、设立特殊目的实体转移收入或费用等。此外，企业还利用其他应收款、应付款、待摊费用、递延资产、政府补贴等科目来调节利润。

（4）巨额冲销，在特定会计期间将坏账、存货积压、长期投资损失、闲置固定资产、待处理资产等进行一次性处理为损失，为未来会计期间实现会计利润创造空间。

举例 经营业绩的粉饰。郑州百文股份有限公司在 1997 年面临严重亏损的情况下，采取虚提返利、将 1997 年的财务费用推迟到 1998 年列账的手段，虚增利润 8 659 万元，在 1997 年度财务报告中披露盈利 8 563 万元，并在 1998 年 7 月实现了配股方案。但是，该公司在 1998 年出现了 50 241 万元的巨额亏损。

（二）财务状况的粉饰

财务状况的粉饰主要表现为对资产或负债进行不符合会计准则的调整，以便高估资产、低估负债和或有负债、隐匿资产或负债。

（1）高估资产，如编造理由进行资产评估、虚构业务交易和利润。当费用或者损失已经实际发生，但公司缺乏承受力而暂时将其挂列为长期待摊费用、待处理财产损益等虚拟资产的做法就高估了资产。

（2）低估负债和或有负债，设置账外账、建立关联企业隐藏债务和或有负债。

（3）隐匿资产或负债，利用经营租赁掩盖融资租赁的实质，设置特殊目的主体。

举例 财务状况的粉饰。在 1997 年的年度会计报表中，渝钛白公司将已经完工并投入生产的工程建设贷款和债券利息 8 064 万元列为在建工程成本而不是财务费用，造成该公司的亏损额从 11 943 万元降低到 3 879 万元。

（三）现金流量的粉饰

现金流量的粉饰就是对现金流量进行有意识调整的行为。这包括突击制造现金流量，如期末突击收回关联企业所欠账款、降价处置存货、低价抛售有价证券、高成本融资；混淆现金流量的类别，如将投资活动或者融资活动的现金流量划分为经营活动现金流量，等等。

（四）资产重组的报表粉饰

资产重组的报表粉饰就是上市公司采取资产重组的方式粉饰财务报表，以便避免退市、争取配股或增发股票。这包括将非上市关联股东的优质资产置换成上市公司的劣质资产，非上市关联股东将盈利的下属企业廉价出售给上市公司，上市公司将亏损子公司高价出售给关联股东，将不良债权和股权出售给关联股东，互购资产以便哄抬利润和资产价值，剥离资产和负债。

举例 资产重组的报表粉饰。在 2003 年被戴上 ST[①]帽子后，湘酒鬼计提了 3 351.61 万元的 3 年坏账准备。为了扭亏为盈，湘酒鬼在 2004 年与当地国有土地资源管理局和国有资产管理公司签署了土地所有权转让协议和债权债务转让协议，土地使用权估价为 2.3 亿元，出让的应收账款为 1.92 亿元和 3 500 万元现金。在协议签订后，湘酒鬼立即转回了 2003 年对 3 351.61 万元的坏账准备并直接冲减当期的管理费用。但是，政府的相关部门认为，土地交易和债权债务转让是两个不同的交易，以应收账款清偿竞购土地产生的负债属于债务重组，重组债务账面价值与转让应收款账面价值和支付补价之和的差额应该计入

① ST 是指境内上市公司被进行特别处理的股票，也是退市风险警示。

当期资本公积。

五、财务报表粉饰的预警信号与定量模型识别

（一）财务报表粉饰的预警信号

财务报表粉饰的预警信号就是反映财务报表粉饰的各种征兆或者异常表现。关注预警信号是识别财务报表粉饰的有效方法。

1. 预警信号的表现

一般而言，财务报表粉饰的预警信号包括会计异常、内部控制缺陷、分析性异常、奢侈生活方式、企业的异常行为、暗示和投诉等信号。

（1）会计异常信号，如企业的原始凭证不合常规、会计分录存在瑕疵、日记账不准确等。

（2）内部控制缺陷信号，如企业缺乏职责划分、缺乏实物资产保全措施、缺乏独立核查、缺乏适当的文件和记录保管、内部控制和会计系统薄弱等。

（3）分析性异常信号，如企业的存货短缺或者调整未加解释、存货型号不正确或者废品日增、采购过度、账户余额大幅度增减、资产实物数量异常、现金出现过度短缺或者盈余、不合理的费用报销、注销费用未及时确认且金额繁多、账户关系反常等。

（4）奢侈生活方式信号。例如，企业管理层或者工作人员的生活方式与收入水平明显不相称、购买豪车豪宅和名贵珠宝首饰、生活绯闻不断时，企业内部的腐败和挪用资产的可能性就会增加。

（5）企业的异常行为信号，如企业人员酗酒、高度猜疑和紧张、失去生活乐趣、防御心理增强、对审计人员过于敏感或者过分热衷于推卸责任。

（6）暗示和投诉信号。例如，各种知情人投诉或者提供检举线索，包括雇员举报、客户举报、匿名举报和卖方举报。

2. 预警信号的定性识别

预警信号可以从管理层面、关系层面、企业组织结构和行业层面、财务结果和经营层面加以识别。

（1）管理层面的识别。管理层可能会粉饰财务报表的信号，包括高管人员有舞弊和违法记录，高管层频繁改组或者离职率高，高管人员的个人财富与企业的业绩和股价的联系过于密切，高管人员做出不切实际的财务目标承诺或者受到强烈的财务预期压力，高管人员的报酬主要以奖金和期权为主，高管人员热衷于税务筹划或者维持股价，公司重大决策由极少数关键人物独断专行、缺乏诚信的文化氛围，高管层过多地介入会计政策的选择和判断，高管人员的决策受到债务契约的困扰，高管层热衷于媒体活动和沽名钓誉。

（2）关系层面的识别。企业与金融机构、关联企业、注册会计师、律师、投资者、监管机构和税务机构的关系是否存在异常情况，如企业开设的银行账户过多，债务契约的限制过多，高管人员与银行的高层关系过分亲密，频繁更换为之服务的金融机构，将银行账号、子公司或经营业务设置在避税天堂、投资开发区、高新技术区、保税区，企业经营主要依靠关联企业、会计期末发生重大的关联交易、隐瞒关联企业、对关联方的应收和应付款项高居不下，企业频繁更换注册会计师、对会计师的审计进行限制或者提出不合理的要

求，企业高管与股东之间的关系紧张、频繁发行新股和债券，企业与税务机构和中国证券监督管理委员会（以下简称证监会）的关系紧张、税务纠纷不断。

（3）企业组织结构和行业层面的识别。企业和集团的组织结构过于复杂、分支机构地域广阔但缺乏内在的联系，内部审计人员不足、内部控制缺乏、董事会和审计委员会缺乏独立性和专业能力，企业的信息系统薄弱和人员配备不足，企业所处的行业竞争加剧、衰落、技术进步很快、经济萧条中的业绩独好，企业遭受巨额经营损失和高度依靠主观的估计和判断进行会计确认。

（4）财务结果和经营层面的识别。账户余额在短期内发生巨额变动、收入和费用比例严重失调、报表余额来自少数几笔重大交易、经营业绩与财务分析师的预测惊人地接近、经营活动现金流量为负但利润大幅度增长，企业高度依赖融资活动维持经营、企业的资产计价和收入确认高度依赖主观判断、主要成本费用率大幅度低于竞争对手，财务报表晦涩难懂、被注册会计师出具保留或者否定意见，企业依靠非经常性收益提高盈利或者其经营业绩与其所处行业的地位不相称，企业的产品受到新产品和消费者偏好转移的影响，企业的财务杠杆比较高和股价低迷。

（二）财务报表粉饰的定量模型识别

蒙蒂尔根据 6 个财务指标设计了一个 C 值，作为分析一家公司是否涉及粉饰报表、涉足会计欺诈的第一步。如果 1 年期或者 3 年期的净利润和经营活动的现金净流量之差持续扩大，应收账款周转天数持续增加，存货周转天数持续增加，其他流动资产对收入的比例上升，折旧对固定资产的比例下降，总资产增长率较高，那么，每个指标得分为 1，否则为 0。将这 6 个指标的得分加总，就得到赋值范围为 0～6 的 C 值。如果 C 值为 0，表明公司没有收益操纵的迹象；如果 C 值为 6，表明公司存在明显的收益操纵的迹象。

第三节 财务分析

财务分析就是在会计分析的基础上，根据企业的会计报表、统计资料及相关经济信息，应用专门的分析技术与方法，对企业的盈利能力、现金流量、企业价值和偿债能力进行分析与评价，以便对企业的财务状况和经营业绩有深入的了解，帮助报表使用者进行经济决策。通过财务分析，我们可以了解企业的资金成本和资本结构是否合理、现金流量状况是否正常、偿债能力是否充分、资产管理是否有效率、企业的盈利能力和质量的高低，借此评估企业的财务风险和经营风险。

一、财务分析的内容

根据不同的财务报表层次，财务报表分析可以分为财务报表的个别分析、财务效率分析、综合分析及其他分析。

（一）财务报表的个别分析

对财务报表的个别分析可以采取资产负债表分析、利润表分析、现金流量表分析、所有者权益变动表分析、合并报表分析、会计报表附注分析和财务报表的其他信息分析。第四章至第八章将分别对资产负债表、利润表和现金流量表的各个科目进行财务分析。

（二）财务效率分析

财务效率分析主要包括盈利能力分析、偿债能力分析、营运能力分析和发展能力分析。盈利能力分析就是对企业的利润来源和水平、周转额、边际利润、盈利能力变化的原因及收益的可持续性进行分析。偿债能力分析就是估计企业的偿债能力、流动性和收益的可变性。营运能力分析就是对企业的资产使用效率的分析。发展能力分析就是对企业的资产、负债、股东权益、收入和利润在不同会计期间的增减变动的分析。发展能力分析的指标包括增长的同步性，如主营业务收入与净利润同步增长，主营业务利润与净资产收益率稳步提高，总资产与净资产规模同样保持持续增长；主营业务的稳定性；公司治理、管理层与大股东的稳定性；核心竞争力与高成长伴生；环境的变化与现金流量的保障。

（三）综合分析及其他分析

综合分析就是对企业的财务状况进行全面分析，判断企业的独立经营主体是否成立，持续经营假设、分期假设和货币计量假设是否合理。根据企业的偿债能力、获利能力、资产管理效率和企业成本费用的分析，我们可以评价和预测企业的持续经营能力或者未来的发展能力。

二、财务分析的方法

财务分析就是以企业财务报表及其相关资料为基础，利用比较财务报表分析、共同比财务报表分析、比率分析法、比较分析法、因素分析法等专门方法，系统地分析和评价企业的经营成果、财务状况及其变动，以帮助报表使用者做出经济决策。

（一）比较财务报表分析

比较财务报表分析，也叫趋势分析法，就是利用多年的财务报表对相应的账户余额进行比较分析，如逐年变化分析和指数趋势分析。在利用多年的财务报表进行逐年变化分析时，可以采用绝对数和相对数分析，如增长率、变动额来进行逐年变化分析。逐年变化分析的优点在于简单和易于理解，缺点是基数值不能为负和必须有基数值存在，否则计算百分比的变化就没有意义。指数趋势分析是对多年的财务报表并选择某一年的数据为基期所进行的百分比变化分析。指数趋势分析可以被绘制成统计图表或者表格，以方便我们比较趋势的变化。在解释百分比变化时，需要对会计原则的一致性和物价变动保持足够的认识。

（1）比较财务报表分析的核心是分析企业的发展能力。增长是衡量企业发展实力的尺度和企业生存的必要条件。过低的增长率不仅会制约企业创造价值的潜力，也会造成人力资源的流失和削弱公司的进取精神。在企业中，增长可以表现为资产的增长、收入的增长、债务的增长、成本的增长、所有者权益的增长等。在进行财务分析时，我们不仅要看企业的各项增长指标的绝对量，而且要看各项增长指标的相对量。如果企业的过快增长不仅会耗尽企业的现有资源，而且会伴随着对市场环境的更高要求，如资源紧张、融资结构和资本结构不合理、管理失控、组织结构迅速膨胀、员工队伍大幅度扩充、管理与技能短缺、流程与制度的不配套等，那么，在缺乏有效控制增长的条件下，过快的增长也会造成企业资金链断裂、支付能力不足甚至破产。

（2）企业的可持续增长。财务理论非常关注企业增长能力的研究。希金斯的可持续增长公式认为，企业的资本积累率（g）是企业的销售利润率（P）、留存收益率（R）、资产周转率（A）和资产权益乘数（T）之积，即 $g=P\times R\times A\times T$。该公式表明，企业在不发行新股并保持原有资本结构不变的前提下，仅靠内部留存收益的积累所能达到的最大增长率。如果企业要进一步扩大增长速度，就必须增加股权资本或者债务融资。因此，企业资产的增长率就由经营负债增长率、融资负债增长率、股本增长率和留存收益增长率四部分构成。

（3）企业的核心业务增长率。企业的核心业务增长率等于企业目前的年收入减去5年前的年收入，加上过去5年企业收购其他企业的国内收入总和、过去5年中国际营业收入的变化总和，以及会计政策的变化产生的收入总和，然后除以5年前的年收入，再除以5，最后减去公司过去5年中的年均价格增长率。

（4）企业规模的扩大与增长率的放缓。如果企业在过去很多年内实现了快速增长，那么，在未来的较长时期内，“高增长率最终会压扁它自己的支撑点”。因为市场的机会是有限的，占领了大部分机会的公司很难在有限的空间中再次获得快速增长的机会。而且，当公司的规模增大时，经理层巨大的时间机会成本就会造成对小额、利润丰厚的投资不再感兴趣。投资空间的减小和单次投资规模的增大，会压缩大企业的投资机会。

举例 中国电商零售业营业收入增长情况。整体而言，2009～2013年，中国电商零售企业的营业收入增长率在两位数以上，见表1-2。2012年是一个拐点，许多电商零售企业的营业收入增长率急剧下滑，只有银泰商业和鄂武商A依然保持了两位数的增长率。

表1-2 中国电商企业2009～2013年的营业收入增长率

企业名称	营业收入增长率（%）				
	2009年	2010年	2011年	2012年	2013年
苏宁云商	16.84	29.51	24.35	4.76	7.05
鄂武商A	19.73	32.75	20.85	17.02	13.02
武汉中商	6.40	10.12	10.80	2.34	2.63
大商股份	12.27	15.03	24.90	4.79	5.93
国美电器	−7.02	19.32	17.50	−14.58	10.38
银泰商业	28.38	45.59	36.20	25.34	15.43

（二）共同比财务报表分析

共同比财务报表分析，也称为结构分析法，就是分析某一特定账户余额在资产、销售收入、现金流量等总额中所占的比例，以便了解财务报表的内部构成和不同年份内部构成的变化。我们可以分析多年的共同比资产负债表、共同比损益表、共同比现金流量表等。当与竞争对手和行业平均进行比较时，共同比财务报表分析就能够突出账户构成及分布上的差异，有助于查明产生这类差异的原因，但不能反映相对规模的差异。

举例 共同比财务报表分析和比较财务报表分析的结合。从同仁堂的比较利润表分析（表1-3）可以看出，营业利润占营业收入的比例在2008年为14.45%，比2007年增长了0.50%，表明该公司的获利能力有所提高。主要原因是营业成本占营业总收入的比例在2008

年比 2007 年下降了 1.42%，营业税金及附加的比例下降和财务费用的收益的抵销作用，进一步改善了企业的成本控制。但是，销售费用和管理费用的比例显著上升，说明市场竞争越来越激烈和管理层的成本上升。

表 1-3 同仁堂 2007～2008 年的比较利润表分析

科目	金额（万元）		2007 年结构百分比（%）	2008 年结构百分比（%）	变动百分比（%）
	2007 年	2008 年			
营业总收入	325 022	382 445	100.00	100.00	—
营业总成本	280 383	327 886	86.27	85.73	−0.53
营业成本	182 041	208 766	56.01	54.59	−1.42
营业税金及附加	4 109	4 726	1.26	1.24	−0.02
销售费用	63 517	76 454	19.54	19.99	0.45
管理费用	25 623	30 985	7.88	8.10	0.22
财务费用	−207	−667	−0.06	−0.17	−0.11
资产减值损失	5 299	7 620	1.63	1.99	0.36
投资收益	692	717	0.21	0.19	−0.02
营业利润	45 331	55 276	13.95	14.45	0.50
营业外收入	822	1 288	0.25	0.34	0.08
营业外支出	115	390	0.04	0.10	0.07
利润总额	46 037	56 174	14.16	14.69	0.52
所得税费用	7 208	9 064	2.22	2.37	0.15
净利润	38 829	47 110	11.94	12.32	0.37

（三）比率分析法

比率分析法是使用最为广泛的财务分析方法。比率就是两个账户余额之间的数学关系，代表着一种重要的经济关系。在进行比率分析时，所分析的项目要具有相关性、可靠性和可比性，将不相关的项目进行对比构建出来的比率指标没有任何意义。比率分析的分子项和分母项必须在时间、范围等方面保持口径一致。运用比率分析法，我们可以评价企业的资产、负债、权益、收入、利润、现金流量的构成，分析其质量的好坏，并评价企业的盈利能力、偿债能力、营运能力和发展能力等内容。

（1）比率的分类。财务比率可以分为 3 种：①构成比率或者结构比率，是指某项经济指标中的一个或多个组成部分占总体的比例，以反映部分与整体之间的构成内容及变化，如销售利润率、毛利率、固定资产占总资产的比率、管理费用占总成本的比率等。②相关比率，是指以某个项目与相互关联但性质有所不同的项目加以对比，以深入反映不同经济活动之间的相互关系，如流动比率、现金流量比率、利息保障倍数、财务竞争力比率等。③效率比率，是指某项经济活动的投入与产出或者费用与所得之间的关系，反映企业利用单位资源获取盈利的能力，如净资产报酬率、投资收益率等。

（2）广泛使用的财务比率，有如下几类：①短期偿债能力分析的比率，指标有流动比率、速动比率、现金比率、现金流量比率、到期债务本息偿付比率。②长期偿债能力分析的比率，指标有资产负债率、债务权益比率、权益乘数、有形净值债务率、偿债保障比率、利息保障倍数、现金利息保障倍数。③营运能力分析的比率，指标有资产周转率、存货周转率、应收账款周转率、流动资产周转率、经营资产周转率等。④市场竞争力的比率，指标有财务竞争力、商业融资能力等。⑤盈利能力分析的比率，指标有资产报酬率、净资产报酬率、普通股东权益报酬率、销售毛利率、销售利润率、主营业务利润率、成本费用净利率。⑥权益分析的比率，指标有每股利润、每股现金流量、每股股利、每股销售收入、每股净资产、股利支付率、股息率、市盈率、市净率、市销率、市现率。⑦发展能力分析的比率，指标有销售收入增长率、资本积累率、总资产增长率、固定资产成新率、负债增长率等。⑧获取现金的能力分析比率，指标有销售现金比率、全部资产现金回收率、现金满足投资比率、现金股利保障倍数、营运指数等。

不同的财务报表使用者对财务分析的指标选择是不同的。债权人主要关心企业的偿债能力、企业的资本结构、长短期的负债比例和债券的安全性。投资者不仅仅关注企业的偿债能力，还关注企业的获利能力、资产管理效率、现金流量状况及每股收益。因为薪酬、声望与企业的价值密切相关，公司管理层则更加关心企业的经营业绩、财务安全、成长前景等。供应商更加关心企业的财务状况、付款能力、信用状况和现金流量的充足性等。

（四）比较分析法

我们从共同比财务报表分析、比较财务报表分析及比率分析法中所得出的财务信息，都需要与行业标准、历史标准、目标标准、跨国标准或者经验标准进行比较，以便得出适于决策的结论。比较分析法，就是通过对财务指标在数量上的比较，来揭示财务指标的数量关系和数量差异的一种方法。通过不同数据之间的对比，从而发现规律性的东西并找出其与不同标准之间的差异，可以发现分析数据的问题所在，揭示企业经营中所面临的风险和不确定性。比较的形式可以采用绝对数比较，也可以采用相对数比较；可以采用不同企业之间的横向比较，也可以采用同一企业不同时期的纵向比较。

举例 比较分析法。某公司的财务比率与行业水平的比较见表 1-4。

表 1-4 某公司的财务比率与行业水平的比较

项目		2013 年	2014 年	变动	行业较好水平
偿债能力指标	流动比率（倍数）	0.73	0.84	0.11	1.40
	速动比率（倍数）	0.53	0.65	0.12	1.11
	资产负债率（%）	0.70	0.65	−0.05	0.48
	产权比率（倍数）	2.23	1.81	−0.42	1.11
	利息保障倍数（倍数）	1.91	1.02	−0.89	—
营运能力指标	应收账款周转率（次/年）	34.94	12.00	−22.94	7.86
	存货周转率（次/年）	8.95	9.00	0.04	6.05
	流动资产周转率（次/年）	3.04	2.54	−0.50	—
	固定资产周转率（次/年）	3.98	3.72	−0.26	—
	总资产周转率（次/年）	1.51	1.36	−0.15	1.26

续表

项目		2013 年	2014 年	变动	行业较好水平
盈利能力指标	销售毛利率（%）	20.13	19.06	−1.07	13.11
	主营业务利润率（%）	14	12	−2	—
	销售利润率（%）	0.67	0.02	−0.65	1.58
	总资产报酬率（%）	1.01	0.02	−0.99	—
	净资产收益率（%）	0.032 6	0.06	−3.2	4.5
发展能力指标	营业增长率（%）	−1.0	−3.0	−2.0	—
	总资产增长率（%）	2.9	7.0	4.1	—
	净利润增长率（%）	−54	−98	−44	—
	净资产增长率（%）	21.5	23	1.5	—

分析:（1）在偿债能力方面，除利息保障倍数降低外，其他偿债能力指标都提高了。但是，2014 年的应收账款增长率为 181.3%、流动资产的增长率为 15.55%、固定资产的增长率为 2.61%和流动负债的增长率为−0.04%，这是引起流动比率和速动比率上升而资产负债率下降的原因。利息保障倍数下降的原因是，利息支出的增长率为−25.72%，但是，净利润的增长率为−98%。与同行的偿债能力指标的比较发现，该公司的偿债能力较弱。

（2）在营运能力方面，各周转率指标都出现了明显的下降（存货周转率除外）。应收账款增长率为 181.3%，而主营业务收入的增长率为−3.39%。这表明该公司的应收账款能力下降、赊销政策发生了变化，但营运能力略好于同业水平。

（3）在盈利能力方面，各个利润指标都出现了下降，如主营业务收入下降了 1.4 亿元，经营毛利率下降了 1.07%，管理费用却增长了 2 200 万元或者 8.3%。总资产增长了 7.0%，但是净利润下降了 2 500 万元。这表明企业的资产综合利用效率较低，自有资金获取收益的能力较差，但略好于行业水平。

（4）在发展能力方面，除总资产在增长外，营业收入和净利润都在下降。这表明企业的市场份额或者行业的销售收入都在下降。

（五）因素分析法

因素分析法，也叫连环替代法，是指在某一指标受多种因素综合作用的情况下，为测定各种因素变动对该指标变动的影响程度所使用的将该指标分解为多种因素的方法。比率的计算简单，但要做出相应的解释比较困难。为此，我们需要了解影响比率的因素，如公司内部的经营活动、行业因素、管理政策、会计方法甚至经济事件和宏观经济环境的变化，还需要对比分析前期比率、预定标准和竞争对手的比率。

1．因素分析法的程序

因素分析法就是要对比率所包含的各种影响因素进行深入的分析，找出比率变化的主要因素。因素分析法的一般程序：①确定需要分析的指标；②确定影响该指标的因素及该指标与各因素之间的关系；③计算和确定各个因素对该指标的影响程度；④分析评价。

2．因素分析法的影响因素确定

假如某一财务实际指标 $P_1 = A_1 \times B_1 \times C_1$，标准指标 $P_2 = A_2 \times B_2 \times C_2$，实际指标与标准指标的差异为

$$\begin{aligned} P_1 - P_2 &= A_1 \times B_1 \times C_1 - A_2 \times B_2 \times C_2 \\ &= (A_1 - A_2) \times B_2 \times C_2 + A_1 \times (B_1 - B_2) \times C_2 + A_1 \times B_1 \times (C_1 - C_2) \end{aligned}$$

3．因素分析法的应用——杜邦分析法

在财务报表分析中，因素分析法最广泛的应用就是对杜邦分析法的定量分析。杜邦分析是在考虑各个财务指标的内在联系的情况下，利用财务比率之间的关系来综合地分析企业财务状况的方法，以便评价企业的盈利能力和股东权益回报水平。其基本思路是将净资产收益率逐渐分解为多项财务比率的乘积，如销售利润率、资产周转率、权益乘数等。净资产收益率的变动可以归结为销售利润率、资产周转率或者权益乘数的变动结果。

举例 杜邦分析法。根据表 1-5，对华能国际进行杜邦分析。

表 1-5　华能国际 2007～2009 年的杜邦分析

年份	净资产报酬率（%）	销售利润率（%）	资产周转率（%）	权益乘数
2007	13.40	22.98	33.48	1.741
2008	14.12	21.80	39.29	1.649
2009	15.42	23.24	43.32	1.531

分析：2009 年的净资产报酬率比 2008 年增加 1.3%，主要影响因素如下。

（1）销售利润率的影响：（23.24%−21.80%）×39.29%×1.649=0.933%。

（2）资产周转率的影响：23.24%×（43.32%−39.29%）×1.649=1.544%。

（3）权益乘数的影响：23.24% × 43.32%×（1.531−1.649）=−1.188%。

因此，华能国际在 2007～2009 年的净资产报酬率逐年增加，主要得益于资产周转率的增加，其次为权益乘数，最后为销售利润率。按照各影响因素的绝对值之和所占的比例计算，销售利润率对净资产报酬率的贡献度为 25.24%，资产周转率的贡献度为 42.31%，权益乘数的贡献度为 32.45%。但是，权益乘数的下降则表明华能国际使用的负债率出现了下降。

杜邦分析法的优点在于查明各项主要财务指标增减变动的影响因素及其存在的问题，比较好地解释了财务变动的原因和趋势，为决策者优化经营结构和资产结构，提高企业的偿债能力和经营效益指明了方向。但其缺点在于，过于注重企业的短期财务结果，忽视了企业的长期价值创造，特别是顾客、供货商、雇员、技术创新等影响企业绩效的因素都没有得到适当的考虑，也无法解决无形资产的价值问题。

4．因素分析法的优缺点

因素分析法的优点是可以测算出各因素对该指标的影响程度和影响方向，有利于得出该指标增减的原因和区分各部门的责任。但是，因素分析法也存在以下缺陷。

（1）忽视多个因素的同时变动。因素分析法假设影响指标的每个因素都是可以分离的，而且每次只能替代一个因素。在确定某个因素的影响值时，是以该因素之前的各因素已经

变动而之后的各因素尚未变动为假设条件的。这就忽视了两个或两个以上的影响因素同时变动的情形。

（2）替代顺序具有主观性。在因素分析法的计算中，各因素的替代顺序要根据“因素替代实质是数量指标的替代”的要求进行，即作为第二替代顺序的质量指标必须与第一替代顺序的数量指标因素之间存在客观的内在联系。因此，在第二因素的构成内容中要包含第一因素，两者的乘积是一个新的数量指标值，以此类推，第三因素应包含第二因素的构成内容。在无法满足此条件和多个因素同时变动的条件下，因素分析法容易陷入指标连环的数字游戏。

（3）因素排列方式的任意性。在因素分析法中最为关键的环节是如何排定各因素的顺序，因为不同的排列方式对分析的指标会产生不同的影响。由于排列方式的个数等于因素的个数平方减去因素的个数，因此，因素的增加会造成排列方式的急剧增加。两个因素有两种排列方式，3 个因素则有 6 种排列方式，4 个因素有 12 种排列方式。每种排列方式都对指标进行了不同的分解，结果自然不同。因此，在对指标进行因素分解时，要明确指标的内涵，理解各因素之间的逻辑顺序和所代表的生产经营各环节的情况，避免因素排列的任意性。

（4）不可还原性。在数学上，如果某一指标在同一范围内上升或下降，某一因素对该指标的影响程度是相同的。但在因素分析法中，该因素对指标的影响程度会发生变化。例如，当净资产报酬率从 10%增加到 20%，与从 20%下降到 10%时，销售利润率、资产周转率和权益乘数会对其影响程度发生变化。

第四节 前景分析

财务报表分析不是只检验会计信息的真实可靠性，计算和分析各种财务比率，而是通过财务比率的分析来对企业的财务状况、经营成果特别是企业未来的现金流量的不确定性、金额和时间进行判断及预测。前景分析就是利用未来现金流量和收益预测企业未来报酬和企业价值的过程。由于前景分析是企业价值估计、证券投资和兼并活动的核心，因此，我们需要高度注重前景分析。

一、对未来收益或现金流量的估算

对企业未来收益或者现金流量的预测既可以采用企业未来销售收入的估算方法，也可以采用企业过去盈利能力的加权平均法。

（一）企业未来销售收入的估算方法

为了估算企业销售收入的预期增长，我们需要了解宏观经济活动的水平、行业的竞争状况、企业的历史增长状况等信息，然后根据销售增长率、毛利率、销售和管理费用率、折旧率、利息率和所得税税率的静态预期、适应性预期或者理性预期的假定来估算利润表的各个项目。采用过去一年的数据来预测未来就是静态预期，采用过去多年的数据来预测未来就是适应性预期，采用过去多年的数据和当前的所有数据来预测未来就是理性预期。

然后利用估计销售收入、销售成本和相应的周转率来估计各项流动资产和流动负债，根据历史趋势估计固定资产和资本支出的增长额。例如，预计应收账款额等于预计销售收入除以应收账款周转率。根据这些计算和相应的假定推算出估计资产负债表和现金流量表。当然，在估计未来的财务报表时，销售收入等指标需要考虑其不同增长率的敏感度，进行敏感性分析，以便确定企业未来的财务状况和经营成果的变动幅度。

（二）企业过去盈利能力的加权平均法

估算企业的未来盈利能力也可以对过去 5 年或者 10 年的盈利能力进行加权平均，同时考虑过去盈利能力的波动性和可变性。平均数的采取可以利用年限总和法，越是最近的年份赋予的权重越大。为了预测未来的盈利，我们还需要分析收益的各种构成要素，考虑可用的各种信息，而不能仅仅利用收益数据进行外推，同时借助管理层讨论和分析的预测数据进行佐证。因此，盈利预测的构成要素包括以下几个。

（1）分析收益的构成要素及其持续性。

（2）检查预测的合理性，特别是考虑预测的投资回报率与过去的实际投资回报率的差异。这不仅要注意企业的管理质量、资产管理及财务状况等因素的变化，还要注意资本支出、订单积压、产品和劳务的需求趋势、政策变化等因素。

（3）预测的可靠性取决于可用信息及相关假设。观察是否有遗漏的信息，预测的假设还需要通过中期业绩报告进行更新和检验，同时考虑收入确认、分摊间接费用、估计坏账、证券的市场价值等需要年末调整的因素。

二、估值模型

估值或者定价是确定公司的股票或者债务的内在价值的一种方式。几乎所有的定价或者估值模型都以现值理论为基础。该理论认为，所有资产的价值都等于全部预期的未来报酬按照一定的折现率折现后的现值。

（一）债务和权益的估值模型

为了估算债券、股票或者其他资产的现值，我们需要每种资产的预期未来报酬、折现率（内在报酬率）和期限年数。如果 r 表示折现率，I_t 表示第 t 年的预期报酬，B_t 表示所有 t 年的现值，F 表示本金，那么，估值模型如下。

（1）债务的现值估计模型为

$$B_t = \sum_{t=1}^{n} \frac{I_t}{(1+r)^t} + \frac{F}{(1+r)^n}$$

其中，I_t 为利息。

（2）权益的估值模型为

$$B_t = \sum_{t=1}^{n} \frac{I_t}{(1+r)^t}$$

其中，I_t 为预期的股利、股权自由现金流量或者剩余收益；r 为资本成本或者权益资本的预期收益率。

股权自由现金流量等于经营活动现金净流量减去资本性支出。当 I 表示剩余收益时，权益估值模型中还需要加上权益的账面价值。如果各期股利相等且资本成本保持不变，则公司权益资本价值就等于永续年金的现值，即 $B = I / r$。如果预期股利每年以一个固定的增长率 g 增长且 $g < r$，那么 $B = I / (r - g)$。如果公司每年预留固定数额的税后利润 E，余额再进行分红，再投资收益率为 k，那么，$B = \left[I + \frac{k}{r}(E - I) \right] / r$。如果公司每年按税后利润的一定比例 b 提取留存收益，余额再进行分红，再投资收益率为 k，那么，$B = D / (r - kb)$。

（二）剩余收益估值模型

剩余收益估值模型将时间 t 的权益价值定义为目前的账面价值和全部未来预期剩余收益现值的总和，即

$$V_t = \text{BV}_t + \sum_{i=1} \frac{E(\text{RI}_{t+i})}{(1+k)^i}$$

式中，BV_t 为期末的账面价值；RI_{t+i} 为第 $t+i$ 年的剩余收益；k 为资本成本。

剩余收益或者经济增加值定义为综合收益（净收益 NI）减去期初账面价值的费用，即

$$\text{RI}_t = \text{NI}_t - (k \times \text{BV}_{t-1}) = (\text{ROE}_t - k)\text{BV}_{t-1}$$

剩余收益模型指出，公司内在价值的增长来源于资产收益率在弥补资本成本以后的剩余收益率。如果公司使用激进的会计政策导致资产的账面价值和盈利能力都同时增长，那么，未来预期盈利能力的下降和资本成本的增加会导致公司的价值下降。如果公司的权益价值都体现在股票价格上，那么，公司的股价 P_t 可以由每股账面价值 v_t 和未来期间的预期剩余收益（$\text{ROE}_t - \text{kv}_{t-1}$）得到解释。采用的回归模型为

$$P_{j,t} = \alpha_0 + \alpha_1 \times v_t + \sum_{i=1}^{4} \alpha_{i+1} \times E_t(\text{ROE}_{j,t+i} - \text{kv}_{j,t+i-1}) + \varepsilon_{j,t}$$

其中，α_i 为估计参数；ε 为残差。

对美国股票市场的股价研究表明，剩余收益率与每股账面价值能够解释股价的 70%，而未来预期的股利只能解释股价的 30%。利用剩余价值模型估算公司的每股内在价值 $V = P$ 的预测值，可以比较 V / P 和 v / P 预测收益的能力。

（三）市盈率的简单估值

除了利用以上模型来预测公司的股价外，还可以采取市盈率、市净率等财务指标进行简单判断，因为股票价格包含对公司未来盈利的预期。未来盈利的预期越高，则股票的价格就会越高，现在的市盈率和市净率就会越高。对于未来盈利的预期，可以用应收账款增长率与销售收入增长率的比值（应收账款周转天数的增长率）和毛利率的回归方程来预测。或者用净利润对市盈率、市净率进行时间序列的回归，然后利用回归系数和相应的预期市盈率、预期市净率来估算未来净利润。

从根本上来说，企业的盈利都是以现金为基础的。因此，任何股票、债券或者公司的价值都取决于在资产的整个留存期间能够期望产生的以适当利率贴现的现金流入和流出。不过，债券有确定的未来现金流的息票和到期日，且管理人员对债券利息的影响只能表现在管理人员无能或者不诚实而暂停支付利息的时候。对于股权来说，未来的股息必须估计，而且管理人员的能力随时可以影响企业的净利润和股息的高低。为了防止在估算股息时发生错误，投资者应该尽可能在那些他们所了解的、业务相对简单且稳定的公司进行投资，

同时设置一个投资的安全边际，即股票价格只相当于其价值的一定比例。最值得拥有的公司就是那种在一段很长的时期内能以非常高的回报率利用不断增值资产的公司，而最不值得拥有的公司就是那些一贯以非常低的回报率使用不断膨胀资产的公司。

【本章小结】

本章探讨了财务报表分析在企业管理、信贷决策、股票投资和企业价值的估算中的作用，介绍了财务报表分析的数据来源、会计分析、财务分析和前景分析的基本内容及其差别。

【思考题】

财务造假。根据下列材料，思考如何防止公司的财务造假。

财务造假是创业板企业粉饰报表的主要手段，胜景山河、绿大地、万福生科、银广夏等公司都曾出现财务造假的问题。

万福生科是湖南常德一家民营企业，主要从事稻米的加工和提炼业务，产品包括米糠油、米糠饲料、麦芽糖浆、米蛋白及优质大米。该公司在2011年9月27日上市，以每股价格25元获得4.65亿元的募集资金，到2013年9月股票价格下跌到7.12元。

万福生科主要通过财务造假来获得上市资格和稳定的利润。根据证监会的报告，该公司在2008～2011年财务报告数据存在虚假记载，累计虚增收入 7.4 亿元，虚增营业利润1.8亿元和虚增净利润1.6亿元。

2011年，万福生科报告的营业收入为2.699亿元、净利润为2 655.3万元，实际收入8 100万元和亏损1 367.84万元，造成虚增营业收入1.88亿元、虚增营业成本1.461 2亿元和虚增利润 4 023.16 万元，并未报告公司半年停产的事宜。该公司的葡萄糖粉实际销售收入43万元和毛利5.25%、虚报销售收入1 400万元和虚报毛利率22.08%，麦芽糊精实际收入10万元、虚报收入1 124万元，麦芽糖浆实际收入200万元和毛利率10.88%、虚增收入1.22亿元和虚增毛利率21.84%，蛋白粉实际销售35万元和毛利率14.01%、虚增收入2 754万元和虚增毛利率25.99%，优质大米实际销售1 120万元、虚增收入5 112万元。

为了将募集资金转化为个人所有，该公司虚增在建工程和预付账款，而不是虚增应收账款，因为应收账款需要在未来转化为现金，暴露的风险较大。在建工程余额从2008年的8 675万元增加到2012年的17 997万元，预付账款从2008年的11 937万元增加到2012年的14 569万元，收入从2009年的32 765万元增加到2010年的43 359万元和2011年的35 324万元，净利润在2009年为3 956万元、2010年为5 555万元和2011年为6 026万元。但是，自由现金流量在2009年为332万元、2010年为-3 997万元和2011年为-10 276万元。应收账款在2009年为578万元、2010年为809万元和2011年为3 699万元，在接近完全竞争行业的应收账款与收入的比例为1.76%、1.87%和6.09%。这个比例较低意味着造假的可能性极大。该公司最终因为造假遭到证券交易所的公开谴责并终止上市。

【练习题】

1.1 趋势分析。下表是中国上市公司1992～2000年的财务状况。

中国上市公司1992～2000年的财务状况

年份	资本总额（亿元）	净资产（亿元）	主营收入（亿元）	利润总额（亿元）	净利润（亿元）	净资产收益率（%）	每股净资产（元）	每股收益（元）
1992	481	313	226	32	24	14.3	2.44	0.35

续表

年份	资本总额（亿元）	净资产（亿元）	主营收入（亿元）	利润总额（亿元）	净利润（亿元）	净资产收益率（%）	每股净资产（元）	每股收益（元）
1993	1 821	888	954	157	137	14.7	2.44	0.36
1994	3 309	1 681	1 680	256	214	13.2	2.39	0.31
1995	4 295	2 337	2 204	256	211	10.8	2.31	0.25
1996	6 352	3 412	3 235	344	182	9.6	2.41	0.23
1997	9 661	4 836	5 077	577	468	9.7	2.47	0.24
1998	12 238	6 241	6 214	636	489	7.8	2.50	0.20
1999	16 107	7 639	7 975	806	629	8.2	2.49	0.20
2000	17 960	8 639	4 669	476	335	4.1	2.59	0.11

要求：分析净资产收益率、每股净资产和每股收益的变化趋势。

1.2 利润增长率。下表是中粮集团的销售毛利率和营业利润率。

中粮集团的销售毛利率和营业利润率（单位：%）

项目	2013 年	2014 年	2015 年	2016 年	2017 年
销售毛利率	12.52	9.27	7.13	8.63	9.83
营业利润率	11.35	8.24	6.18	7.36	8.91

要求：分析中粮集团的销售毛利率和营业利润率在 2013～2017 年的变动趋势。

1.3 比较分析法。南方航空公司于 1997 年在纽约和香港同步上市，并于 2003 年在上海证券交易所上市，主要提供中国境内、中国港澳台地区和国际航空客运、货运和邮政运输服务。下表是南方航空公司 2012～2017 年的短期偿债能力指标。

南方航空公司 2012～2017 年的短期偿债能力指标（单位：倍数）

年份	南方航空公司			航空运输业平均水平		
	流动比率	速动比率	现金比率	流动比率	速动比率	现金比率
2012	0.35	0.32	0.21	2.20	2.10	1.26
2013	0.42	0.38	0.26	1.96	1.89	1.02
2014	0.51	0.48	0.34	1.63	1.56	0.83
2015	0.22	0.20	0.08	1.36	1.30	0.77
2016	0.20	0.18	0.07	1.18	1.14	0.58
2017	0.27	0.23	0.10	1.22	1.18	0.73

要求：

（1）分析南方航空公司的流动比率、速动比率和现金比率在2012～2017年的变化趋势。

（2）与行业平均值相比，分析南方航空公司的短期偿债能力。

【案例讨论题】

公司的战略目标。许多公司在其年度报告或者招股说明书中将公司的战略目标表述为“用5年的时间跨入世界500强”“争做世界级的企业”“向集团化、集约化、现代化、国际化的大公司行业迈进”等。

讨论：试从财务报表分析的角度评估这些战略目标的合理性。

第二章　会计假设的会计分析

财务报表的价值高度依赖于会计假设的现实相关性和可靠性。会计假设是人们对会计系统所处的客观经济环境在主观上达成的共识或者约定，是从会计信息质量特征所引申出来的基础性假设，是会计赖以存在的经济、政治和社会环境的基本前提。会计假设的意义在于，只有依据这些假设，资产的计价，收益的计量，会计核算的范围、内容与期间才能加以界定，进而确认会计核算的原则和方法，实现财务报表的报告和财务信息的披露。财务报表分析不是简单地接受会计假设，而是在对每个企业的财务报表所依赖的会计假设进行检验和分析的基础上对企业的众多信息进行甄选和分析，以便满足投资、融资、信贷、经营管理等方面的决策需要。

第一节　会计主体假设的会计分析

会计主体，是指企业会计确认、计量、报告和分析的空间范围。会计主体假设规定了会计人员提供服务的范围，限定了财务报表的对象、事项及其属性的数量，同时将会计主体的活动和投资与供货商、政府、职工、投资者、顾客、其他会计主体的活动和投资区分开。会计主体假设主要依赖于经济学上的经济人假设，即会计主体具有独立的经济利益，能够将自身的经济利益与其他主体的经济利益区分开来，从而确立经营主体的产权边界。这就要求产权界定的明晰性和会计主体的交易及活动的成本与收益的内部化。但是，集团公司、虚拟公司、国有企业、黑客、盗窃、无偿占有或转移资产都对会计主体假设形成挑战。因为虚拟公司通过网络将成千上万个个体在短暂的交易时联系在一起，会计主体的分合更加迅速。

一、会计主体的基本内涵

会计主体假设要求将进行会计计量的主体视为一个独立的经济单位。这个经济单位不仅拥有自己的经营目标和自主支配的经济资源，能够独立地做出价格、投资、融资、经营和生产决策，而且对自己所控制的经济资源及其经济行为承担责任。会计主体假设划定了会计核算所要处理的各项交易或事项的范围，能够将会计主体的经济活动与会计主体所有者的经济活动区分开，以及确保了会计的工作立场。

（一）会计主体与会计确认

经济交易和事项纳入会计主体的会计过程就是会计确认，即将某个项目当作资产、负债、收入、费用或其他类似项目而正式地加以记录或将其纳入某一会计主体的财务报表的过程。会计确认包括用文字和数字对某一项目进行描述并将其金额计入财务报表的合计数里。对于资产或负债而言，确认不仅涉及对其购置或发生的记录，而且涉及对其以后的变动（包括导致其最终从财务报表上消除的变动）的记录。

会计确认包括初始确认、后续确认或终止确认。初始确认涉及对交易或事项进行识别或分析，确定进入会计程序的数据、做出分录的时点和予以记录的金额。后续确认就是在初始确认的基础上，根据日常记录的数据进行加工、整理、分类、合并为报表要素与项目及所有金额都要计入报表的过程。终止确认就是交易或者事项不能为经济主体带来未来的经济利益或者经济主体不再承担转移未来经济利益的义务时而对资产或者负债采取的终止确认行为。

不管是初始确认、后续确认还是终止确认，纳入财务报表中的确认都必须满足4个基本条件：符合要素的定义、可计量性、相关性和可靠性。由于确认存在严格的约束条件，大量的经济交易或者事项就作为表外业务、附注或者其他财务报告的一部分而存在。这些表外业务包括：①相关性、可计量性和可定义性都符合要求，但可靠性存在着疑问的业务；②相关性和可计量性符合要求，但可定义性和可靠性存在疑问的义务；③相关性、可靠性和可计量性符合要求，但可定义性存在疑问的业务；④仅相关性符合标准，可靠性、可定义性和可计量性都不符合的业务。

（二）会计确认的原则

在交易或事项满足确认标准的条件下，会计确认的时间基础可以采取权责发生制或者收付实现制。

（1）权责发生制。权责发生制就是根据权责关系实际发生的时间来确认交易或事项。经济交易或者事项计入经营主体的财务信息系统的标准是权利或者责任的发生与否，并按照其实际影响的权利和责任的情况决定何时计入资产、负债、所有者权益、收入、费用等会计要素。权责发生制要求，凡是当期已经实现的收入或已发生的费用，无论款项是否收付，都应该确认为企业的收入或费用；凡是不属于当期的收入或费用，即使款项已经收付，也不能确认为当期的收入或费用。

（2）收付实现制。收付实现制是根据现金款项的收付作为确认交易或者事项的标准。凡是收到款项或者付出款项，不管权利或者责任是否转移，都需要确认交易或者事项。在企业会计中，收付实现制只能用来确认收入和费用：企业所收到的现金，全部被当作当期收入；所支付的现金，全部被当作当期费用。

在目前的企业财务报表中，资产负债表和利润表的确认基础是权责发生制，现金流量表和税法的确认基础是收付实现制。

（三）会计主体内外确认的差异

经营主体与股东、职工、供货商、税务机关的交易是作为独立经营主体进行的，经营主体的内部活动与外部活动之间存在严格的区别。会计准则要求，发生在不同会计主体之间的交易业务，需要采用公允价值计量，而发生在同一会计主体内部的事项业务，适合采用历史成本计量。

会计主体假设不仅体现在资产、负债和权益的界定上，也体现在合并财务报表中内部交易的相互抵销上。合并财务报表实质上是对不同会计主体的会计信息进行调整、归集与合并，以体现母公司这一会计主体的财务状况与经营成果。非同一控制下的企业合并，采用购买法计量资产和负债的公允价值并确认商誉；同一控制下的企业合并，采用权益结合法计量资产和负债的账面价值。

二、会计主体的分类

一般而言，独立的经济主体都是会计主体。但是，会计主体不完全等同于经济主体。在合并财务报表的情况下，一个会计主体包含多个经济主体。在企业设置分公司的情况下，一个经济主体分立为众多的会计主体。

（一）会计主体的一般分类

会计主体可以是企业、政府部门、非营利机构或者个人。本教材主要关心企业性质的经营主体。从法律上说，企业可以是独资企业、合伙企业和公司。从产权的角度说，经营主体假设隐含着独立产权的要求。在产权不明确或者私有产权得不到充分保障的社会，经营主体假设的要求很难得到满足。

独资企业就是由一个自然人所拥有的企业。独资企业不需要缴纳公司所得税，只需要所有人缴纳个人所得税。合伙企业就是由两个或者更多的所有人所拥有的企业。每个合伙人的利润份额都要反映在纳税申报中，并缴纳个人所得税而不是公司所得税。独资企业和合伙企业都不是独立于所有者的法人实体，而公司则是独立于所有者股东的法人实体。法人实体就是其债务责任只限于所有者所出的资本。因此，独资企业和合伙企业承担的债务一般是无限责任的。但是，有限合伙企业、有限责任合伙企业和有限责任公司的合伙人对企业的债务承担有限责任。公司一般承担的债务都是有限责任的，但公司要对其利润缴纳公司所得税，股东要对分派的股利缴纳个人所得税。从理论上说，公司缴纳所得税是其对债务承担有限责任所付出的代价。

在会计上，公司、合伙和独资企业基本相同。不同的地方是，独资企业的所有者权益部分包括所有者的资本账户，合伙企业的所有者权益部分对每位合伙人都设有一个资本账户，而公司的所有者权益部分则按照股本、资本公积、盈余公积和未分配利润的方式设置账户。经营主体假设要求，任何企业的经营活动都要与资本所有人或者其他经营者的业务活动区分开。投资者、职工、政府部门及企业管理者的私人活动必须与经营主体分开。当一个经营主体的经营成本中包含其他经营主体的大量成本时，该经营主体的利润和投资收益率就会降低。

（二）会计主体的中国特色

在中国，独资企业、合伙企业和股份公司按照所有权的性质又分为国有企业、集体企业和民营企业 3 种。国有企业分为国有上市公司、国有联营企业和国有独资公司，集体企业分为集体所有制企业、集体联营企业、股份合作企业。股份公司可以上市，也可以不上市。股份公司上市需要经证监会批准和审查，而非上市股份有限公司则可以按照法律自由设立。

与民营企业不同，国有企业通常由政府或者国有资产监督管理委员会（以下简称国资委）持有其股份。国资委和中央汇金公司持有多家中央企业的股份，各地方国资委持有多家地方国有企业的股份。国有企业都具有一定的行政级别。国务院直属央企是正部级，国资委管辖的 117 家央企属于副部级，省市国资委管辖的 6 000 多家地方国有企业属于厅局级。2003 年成立的国资委代表国家依法履行出资人职责，按照行政命令派驻董事会和对国有企业进行监督，对国有企业的管理层进行人事管理。尽管国有企业的管理层能够在经营活动、融资活动和投资活动方面进行一系列的决策，但他们必须无条件地服从政府上级管理机构的命令。由于国有企业的工资、产品和服务的价格、贷款利率、资本注入和股票发行更多地受到政府的管制，因此，其收入、成本和利润更多地体现了政府的行为。这就意味着，国有企业作为独立经营主体的假设受到很大的限制。

三、集团公司与关联交易

集团公司就是以母公司、子公司、参股公司和其他股权机构共同组成的具有一定规模的企业法人集团或者众多会计主体的联合体。大量的上市公司出于战略利益、避税或者获取政策优惠的需要，往往在一个地方建立多个子公司或者在不同地方控制多个子公司，形成集团公司。大股东通过企业集团、交叉持股和金字塔股权结构的形式直接或者间接控制上市公司或者其他企业。

（一）集团公司的设立

根据中国法律，一家公司设立集团公司需要满足注册资本、拥有控股子公司的数量及法人资格等条件，见表 2-1。法人资格与会计主体存在很大的区别，分公司不具有法人资格但是会计主体。中央企业在全国各省份都设置有大量的分公司及其下属公司，每一级分公司都是一个会计主体。

表 2-1　中国设立集团公司的条件

设立条件	全国集团公司	省级集团公司	市级集团公司
母公司最低注册资本（万元）	5 000	3 000	1 000
拥有控股子公司最低数（家）	5	3	3
母子公司最低注册资本总和	1 亿元	6 000 万元	2 000 万元
集团成员单位	法人资格	法人资格	法人资格

国有企业、集体企业和民营企业，都存在各种形式的集团公司。集团公司往往成立财务公司对集团公司内部的各企业进行统一的结算、资金管理、投资理财和财务顾问等业务，利用资本规模和内部信息共享的优势获得较好的经营发展，也可以利用关联交易和内部转移定价来实现利润操纵、交叉补贴、逃避债务和税收、垄断性并购。在这种情况下，企业的独立经营主体假设就很难得到满足。

（二）集团公司的关联交易

关联交易就是关联方之间转移资源、劳务或者义务的行为，不管是否收取价款。关联交易在中国有两层含义：一是公司与其员工、管理人员、股东和子公司之间的交易；二是公司与管理人员的家属创办的企业之间的交易。关联交易通常包括商品买卖、资产交易、提供或者接受劳务、担保、提供资金、租赁、代理、研究与开发项目的转移、许可协议、代表企业或者由企业代表另一方进行债务结算、支付关键管理人员的薪酬。事实上，当政府在企业决策中发挥重大作用时，如提供政府补贴、要求银行向其他企业提供低息贷款、在企业之间划拨资产或者债务豁免时，国有企业之间就存在政策性的关联。但是，中国会计准则排除了政府控制中央企业和地方企业属于关联企业的情形。

举例　关联交易。表 2-2 列举了中国电信 2008 ~ 2010 年的关联交易。

表 2-2　中国电信 2008 ~ 2010 年的关联交易（单位：亿元）

关联交易类型	2008 年	2009 年	2010 年
集团服务采购净额	2.5	5.34	4.66
网间互联网结算费净额	3.99	5.98	5.16
互相租赁房屋	3.88	4.1	4.13
中国电信集团提供的 IT 服务	4.57	5.2	5.56
中国电信集团提供的物资采购	11.9	19.56	22.15
中国电信集团提供的工程服务	78.77	59.7	64.15
中国电信集团提供的后勤服务	22.97	23.24	21.85
中国电信集团提供的末梢电信服务	45.36	60.44	68.38
CDMA 网络租赁	13.97	72.2	115.65
合计	189.91	255.76	311.69

分析：中国电信与中国电信集团之间存在大量的关联交易，特别是中国电信从中国电信集团购买大量的服务。关联交易的金额从 2008 年的近 190 亿元增加到 2010 年的约 311 亿元。在这些关联交易中，中国电信从中国电信集团采购的物资、末梢电信服务和网络租赁占了将近 50%的关联交易金额。

（三）集团大股东操纵与会计主体假设

在中国，上市公司的治理结构容易造成大股东的操纵。控股股东不支付股利或者从被控制的公司转移利益的行为，被称为掏空行为、隧道现象或者利益输送行为。掏空行为可以采取证券回购、资产转移、转移定价的内部交易、在职消费或者不计成本的疯狂投资等方式。关联企业的利益输送包括虚构经济业务、采用高于或者低于市场价格的方式进行购销活动和资产置换、委托经营或者受托经营、以低息或高息发生资金外来调节财务费用、收取或者分摊管理费用和共同费用、隐瞒关联关系为关联企业提供贷款担保。

（1）大股东占款。大股东占用上市公司资金的根源在上市公司本来是大股东集团的一部分。大股东和上市公司之间本来就存在财务、业务和人事不分的问题，集团公司则利用镶嵌式治理结构来规避法律的问题。上市公司则通过嵌套式持股结构编制巨大的关联关系网络，有效地规避政府对关联交易的监管。而且，上市公司的流通股和非流通股的股权结构，容易造成不同类型的股东追求利益的方式不同。

举例　直接资产划拨。2012 年 11 月，大有能源花费 57.27 亿元的资金收购了控股股东东义马煤业集团下属的、拥有煤矿估价为 23.8 亿元的天峻义海能源煤炭公司 100%的股权。但是，2013 年 1 月 25 日，天峻义海与青海省木里煤业公司签署了《采矿权转让合同》，

23.8亿元的煤矿采矿权以零价格转让至木里煤业公司。上海证券交易所仅仅对大有能源没有及时披露重大交易事项进行了公开谴责。

（2）担保与资金转移。在中国，大股东通过直接挪用上市公司的资金、利用上市公司担保贷款或者通过以次充好的关联交易，将上市公司的资金转移到自己手中。这主要是因为中国对提供虚假财务报表的个人和企业的惩罚力度相对较低，尽管惩罚力度在不断提高。

（四）独立会计主体假设的检验

独立会计主体假设的检验包括分析关联交易是否充分披露，关联企业网络的结构和分布是否充分披露，大股东是否操纵企业的经济资源，企业员工是否侵吞资产，以及企业领导是否与自己的家属进行交易。

四、集团公司与合并财务报表

合并财务报表是以母公司为核心将整体企业集团视为一个会计主体，以组成企业集团的母公司与其全部子公司的个别财务报表编制的，综合反映集团的财务状况、经营成果和现金流量的财务报表。组成企业集团的母公司和子公司都是独立的经营实体，均拥有和控制着各自的资源，披露各自资源所取得的财物成果，只是通过股权投资有机地联系在一起。合并财务报表通过将不同会计主体的会计信息进行调整、归集和合并，体现出一个更大范围和更高层次的会计主体的财务状况和经营成果，使得会计主体具有巨大的不确定性。

（一）合并财务报表的理论

由于受到编制财务报表的母公司理论、主体理论或者所有者理论的不同影响，不同国家的企业可能会选择不同的合并报表编制方法。按照母公司理论，编制合并财务报表的目的是向母公司的股东反映其所控制的资源，对少数股东在子公司及其净利润的份额应该以公司集团主体的外部债权人的身份予以明确反映。按照主体理论，编制合并财务报表的目的是向所有的股东反映企业集团所控制的资源，对少数股东和多数股东同等对待。按照所有者理论，编制合并财务报表的目的是向母公司的股东报告其所拥有的资源，少数股东的权益和净利润不在合并财务报表中反映。

中国的合并财务报表采纳了母公司理论。集团中所有企业都是同一经济主体，所有子公司均应纳入合并财务报表，合并范围以控制为基础加以确定[①]。控制，就是投资方拥有对被投资方的权力，通过参与被投资方的相关活动而享有的可变回报，并且有能力运用对被投资方的权力影响其回报余额。根据实质重于形式的原则，控制权的确定要综合考虑投资者的持股情况、投资者之间的相互关系、公司治理结构、潜在表决权、公司是否被承包等因素。

如果企业直接或间接拥有被投资单位的半数以上的表决权，通过与被投资单位其他投资者之间的协议而拥有被投资单位半数以上的表决权，根据公司章程或协议有权决定被投资单位的财务和经营政策，有权任免被投资单位的董事会或类似机构的多数成员，在被投资单位的董事会或者类似机构占多数表决权，那么，被投资单位应当被认定为该企业的子公司，并且纳入合并财务报表的合并范围。因此，合并财务报表的子公司的确定不需要考

① 2014年修订的会计准则要求，如果母公司是投资性主体，且不存在为其投资活动提供相关服务的子公司，不应当编制合并财务报表。

虑子公司是否资不抵债、是否为特殊行业、子公司的资产和销售收入在集团中所占份额的大小或者是否转产，只需要考虑被投资企业是否由母公司所控制。

（二）合并范围的完全性

在做会计分析时，要注意合并财务报表是否包括所有的子公司，是否包括非子公司的财务报表。漏报子公司的财务报表或者多报非子公司的财务报表就构成粉饰合并财务报表。当母公司为融资、销售商品或提供劳务等特定经营业务而需要直接或间接设立特殊目的实体，母公司拥有单方面终止特殊目的实体的权力、变更特殊目的实体章程的权力或者对变更特殊目的实体章程的否决权，母公司通过章程或者协议对具有获取特殊目的实体大部分利益的权力或者承担了特殊目的实体的大部分风险时，这个特殊目的实体就应纳入母公司的合并财务报表范围。母公司不能控制的被投资单位，不能纳入合并财务报表的范围。这包括已经准备关停并转的子公司；按照破产程序，已宣告被清理整顿或破产的子公司；准备近期出售而短期持有其半数以上股权的子公司；受所在国外汇管制及其他管制，资金调度受到限制的境外子公司。

（三）会计政策的一致性

会计政策的一致性是指子公司的会计政策和使用的会计期间是否与母公司的会计政策和使用的会计期间保持一致。合并财务报表根据重要性原则将母子公司会计政策差异不大且对财务报告影响不大的情况不做调整。如果存在选择性地调整母子公司的会计政策，那么，粉饰合并财务报表的情况就会发生。由于在合并财务报表的编制过程中存在集团内部交易的大量抵销，如母公司对子公司的投资与子公司股东权益、母子公司之间的债权债务、集团内部的销售所带来的未实现利润等方面的抵销，因此，在合并财务报表中集团内部的各企业的账簿、凭证及实物之间就会缺少独立企业报表的可验证性或者可靠性的对应关系。

对于有限责任公司而言，股东偿还债务的责任仅限于股权投资的额度。母公司对子公司的债务只是就其投入资本部分承担有限责任；母公司债权人的求偿权也只能从母公司的资产中得到满足；子公司所欠的债务仍然需要子公司偿还，而不需要母公司偿还；子公司的销售收入已经计入了利润表，并利用已经实现的经营现金获得了银行贷款或者发行了债券。因此，集团内部大量交易的相互抵销，部分地否定了各公司的有限责任，造成合并财务报表比独立企业的财务报表更容易操纵。

（四）少数股东权益的问题

合并财务报表中少数股东权益和少数股东损益的计量，涉及购买法和权益合并法的使用。属于非同一控制下控股合并的，少数股东权益应以少数股东占子公司依据购买日（合并日）确定的各项可辨认资产、负债及或有负债的公允价值进行调整后的可辨认净资产的份额进行计量和列报；少数股东损益应根据下述两项调整进行调整后的子公司净利润的份额进行计量和列报：①购买日子公司可辨认净资产公允价值与账面价值之差；②集团内部交易形成的未实现损益和推定损益。属于同一控制下控股合并的，少数股东权益和少数股东损益应分别根据少数股东占子公司净资产账面价值和根据集团内部交易形成的未实现损益和推定损益进行调整后的子公司净利润的份额进行计量和列报。

由于同一控制下的财务报表合并采用权益结合法和按照合并日的账面价值进行会计

处理，非同一控制的财务报表合并采用购买法核算和按照购买日的公允价值处理，因此，公允价值高于其账面价值的子公司在合并财务报表中的净资产价值就会在非同一控制下较高，在同一控制下较低。不过，非同一控制下的公允价值超过账面价值的部分，会在后续各期间进行资产摊销，而购买价格超过公允价值的部分作为商誉，也需要进行资产减值估计，从而降低后续期间的利润水平和资产报酬率。尽管母公司的财务报表和集团合并财务报表的股东权益和净利润是相同的，但是，少数股东权益和少数股东损益列在合并财务报表的股东权益和净利润之中，由此可能增加合并财务报表中的每股净资产和每股收益。

（五）内部交易的抵销问题

合并财务报表是否存在没有抵销母公司与子公司之间，以及子公司之间发生的内部交易。母公司对子公司、各子公司之间和子公司对母公司的长期股权投资与母公司在子公司、子公司之间和子公司在母公司所有者权益中所享有的份额应当相互抵销，同时抵销相应的长期股权投资减值准备和投资收益。这就会造成母公司的长期股权投资和投资收益在合并财务报表中小于母公司的财务报表中列报的长期股权投资和投资收益，而母公司的其他资产、负债、收入和费用在合并财务报表中会高于母公司的财务报表中列报的其他资产、负债、收入和费用。

母公司与子公司、子公司相互之间的债权和债务项目应当相互抵销，同时抵销应收款项的坏账准备和债券投资的减值准备、债券的投资收益和对应的利息费用。母公司与子公司、子公司相互之间销售商品、提供劳务或者其他方式形成的存货、固定资产、工程物资、在建工程、无形资产等所包含的营业收入、营业成本和未实现内部销售损益应当抵销，对存货、固定资产、工程物资、在建工程和无形资产等计提的资产减值准备与未实现内部销售损益相关的部分应当抵销，也对销售商品形成的固定资产或无形资产所包含的折旧额、摊销额与未实现内部销售损益相关的部分进行抵销。

举例　内部交易的抵销问题。表 2-3 列举了特变电工集团 2007 年的财务资料。

表 2-3　特变电工集团 2007 年的财务资料（单位：百万元）

项目	合并数		母公司数	
	期末数	期初数	期末数	期初数
其他应收账款	163.4	231.3	333.3	202.1
长期股权投资	271.5	289.6	1 667.9	1 392.8
投资收益	99.9	87.2	142.6	129.7
投资所支付的现金	161.4	18.5	293.1	99.2

分析：从 2007 年的其他应收账款看，母公司的其他应收账款期末数比集团公司的其他应收账款期末数高出近 1.7 亿元，说明上市公司特变电工集团为其子公司提供了部分资金。在长期股权投资方面，母公司的长期股权投资规模比合并数高出近 14 亿元，说明特变电工的长期股权投资以控制性投资为主，且大部分已经纳入合并范围予以抵销。这也可以从投资支付的现金的差异得到说明。由于大量的长期股权投资集中在子公司，因此，近 4 300 万元的投资收益就相互抵销。与母公司的长期股权投资收益只有不足 9%相比，集团

公司对子公司外的投资收益达到了30%。

（六）合并财务报表的价值问题

合并财务报表主要是为母公司的控股股东、母公司的管理层和母公司的债权人服务的，但对子公司的少数股东或者债权人可能没有用处。由于合并财务报表是对众多法律实体的报表合并，可能存在许多制度性因素导致合并财务报表失去分析和预测的价值。例如，债务通常针对单独的法律实体，除非公司存在股东滥用公司法人独立地位和股东有限责任逃避债务、严重损害公司债权人利益的情况。另外，税务部门通常按照母子公司的个别财务报表进行征税。此外，合并财务报表的收益和现金流量可能很高，但是，母公司需要耗费一定的交易成本才能将子公司的收益和现金流量转化为母公司的收益及现金流量。这尤其是跨国子公司在汇出外汇、发行股利或者现金流动受到限制时更是如此。因此，集团公司的合并财务报表与独立企业的财务报表在会计信息的有用性和可理解性方面就存在很大的差别。对企业集团的偿债能力、营运能力、盈利能力及财务风险的分析就不同于独立企业对这些指标的分析。

由于传统的财务报表分析基于独立的会计主体或者法律主体而不是经济实体的假设，因此，对企业集团的财务报表分析就需要考虑法律制度因素和其他股东对集团内部的资金流动所施加的限制和相应的交易费用，尤其是母公司与非全资子公司及非全资子公司之间的资金划拨。尽管母公司对子公司的贷款提供担保和母公司对子公司提供直接贷款在合并财务报表中是完全相同的，但是，当子公司面临财务危机时，采取担保融资的母公司必须为子公司偿还债务，为少数股东承担部分债务及由此带来的债务风险，而采取直接贷款的母公司则只承担贷款的持股比例部分的债务，无须为少数股东的债务承担风险。

同样，子公司为母公司的贷款提供担保或者直接贷款给母公司的融资方式，也存在着为母公司的少数股东承担债务风险的差别。另外，由于企业集团的资产规模大于母公司或者子公司的资产规模，随着企业集团内部中间环节的增多，子公司或者母公司的资产周转率、存货周转率、应收账款周转率等资产周转速度会高于集团公司的相应资产周转速度。当企业集团采取多样化经营，各地区和各行业的企业在资产周转率和经营风险方面就会存在很大差异，抵销集团内部交易的合并财务报表可能会将这些差异掩盖。巴菲特认为，报表中的合并利润没有揭示集团公司的真实经济成果，需要利用控股企业的收益作为判断和理解集团企业的经营状况的补充。这样，我们对集团公司的财务报表分析，就需要与集团内部的母公司、子公司的个别财务报表分析结合起来，以便提高集团公司财务信息的相关性和可靠性。

（七）合并财务报表和个别财务报表的综合分析

合并财务报表就是将众多的子公司和母公司的财务报表数据进行捆绑。需要汇总在一起的业务部门的经济多样性越大，披露分部数据的用途就越小，公司的价值估计、偿还债务的可能性和盈利能力多少的问题就越难以回答。通过分析集团公司的合并财务报表和母公司财务报表、子公司财务报表之间的差异，我们可以判断集团内部的关联交易程度、资产的有效利用率、盈利能力、现金周转状况和资本运作状况。集团内部关联交易的程度越高，应收账款、存货、长期投资、应付账款、营业收入、营业成本、投资收益等相关项目的合并金额就越小。因此，我们可以用合并金额与母子公司的相关项目的简单加总的比率来判断集团公司关联交易的程度。该比率越小，集团公司在相关项目的关联交易程度就越大。通过合并财务报表比较上市公司和集团内非上市公司之间的各项目，我们可以发现上市公司和非上市公司在资产利用效率等方面的差异。

举例　合并报表与个别报表的分析。表 2-4 是康佳集团 1998 年和 1999 年的资产负债表相关资料。

表 2-4　康佳集团 1998 年和 1999 年的资产负债表相关资料（单位：百万元）

项目	1998 年 12 月 31 日			1999 年 12 月 31 日		
	合并	母公司	子公司	合并	母公司	子公司
存货净额	3 287.9	2 951.9	336	4 694.6	4 236.9	457.7
流动资产	6 171.2	5 252.7	918.2	8 315.5	7 182.0	1 133.5
固定资产原价	1 149.1	376.9	772.2	1 677.8	519.2	1 158.6
资产总计	7 174.7	6 195.6	979.1	9 769.4	8 391.0	1 378.4

分析：从康佳集团的财务数据可以看出，存货和流动资产主要集中在母公司，而固定资产主要集中在子公司。从存货与固定资产的比值来看，母公司的固定资产利用效率比较高，而子公司的固定资产利用效率比较低。另外，康佳集团内部存在一定的分工。母公司主要负责销售和采购，而子公司主要负责生产。

五、表外资产与表外负债

作为一个独立的经营主体，企业的所有资产和负债都需要在资产负债表上得到反映。但是，在现实中，因为确认和计量的不同，企业的资产负债分为表内资产负债和表外资产负债两部分。表外资产负债就是企业通过各种协议的方式控制或者使用了资产或负债但又不将该资产或负债反映于资产负债表的行为。而且，企业还可能因为政府或社会的压力承担一部分隐性负债。大量的表外资产或者表外负债、隐性负债低估了企业的实际资产或者实际负债，造成企业的实际负债率可能被低估和资产收益率被高估，从而高估了企业的偿债能力或者盈利能力。

（一）表外资产

企业和银行的表外资产有各种各样的形式。绝大部分表外资产是合乎法律和会计准则规定的，但有的表外资产是非法的行为。

（1）在收付实现制下，大量的资产和负债都不记录。农业、林业和渔业等资源性资产形成的非主营业务收入，因考虑不确定性因素，不按权责发生制及时入账，而按收付实现制核算。在许多医院、学校、科研机构等行政事业单位中，基本建设投资会计与财务会计实行分别建账和各自管理，未将基本建设投资账户中的资产和负债统一纳入资产负债表。从 2019 年 1 月 1 日起，行政事业单位财务会计核算的基本原则，从收付实现制改变为权责发生制。

（2）不能用货币可靠地计量的资产，被排斥在资产负债表之外。企业的自创商誉、品牌价值、企业组织和管理、战略、人力资本价值、客户关系、供货商关系等真正体现企业价值的资产，都不出现在资产负债表。

（3）因制度缺失和人为因素造成的账外资产。这包括未及时登记入账的存货、应收账款、低值易耗品、逾期贷款应收未收利息等；改制企业或出口企业已经核销的、有催收价值的各类债权；已提足折旧、账面无价值但有使用价值的各类资产；企业年金、工会经费等表外资产以个人名义私自存借，违规投资；按合同形成的到期收入未入账或未在法定期限催收形成的资产损失。

（4）金融机构的表外资产。这包括：①信贷类表外资产，包括承兑汇票、信用证、保函、贷款承诺及信用卡承诺；②衍生金融工具，是指其价值依赖于资产价格的金融工具或金融合约，包括利率、汇率、信用、股权、大宗商品类的期权、期货、互换和远期交易。衍生金融工具通过套期保值和套利功能，实现风险转移，并使资产具有更好的流动性。

（二）表外负债

表外负债是指在资产负债表上没有反映但企业要明确承担的现时义务，或可能导致未来经济利益流出的义务。企业有很强的动机持有大量的表外债务，如提高负债权益比率、降低资产负债率、提高资产收益率，从而有助于名义上增强企业的偿债能力，防止信用等级下降或者借款成本上升。但是，表外负债不仅会增大企业的财务风险，而且会降低会计信息的可靠性和相关性。因此，表外负债需要尽可能在附注和其他信息中披露，或者转为表内负债。

1．表外负债的确认条件

当符合以下条件时，负债就不能确认于表内而只能在表外进行反映：①该项目不能满足会计报表的负债要素定义；②没有充分的证据能够表明隐含于该项目中的负债的变化已经发生；③该项目不能够充分可靠地计量。

2．表外负债的特征

（1）发生和结果的不确定性。由于表外负债通常由未来发生的事项所确定，因此，表外负债在是否需要偿还、偿还的对象和时间等确认方面具有不确定性。

（2）计量的不确定性。表外负债的金额更多地需要进行估计，有时需要结合货币计量和非货币手段的计量。

（3）披露的复杂性。表外负债没有固定的格式、固定的项目和固定的填列方法，更多地反映非货币化或非数量化的会计信息。因此，尽管表外负债会包含实际已经发生的确定性负债，但是，表外负债更多的是具有高度不确定的或有负债和预计负债。不确定性负债的披露成本较高，表外融资负债的隐蔽性更大。

3．表外融资负债

表外融资负债是指不需要在资产负债表上体现的、具有灵活性和隐蔽性的债务融资方式。表外融资不受负债比例的限制，容易造成表外债权人剥夺表内债权人和股东的权益，增加企业的债务负担和无法正确评价企业的经营业绩。表外融资负债包括以下几种形式。

（1）租赁，如经营租赁、长期租赁、售后资产回租。随着租赁业务的发展，利用经营租赁掩盖实质性的融资租赁是常见的表外资产负债形式。

举例　经营租赁。为了建设 CDMA 项目和不愿意背负已借款投资 130 亿元的负债包袱，联通集团在 2001 年 12 月 31 日以持有联通 BVI 公司 51%的股权和联通 BVI 公司持有联通红筹 77.47%的股权的方式发起设立联通 A 股公司进行股票发行融资，然后设立“联通新时空”项目公司从事CDMA的开发和经营，再通过联通新时空、联通A股下属的联通运营公司和联通集团三方签署经营租赁协议，使联通A股公司及其下属的联通运营公司实际享受CDMA的经营权。通过复杂的筹资安排和精巧的租赁条款设计，联通A股成功地将融资租赁转化为经营租赁，避免了合并财务报表的问题，实现了联通集团的表外融资和表外经营的目的。

（2）附有追索权的应收账款出售。企业向金融机构出售带有追索权的应收账款或者应收票据，实质上是以应收账款或票据为抵押的贷款，应增加负债。

（3）资产证券化。这是企业将其未来能够产生稳定现金收益的基础资产加以组合，通过结构化设计进行信用增级，并据此发行资产支持证券筹措资金的过程。资产证券化包括固定资产和无形资产的证券化，贷款和应收账款等信贷资产的证券化，以及证券资产的证券化。资产证券化在增强资产的流动性和收益性的同时，放大了企业的财务风险。

（4）未合并实体，如未合并的子公司、合营企业、特殊目的实体（special purpose entity）。特殊目的实体是指由发起人建立、接受发起人的资产组合，并发行以此为支持的证券的特殊实体，目的是帮助发起人融资和规避表内债务。

举例　特殊目的实体。2005～2008年，长航油运公司通过境外设立的特殊目的实体与19家银行签订了高达12.8亿美元的银团贷款，以不可撤销条款订立了长期租赁20艘油轮的合同。但是，该公司将长期租赁和贷款作为经营租赁，未将相应的资产和负债列入资产负债表。直到2013年底，该公司才对10艘长期租赁的海外巨型油轮提取预计负债21.03亿元。2014年3月5日，长航油运公司在补充公告中才首次披露了船舶的租金。

（5）其他表外融资负债，如项目融资、研究与开发安排、项目筹资协议、售后资产回购和赎回条款、加工装配、补偿贸易、应付债券的视同清偿等。

4．不确定性负债

不确定性负债就是在现在能够预见到未来将会发生的，在结果、发生和计量上都不确定的负债。

（1）或有负债产生的表外负债。或有负债就是过去的交易或事项形成的潜在义务，如担保、承诺等。担保或者承诺的或有负债有委托贷款、委托管理资产、信托资产、代销理财产品、产品质量担保、银团贷款承诺、购销承诺合同、商业票据背书转让或贴现、未决仲裁或诉讼、债务担保等多种形式。

（2）衍生金融工具产生的表外负债。由于衍生金融工具往往具有杠杆的作用，价格、利率、汇率的微小变化都会导致巨额的亏损。

（3）资产重组引发的表外负债。资产重组有承担债务、购买、吸收股份和控股4种方式。当企业承担被重组企业的债务时，就有可能发生表外债务。

（4）关联交易引发的表外负债。许多关联企业将对外借款、投资、在建项目或者债务等重大信息进行隐瞒，造成巨额的表外债务。

（5）其他表外负债，如环境负债、人力资源负债、币值变动引发的负债、无形资产的负商誉、可赎回的优先股、应付退休金或职工离职费等。

（三）隐性负债与社会责任

与表外负债来自企业经营的结果不同，隐性负债则是企业因为政策法律的规定或社会环境的压力而对利益相关者承担的负债。随着政策或法律的变动，或者社会环境的变化，企业的隐性负债也会不断变化。

1．隐性负债的根源

隐性负债来自企业承担的社会责任，即企业有义务按照社会价值观所期望的社会目标来制定与其社会能力相匹配的政策并进行相应的决策。企业的社会责任是企业对股东财富最大化的传统责任之外，对职工、客户、供货商、社区、政府、债权人等利益相关社会群体的责任。

2．企业的社会责任内容

企业的社会责任包括经济责任、法律责任、道德责任和慈善责任。对不同的利益相关者，企业承担的社会责任会有所不同。

（1）对职工的责任。对于职工来说，企业的经济责任就是提供稳定的工作、按时支付劳动报酬、保障工作环境安全；法律责任则是履行最低工资法、社会保险法、劳动法等相关的劳工法律；道德责任就是消除各种形式的强制性劳动、禁止童工和用工方面的歧视行为；慈善责任则是对老弱病残的职工予以适当的照顾，给残疾人提供工作机会。与企业对职工承担的社会责任相关的隐性负债包括公费医疗、福利分房、退休金、裁员赔偿金、最低工资及安全设施支出。

（2）对客户的责任。对客户来说，企业的经济责任就是要创造有价值的高质量产品和服务；法律责任就是要遵守各种产品质量安全的各种法律；道德责任就是企业不能生产或提供对客户的身体健康或生命安全造成隐患的产品和服务；慈善责任就是对受到伤害的客户要提供及时的救助或捐款。与企业对客户承担的社会责任相关的隐性债务包括最高销售价格、公共救助或者对部分客户提供免费产品。由于医疗机构承担救死扶伤的工作，在灾害和事故频繁的地区，医疗机构的隐性负债就会急剧上升。

（3）对政府的责任。对政府来说，企业的经济责任就是不要设置过度复杂的组织网络结构，不要实施内部转移定价，不要进行频繁的跨地区资本流动；法律责任是遵守各种税法和管制规定，缴纳各种税费；道德责任就是不要随便裁减员工，终止经营或者破产清算；慈善责任则是对灾害事故地区提供捐赠或志愿者活动。与企业对政府承担的社会责任相关的隐性债务包括税费种类的增加、税率的提高、财产的被没收或被接管、政府摊派的各种费用等。

3．企业的社会责任和隐性负债的后果

企业的社会责任尽管部分是自愿性的，但绝大部分是社会强制性的。随着政府承担的社会经济事务越来越多，企业对政府职能的承担和隐性债务也不断增多，会计主体假设也越来越难以成立。在极端的情况下，企业成了一个“大而全”的、服务于职工和政府的小社会，其独立自主经营被完全掏空。隐性负债增加了企业的经营成本和非生产性投资支出，企业的投资回报率也会急剧下降。

但是，适当的社会责任会造成企业的竞争优势，如帮助企业降低资本成本、提高企业品牌在消费者中的认知度和忠诚度，更容易吸引优秀员工，降低员工和管理层的逆向选择和道德风险。因此，当政府采取干预市场的各种政策措施时，企业的社会责任和隐性负债会急剧增加，其持续经营会受到威胁。

第二节 持续经营假设的会计分析

持续经营假设要求会计核算将会计主体的连续不断的经营活动视为一个整体，每次经营活动都视作暂时性的，由此产生了许多过去和未来相结合的会计方法与技术。持续经营假设使会计原则、会计程序和方法建立在非清算基础上，解决了企业的资产计价和费用分配的问题。许多会计原则，如历史成本原则、稳健性原则、权责发生制原则和配比原则与持续经营假设相关。持续经营假设产生了两个替代：第一，用历史成本原则代替了市场价值；第二，用权责发生制代替了收付实现制。持续经营假设终止及企业破产或者清算时，就需要使用市场价值和收付实现制。

一、持续经营假设的含义与分类

持续经营假设通常界定为，“除非有明确的反证存在，否则都假定企业将持续经营下去”。持续经营是指一个经营主体将在未来不可确知的时期内，如资产负债表日后至少一年或者 12 个月以上，按照当前的规模和状态持续它的经营活动，不会停业，也不会大规模地削减业务。持续经营假设并不要求经营主体无限期地生存下去，而是要求经营主体的经营期限足够长，以便使经营主体实现资本的保值和增值，同时履行其现存的相应义务，从事未完成的活动，提供一笔可观的回报。在缺乏相反的证据表明企业无法持续经营的情况下，我们就认为一个经营主体的持续经营的假设是成立的。这些相反的证据就是表明经营主体的经营活动将会终止的证据，如合同规定的经营期即将到期，经营主体资不抵债被宣告破产，国家法律明确规定经营主体停业清算，或者表明企业的经营活动会出现大规模的缩减，如销售收入大幅度下降、资产规模大幅度降低等。另外，当企业发生亏损时，中国税法规定，亏损额可以在该企业随后的 5 年经营期内与利润合并抵扣所得税。有的亏损企业还通过兼并盈利企业的方式来合并抵扣所得税。

（一）企业的经营风险与持续经营假设

持续经营假设建立在企业稳定经营的基础之上。当企业的破产和清算概率很高时，持续经营就存在很大的不确定性。当风险和不确定性增加时，战争、大规模的国内冲突、恐怖主义活动、政治风险、资产没收、制度改变、自然灾害都会对企业的持续经营假设造成毁灭性的影响。企业所处的经营环境的巨大变化和技术革新也会对建立在持续经营假设基础上的历史成本原则、权责发生制原则和配比原则造成不利的影响，使许多会计核算原则和方法无法反映企业的真实价值。因此，财务报表分析的一个目的就是判断企业是否处于财务危机或者财务失败之中，进而判断企业的财务危机可能带来的相关投资的财务损失的概率和金额。

当企业的破产、停止营业、清算存在时，持续经营假设就不存在，企业持续经营的价值就为企业的清算价值所取代。企业持续经营所使用的会计方法和会计报告就不适合企业清算或者破产时使用和报告，破产企业的资产应当采用可变现净值计量。在企业清算或者破产时，所有涉及未来需要摊销或者折旧的预付费用、固定资产的账面价值都将变得毫无意义，只能以实际的市场价值计算。在没有持续经营假设的条件下，所有的资产和负债都将没有必要进行分类，只能按照现行价值来确认；担保和抵押金额变得毫无意义，债务价值将被重新确认。因此，当经营主体发生长期亏损、销售额持续下降、现金流量不足或者资本为负时，该主体的持续经营就会受到破坏。在这种情况下，会计报告就要明确披露企业将被清算或者不能持续经营。

（二）持续经营假设的分类

根据企业的外部环境和内在经营的差别，持续经营假设可以分为以下几类。

1．维持原有经营规模及产品结构的持续经营假设

该假设依赖于：①在宏观上，假设国家现行的有关法律法规和产业政策没有发生重大变化，行业的准入制度和市场分割维持目前的状态；②在微观上，假设所评估企业的资本结构、经营结构和产品结构得以维持，企业的会计政策和税负状况没有发生实质性的变化，企业继续拥有独立的生产经营地位，其现有规模的资产可继续使用下去。

在这两个前提下，持续经营假设就意味着：①企业的控股权不会发生变化，或者虽有控股权的变化但企业的主要经营方向和战略不会发生重大变化；②企业现有的财务政策、定价政策和市场份额不会发生重大变化；③企业没有大量的资本投入且造成企业的生产经营能力产生很大的提高；④企业不会发生转产或者经营方向的根本性改变；⑤企业的经营资产、金融资产和长期股权投资的结构不会发生重大变化。

2．在企业集团中处于附属地位的企业的持续经营假设

这种企业具有独立的法人地位，是名义上的会计主体，但承担着企业集团产品生产或者服务环节中的某一个具体任务，或者该企业是企业集团的附属企业。由于缺乏独立的市场地位，其原材料的进价、产品的售价、服务的定位、经营策略或者服务收费等受制于所属企业集团。这种企业的利润只是企业集团利益的一部分，完全根据集团的利润需要进行调节。作为企业集团的一部分，子公司、外商投资企业或者中外合资企业就会根据转移价格进行利润调整。为了评估这类企业的持续经营状况，财务报表分析者就需要根据市场价格和要素成本来调整企业的产品价格、生产经营成本、税收、期间费用等。

3．投入增量资本的持续经营假设

如果控股股东增加对企业的资本投入并使企业在短期内增加生产经营能力，那么，企业的持续经营就取决于市场环境的变化。财务报表分析者需要考虑增加的资本投入是用于经营资产还是金融资产，是用于在现有资本设备和厂房的基础上扩大生产规模还是在新建厂房和购买设备的基础上扩大生产规模，产品的市场饱和度，产品或者服务的市场可接受度，推销过程所需要增加的销售费用，扩大生产规模的行业是否处于产能过剩局面，等等。

4．企业重组和产生协同效应后的持续经营假设

企业利用大规模的资产重组或者募集的资金对上下游企业或者平行企业获得控股权，在资产负债表上的长期股权投资大幅度增加。许多被并购的企业往往拥有土地、房产、机器设备或者技术人员，但销售能力和内部控制力较弱，企业管理不善。为此，财务报表分析者需要考虑被兼并的资产或者被并购的企业对并购方的利润增加的影响，新增资本所带来的现金流量的影响，管理者在重组后对成本和费用的控制是否实现现金流量的增加，并购企业的资产结构和资本结构的改变是否造成现金流量的时间、不确定性和金额的改变。

5．经营模式转移下的持续经营假设

在面临原有行业衰退和新行业崛起的过程中，绝大部分企业在原有的行业中进行市场细分和技术改进，也有部分企业开始进行多元化的生产经营，并成功转移到新的行业。但是，企业的经营模式受制于企业的核心竞争力、企业经营理念和管理者的市场洞察力，具有显著的路径依赖特征。当无法获取新行业的核心竞争力或者受制于企业的经营理念时，企业就很难转移到新的行业，摇摆于多种经营和投资的边缘。因此，企业的经营模式包括业务进入模式和企业发展方式两个方面。业务进入模式涉及企业是以专业化、相关多元化还是非相关多元化的模式发展业务，而发展方式则涉及企业是依靠内部经营还是依靠外部投资和并购来发展。企业的经营战略由此分为6类，见表2-5。

表 2-5　企业的经营战略分类

发展方式/业务进入模式	专业化	相关多元化	非相关多元化
内部经营	内部专业化	内部相关多元化	内部非相关多元化
外部投资和并购	外部专业化	外部相关多元化	外部非相关多元化

（1）内部专业化战略和外部专业化战略的选择。当企业的资产专用性很强，企业的战略目标是在某个行业获取生存或成为行业的知名企业时，企业最好实施内部专业化战略。如果企业希望开辟某个新的市场，采取合资经营或者战略联盟的外部专业化战略也是很好的选择。

举例　内部专业化战略。青岛海尔早期采取了专业化创名牌的战略，主要是为了扭亏为盈、维持生存，同时具有生产冰箱的专用性资产，面临的市场竞争还不激烈。

（2）内部相关多元化与外部相关多元化战略的选择。当企业发展到一定阶段，具有较强的竞争优势但市场竞争激烈时，企业就可能会进行相关多元化经营。与依靠自身力量不断拓展新的行业相比，对外采取投资或并购的手段更容易进入多元化经营。

举例　外部相关多元化战略。青岛海尔从1992年开始，通过并购、投资等手段，由冰箱生产行业进入冷柜、空调、洗衣机等家电行业，实现了外部相关多元化战略的转移。

（3）内部非相关多元化战略和外部非相关多元化战略的选择。当企业在原有行业不占据竞争优势但预期某个新行业的利润很高时，企业就可能会实施非相关多元化战略。从事铝加工的东盛科技面临铝产品销售利润率较低时，就通过自筹资金进入高利润的医药行业。

举例　外部非相关多元化战略。雅戈尔公司创立于1979年，最初经营服装与纺织，逐渐发展为经营品牌服装、房地产开发和股权投资3种产业的企业集团。2008年，在雅戈尔公司的净利润17.91亿元中，房地产、服装和股权投资收益分别占43.61%、31.88%和17.98%。

总之，企业的持续经营假设与经营战略的选择高度相关。专业化战略有助于企业充分利用现有的资源和技术，但容易受到技术革新和行业周期发展的影响。非相关多元化战略不利于利用企业的专用性资产和技术，但有助于克服行业发展的风险和充分利用政府的交叉补贴。相关多元化战略则处于两者之间，有助于扩大企业现有的竞争优势，延缓企业衰退的速度。

二、持续经营假设的判断和检验

2014 年修订的《企业会计准则第 30 号——财务报表列报》要求，在编制财务报表的过程中，企业管理层应当利用所有可获得信息来评价企业自报告期末至少 12 个月的持续经营能力。评价时需要考虑宏观政策风险、市场经营风险、企业目前或长期的盈利能力、偿债能力、财务弹性，以及企业管理层改变经营政策的意向等因素。评价结果表明对持续经营能力产生严重怀疑的，企业应当在附注中披露导致对持续经营能力产生重大怀疑的因素，以及企业拟采取的改善措施。

（一）企业的非持续经营的征兆

企业的非持续经营的征兆包括：现金短缺、负的现金流量、营运资金和信用短缺，影响营运周转；融资能力降低，营业扩充的资金来源依赖于利润；为维持现有的负债需要额外的担保品；订单显著减少，未来销售收入下降；成本超过收入，受低价进口竞争的压力增大；对单一或少数产品、顾客或交易的高度依赖；现有借款和流动比率、额外借款及偿还时间的规定缺乏弹性；存货大量增加，超过销售需要；利润质量逐渐恶化，如通过改变折旧方法、存货计价方法、资产重组、债务重组、投资收益、出售资产等方法来增高利润。

（二）企业持续经营的会计分析

除充分利用信用中介机构和专业人员对管理层的独断专行、财务管理混乱程度、规章制度的有效执行程度等方面的调查报告外，我们还要认真分析企业的财务报表所蕴含的各种有损企业持续经营的信息。

（1）对资产项目的持续经营假设的检验。我们可以通过查看财务报表中产品缺乏市场的固定资产的账面调整及处理时产生的清理损益，大量呆滞的不良资产的调账和转销处理，根据存货的跌价损失、坏账准备、长期投资减值准备的情况来判断企业的资产减值损失的规模和金额，计算各项资产减值损失占整个资产的比例，分析资产减值损失的来源，如技术创新、签署的长期合同导致高于市场价格的资产采购价格、较低的折旧率或摊销率、过于激进的企业兼并等。

（2）由负债引起的持续经营损害。这涉及资产的查封、抵押、债务重组、资产置换。

（3）由所有者权益变更引起的持续经营损害，如大股东占有公司的利益输送。

（4）企业改组引起的产权变动和非持续经营。对资产和负债进行重新估价，特别是关联方之间的资产置换和资产重组，甚至中断经营来达到上市融资的目的或者逃避债务。

（5）企业经营的产品所面临的技术更新。技术更新率越快，产品生命周期越短，企业的生存不确定性就会增加。面临产品价格、利率和汇率的波动幅度大的企业，尤其是新兴行业的企业，其持续经营就会更加困难，兼并、合并、清算、终止的可能性就会越大。

三、资产重组与企业的持续经营

资产重组就是对企业的资产、负债或者所有者权益进行较大幅度的调整，包括收购兼并、股权转让、资产置换、资产剥离、债务重组和其他重组方式。中国企业资产重组的规模越来越大，频率越来越高。在进行资产重组过程中，重组企业面临着目标企业价值评估风险、融资风险、流动性风险、杠杆收购的偿债风险、并购后的整合风险，从而为重组企业的持续经营带来了更大的不确定性。

（一）资产重组的主要形式

在中国的资本市场上，资产重组包括大宗股权转让、收购兼并、资产置换、资产剥离等多种形式。

1．大宗股权转让

大宗股权转让就是上市公司的股东将其持有的大宗股权转让给其他个人或者企业的行为。大宗股权转让的情形比较复杂，可以采取不同角度的分类。

（1）按照股权性质，大宗股权转让分为国家股、法人股、国有法人股、外资股、公众股等股权的转让。

（2）按照转让方式，大宗股权转让分为无偿转让、协议转让、抵债转让、重组转让、股权出资转让等。

（3）按照股权性质的变更情况，大宗股权转让可以在同一股权性质内部转让，如国家股转让给国家股，法人股转让给法人股，国有法人股转让给国有法人股；也可以在不同股权性质之间转让，如国家股变法人股或国有法人股，法人股变国家股，国有法人股变法人股，等等。

（4）按照是否涉及关联交易，大宗股权转让分为关联方之间的大宗股权转让和不涉及关联交易的大宗股权转让。

（5）按照是否变更第一大股东，大宗股权转让分为第一大股东变更的大宗股权转让和第一大股东不变更的大宗股权转让。第一大股东的变换并不影响上市公司的独立经营主体和独立法人地位，企业仍应采取持续经营假设和按照账面价值对外公布财务报表。但是，对于非同一控制下的控股并购而言，被并购企业要在股权转让之后将账面价值调整为公允价值并按其编制个别财务报表，新的控股股东所支付的买价与被并购企业的公允价值之差应该确认为商誉。因此，大宗股权转让事实上将被并购企业的资产价值从历史成本计量调整为公允价值计量。

2．收购兼并

上市公司采用支付现金、负债融资、发行股票、实物资产等方式进行吸收合并、新设合并、控股合并或者参股投资其他企业。在吸收合并、新设合并和参股投资时，并购中所支付的买价高于被并购公司的公允价值部分，应该计入商誉；对于控股合并而言，被并购企业的账面价值与并购企业的账面价值进行合并。按照权益结合法，在兼并收购后，被合并企业的整个年度利润就并入母公司的利润表；按照购买法，在兼并收购后，被合并企业在并购日后所实现的利润并入母公司的利润表，而并购日之前的利润不能并入母公司的利润表。许多上市公司通过兼并和采用权益结合法的方式将被并购企业合并前的利润纳入上市公司，以便实现以较高价格发行股票、获得配股资格或者避免亏损摘牌的目的。

3．资产置换

企业进行资产置换的形式多种多样，包括：①上市公司与大股东（母公司）进行非货币性资产交换；②上市公司以自己的附属（子）公司与母公司的附属（子）公司进行交换，这是一种长期股权投资换取另外一种股权投资；③上市公司以自己的非货币性资产交换母公司的附属（子）公司，这是一项非货币性资产与长期投资的转换。②和③涉及一种特殊形式的企业合并。上市公司所支付的资产的公允价值高于被转换的母公司的附属（子）公司的公允价值的差额，应当计入上市公司的商誉。

4．资产剥离

资产剥离就是企业将资产的组成部分，如产品线、子公司、部门等出售给第三方，以获取现金、股权收益或其他回报的资产重组形式。由于资产剥离可以采取多种形式，对企业的持续经营会产生不同的影响。

（1）按是否符合公司的意愿，资产剥离分为自愿性资产剥离和非自愿性资产剥离。一般的资产剥离是企业自主决策的结果，但有的资产剥离是政府相关部门或司法机关依据反垄断法等法律法规或去产能的相关政策，迫使公司剥离其部分资产或业务的行为。

（2）按交易双方是否存在关系，资产剥离分为关联交易资产剥离和非关联交易资产剥离。关联交易资产剥离就是企业与其关联方进行大规模的资产售出行为。非关联交易资产剥离就是资产交易的双方不存在关联关系的资产剥离。

（3）按剥离后公司战略是否重新定位，资产剥离分为战略性资产剥离和战术性资产剥离。战略性资产剥离就是公司从长远利益出发剥离部分资产，以便进行专业化生产或者转入新的行业。战术性资产剥离就是公司从改善短期绩效的目的出发剥离部分资产，以便提升净资产报酬率或者扭亏为盈。

（4）按剥离资产与留存资产的产业关系，资产剥离分为横向资产剥离、纵向资产剥离和混合资产剥离。横向资产剥离就是公司对生产经营上并无必然联系的资产剥离，纵向资产剥离就是公司对生产经营上存在垂直联系的部分资产的剥离，混合资产剥离就是横向资产剥离和纵向资产剥离的混合。

（二）资产重组对企业持续经营的影响

资产重组有 3 种情况，一是在经营失败的情况下进行的资产重组；二是在企业的扩张过程中发生的资产重组；三是大股东转移财富的资产重组。对于企业在扩张过程中发生的资产重组，企业的资本结构可能会发生重大变化，增加财务失败的风险；企业在新的行业缺乏足够的经营，企业规模增长过快，超过了企业的管理能力；企业不同构成部分的文化不同，造成融合困难，增加重组失败的可能性。

公司的业绩在重组当年会有明显的提升，但是在重组第二年后则出现大幅度的下降。这是因为被并购公司的资产营运能力在并购后得以提高，导致更高的经营活动现金流量。相反，并购企业由于支付并购标的的价格高于市场价值，从而导致大量的商誉需要摊销或者资产减值，降低了并购企业的增长潜力。报告了商誉价值的企业，市净率普遍较低，只有 60%的并购公司在并购后净收益有显著增长。

四、企业的生命周期与持续经营假设

任何企业都存在一个形成、成长、成熟、后成熟和衰老的生命周期。在企业发展的不同阶段，持续经营的能力存在很大的差异。初创企业比成熟企业更容易经营失败。

（一）企业的生命周期

根据企业的业务、盈利能力和组织扩张的不同情况，企业的生命周期分为形成期、成长期、成熟期、后成熟期和衰老期。不同阶段的生产经营、组织特征，以及投资者与管理者的关系各不相同。而且，经济增长速度、技术革新和政策支持的变化，都会影响企业的生命周期。

（1）形成期的特征。在形成期，所有者往往是管理者，企业规模较小，生产经营的产品和业务单一，企业的业务和组织都在扩张，缺乏盈利能力，资金来源不足，企业失败的风险很大，企业的死亡率比较高。缺乏核心技术和竞争力、经营不善、企业的政治化和高税负是企业倒闭的主要原因。处于形成期的企业获得成长的手段包括创造性、指导与控制、资源获取的授权、内部资源的协调、与外部企业的合作等。

（2）成长期的特征。在成长期，企业的业务、盈利能力和组织都保持扩张的态势，但应收账款、坏账损失也显著增加。

（3）成熟期。在成熟期，企业的业务、盈利能力和组织都保持稳定，成长机会下降，但企业内部的组织管理活动复杂化。一般而言，从成熟期过渡到衰老期往往会经历危机潜伏期、危机征兆期、危机发生期、危机总结期和危机恢复期等各阶段的后成熟期。

（4）后成熟期。在后成熟期，企业的业务、盈利能力和组织都会发生质变。

（5）衰老期。到了衰老期，企业的业务、盈利能力和组织都会萎缩，企业的产品和服务多元化的特征明显，组织灵活性下降，管理费用急剧上升，企业面临被兼并或者破产的危险。

表 2-6 是企业生命周期不同阶段的财务特征。

表 2-6 企业生命周期不同阶段的财务特征

发展阶段	形成期	成长期	后成熟期	衰老期
销售成长能力	低	高	中	低
获利能力	低	高	中	低
留存收益率	低	低	中	高
资本支出率	低	高	中	低
员工对集体薪资接受度	最低	较高	最高	较低
经营活动现金流量	负数	正数	正数	负数
投资活动现金流量	负数	负数	负数	正数
筹资活动现金流量	正数	正数	负数	负数

（二）企业的生命周期对持续经营假设的影响

对投资者而言，企业的经济寿命就是企业的业务、盈利能力和组织都处于合理界限的企业寿命，包括成长期和成熟期。从企业的生命周期和经济寿命来看，持续经营假设对于生命周期较长的大企业更为合理，对于处于形成期和衰老期的企业就不合理，对个体工商户和微型企业基本不合理。同时，企业的经济寿命与市场化程度密切相关，市场化较深的地区和国家，企业的经济寿命较长。一个地区的产权保护程度越高，企业的存续时间越长；市场规模越大，固定成本越高，企业存续时间越短。对于国有企业而言，其经济寿命受制于政治的影响非常明显。

第三节　会计分期假设的会计分析

会计分期假设主要基于会计信息的相关性质量特征，认为企业的财务状况和经营成果的财务报告应当定期地予以披露和报告。这一假设规定了会计对象的时间界限，将连续不断地经营活动人为地分割为若干较短的期间，以便及时提供会计信息，为正确计算收入、费用和损益提供必要的基础，同时有助于强化企业的竞争意识，提高企业的短期经营效率和财务绩效。但是，当财务报表的数据依赖于会计期间的选择与划分时，财务数据的真实可靠性就会受到影响。

一、会计分期假设的基本含义

会计分期假设的含义是，经营主体可以在一个特定的期间获得一个相对准确的会计估计，但需要接受带有某些不确定性和误差的会计信息的报告。

（一）会计分期假设与会计准则

会计分期假设确立了主要会计报表需要以权责发生制为基础来编制，以满足投资者对财务报表的定期需求。与现收现付制会计无法合理报告一定期间企业所有的经济业务及其后果相比，权责发生制会计有助于提供公司经营业绩的更全面和相关的信息，更能反映当前和持续产生现金流量的能力。为了满足会计分期假设和权责发生制的要求，配比原则和收入实现原则得以确立。会计分期假设就使权责发生制成为基础性的会计原则，也使收入实现原则和配比原则成为利润表的基础。

为了满足权责发生制会计的要求，企业支出就需要区分资本性支出和收益性支出，企业收入就需要区分当期收入和递延收入，资产和负债就需要按照时间长短或者流动性划分为流动资产和流动负债与非流动资产和非流动负债，存货、固定资产、金融资产、长期股权投资就有多种计价方法。这样，会计分期假设和权责发生制会计的应用导致了财务报告的复杂性，增加了理解的困难性，也导致了财务报表的主观性和可操纵性。

（二）会计分期的年度选择

会计分期是指将一个会计主体持续经营的生产经营活动划分为一个个连续的、长短相同的期间，如年度、半年度、季度、月度或者周数。在世界各国，会计年度可以是企业的经营周期、日历年度或者财政年度。中国的企业统一采取公历 1 月 1 日到 12 月 31 日的日历年度为一个会计年度。财政年度就是不以 12 月为期末的自然年度，如美国政府和泰国政府的财政年度从每年的 10 月 1 日到次年的 9 月 30 日等。

采用日历年度的优势在于比较简单，易于管理，但缺点表现在：年末繁重的会计核算与节假日的密集相冲突，造成会计人员的工作负担过重，财务报表的错误较多；日历年度与企业的经营周期不相符合，年末会计要素的变化较大，造成部分信息扭曲；年末的集中审计增加了会计师事务所的负担，降低了审计质量；会计信息也因为年末的节假日集中而被高度稀释，降低了财务报表的有用性。

相比之下，按照企业的经营周期采取的会计年度，不仅会计要素的变化较小，易于计量，而且会计工作的负担较小，财务报表出错的概率较小，从而提高了会计信息的质量。另外，会计信息根据企业的经营周期分布在一年四季，会计师事务所可以将优质的审计师工作在一年内均匀分布，投资者和其他报表使用者有足够的时间分别对各个公司的报表信息进行充分吸收，从而提高财务报表的有用性。不过，统一使用日历年度可以增加财务报表的可比性，而采取财政年度、自然年度或者按照经营周期的会计年度会导致企业之间的财务报表的可比性较差。

二、会计分期的影响因素

会计信息的质量与会计期间的长短具有明显的相关性。会计期间越短，会计信息越不准确。影响会计分期的因素包括以下 6 个。

（1）利润分配风险。会计期间越长，股东财富损失的可能性就越大，因为企业的管理者和大股东转移企业资产的可能性越大。因此，在企业的管理者和大股东转移企业的财富比较多的国家，会计期间就需要缩短，以便降低企业的定期监督成本，有效地保全企业资本①。

（2）利润分配成本和报告成本。会计期间越短，报告次数越多，报告成本越高。对于上市公司而言，频繁召开进行利润分配的股东大会和董事会能够提高企业的报告成本。如果企业的报告包含利润预测或者销售收入预测的数字，投资者可能会由于企业的过分乐观或者不正确的预测而控告管理层。会计报告次数的增加也会带来诉讼成本的急剧上升。

（3）信息处理成本。信息处理成本包括搜集、处理、审计、传输信息的成本，以及对已披露信息的质询进行处理和答询的成本。随着信息技术的发展和信息处理成本的降低，会计信息可实时生成，会计信息的使用者可以随时通过网络获取会计报告，不必等到会计期间结束后才能获取信息。

对于固定资产的折旧、无形资产的摊销、自然资源的折耗、工资薪酬费用、利息费用等具有固定期限的事项或者交易而言，信息的实时生成就更为便捷。重大的资产交易或者公司的重大决策，都是实时生成信息的一部分。对于营业收入、采购、现金的流入或者流出而言，因为存在巨大的波动性，信息的实时生成可能会造成较短时期的净利润或者净现金流量的巨大波动。这时，按照交易期间提供会计信息就更为真实可靠。交易期间与会计期间的统一，可以使成本费用分摊更加合理，会计处理更为连续、完整，减少跨期调整业务。这意味着，随着信息处理技术的发展和财务软件包的普遍使用，会计期间会越来越短，实时生成的信息或者按照交易期间提供的信息可能会越来越多。

（4）经营周期。会计期间与经营周期越一致，企业的经营成果衡量就越公允，对现金流量及企业的经营造成的影响就越小。当会计期间与经营周期不一致时，就会出现权益的变动与现金收支不相符合，权责发生制与收付实现制之间也会发生冲突。大量的待摊、预提、分配事项的出现及估计的结果会降低利润表的有用性。

（5）可比性。比例越高的企业在相同的会计期间进行报告，财务报表的可比性越强，企业的收入和利润受工资、通货膨胀率、汇率和利率变动的影响越小。

---

① 荷兰东印度公司在 17 世纪每 10 年编制一份报表，英国东印度公司在 1650 年后每 7 年（后来 3 年）编制一份资产负债表，这两个公司现已解散。

（6）盈余管理。企业的盈余管理程度与会计期间密切相关。会计期间越短，企业管理当局的行为就越可能短期化，盈余管理也可能越严重。

三、中国企业的中期报告和年度报告

现在，一般的企业会有月度报表、季度报表、年度报表，有的企业还有周报表。上市公司必须提交季度报表、中期报表和年度报表。

根据会计准则的要求，会计报表需要提供年度报告和中期报告。中期是指短于一个完整的会计年度的报告期间，如一个月、一个季度、半年或者其他短于一个会计年度的期间。因此，月度财务报告、季度财务报告、半年度财务报告等属于中期报告。中期报告应当与年度报告采取相一致的会计政策，不得在中期内随意变更会计政策，以便保持前后各期会计政策的一贯性。

由于一年期间的收入、成本及费用存在季节性、随机性、计划性、循环性和非重复性波动的情况，更多的会计估计发生在中期，中期报告与年度报告之间就可能存在很大的差异。

（1）企业税收的确定和一些费用的收取是以财政年度为依据的，全年的税收和费用与中期报告的税收和费用可能不相符合。

（2）部分公司的投资收益和营业外收支在年末才结算。

（3）年度报告的审计对财务报告提供了一种积极保证的承诺，可信度较高。中期报告的“复核”只是一种消极的保证，表明报告中仍有许多不确定性。与经过审计的年度报告相比，中期报告未经审计，提供的信息过于简单，对重要事项往往缺乏详细阐述。

（4）企业也会根据中期报告的情况，进行一年的资产重组和会计调整处理。在政策性或偶然性因素带来收入不确定的情况下，下半年的收入与上半年的收入就会有很大的变动。

举例　中期报告收入的变化。郑州百文在 1998 年的中期报告的每股收益为 0.075 元，但年度报告中的每股收益变为-2.542 8 元。

四、会计分期假设与更正公告问题

除了中期报告和年度报告外，上市公司还普遍使用一种年度报告或者半年度报告的补充公告，俗称补丁财务报告或者财务重述。

（一）证监会对更正公告的规定

根据沪深证券交易所的规定，“在注册会计师审计的过程中，如发现经审计的财务数据与已公布的财务数据出现重大差异（一般指差异在 10%以上），上市公司应立即刊登公告，解释差异内容及其原因”；“若报告期内公司做出会计政策、会计估计变更或重大会计差错更正，上市公司应在年度报告中‘董事会报告’部分对上述变更、更正的原因及影响进行讨论和分析，并在报送年度报告同时向本所提交包括董事会、监事会和独立董事意见的书面报告，同时提交会计师事务所做上述变更、更正的有关说明”。因此，补丁财务报告就是指上市公司财务报表披露后，因信息遗漏或者会计差错引起对某些会计数据做出重新调整的财务报告。在一定程度上说，更正公告在实质上修改了会计分期假设。

（二）补充公告的原因

补充公告一般分为因信息遗漏的补充公告、因信息差错引起的更正公告及补充更正公告3类。补充公告出现的原因包括以下6个方面。

（1）录入、校对、排版、统计及计算错误等技术原因导致的补充或者更正。对财务报表进行更正公告的原因，可能是财务报表的数据出现错误。例如，在2013年的半年度报告的更正公告中，浪莎控股将财务费用变动比例从975.05%更正为-975.05%，万昌科技将总股本加权平均数从11 369.4万股更正为14 076.4万股，鱼跃医疗预计前三季度净利润从18.9亿元至24.56亿元更正为1.89亿元至2.45亿元。

（2）因会计政策变更、会计估计变更、会计差错或者审计意见等问题而进行的补充或者更正。例如，浏阳花炮在2003年9月9日的半年度报告更正公告中声称，“本公司在2003年半年度报告中由于应收账款和其他应收账款的账龄分类及坏账准备计提时出现错误，公司半年报披露的净利润、每股收益和净资产收益率纠正后的数据分别为33万元、0.002 6元、0.12%”。而在同年8月28日发布的半年度报告中，相应的数据分别为295万元、0.023 4元、1.05%。

（3）因年度报告格式或者内容不符合相关法律规定，或者因存在重大疏漏、应披露而未披露的重要内容被交易所要求进行的补充或者更正。2010年3月27日，广东宝利来投资公司发布关于2009年会计差错的更正公告：“本公司固定资产中房屋建筑物为一栋五层的办公楼，其中四层用来出租，一层为公司自用。以前年度全部作为固定资产列示，未将出租部分转入投资性房地产中，本期采用追溯重述法进行调整。投资性房地产增加3 506 049.58元，固定资产减少3 506 049.58元。”

（4）因会计舞弊、重大会计差错、会计丑闻等重大问题而被财政部、证监会要求对年报内容进行补充或者更正。2005年12月22日，四川禾嘉公司发布关于2004年度会计差错的会计公告：“2004年末进行的资产置换关联交易中，公司将本应计入资本公积项目的控股子公司债权转移形成的坏账准备转回数计入了子公司当期损益，上述会计差错更正后造成的影响：2004年利润总额由11 800 874.12元调整为-1 403 185.28元，减少13 204 059.40元；净利润由4 901 467.68元调整为-7 158 542.32元，减少12 060 010.00元。”

（5）因投资者质询或者公司认为有助于投资者决策等原因而对会计指标或者公司的经营、公司治理等重要问题进行的补充或者更正。2003年5月，泸州老窖发布的2002年年度报告的财务数据更正公告称，“由于公司对相关企业会计制度理解出现偏差，动用了3 063.78万元公益金作为解除变更员工劳动合同的福利补偿”，更正后该福利补偿款改为“从当期管理费用中列支，造成净利润从更正前的5 142.46万元减少到3 089.73万元，每股收益从0.097 8元减少到0.058 8元，净资产收益率从3.457%减少到2.077%”。

（6）对一些重要问题做进一步的说明和解释，或者是上市公司对信息披露准则要求内容遗漏的补充，或者是对政策的理解存在偏差，或者是公司故意操纵财务报表数据以影响股票价格或者调节市场对公司业绩的反应。云南一家制药公司在2002年年度报告的更正公告中声称，负债合计的合并数、母公司数、总资产中的负债增加、应付股利增加、股东权益增加的数据有误；这家公司在2001年年度报告的更正公告中声称，现金流量表编制有错误。

五、会计分期假设与会计差错的追溯调整

会计差错的调整模糊了分期假设。对于财务报表的当期差错，需要在报表发布前予以更正。在资产负债表日至财务报告日之间发现的财务报表差错应当作为资产负债表日后事项处理。但在发布报表后发现的差错，就形成前期差错。前期差错就是由于没有运用或者错误地运用那些预期或者能够取得的可靠信息，而对前期财务报表造成省略或者误报。

（一）前期差错的会计处理方法

前期差错通常包括计算错误、应用会计政策错误、疏忽或者曲解事实、舞弊产生的影响、存货和固定资产的盘盈等。企业应当采用追溯重述法更正重要的前期差错。追溯重述法，是指在发现前期差错时，视同该项前期差错从未发生过，从而对财务报表相关项目进行更正的方法。在运用追溯重述法时，需要计算确定前期差错的累积影响数，进行相关的账务处理，调整会计报表相关项目和进行附注说明。确定前期差错影响数不切实可行的，从可追溯重述的最早期间开始调整留存收益的期初余额，财务报表其他相关项目的期初余额也一并调整；对于确定前期影响数不切实可行的，或者不重要且非故意造成的前期差错，也可以采用未来适用法。

（二）补充更正与会计差错调整的区别

一般补充更正与会计差错追溯调整的区别在于，补充更正对错误对象的更正较为及时，错误性质不太严重，上市公司主动更正的比例较大。会计差错更正对错误对象的更正滞后时间很长，上市公司被动更正的比例较高，错报性质比较严重。

六、会计分期假设与利润平滑

利润平滑就是企业有目的地降低经营业绩较好年份的报表利润，将其转移到经营亏损的年度，以便企业的利润在一个较长时期内保持稳定或者有序的增长趋势。尽管利润的总额没有改变，利润的期间构成却被歪曲。

（一）利润平滑的分类

企业的利润平滑的手段分为合法的与非法的利润平滑两种。

（1）合法的利润平滑就是采取稳定收入流的经营方式，以便确保收入和利润的稳定增长。这包括采用租赁而非销售计算收入的方法，实行预售制的房地产企业控制交房的时间，银行采用贷款利率的办法，控制金融资产的处置时间，费用的资本化，等等。

（2）非法的利润平滑就是在违背收入确认原则和配比原则的基础上确保收入和利润的稳定增长。采取的手段包括采取不当的手段计提资产减值损失和坏账损失，隐藏或虚构收入，改变收入费用的确认时点，将股权激励、研发费用、销售广告费用、养老金费用等当成管理收益的工具，随意改变固定资产折旧的年限或方法，调整金融资产和金融负债的分类，变更会计政策或会计估计，等等。费用化的成本会降低当期的利润和资产，但会增加未来的利润。资本化的成本会提高当期的利润和资产，但会降低未来的利润。

（二）利润平滑的后果

当经营业绩比较好的时候，企业会计提较多的资产减值准备，可避免当期报告的会计利润的迅速增加，并为随后年份持续实现利润提供便利；在经营业绩较差时，则减少计提

资产减值准备，避免当期收益的迅速降低。因此，利润平滑降低了各会计期间利润的波动性，隐藏了企业面临的真实经营风险，误导了投资者和其他利益相关者对企业风险程度的判断。

衡量利润平滑的指标包括利润增量的波动幅度，利润增量的波动幅度与经营活动现金流量增量的波动幅度比率，应计收益增量与现金流量增量的负相关程度。企业利润增量的波动幅度越小，利润增量的波动幅度与经营活动现金流量增量的波动幅度比率越低，应计收益增量与现金流量增量的负相关性越大，企业的利润平滑越多。但是，对于连续亏损面临退市的上市公司而言，在亏损年度增大巨额亏损反而为随后年度扭亏为盈创造了条件。这样，亏损公司的盈余管理也有反利润平滑的一面。

第四节　货币计量假设的会计分析

按照现代的企业理论，企业只是一个人力资本和财务资本所缔结的特别契约集合。企业长期持续经营和生存发展的关键，在于是否能够确保其独特的核心能力和竞争优势。当企业的人力资本比较少时，企业的持续经营就主要取决于企业的财务资本。货币计量假设就是对企业的财务资本进行货币计量。货币计量假设认为，企业的经营活动及其成果可以通过货币得到准确的反映。这不仅依赖于币种的唯一性和币值的不变性，也依赖于企业的经营活动及其成果使用货币交易的范围。但是随着企业人力资本的比例越来越大，财务资本的货币计量假设就不能反映企业的核心竞争能力和竞争优势。

一、货币计量假设的含义

货币计量假设是会计记录、确认、报告的基础。只要企业的经营活动涉及产权价值的变动或者交易主体的变动，这项经营活动就具有会计信息的性质。会计人员只能记录那些影响企业财务状况且通过货币合理确定的经济事项。对于那些影响企业的其他重要事项，如公司经理的变动、供应商的破产、工人罢工、竞争对手的停业等，尽管不属于会计范围的交易事项，但需要按照充分披露的原则在会计报告中进行披露。

（一）经济事项及分类

经济事项是由经营主体的资产、负债或者股东权益发生变化而导致公司财务状况发生变化的事项，或者会对企业的会计恒等式产生影响且能够可靠计量的事件。经济事项可以分为企业参与的经济业务和企业受影响的经济环境两类。经济业务和经济环境中只有一部分属于会计处理的对象，即会计事项。会计事项可分为外部交易事项、内部事项和环境事项 3 类。外部交易事项涉及企业资源的流入或流出；内部事项涉及资源的内部流动；环境事项则涉及经济环境或者其他环境的变化而引起企业资源的增减变化，如汇兑损益、存货跌价损失。为了更有效地反映经营主体的财务信息，经济事项必须得到记录，分类调整和编制财务报表。

（二）经济事项的货币记录

（1）货币作为经济事项的计量单位。为了分门别类地传达经营主体所经营的产权价值的变动，所有财务交易事项通常采取货币来衡量。企业对商品的估价、记账、债务、租金、财产等行为，都需要选择某种货币作为计量单位。这种货币可以是其他国家的，但更多的是本国的货币。

（2）经济事项的记录。经济事项必须记录在日记账上，以便全面反映公司的经营状况。记录在日记账的经济事项需要按照复式记账体系的“借、贷”记账法的方式进行，每一笔经济业务必须在借方与贷方相等。由于日记账记录的经济事项比较庞杂，不能最有效率地反映公司的经营状况，因此，每到季度末或者年末都需要把日记账的账户进行分类整理，这就是公司的总账。

（3）经济事项的归总。由于每一笔经济业务的借贷方相等，根据加总原理，所有账户的借贷方也必须相等。在总账中，有关资产负债表的账户是永久性账户，其余额将结转到下一年度；收益表的账户和股利是临时性账户，其余额结转到留存收益账户，而不结转到下一年度。如果所有账户调整到以权责发生制为基础，企业就可以在试算平衡的基础上编制财务报表。由于经济主体的会计信息的复杂性和多样性，经济主体往往按照公认会计准则提供以财务报告为主要表达方式的最低限度的信息量。

（4）货币计量的报表缺陷。尽管可以任意选择计量货币的名称，但是，选择的计量货币必须满足价值稳定、对财务报表的计价造成的影响最小和使用方便的要求。通货膨胀严重时期就需要在会计报告中提供有关的补充信息。当一家公司进行跨国经营时，外汇的频繁变动也要进行适当的报表调整。货币计量的范围会随着市场机制的发展，以及可与货币交换的商品和服务的范围的扩大而扩大。因此，在市场经济不发达的国家中，大量的资产或者负债项目都没有体现在资产负债表中。

二、货币计量假设的实现方法

在对财务报表进行货币计量时，有历史成本法、可调整的历史成本法和公允价值法 3 种不同的方法。与公允价值法向投资者提供企业现在和未来价值的信息不同，历史成本法或者税收法是出于保障债权人或者政府税收的目的进行的货币计量。

（一）历史成本法

在历史成本法下，财务报表的资产、负债、所有者权益、收入和费用都按照发生时的历史成本计量。这种方法不太注重资产负债表和损益表的正确性，但比较符合法律和习惯，是一种非常有利于保障债权人免于损失的方法。

（1）历史成本法的优点。历史成本法容易低估资产的价值，高估负债和成本，使净利润和所有者权益显得比实际的要少。这是谨慎性原则的最忠实体现。否则，股东和管理层就会将过多的权益作为利润或者薪酬分掉，降低对债权人的安全保障边际，让没有偿债能力的企业继续经营。

（2）历史成本法的缺陷。由于企业有不同种类的资产和负债，而且各项资产、负债、收入和成本支出的时间很不一致，因此，历史成本计量的方式就让不同时点上的货币价格进行简单的比较和相加减。这不仅忽视了货币的时间价值和物价水平的变化，而且造成财务会计信息具有不可比较的数据混合的特征。不同资产、负债、收入和费用支出之间的时间距离越长，财务报表的可靠性就越差。例如，当资本密集型企业的收入主要是当期收入，而固定资产折旧费、无形资产摊销、自然资源折耗等费用是多年前取得资产的价值摊销时，所计算的利润就具有账面利润的特征。这在通货膨胀比较严重时期尤其如此。

（二）可调整的历史成本法

可调整的历史成本法也称为税收法，就是通过详细规定课税范围的资产、负债、收入和成本的范围，尽可能地高估企业的收入和资产，低估企业的经营成本和负债，从而高估企业的利润和所有者权益。这样的目的在于提高有效税率，而且不让提高的税率从名义税率中体现出来。但其缺陷在于，违背了稳健性原则，破坏了企业持续经营的基础。

（三）公允价值法

公允价值法就是将企业的所有资产、负债和所有者权益按照其公允价值进行计量。公允价值则是市场参与者在计量日发生的有序交易中，出售一项资产所能收到或者转让一项负债所需支付的价格。这些项目必须按照它们未来可能出售的价格，或者参照由于它们的投入而制造出来的商品可售出的价格来估价，或者按照现在的市场价格来估价，或者按照未来现金流量的折现值来估价。

由于通行的公允价值法要求对资产或者负债的公允价值估计都是从市场参与者而非报告主体角度进行估计的，因此，财务报表提供的公允价值估计就不会反映财务报告主体的独特内部信息、意图和能力，也无法反映资产或者负债在财务报告主体中的独特价值。当企业的大多数资产或负债是专用性资产，它们并不存在一个活跃的交易市场和交易价格时，企业管理层的主观判断就尤其明显。

三、货币计量假设与通货膨胀

企业的资产和负债项目可以分为货币性项目和非货币性项目两类。货币性项目就是其金额随着物价的变动而保持不变的资产或负债，如货币资金、应收账款、贷款、应收票据、债权投资及几乎所有的负债项目。非货币性项目就是其金额随着物价水平的变动而变化的资产或者负债，如存货、固定资产、无形资产、业主权益、或有负债等。对于货币性资产而言，通货膨胀会降低其购买力，持有货币性资产必然带来通货膨胀损失。对于负债而言，通货膨胀会减少企业现金流出量的价值，持有大量的负债必然带来通货膨胀收益。

（一）通货膨胀的货币扭曲效应

在物价不断攀升的年份，持有过多金融资产的企业会遭受通货膨胀的损失，持有大量经营资产和金融负债的企业则会获得额外的收益。由于非货币性资产通常按照历史成本法进行计量，通货膨胀在导致企业收入增加的同时也会增加企业的利润。这是因为固定资产的折旧、无形资产的摊销、自然资源的折耗和其他长期资产的摊销都是按照历史成本进行的，而投资性房地产在通货膨胀时期的价格上涨更快。企业收入的增加会带来增值税支出的增加。企业利润的增加也会带来奖金支出的增加、工资的上涨、所得税支出的增加及股利支出的增加。这将大幅度减少企业的现金持有量。

当需要资本性支出而固定资产折旧基金不足时，企业就需要进行债务性融资，而市场利率包含较高的通货膨胀率。融资成本的增加和坏账损失的增加都会减少企业的现金流量和利润。因此，通货膨胀扭曲了货币计量的功能，造成企业的通货膨胀利润或者表面的利润，提高了企业的经营成本，最终损害的是企业资本保全的功能。随着成本增长的速度快于收入增长速度的来临，企业的账面利润也会下降甚至出现亏损。企业的盈利能力和偿债能力也因此下降，越来越多的企业会走向破产。

（二）通货膨胀会计的调整

当通货膨胀或者通货紧缩比较严重时，货币的稳定性就受到破坏，以名义货币计量的产权价值就不具有内在的一致性或者不同国家的报表就不具有可比性。这要求上市公司必须在财务报表之外提供按照一般购买力单位换算的资料和按照重置成本计量的补充资料，或者在历史成本报表之外提供说明物价变动影响的信息。物价变动对资产计价的影响主要体现在资本保全理论。资本保全分为财务资本保全和实物资本保全两大类，实物资本保全概念要求采用现行成本计量基础。

（三）货币计量假设与跨国经营活动

当货币价值或者汇率不稳定时，企业的资产和负债价值就会发生变化，造成汇兑损益。当一个企业在多国经营时，外汇管制就会限制货币之间的自由兑换。外汇管制使那些不安全的国内投资难以转换成比较安全的国外投资，从而造成资产的大幅度贬值。如果外汇管制的国家出现通货膨胀，那么，该国企业的出口或者海外销售收入就会减少，货币的购买力也会下降。因此，对于企业的货币化资产部分，我们需要考虑通货膨胀和汇率变化影响较大的资产和负债价值部分。

四、货币计量假设与非货币计量的资产价值

货币计量假设带来的问题是，只能计量货币性资产部分，不能计量那些对企业的发展至关重要的人力资本、企业文化、管理才能、企业信誉、职工的创新和敬业精神等资产的价值。财务报表分析者要全面关注公司的货币计量资产和非货币计量资产的价值。

（一）公司的内在价值

公司的内在价值不仅包括货币计量的价值，还包括以非货币计量的能持续地给公司带来利润的价值部分。内在价值，就是一种有事实依据的货币价值和非货币价值之和。非货币性资源的巨大价值，如人力资本的质量与管理、知识产权、产品的竞争力、企业的竞争力、企业的创新能力、公司的内部团结、公司文化、追求卓越的精神等，都是决定企业价值的最稳定的源泉。企业对无形资产的开发与利用能力已经构成企业持续竞争优势的主要决定因素。许多价值投资理论将公司的价值等同于未来现金流量的贴现值，忽视了非货币资源的价值重要性。企业所拥有的人力资本价值和无形资产价值对企业整体价值的贡献甚至比有形资产的贡献还要大。

（二）非货币计量资产的重要性

在做财务报表分析时，我们需要将非货币化的资产价值部分进行估算，因为只有非货币化的资产部分才是企业真正超额利润的源泉。如果非货币化的资产占总资产的比例较高、规模大，那么，这个企业的价值就会大大高于货币表现的企业资产的价值。最有价值的非财务信息包括公司战略的执行、管理层可信度、公司战略的质量、管理层经验、创新能力、吸引和留住杰出员工的能力、研究领先度、生产经营过程的质量、顾客满意度、市场份额等因素。

（三）对企业有价值贡献的资产分类

企业的全部有价值的资产就等于真实的有形资产、金融资产、雇员和供应商资产、客户资产、投资者的权势资产、组织资产和政府资产之和，其全部负债等于金融负债、经营

性负债、客户和供应商的或有负债、雇员的或有负债、投资者的掏空、政府的过度干预和企业组织负债之和。全部有价值的资产扣除全部负债后的余额，就是企业的真实权益部分。这个真实权益等于所有者权益、能力资本和资产再评估储备之和。如果财务报表中所有者权益与真实权益之比大于 1，那么，这个公司就没有投资价值。能够给企业带来未来利益和对公司价值做出贡献的所有潜在资源的资产可以分为以下 7 类。

（1）有形资产，是指那些具有实物形态的经营资产，如土地、建筑物、设备、存货等。有形资产需要从资产中剔除只具有成本而无任何未来经济利益的虚资产，如待摊费用、递延资产、长期收不回的应收账款、折旧率过低的固定资产等。

（2）金融资产，是指那些容易受到利率、汇率、期限等因素影响，使其回收额具有不确定性的资产，如现金、应收款项、交易性金融资产、可供出售金融资产等。资产负债表的资产主要包括有形资产、金融资产及无形资产部分。

（3）雇员和供应商资产，如雇员、供应商、合作者、工会等。供货商的价值可以从供货商的潜在价值和风险进行分析，这需要对供货商的产品价格、质量、交货的准时性、运输费用、设计能力、特殊工艺能力、整体服务水平、生产能力、财务管理能力、组织能力、偿债能力、供货商的垄断程度、信用等因素进行评估，以便确定企业是进行垂直一体化生产还是与供货商进行合作。雇员资产的价值可以从其工资和人均营业收入的贡献进行估算。在考虑年龄、教育、经验等条件下，工人的工资越高于行业平均，其价值越小。

（4）客户资产，如客户群体、销售渠道、会员客户的多样性、稳定性和质量。客户资产的价值可以分为当前价值和未来价值两种。直接的当前价值就是评估客户在过去一定时期内为企业利润带来的贡献，可以从收入、客户使用频率、投资回报率、客户类别等方面进行评估。间接的当前价值包括客户的社会影响力、集团影响力、业务影响力、推荐新客户等方面的价值。客户的未来价值包括客户的忠诚度、客户的信用度、客户的成长潜力、客户接受企业的交叉销售或者向上销售的可能性。客户资产的价值就等于当前价值与未来价值的组合函数。优秀的品牌，以及企业与供应商和客户在价值链上的亲密合作关系是决定企业价值的关键因素。对初创企业提供融资的风险资本就看重企业的客户数量的增长状况。

举例　瑞幸咖啡的商业模式。瑞幸咖啡采取 3 折券、1.8 折券、满 30 元减 20 元、买 5 杯送 5 杯、买 5 杯发送微信现金红包等促销模式，增加客户数量，然后用客户数量做背书去获得资本的投资和上市。结果，瑞幸咖啡每个月免费赠送 2 050 万杯咖啡，6 个季度内亏损 29 亿元，2019 年第二季度至第四季度虚增销售收入 22 亿元，被迫在 2020 年 4 月初公开承认财务造假，导致股价下跌 80%以上。

（5）组织资产，是指那些缺乏实物形态、能够给企业带来不确定的超额未来经济利益的资产，如领导能力、革新能力、战略、公司文化、品牌、知识产权、无形资产、企业联盟等。企业的组织资产要受到企业与金融机构之间的债务契约、有效经理人员市场的竞争度、有效的内部财务报告和审计制度、资本市场的信息公开制度、金融监督机构、公司控制权市场等因素的约束。公司管理层的经营决策和管理水平也存在周期性衰退现象，因为现有管理层一般难以主动修正自己的错误决策。

（6）政府资产，是指那些拥有政府强大支持的各种资产，如较低的利息贷款、政府补贴、政府高度支持的行业、较低的成本获得土地使用权或者资源开采权、免予刑事诉讼和民事诉讼的保护、发行股票和债券的权利等。政治关联能为企业带来融资便利、税收优惠、政府补贴、市场准入成本低等未来经济利益。具有政府关系的公司更容易获得银行贷款和更长期限的债务资金。在政府干预较强的地区，政府干预可以降低债务人的违约成本，导致企业的债务期限结构更长，但也容易造成企业承担过多的社会责任，如不能随意解聘职工、企业的投资需要考虑政府的政治利益等因素。

（7）投资者或者管理层的权势资产。这包括投资者或管理层的政治身份、所有权性质及高管的政府背景。研究表明，政府部门背景的董事对公司 IPO 次年补贴收入与利润总额的比值具有显著的正影响，高管具有政府背景的公司在所得税适用税率和实际所得税税率上低于高管没有政府背景的公司，且能减少政府的政策干预、行政管制和权力寻租成本。公司所在省市的税负越沉重，高管具有政府背景的公司越容易获得更多的税收优惠。

（四）非货币计量价值的衡量

市净率表示公司的市场价值与公司的净资产账面价值之间的比率。在排除过度投机的情况下，市净率-1 就反映了资产负债表外的企业价值。市净率为 6 意味着每 6 元的公司市场价值只有 1 元反映在资产负债表中，有 2 元归于品牌价值，有 3 元归于客户、供应商、管理层、创新能力等因素。

由于有形资产和金融资产的收益不稳定性，对企业至关重要的资产是雇员和供货商资产、客户资产、组织资产、政府资产和权势资产。企业的销售收入就是这 5 种资产的变现能力。企业的成长过程就是在投资有形资产和金融资产的过程中不断积累这 5 类资产的过程。大企业的收入和利润稳定而中小企业的收入和利润不稳定的根源就在于此，因而利润是社会关系的产物。

【本章小结】

本章对会计的 4 个基本假设进行了会计分析。会计主体假设在国有企业、集团公司、合并财务报表、表外资产与负债、隐性负债及改组上市公司方面存在众多值得注意的问题。企业的持续经营不仅存在着不同的分类和检验方法，而且与资产重组、企业的生命周期也密切相关。分期假设造成财务报表的可靠性降低，中期报告、年度报告、更正公告和利润平滑都与之相关。货币计量假设不仅将非货币计量的资产排除在财务报表之外，而且带来了通货膨胀和汇率影响财务报表的问题。投资者需要高度关注非货币计量资产特别是品牌和创新对企业价值的影响。

【思考题】

2.1 持续经营假设。根据下列材料，分析企业的生命周期对持续经营假设的影响。

中国在 20 世纪 90 年代成立的科技企业，90%在 2010 年左右已被淘汰。中关村注册的 6 000 家企业中，寿命超过 8 年的不到 3%。中国企业数在 2012 年底为 1 323.5 万家，其中生存时间在 5 年以内的占 49.4%，5～10 年的占 30.9%，10 年以上的占 17.7%。

2.2 财务造假与退市。根据下列材料，分析财务造假对会计主体假设和持续经营假设的影响。

博元公司于 1990 年 2 月挂牌上市，但在 2016 年 5 月因财务造假被上海证券交易所摘牌和强制退市。博元公司 2011～2014 年的财务造假情况见下表。

博元公司 2011～2014 年的财务造假情况

项目	2011 年	2012 年	2013 年	2014 年下半年
虚增资产（万元）	34 705	35 500	37 800	—
虚增资产占总资产比例（%）	69	69	62	—
虚增负债（万元）	1 223.84	828.91	1 017.29	—
虚增利润（万元）	—	1 893.2	2 364.54	317.4
虚增利润占利润总额比例（%）	—	90	258	1 327

【案例讨论题】

2.1 五粮液股份有限公司于 1998 年 4 月在深圳交易所上市，五粮液集团控制其 75%的股份(2.4 亿股非流通股)，发行流通股 8 000 万股，每股发行价 14.77 元，筹集资金 11.816 亿元。除五粮液股份有限公司外，五粮液集团的下属公司还有普什公司、运输公司、进出口公司、家纺公司、塑料公司、伏特加制酒公司、葡萄酒公司等。由于五粮液股份有限公司只是五粮液集团的一个子公司，大量的业务要从五粮液集团高价购买。1998～2003 年，五粮液股份有限公司向五粮液集团购买了 97.17 亿元的业务，高于在此期间实现的净利润 41 亿元和从资本市场募集的资金 18.1 亿元，详情见下表。

五粮液股份有限公司与五粮液集团之间 1998～2003 年的业务往来（单位：亿元）

项目	1998 年	1999 年	2000 年	2001 年	2002 年	2003 年	合计
商标及标识费	0.41	0.93	0.93	0.93	1.04	1.18	5.43
服务费	0.58	1.91	1.56	1.13	1.27	2.97	9.43
产品购销	3.16	1.51	2.16	7.21	2.77	11.37	28.19
资产购销	0	5.37	0	15.59	−0.31	−0.08	20.56
其他	5.23	0.35	3.75	1.19	10.15	12.84	33.53
合计	9.38	10.07	8.41	26.07	14.93	28.29	97.17

讨论：根据以上材料，分析关联交易对五粮液公司的会计主体假设的影响。

2.2 幸福实业是 1996 年 9 月由幸福集团、深圳中农信投资实业公司、湖北省国际信托投资公司等 5 家单位为发起人设立的上市公司。作为幸福实业的大股东，幸福集团在 1998～2001 年采用各种方式侵占幸福实业的资产：①1998 年 8 月，参与幸福实业配股时投入的湖北幸福铝材公司的 32%的股权未过户给幸福实业，虚假出资固定资产净值 1 620 万元；②1999 年，幸福集团强行变卖幸福汽运的固定资产 614 万元；③2001 年 12 月，幸福集团占用幸福实业在中国工商银行沙市红门路支行的存款 5 650 万元，占用幸福实业的内部存款 4 840 万元，占用收购长阳铝材厂的预付款 3 157 万元，代收并占用华省公司支付给幸福实业的租赁费 666 万元，通过向幸福实业借款的方式提走 4 801 万元。

讨论：根据以上材料，讨论集团公司对会计主体假设的影响。

第三章　财务报表信息质量的会计分析

财务报表分析的价值取决于财务报表的信息质量。高质量的财务报表信息披露增加了财务报表分析的价值，减少了企业与投资者之间的信息不对称性，降低了企业的融资成本，提高了企业的经营效益。低劣的会计信息会让企业付出较高的交易成本，无法准确地判断投资收益和投资风险，从而降低了企业的投资和经营效益。因此，会计信息质量的优劣不仅影响企业的经营效率、投资者的投资取向，也关涉到资本市场的发展和国民经济的稳定增长。

第一节　会计信息质量特征

会计信息质量就是会计信息能够满足投资者、债权人、管理层、供货商、职工和政府等各类信息使用者的明确和隐含需要能力的程度。一般认为，真实、可靠、相关、有用、合规性的信息就是高质量的会计信息。《企业会计准则——基本准则》列举了 8 个会计信息质量特征，即可靠性、相关性、可理解性、可比性、及时性、重要性、实质重于形式、稳健性。由于各类经济主体的信息需求不同，利益存在一定的冲突，因此，较高或者公允的会计信息质量就是最大限度地满足各类经济主体需求的会计信息。

一、财务信息的目标

企业提供的财务报告信息的目标包括：①给商业和经济决策的制定提供有用信息；②这些信息必须能够被对商业和经济活动有一定了解且愿意付出适当努力研究信息的人理解；③财务报告应该有助于使用者估计未来现金流量的数量、时间和不确定性；④主要侧重于提供有关盈余及其组成的信息；⑤应该提供一个企业的经济资源和对这些资源的求索权的相关信息。简而言之，财务信息的目标主要是资产负债表、利润表、现金流量表及其相关的信息具有可理解性和有用性。

（一）会计信息的决策有用性

决策有用观是会计信息的最重要导向。从社会角度看，企业是一个利益相关者的网络，投资者、债权人、供货商、管理层、员工、客户、税务机构等利益相关者向企业提供各种资源以便获取相应的服务和回报。投资者需要获得利润，债权人需要确保到期还本付息，供货商需要确保货款的及时收回，客户需要确保产品的质量和最大化的满足，税务机关需要获得税款的保障。因此，企业管理层就需要如实地反映企业的财务状况和经营成果，使利益相关者在此基础上做出最有效的经济决策。

（1）受托责任观及缺陷。传统的受托责任观仅仅把利益相关者限定为投资者或者资产所有者。尽管有其历史的合理性，但是比较狭隘。在受托责任观下，历史成本原则和收益计量成为整个会计系统的中心，资产和负债的计量恰当性经常遭到忽视。随着企业经济责任的扩展和市场经济的发展，越来越多的利益相关者分享会计信息的需求变得更加强烈，企业的会计信息就从有关受托资源管理业绩的信息扩大到包含企业社会责任情况的各种信息，会计信息的目标也从受托方决策的有用性扩展到所有信息使用者决策的有用性。

（2）决策有用观。在决策有用观的指导下，会计信息的可靠性就不仅是由历史成本所反映的名义可靠性，而且是反映未来经济利益的、有助于决策的实质可靠性或者相关性。这就不仅要求会计人员应确认实际已发生的经济事项，还要确认那些虽未发生但对企业已有影响的经济事项；财务报表应反映企业财务状况和经营成果的动态变化；在会计计量上主张以公允价值为主，并鼓励多种计量属性的并行；在信息披露方面，财务报表应该提供对决策有用的全面信息。为了帮助信息使用者做出经济决策，企业就需要提供资产负债表、利润表、现金流量表、综合收益表及股东权益变动表，以便评价经营主体的财务状况、盈利能力和现金流量。

显然，以历史成本为基础的财务报表能够对企业未来的业绩进行预期是建立在适应性预期概念基础上的，即评估企业过去的业绩有助于预期未来的业绩趋势和变动概率。这个适应性预期假设是建立在经营环境和政策相对稳定基础上的。如果经营环境不断出现剧烈的变化，政策具有高度的不稳定性，那么，会计信息的决策有用观就失去了存在的价值。

（二）会计信息的可理解性

可理解性是会计信息的最基本目标，其含义是指信息使用者能够理解信息含义的信息质量。财务报表要便于理解，就需要假定使用者对商业和经济活动及会计知识有恰当的了解，并且愿意花费适当的努力去研究信息。因此，影响会计信息可理解性的因素包括会计信息的复杂性、多样性、技术性和表述模糊性的固有特征，信息使用者的会计知识、经济学知识、数学知识结构及其理解能力，会计准则的完善程度及市场交易的体验等因素。

可理解性要求会计报表的指标简洁易懂，报表项目排列有序，数据准确，注释完备，文字说明与数据资料密切配合。会计信息的集合、分类、定性和表达都要易于理解。可理解性体现在会计原则方面是充分披露和重要性原则，这涉及报表格式和科目、报表注释、各种明细表格和补充资料。

在中国，可理解性目标体现在行业的会计制度和会计准则之中。所有的企业都要采纳相同的会计科目，选择 4 种标准化的报表格式进行报告。中国《企业会计准则第 30 号——财务报表列报》将会计报表的标准化格式按照一般企业、商业银行、保险公司和证券公司分为 4 类。企业应当根据其经营活动的性质，确定适合本企业的财务报表格式及附注。政策性银行、信托投资公司、租赁公司、财务公司、典当公司应当执行商业银行的财务报表格式和附注规定；担保公司适用保险公司的财务报告格式和附注；资产管理公司、基金公司、期货公司应当执行证券公司的财务报表格式和附注规定。这 3 类企业可以结合本企业的实际情况，对报表项目进行必要调整和补充。适用财务报表的类型包括个别财务报表、合并财务报表、中期财务报表和年度财务报表。

若缺乏必要的报表格式及其附注的信息，会计报表就很难理解。若财务报表及其附注表达得模棱两可、频繁地更正公告或者差错更正，就会增加报表使用者的理解难度，为企业的财务舞弊或者盈余管理提供条件。

二、会计信息质量特征分析

会计信息质量特征是会计信息应达到的质量要求和会计系统为达到会计目标而对会计信息施加的约束。它分为基本质量特征和增进的质量特征。基本质量特征包括相关性和真实性，增进的质量特征包括可比性、可验证性、及时性和可理解性。为了实现利润表、资产负债表、现金流量表的有用性和可理解性，会计报告提供的信息必须具备可靠性、相关性和可比性的质量特征。

（一）可靠性

可靠性分为名义可靠性和实质可靠性两种。财务会计中通常所说的可靠性是名义可靠性。这种可靠性是指会计信息具有真实性、可验证性和中立性的特点。

（1）真实性。真实性，就是要求会计信息真实客观地反映企业经济活动的实际情况。真实性要求会计核算的各个阶段必须符合客观实际，如确认会计事项时必须依据真实的经济活动，会计的计量、记录和报告不得伪造；会计报告必须内容真实、数字准确、资料完整。真实性体现在企业资产的安全性、交易和记录的真实性等方面，不确定性和会计准则的认识滞后会影响价值的真实性。

（2）可验证性。可验证性是指具有专业背景和职业判断的不同个人，分别采用同一计量方法，对同一事项加以计量，能够得到相同的结果。可验证性要求会计人员正确而无偏差地使用其所选择的方法加以计量。

（3）中立性。中立性就是指会计信息对利益相关各方保持超然而独立的立场，要求会计人员和企业管理层按照公认的会计准则来处理会计事项和遵守诚实公正的职业道德，不因为私利而去蓄意修改、选取和编造数据。

由于相关性主要是决策相关性，可靠性主要是交易和事项的认识可靠性，因此，相关性和可靠性往往相互冲突。为了决策的相关性而改变会计方法时，可靠性则会受到一定程度的削弱。在财务会计的历史发展中，倡导历史成本的会计人员往往强调会计信息的可靠性，而倡导现行成本或者公允价值的会计人员和财务报表分析者则强调会计信息的相关性。由于财务报表的相关性和可靠性之间存在内在冲突，财务报表分析者就需要将具有可靠性的财务报表转变为具有相关性的财务分析指标，以便更加准确地反映企业未来的现金流量或者收益的不确定性、时间和金额。

（二）相关性

会计信息的相关性是指会计信息能够影响信息使用者的决策，能够导致信息使用者决策的差别。当目前的会计信息能够帮助使用者评价过去、现在和未来事项，或者更改他们对过去的评价、证实或者纠正预期的情况，从而影响到使用者的经济决策时，信息就具有相关性。

1．财务信息相关性对会计信息的要求

（1）及时性。及时性是指信息必须在失去其决策作用以前为决策者所拥有的时间长度，包括收集会计信息的及时性、对会计信息进行加工处理的及时性和传递会计信息的及时性。会计信息报告的滞后或者不及时将为内部交易和公司资产的不当配置提供机会。

研究表明，净利润公布的一个小时内股票价格变动频率比其他时期高出 5 倍，股票价格的频繁波动在净利润公布几个小时内还会有所反应。净利润公布的当日和次日的股票价格反应比其他时期高出 40%，一周内股票价格波动比其他周高出 67%。净利润公布对股票价格的影响，在小公司比在大公司更大。这主要是因为公司规模越大，日常披露的信息数量越多，对利润报告的非市场预期反应就越小。由于好消息比坏消息要提前报告，中国大企业在业绩好时倾向于早披露，业绩差时倾向于晚披露。同时，采取保守会计政策的企业及时披露的可能性较小，而采取激进会计政策的公司更倾向于及时披露。

（2）预测价值。预测价值，就是会计信息能够帮助信息使用者评估过去、现在和未来事项并预测其未来发展趋势，从而影响其基于这种评价和预测所做出的决策。在财务报表分析中，会计信息的预测价值主要体现在企业价值、偿债能力、盈利能力、未来现金流量的估计方面。经营环境和战略的改变、技术革新的不确定性会影响会计信息的预测价值。会计报告在提供及时性、具有前瞻性和高频率的信息方面，不如分析师的预测和报告、公司的新闻发布会、行业和宏观经济信息有效。因为财务报告是定期编制的且具有确认和发布滞后的特点。

（3）反馈价值。反馈价值就是指会计信息能够把过去决策所产生的实际结果反馈给决策者，使之与当初决策时所预期的结果相比较，帮助决策者证实或更正过去决策的预期结果，判断过去的预期是否有偏误，待将来决策时将这种偏误纳入其中，从而影响决策。企业的投资决策、筹资决策或者经营决策的改变都需要充分利用财务报表的反馈价值。

2．财务信息相关性的不同观点

从影响股票价格的角度看，会计信息的相关性存在以下 4 种不同的观点。

（1）实质信息观。财务报表信息包含企业股票的内在价值，股票价格会随着财务报表信息的发布而波动。实际上，股票市场能充分了解基于权责发生制所不能及时反映的信息，从而成功地领先于会计信息。

（2）辅助信息观。财务报表信息能够帮助预测在股利贴现计价模型和现金流量贴现计价模型中未来的股利或者未来现金流量。其预测能力的高低就体现了相关性的高低。

（3）表现信息观。财务报表汇集了能影响股票价格的信息。

（4）随机偶然观。财务报表信息的发布与股票价格的反应之间没有明显的相关性。这要考虑投资者是否关注财务报表的内容，信息是否及时发布，预测价值是否得到体现。

3．财务信息相关性的变化

随着无形资产投资在企业支出中的比例越来越大，利润表中所报告的一次性项目和偶发性项目越来越多，企业平均规模的改变，以及报告亏损企业的数量也越来越多，利润表信息的相关性有不断下降的趋势，而资产负债表的信息相关性在不断增强。当投资者获取信息的渠道越来越多时，财务报表在投资决策中的相关性也会明显受到制约。

（三）可比性

为了实现不同经济主体和同一经济主体在不同时期的信息可理解性和有用性，会计信息还必须具备可比性和保持内在一贯性的质量特征。缺乏信息的可比性和一贯性，比较分析法、比较财务报表分析、因素分析法都无法正常使用。可比性要求相同或者相似的经济主体要采取相同或者相似的会计方法对相似经济状况做出同等的计量和报告，不同经济主体的会计信息应能够显示相同的情况。反之，当经济交易事项不同时，会计信息应能反映其差异。一贯性要求采取的会计方法要尽可能保持连续性，防止会计方法变动对会计信息的影响。影响公司会计方法选择的因素包括国家会计准则的规定、经济周期、公司所处的行业类别、管理权集中程度、债务比率、审计师类型、公司规模及其成长性、ST 管制等。

会计信息的可比性可分为横向可比性和纵向可比性。横向可比性是指不同经济主体提供的会计信息在同一时期可比，包括国际会计信息的可比性和一国内部不同主体会计信息的可比性；纵向可比性是指同一主体提供的会计信息在不同时期可比，即一贯性。国际会计信息的可比性包括国际会计准则趋同、使用的会计方法可比、会计报表格式的可比，以及不同国家的同一行业的会计信息的可比。一国内部不同主体会计信息的可比性包括不同行业不同公司之间的会计信息的可比性、同一行业不同公司之间的会计信息的可比性。会计信息在时间和空间范围的可比性越强，其有用性和决策相关性越显著。

两国间会计准则条款的差异越大，一国证券师对另一国股票的信息关注度就越少，且预测精度越低。相反，两个国家间的会计信息可比性越高，外国投资基金的投资比例越显著增加。证券分析师比较热衷于关注会计信息可比性较强的公司，其盈利预测精确度也与会计信息可比性高度相关。随着企业间会计信息可比性的增加，应计盈余管理行为会呈现减少趋势，而真实盈余管理会呈现增大趋势。可比性较低时企业更乐于提供有价值的盈利预测报告，以便降低投资者的信息收集成本和信息的不对称性。因此，如果不同经济主体的财务报表具有可比性，那么财务报表的使用者能够对不同企业的财务状况、经营成果及未来前景做出比较和分析，从而有助于提高信贷、投资和经营决策的效率。

第二节　会计信息的真实可靠性与会计原则分析（一）

会计信息的可靠性是指企业的会计信息建立在已经发生的经济事项基础之上，按照可靠的会计程序对可靠的会计记录进行归纳、整理和报告。可靠性要求会计信息具有反映真实性和中立性及可验证性，有的还要求实质重于形式、审慎和完整性作为会计信息可靠性的质量特征。会计信息的反映真实性是指会计的记录、计算、报告、分析和考核的经济业务，必须符合或者反映客观实际。可验证性是指独立的会计师用相同的计量方法，基本上会重现会计信息的实现程度。作为会计信息的一个质量特征，验证的目的在于保证财务会计信息真实地反映经济交易或者事项，纠正会计人员的偏向。

一、会计信息真实可靠的哲学基础

财务报表要真实可靠地反映经济现实，这是传统的真理符合论在会计领域的应用：表述之所以真实是因为表述与事实相符合。但是，我们要注意到，真理符合论是建立在一系列假设之上的，与会计的社会建构不同。

（一）真理符合论的假设

企业的财务报表并不能满足真理符合论的以下 4 个假设，其真实可靠性也不能获得完全的保障。

（1）表述与所指的事物之间是相互独立的。当我们的表述和行为本身构成现实事物的一部分或者我们的思维成为我们思考的对象时，这个假设就不会得到满足。在企业中，财务会计人员是企业现实的一个组成部分而并非与企业的经济活动相互独立。因此，财务会计部门的会计政策选择会影响企业的经济活动，会计部门也会受到企业管理层的各种影响。

（2）表述的人具有无限资源和无限理性，以便表述与事实相符合。在任何企业，会计处理的资源不仅是有限的，会计人员的理性也是非常有限的。我们的意识不仅只是选择部分的信息进行处理，而且滞后于现实半秒的时间。当意识存在显意识和潜意识之分时，语言的表述只能是显意识中很小的一部分。因此，人们的意识和描述对现实就会造成扭曲，残缺不全，大脑的心智模型也是对现实不完善的、扭曲的理论框架，以致人们所做出的决策具有高度的不确定性和错误可能性。更为严重的是，我们对绝大部分事物的认识不是直接的认识，而是依靠文化和已有的心智模型的隐喻认知或者类比认知。

（3）事物的性质是内在稳定而不变化的，同类事物之间是完全同质的。事实上，企业的经营活动是不断变化的，同类会计事项的经济活动存在众多的差异。因此，永恒有效的会计概念框架是不存在的。

（4）事物与人之间的认识距离接近于零。在人类社会中，由于表述与事实之间存在双向的互动关系，事实不仅影响表述，表述也可能影响事实和改变世界，真实的世界与我们对世界的看法永远不一致。在企业中，会计人员只能依靠内部控制的制度获得其他部门提供的财务数据和交易记录，而对这些财务数据和交易记录的真实性并不能提供保障。

（二）会计信息的社会建构性

社会事实具有构建性质。会计信息的社会建构性体现在以下 4 个方面。

（1）会计准则和会计制度的建构性。大量的会计准则会对股票价格、发行股利、技术性的债务违约、企业利润、经济增长率、加速破产、企业资金的转移或者合同的执行等产生重要的经济和社会影响。这些重要的经济和社会影响可能会推动管理层、政府部门或者其他利益集团去阻止会计准则的颁布和实施，甚至扭曲会计准则的解释。

（2）经济事项的建构性。财务会计实务影响着社会的建构和复制，企业的经济现实在很大程度上是会计人员建构的。尽管每一笔会计交易和事项都是客观存在的微观会计事实，但是，会计人员在收集、记录、整理、归类和加总微观会计事实的过程中，就能创造出新的甚至完全不同的宏观会计事实。账簿在定义事实的同时本身就变成一项社会事实，登记并认可账簿的过程是基本的社会程序。

（3）确认和计量的建构性。资产和负债的确认需要满足一些条件，不能满足条件的资产和负债只能成为表外资产和负债。资产和负债的计量需要按照会计准则进行。同时，收入和费用的确认高度依赖权责发生制和收付实现制的选择。一次购买多种不同产品的运费和其他交易费用的分摊、固定资产的折旧、无形资产的摊销、自然资源的折耗、资产减值损失的估计、公允价值的使用，以及盈余管理，都具有很大的主观随意性。

（4）财务报表内在的不确定性。财务报表对经济交易和事项的反映总是存在一定程度的不确定性，反映的真实性只是一种相对的真实性。对于财务报表分析人员来说，在批判中追求真实或者对财务报表的真实性进行批判性的思考就是一种有效的解决办法。

（三）会计信息可靠性的内容

会计信息的可靠性受到会计程序和方法，公司的治理结构，以及不同类型的决策者的事后判断的影响。在企业财产的安全性得到保障的情况下，会计信息的可靠性分为交易的可靠性、单个会计数据的可靠性、会计科目的可靠性和整个财务报表的可靠性。交易的可靠性要求企业的交易事项是真实可靠的，而不是虚假、伪造的。单个会计数据的可靠性依赖于对原始凭证和记账凭证的真实、完整、合法、合理性的审核。会计科目的可靠性建立在单个会计数据的可靠性基础之上，依赖于会计人员按照会计程序和会计方法进行的主观判断、分析综合和加工汇总。整个财务报表的可靠性建立在会计科目的可靠性基础之上。

二、企业资产的安全性

会计信息的真实可靠性首先依赖于企业的资产安全。企业资产的安全性是可靠财务报表的基础。财产毁损、财产盗窃、财产没收、财务舞弊、知识产权侵犯或者职务犯罪都可能造成企业的财产流失和财务报表的信息失真。财产毁损、财产盗窃、侵占和挪用资产主要威胁有形资产的安全性，知识产权侵犯主要威胁无形资产的安全性，财务舞弊主要涉及金融资产的安全性。

（一）财产毁损

尽管企业财产的毁损在财务报表上体现为正常损失或者非常项目的损失，但是，预期企业财产的毁损状况可能有助于报表使用者的经济决策。企业财产毁损主要有以下几种情况：正常毁损，如企业财产在运输途中发生短缺、毁损，财产在清查中出现盘亏、毁损的情况；人为毁损，如发生暴动、罢工、骚乱、战争、爆炸或人为失误等造成的财产毁损情况；自然灾害造成的财产毁损，如财产遭受虫蛀、雨水侵蚀、霜冻、地震、台风、海啸、洪水淹没、旱灾等。尽管被毁损的财产可能会得到保险公司的理赔，但是，对于财务报表使用者来说，关注企业资产所在地的财产安全及可能诱发危害财产安全的社会行为无疑是明智之举。

（二）财产盗窃

财产犯罪是指经济主体在对财产的占有、使用、收益、处分的过程中严重侵犯他人财产权益的行为，如抢劫、盗窃、诈骗、敲诈勒索、侵占、挪用、破坏与毁损等。其中，企业财产盗窃通常有内部职工盗窃和外部人员盗窃之分。

（1）内部职工盗窃。职工盗窃企业的存货、固定资产甚至现金的职业犯罪问题一直都存在。被盗窃的财产在被发现之前，被当作真实的财产反映在财务报表中，造成财务报表的信息失真。在进行财务报表分析时，我们要尽可能确保企业的财产是真实存在的，估计财产被盗的可能性和金额。

（2）外部人员盗窃。这是指外部经济主体在企业的商品生产、经营或者服务的过程中实施的严重侵犯企业的商业利益的行为，如信息窃取、股票操纵、贷款与信用诈骗、保险诈骗、财产盗窃、银行资金转移等。对于快递公司、运输公司和远洋航运公司而言，海盗和抢劫财产更是一个突出的问题。

（三）侵占和挪用资产

除下层职工盗窃外，管理人员和业务人员利用手中的职权侵占和挪用企业的资产及资金更为突出。这包括有职有权的各级领导，掌管资金运用和调拨的业务人员，负责信贷、拆借、保险理赔的人员，资金结算环节的业务人员，掌管财务、基建、金库保管、物资采购的人员。

（1）职务犯罪。企业职务犯罪主要集中在基础设施建设、物资设备和材料采购、财务等领域的受贿、贪污、挪用公款等。企业管理人员将国有资产的收益转移到个人的账户，利用采购和销售回扣置换国有资产。

（2）大股东或高管挪用和侵占公司财产。这在许多企业中是一个突出的问题。有资料显示，在 2003 年的 1 175 家上市公司中，有 57.5%的公司存在被大股东挪用资金的情形，被侵占资金合计 966.7 亿元，平均每家挪用资金 1.43 亿元。

（四）知识产权侵犯

知识产权就是以无形资产形式存在的商标、专利、版权、商业秘密等产权。假冒注册商标、假冒专利罪或者侵犯商业秘密的事件不断发生。假冒产品不仅侵犯了企业的商标权，而且挤压了企业的销售市场。因此，财务报表分析者不仅要关注有形资产的安全问题，而且要关注无形资产的安全问题。

（五）企业资产被转移的其他形式

企业的资产流失还表现在管理层的投资决策错误，企业破产来逃避债务和转移资产，股份制改革中对商标、商誉、品牌等无形资产的低价评估或者无偿转让，与外资企业合作过程中将无形资产和土地使用权排除在利润分成之外，以及资产被国外的政府没收等。

三、交易的可靠性

交易的可靠性涉及交易是否真实发生，财务报表是否涉及虚假的交易记录。从会计原则上来说，交易的可靠性主要依赖于权责发生制、收入实现原则、配比原则及实质重于形式原则的判断和使用。

（一）权责发生制

权责发生制源于会计主体假设、持续经营假设和会计分期假设，是会计确认、计量和报告的基础。权责发生制试图以权利和责任的实际转移作为标准来确认经营主体的资产、负债及本期的收入和费用，根据权责关系的实际发生和影响期间来确认资产、负债、收入和费用的归属，依据持续经营假设和会计分期假设来划分不同会计期间的资产、负债、收入、费用等会计要素的归属。因此，广义的权责发生制适用于资产和负债的计价及收益的计量。

1．会计确认的基础

一个会计信息是否直接进入会计报告，必须在服从成本收益原则和重要性原则的基础上满足以下 4 个标准：①可定义性，应予确认的某个项目必须符合财务报表要素的定义；②可计量性，应予确认的项目应具有相关并充分可靠的可计量属性；③相关性，项目提供的有关信息与使用者的决策相关；④可靠性，项目的有关信息必须是可靠的。

以权责发生制作为确认的基础，就要求交易或者事项必须在发生时才确认为会计要素。在交易中，当一项取得收入或利得的权利已经发生时，应当确认收入和利得；当一项承诺在未来支付费用或损失的义务已经形成时，则应当确认费用或损失。当收入已经发生但未收到现金，或者收到现金但收入未发生时，企业应该记录应收账款或者预收账款。当费用或者损失已经发生但未支付现金，或者企业已经支付现金但费用或者损失未发生时，企业应该记录预提费用、待摊费用或者负债、预付账款。根据权责发生制进行收入和成本的核算，能够比较正确地反映特定会计期间的财务状况及经营成果，但无法反映企业的支付能力或者变现能力。

基于稳健性原则，权责发生制也对个别的经济事项采用收付实现制。例如，股利收入或者投资收益在实际收到时应予确认，体现了稳健性原则；小额的应计收入或者费用按照实际收付款的时间确认为当期的收入或费用，体现了重要性原则。某些会计要素，如自创商誉、人力资本，由于不符合权责发生制所要求的交易或事项的已经发生的确认标准，不能确认为资产。衍生金融工具主要考虑未来发生的交易和事项，也不满足权责发生制的已经发生原则。为了满足入账条件，有的企业人为地改变销售收入的时间，延期支付费用，甚至构造虚假的交易，进行利润操纵。

2．实施权责发生制的条件

权责发生制隐含的一个基础假设是，存在比较完备的社会信用基础，即所有的权利与义务关系不仅能得到法律的界定和法院的支持，而且能得到与预期一致的实现或者偿付。根据这一假设，应收账款和出租的资产才可能体现为收回等量现金的权利，而负债项目则代表着未来等量现金的流出。因此，权责发生制的使用效果依赖于一个国家的法治水平、信用水平及制度的长期稳定性，特别是产权的确立和保护。在债权得到高度保障的国家，应收账款意味着得到保障的债权。在企业的债权得不到保证的国家，权责发生制就不一定意味着销售是权利的转移，诈骗、欺诈、赖账可能会发生。如果企业的应收账款回收率很低，那么，权责发生制就会高估企业的收入，低估收回应收账款所需要支付的交易费用。随着企业面临的经营风险、政治风险或者信用风险增大，权责发生制的使用价值就会大幅度下降，现收现付制将会居于主导地位。

3．权责发生制与现金收付制的比较

权责发生制以产权的价值和交易主体的变动为基础，而现金收付制则以现金的变动为基础。

（1）权责发生制。在确定收入和费用时，权责发生制要求收入实现时确认收入，费用发生时确认费用。凡属于本期的收入和费用，不论是否已经收到现金或者付出现金，都作为本期的收入和费用处理；不属于本期的收入和费用，即使已经实际收到现金和付出现金，都不能作为本期的收入和费用。这样，权责发生制确认交易记录的基础不在于实际收付现金的发生时间，而是考虑收入和费用应该由哪个会计期间负担，资产或者负债是否应该确认。资产负债表和利润表就是以权责发生制为基础编制的报表。

（2）现金收付制。有的也称作收付实现制或者现收现付制，源于独立经营主体假设、持续经营假设和货币计量假设。现金收付制是以现金的实际收付作为确认本期的收入和费用的标准。在现金收到时确认收入，在现金支付时确认费用，不管产权是否发生转移。凡是本期实际收到或者付出的款项，不论是否属于本期的收入和费用，都作为本期的现金收入和费用。凡是本期未收到的现金和未支付的现金，即使应归属于本期的收入和费用，也不作为本期的收入和费用。因此，现金收付制只考虑现金收入或者现金支出的发生时期，而不考虑非现金收入和非现金支出在会计期间的分担问题。

（3）现金收付制的缺陷。当企业存在大量的非现金收支活动，如非货币性资产置换、赊销、债务重组、债券转股权、员工的股权激励计划及其他物物交换时，现金收付制就不能完全地反映企业的真实活动。而且，现收现付制将借款、发行债券和股票的现金流入当作收入，将还款和发行股利当作费用，混淆了经营现金流入、筹资现金流入和筹资现金流出的区别。现金流量表就是以现金收付制为基础编制的报表，区分经营活动现金流量、投资活动现金流量和筹资活动现金流量，并将经营活动现金净流量当作现金收益。

现金收付制能够明确反映会计主体的支付能力，并且所反映的支付能力与经营成果一致。但是，按照现金收付制确定损益的做法，不能恰当地反映会计期间的财务状况和经营成果。因为当期收到的现金可能是前期的经营成果，而当期支付的现金可能是以后收益产生的基础。只有当企业没有较大的投资或者筹资活动，从事稳定的经营活动时，权责发生制与现金收付制才没有实质差别。

4．权责发生制和现金收付制对财务报表的影响

这种影响主要体现在决策相关性和可靠性的不同方面。

（1）决策相关性。权责发生制会计比现金收付制会计更好地预测企业未来的现金流量、收益和财务状况，净收益或者税前净收益比经营活动现金流量、自由现金流量或者现金净流量更能解释股票价格的变动，具有更强的决策相关性。

一般来说，现金收付制不能准确地反映一个较短时期内经营主体的经营能力的合理信息，容易混淆收益性支出和资本性支出，以及当期服务与其他期间的服务之间的区别。由于现收现付制存在产权交易和现金流的不一致、产权变化所带来的现金流入与流出的不匹配，因此，时间期限越短，现收现付制就越不能反映企业的经营活动和产权的变化。

相对而言，权责发生制可以合理地利用会计分期假设来对收入和费用进行计量，所有的预付款项都要先计入资产部分，所有的应付款项都要计入负债部分，然后按照权责的转移情况分别计入费用和收入。这样，将权责发生制下的净收益调整为经营性现金流量时，我们就需要做出应计制调整，即减少流动资产和增加流动负债，增加折旧和摊销。因此，不论从理论上还是实践上，权责发生制收益在计量财务状况、经营业绩及估计未来现金流量方面都比现金流量更具有相关性。

（2）可靠性。权责发生制只是对企业已经发生的经济事项进行会计确认与计量，对企业未来发生的经济事项均不予以确认和计量。同时，权责发生制所联系的是历史成本原则，无法对历史成本不能确定的金融工具与衍生金融工具等经济业务进行确认和计量。在权责发生制下，由于所采用的会计政策不同，不同企业的财务信息的可比性受到明显的影响。

由于各个企业的收入与费用的确认会受到应计、递延、摊销、分配等程序和方法的影响，不同企业之间的会计信息就不具有很强的可比性。会计方法的多样性和盈余管理的存在，会计规则的武断性和各种估计错误，也会降低权责发生制数据的可比性和一致性，或者导致会计数据失真。但是，现金收付制根本不涉及对会计政策的主观选择，从而能够增强财务报表的可比性，现金流量也比应计项目更可靠。

（二）收入实现原则与配比原则

权责发生制的具体体现就是收入实现原则与配比原则。配比原则赋予管理层确定收益

的很大空间，但无法解决成本递延和成本预提的问题。

1．收入实现原则

收入实现是指企业将资产出售或提供劳务并获得现金或者现金要求权，或者将非现金的资源转化为货币的过程。收入实现的确认必须满足权责发生制和实质重于形式原则。收入实现原则是对收入归属期间和收入权利加以确定的原则。收入实现原则的实质是，资产和负债的变化已经变得足够确定和客观，企业有理由在账户中加以确认。

1）收入确认需满足的条件

收入确认需要满足以下 3 个必要的条件。

（1）收入已经实现或者可实现，即企业应该已经收到现金或者获得了支付现金的可靠的承诺。

（2）已赚得，即企业必须已经完成交易的所有义务或者已经完成赚取收入的实质性过程。

（3）影响企业获取收入的交易、事项或者经济环境变得足够明确，对于它的财务后果，在其发生时予以确认。

2）收入确认的时点

收入确认的时点应该是收入可以被合理、客观地确定之时，并遵循可比性和一致性原则。具体来说，收入确认的时点包括以下 5 种。

（1）销售点。最为普遍的收入确认的时点就是销售点，因为在销售点收入的实现过程中已经完成而且交易价格可以确定。在销售点确认收入时，借记现金或者应收账款，贷记销售收入。当应收账款存在很大的回收风险时，如销售土地、销售房屋等，收入实现的时点需要采取其他方法。

（2）生产结束点。如果商品的价格可知并存在现成的市场，那么这种产品在生产过程完成时就可以确定收入。黄金、白银、钻石产品，或者具有政府担保的农产品，都具有稳定的市场价格，在开采或者收获时借记投资，贷记销售收入，随后投资品的价格波动可以作为投资的利得或者损失进行处理。

（3）现金收到点。在销售时无法合理地估计可收回现金额时，如土地或者房屋销售，这种产品就需要在现金收到时确认收入。当企业销售时，借记应收账款，贷记未实现收入。当企业收到现金时，借记未实现收入、现金，贷记销售收入、应收账款。

（4）生产建造过程中确认收入。对于生产或者建造大型建筑、地铁、铁路、船舶、飞机、重型机械等耗时较长的产品而言，一种方法是企业可以按照工程进度确认收入。在对完成合同的成本和合同的进度做出合理估计的情况下，采用完工百分比法确认收入，借记现金或者应收账款，贷记销售收入。另一种方法是企业可以按照已发生成本占预计总成本的比例，计算并记录估计总利润中的已实现部分；或者以完成单位、工程估计和已发送单位为基础的估计方法，要求当期发生的损失或预期损失必须在最初确认的时期内全部予以确认。

（5）成本回收点。对于存在高度风险的油气钻探、采矿、海底打捞等活动而言，只有在收到的现金弥补投资成本之后才能确认收入。

5 种收入确认时点的比较：第一，按照销售点确认收入，企业需要缴纳增值税和企业所得税，销售的增加会导致经营利润、应收账款和现金流入量的增加，对投资收益没有影响。但是，按照生产结束点确认收入，在产品出售前无须缴纳增值税和企业所得税，市场价格的变动会影响企业的投资收益，在确保收入和经营利润增加的同时减少了现金流出量，没有应收账款和现金流入量的增加。第二，按照现金收到点确认收入，就相当于提前确认销售成本，而将销售收入平滑到未来的会计期间。这就等于降低了当期的销售收入、资产周转率和销售利润率，减少了当期的增值税和所得税的现金流出，提高了未来会计期间的销售收入、资产周转率、资产负债率和销售利润率。相比之下，按照销售点确认收入不存在跨期的利润平滑问题，也不影响未来的资产周转率和资产负债率，但会增加当期的增值税和所得税的现金流出。第三，按照完工进度或已发生成本的比例确认收入的方法，实现了跨期的收入平滑和更好地实现了配比原则。按照销售点（或完工点）确认收入的方法，会造成企业在完工前无收入和只有损失，而完工年份的收入和利润大幅度增加的情形，从而增加了企业的销售利润的波动性和融资成本。第四，按照成本回收点确认收入，实际上是把企业的勘探项目的投资成本在有收入的情况下一次性扣除，从而减少了企业在期初年份的增值税和所得税支出、收入、利润和现金流出量。相比之下，按照销售点确认收入的方法，勘探项目的投资成本就是固定资产或长期待摊费用，需要折旧或者摊销，从而增加企业在期初年份的收入、费用、利润和现金流出量。总之，收入确认时点的不同会影响企业在不同会计期间的资产、负债、收入、费用、利润和现金流出量，进而影响企业的资产负债率、销售利润率和融资成本。

2．配比原则

按照收入费用观确定的收益，收入和费用必须配比。配比原则是指在收入实现后，将那些为获得本期的收入而发生的费用归集到收入发生的当期，以与收入配比，目的是正确计算会计收益。当成本与收入之间直接相关时，这部分成本直接与收入相配比，如销售成本、销售费用、工资费用与收入配比。那些不符合配比原则但又对收入或者费用产生影响的项目，将作为跨期项目暂计到资产负债表中，在未来会计期间逐步转入利润表，如资产负债表中的各种固定资产、无形资产、待摊费用、递延支出、预计收益等。

这就意味着，作为本期费用，将由于本期收入的发生而应归属于本期的成本与本期收入进行配比；将经营过程中所发生的并非源于收入实现的而未来没有获取收入潜力的成本归属于本期；将能带来未来收益的成本进行递延，以与未来收入进行配比。因此，配比原则要求对应计事项、递延事项、折旧和摊销事项、资产减值事项进行调整。

3．收益计量

由于会计收益的确认和计量包括会计人员和公司管理层对交易事项的估计、会计假设和会计政策的选择，因此，会计收益不是一个确定不变的量，而是一个高度变化的变量。

（1）会计收益。传统的会计收益是指来自某一时期内交易或事项的已实现收入和相应费用之间的差额。会计收益是基于财务资本保全观，强调已实现收入与相关历史成本的配比，所体现的是以历史成本原则和收入实现原则为基础的收入费用观。其优点在于能够得到各种性质的收益明细数据，但是降低了资产负债表的有用性。其局限性包括：①基于历史成本和收入实现原则的会计收益无法确认会计期间的资产价值的动态变化；②由于资产成本的计价方法不同，不同企业之间的会计收益不便于比较；③稳健性原则可能导致会计收益数据的失真，或为人为操纵会计收益提供合理的借口；④资产负债表中的资产仅反映特定时点的摊余成本，而非实际的资产价值；⑤对资产负债表中的递延税款和其他递延项目的分配造成计量上的困难；⑥会计收益的计量受到会计准则、监管机制和管理者的激励等会计环境的制约。

（2）经济收益与会计收益。在经济学家看来，收益是财富的增加，是经济主体在期末和期初保持同等富裕程度的情况下可能消费的最高财富增量。这种财富增加的收益就是经济收益。会计收益与经济收益不同的地方在于，经济收益以公允价值为基础计算资产价值的变动，而会计收益以历史成本为基础，受到稳健性原则制约和基于企业的盈余管理考虑。从理论上说，经济收益比会计收益更能反映企业的实际收益。经济收益等于已实现的会计收益加上无形资产的价值和未实现的有形资产价值的增加，减去前期已实现的有形资产价值。

（3）经济收益与综合收益。按照综合收益观，收益等于期末净资产减去期初净资产，并扣除本期投资者新增投资和加上本期向所有者的分配，即包括实现部分的收益和未实现部分的收益。简单地说，综合收益等于当期现金流量加上未来现金流量现值的变动额，代表企业净资产价值的变化。综合收益基于实物资本保全观，体现的是以公允价值为基础的资产负债观。

经济收益与综合收益的不同之处在于，经济收益要求所有的资产和负债都要按照公允价值计价，而综合收益则对资产和负债的计价兼顾了历史成本原则和公允价值计价。综合收益通常划分为已实现部分的净利润和未实现部分的其他综合收益。按照这种方式确定的收益，无法反映企业收益各组成部分的明细信息，大大削弱了收益数据对使用者的有用性。当我们需要确定股东回报的准确值时，综合收益就是公司业绩的底线指标。会计收益接近经济收益或综合收益的程度可以反映会计收益的质量高低。

（三）实质重于形式原则

实质重于形式原则体现在确认和计量、列报和披露的各个环节中。实质重于形式是指在会计核算过程中，企业应该按照交易或者事项的实质和经济现实进行会计核算，而不应当仅仅按照交易的形式（包括法律形式）作为会计核算的依据。

1．实质重于形式原则的根源

通常情况下，交易的实质与其形式具有内在的一致性，但是，有些交易或者事项的实质与其法律形式或者人为形式具有明显的不一致性。这是因为提供有用且可理解信息的会计目标与维护公平正义的法律目标不同，会计主体与法律主体不同，以及会计所强调的对资源的控制及其所带来未来经济利益的关注与法律对财产的权利和义务关系的关注不同。

2．判定标准

实质重于形式原则说明，决定交易实质的关键在于辨认一项交易是否为企业产生了新的资产或者负债，或者是否引起了企业的现有资产或者负债的增加或减少。以风险和报酬或权利和义务是否转移为标准，资本化与费用化的划分、收入实现、融资租赁、关联方交易都要满足实质重于形式原则。一旦预期不能给企业带来经济利益，如企业所拥有的陈旧毁损的实物资产、已经无望收回的债权、已经盘点财产损失但尚未处理的资产，以及不能使企业受益的长期待摊费用、无形资产甚至商誉等，企业都应该将这些资产的账面余额一次转入当期成本或者费用。违背实质重于形式的收入确认包括虚拟收入、提前或者延后确认收入、将本质上属于融资的交易作为销售收入加以确认、在货款不能收回的情况下确认收入。

3．实质重于形式原则的表现形式

实质重于形式原则体现在各种会计准则之中。

（1）固定资产。购买固定资产的价格超过正常信用条件的延期支付，视同融资性质的购货合同，固定资产的成本应当以购买价款的现值为基础确定。实际支付的价款与购买价款的现值之差，除应予以资本化外，其余的应当在信用期内计入当期损益。融资租入的固定资产因为反映了企业控制、承担风险和获取收益的经济实质，因此应该计入承租方的固定资产，按照租赁资产的原账面价值与最低租赁付款额的现值中两者较低者作为入账价值，其折旧政策和资产减值损失的估计都与自有固定资产相一致。如果企业的经营租赁具有融资租赁的经济实质，那么这样的经营租赁就应该当作融资租赁对待。

（2）金融资产的划分与转让。从更好地符合实质重于形式原则出发，金融资产从2018年起不再按照管理层持有的目的和意图，而是按照企业管理金融资产的业务模式和合同现金流特征，分为交易性金融资产、可供出售金融资产和持有至到期金融资产。金融资产转移按照相应权利或义务的转移划分为出售或者贷款抵押。企业将收取金融资产现金流量的权利，如无追索权的贷款转移、应收账款的融资交易，转移给另一方的被视为出售。企业将金融资产转移给另一方，但保留收取金融资产现金流量的权利、承担收取现金流量支付给最终收款方的义务的，被视为抵押或者贷款。

（3）长期股权投资。长期股权投资采用成本法或者权益法进行核算的依据是企业的控制权实质，不管持股比例的形式如何。控制被解释为投资方通过参与被投资方的相关活动而享有可变回报，且能够运用权力影响其回报金额的实质性权利。如果企业对被投资单位的生产经营和重大决策没有控制权或共同控制权，而且不产生重大影响，那么，长期股权投资应当用成本法核算。如果企业对被投资单位的生产经营和重大决策拥有控制权或共同控制权，或者可以施加重大影响，那么，长期股权投资应当用权益法核算。

企业在合并财务报表中对子公司范围的认定，需要考虑控股比率和实际控制情况两个标准。企业对其他单位的资本额占有50%以上的股权或者不足50%的股权但具有实质控制权的，应当将这个单位纳入编制合并会计报表的范围。

（4）收入的确认。企业在确认商品销售收入时，应从实质上判断商品所有权及其主要风险与报酬是否转移给购货方，与交易相关的经济利益是否能够流入企业，而不能仅从形式上判断商品是否发出或者取得价款的权利。对是否存在通过形式掩盖实质的相关测试，不能仅仅根据是否存在与协议相符的、合同生效的意图来单纯判断，而要检查其交易的商业意识和原因，以及其实质内容和目的。售后回租的商品要按照金融租赁处理而不是按照销售收入处理，委托代销不能在发出存货时就确认销售收入。售后回购因为资产的风险和主要报酬并未真正转移给买方，实质上是一种抵押借款，而不是销售行为。

（5）关联方关系及其交易的确认。判断关联方关系的标准是控制、共同控制或者施加重大影响，即是否存在有碍公平交易的因素、交易的结果是否影响投资者和债权人的利益。

（6）资产减值准备的计提。当资产的可收回金额低于其账面价值时，应当将资产的账面价值减记至可回收金额，减记的金额确认为资产减值损失，计入当期损益，同时计提相应的资产价值准备。应该归入经营活动、投资活动或筹资活动产生的现金流量的具体交易和事项，要根据其经济实质而定。现金等价物的界定要从其转化为现金的能力、期限、流动性和变现风险等方面界定。资产负债表日后事项的调整、资产减值的测试需要以经济实质为依据。

（7）金融工具的认定。对于附有嵌入转换期权，且没有任何其他嵌入衍生工具的特殊的债务工具，发行企业应当按照债务和权益工具分别计量。负债的公允价值是合同规定的未来现金流量的折现值，期权的公允价值由时间价值和内在价值构成。非金融目的的合同应当根据其实质上的交易目的对外披露。对于可以用现金或者其他金融工具进行净额结算或出售非金融项目的合同，应当视同金融工具。例如，企业购买存货或者固定资产所签订的合同不是为了自用，而是当作期权工具，那么，这个交易的实质就是金融工具，应当按照金融工具的核算要求记录和充分披露。可在特定日期后以确定的金额强制赎回的优先股，法律形式上是一种权益，但实质上应在资产负债表上列为一项金融负债。

（8）借款费用的资本化。作为一般原则，借款费用应在发生的当期确认为费用。但是，在某些条件下，借款费用需要计入相关资产的成本，并随资产的价值流转而流转。符合资本化条件的资产是指需要经过相当长时间（一年以上）的购建或者生产活动才能达到预定可使用或者可销售状态的固定资产、投资性房地产、存货（船舶、大型成套设备）等资产。

（9）非货币性资产的交换。具有商业实质且换入或者换出的公允价值能够可靠计量的非货币资产的交换，按照公允价值计价，承认当期损益。不具有商业实质或者不能按照公允价值可靠计量的非货币性资产的交换，则按照账面价值计价，不承认损益。

但是，财务报表并未完全采纳实质重于形式的会计原则，如研究开发支出进行费用化、能够带来多期受益的营销支出费用化，自有资金的影子利息费用不能资本化，等等。不过，借款费用的资本化违背了实质重于形式原则。

第三节　会计信息的真实可靠性与会计原则分析（二）

在经济事项和交易可靠的基础上，会计信息的真实可靠性还依赖于记录的可靠性、会计数据整理的可靠性和财务报表的可靠性。

一、记录的可靠性

会计核算应当以实际发生的经济业务为依据，真实、可靠和完整地反映财务状况与经营成果。记录的可靠性不仅涉及历史成本原则和稳健性原则，而且涉及资产计价方法的选择问题。

（一）历史成本原则

1．资产计价

会计计量就是指各项会计要素按什么样的金额予以记录和报告，是在会计确认的基础上，对已确认对象数量化和价值化的一种会计行为。从表现形式看，会计计量主要包括资产计价和收益确定两部分。资产计价就是用货币金额来确定和表现各个资产项目的获取、使用和结存。资产计价的方法有历史成本法、现行成本法或重置成本法、现行市价法、可实现净值法、未来现金流量的现值法和公允价值法等。

（1）历史成本。历史成本就是为取得一项资产所付出的现金或者现金等价物的金额，以及以实际发生的全部支出或者取得资源的原始交易价格作为计价标准，在取得后通常采用摊销或者其他分配方式加以调整的成本，但关联交易排除在外。

（2）现行成本。现行成本或重置成本是指如果当期取得相同或类似资产将会支出的金额或者现金等价物的金额。某些存货是按照重置成本报告的。

（3）现行市价。现行市价是指在正常清算情况下销售各项资产可望获得的现金或者现金等价物的金额。某些证券投资、预计要低于账面价值出售的资产、期权投资都是按现行市价计价的。

（4）可实现净值。可实现净值是在正常的业务中可望变换为或者清偿各项债务应支付的非贴现的现金或者现金等价物的金额（扣除必要的直接成本）。例如，短期应收账款、某些存货、金额已知可估计而应付日期未定的应付款项的负债，都是按可实现净值计价的。

（5）未来现金流量的现值。未来现金流量的现值是指资产在正常业务进程中可望变换成未来现金流入的贴现值，减去为实现这一现金流入所需要的现金流出后的现值，如长期应收账款、长期应付账款。

（6）公允价值。公允价值就是市场参与者在计量日通过一项正常交易从出售一项资产所获得的或者转移一项债务所付出的价格。这个价格可以是市场价格，也可以是估计的价值。

2．历史成本原则的采用

由于历史成本法具有客观性和可确定性的优点，因此所有交易的初始计量都要采用历史成本原则。

（1）成本与费用的区分。成本是为获取资产而耗费的支出，是资产在购买时的正当计价。费用是在一定期间为赚取收入而耗费的支出，或者说，费用是成本的期间化。在企业的生命周期中，成本额与费用额完全相等。但在不同的会计期间，本期发生的支出区分为资产、费用和损失。如果支出的发生能带来超过一个会计期间的经济利益，那么，这种支出就是资本性支出，就转化为资产，并在资产的寿命期内根据已耗成本转化为费用。如果支出的发生带来的受益期不足一个会计期间，这种支出可能是资本性支出或者收益性支出，需要在资产的寿命期内根据已耗成本转化为费用或者直接划为本期费用。

不过，中国会计准则已经取消了短期待摊费用和预提费用，把发生在一年受益期以内的费用直接计入当期损益。如果支出的发生既不能使本期受益，又不能带来未来的收益，这种支出就被确认为本期损失。因此，历史成本原则和配比原则共同决定了资产计价、成本分配和费用归集的问题。

（2）历史成本原则的应用。历史成本原则认为，最初的交易价格或者其他历史成本是初始会计记录的基础。交易价格满足历史成本的条件包括有足够活跃的交易市场，进行交易的主体具有经济理性，交易是多个独立主体之间的正常交易。因此，关联交易就被排除在历史成本原则之外。根据历史成本原则，资产按照购置时支付的现金或者现金等价物的金额，或者购买时按付出对价的公允价值计量；负债按照实际承担义务时所收到的款项或者资产的金额，或者承担现时义务的合同金额计价。不动产、厂房、设备和大部分存货及负债都是按照历史成本的方法计量的。

（3）历史成本原则的局限性。资产负债表中的资产总额是不同时点购买、自制或者租赁的资产历史成本的简单相加，通货膨胀和技术进步等因素导致许多资产的账面价值与其重置成本之间的差距越来越大。当会计信息对可靠性的看重优于相关性时，历史成本原则应该得到遵守。但是，随着资产或者负债的价值在交易后发生变动，继续按照历史成本原则计价就会损害财务报表的有用性，导致财务报表既不可靠也不相关。对于金融资产、应收账款等价值经常发生变化的会计科目，偏离历史成本原则的会计计量方法将会基于稳健性原则得到使用。

3．公允价值模式

公允价值会计是历史成本会计的替代模式，在金融工具、投资性房地产、非同一控制下的企业合并、债务重组、非货币性资产交换、股份支付、生物资产等领域越来越多地得到广泛使用。

（1）公允价值的确定。按照自愿、公平、信息充分的原则，如果一项资产存在活跃的市场交易，则该资产的市场价值即为其公允价值；如果该资产不存在活跃市场，但与该资产类似的资产存在活跃市场，则该资产的公允价值应比照相关类似资产的市价确定；如果该资产和与该资产类似的资产都不存在活跃市场，则该资产的公允价值应按照其所能产生的未来现金流量以适当的贴现率贴现计算的现值评估确定。这样，公允价值的估计可以依赖于市场价格的市场法，也可以用未来现金流量贴现的收益法，或者按照重置成本的成本法。

（2）公允价值计量的优缺点。在公允价值会计的模式下，资产和负债的价值就是以计量日或者资产负债表日的公允价值为基础来确定的，企业的收益就等于期末净资产公允价值的变动余额，不需要考虑固定资产的折旧和无形资产的摊销。与历史成本计量相比，公允价值计量有助于反映现时的信息。对所有资产都采用公允价值的计量标准，增强了不同企业之间的可比性，消除稳健性偏好和对权益分析更为有用。但是，不足之处在于可靠性较低，易于操纵，缺乏稳健性，资产负债表和收益的波动性太大。公允价值计量增加了企业的会计成本和工作强度，对会计人员的素质提出了更高的要求。

（3）公允价值计量与经济周期。公允价值扩大资产、负债、所有者权益和收益波动性的途径包括第二、三层次公允价值的计量差错，经济内在波动和混合计量，容易在经济繁荣时期造成资产泡沫和过度投机。当银行的贷款只能按照已发生的损失计提减值准备时，经济繁荣造成银行的贷款减值准备较低，贷款对资产价值的比率下降，进一步刺激银行扩充质量差的信贷和抵押贷款。银行持有大量的金融资产收益在经济繁荣时期计入资本，从而提高了资本充足率，强化了银行的贷款倾向。当市场条件恶化时，金融资产比例较大的银行和金融机构的资产市值跌至负债价值之下，造成银行的偿债能力下降，最终引发公允价值的顺周期。目前，公允价值的使用主要集中在金融资产和金融负债领域。

（二）稳健性原则

在选择各种合理的会计计量方法时，会计人员必须选择那些对经营主体当前净收益和财务状况产生最小有利影响的计量方法。计量不确定性要求以最不乐观的态度来进行报告，即各项利得必须在其实现后才予以确认，而损失则必须立即予以确认。采用稳健性原则的例子包括存货估价的历史成本与市价孰低确定存货价值，在产品生命周期快速发展的行业调低或者注销过时存货销售前的价值，在合理预期范围内确认长期建筑合同的损失，估计固定资产的寿命，将所有的研究开发支出都作为当期费用等。当合理的理由存在时，经营主体要提高费用和损失的估计，但是会计人员不能利用稳健性原则任意低估数字。

对于财务报表分析者来说，稳健性原则提高了债务的安全边际和盈余质量，有助于缓解代理冲突，降低企业的融资成本，却造成净资产和净收益被低估。对好消息或者有利的信息选择性地延迟确认但对坏消息需要立即确认的做法，在某种程度上降低了财务报表的相关性和可靠性。为此，财务报表分析者需要估计各公司的稳健偏好度，对净资产和净利润进行调整，获得适宜的净资产和净利润。

二、会计数据整理的可靠性

复式记账的关键在于分解和合并经济业务，并将它做成会计分录。不仅同一会计数据的多种分类方法会影响会计数据的可靠性，而且将一笔费用或者损失归入产品成本、管理费用、销售费用、非经常性项目、资产项目或者所有者权益账户具有不同的经济后果。因此，会计原则的确定与其说是一个理论或者技术的过程，不如说是一个政治过程。即使所有记录的会计数据都是真实可靠的，但是，对会计数据的分类或者分录的记载不仅取决于会计原则的规定和企业对会计政策的选择，还要考虑经济事项的实质，以便正确地反映财产的法律结构，追踪各种经济过程并监督它们对财产状况和资本形成的影响。

（一）会计政策的选择

会计政策是指企业在会计确认、计量和报告中所采用的原则、计量基础和会计处理方法。会计政策的选择涉及企业的利益相关者的利益分配，需要认真分析。

1．会计政策选择的经济后果说

该理论认为，企业的会计政策及其变化会影响公司的价值或者其他财务报表使用者的决策行为。企业的会计政策的选择及变更会引起资产、负债、所有者权益、收入、费用、利润、综合收益等会计要素的变化。金融资产的不同计量方式，土地使用权划分固定资产、投资性房地产和无形资产的不同计量方式，固定资产折旧和存货计价的会计方法，利息费用和研究开发支出的资本化与费用化的不同处理，都是如此。因此，会计政策和会计估计的选择在表现形式上是一个技术问题，但实质上是企业的利益相关者对未来经济利益进行分配的过程。

2．企业的利益关注与会计政策选择

企业管理层影响财务报表真实性的主要途径是涉及会计战略和会计政策的选择。企业也将根据经济环境和经营活动所做出的会计政策的选择、会计估计的选择、补充披露的选择及报告具体格式的选择置于会计战略的地位，因为不同的会计准则及会计政策的选择将会产生不同的会计信息和影响不同的利益。

（1）管理报酬。在企业管理层的报酬与会计利润直接挂钩的情况下，如果报酬是分配红利，那么，企业管理层可能把利润由未来期间提前至本期确认，或者将未来所有可能的亏损集中提前至本期确认而提高未来的报告利润。

（2）高负债企业。负债权益比率越高，企业管理层越有可能选择将会计利润从未来期间提前至本期的会计政策，以降低违反债务契约的成本并增加利润转移的可能性。

（3）大企业。规模越大的公司，企业管理层越有可能选择将本期利润递延到未来期间的会计政策，或者选择平滑收益的会计政策，以便降低或递延税负，或者避免政府和监管机构的关注。

（4）公共企业。价格或者收费标准由政府根据成本、资产收益率、投资报酬率进行制定的公共企业，更可能采取提高其收费标准的会计政策。

（5）上市的需求。对于中国的上市公司而言，配股和增发需要连续 3 年的资产收益率超过 10%，连续 3 年亏损会遭受特别处理、处罚或者被迫退市。为了规避这些规定，上市公司通常采用某年大幅度亏损与次年微利相结合或者虚增利润的会计政策。

3．会计政策的分析

对企业会计政策的选择，可以按照以下 4 个方面进行分析。

（1）结合企业所处具体环境，判断企业会计政策和会计估计选择与变更的合理性，找出相关证据来证明自己的合理怀疑是否正确。

（2）关注报表中的小计、合计项目及影响报表使用者自身决策的项目。银行信贷审批人需要首先关注会计政策变更对第一还款能力的影响，即需要关注企业的经营活动产生现金流的能力，以及筹资活动和投资活动的现金流对经营活动现金流的支持度，然后关注流动比率、速动比率，以及核实企业是否有较好的维护现金流安全的财务结构。

（3）关注会计政策变更或者会计估计变更对未来现金流和盈利的影响。

（4）分析和计算会计政策及会计估计变更对报表影响的当期数和累积数，以及这些会计数据的变化对管理层、大股东、投资者、债权人、政府等相关利益人的利益分配影响，判断利益相关者中的直接受益人、潜在受益人、直接受害者、潜在受害者、推动者和默许者。

（二）内部控制制度和内部审计

数据整理的可靠性依赖于审计和内部控制制度。不仅需要重新计算、检查总额和交叉总额的准确性，而且需要检查分类和估计的合理性。在原始凭证、日记账、明细账、分类账和总账之间结转的过程中，对会计记录进行内部控制的制度是确保账账相符的关键。企业内部审计则采取财务收支审计、经济责任审计等可以针对性地对资金管理、投资管理、重大经营决策等高风险领域给予重点关注和检查。内部审计的职责就是要评价内部牵制和会计控制制度的可信赖性。

（三）会计估计和会计差错更正

1．会计估计

会计估计是指企业对其结果不确定的交易或事项以最近可利用的信息为基础所做的判断。资产的计价、收益的计量、成本的计算、摊余成本的设定、使用年限的确定都需要使用会计估计。资产负债表和损益表的构成成分越多，就越依赖于主观估计。对会计估计的会计分析步骤包括：①分析企业对各会计科目的会计估计方法的使用是否在不同年份具有一致性；②与同行业使用的会计估计方法进行比较，以便判断企业的会计估计是否合理；③分析会计估计方法和估计金额的改变对财务报表的影响程度。

2．会计差错更正

会计差错更正就是企业对会计核算时因会计确认、计量、记录等方面错误的纠正。

1）会计差错的处理

本期发现的与本期相关的会计差错，应调整本期相关项目。本期发现的与前期相关的非重大会计差错，如影响损益，应直接计入本期损益，其他相关项目也应作为本期数一并调整，如不影响损益，应调整本期相关项目。本期发现的与前期相关的重大会计差错，如影响损益，应将其对损益的影响数调整至发现当期的期初留存收益，会计报表其他相关项目也应作为期初数一并调整，如不影响损益，应调整会计报表相关项目的期初数。年度资产负债表日至财务报表批准报出日之间发现的报告年度的会计差错及以前年度的非重大会计差错，应当按照资产负债表日后事项处理，对于重大会计差错，应当调整以前年度的相关项目。在编制比较会计报表时，对于比较会计报表期间的重大会计差错，应调整各期间的净损益和其他相关项目，视同该差错在产生的当期已经更正，对于比较会计报表期间以前的重大会计差错，应调整比较会计报表最早期间的期初留存收益，会计报表其他相关项目的数字也应一并调整。滥用会计政策、会计估计及其变更的，应当作为重大会计差错处理。

举例　重大会计差错的更正。表 3-1 是 ST 威达医用科技公司在 2008 年 2 月对 2005 年重大会计差错更正的情况。

表 3-1　ST 威达医用科技公司在 2008 年 2 月对 2005 年重大会计差错更正的情况（单位：万元）

事项	累积影响数	对 2005 年净利润的影响
揭西生产基地的劳资纠纷致使所有资产不可控的差错更正	−2 063	−2 063
对甘肃金鹿草公司多计提投资减值准备 786 万元的会计差错更正	786	786
对子公司揭西医疗器械和控股公司揭西威达公司停业的会计差错更正	−354	−354
对控股子公司江西堆花贸易公司失去控制权的会计差错更正	6.5	6.5
2006 年前少计提税金的会计差错更正	−38	−38

分析：这些差错调整使该公司 2005 年的利润从调整前的亏损 1 657 万元增加到亏损 3 333 万元，使 2006 年的净利润从 1 297 万元减少到 130 万元。

2）对会计差错更正的会计分析

（1）对于重大会计差错更正出现的数量和年份比较多的企业，需要认真分析是否存在审计失败、虚假陈述的问题。

（2）重大会计差错更正的出现是否与上市公司被 ST、申请恢复上市或者其他的关键情况相关，因为重大会计差错更正具有金额大、操作快、运用广、不影响本期利润和没有后继的资产包袱等特点。

（3）是否存在以前年度的利润操纵，重大会计差错更正可以充当“清道夫”的角色。

举例　重大会计差错更正与利润操纵。江西纸业在 2001 年中期报告中的应收账款和其他应收款共 3.14 亿元，其中大股东江西纸业集团及其关联企业欠款 9 300 万元，但在

2001 年年度报告中披露的大股东占款为 9.9 亿元，计提坏账准备 2.34 亿元。江西纸业的解释为重大会计差错更正。

三、财务报表的可靠性

财务报表的可靠性是建立在企业资产的安全性、交易的可靠性、记录的可靠性、会计数据整理的可靠性基础之上的。由于会计信息的多样性、复杂性和数量的众多性，财务报表信息披露的可靠性涉及充分披露原则、重要性原则和一贯性原则。

（一）财务会计报告的构成

财务会计报告由会计报表、会计报表附注和财务情况说明书构成，是反映企业特定时期的财务状况、经营成果、现金流量及其他财务信息的综合性文件。

（1）会计报表。会计报表就是按照一定的会计准则反映企业的经营状况、财务状况及现金流量的文件，通常包括资产负债表、利润表、现金流量表、综合收益表及有关附表。有关附表包括资产减值准备明细表、利润分配表、股东权益增减变动表、分部报表等。

（2）会计报表附注。会计报表附注就是对会计报表各要素进行补充说明并补充其他财务信息的说明文件，通常包括会计报表各项目的增减变动情况，基本会计假设，主要的会计政策、会计估计及其变更，关联方关系及其交易，或有事项和资产负债表日后事项等。

（3）财务情况说明书。财务情况说明书是企业在一定期间内对收入、成本、费用、利润、资金等情况进行分析总结的书面文字报告，通常包括企业经营状况、利润实现和分配状况、资金增减和周转情况、税金缴纳情况、各种财产物资变动情况等。

（二）充分披露原则

1．充分披露原则的含义

充分披露原则具有以下 4 层含义。

（1）站在使用者角度的信息披露。完整的财务报告意味着企业管理层给予这样的信息，即如果管理层和报告使用者的位置调换，管理层希望报告使用者给管理层的信息。因此，财务报告不仅需要报告大量的财务细节，还需要对任何重要数据进行讨论及其解释。

（2）对所有使用者同等待遇的信息。企业的财务报告应该在固定的时间向所有的报告使用者同时发布相同的信息，而不是在不确定的时间或者有选择性地对报告使用者发布不同的信息，以便让投资者及其他报告使用者及时接触到重要的报告并对报告进行消化和理解。当公司对分析师、证券公司或者管理层选择性地披露信息时，这部分报告使用者就获得了信息优势，从而助长了公司股票的投机行为。

（3）影响使用者判断的信息。会计报告必须披露所有可能影响一个相关知识的读者判断的事项，如重要的财务信息、使用与公认会计准则不同的会计方法。披露的方法包括附加说明、附表、交叉参考和附注。作为财务报表的必要组成部分，附注通常提供财务报表所包含项目的附加信息及额外的财务信息。必须在附注中披露的财务信息包括存货计价、折旧等会计政策，或有负债的存在和资产负债表日后事项。养老金计划、长期租赁和债券准备也需要在附注中披露。

（4）企业所有的交易和事项。财务报告必须完整地反映企业的生产经营情况及其成果，所有的交易都必须如实反映，不能残缺不全，不能设账外账，更不能故意隐瞒、遗漏交易事项。当然，充分披露原则并不是要求把所有的财务信息不分轻重地详细列示，过度披露反而影响报表的有用价值，从而违背充分披露原则。

2．或有负债

或有负债就是根据未来不确定性事件确定的负债。法律诉讼、产品责任担保、贷款担保都是或有事项，银行的备用信用证、商业票据担保、货币互换、外汇合约等都涉及或有债务，购买承诺、资本支出承诺、债务契约限制、雇佣合同、销售协议、许可证协议等都可能涉及或有债务。表外融资业务也属于或有债务和或有资产。

或有事项的处理主要根据损失发生的可能性：或有损失的可能性非常低时不需要披露；或有损失的可能性较大但损失不能合理地估计时，或有损失要在附注中披露；或有损失的可能性较大且能合理估计时，或有负债就需要确定，其估计损失作为收益的抵减项目。财务报表附注、管理层讨论和分析、递延税款中无法扣除的预期损失、审计师报告等都可以为我们提供有关或有事项的信息。

3．资产负债表日后事项

资产负债表日后事项就是指在资产负债表编制日后但在公布日前发生的事项。第一类是在资产负债表编制日前就存在，影响报表的评估并在报表公布前获得证实的事项，如应收账款无法收回、担保的贷款人破产等。这类事项必须对会计报表的相应科目进行调整，记载损失或者费用。第二类是在资产负债表编制日还未存在但会影响报表使用者判断的事项，如股权转让、诉讼的解决、意外损失、债券发行、股权再融资、未完成的经营合并、不能持续经营的迹象、员工福利计划、回购股票等。这些事项需要以附注或者补充报表的形式加以披露。

举例　资产负债表日前存在的事项。2020 年 2 月 29 日，豫金刚石公司发布的 2019 年业绩快报显示，净利润为 8 040.34 万元。但是，2020 年 4 月 4 日，该公司基于稳健性原则，在年度报告中对 45 项诉讼案件计提 21.76 亿元的预计负债，对存货计提 10 亿元的跌价准备，对固定资产和在建工程计提 8 亿元的资产减值损失，对应收账款计提 10.3 亿元资产减值准备，导致 2019 年的亏损额为 51.52 亿元。

（三）重要性原则

充分披露的会计信息要不增加报表使用者的理解负担，就必须考虑重要性原则。该原则提供了会计信息合并和分离的基本原则，为理解会计信息提供了便利条件。

1．信息披露的经济成本与收益

有效市场假说认为，一个项目是在财务报表中披露还是在附注中披露，是合并披露还是单独披露并不重要，重要的是对实质性事项进行披露而不是如何披露这些事项。因此，在一个有效市场中，披露方法不如披露事项重要。实际上，事项的披露方法会对投资决策产生影响。因此，会计准则会对报表的单独列报科目、附注的内容、事项的合并或者金额的抵销进行详细的规范。由于披露存在附加成本的问题，只有披露的预期收益超过额外成本，才应该披露。

2．重要性原则的含义

当财务报表某个项目的省略、简化或者错误会影响报表使用者据此做出经济决策时，该项目就具有重要性。从报表使用者角度来说，重要性原则是指财务报表中的会计信息被简化、漏报甚至错报的严重程度。重要性原则意味着，企业应该对那些影响决策的、比较重要的项目的会计信息予以全面的和尽可能详尽的披露，而对那些不影响决策的或者与决策无关的信息则可以简化披露或者不予披露。

由于任何一笔支出或者收入的重要性取决于经营主体的相对规模和对企业的重要性问题，会计人员在确定会计项目的重要性时需要考虑会计信息的遗漏或者误报“这个项目是否会影响财务报表使用者的判断”。重要的事项要充分披露，不重要的事项可以合并披露，从而让企业尽可能以最经济和支出最小的方式提供财务报表。因此，重要性原则对于简化核算工作、提高会计工作效率、保证会计信息质量都具有重要的意义，但会造成企业掩盖重要信息的可能性。

3．中国企业会计基本准则对重要性原则的规定

重要性应当根据企业所处的环境，从项目的性质和金额大小或者从重要性的质量标准和数量标准两个方面来进行判断。

（1）重要性的数量标准。重要性的数量标准或者重要性水平是指重要性的金额界限或者金额大小。判断项目金额大小的重要性，应当考虑该项目金额占资产总额、负债总额、所有者权益总额（或称股东权益总额）、营业收入总额、营业成本总额、净利润、综合收益总额等直接相关项目金额的比例或所属报表单列项目金额的比例。会计师事务所使用的重要性水平指南为：①税前利润的5%～10%（利润总额大时用5%，利润总额小时用10%）；②总资产的0.5%～1%；③权益或净资产的1%；④营业收入的0.5%～1%；⑤根据资产总额与营业收入中较大的一项确定一个变动比率，并选取同期会计报表中都最小的重要性水平作为会计报表层的重要性水平。

（2）重要性的质量标准。重要性的质量标准或者定性标准是根据报表使用者在决策之中的定性分析之后得出的重要性结论。判断项目性质的重要性，应当考虑该项目在性质上是否属于企业日常活动，是否显著影响企业的财务状况、经营成果和现金流量等因素。项目性质的重要性还包括是否进行违法犯罪活动，重大投资项目是否经过政府审批，工资福利发放是否符合国家的规定，等等。

举例　项目性质的重要性。2013年，审计署的审计表明，大唐集团及其所属企业在2012年的违规次数有12起，其中大唐集团未经审批即投资建设的金额高达403.84亿元。大唐集团所属大唐同舟科技和大唐国际燃料公司虚列劳务派遣费套取211.40万元现金设立“小金库”，向管理人员发放奖金。

4．中国会计制度对重要性原则的规定

中国会计制度对重要性原则的规定主要体现在以下4个方面。

（1）财务报表的列报规定。如果有些交易或者事项没有会计制度规定的统一核算方法，企业应当按照会计核算的一般原则进行确认和计量，并在会计报表附注中对所采用的会计处理方法予以说明；如果会计报表项目没有会计制度规定，企业应当根据该项目的重要性，单独列示或者合并列示。

（2）中期财务报告。对于中期财务报告而言，重要性程度的确认以中期财务数据为基础。有些对年度财务数据显得不重要的信息对于中期财务数据而言可能是重要的，需要在中期财务报告中披露这些信息，特别是没有进行实物盘点或者待处理的一些损失的会计估计。

（3）季度报告。对于上市公司的季度报告而言，重要性原则体现在披露企业新增重大事项信息及重大的事项、生产经营环境和政策法规的变化对公司财务状况和生产经营成果产生或者即将产生的影响等。如果应收账款、存货等主要资产出现重要变化，以及重大会计政策、会计估计变更和会计差错更正准则对重大委托理财、资金借贷、重大逾期债务等产生重大影响，也需要在季度报告中披露。

（4）现金流量表。在现金流量表中，对于未特别指明的现金流量的事项，企业应根据经济业务的性质、现金流量的分类方法和重要性原则，判断现金流量应当归属的类别和项目，并进行反映或者披露。

5．具体会计科目和事项的重要性确认

几乎任何一个会计科目或者事项都涉及重要性的判断问题，以下选择 7 个会计科目或者事项的重要性进行说明。

（1）存货跌价准备的分别和合并提取。期末存货应当按照成本与可变现净值孰低的原则计提存货跌价准备。存货跌价准备应当按照单个存货项目计提的同时，考虑重要性与信息披露的成本收益，具有类似目的或最终用途并在同一地区生产和销售等特征的存货可以合并计提；对于存货数量多、单价较低的存货，也可按照存货类别计提存货跌价准备。

（2）主营业务收入和其他业务收入的区分。当收入分为主营业务收入和其他业务收入时，主营业务收入就是企业日常经营活动中的重要业务的收入，需要加以重点核算；而其他业务收入则居于次要地位，可以合并核算。

（3）会计差错的分类。会计差错分为重大会计差错与非重大会计差错。重大会计差错就是使公布的会计报表不再具有可靠性的会计差错，如某项交易或事项的金额占该类交易或事项金额 10%以上的重大金额。对于发现的前期重大会计差错要求采用追溯重述法，而对于发现的前期非重大会计差错或当期差错额则直接计入当期损益。

（4）资产负债表日后的销售折扣与折让。对于资产负债表日后的销售折扣与折让，因其发生较少且对损益的影响不大，企业根据重要性原则可以作为非调整事项在会计报表附注中进行说明，或者在发生销售折扣与折让的年度报表中反映而无须在附注中说明。

（5）租赁资产的入账成本。如果租赁资产占企业资产总额的比例不大（30%），承租人在租赁开始日可以按最低租赁付款额记录租入资产和长期应付款。

（6）固定资产与低值易耗品的区分。不属于生产经营主要设备的物品，单位价值在 2 000 元以上且使用期限超过两年的物品也作为固定资产，不具备固定资产的列作低值易耗品。

（7）账户的单独列报或者合并列报。如果企业的预付账款和预收账款业务比较多，那么，就需要单独设置“预付账款”和“预收账款”账户进行核算；如果比较少，则不需要单独设置“预付账款”和“预收账款”账户，而是将预付账款合并在“应付账款”账户、预收账款合并在“应收账款”账户中进行核算。但是，无论是单独设置账户还是合并在“应收账款”和“应付账款”账户中进行核算，预收账款和预付账款都需要单独列报。

6．重要性原则的误用

利用重要性原则，一些公司在财务报表中有意地记录一些错误或者小于某些比率的数字错误，并辩解说这样的错误不会有较大的影响；或者不披露管理层认为并不重大的信息；

或者采取较不引人注目的方式或者有选择地披露信息，如在注释中模糊地说明相当重大事项。

（四）一贯性原则

一贯性或者一致性是指经营主体对不同时期的相同的交易和事项，应该采用同样的会计原则或者方法，以得到相同或者类似的会计信息，从而使不同会计期间的会计报表具有可比性和更好地预测企业发展的趋势。当经营主体基于合理的理由，如新的会计公告、公司业务发生根本性变化，决定改变会计方法时，经营主体必须明确披露发生这种改变的原因，说明这种改变对会计报表的影响。由于企业的经营环境和经营活动不同，对于同一交易或者事项，同一企业在不同时期就可以选择不同的存货计价方法、固定资产折旧方法、坏账的计提方法、资产减值损失计提的时间、固定资产的折旧年限和残值的估计、无形资产的摊销方法、长期股权投资的核算方法、金融资产的计价方法等会计方法。一贯性原则简化了财务报表分析的难度。只要公司的会计政策和估计方法得以确定，财务分析就可以简化为例行的调整，而不需要复杂的基础调整。一贯性原则涉及会计政策变更和会计估计变更。

1．会计政策变更

会计政策变更是指企业对相同的交易或事项由原来采用的会计政策改用另一种会计政策的行为，也就是在不同会计期间执行不同的会计政策。

（1）会计政策变更的合法理由。当满足下列条件之一时，企业可以变更其会计政策：①法律、行政法规或者国家统一的会计制度（包括企业会计准则及其应用指南）等要求变更；②会计政策变更能够提供更可靠、更相关的会计信息。但是，本期发生的交易或事项与以前相比具有本质差别而采用新的会计政策，或者对初次发生的或不重要的交易或事项采用新的会计政策，不属于会计政策变更。

（2）会计政策变更的方式。会计政策变更常用的方式有以下几种：①存货核算政策变更，如存货发出核算从先进先出法改为平均成本法，期末存货计价从历史成本计价改为成本与可变现净值孰低计价；②长期股权投资核算政策变更，如长期股权投资由成本法改为权益法，长期股权投资期末计价从历史成本计价改为按账面价值与可收回金额孰低计价；③固定资产核算政策变更，如对未使用、不需要用固定资产由原来不计提折旧改为计提折旧，固定资产期末计价从历史成本计价改为按固定资产账面价值与可收回金额孰低法计价；④投资性房地产计量成本模式与公允价值计量模式的转换；⑤在建工程、无形资产计价方法的变更，如在建工程、无形资产从历史成本计价改为按账面价值与可收回金额孰低计价；⑥资产减值准备提取方式的变更，如坏账准备的提取从余额百分比法改为销售收入百分比法、账龄分析法；⑦收入确认政策变更，如建造合同收入由完成合同法改为完工百分比法；⑧合并政策变更，如母子公司的会计年度不一致时处理原则的变化、确定合并报表范围时原则的变化等；⑨所得税核算政策变更，如所得税核算从应付税款法改为资产负债表债务法；等等。

（3）会计政策变更的会计处理方法。企业的会计政策变更，根据不同的情况采用不同的方法，如国家规定的会计方法、追溯调整法和未来适用法。如果国家没有规定相关的会计方法，则采用追溯调整法进行会计处理。企业根据经济环境和客观环境的改变而变更会计政策，且会计政策变更能够提供更可靠的、更相关的会计信息的，应当采用追溯调整法处理，将会计政策变更累积影响数调整列报前期最早期初留存收益，其他相关项目的期初余额和列报前期披露的其他比较数据也应当一并调整，但不需要重编以前年度的会计报表。

追溯调整法是指对某项交易或者事项变更会计政策，视同该交易或事项初次发生时采用变更后的会计政策，并以此对财务报表相关项目进行调整的方法。会计政策变更累积影响数，是指按照变更后的会计政策对以前各期追溯计算的列报前期最早期初留存收益应有金额与现有金额之间的差额。为了确定会计政策变更累积影响数，企业需要根据新的会计政策重新计算受影响的前期交易或事项，计算两种会计政策下的差异，计算差异的所得税金额，确定以前各期的税后差异和会计政策变更的累积影响数。然后编制相关的调整分录，调整报表相关项目，并进行报表附注说明。

如果会计政策变更累积影响数不能合理地确定，无论是属于法规和规章要求而变更会计政策，还是因为经济环境和客观情况的改变而变更会计政策，都可采用未来适用法进行会计处理。未来适用法是指将变更后的会计政策应用于变更日及以后发生的交易或事项，或者在会计估计变更当期和未来期间确认会计估计变更影响数的方法。企业会计账簿记录及会计报表上反映的金额，变更之日仍然保留原有金额，企业在现有的金额基础上再按新的会计政策进行核算。未来适用法不需要计算会计政策变更的累积影响数，也不需要重编以前年度的财务报表并对以前年度的会计指标进行追溯调整，但需要在会计政策变更当期比较会计政策变更对当期净利润的影响数，并在报表附注中披露。

举例　会计政策变更与未来适用法。甲公司对存货原先采用先进先出法，由于物价上涨，从 2018 年 1 月 1 日起，改用后进先出法。2018 年 1 月 1 日存货的价值为 2 000 万元，公司本期购入存货的实际成本为 16 000 万元，2018 年 12 月 31 日按后进先出法确定的存货价值为 2 500 万元。假设 2018 年 12 月 31 日按先进先出法计算的存货价值为 4 600 万元，当年销售额为 30 000 万元，该年度其他费用为 1 500 万元，所得税税率为 25%，不考虑其他税费的影响。要求：计算会计政策变更对当期净利润的影响数，并在会计报表附注中加以说明。

分析：由于资料的缺失，采用后进先出法不能合理地对 2018 年期初存货进行调整，因此，甲公司对该会计政策的变更采用未来适用法进行处理。

（1）采用后进先出法计算的销售成本=期初存货+本期购入存货−期末存货=2 000+16 000−2 500=15 500（万元）。

（2）采用先进先出法计算的销售成本=期初存货+本期购入存货−期末存货=2 000+16 000−4 600=13 400（万元）。

（3）会计政策变更对利润总额的影响：(30 000−15 500−1 500)−(30 000−13 400−1 500)=−2 100（万元）。

（4）会计政策变更对所得税的影响：−2 100×25%=−525（万元）。

（5）会计政策变更对净利润的影响：−2 100−(−525)=−1 575（万元）。

（6）报表附注说明。本年度公司按照会计制度的规定，对存货的计价由先进先出法改为后进先出法。此项会计政策的变更无法确定其累积影响数，因而采用未来适用法。会计政策变更使当期净利润减少了 1 575 万元。

2．会计估计变更

会计估计是指企业对其结果不确定的交易或事项以最近可利用的信息为基础所做的

判断。会计估计变更是指由于资产和负债的当前情况及预期经济利益及义务发生了变化，从而对资产或负债的账面价值或者资产的定期消耗金额进行的重估和调整。当会计估计的基础发生变化，企业取得了新的信息、积累了更多经验及后来的发展变化，加上真实可靠的依据，企业就可以对会计估计进行修订。

（1）会计估计变更的事项。企业中涉及会计估计的事项包括资产减值准备的计提、坏账提取比例的修订、固定资产和无形资产的使用年限和净残值的估计、担保债务或者或有负债的估计等。当企业难以对某项变更区分为会计政策变更或者会计估计变更时，应将其作为会计估计变更处理，如折旧年限和折旧方法的改变。

（2）会计估计变更的未来适用法。企业对会计估计变更采用未来适用法处理，在当期和未来采用新的会计估计，不调整以前会计期间的报告结果。会计估计变更仅影响变更当期的，其影响数应当在变更当期予以确认；既影响变更当期又影响未来期间的，其影响数应当在变更当期和未来期间予以确认。为了保证不同期间的财务报表的可比性，会计估计变更的影响数在计入日常经营活动收益或者特殊项目时要保证当期和以后各期间具有一致性。

举例　会计估计的变更。2015 年 1 月 1 日，C 公司管理部门启用一台新设备，原始价值 1 250 万元，预计使用年限为 10 年，预计净残值为 50 万元，按直线法计提折旧。2019 年初，由于新技术发展等因素，需要对原估计的使用年限和净残值做出修正，修改后该设备的耐用年限为 8 年，预计净残值为 30 万元。假定税法允许按变更后的折旧额在税前扣除。要求：说明 C 公司对上述会计估计变更的处理方式。

分析：C 公司对上述会计估计变更的处理方式如下。

（1）不调整以前各期折旧，也不计算累积影响数。

（2）变更日以后发生的经济业务按新估计使用年限提取折旧。按原来的 10 年估计，2015～2018 年，每年的折旧额=（1 250−50）/10=120（万元），已计提折旧 4 年，共计 480 万元。2019 年初固定资产相关科目的期初余额如下：固定资产原值 1 250 万元，累计折旧 480 万元，固定资产净值 770 万元。

改变预计使用年限后，从 2019 年起，每年计提的折旧额=（770−30）/（8−4）=185（万元）。2019 年不必对以前年度已计提折旧进行调整，只需按重新预计的使用年限和净残值计算确定的折旧额。编制如下会计分录：

借：管理费用　　　　1 850 000

　　贷：累计折旧　　　　1 850 000

（3）报表附注说明。本公司一台原始价值 1 250 万元的管理用设备按直线法计提折旧，原估计使用年限为 10 年，预计净残值为 50 万元。由于新技术的发展，该设备已不能按原估计使用年限计提折旧，本公司于 2019 年初变更设备的耐用年限为 8 年，预计净残值为 30 万元，以反映该设备的真实耐用年限和净残值。此估计变更影响本年度净利润减少数=（185−120）×（1−25%）=48.75（万元）。

3．对企业滥用会计政策和会计估计变更的会计分析

（1）分析公司在报表附注中对会计政策和会计估计的变更是否有明确、合理的披露内容，如会计政策的变更是否有法律或会计准则的依据，会计估计的变更是否有充足的理由，

等等。会计政策变更通常分为强制性政策变更和自发性政策变更。强制性政策变更就是由会计制度的制定者，如法律、法规和政府管理机构的行政命令要求企业做出相应的会计政策变更。自发性政策变更就是企业根据经营环境和经营目标的变化，做出适当的会计政策变更，以便更可靠地、更相关地提供企业的财务状况、经营成果和现金流量的会计信息。

（2）结合公司的背景判断管理层是否有粉饰财务报表的动机，如未按合理的方法估计各项资产的可收回金额或者可变现净值，随意变更企业所选择的会计政策，随意调整无形资产的摊销期限等。

（3）分析企业会计估计变更涉及的内容、年度分布状况及其与会计政策变更的区分。会计的计量属性、确认基础和列报项目是否发生变化，是区分会计政策变更和会计估计变更的基础。

（4）估算会计政策变更和会计估计变更对企业利润、所有者权益或者亏损性质的影响。

（五）公允价值调整

即使企业的所有记录都是按照可靠的历史成本原则记载的，这也不意味着依靠会计记录整理的财务报表就具有实质可靠性。因为会计环境的改变可以让形式可靠的记录变得很不可靠。会计信息质量受到政策法律的制约、政治的干扰、股权集中度、机构投资者、公司治理水平、企业内部的权力分布、财务人员的专业能力等因素的影响。随着通货膨胀的加剧与扩展，汇率的剧烈变化，企业的经济资源的价值就会被严重扭曲，资产和负债的账面价值就会脱离其现行成本。对于持有货币性资产占总资产比例或者货币性负债占总负债比例较大的银行和其他金融机构而言，通货膨胀和汇率的剧烈变化就会造成高估资产价值和高估企业收益的现象。对于持有实物资产较多的企业而言，通货膨胀和汇率的急剧变化会造成低估资产价值和高估企业收益的现象。这就需要对财务报表进行公允价值的调账。因此，按照公允价值计价增强了财务报表信息的相关性。

不容忽视的是，公允价值计量模式把相关资产或负债的计量建立在管理层主观判断的基础上，并且独立的第三方审计难以对其进行鉴证，从而增强了管理层的盈余管理的操作空间。而且，公允价值计量模式增大了财务报告数据的波动性，增加了审计的复杂性，引发了顺周期效应。

【本章小结】

本章集中分析了会计信息的可靠性、相关性和可比性的质量特征，指出了会计信息的真实可靠性需要资产的安全性、交易的可靠性、记录的可靠性、会计数据整理的可靠性，以及财务报表的可靠性和相应的会计原则作为保障。

【思考题】

3.1 比较追溯调整法、追溯重述法和未来适用法在处理会计政策变更、会计估计变更和前期差错上的区别与联系。

3.2 如何确保会计信息的真实可靠性？

3.3 内部控制制度。根据以下材料，分析内部控制制度对财务报表的影响。

中国财政部、审计署、证监会、银监会和保监会在2008年和2010年发布了《企业内部控制基本规范》和《企业内部控制配套指引》，初步构建了中国企业的内部控制规范体系。该内部控制规范体系自2011年起首先在中国境内外同时上市的公司施行，2012年实施范围扩大到国有控股主板上市公司，2013 年进一步扩大到一定规模以上的非国有控股主板上市公司。2013 年，共有 2 312 家上市公司披露了内部控制评价报告，其中 428 家企业披露了内部控制缺陷、31 家企业披露了内部控制重大缺陷、37 家企业披露了内部控制重要缺陷，但有 81.49%的上市公司没有披露内部控制缺陷。2014 年 1 月，证监会与财政部联合发布了《公开发行证券的公司信息披露编报规则第 21 号——年度内部控制评价报告的一般规定》。

【练习题】

3.1 收入的确认。甲公司在 2018 年以赊销的方式销售了 250 万元的商品，成本为 125 万元，年终前收回销售款 150 万元。同时，该公司在 2018 年以赊销的方式购买 300 万元的商品，年终前支付了 180 万元的现金。

要求：计算该企业在权责发生制和现金收付制下 2018 年的收入、费用和净利润。

3.2 会计政策变更与追溯调整法。甲公司在 2014 年 1 月 1 日投资 B 公司 900 万元，占有 B 公司股份的 18%，依照 2014 年的会计制度采用成本法核算。B 公司在 2014～2016 年的净利润分别为 200 万元、100 万元和 150 万元，甲公司在这 3 年的投资收益分别为 2 万元、1 万元和 15 万元，公司所得税税率为 25%。甲公司按净利润的 10%提取法定盈余公积金和 5%的法定公益金。从 2017 年 1 月 1 日开始，甲公司对 B 公司施加了重大影响，改用权益法进行核算。

要求：

（1）对甲公司长期股权投资在 2017 年初的核算方法变更做相应的会计分录。

（2）计算会计政策变更的累积影响数，2017 年初的长期股权投资、盈余公积和未分配利润的调整额。

3.3 会计估计变更与未来适用法。普华公司 2008 年 12 月 30 日购入一台生产设备，采用直线法计提折旧。有关数据如下：该设备原值 310 万元，预计使用 10 年，预计净残值 10 万元。2012 年 12 月 31 日对该设备进行减值测试和剩余使用年限评估。测试价值为 146 万元，经评估确定的剩余使用年限为 7 年，净残值为 6 万元。

要求：

（1）计算从 2013 年 1 月 1 日起每年的折旧额，做相应的会计分录。

（2）对生产设备使用年限的改变做财务报表附注说明。

【案例讨论题】

3.1 信息披露。中国上市公司信息披露的主要内容包括首次披露、定期报告、临时报告及其他披露。根据深圳证券交易所对 3 076 个网民投资者调查的《2011 年个人投资者调查报告》显示，80%的受访投资者曾关注上市公司的临时公告，其中 35%的投资者长期关注并持续跟踪上市公司的各种临时报告。在上市公司的临时报告的格式、真实性、及时性及充分性方面，近 50%的投资者认为“临时报告的格式与行文达到了清晰与简明的标准”，41%的投资者认为“临时报告的内容能够充分反应可能影响股价的重大事件”，36%的投资者认为“临时报告的发布比较及时”，30%的投资者认为“临时报告的内容真实准确”。

讨论：

（1）根据以上信息，谈一谈中国财务报表的信息质量特征。

（2）如何确保上市公司财务报表发布的及时性？

（3）如何提高中国财务报表的真实可靠性？

3.2 审计监督。明星电力是四川省遂宁市的一家水电气的主要供应商，2002 年 8 月打算以 3.8 亿元转让 28.14%的国有股。周某在得到这个消息后，马上在深圳成立明伦集团与遂宁市接洽。由于收购上市公司需要净资产 10 亿元以上，而明伦集团的净资产是负数，因此，周益明在 2003 年 3 月让深圳市中喜会计师事务所进行审计。在签订审计合同的第二天，中喜会计师事务所就出具了一份总资产 27 亿元、净资产 12 亿元的审计报告，并编造了明伦集团成立以前的 2001 年度的假审计报告。

尽管银行贷款被严禁用于上市公司收购，但是，依靠 27 亿元资产的审计报告，周益明从华夏银行、浦发银行和广发银行获得了 3.8 亿元的流动资金贷款，并在 2003 年 6 月获得了明星电力的控股权。2003 年 6 月～2005 年 11 月，周益明利用明伦集团的控股权将明星电力的 12.26 亿元资金，以对外投资、国际贸易、提供担保等名义转入明伦集团及周益明的私人控制公司，非法占有明星电力的 4.65 亿元和 1 074 万美元的资金。2006 年 10～11 月，周益明以合同诈骗罪被判处无期徒刑，明伦集团以合同诈骗罪被判处罚金 5 000 万元。

讨论：根据以上材料，讨论审计如何影响财务报表的真实可靠性。

第四章 资 产 分 析

与第二章、第三章对财务报表进行综合分析不同，本章至第八章将对财务报表进行个别分析，集中对资产负债表、利润表和现金流量表的某些科目进行深入分析，以便对企业的财务状况、经营成果和现金流量有深入的理解，从而为理解企业的偿债能力、盈利能力、营运能力及投资者的权益分析奠定坚实的基础。

第一节 资产负债表简介

资产负债表是反映企业在某一特定日期的财务状况的会计报表，展示了企业的资产、负债、所有者权益及其相互关系。通过资产负债表，我们可以看到企业的资本结构和经济资源的分布情况，也可以确定企业的变现能力和财务弹性，帮助评估企业的经营业绩。由于非货币量化的经济资源被排除，资产和负债项目的计价方法不同，资产减值准备和使用年限的确认与计量存在主观估计，不同企业之间使用不同的资产计量和会计方法，因此，资产负债表的使用受到很大的限制，在可比性、相关性和可靠性方面都存在严重的不足。

一、资产负债表的列报

（一）基本概念

资产是特定主体从已经发生的交易或事项所拥有的或加以控制的、能带来未来经济利益的资源和权利。负债是企业将来可能要放弃的经济利益，它是特定主体由于已经发生的交易或事项，将来要向其他主体转交资产或提供劳务的现有义务。所有者权益或净资产是某一主体的资产减去其负债的剩余部分。

（二）会计平衡式

在任何时点上，资产必须等于债权人和所有人的投入，即资产=负债+所有者权益。由于利润表只反映已实现的收入和应配比的费用，并通过留存收益项目反映在所有者权益中，因此，资产负债表的平衡关系就变成：资产+递延费用=负债+递延收益+所有者权益+已实现收入-应配比费用。递延费用就是在以后会计期间与收入配比的成本耗费，递延收益是在以后会计期间流入会计主体并最终增加所有者权益的经济利益。因此，资产负债表不仅涉及递延收益和递延费用在不同会计期间的分配问题，而且涉及非货币性资产如何在资产负债表中得到反映的问题。

（三）资产负债表的列报方式

资产负债表遵循“资产=负债+所有者权益”的会计恒等式，可以采用 3 种格式进行报告：①资产列左、负债和所有者权益列右的账户式；②资产在顶部、负债和所有者权益在底部垂直列举的报告式；③采取流动资产-流动负债=营运资金，营运资金+非流动资产=长期资金，长期资金-长期负债等于所有者权益的方式进行垂直列报的财务状况式。

企业通常使用的资产负债表是账户式资产负债表，而资产和负债按照流动性分别区分为流动资产、非流动资产和流动负债、非流动负债。从历史上看，这种按照流动性报告的资产负债表主要是给债权人看的，以便反映债权人所关心的偿债能力和流动能力。债权人关心的是，如果借款人破产，他们能否得到足够的财产以补偿贷款损失。资产负债表分析的目的，就是鉴别是否存在可能削弱价值投资的财务缺陷，如流动性困难、偿债能力下降或者过度融资。在经济繁荣时期，高财务杠杆可以加倍放大利润额，但是，在经济形势恶化时期，高财务杠杆意味着巨额的利息支付、现金流出和巨额亏损的可能。

二、资产简介

资产可以进行不同的分类，进行资本化、摊销和资产减值。

（一）资产的分类

1．根据资产的流动性划分

根据资产的流动性，资产可以划分为流动资产和非流动资产两部分。流动性，就是企业将资产转化为现金或者获得现金用以偿付短期债务的能力。

（1）流动资产。流动资产就是在一年内或者一个经营周期（孰短）内能够转化为现金或者现金等价物的资产，包括现金、交易性金融资产、短期应收账款、存货、预付账款和其他流动资产。其他流动资产包括其他应收款、应收利息、应收股利、可退回所得税、可递延所得税、持有待售非流动资产、一年内到期的非流动资产等。经营周期是指企业从取得商品到销售商品最终收回现金的整个期间，等于应收账款回收期加上存货回收期。

（2）非流动资产。非流动资产就是在一年或者一个经营周期内不能转化为现金或现金等价物，但可以使企业在长期经营中受益的资产。非流动资产包括可供出售金融资产、持有至到期投资、长期应收款、长期股权投资、投资性房地产、固定资产、在建工程、工程物资、固定资产清理、生产性生物资产、油气资产、无形资产、商誉、长期待摊费用、递延所得税资产和其他非流动资产。其他非流动资产包括人寿保险缴纳现金值、长期预付账款等。

以下分析合理的资产结构。如果企业的无形资产和固定资产所占的比例较大，大部分固定资产用于非生产活动，那么，由于经营杠杆效应的存在，企业的固定费用就会比较高，经营风险比较大。而且，由于固定资产是企业为未来多年的经济利益预先支付的资金，这就会造成固定资产占用资金而降低企业的资金周转速度和减少资产变现的能力。因此，一个合理的资产结构会提高企业资产的质量。从理论上说，企业的资产报酬率应该能够补偿企业的资本成本，或者企业的资产报酬率应该高于市场利率。但是，由于大量的非流动资产存在预付资金占用的问题，以及非生产性和闲置资产占了企业非流动资产的一部分，因此，企业的资本中只有一部分被有效使用。除非被有效使用的资产获得的报酬率远高于市场利率，否则，企业的总资产报酬率会低于市场利率。

2．根据经营性质划分

根据经营性质，资产可以划分为经营资产、投资资产和其他资产。经营资产就是企业用于日常经营的资产，包括现金、应收账款、存货、预付账款、固定资产和无形资产。投资资产就是企业对其他经济主体的债权和股权投资，包括金融资产、套期保值、衍生金融产品、长期股权投资和投资性房地产。

1）经营资产和投资资产的比较

（1）经营资产的价值完全取决于企业的经营管理决策，而投资资产的价值独立于企业的经营管理决策，通常受到市场风险、利率风险和汇率风险的影响。一个企业能够完全控制经营资产但不能控制金融资产的价值波动。

（2）经营资产主要按照成本计价，而金融资产则按照公允价值计价，长期股权投资按照成本法和权益法计价，投资性房地产则按照公允价值和成本法计价。

（3）风险不同。经营资产的风险高度集中在行业和企业自身，享有专业化的优势但也承担资产专用性被套牢的风险。投资资产的风险可以被分摊到不同企业和不同行业甚至不同国家和地区，具有多样化的优势，抵御市场风险的能力较强。但是，当市场存在系统性风险时，一个企业的股价下跌，就是另外一个企业的金融资产的公允价值变动损益，从而造成所有企业的资产下降，资产负债率提高和融资成本增加。如果股市崩溃，所有企业的公允价值变动损益就会急剧增加，资产负债率会大幅度提升，企业的融资成本也会急剧增加。

2）资产的配置

对于一家公司来说，在经营资产和投资资产方面进行合理的资金分配是非常重要的。当一家企业将所有的资金分配到经营资产方面时，企业的净利润完全取决于企业所处行业的宏观环境和企业的经营状况。尽管企业自身的努力可以控制，但宏观环境和行业状况的变化超出了企业的控制力，容易造成企业在经济境况不佳时出现业绩大幅度下降或者破产。相反，将一部分资金用于长期股权投资，特别是与企业所处行业不同或者经营相似的多元化投资，就可能避免风险的过度集中。但是，将大量的资金投入投资资产而不是经营资产，会造成企业的收益出现企业无法控制的大幅度波动，市场风险也会大幅度增加。

3．其他资产的考虑

在分析资产时，我们不仅需要将那些不能带来未来经济利益的其他资产，如长期待摊费用、折旧率过低的资产、提取坏账损失率过低的应收账款或者贷款从资产负债表中扣除，而且需要将那些能带来未来经济利益的资产加入资产负债表，如成本法下长期股权投资的收益、具有融资租赁实质的经营租赁、企业的人力资本、公司战略、管理才能等。企业的资产结构不仅具有显著的行业和市场定位的特点，而且反映了企业的全体股东特别是控股股东和管理层的企业发展战略。当企业的全体股东与控股股东的利益不一致时，控股股东的意图就通过资金占用、对外投资、关联交易和业绩操纵等形式表现出来。因此，企业资产的结构会直接影响到成本结构和资产运用的效率。

（二）资产的资本化、摊销与减值

固定资产、无形资产、生物性资产和油气资产等长期资产都涉及资本化、摊销和减值的过程。长期资产就是企业在其正常经营活动中所拥有的、不以销售为目的的、使用期限较长的资产。

1．成本的资本化

在进行资产的计价时，要区分资本性支出和收益性支出，防止错将收益性支出进行资本化，提高当期收益，或者将资本性支出费用化，降低当期收益和提高未来收益。收益性支出就是支出的利益仅为当期所获得，如日常维修、日常保修等支出金额较小、发生次数比较频繁的支出，其成本就是当期费用。凡是一项能为现在及将来多个会计期间带来经济利益的支出即为资本性支出，需要计入资产的价值。其特点是支出金额大、资产的受益期较长，其价值需要采用一定的摊销方法分期摊销到不同的会计期间，以便正确计算每一会计期间的经营成果。

资本化就是对某项资产当期发生，但其收益预期将延续至未来多个期间的成本进行递延的过程。资本化延迟了成本的确认。与成本的费用化相比，资本化会使获得资产的当期收益增加，而后各期的收益会降低，从而使各年的收益更加平滑，因为资本性支出具有易变性和突然性的特点。同时，资产成本的费用化降低了投资基数，增加了收益的易变性。因此，资本化提高了投资报酬率的稳定性，降低了权益负债率。当资本成本的即期费用化被当作营业现金流出而资本化被当作投资现金流出时，资产成本的即期费用化会高估获得资产时的经营活动的现金流出，低估投资活动的现金流出。

2．成本摊销

成本摊销就是将递延成本在多个未来预期收益期内定期做费用化处理的过程，是将资产成本与其获得的收益相配比的过程。这种不是一种计价行为的摊销对固定资产和生物资产来说称为折旧，对无形资产来说称为摊销，对油气资产来说称为折耗。成本摊销取决于受益期、残值和摊销方法。

（1）固定资产的折旧。固定资产采取历史成本计量模式，固定资产的折旧方法包括直线法、工作量法、双倍余额递减法、年限总和法等。

（2）无形资产的摊销。无形资产采取历史成本计量模式。无形资产的摊销方法包括直线法、加速折旧法、生产总量法或其他方法，以便反映无形资产有关经济利益的预期实现方式。无法可靠地确定预期实现方式的，无形资产应当采用直线法摊销。

（3）生物资产的折旧。生物资产采取历史成本的计量模式，但在有确凿证据表明生物资产的公允价值能够持续可取得的情况下，应当对生物资产采取公允价值计量。生物资产的折旧方法包括年限平均法、工作量法、产量法。

（4）油气资产的折耗。油气资产或自然资源包括油气开采企业所拥有或者控制的矿区权益、井及相关设备等油气资产，其性质属于递耗资产，采取历史成本的计量模式。油气资产的折耗方法包括产量法和直线法。

一般而言，固定资产和生物资产的折旧、无形资产的摊销和自然资源的折耗都属于固定成本。折旧费用根据固定资产处于经营活动的不同阶段而划分为生产成本、管理费用和销售费用，无形资产的摊销属于管理费用，自然资源的折耗和生物资产的折旧属于生产成本。

3．资产减值

资产减值就是资产的未来预期现金流量不足以弥补其剩余成本时，减计资产的账面价值至公允价值的过程，减值损失等于资产的账面价值超过公允价值的部分。

（1）资产减值的确认。资产代表着预期的经济利益或持续获利能力。当企业资产的当期市场价格大幅度下降，企业所处的经济、技术或法律环境在近期出现了重要的不利变化，市场利率大幅度提高，资产已经过时或者损坏时，资产减值的迹象就出现了，企业就需要确认和计量资产减值损失。计提资产减值损失符合稳健性原则和相关性原则。

（2）不可转回的资产减值。对于长期股权投资、成本法下的投资性房地产、固定资产、生产性生物资产、无形资产和商誉、石油天然气矿区权益和井及相关设施，企业每年都要对这些资产进行资产减值测试，比较账面价值与可收回金额的差额，计入资产减值损失和资产减值准备，而且资产减值损失不允许转回。资产可收回金额根据资产的公允价值减去处置费用后的净额与资产预计未来现金流量的现值两者之间较高者确定。公允价值减去处置费用后的净额无法确定的，应当以资产未来的现金流量的现值作为其可收回金额。资产的未来现金流量的现值需要考虑资产的预计未来现金流量、资产的使用寿命和折现率。资产减值损失确认后，减值资产的折旧或者摊销费用应当在未来期间做出相应调整，以便使资产在使用寿命期内，系统地分摊调整后的资产账面价值。

（3）可转回的资产减值。对于存货、消耗性生物资产、以公允价值计量的投资性房地产、建造合同形成的资产、递延所得税资产、融资租赁中出租人未担保余值、应收账款等金融资产、未探明矿区权益的资产减值，则需要比较账面价值与未来现金流量的现值或公允价值的差额，计入资产减值损失和资产减值准备，并可转回，见表 4-1。

表 4-1　资产减值损失的计价基础和转回

资产	计提减值的基础	是否可转回
存货	可变现净值	可以
固定资产	可回收金额	不可以
持有待售的非流动资产	可回收金额	可以
消耗性生物资产	可变现净值	可以
生产性生物资产	可回收金额	不可以
探明矿区的油气资产	可回收金额	不可以
未探明矿区的油气资产	公允价值	可以
投资性房地产（成本模式）	可回收金额	不可以
长期股权投资（控制、共同控制和重大影响）	可回收金额	不可以
长期股权投资（不具有控制、共同控制和重大影响，且无公允价值）	未来现金流量现值	不可以
无形资产	可回收金额	不可以
商誉	可回收金额	不可以
持有至到期投资	未来现金流量现值	可以
贷款和应收账款	未来现金流量现值	可以
可供出售金融资产	公允价值	可以

（4）资产减值与盈余管理。资产减值基于稳定性偏好，不考虑资产增值，故扭曲了长

期资产的价值和净收益。研究发现，记录资产减值的企业具有历史惯性，通常在业绩较差的年份做资产减值的记录。企业对资产减值进行盈余管理的方式：一是少计提资产减值准备，增加会计利润；二是多计提资产减值准备，减少会计利润；三是转回资产减值准备，增加会计利润，如转回存货跌价损失准备、坏账准备。表 4-2 列示了中国中铁 2004～2007 年的资产减值准备情况。

表 4-2 中国中铁 2004～2007 年的资产减值准备情况（单位：亿元）

项目	2004 年	2005 年	2006 年	2007 年
坏账准备	8.73	10.92	13.17	13.64
存货跌价准备	8.64	4.56	2.05	1.37
长期股权投资减值准备	0.40	0.64	0.60	0.39
固定资产减值准备	2.21	2.05	1.18	1.17
在建工程减值准备	0.15	0.18	0.046	0.061
合计	20.13	18.35	17.046	16.631

（三）资产质量分析

资产质量主要通过以下 6 个方面来进行评估。

（1）资产的真实性，即资产负债表中所列举的资产是否完全、真实可靠、相关、安全、客观存在，以及是否有一定的变现能力。

（2）资产的结构性，即资产的分布结构是否合理。这需要分析流动资产和非流动资产、经营资产和投资资产分布的合理性。

（3）资产的收益性，即资产的收益能力和资产的收益方式。这需要比较经营资产和投资资产的报酬率差异。

（4）资产的有效性，即资产是否被有效利用和正常周转、与其他资产组合增值的情况，以及为企业的发展目标做出的贡献。这需要考虑各项资产的周转率、资产运行状态。

（5）表外资产的规模和流失状况。许多企业存在大量合法的、具有很大价值的表外资产，如已经提足折旧但企业仍然继续使用的固定资产、企业正在使用但已经作为低值易耗品一次摊销到费用中的资产、已经成功的研究和开发项目但其支出作为当期费用处理的无形资产及人力资源。

（6）非货币性资产的价值，即在分析公司的价值时，要明确认识到人力资本在对公司资产的保值和增值中的作用，认识到组织资产、客户资产、供货商资产等资产的价值。

三、负债和权益简介

资产是企业资金的运用，负债和权益则是企业资金的来源。负债是由各种债权人提供的资金，权益则是由股东或者企业提供但应归属于股东的资金。

（一）负债的分类

按照流动性，负债分为流动负债和非流动负债。

（1）流动负债。流动负债就是在一年内或者一个经营周期（孰短）内需要支付现金或者现金等价物的义务，包括短期借款、交易性金融负债、应付票据、应付账款、预收账款、应付职工薪酬、应交税费、应付利息、应付股利、其他应付款、一年内到期的非流动负债和其他流动负债。

（2）非流动负债。非流动负债就是在一年或者一个经营周期（孰短）以上需要支付现金或者现金等价物的义务，包括长期借款、应付债券、长期应付款、专项应付款、预计负债、递延所得税负债和其他非流动负债。建筑承包商的“工程施工”期末余额小于“工程结算”期末余额的差额在“应付账款”项目中反映。

注意，企业与同一客户在购销过程中形成的债权债务关系，应当单独列示，不应当相互抵销，如应收账款不能与预收账款相互抵销，预付账款不能与应付账款相互抵销，应付账款不能与应收账款相互抵销，预收账款不能与预付账款相互抵销。

（二）所有者权益

所有者权益就是一个特定主体的资产减去负债后的剩余权益，包括股本、资本公积、盈余公积和未分配利润。一般而言，股本和资本公积是由投资者所提供的资金，而盈余公积和未分配利润则是由管理层在经营期间所赚取但还未分配的资金。

（三）企业的资本结构

企业的负债与所有者权益不仅代表了企业资产项目的资金来源，而且代表了对资产所创造的利润与价值的求偿权。企业的资本结构揭示了企业的资源供给者所供给资源的规模和权利要求，而这些资源的不同权利要求的实现程度受到企业管理层和政府法律的限制。因此，公司的资本结构问题，就涉及通过控制公司管理层进而控制企业的资源问题。

在所有股东和债权人的求偿权都得到法律保护的条件下，控股股东和重大影响性股东就不能通过牺牲债权人和少数股东的利益来实现自己的利益，而只能从企业所有资源创造的价值和利润中分享自己应得的份额。当法律对所有股东和债权人的保护不完全时，控股股东和重大影响性股东就会利用直接的控制权和管理权从企业转移资源，从而牺牲债权人和少数股东的权益。在集团公司控制上市公司的情况下，上市公司发行股票及债券的资金往往被集团公司转移或者侵占，导致上市公司成为集团公司占有和转移其他股东及债权人资金的一种合法工具。另外，在关联交易、非货币性资产互换和债务重组的情况下，还需要分析控股股东或者主要债权人提供资金来源的真实资产性质，以便判断债务或实收资本是否存在高估的情形。

第二节　经营资产分析（一）

本节主要对货币资金、应收账款和预付账款这 3 种经营资产进行简要的介绍，并进行相应的会计分析和财务分析。

一、货币资金

现金是企业的血液，是企业流动性最强和最容易遭到侵占或挪用的资产，其发生错误或舞弊行为会给企业带来巨大的财务困境。因此，对现金的分析在财务分析中占有重要地位。

（一）现金的定义和分类

现金的概念在日常用语、西方财务会计与中国财务会计的内涵和外延方面存在差异，在理解和分析财务报表时需要注意。

1．日常用语的现金概念

日常用语或金融和经济学中的现金，是指中央银行发行的，与债券、股票和其他衍生金融工具相对应的货币，包括手中持有的纸币和硬币、活期存款余额、可转让支票、储蓄账户余额和定期存款余额。

2．中国财务会计的现金概念

中国财务报表上的现金概念体现在资产负债表上的货币资金和现金流量表上的现金及现金等价物，两者的内涵与外延不完全一致。

（1）资产负债表上的货币资金。货币资金是指企业在生产经营过程中停留在货币形态的那部分资金。根据存放地点和用途的不同，货币资金分为库存现金、银行存款和其他货币资金三大类。库存现金是存放于企业各部门的纸币和硬币。企事业单位采用零星的库存现金发放工资、奖金、收购个人的农副产品、支付个人劳动报酬和各种劳保、福利。银行存款则是存放于银行和其他金融机构的，随时可以用于支付的活期存款、储蓄存款、通知存款及定期存款。其他货币资金是企业货币资金中具有专门用途和单独存放地点的专项存款，包括银行汇票存款、银行本票存款、信用卡存款、信用证保证金存款、存出投资款、外埠存款等其他货币资金。库存现金和银行存款的使用一般不受限制，但其他货币资金的使用则受到限制。

（2）现金流量表上的现金概念。根据《企业会计准则第 31 号——现金流量表》的定义，现金是指企业的库存现金及可以随时用于支付的存款，即现金是不受任何限制的、可以随时使用的可转让支票、活期存款余额、持有的库存现金及储蓄账户余额。因此，中国现金流量表的现金概念与西方财务会计的现金概念相同，都不包括使用受到限制的货币资金。但是，资产负债表上的货币资金则包括使用受到限制的货币资金，即其他货币资金和定期存款；现金流量表上的现金等价物包括价值高度稳定的短期金融工具。表 4-3 是不同现金概念的外延比较。

表 4-3 不同现金概念的外延比较

项目	日常用语	西方财务会计	中国资产负债表	中国现金流量表
库存现金	是	是	是	是
活期存款	是	是	是	是
储蓄存款	是	是	是	是
定期及限制存款	是	否	是	否
短期金融工具	否	否	否	是

（二）企业持有现金的动机

现金是企业流动性最强但收益性最差的资产。企业持有现金的目的，或者是保障企业的经营活动正常运转，或者是预防不可预见的现金需求，或者是在投资机会出现时可用于投资，或者是管理层的私利，或者是避税。

（1）交易性动机。企业在流通中所需要的现金量，不仅与所需要支付的产品和服务的价格总额有关，而且取决于企业的现金流通速度。企业的现金流通速度可以用现金周转期的倒数来衡量。因此，企业持有的现金余额与所支付商品和购买劳务的现金流出量成正比，与出售商品和提供劳务所获得的现金流入量及企业的现金流通速度成反比。通货膨胀率越高，企业的经营现金持有越少。企业持有的现金对经营活动现金流量具有高度敏感性，随着企业从成长期过渡到成熟期和衰退期不断增大。

（2）预防性动机。首先，企业持有的现金是一种预防风险和应对未来不确定性的工具。其他资产的交易成本越高，面临经济政策和市场环境外部不确定因素越多，融资渠道越少，市场化程度越低，客户集中度越高，融资越困难的企业，持有的现金越多。集团公司统一控制子公司的投资决策、融资决策和财务管理决策时，子公司的现金持有量较低。紧缩性的货币政策出现时，公司持有的现金量增多。与民营企业相比，国有企业更容易获得信贷、政府补助和发行债券，持有的现金量较低。其次，企业持有的现金是防止掠夺和保持竞争优势的一种工具。持有充裕现金的公司通过实施更有利的市场竞争战略或对其竞争对手形成可信的威慑，保障其在产品市场竞争中的优势地位，防止竞争对手掠夺市场份额。

（3）投资动机。持有现金的价值越高，持有的现金数量就越多。现金的价值体现在未来的长期股权投资、资本性支出、研究开发及企业并购方面的支出。研究表明，现金持有较多的企业能够平滑企业的研究开发投入。企业持有的现金越多，越容易产生并购的动机，但并购的长期绩效较差。具有巨大投资需求的高成长企业，持有的现金更多，现金持有量的波动性也越大。但是，企业的信息不对称性程度与企业持有的现金价值显著负相关。在投资者保护较弱或公司治理较差的国家，随着企业现金持有量的增加，每增加 1 元现金的边际价值小于 1 元。

（4）代理动机或管理层的掠夺动机。企业持有大量的现金是出于满足管理层或大股东自身利益的需要，而不是通过股利分配将现金返还给股东。管理层或大股东的掠夺动机包括侵占现金、过度投资、在职消费、过度并购或者转移资产。管理层或大股东的权力越大，企业的内部控制和监督越弱，企业持有的现金越多，现金越容易被盗窃、贪污或挪用。内部控制的质量越高，企业过度投资水平就越会受到抑制。

（5）避税动机。一个国家的公司所得税和个人所得税税率越高，个人投资者越偏好于资本利得而不是现金分红，企业越倾向于不发行现金股利而持有现金。而且，企业持有的现金越多，在不存在代理人侵占的情况下，股票价格也会越高，企业的信誉越好。因此，投资者交易的频率更低，支付的交易费用也更少，从而更容易获得资本增值。

（三）最优现金量的相应理论

企业在持有现金时都有交易性动机、预防性动机、投资动机、代理动机和避税动机。这些不同动机的组合就形成最优现金量的相应理论。

（1）权衡理论。企业持有现金可以避免陷入财务困境、降低融资成本并及时把握投资机会，但也会带来机会成本和管理费用。因此，企业通过权衡持有现金的边际成本和边际价值来确定最优持有量。

（2）融资优序理论。该理论强调不同的融资成本对现金量的影响。与内部融资成本具有高度的隐秘性和难以准确估计不同，依靠债权或股权的外部融资需要大量的信息披露，面临苛刻的信用评估，遭遇银行和政府的各种监管，或者支付较高的利息费用。因此，在信息不对称性的条件下，当外部融资成本高于内部融资成本时，企业倾向于持有更多的现金。

（3）代理理论。与权衡理论和融资优序理论强调企业的目标是股东价值最大化不同，代理理论则接受所有权与经营管理权分离的现实，断言企业持有的最优现金量是服务于管理层或大股东的利益最大化的目标。管理层越追求巨额现金持有量所带来的权力、地位或炫耀性消费，企业持有的现金量就越多。

（4）生命周期理论。企业持有的最优现金量在整个生命周期中是动态变化的。在初创时期，企业主要受交易性动机的支配，持有的现金量与交易规模密切相关。当企业进入快速成长期时，不确定性因素增多，预防性和投资性的现金持有量会增加。但是，企业的快速成长伴随着商业信用的扩张，企业的应收账款会急剧增加，交易性的现金持有量会下降。在成熟期，企业的交易性现金持有量比较稳定，但代理动机和避税动机所带来的现金持有量会增加，从而导致企业的过度投资或者资源浪费。在企业的衰退阶段，企业的现金持有量严重不足，不得不依靠外部融资或出售资产来维持企业的经营。因此，企业的现金持有量随着企业的发展会不断增加，但最终因过度投资或错误投资而走向衰退。

（四）货币资金的会计分析

在资产负债表中，货币资金分为库存现金、银行存款和其他货币资金。要对各类货币资金、汇率风险、小金库及集团企业的货币资金进行认真的会计分析。

1．库存现金

由于现金的高度流动性和易受损失性，现金的保管非常重要。为了防止库存现金被挪用、盗窃，对库存现金的会计分析包括：①有无库存现金限额，库存现金以企业 3～5 天的日常零星开支所需为最高限度；②是否存在大额支出现金的现象；③是否存在企业白条抵库、坐支和小金库现象；④库存现金内部控制是否健全，如钱账分管、开支审批、日清月结和保管制度；⑤企业之间是否高息拆借现金。

有时，企业会出现库存现金溢余或短缺的情况。库存现金溢余属于会计错误，现金短缺则可能是会计错误、盗窃或会计舞弊。库存现金出现短缺时，当查明由某个责任人、保险公司赔偿或无法查明原因时，借记“其他应收款——应收现金短缺（某责任人）”“其他应收款——应收保险赔款”“管理费用——现金短缺”科目，贷记“待处理财产损溢——待处理流动资产损益”科目。库存现金出现溢余的情况下，借记“待处理财产损溢——待处理流动资产损益”科目，根据应支付给某个单位、个人或无法查明原因的情况贷记“其他应付款——应付现金溢余（某单位个人）”或“营业外收入——盘盈利得”科目。

2．银行存款

银行存款是企业货币资金的主要组成部分，也是企业对外收支现金和结算的主要方式。因此，银行存款的内部控制制度对于银行存款的安全至关重要。

（1）银行存款的内部控制。包括：①现金收支的控制，如对现金来源的控制，现金收入是否及时入账，是否设立小金库或账外设账；②现金支出的程序是否合法和进行了审核；

③管理好银行账户的开立，是否存在跨行开户、多头开户和随意开户的现象；④会计人员的监督，是否核算账目、审查银行对账单和银行存款余额调节表，防止出纳和外部人员偷盗银行存款。

举例　偷盗银行存款。2002 年，中国银行广州四平支行的管理人员和会计伙同窃走现金 5 亿美元。2014 年 1 月，酒鬼酒公司的 1 亿元存款被盗，最后只追回 3 699 万元。2014 年 9 月，泸州老窖到期存款 1.5 亿元被盗。2017 年 4 月 16 日，河南省三门峡市的一家企业遭到黑客攻击和木马植入，被盗窃 1.13 亿元。

（2）银行存款内部控制存在的问题。包括：①虚构凭证内容，涂改凭证金额；②盗用凭证、撕毁票据，挪用公款；③擅自提取现金或填票购物；④公款私存，多头开户，截留公款。在与银行打交道的过程中，出纳专职填写和领取支票，出于贪污挪用公款的目的，可能会出现出纳私自截留银行存款收入、重复制作银行存款支出款项或涂改转账支票金额等情形。

举例　虚构银行存款。宇通客车在 1999 年年报中，通过编造虚假记账凭证将银行存款虚减 1 883.60 万元，其他应收账款虚增 1 883.80 万元；通过虚假编制银行对账单及科目汇总表，使资产负债表的银行存款虚减 4 500 万元、短期投资虚减 9 000 万元、短期借款虚减 4 000 万元、应付账款虚减 7 000 万元。报表中列入预付账款、长期借款虚减 2 500 万元，共计虚减资产负债各 1.35 亿元。

（3）银行存款账户的管理。由于现金中绝大部分是银行存款，因此，我们应该关注企业选择进行现金处理和转账活动的银行数量及质量。如果企业进行现金处理和转账活动的银行过多，我们就必须研究企业选择多家银行进行结算活动的动机和交易成本。一般而言，企业进行结算活动的银行账户越多，企业的结算成本和现金流失的可能性也会越大。由于存款利率一般与存款规模成正比，企业将多个结算账户或者现金账户合并为一个账户，不仅有助于降低管理成本和交易成本，减少或者消除在各个账户上的透支，也会增加利息收入。一个账户上的大量现金可以更好地投资于理财产品、货币市场票据或者大额定期存单。

3．其他货币资金

其他货币资金是专款专用的资金，我们需要确定企业其他货币资金数额的真实性、完整性、合法性和正确性。

（1）其他货币资金可能存在的问题。包括：①为企业设置多头账户、挪用和转移企业资金创造了条件，如收到存款或在途货币资金不做账务处理，将其挪作他用或贪污；②虚列其他货币资金，如虚列主营业务收入或其他业务收入；③不按指定用途使用其他货币资金，违反专款专用的原则。

（2）备用金。备用金是会计主体拨付给非独立核算的单位和工作人员备作差旅费、零星采购、零星开支的现金，因此它是改变了存放地点和限制了使用范围的资金。在《企业会计准则》中，备用金在“其他应收款”作为往来债权下核算，不符合备用金的经济实质。在《小企业会计准则》中，备用金在“其他货币资金”科目下核算。

4．汇率风险

当一家企业持有较多的外币时，企业的货币资金就包括本币现金和外币现金两部分，而外币现金可能由多种货币及其票据构成。由于汇率风险的存在，持有外币现金比例越大的企业，所面临的汇兑损失就越大。为了降低汇率风险，企业需要尽可能使同一种外币支出与外币收入保持一致，或者通过远期外汇合同固定汇率，或者通过货币互换对冲汇率风险。除汇率风险外，持有多种货币的企业还面临货币发行国的通货膨胀风险。因此，持有多种货币的企业需要对各种货币的汇率趋势及货币发行国的通货膨胀趋势进行分析，减少汇率风险和通货膨胀风险较大的货币持有量。

5．小金库

小金库俗称账外公款，就是违反法律法规的规定，应列入而未列入符合规定的单位账簿的各项资金及其形成的资产。作为一种账外资产，小金库通常存放于企业的领导和负责人手中或者存放于其他企业，为企业的小集体或个别人谋福利。

（1）小金库的用途。包括：①发放奖金、津贴和福利等；②弥补成本费用；③购置资产、对外投资或对外借款；④宴请和送礼等职务消费；⑤私分、挪用、贪污和其他形式。

（2）小金库的资金来源。包括：①隐匿收入不入账。这包括销售的产品报盘亏；出租收入、商标使用费、出借资金的占用费、服务收费存放在对方单位，不入本企业的账；出售固定资产变价收入不入账，非货币性资产交换收到的补价不入账，取得的罚款或罚金收入不入账；先征后返的增值税和政府扶持补贴不入账；投资收益、现金捐赠、供货商的让利折扣、未理赔返还保险金、下属单位上缴的管理费等不入账。②虚列支出，将资金转到账外。这包括虚列成本，如多领原材料，变卖后所得资金入小金库；虚列费用，虚列咨询费、广告费、赞助费、会议费、加工费、办公费等入小金库；巧立名目将资金转到账外，如以预付款、投资、工程款的名义多支付资金。③转移财产和其他形式，如设立影子公司，转移收入。企业小金库的资金存放形式，包括固定资产、存货、长期股权投资、应收债权、有价证券、现金等。只有依赖严格的审计和内部控制制度，才能减少小金库形式的账外资产。

6．集团企业的货币资金

尽管资产负债表的现金只是一个会计数据，但是，企业现金的构成会因为企业的规模、管理结构、地域范围、权力分配的不同而变化。

（1）集团企业的治理结构。当企业的财务报表是一个集团的合并财务报表时，集团的现金总额就是各子公司和分公司的现金之和。如果每个子公司或者分公司都有各自的银行账户，对各自的发票、应收款项及应付款项负责，那么，一个子公司或者分公司的现金短缺就可能与另一个子公司或者分公司的现金充裕并不相关。因此，企业内部的权力分配会影响企业的现金流动性。

为此，需要关注集团企业内部各子公司或者分公司之间的财务独立性，特别是独立收款和付款的权力。当公司实施垂直管理或者权力集中在集团总部时，公司总部更容易控制现金的收支。融资渠道的增多会减少集团企业的现金持有量。但是，当公司实行水平管理或者权力高度分散在各子公司或者分公司时，公司总部就不容易控制现金的收支，报表上的现金量并不等于公司总部可以自由支配的现金量。这对于拥有数百家甚至数千家国内外子公司的大型企业更是如此。

（2）分散货币资金的效率低。准确的现金流预算有助于企业在经营活动中做到事前计划、事中控制及事后分析，预防企业的盲目投资扩张。在一个集团内部，一些企业资金充裕，则以活期存款、通知存款等形式存放在银行，利息收益较低；另一些企业资金短缺，则需要贷款并支付较高的利息支出，从而造成集团整体的投资回报率较低。

举例　招商局与现金控制权。招商局2005～2007年财务报表的主要数据见表4-4。

表4-4　招商局2005～2007年财务报表的主要数据（单位：亿元）

项目	2005年		2006年		2007年	
	合并报表	母公司报表	合并报表	母公司报表	合并报表	母公司报表
货币资金	57	0.32	250	0.49	809	10
流动资产	205	11	485	98	1 249	79
短期借款	41	20	55	0	142	0
流动负债	203	41	402	100	1 144	9
财务费用	6	3	10	2	10	4
净利润	42	44	59	63	171	−3.6
投资收益	43	46	57.2	67.6	105	0.35
投资收益所收到的现金	18	0.85	30	0.89	21	0.35

分析：第一，招商局的大量货币资金集中在纳入合并范围的子公司，母公司控制现金的权力很弱，其账上的10亿元现金是通过借贷融资所得的。第二，招商局的融资权集中在子公司，母公司的筹资功能有限，但承担了大量的财务费用。第三，子公司的投资收益和净利润都很高，但是母公司通过投资分红获得的现金很少。这说明，在不完全控股的子公司或者国外的子公司中，少数股东权益或国外制度性因素削弱了母公司的现金调配权力。

（五）货币资金的财务分析

货币资金的财务分析大部分与现金流量分析和流动性分析有关。下面只对货币资金进行简要的财务分析。

1．货币资金增长率

货币资金增长率就是期末货币资金余额与期初货币资金余额之差，与期初货币资金余额的比率。如果企业的货币资金增长率持续多年为正，那么，企业获取现金的能力较强。如果货币资金增长率长期为负数或者出现大幅度的下降，那么，企业的短期偿债能力可能会遇到麻烦。

为了尽可能多地持有现金，企业要尽可能减少现金流出，增加现金流入。为了控制现金流出，企业需要评估购买的产品和服务是否能以更低的市场价格买到、对项目的支付必要性进行评估和是否能延期支出。为了增加现金流入，企业需要实施积极的收款政策和处理使用效率不高的资产，尽可能将现金收回，同时考虑能否发行债券、股票，获得银行贷款或者政府的补贴。

2．货币资金与流动负债的比率

货币资金与流动负债的比率指标用于衡量货币资金对流动负债的偿还能力程度。其计算公式为

货币资金与流动负债之比=货币资金余额/流动负债余额

在确定企业的短期偿债能力时，受制于短期债务偿还的其他货币资金应与相应数额的短期债务一并扣除。当银行要求在贷款期间保留一定数额的银行存款时，这种补偿性余额必须从现金中扣除，短期借款的补偿性余额单独列于报表的流动资产部分或者附注中，长期借款的补偿性余额单独列于非流动资产的投资或者其他资产项下。在确定企业的短期偿债能力时，必须确保货币资金不受任何限制和没有虚构，也要确保现金的真实性和完整性，否则企业就会因为现金短缺而陷入流动性破产。

举例　货币资金与流动负债之比。海航集团 2017 年的货币资金为 1 762.4 亿元，其中有 481.64 亿元为受限制的资金，包括借款担保等。但是，海航集团的短期借款为 1 260.6 亿元和一年内到期的非流动负债为 558.1 亿元。因此，包括受限制的货币资金与流动负债之比为 0.998，不包括受限制的货币资金与流动负债之比为 0.725。

但是，企业的货币资金与流动负债之比的高低，在动态经营中并不能反映企业的实际偿债能力的强弱。高效的应收账款管理、良好的现金流量、宽松的融资环境及快速的利润增长，都可以减少企业持有的现金量。如果企业的应收账款管理不善、销售收入增长缓慢、现金流入量很低和外部融资困难，那么，较高的货币资金与流动负债之比有助于增强企业的短期偿债能力。如果企业的其他货币资金较多，那么，企业就会出现高额的货币资金与高额的短期借款或逾期欠款相伴随的现象。

3．货币资金与资产的比率

一般而言，企业持有的现金数量与资产规模和业务收支频率成正比。由于各行业所持有的固定资产和存货的差异，银行和保险企业持有的现金量就与制造业企业持有的现金量存在很大的差异。为了排除企业资产规模的影响，货币资金占总资产的比例就被用来衡量企业的流动性程度。许多上市公司的货币资金占总资产的比例维持在 0.2 以上。货币资金占资产的比例，会随着企业资产规模的扩大而降低。如果企业的管理层能够更有效地将资金用于投资或者经营活动，那么，企业的获利能力和偿债能力更强。

举例　货币资金的财务分析。瑞宝生物公司是一家从事天然色素、原料药和工业辅料产品生产和销售的高科技企业。表 4-5 是瑞宝生物公司 2013～2016 年的财务数据。要求：计算该公司的货币资金增长率、货币资金与流动负债之比、货币资金占总资产的比例。

表 4-5　瑞宝生物公司 2013～2016 年的财务数据（单位：万元）

项目	2013 年	2014 年	2015 年	2016 年
货币资金	2 123	2 638	4 470	5 614
流动负债	36 021	38 283	39 845	40 566
总资产	51 416	52 921	53 938	54 027

分析：表 4-6 是计算的瑞宝生物公司 2013～2016 年的货币资金增长率、货币资金与流动负债之比和货币资金占总资产的比例。瑞宝生物公司在 2013～2016 年的年均货币资金增长率在 25%以上。货币资金与流动负债之比和货币资金占总资产的比例尽管较低，但一直处在改善之中。这表明该企业的短期偿债能力和流动性有所提高。由于该企业是一家成长型科技公司，研究开发投入和资本投资支出都需要货币资金的支持，因此，瑞宝生物

公司需要加强货币资金的管理和应收账款的回收。

表 4-6　瑞宝生物公司 2013～2016 年的财务指标

项目	2013 年	2014 年	2015 年	2016 年
货币资金增长率（%）	—	24.25	69.44	25.59
货币资金与流动负债之比	0.059	0.069	0.112	0.138
货币资金占总资产的比例	0.041	0.050	0.083	0.104

二、应收账款

应收账款是一种非常重要的流动资产。赊销有助于提升企业的竞争力，增加销售收入和利润，但却将企业对存货的控制权转化为对客户的债权，增加了应收账款的成本和企业的流动性风险、经营风险。因此，我们需要认真分析应收账款。

（一）应收账款产生的原因

应收账款是企业向顾客赊销产品或者提供劳务到期应收回的款项。狭义的应收账款主要指应收销售款，广义的应收账款包括应收销售款、分期应收账款、预付账款、应收票据和其他应收账款。一年或者一个营业周期内能够收回的应收账款，列入流动资产部分；一年或者一个营业周期内不能收回的应收账款，如销售汽车、家具、房屋的分期付款等，则应列为长期资产下的长期应收账款。

一般而言，强烈的市场竞争、稳定的客户关系、产品质量问题、行业性质、信用政策等因素都会导致赊销的产生和应收账款的增加。建筑行业按照工程进度和预先约定的比例采取分期付款的方式，有的服务行业采取先服务后收费的方式。处于弱势市场谈判力的企业更愿意为客户提供应收账款，以便增加销售收入和减少存货，并考虑应收账款与应付账款的期限匹配问题。拥有银行授信额度和低财务困境的企业会给客户，特别是面临融资约束或高财务困境的客户提供更多的应收账款。为了降低应收账款的成本和提高应收账款的收益，企业需要对客户的信用进行评估，建立合适的信用政策。企业的信用政策越宽松，应收账款越多。在市场经济不发达的国家，应收账款无法及时回收才是中小企业融资难的核心问题。

（二）应收账款的财务影响

应收账款本质上是企业对客户提供的一种延期支付的信用贷款。这种信用贷款给企业带来了多种应收账款风险，如资金短缺风险、利润高估风险和坏账损失风险。应收账款的财务影响体现在以下 4 个方面。

1. 加剧了企业周转资金不足的困难

应收账款本质上是存货的替代方式，两者都同时占用了企业的流动资金，企业无法控制客户的还款行为，却能控制企业的存货。数额巨大的应收账款可能会造成企业的资金短缺，影响企业的日常支付能力。由于企业的现金周转期=存货周转期+应收账款周转期-应付账款周转期，最佳现金持有量=日平均现金需求量×现金周转期，因此，应收账款周转期越长，现金周转期也相应地越长，企业的最佳现金持有量也会上升。因此，应收账款占流动资产的比例过大，不仅降低了资金的周转率，影响企业的正常生产经营，还制约了企业规模扩大和技术创新，最终导致企业的经营业绩下降。

2. 夸大了企业的经营绩效，使企业存在潜在的损失

按照权责发生制原则，企业在赊销时，将赊销收入全部计入当期收入。根据稳健性原则，企业对应收账款计提坏账准备。但是，税法和行政法规明确规定的计提比例为0.3%～0.5%。企业基于纳税方面计提的坏账损失远远低于实际的坏账损失，从而高估了企业的净利润。

3. 增加了企业现金流出的损失

企业在赊销时，不得不垫付资金来缴纳各种税费，从而加速了企业的现金流出。在中国，与应收账款和赊销相关的税种包括企业所得税（25%）、增值税（17%）、消费税、城市维护建设税（7%）、教育费附加（3%）、印花税等[①]。

举例 赊销的税费。假设某企业在2017年赊销商品1 000万元（不含税），产品增值率为30%。要求：计算企业要缴纳的税费（不考虑印花税、消费税等）。

分析：（1）企业所得税=1 000×30%×25%=75（万元）。

（2）增值税=1 000×30%×17%=51（万元）。

（3）城市维护建设税和教育费附加=1 000×30%×17%×（7%+3%）=5.1（万元）。

（4）企业缴纳的税费=75+51+5.1=131.1（万元）。

（5）如果企业当期采取现金销售，可以获得净利润为1 000×30%−131.1+51=219.9（万元），产生的现金流入量为1 000×（1+17%）−131.1=1 038.9（万元）。赊销不仅没有产生现金流入量，还需要企业支付131.1万元的税款，从而造成企业的现金需求量增加1 170万元，进一步增加了筹资成本和财务风险。

4. 增加了企业资金的机会成本损失

企业资金的机会成本损失主要包括以下几个。

（1）应收账款的机会成本。它是指应收账款不能收回而丧失再投资机会的代价，包括无法购买低价或现金折扣的原材料、进行固定资产和长期股权投资，以及无法及时偿还债务所造成的信用损失。应收账款的机会成本取决于平均回收期的长短、应收账款的持有量和企业的资金成本率。其计算公式为

应收账款的机会成本=平均每日赊销额×平均收账天数×资金成本率

其中，资金成本率一般按有价证券利息率、总资产报酬率或最低投资报酬率计算；平均收账天数是以每个客户赊销额占总赊销额的比例为权数计算的所有客户收账天数的加权平均数。

举例 应收账款的机会成本。某企业每天的销售额为100万元，客户的平均付款期为35天或36天，年资金成本率为10%。要求：计算应收账款的机会成本。

分析：（1）平均付款期为35天的机会成本=100×35×10%=350（万元）。

（2）平均付款期为36天的机会成本=100×36×10%=360（万元）。

（3）如果企业能将平均付款期缩短一天，在年利率为10%时，企业每年就能赚取10万元的利润和现金。36天的付款期就比35天的付款期需要多支付10万元的成本。这是因为在现金短缺时，企业必须以尽可能低的成本来筹集资金。但是，当现金余额过多时，

① 现行的税率有所调整。

企业赚取利息或者投资的收益就会太少。因此，企业必须对现金的流入和流出进行控制，以便有足够的现金来满足企业营运对现金的需求，同时为企业的发展和新的投资项目进行筹资。

当企业的赊销金额的数据难以取得时，应收账款的机会成本可以采取以下估计方法。

应收账款的机会成本=应收账款平均余额×资金成本率

应收账款平均余额=（应收账款期初余额+应收账款期末余额）/2

举例　应收账款的机会成本。甲公司流动资金的年均收益率为2.5%。2019年的期初应收账款余额为2 200万元，期末应收账款余额为1 800万元。要求：计算甲公司的应收账款的机会成本。

分析：应收账款的机会成本=2.5%×（2 200+1 800）/2=50（万元）。

（2）应收账款的管理成本。包括调查客户信用情况的费用、应收账款的簿记费用、催收和组织收账的费用，以及应收账款纠纷发生时的诉讼费用。应收账款的金额越大，拖欠的时间越长，催收和组织应收账款的费用就越高。

（3）坏账成本。坏账是企业无法收回的应收账款，如债务人死亡、破产，或者债务人有偿还能力但长期拒绝付款而导致应收账款无法收回。坏账成本是指应收账款不能收回而形成的坏账损失。

（4）现金折扣成本。应收账款通常以扣除折让后的净值出现，以反映其可实现价值。折让包括及时收回资金或因销售退回而给予的折扣，如现金折扣、销售退回时的折让、销售折让。现金折扣成本是企业为了加速应收账款的回收，鼓励客户提前支付购货款所付出的代价。现金折扣成本是企业财务费用的一部分，一般为发票金额的1%～5%。

（三）应收账款的会计分析

企业的应收账款，除因销售发生的应收账款外，往往还包括来自合同、税收退回的求索权、资产出售、出售应收款的保留利益、员工的应收款、分期付款票据的应收款等其他应收账款。在分析应收账款时，需要注意的定性问题包括以下几个。

1. 可靠性

可靠性，即考虑虚假销售或者虚假应收账款的可能性。在对应收账款进行会计分析时，我们需要注意企业利用“应收账款”账户调节产品成本和当期收益的动机。企业的通常做法包括以下几个。

（1）对应收账款或者坏账损失的错误处理。例如，坏账损失不做处理，有意制造潜亏；调整计提比例，错提坏账准备金；调整应收账款余额，错提坏账准备金；利用坏账损失转移资金，挤列费用；将预收账款当作应收账款的抵减项，逃避税收；将固定资产的在建工程支出列入应收账款，提高企业的流动性；等等。

（2）利用应收账款挪用公款。例如，虚列应收账款，虚增销售收入；应收账款长期挂账，购销方共同获益；应收账款的入账金额不实；利用应收账款放贷，利息转入小金库或者侵吞；延期承兑应收票据，索取酬金；控股股东利用应收账款转移资产等。在包装上市中，公司通常会虚列应收账款和销售收入，以达到偷税和多提坏账准备的目的。

2. 收款风险

进行赊销的企业所面临的收款风险主要来自4个方面：一是应收账款的集中与分散；

二是应收账款账龄的长短；三是产品的退货状况；四是应收账款的构成。

（1）退货权。当客户在一定期限内拥有退货权时，较高的退货率就会降低应收账款、销售收入和利润。退货率就是退货金额与应收账款或销售收入的比率。

（2）客户集中度。企业的客户越集中，客户的市场议价能力越强，企业的销售毛利率就越低。当企业的大部分应收账款来自少数几位客户时，应收账款的回收风险会增加，企业的现金持有量也会增加。当企业的客户集中度比较高时，银行会要求较高的贷款利率和更多的贷款担保。通常，我们用 5 位大客户或者 10 位大客户所占应收账款（销售收入）的比率来判断企业的应收账款（销售收入）集中度。

举例 客户集中度。表 4-7 是伊利 2010 年前 5 家销售商的销售额及其占全部销售额的比例。

表 4-7 伊利股份 2010 年前 5 家销售商的销售额及其占全部销售额的比例

客户名称	第 1 名	第 2 名	第 3 名	第 4 名	第 5 名	合计
营业收入（百万元）	298.62	238.48	203.29	156.52	142.43	1 039.35
占公司营业收入比例（%）	1.01	0.80	0.69	0.53	0.48	3.51

分析：伊利在 2010 年的前 5 位客户集中度为 3.51%，比 2001 年的 10%和 2005 年的 8.53%下降了很多。这说明，伊利的营销渠道并不依赖大的销售商，应收账款的风险很小。而且，伊利对客户的付款条件极为严格，较少实行优惠的信用政策，应收账款质量大幅度提升。

（3）应收账款的账龄。应收账款的回收风险与应收账款持续时间长短正相关。应收账款逾期的时间越长，收回账款的可能性就越低。据估计，逾期 1 个月的应收账款成功收回的概率为 93.8%，逾期 6 个月的应收账款成功收回的概率为 57.8%，逾期 1 年的应收账款成功收回的概率为 28.6%，逾期 2 年的应收账款成功收回的概率为 13.3%。表 4-8 是中国建筑 2012～2013 年 6 月应收账款的账龄分布，超过 3 年的应收账款占比约 4%。

表 4-8 中国建筑 2012～2013 年 6 月应收账款的账龄分布（单位：亿元）

账龄	总额	1 年以内	1～2 年	2～3 年	3～5 年	5 年以上
2012 年底	871.03	708.45	98.96	28.90	17.67	17.05
2013 年 6 月	1018.59	807.28	138.30	32.70	20.46	19.85

（4）应收账款的构成。由于不同行业的成长性、不同区域的还债意识和地方保护主义、不同所有权性质的企业在还债意愿方面存在很大的差异，因此，我们需要分析债务人的行业构成、区域构成和所有权构成。在市场化程度高、法治建设条件和经济环境较好地区的债务人，一般具有较好的偿债心理，应收账款的回收率也会较高。在不同所有权性质的债务人中，外资企业的还债意愿较强，较小私营企业的还债意愿较弱，国有企业拖欠债款的意愿较强。而且，我们还需要注意控股股东等关联方债务人所拖欠的应收账款比例，防止

关联方利用“应收账款”科目来转移资产和操纵企业的经营。

3. 应收账款的信息披露

流动资产部分的应收账款是否都符合流动资产的技术标准，对不符合标准的部分是否提供了信息披露。有时候，客户在无力支付到期的应收账款时，会签发一张应收票据代替应收账款。如果应收票据的时间长于一年，该部分应收票据应列为长期投资。一般来说，应收账款和短期应收票据因等待时间较短而被忽略时间价值，而长期应收账款或者长期应收票据则应该计算时间价值。如果企业应收账款的归还期按照资产负债表日计算超过一年或者一个营业周期，但按照行业惯例需要列入流动资产的那部分应收账款，也可以归入流动资产，但企业需要在报表中披露这部分应收账款不符合流动资产的技术标准这个事实。

4. 应收账款质押融资

应收账款质押融资是企业以客户的应收账款作为抵押或担保来获得银行贷款的融资行为，包括订单融资、发票融资、担保融资、保单融资等。企业将应收账款出售给银行或者商业融资公司的行为称为保理。应收账款保理比率就是出售和证券化的应收账款金额占应收账款总额的比率。当企业出售应收账款时，只有将应收账款的全部控制权转移出去，该应收账款才不需要在资产负债表上反映；如果带有追溯权，则出让方的企业必须在账上继续记录资产及已经售出金额的补偿性负债，同时将获得的现金当作贷款处理。

5. 其他应收款

其他应收款是指企业在非购销活动中所发生的债权，如应收的各种赔款、罚款、补贴、存储保证金、备用金、向职工和管理人员收取的各种垫付款等。

（1）其他应收款的混淆。一般而言，其他应收款的金额不大，绝大部分会在较短时期内以收回或者转化为费用等方式予以核销。当企业将应收账款、预付账款、向关联企业提供的贷款等项目纳入其他应收款时，其他应收款的规模和占流动资产的比例就会急剧上升，成为企业不良资产的主要来源之一。

（2）企业通过“其他应收款”账户进行盈余管理、融资管理和投资管理。包括：①将企业发生的费用当作其他应收款处理，借记“其他应收款”科目，贷记“管理费用”科目；②利用其他应收款来调节经营活动现金的净流量，因为采用间接法将净利润调整为经营活动现金净流量时，就需要减去流动资产的增加，而其他应收款就属于流动资产；③通过其他应收款向控股子公司、母公司或者其他控股股东提供借款资金，表现在合并财务报表上的“其他应收款”部分。这些被占用的资金如果得不到及时偿还，就容易转变为坏账损失。

举例　其他应收款。泛海建设股份有限公司是一家主要从事房地产开发投资的上市公司。该公司主要通过控股子公司从事房地产开发，而母公司自身不从事房地产开发的经营活动。母公司的主要资产项目是其他应收款和长期股权投资。母公司向其子公司提供的借款就是母公司报表与合并报表的其他应收账款之差，年初约为 44.5 亿元，年末为 39 亿元。这些资金在子公司转化为 64.7 亿元的房地产开发的存货。泛海建设股份有限公司 2007 年的财务数据见表 4-9。

表 4-9 泛海建设股份有限公司 2007 年的财务数据（单位：亿元）

项目	期末数		期初数	
	合并	母公司	合并	母公司
流动资产	73.84	45.24	68.99	46.47
其他应收款	2.29	41.14	0.49	44.96
非流动资产	4.02	9.81	3.95	9.01
长期股权投资	2.00	9.46	2.00	8.64
商誉	1.23	0.00	1.16	0.00

6. 应收账款的核销

在对应收账款的核销进行会计分析时，要高度重视应收账款的核销方式，分析核销的对象与公司之间是否存在关联交易，以及对关联方核销的应收账款占全部核销应收账款的比率，防止管理人员利用应收账款的核销来转移企业的资产。

（1）分析应收账款的核销方式。应收账款的核销方式包括已收回应收账款、无法收回应收账款、与债务人进行的债务重组、非货币性资产交换中涉及应收账款、应收账款的保理。

① 无法收回应收账款的核销。企业在正常情况下计提的坏账损失，借记“管理费用”科目，贷记“坏账准备”科目；应收账款无法收回时，冲销计提的坏账准备，借记“坏账准备”科目，贷记“应收账款”科目。核销应收账款，要确认债务人的偿还能力。

② 债务重组的核销。在企业与债务人进行债务重组时，借记“银行存款”“坏账准备”“营业外支出——债务重组损失”科目，贷记“应收账款”科目。

③ 非货币性交易的核销。在涉及应收账款的非货币性资产交换中，应收账款、应收票据、应收股利、应收利息和其他应收款作为货币性资产，按账面价值处理。

④ 保理业务的核销。附加追诉权的保理业务类似于借款。不附加追诉权的保理业务发生时，借记“银行存款”“其他应收款”（预计的销售退回、现金折扣）、“坏账准备”“财务费用”（保理的手续费）、“营业外支出——保理融资损失”科目，贷记“应收账款”科目。因此，应收账款的核销可以计入管理费用或营业外支出。同时，坏账的核销涉及增值税的抵减问题。这就造成许多企业的坏账长期挂在账面上而避免税务审批问题。

举例 核销的坏账。表 4-10 是江西电力公司 2014 年的坏账损失明细表。从中可以看出，2014 年核销的坏账损失 8.5 万元，不同于税收上核销的 3.2 万元。同时，核销的坏账仍要继续追讨。江西电力公司在 2014 年收回已核销的坏账 3.89 万元。

表 4-10 江西电力公司 2014 年的坏账损失明细表（单位：元）

项目	会计金额	税收金额
期初坏账准备余额	125 820.00	45 200.00
本期核销的坏账损失	85 000.00	32 000.00
本期收回已核销的坏账损失	38 900.00	9 800.00
计提坏账准备的应收账款余额	12 580 000.00	178 520.00

续表

项目	会计金额	税收金额
本期增（减）提的坏账准备	−16 820.00	−14 070.40
期末坏账准备余额	232 900	72 920.60

（2）关联交易。大股东占用企业的资金方式：①大股东利用企业的资产做担保进行贷款，形成企业的其他应收款；②大股东与企业的关联交易形成对企业的应收账款或者应收票据；③大股东直接挪用企业的资金形成对企业的其他应收款项。

举例　关联方应收账款所占比例。由于中国石油天然气公司的部分采购和销售通过关联交易进行，并通过中国石油集团财务有限责任公司结算，因此，关联方的应收账款占中国石油天然气公司的应收账款的比例一般超过 100%。同时，关联方的应付账款占比高达 50%以上。关联方之间的应收账款和应付账款的抵销金额从 2008 年度的 11 635 亿元增加到 2012 年的 23 418 亿元。这说明，中国石油集团通过关联交易来调节内部资金的流动。中国石油天然气公司 2008～2012 年与关联方应收应付账款比例见表 4-11。

表 4-11　中国石油天然气公司 2008～2012 年与关联方应收应付账款比例

项目	2008 年	2009 年	2010 年	2011 年	2012 年
关联方/中石油应收账款比例（%）	224.98	118.20	218.91	329.91	402.26
关联方/中石油其他应收款比例（%）	18.76	3.87	3.60	2.47	3.68
关联方/中石油预收账款比例（%）	8.54	3.52	4.55	8.06	4.51
关联方/中石油应付账款比例（%）	48.30	54.89	51.09	52.39	52.55
关联方抵销款金额（亿元）	11 635	16 137	18 887	23 427	23 418

（四）坏账损失的估计

应收账款的真实性在很大程度上取决于对坏账损失的准确估计。坏账损失率的估计必须以企业过去的经验为基础，并适当考虑当前的经济环境、行业状况和债务人的条件。

1. 直接核销法

直接核销法就是当坏账实际发生时，将坏账损失直接计入管理费用，同时冲销应收账款。在直接核销法下，企业不需要设置“坏账准备”科目。这种方法的好处在于确认坏账的时间与收益表及退税的期间一致，账务处理简单。但是，其缺点在于不符合权责发生制和配比原则，且报表反映的是应收账款总额而不是净额，从而造成企业发生大量陈账、呆账，虚增企业的利润和应收账款的可实现价值。

税法上的坏账损失扣除就采取直接核销法。只有当债务人破产、死亡、被撤销、逾期 3 年以上未清偿债务，与债务人达成债务重组协议，因自然灾害、战争等不可抗力导致无法收回的应收账款和预付账款时，债权企业才被允许扣除坏账损失。

2. 备抵法

备抵法是指企业在期末检查应收账款收回的可能性时，预计可能发生的坏账损失，计提坏账准备，并在某一应收账款被确认为坏账时，将其金额冲减坏账准备并相应转销应收账款的方法。

1）备抵法的确认条件

备抵法的确认条件要求：当财务报表日某项资产已经发生减值，或者某项负债已经发生，而且损失的金额可以被合理估计时，企业必须估计坏账费用和计提坏账准备，作为应收账款的减项。采用备抵法在销售期间确认坏账费用，可以实现费用与相关收入的配比，以及确认资产的减值。这样，坏账的注销不会对收益表和资产负债表的应收账款净额产生影响。如果不符合计提坏账损失的两个条件或者应收账款金额不大，企业的坏账费用可以使用直接核账法。

2）备抵法的分类

（1）销货百分比法。销货百分比法又称为损益表法，是根据当期赊销金额的一定百分比估计坏账损失的方法。其计算公式为

坏账损失=当期应收账款借方发生额或赊销收入×计提百分比

因此，坏账损失的产生与赊销业务量直接相关，符合配比原则。但是，销货百分比法存在以下缺陷：①赊销收入的数据在公开的财务报表中难以取得；②不考虑赊销业务的后续收款情况，忽略了回收款与欠款之间的实质差异；③期末“坏账准备”账户余额是以前年度计提的准备金额的累计，具有不断增大的趋势，不符合坏账准备的经济实质；④“坏账准备”账户核算各期的坏账准备金额，当期实际发生的坏账损失及以前已确认坏账的收回。这不仅与应收账款余额不匹配，而且也难以理解。

（2）应收账款余额百分比法。这是按照期末应收账款的一定比例计提坏账准备的方法。企业应根据期末计提的坏账准备与期初坏账准备的差额计算坏账损失或冲回坏账准备。其计算公式为

期末坏账准备余额=期末应收账款余额×计提百分比

坏账损失=期末坏账准备余额-期初坏账准备余额

应收账款余额百分比法的优点在于数据容易获取，计算简单。但是，其缺点在于忽略了应收账款拖欠的时间长短与坏账可能发生之间的关系。应收账款拖欠的时间越长，应收账款收回的可能性越低，坏账损失率越高。

（3）账龄分析法。这是根据应收账款账龄的长短来估计坏账损失的方法。账龄分析法对账龄划分和坏账损失的估计，通过编制应收账款账龄分析表和坏账损失估算表来进行。账龄的划分一般有最后账龄法、先进先出法、后进先出法和实际账龄法 4 种方法。其计算公式为

期末坏账准备余额=∑（i 期应收账款余额×i 期计提百分比）

坏账损失=期末坏账准备余额-期初坏账准备余额

应收账款余额百分比法和账龄分析法都确保了各年年末的坏账准备余额与应收账款余额的可配比性。在资产负债表中，应收账款以净额列示，避免了资产的虚增，符合谨慎性原则。而且，账龄分析法的好处在于应收账款损失的风险随着年份的增加而不断增加，按照稳健性原则就需要提取更高的坏账损失。但是，采用这两种方法估算的坏账损失，无法与实际坏账损失和赊销收入进行配比。

举例 坏账损失的估计。假设甲企业 2017 年初的应收账款余额为 1 000 万元，年末应收账款余额为 1 460 万元，具体的账龄分布和相应的坏账损失率见表 4-12。2017 年，甲企业的销售收入为 9 000 万元，期初坏账准备余额为 100 万元。假设该企业按销售收入的

2%、应收账款余额的 8%和账龄分析法计提坏账损失。要求：计算并比较 3 种方法计提的坏账损失。

表 4-12　甲企业的账龄分布和坏账损失

账龄划分	应收账款余额（万元）	估计坏账损失率（%）	估计坏账损失（万元）
1 年以内	610	3	18.30
1～2 年	360	20	72.00
2～3 年	290	50	145.00
3 年以上	200	100	200.00
合计	1 460	29.82	435.30

分析：（1）销货百分比法的坏账损失=9 000×2%=180（万元）。

（2）应收账款余额百分比法的坏账损失=1 460×8%−100=16.8（万元）。

（3）账龄分析法的坏账损失=435.30−100=335.30（万元）。

因此，各种备抵法计算的坏账损失额存在很大的差异。主要原因是计提比例或坏账损失率不同，以及销售收入与应收账款余额之间存在着巨大差异。

3）坏账损失率的确定。坏账损失率的高低取决于企业的信用政策、收账政策、盈余管理政策和客户违约的惩罚成本。企业的信用政策越严格，收账费用越多，客户违约的惩罚成本越高，坏账损失率就越低，平均收账期也越短。企业的盈余管理对坏账准备政策的影响表现在企业的净资产收益率和每股现金经营现金流越高，企业提取的坏账准备越多。但是，企业的资产负债率越高，经营业绩越差，坏账损失率也越低。

举例　坏账损失率的估计变更。2011 年，中联重科按照账龄分析法计算坏账损失，但降低了短期坏账的计提比例，提高了长期坏账的计提比例。具体情况见表 4-13。

表 4-13　中联重科 2011 年应收账款坏账计提比例和金额的调整

账龄	坏账准备计提比例（%）			应收账款余额（万元）	坏账准备计提金额变化（万元）	其他应收账余额（万元）	坏账准备计提金额变化（万元）
	变更前	变更后	行业平均				
1 年以内	5	1	3	998 673	−39 946	42 320	−1 629
1～2 年	10	6	8	82 447	−3 297	1 825	−73
2～3 年	15	15	22	18 142	0	839	0
3～4 年	35	40	45	4 329	216	1 542	77
4～5 年	50	70	64	2 719	543	187	37
5 年以上	100	100	87	4 109	0	1 256	0
合计	—	—	—	1 110 419	−42 484	47 969	−1 588

分析：中联重科在 2011 年变更了坏账准备的计提比例，1～4 年的计提比例低于行业平均水平，4 年以上的计提比例高于行业平均水平。中联重科变更的理由：随着公司销售

规模的逐步扩大，客户销售政策趋于多元化，公司应收账款的当前状况与预期经济利益的流入及义务发生了变化。由于 4 年以上的应收账款占总应收账款的比例不足 1%，因此，中联重科在变更坏账准备计提比例之后，在 2011 年少计提应收账款和其他应收账款的坏账准备额分别为 4.24 亿元和 1 588 万元。实际情况是，中联重科采取了宽松的信用政策，造成应收账款的增长速度快于销售收入的增长速度，从而改变坏账准备的计提比例以调节盈余。

4）备抵法的优缺点

备抵法的优点：首先，符合权责发生制和配比原则，能及时将不能收回的应收款项作为坏账损失，从而及时计入成本，避免高估企业的利润。其次，在报表上列示应收账款净额，便于读者了解企业的真实财务状况。最后，使应收账款接近实际的资金占用额，有利于准确估计企业的流动性和加速资金的周转。

但是，按照已经发生损失来计提应收账款或者贷款的资产减值损失，存在一个顺周期性的问题。在经济繁荣时期，应收账款或贷款的违约率较低，企业或银行提取的坏账准备或者贷款损失准备金较少，进一步扩大赊销或者信贷。在经济萧条时期，应收账款或贷款违约增加，企业或银行提取的坏账准备或者贷款损失准备金较多，进一步缩减赊销或者信贷，从而导致企业或银行的财务状况恶化。这意味着，按照已经发生损失进行减值的做法会导致较晚确认应收账款或贷款损失准备，高估应收账款所获取的销售收入，高估贷款早期的利息收入，低估坏账损失或者信贷损失，致使坏账损失或者信贷损失的确认不够稳健。

3. 预期损失模型

预期损失模型逐渐取代已发生损失模型（备抵法和直接核销法）来估算坏账损失、信贷损失或者金融工具减值损失。对于银行而言，预期损失模型要求银行在贷款的整个生命周期中考虑贷款损失，每个会计期末会计主体需要重新评估贷款预期现金流和预期信用损失，将预期信用的变化及时反映在现金流量现值中，并确认为相关损益，从而熨平经济周期的影响。对于以摊余成本计量的金融工具而言，在初始确认时和每个计量日即估计其未来整个存续期内的预期信用损失，并据以确认相应的减值。对于应收账款而言，这就要求企业每年都要对债务人进行信用评估，估算相应的坏账损失。因此，预期损失模型以对未来现金流量的预期为基础，在金融资产整个存续期间，在相关减值迹象发生之前，预先估计并确认损失和提取相应的准备，从而消除延迟确认损失的弊端和会计信息的顺周期效应，符合稳健性原则。但是，该方法的缺陷在于违背了权责发生制原则，计算比较复杂，主观性强。

举例　预期损失模型。甲银行发放了 100 笔本金金额均为 100 元的贷款，合同利率为 10%，期限为 5 年，每年年末收取利息，到期一次性收回本金。在贷款之初预计第 1～5 年的违约概率分别为 0、0、1%、2%、3%；但在第 2 年年末判断第 3～5 年的贷款违约率为 2%、4%、8%。按照预期损失模型，该贷款每年的摊余成本、利息收入和减值准备见表 4-14。

表 4-14　预期损失模型和贷款减值准备（单位：元）

期间	期初摊余成本	利息收入	现金流量	重估余额	减值损失	期末摊余成本
第 1 年	10 000.00	883.96	1 000.00	9 883.96	0	9 883.96
第 2 年	9 883.96	873.70	1 000.00	9 757.66	−678.63	9 079.02

续表

期间	期初摊余成本	利息收入	现金流量	重估余额	减值损失	期末摊余成本
第 3 年	9 079.02	802.55	980.00	8 901.57	0	8 901.57
第 4 年	8 901.57	786.86	940.80	8 747.63	0	8 747.63
第 5 年	8 747.63	773.25	952.08	—	0	0

分析：由于贷款之初的利率包含违约风险溢价，因此，按照初始违约率不存在贷款减值损失，只需要按照违约率对摊余成本进行重新估算。但是，在第 2 年年末，违约概率发生了改变，就需要按照新的违约率估算摊余成本，按照新违约率与旧违约率之差来估算资产减值损失。按照已经发生损失模型，如果 5 年内并没有出现减值迹象，那么，每年确认的利息收入均为 1 000 元，同时将贷款减值损失的确认延迟到第 5 年年末，造成高估利息收入和低估贷款损失的可能性。

总之，在分析应收账款的坏账损失时，我们要计算和调查应收账款回收期的发展趋势，与行业的常规信用条件和坏账准备提取率进行比较，检查客户的集中度和营业周期在应收账款中的重要性，确定应收账款中属于前期应收账款或应收票据续借部分所占的比例，还要比较采用不同方法估算的坏账损失之间的差异。

（五）应收账款的财务分析

这一部分比较简略地提及应收账款的比较财务报表分析和共同财务报表分析，而主要对应收账款的比率分析进行详细的阐述。

1．应收账款的比较财务报表分析

应收账款的比较财务报表分析就是利用多年的财务报表对应收账款及其相关账户的余额进行逐年变化分析和指数趋势分析。分析的指标包括应收账款增长率、坏账损失变动率、坏账准备增长率、应收账款的收入弹性等。

应收账款的收入弹性就是应收账款增长率与销售收入增长率的比率。当应收账款的增长速度快于销售增长速度时，应收账款的规模就会越来越大，坏账损失就会上升，企业财务造假的可能性越大。如果一个企业的应收账款、坏账损失和坏账准备持续增长，应收账款的收入弹性大于 1，那么，该企业的应收账款风险呈现增加的趋势，经营活动现金流量会下降。

举例　应收账款的趋势分析。表 4-15 是中联重科 2007～2011 年的财务数据和财务指标。要求：计算应收账款增长率和应收账款的收入弹性。

表 4-15　中联重科 2007～2011 年的财务数据和财务指标

项目	2007 年	2008 年	2009 年	2010 年	2011 年
应收账款余额（亿元）	16.79	36.90	50.73	69.47	116.58
主营业务收入（亿元）	89.73	135.48	207.62	321.92	463.22
净利润（亿元）	13.31	15.93	24.18	45.87	81.73
经营活动现金净流量（亿元）	4.59	3.12	13.33	5.45	20.93
应收账款增长率（%）	—	119.77	37.48	36.94	67.81

续表

项目	2007 年	2008 年	2009 年	2010 年	2011 年
主营业务收入增长率（%）	—	50.98	53.24	55.05	43.89
应收账款的收入弹性	—	2.35	0.70	0.67	1.54

分析：中联重科在 2007 ~ 2011 年应的收账款增长了 5.94 倍，年均复合增长率为 57.59%；主营业收入增长了 4.16 倍，年均复合增长率为 50.50%；应收账款的收入弹性为 1.14。这意味着在 2007 ~ 2011 年，中联重科的应收账款比主营业务收入增长得更快。尤其是，2008 年和 2011 年，应收账款的收入弹性分别为 2.35 和 1.54，说明中联重科采取了比较宽松的信用政策，存在重大的应收账款风险和现金流量风险。中联重科在 2010 年和 2011 年核销了应收账款 3 800 万元，远高于工程机械行业的平均应收账款核销额 1 724 万元。尽管在 2007 ~ 2011 年中联重科的净利润增长了 5.14 倍，但是，经营活动的现金净流量却存在巨大的波动，2007 年和 2010 年都出现了显著的下降。因此，宽松的信用政策会导致赊销、应收账款和净利润的急剧增长，但经营活动现金净流量则可能出现下降。

2．应收账款的共同比财务报表分析

我们可以分析应收账款占流动资产的比例、应收账款占流动负债的比例、坏账准备余额占应收账款的比例等指标，来分析应收账款和坏账准备在企业资产中的重要性。2010 年，中国企业的应收账款占流动资产的比率为 14.89%，占总资产的比例为 7.61%。应收账款增长速度过快和应收账款占流动资产的比例过高意味着企业可能陷入现金流量不足的困境。

举例　应收账款占流动资产的比例。在中国的许多医院，应收账款及预付账款占流动资产的 50%以上。表 4-16 是贵州省遵义医院应收账款和预付账款占流动资产的比例。

表 4-16　贵州省遵义医院应收账款和预付账款占流动资产的比例

项目	2006 年	2007 年	2008 年	2009 年	2010 年
应收账款及预付账款占流动资产的比例（%）	38.79	48.52	62.28	59.67	52.72

分析：医院发生应收账款及预付账款的原因包括：①医院的救死扶伤性质。农村重危病人经济困难，长期无力偿还所欠的医疗费用。②医疗保险部门不及时结算，以及医保人员的医疗结算费用低于实际医疗费用。由于医疗保险费用结算从原来的“项目付费”逐步过渡到“总额预算控制”，医疗保险机构就不再承担医保人员的医疗费用超过预算额的部分，形成应收账款。③急救病人的费用，如急救救护车送来的病人、“三无”[①]病人、重症与抢救病人所发生的医疗费用，因重大自然灾害、交通事故、煤矿安全事故所发生的大量医疗费用。④部分病人出院或债务病人死亡不结账，以及医疗纠纷中发生的医疗费用。⑤预付给其他单位和个人的款项，由于债务人撤销、破产等因素无法收回货款或者货物。⑥坏账准备计提比例过低。《医院财务制度》规定，累计（当年）计提的坏账准备不应超过年末应收医疗款和其他应收款余额的 2% ~ 4%。大量的坏账损失不能及时提取，高估了应收账款。

① “三无”是指无身份证明（姓名和居住地），无责任承担机构（或人员），无抢救治疗经费。

3. 应收账款的比率分析

应收账款的财务指标包括应收账款与日销售额之比、应收账款周转率、应收账款周转天数、其他有关应收账款的比率等。应收账款的周转速度对于企业的流动性和现金管理非常重要。

1）应收账款与日销售额之比

应收账款与日销售额之比表示企业的年末应收账款按照过去一年的日销售额的速度进行回收所需要的天数。其计算公式为

应收账款与日销售额之比=年末应收账款总额/（销售净额/365）

销售净额一般用销售收入或营业收入来表示。由于销售净额包括可收回和不可收回的款项，相应的应收账款也应是应收账款总额，而不是扣除坏账准备后的净额。应收账款总额还包括应收票据，但不包括与赊销无关的其他应收款。这个指标的单位是天。应收账款与日销售额之比应保持在一个相对稳定的比值范围内。如果比值过大，则账面利润的真实价值值得怀疑；如果比值过小，则收入的真实性值得怀疑。

（1）与信用期的比较。将应收账款与日销售额的比值同公司规定的信用期进行比较，就可以看出公司管理应收账款的效率，以及应收账款转化为现金的流动困难程度。由于信用期的长短表明收回应收账款的风险，因此，信用期越长，收回应收账款的风险越大。

（2）与行业平均的比较。应收账款与日销售额之比反映了年末在外应收账款的时间长度，而应收账款在外的时间长度反映了收账的可能性，应该将企业的应收账款与日销售额之比的几年内的数字进行比较，并与同行业的其他企业或者行业平均数进行比较，以确定应收账款与日销售额之比偏高或者偏低的原因。

（3）季节性因素的影响。如果企业的销售采用季节性或者使用自然年度作为会计期间，年末实际的日销售额要低于全年平均日销售额，或者年末应收账款总额要低于年均应收账款额，那么，采用自然营业年度的企业，应收账款与日销售额之比可能被低估，流动性可能被高估。

（4）应收账款与日销售额之比偏高的原因。这包括年末赊销数量激增，应收账款长期未收回或被冲销，企业季节性地签发账单，或者大部分应收账款是分期应收账款。相反，应收账款与日销售额之比偏低的原因可能是，年末销售量剧减，企业主要采取现金销售，或者企业通过保理协议和债务重组出售了大部分的应收账款。

2）应收账款周转率

应收账款的质量和流动性均受到应收账款周转率的影响。应收账款的质量是指在不发生任何损失的情况下，收回应收账款的可能性，用公司设定的收款期内收回应收账款的比例来衡量。应收账款的流动性是指应收账款转换为现金的速度或者企业收回应收款的能力，用应收账款周转率来衡量。应收账款周转率就是一年之内应收账款周转的次数。

（1）传统的应收账款周转率。该指标表示销售收入或营业收入与平均应收账款之比。其计算公式为

应收账款周转率=销售净额/平均应收账款余额

平均应收账款余额=（年初应收账款余额+年末应收账款余额）/2

其中，销售净额一般指销售收入或营业收入；应收账款周转率的单位是次/年。应收账款

周转率越高，应收账款的流动性越好。如果企业的应收账款周转率下降、应收账款余额增加和坏账损失明显增长，那么，企业获取现金和偿还短期债务的能力明显下降。企业的资金周转可能面临短缺，企业的信用会下降，融资成本会增加，企业的利润也会下降。因此，应收账款周转率的高低不仅会影响企业的经营活动产生的现金流量，还会影响企业的偿债能力和融资成本。

举例　传统的应收账款周转率。表 4-17 是江淮汽车公司的财务数据。要求：根据表 4-17，计算应收账款周转率。

表 4-17　江淮汽车公司的财务数据

项目	2014 年	2015 年	2016 年
营业收入（亿元）	341.69	463.85	524.90
平均应收账款余额（亿元）	0.68	4.64	26.61
应收账款周转率=营业收入/平均应收账款余额（次/年）	502.48	99.96	19.72

分析：江淮汽车公司的应收账款周转率从 2014 年的约 502 次/年，下降到 2016 年的不足 20 次/年。这说明，江淮汽车公司在竞争越来越激烈和产能过剩的环境中，采取了比较宽松的信用政策，降低了应收账款的质量和流动性。

（2）修正的应收账款周转率。为了更准确地反映应收账款转化为现金的速度，应收账款周转率应该是当期收回的应收账款与该会计期间的平均应收账款余额的比率。其计算公式为

修正的应收账款周转率=当期收回的应收账款/平均应收账款余额

举例　修正的应收账款周转率。甲、乙两家企业的年初应收账款余额分别为 0.2 亿元和 1 亿元，当年的赊销收入分别为 1 亿元和 0.2 亿元。假如收回应收账款的情况有 3 种：①当年收回应收账款为 0 元，则年末应收账款余额为 1.2 亿元；②当年收回应收账款为 0.6 亿元，则年末应收账款余额为 0.6 亿元；③当年收回应收账款为 1.2 亿元，则年末应收账款余额为 0 元。要求：按照传统方法和修正方法计算应收账款周转率。

分析：计算结果见表 4-18。

表 4-18　应收账款周转率的不同公式比较（单位：次/年）

企业	应收账款周转率公式	情景（1）	情景（2）	情景（3）
甲企业	传统公式	1.43	2.5	10
	修正公式	0	1.5	12
乙企业	传统公式	0.18	0.25	0.40
	修正公式	0	0.75	2.4

表 4-18 反映出以下几个特点。

（1）利用销售收入或者实际收回的应收账款来计算应收账款周转率能反映应收账款周转率的趋势。

（2）当企业收回的应收账款额与当期的赊销金额差距较大时，两者变动的幅度、方向与具体变动的数量存在很大的不同。

（3）当企业的赊销金额大幅度增加时，用销售收入测量的应收账款周转率高估应收账款的实际回收状况。但是，当企业大量收回前期的应收账款时，用销售收入测量的应收账款周转率低估应收账款的实际回收状况。只有企业当期发生的应收账款增加额与实际回收的应收账款金额的差距不大时，用收入测算的应收账款周转率才能反映出企业的应收账款周转情况。

（4）当企业的应收账款发生大幅度波动时，如大量收回前期的应收账款或者大量增加赊销额时，用收入测量的应收账款周转率具有平滑应收账款周转率波动的一面，从而扭曲了企业实际的应收账款转化为现金的速度。

（5）用收入来测量应收账款周转率，只反映销售部门的信用政策的改变或者赊销额的增减，无法衡量管理层在收回应收账款上所采取的措施和取得的成效，从而无法准确评估企业内部各部门之间的管理绩效。当然，外部人员无法获取企业实际收回的应收账款的数据，限制了用实际收回的应收账款来测量应收账款周转率的实际效用。

（3）平均应收账款余额。在利用简单算术平均数来计算应收账款余额时，没有考虑行业受季节性影响的企业的应收账款会随着季节性因素而呈现非线性波动。我们可以采用月度、季度或者周的应收账款的加权平均数来计算应收账款平均余额。其计算公式为

$$应收账款月平均余额=\sum（i\ 月应收账款发生额\times加权月份/12）$$

其中，应收账款发生额就是赊销导致的应收账款增加额或者收回应收账款导致的应收账款减少额；应收账款发生额的加权月份就是应收账款发生时至期末所经历的月份数。

举例　应收账款月平均余额。某公司的年初应收账款余额是300万元，4月1日赊销了100万元（含税）产品，6月1日收回应收账款100万元，7月1日收回应收账款200万元，11月1日赊销100万元。该公司的年销售收入为200万元，应收账款期末余额为200万元。要求：按照年均和月均应收账款余额计算应收账款周转率。

分析：（1）年均应收账款余额=（300+200）/2=250（万元）。

① 传统的应收账款周转率=200/250=0.8（次/年）。

② 修正的应收账款周转率=（100+200）/250=1.2（次/年）。

（2）应收账款月均余额=（300×12+100×9−100×7−200×6+100×2）/12=233.33（万元）。

① 传统的应收账款周转率=200/233.33=0.86（次/年）。

② 修正的应收账款周转率=（100+200）/233.33=1.28（次/年）。

（3）从中可以看出，应收账款发生额在一年之内呈现出比较均匀的分布时，按照年均或月均计算的应收账款周转率的差距不大。但是，如果应收账款发生额呈现出极端分布的情形，则按照年均或月均计算的应收账款周转率会出现较大的差异。

（4）其他需要考虑的因素。除考虑应收账款的回收情况和月度加权之外，通常使用应收账款周转率公式时还需要注意以下问题。

① 该公式假设存在应收账款或者商业信用。这对于以现金销售的企业就不适用。如果现金销售的比例较大，那么，利用销售净额计算的应收账款周转率就无法准确衡量应收账款的流动性。此时，应收账款周转率最好用赊销金额来衡量。

② 如果应收账款是扣除坏账准备后的净额，而销售收入并未扣除相应的坏账准备，那么，计提的坏账准备越多，应收账款周转次数越多，应收账款的周转天数就越少。为了防止公司估计的坏账影响应收账款周转率，我们要尽量避免使用应收账款净额。在调整应收账款时，应将坏账准备加回去。

③ 应收票据在现行的应收账款周转率中没有得到考虑。可以计算企业的综合应收账款周转率，将应收账款、应收票据、其他应收账款作为综合的应收账款计算。

④ 当企业存在主营业务收入、其他业务收入和营业外收入时，需要将这些收入和增值税税额都纳入销售收入来计算应收账款周转率。

⑤ 当一个企业的销售呈现季节性波动或者是用自然营业年度报告，年初或者年末的平均应收账款总额可能会较大程度地偏离全年每月或每季度平均的应收账款总额。为了增强采用自然年度的企业与采用日历年度的企业的可比性，应该使用应收账款的月末余额或者季度余额来计算，否则使用自然年度的企业趋向于高估应收账款周转率，从而高估其流动性。

3）应收账款周转天数

应收账款周转天数也就是在一定时期内应收账款转化为现金所需要的时间。其计算公式为

应收账款周转天数=平均应收账款余额/（销售净额/365）

在这个公式中，除使用平均应收账款余额外，这个指标同应收账款与日销售额之比的计算完全相同，解释也一样。同时，由于应收账款周转天数=365/应收账款周转率，因此，与应收账款周转率保持一致，应收账款周转天数也有传统公式和修正公式的区分。

（1）在分析应收账款流动性时，使用的销售净额包括赊销和现金销售两部分，这实际上高估了应收账款的流动性。如果有企业的内部资料，销售净额只应包括赊销部分，并将现金销售部分排除出去。

（2）应收账款周转天数反映了企业在一定时期的收账水平、应收账款的变现能力和客户的信用状况。应收账款超过收款期的时间越长，收回的可能性越低。

（3）应收账款周转天数就是衡量应收账款平均账龄的指示器，应与规定的信用期进行比较，来判断企业的应收账款周转天数的长短。改变企业的信用政策就会引起企业的应收账款周转天数的变化。当应收账款周转天数超过销售信用期时，表明信用政策过于宽松、企业收款的努力程度不够、客户拖欠货款或者客户发生了财务困难。

（4）注意应收账款保理的影响。当应收账款能被出售时，企业对销售产品中的信用政策就会更宽松。为了争取更大的市场份额，许多房地产商和银行放松了对信用的审查范围，允许收入较低、偿还能力较差的人获得贷款，并以较低的初始月供和较高的未来利率为代价。然后，抵押贷款被打包出售并进行证券化，并由证券评级机构将不同种类的抵押贷款证券进行评级出售，低估违约率。因此，当公司单纯为追求销售收入或者能够将应收账款打包出售时，企业的信用标准将会降低，企业的资产和收入质量都会下降，同时也为社会带来了信贷泡沫危机。

除对应收账款进行比率分析外，我们还需要注意企业应收账款周转率和应收账款收款期的历史变化，并与行业平均值和其他企业进行横向比较。

4）其他有关应收账款的比率

应收账款利润率反映企业在现有的经营状态下从利润转化为亏损的安全边际，是坏账损失率的临界值。坏账损失率就是实际发生的坏账损失占应收账款的比率。赊销比率表示企业在一定时期通过赊销获得的销售收入占总销售收入的比例。该比例越大，企业的信用风险和坏账损失发生的概率就越大。其计算公式为

应收账款利润率=净利润/平均应收账款余额×100%

坏账损失率=当期实际发生的坏账损失/平均应收账款余额×100%

赊销比率=当期赊销额/销售收入总额×100%

其中，应收账款余额是扣除坏账准备后的应收账款净额；坏账损失率可以衡量企业的信用管理水平，判断企业的坏账损失的程度、具体客户拖欠的时期，以及分析坏账产生的原因。财务分析师需要将企业的应收账款利润率与坏账损失率进行比较。如果坏账损失率超过应收账款的利润率，那么，企业的销售政策就表现得太激进。

三、预付账款

预付账款和应收账款都是企业对外提供的一种商业信用方式。通常预付款以实际支付的成本计价，不单独披露。预付款与其他流动资产不同，它将来一般不会产生现金；对于短期偿债能力而言，预付款只是节约了现金的使用，而对现有的债务无帮助。预付账款具有重要的财务影响，因此需要认真分析。

（一）预付账款的概念和分类

预付账款就是按照购货或劳务合同的规定，在取得合同规定的货物或劳务之前预先支付给供货商或提供劳务方的定金或者部分货款，代表企业可以使用的未来利益。预付账款分为与工程相关的预付工程款、与生产经营相关的预付材料款等货款，以及一般性支付的预付款，如预付的购货定金、待摊费用等。

（1）预付购货款和预付工程款。预付款是合同中的一方在合同履行之前预先给对方一定数额的资金。对于购买货物或提供工程款的企业而言，预付款的所有权属于供货商或建筑企业。

（2）购货定金。定金是合同的一方为证明合同的成立和保证合同的履行而预先支付给另一方的一定数额的担保资金。担保方式有保证、抵押、质押、留置和定金。定金的所有权属于购货的企业。

（3）待摊费用。待摊费用是指企业已经支付，应由本期和以后各期分别负担的各项费用，如预先支付的会员费、广告费、保险费、电费、租金等。根据重要性原则，一年之内的待摊费用如果金额较小和使用时间较短，可以一次性计入当期损益；如果金额较大和使用时间较长，则可以计入预付账款、其他应收款或其他流动资产，分期转化为费用或成本。一年以上的长期待摊费用作为递延资产处理。长期待摊费用是企业中已经明确支出，但摊销期限在一年以上的支出费用，包括固定资产大修理、固定资产改良等。

（二）预付账款产生的原因

预付账款是企业向供货商或劳务提供者提供的一种免息贷款。其产生的原因如下。

（1）预防道德风险的预付款。当供货商或提供劳务企业的资产具有专用性时，为了防

止被套牢，购货企业或者接受劳务的企业往往需要支付预付款。企业提供产品的平均交付周期越长，采购物料的价格波动越大，越倾向于采纳预收账款的融资方式，客户企业就越需要预付账款。在公路工程建设中，承包人一般会获得合同价的10%作为开工预付款。

（2）维持稳定的供货渠道。为了保持稳定的供货关系，许多下游企业向上游的供货商提供短期资金援助的方式。下游企业与上游的原材料和零部件企业签订预付款合同，通过向供货商预付一定数额的供货款来获得随时获取原材料和零部件的供货权。例如，美的公司的经销商为了在旺季获得进货权，通常以淡季 1.5 倍的付款额作为从美的公司获得旺季供货的额度和一定的价格折扣。

（3）获取折扣。许多供货商采取现金折扣和预付款相结合的营销方式。预付款有助于提升企业交易的成功率和享受折扣的优惠条件。

（4）市场竞争力的不对等。因企业存在不良的财务记录和信誉记录，供货商对企业的支付能力存在怀疑，或者供货商处于垄断地位时，企业就需要预先支付购货款。新成立的中小企业，为了获得稳定的供货，通常需要支付一部分预付款，以弥补交易信用的不足。中国钢铁行业通常在进口铁矿石的国际贸易结算中被迫采用预付货款的方式。

（三）预付账款的财务影响

预付账款直接将企业的资金转让给其他企业，形成一种债权。预付账款的财务影响体现在以下 5 个方面。

（1）加剧了企业资金的短缺。为了弥补预付款的资金，企业有时被迫进行银行贷款或者其他渠道的融资，增加了财务费用的支出。

（2）降低了企业资金的收益。预付款等于对供货商的无息贷款，占用了企业的流动资金，无法获取相应资金的投资或经营活动收益。

（3）增加了企业的收账成本。收账成本包括组织、管理和核算预付款的成本，如差旅费、通信费、工资费用、诉讼费和评估费等。

（4）增加了供货方的谈判能力和道德风险。企业可能被迫接受低质量的产品或服务，进而增加存货的成本和降低产品的市场竞争力。

（5）增加了坏账损失。预付款余额越大，期限越长，坏账成本越高。当上游企业经营不善、破产、故意停业或携款潜逃，或者发生合同纠纷，提供的产品或服务的质量不合格时，下游企业在预付款无法退还的情况下要估计坏账损失。估计预付账款坏账准备的方法与估计应收账款坏账准备的方法完全相同。

（四）预付账款的会计分析

预付账款的金额过大或者预付账款占流动资产的比例过大，往往意味着企业利用预付账款来虚增资产或者转移资金。对预付账款的分析要注意以下问题。

（1）企业与供货商签订虚假合同，支付预付账款后不能收到货物，使预付账款成为坏账。

（2）企业故意将应列入“在建工程”科目或者“工程物资”科目的购置机器设备、厂房的预付款，或者应列入“应收账款”科目的销售材料货款，或者应列入“其他应收账款”科目的保证金，或者将应列入“营业收入”科目的销售收入或者其他业务收入、营业外收入，列入“预付账款”科目。

举例　预付账款的混淆。上海航天汽车机电股份有限公司的预付款项在 2008 年末为 2 629 万元，2009 年末预付款项增加到 15.96 亿元。预付款变动的原因主要是将神州硅业二期 3 000 吨/年的多晶硅项目预付款和 8.73 亿元的该项目在建工程列入。

（3）企业利用预付账款进行非法活动，为并无往来业务的企业进行结算，将所得回扣或者佣金据为己有。或者利用该项业务转移资金，以进行贪污、隐匿收入、挪用或者私设小金库。

举例　以预付账款的形式转移资金。贵州百灵医药公司在 2010 年和 2011 年的财务报告中称，分别支付给供货商百顺药业公司 8 833.5 万元和 2 651.8 万元的预付款。但是，百顺药业公司的预收款在 2010 年和 2011 年却只有 192 万元和 2 030 万元。

（4）利用预付账款平滑收入。将已经销售的商品不列为销售收入，而是存放在“预付账款”科目中，以便达到偷逃税金、隐匿收入的目的。

（5）将应列入“预付账款”的科目列入“其他应收账款”或者“在建工程”，如将企业职工借支而预付的材料款列入“其他应收账款”。根据《企业会计制度》，预付账款不多的企业，可以将预付账款直接记入“应付账款”科目的借方，不设置“预付账款”科目。因此，财务报表分析师应核查应付账款中包含的预付账款规模。

（6）分析应收账款坏账准备的合理性。由于供货商破产、被撤销等因素而无法再收到所购货物的，应将预付账款转入其他应收款，并计提相应的坏账准备。在考虑其减值问题时，按照实质重于形式原则，预付账款的减值表现为可回收金额低于账面价值的金额，则应结合账龄或者供货商经营的情况计提坏账准备，借记“资产减值损失”科目，贷记“坏账准备”科目。

因此，财务报表分析师要核查企业的预付账款审批程序，审查供货方的信誉和资质，分析预付账款管理和控制的长期机制，加强对预付账款的账龄和风险分析。

（五）预付账款的财务分析

对预付账款的财务分析包括比较财务报表分析、共同比财务报表分析和比率分析。

1. 比较财务报表分析

比较财务报表分析指标有预付账款变动额和预付账款增长率。

2. 共同比财务报表分析

共同比财务报表分析指标有预付账款与流动资产之比和预付账款与资产之比。

举例　预付账款的比例分析。建安电熔耐火材料公司 2008 年 3 月 31 日的资产负债表显示，期初的预付账款和流动资产分别为 205.7 万元和 985.5 万元，期末的预付账款和流动资产分别为 289.5 万元和 1 660.6 万元。要求：计算预付账款增加额、预付账款增长率、预付账款与流动资产的比例。

分析:（1）预付账款增加额=289.5-205.7=83.8（万元）。

（2）预付账款增长率=（289.5-205.7）/205.7×100%=40.74%。

（3）期初预付账款与流动资产之比=205.7/985.5×100%=20.87%。

（4）期末预付账款与流动资产之比=289.5/1 660.6×100%=17.43%。

这表明，尽管建安电熔耐火材料公司在 2007 年的预付账款的绝对额增加了，预付账款增长率为 40.74%，但是，预付账款与流动资产的比例下降了 3.5%。

3. 比率分析

比率分析的主要指标有预付比率、预付存货比率、预付账款周转率等。

（1）预付比率。该指标反映企业与供货商之间的商业信用关系。其计算公式为

预付比率=预付账款余额/（预付账款余额+应付票据余额+应付账款余额）

如果预付比率超过 50%，则表明企业在购货环节处于弱势地位，面临着供货商垄断或者采购品供不应求的情形。如果预付比率低于 50%，则企业以赊购为主。赊购比率可以表示为应付账款和应付票据之和与存货的比率。

（2）预付存货比率。该指标反映了企业的商业信誉、市场谈判能力和关联方资金占用的情况。其计算公式为

预付存货比率=预付账款余额/存货余额

如果预付存货比率大于 1，这就意味着企业的预付账款大规模增加，企业经营活动的现金流出量增加。在经营现金流入量保持不变的前提下，企业的经营活动现金净流量会减少，经营活动现金净流量与流动负债的比率降低，从而降低企业的短期偿债能力。当企业的现金流出量增加带来利息收入或者投资收益下降，或者融资成本增加，那么，企业的盈利能力也会下降，进而降低企业的股东权益报酬率和销售利润率。

（3）预付账款周转率。该指标反映了预付账款转换为存货的速度。其计算公式为

预付账款周转率=销售成本/平均预付账款余额

平均预付账款=（期初预付账款余额+期末预付账款余额）/2

其中，销售成本一般用营业成本表示。预付账款周转率越高，应付账款的流动性越好。如果企业的预付账款周转率下降，企业的短期偿债能力也会下降，资金的周转可能面临困难。

举例 预付账款的比率分析。表 4-19 是河南莲花味精公司 2006～2007 年的财务数据。要求：计算预付比率、预付存货比率和预付账款周转率。

表 4-19 河南莲花味精公司 2006～2007 年的财务数据（单位：百万元）

年份	预付账款	存货	应付票据	应付账款	营业成本
2006	348.7	282.0	13.0	497.5	1 852.7
2007	380.4	362.1	0.4	509.0	2 184.6

分析：按照相应的公式，2006 年和 2007 年的预付比率、预付存货比率和预付账款周转率计算结果见表 4-20。首先，河南莲花味精公司的预付比率呈上升趋势，而且预付存货比率显著大于 1。在 2007 年约 3.8 亿元的预付账款中，账龄超过 1 年的预付账款为 2.15 亿元，账龄达到 2～3 年的预付账款有 1.42 亿元。其次，预付存货周转率增加。根据存货周转率大致等于预付存货周转率与预付存货比率的乘积估算，河南莲花味精公司的存货周转率从 2006 年的 6.53 下降到 2007 年的 6.02，企业的流动性并没有得到改善。因此，需要认真分析预付账款增加的原因，以及预付账款的坏账损失情况。

表 4-20　河南莲花味精公司 2006～2007 年的财务指标

财务指标	2006 年	2007 年
预付比率	0.405	0.427
预付存货比率	1.23	1.05
预付账款周转率	5.31	5.74

第三节　经营资产分析（二）

本节对存货、固定资产和无形资产进行比较详细的会计分析和财务分析。

一、存货

存货是企业在正常生产经营过程中持有以备出售的产成品或商品，或者为了出售仍然处在生产过程中的在产品，或者是在生产过程中或提供劳务过程中被消耗的材料、物料等资产。存货包括原材料、在产品、产成品、低值易耗品等，其主要特点就是流动性强、周转快、形式多样。由于存货通常占流动资产的一半以上，因此，在财务分析时要高度重视存货。

（一）企业持有存货的动机

企业持有存货的目的就是维持生产过程的连续性、分摊订货费用和及时满足客户的需求，也有防止原材料和产成品短缺、通货膨胀增加的考虑。持有存货的动机如下。

（1）交易性动机。企业的交易规模越大，供应链和生产时间越长，原材料、在产品和产成品的储存就越多。产品的生产时间越短，越容易腐烂变质，存货量就越少。根据经济订货批量模型，产品的采购量与商品年需求量和采购成本成正比，与存货的存储成本成反比。此外，市场竞争越激烈，产品越滞销，存货越多。

（2）预防性动机。存货是不确定性条件下的一种风险管理工具。安全库存有助于平滑生产和实施生产计划，充分利用供应商的现金折扣和数量折扣，防止需求的突然增加造成对固定资产投资需求的增加。当供货商根据下游企业的需求信息制订和调整生产计划时，存货还存在牛鞭效应，即在信息不对称性条件下，存货数量随着供应链中企业数量的增多而不断扩大。

（3）投机动机。当产品高度稀缺或者产品价格不断上涨时，企业持有存货的目的是获得更高的投资收益。许多房地产企业囤积土地、居民住宅和办公楼就是出于投机动机。

（4）市场的垄断力。企业的市场垄断力越强，原材料和在产品存货的需求越小，而产成品存货的需求越强。

（二）企业持有存货的财务影响

储存大量的存货不仅会占用大量的资金和增加利息费用，也会增加库存成本和管理成本，让企业在技术革新中面临存货贬值的风险，从而降低企业的利润。企业持有存货的财务影响如下。

（1）加剧了企业资金的短缺。为了弥补存货的资金占用，企业有时被迫进行银行贷款或者其他渠道的融资，这就增加了财务费用的支出。

（2）降低了企业资金的收益。存货占用资金量越多，企业进行其他经营和投资活动的资金越少，投资收益越低。

（3）增加了企业的持有成本。存货保有量越高，与存货有关的仓储成本、维护成本、人工成本及其他相关成本也越高。存货的储存成本包括建筑物的折旧和税费，租金，存货和建筑物的保险费用，工作人员的薪水，供暖照明费用，监督设备和运输设备的支出等固定费用和可变费用。盗窃损失和自然灾害的损失也是库存成本的一部分。

（4）存货的跌价损失。产品的技术革新，存货的老化、过时、变质报废等，都会增加存货的跌价损失。

因此，企业要在考虑市场结构和政策变动的条件下，平衡存货的收益和成本，实现存货持有量的最优化。存货的实际数量受到企业的促销政策、生产管理、采购政策的影响。

（三）存货的质量分析

存货的质量分析就是看存货是否真实存在，存货存在的时间长短，存货的质量是否符合相应产品的等级要求，库存原材料是否符合生产需要，待售产品是否完好无损，存货是否账实相符，存货是否物有所值。

1. 存货的真实性分析

存货的真实分析是指分析资产负债表上的存货与库存实物的品种、规格、数量是否相符合，所记录的存货成本是否是该项资产的真实价值，是否存在账实不符或者虚列虚增存货价值的行为。为此，需要分析存货的内部控制制度，如存货的保管、核算、领料、采购、入库之间是否形成职责分工和相互监督。

2. 存货的来源分析

存货的来源不同，存货成本的真实可靠性也不尽相同。

（1）由采购成本、加工成本构成的存货成本。存货成本包括买价，以及使存货达到目前地点和状态所发生的其他支出，产成品和在产品的成本包括制造费用和人工费用。2006年前的采购费应直接计入营业费用，2007 年后的购货运费列入存货成本。企业购买、自制或委托加工存货发生的进口关税、消费税、资源税和不能抵扣的增值税进项税额等应计入存货采购成本的税费。

（2）因企业间的兼并，用股权、无形资产等资产进行交换，或者以债务重组等方式获得的存货成本。同一控制下的兼并或不具有商业实质的非货币性资产互换的存货成本就是换入存货的账面价值。

（3）盘盈的存货成本。当存货盘盈时，按照存货的市场价格或重置成本计价，并冲减当期的管理费用。

（4）除去合约没有公允的存货价值外，其他投资成本应该按照投资合约的价值来确定。

一旦存货成本得以确定，存货成本在期末存货和销售成本之间的分配问题就涉及存货计价方法和存货盘存制度的选择。

3. 存货的时效性分析

存货的时效性分析是指分析原材料、在产品、产成品的持有时间长短及其价值变动。

原材料购置的时间越长，其利用的效率就越低，价值下降的可能性越大。在产品的时间越长，产成品在库存积压的时间越长，在产品和产成品的过期概率越大，价值的下降就会越多。由于存货的价值与其形成的时间成反比，存货中失去利用价值的原材料、残次品和淘汰过期的成品越多，存货的价值就越低。许多企业将呆滞产品、积压产品、残次产品等已失去变现能力的存货，通过“存货”科目长期挂账，以便掩盖企业潜在的亏损局面。

4. 存货的结构分析

存货的结构与存货的价值密切相关。在制造企业中，存货包括原材料、在产品和产成品，以及办公用品。在批发和零售企业中，存货主要是待销售的各种商品和办公用品。存货结构就是原材料、在产品、产成品或各种商品占存货总额的比例。产成品或商品所占的比例越大，在产品所占的比例越小，存货的价值越大。

举例 存货的结构分析。表 4-21 列举了 4 家电器公司 2007～2009 年的存货结构及存货占流动资产的比例。从中可以看出，海信电器、四川长虹、深康佳 A、TCL 多媒体这 4 家电器公司的库存商品占存货总额的 60%以上，在产品的比例在 10%以下，原材料的比例在 17%～33%。同时，这 4 家电器公司的存货占流动资产的比例在 30%左右。尤其值得注意的是，海信电器的在产品占存货的比例不到 0.3%，而原材料和库存商品的比例较高。

表 4-21 4 家电器公司 2007～2009 年的存货结构及存货占流动资产的比例(单位：%)

公司名称	年份	原材料/存货总额	在产品/存货总额	库存商品/存货总额	存货/流动资产
海信电器	2007	30.74	0.22	69.04	40.14
	2008	17.61	0.04	82.35	25.05
	2009	28.36	0.13	71.51	26.96
四川长虹	2007	17.73	4.47	77.80	41.95
	2008	18.68	5.76	75.56	35.17
	2009	19.17	4.93	75.90	34.18
深康佳 A	2007	35.62	4.96	59.42	38.25
	2008	33.92	5.4	60.68	28.82
	2009	36.19	6.17	57.64	30.75
TCL 多媒体	2007	25.72	7.38	66.89	38.11
	2008	26.15	8.22	65.63	28.52
	2009	33.04	7.63	59.33	38.14

5. 存货的舞弊问题

制造企业的存货涉及材料费、人工费和制造费用，以及制造费用如何在产品及完工产品中进行分配的问题。因此，存货的舞弊问题包括：不按配比原则归集和分配成本费用，如将销售费用、管理费用列入制造费用，多转或少转以消耗的材料或者库存产品，多摊或少摊制造费用；非法销售或盗窃，公司人员将企业的商品或材料私自销售，将销售款据为己有；随意变更发出存货的计价方法；利用存货盘点进行舞弊，如对存货进行重复盘点，提供虚假出入库数据，存货盘盈进行转账处理，存货盘亏不入账等。

（四）存货的会计分析

存货在资产负债表日要按照成本与可变现净值孰低计量。这意味着，存货的会计分析要关注期末存货数量的确认是定期盘存制还是永续盘存制，发出存货的计价方法选择是否恰当，期末存货是否按照成本与可变现净值孰低计量，存货跌价损失的估计是否合理，存货计价方法是否和以前会计年度所使用的方法相同。与存货有关的具体内容通常在附注中加以披露，要关注财务报表附注中存货的担保、抵押、套期保值方面的说明。

1. 存货盘存制度的分析

盘存制度是指日常会计核算如何确定各项资产的账面结存数的方法。

1）存货盘存制度的分类根据是否定期盘点和连续记录发出的存货，存货盘存制度分为永续盘存制和定期盘存制。两种不同的盘存制度对销售成本的影响不同。

（1）永续盘存制。永续盘存制又称为账面盘存制，是指通过设置存货明细账，根据会计凭证在账簿中连续登记日常发生存货的增加或减少，并随时在账面上结算各项存货的结存数，将其与定期盘存数进行对比，进而确定存货盘盈盘亏的一种制度。

在永续盘存制下，企业在购买或者销售产品时，可以在日记账上适时地、连续地记录存货成本和销售成本，但存货每年至少需要通过一次实地盘点加以核实，将差额部分作为存货的盘盈盘亏。这样，永续盘存制下的存货成本和销售成本只与以前的购买和销售有关，而与某时点以后的购买和销售无关。因此，永续盘存制记录了存货的采购及销售的数量和金额，有助于存货的日常核算、计划与控制，并通过实物盘点可以及时发现和确定库存溢余或短缺的情况及其原因，提高资金周转率。但是，日常核算工作量较大，组织管理成本较高。

（2）定期盘存制。定期盘存制又称为实地盘存制，就是对存货平时只根据会计凭证在账簿中登记增加数，不登记减少数，到期末时对存货进行实物盘点，并根据实地盘点的结存数，推算出本期存货的减少数，再登记有关账簿的一种制度。定期盘存制的优点在于简化了日常的存货核算工作，降低了账簿记录的成本。定期盘存制的缺陷表现在以下 4 个方面。

① 每月末都要进行定期盘存，从而加大了期末的会计工作量。在各期期末，企业要定期实地盘点存货，期末存货要根据实地盘点的存货数量，借助成本流动假设来计算，而销售成本则是可供销售的产品成本减去期末存货成本计算出来的。

② 由于不存在日常发出存货的账面数据，存货中出现的自然和人为损耗都被计入销售成本，从而造成销售成本的不真实和高估。

③ 缺乏完整的存货记录也不利于企业对存货进行日常管理和控制，加剧了存货被偷盗或者毁损的可能，影响会计核算资料的真实性和及时性。

④ 销售成本和存货成本与整个购买和销售活动有关，但无法确知差额部分的来源。

由于这些原因，大中型企业都采用永续盘存制，业务较简单的小企业则采用定期盘存制。

2）存货的盘盈盘亏

在永续盘存制下，存货的实地盘点数与账面结存数不相符合，出现存货的盘盈盘亏情形。在核算存货盘盈盘亏时，中国会计准则要求通过盘盈盘亏和企业负责人批准处理盘盈盘亏两个阶段进行，容易造成对盘盈盘亏的不及时处理或者将未处理的盘盈盘亏挂账来调节利润。

（1）存货的盘盈是指存货的实存数量超过账面结存数量的差额。存货发生盘盈时，按照存货的实际成本借记“原材料”“在产品”等科目，贷记“待处理财产损溢”科目；待查明原因，报经企业管理层批准后，冲减当期管理费用。

（2）存货的盘亏是指存货的实存数量少于账面结存数量的差额。存货发生盘亏时，按照存货的账面成本，借记“待处理财产损溢”科目，贷记“原材料”“在产品”等科目。待查明原因，报经批准后，根据盘亏的原因分别处理：①因自然损耗造成的短缺，计入管理费用；②属于收发计量差错和管理不善等人为造成的短缺或毁损，在扣除可收回保险公司和过失人赔偿后的净损失，计入管理费用；③属于自然灾害或意外事故等非常原因造成的毁损，在扣除可收回保险公司和过失人赔偿后的净损失，计入营业外支出。

因此，与定期盘存制下存货的毁损、偷盗被全部计入销售成本不同，永续盘存制下存货的盘亏会计入管理费用或营业外支出。定期盘存制高估了企业的销售成本和存货周转率，降低了企业的销售毛利率。

2．存货的计价方法

期末存货的数量确定要以存货的盘存制度为基础，期末存货的单位成本确定要以存货流转假设和计价方法为基础。

1）存货的计价方法

存货的计价方法分为计划成本计价法和历史成本计价法。历史成本计价法包括计划成本法、个别计价法、先进先出法、后进先出法、平均成本法等。对于性质或用途相似的存货要采用相同的存货核算方法。

（1）计划成本法。计划成本法又称标准成本法，是指企业在日常经营过程中按照事先已经确定的计划成本来计算存货从收入到结存过程中的价值。该方法比较适合存货种类多、购入和发出存货频率比较高的企业。商品买进时根据计划的单价登记入库；商品发出时，则根据进货成本的差异把实际价值算入成本，以便调整计划成本与实际成本的差额。

（2）个别计价法。个别计价法是以存货的成本流转和实物流转相一致为假设，按照每批商品的实际进价来计算发出成本的一种计价方法。这种方法要求存货出入库时要进行详细的记录和具体辨认，以便确认存货成本。

个别计价法的优点在于计算的发出存货和期末存货的成本比较准确，缺点在于逐一辨认存货的工作量和计量成本较大，也容易造成企业管理层选择性地出售低成本的商品来操纵利润。一般而言，这种方法比较适合单位价值较高、个体差异较大、存货数量少、容易识别的商品，如珠宝、钻石、豪华轿车、建筑房屋、飞机、邮轮、大型机器设备等不能替代使用的存货，为特定项目专门购入或制造的存货及提供的劳务物品。

（3）先进先出法。先进先出法就是依据成本流转的假设，最先入库的存货最先发出或销售的一种计价方法。在收到存货时，企业逐笔登记收到存货的数量、单价及金额，在发出存货时，按照先购入的存货先发出的原则，逐笔登记存货的发出成本，最后结算结存存货的金额。

在先进先出法下，产品销售成本由年初的存货及该年最早购入的存货构成，避免了企业随意挑选存货计价来调整当期利润的行为。资产负债表列示的期末存货就是该年度最后购入的存货，更能较好地反映当前存货的重置成本。如果存货的流动速度较慢或者存在剧烈的通货膨胀，先进先出法也不能反映存货的重置成本。采用先进先出法的企业，其产品销售成本通常比现行成本低，销售成本因而不能与销售收入配比，利润被高估。这在通货膨胀时期尤其如此。

（4）后进先出法。后进先出法就是依据成本流转的假设，最后入库的存货最先发出或销售的一种计价方法。在收到存货时，企业逐笔登记收到存货的数量、单价及金额，在发出存货时，按照后购入的存货先发出的原则，逐笔登记存货的发出成本，最后结算结存存货的金额。

在后进先出法下，最后购入或生产的存货成本就是产品的销售成本。这种成本流动假设的好处在于能够使销售成本更好地接近产品的重置成本，实现成本与收入的配比，利润更真实。但其缺陷在于存货成本往往是先前的最初存货成本，低估存货资产的价值。在公司所得税税率较高和通货膨胀时期，后进先出法有助于公司得到税收方面的好处。

（5）平均成本法。平均成本法就是根据期初存货和本期购进存货的成本与数量来计算存货的加权单位成本，然后利用加权单位成本、销售量和结存数量来计算本期的销售成本和期末存货成本的一种计价方法。根据存货盘存制度的不同，平均成本法又分为定期盘存制下的简单加权平均法和永续盘存制下的移动加权平均法。

① 简单加权平均法就是根据本期购买和期初的存货成本，除以本期购买和期初的存货数量计算存货的单位平均成本的方法。其计算公式为

单位平均成本=（期初存货成本+本期购入存货成本）/（期初存货数量+本期购入数量）

销售成本=单位平均成本×销售量

期末存货成本=单位平均成本×存货结存数量

简单加权平均法的优点在于每个月末计算一次，比较方便，但缺点是不能随时查出存货的总额、单价和结存存货，在物价变动期间计算的存货成本与实际价值存在一定的差距。

② 移动加权平均法就是在本期每次购入存货时，按照加权平均法的公式计算出新的平均单位成本，以此作为下次发出存货计价基础的一种计价方法。购买存货的次数越多，移动加权平均法所需要计算的平均单位成本的次数也就越多。

移动加权平均法的计算工作量大，一般适合存货种类少、前后进价差距比较大的存货。

2）存货计价方法的比较

存货计价方法不同，同一企业的销售成本、存货成本、利润及其他财务指标也不完全相同。因此，存货计价方法的选择对企业经营管理和业绩评价、财务状况，以及期末存货的计价有重要影响。

（1）准确性。个别计价法的存货成本最为准确，但管理成本较高，销售成本也容易被操纵。先进先出法的期末存货成本与市价比较接近，但发出存货的价值与市价差距较大，销售成本及毛利率的计算不够准确。平均成本法的存货单位成本比较平均，不容易被操纵，但在物价不稳定时计算的财务比率也不准确。

（2）便利性。如果说个别计价法在会计信息的真实可靠性方面占优势，那么，平均成本法则在计算和管理的便利程度上占优势，后进先出法则有利于降低纳税额和企业的稳健发展。先进先出法的选用主要受到增加盈利、减少税收、加强存货管理或者产品更新换代

的速度较快等因素的影响。对于更新替代速度较快和价格处于下降趋势的产品，选择先进先出法更能客观准确地反映产品存货的价值，信息具有较高的真实性，期末存货成本与市价比较接近，能够最大限度地反映企业的经营损益。

（3）稳健性。在通货膨胀时期，平均成本法计算的销售成本高于先进先出法但低于后进先出法的销售成本，其存货成本则高于后进先出法但低于先进先出法的存货成本。

在商品价格持续上涨的时期，后进先出法计算的利润最低，符合配比原则，纳税最少，比较稳健；按照先进先出法计算的利润偏高，纳税太多，现金流量减少。在产品价格持续下降的时候，采用先进先出法计算的利润较低，纳税较少，现金流量较多；而采用后进先出法的计算利润较多，纳税较多，现金流量较少。

举例 存货计价方法对利润的不同影响。假设绿岛公司对年末存货使用定期盘存制进行核算。2018 年，绿岛公司销售了 1 300 个产品，其采购和销售相关情况见表 4-22。

表 4-22 绿岛公司 2018 年采购和销售相关情况

日期	摘要	数量（个）	单位成本（元）	总成本（元）
2018 年 1 月 1 日	期初存货	200	6	1 200
2018 年 2 月 1 日	销售	100		
2018 年 4 月 1 日	购入	1 200	7	8 400
2018 年 7 月 1 日	购入	300	9	2 700
2018 年 7 月 2 日	销售	1 000		
2018 年 10 月 1 日	购入	400	11	4 400
2018 年 11 月 1 日	销售	200		
总计	购入	2 100	—	16 700

分析：（1）个别计价法。假设期末存货 800 个是 2018 年 4 月 1 日购买的，存货成本=7×800=5 600（元），销售成本=16 700−5 600=11 100（元）。

（2）简单加权平均法。单位平均成本=16 700/2 100=7.95（元/个），存货成本=7.95×800=6 360（元），销售成本=16 700−6 360=10 340（元）。

（3）先进先出法。存货成本=400×11+300×9+100×7=7 800（元），销售成本=16 700−7 800=8 900（元）。

（4）后进先出法。存货成本=200×6+600×7=5 400（元），销售成本=16 700−5 400=11 300（元）。

（5）计算结果总结见表 4-23。从中可以看出，在物价不断上涨的情况下，先进先出法的期末存货成本最高，销售成本最低；后进先出法的期末存货成本最低，销售成本最高。两者相差 20%以上。平均成本法的存货成本和销售成本居于先进先出法和后进先出法之间。个别计价法的期末存货越接近期初，其期末存货成本越接近后进先出法。

表 4-23 定期盘存制下存货计价方法对存货成本和销售成本分配的影响

存货计价方法	期末存货的批次	存货成本（元）	销售成本（元）
个别计价法	假设期末存货的 800 个是 4 月 1 日买进的	5 600	11 100
简单加权平均法	单位平均成本=16 700/2 100=7.95（元/个）	6 360	10 340
先进先出法	10 月 1 日的 400，7 月 1 日的 300，4 月 1 日的 100	7 800	8 900
后进先出法	1 月 1 日的 200，4 月 1 日的 600	5 400	11 300

（6）假设绿岛公司使用永续盘存制对期末存货成本进行核算，暂不考虑个别计价法。

先进先出法下的销售成本=100×6+（100×6+1 100×7）=8 900（元），存货成本=16 700－8 900 = 7 800（元）。

后进先出法下的销售成本=200×11+（300×9+700×7）+100×6=10 400（元），存货成本=16 700–10 400=6 300（元）。

移动加权平均法下的销售成本计算比较复杂，需要按照存货流转的层次计算。

2 月 1 日销售 100 个单位，销售成本=100×6=600（元）；该层存货的数量为 100 个，平均成本为 6 元/个。

7 月 2 日销售 1 000 个单位，需计算单位平均成本=（100×6+1 200×7+300×9）/（100+1 200+300）=7.312 5（元/个），销售成本=1 000×7.312 5=7 312.5（元），该层存货的数量为 600 个，平均成本为 7.312 5 元/个。

11 月 1 日销售 200 个单位，单位平均成本=（600×7.312 5+400×11）/（400+600）= 8.787 5（元/个），销售成本=200×8.787 5=1 757.5（元），该层存货的数量为 800 个，平均成本为 8.787 5 元/个。

移动平均法下总的销售成本=600+7 312.5+1 757.5=9 670（元），期末存货成本=16 700－9 670 = 7 030（元）。计算结果总结见表 4-24。

表 4-24 永续盘存制下存货计价方法对存货成本和销售成本分配的影响

存货计价方法	期末存货的批次	存货成本（元）	销售成本（元）
先进先出法	10 月 1 日的 400，7 月 1 日的 300，4 月 1 日的 100	7 800	8 900
后进先出法	1 月 1 日的 100，4 月 1 日的 500，10 月 1 日的 200	6 300	10 400
移动加权平均法	单位平均成本=7 030/800=7.787 5（元/个）	7 030	9 670

3）存货盘存制度和存货计价方法的财务影响

根据上述例题的计算表明以下几点。

（1）在物价上涨期间，不管使用哪种存货盘存制，先进先出法的期末存货都要高于后进先出法的期末存货，平均成本法的期末存货则居于其间。在物价下跌期间，不管使用哪种存货盘存制，先进先出法的期末存货都要低于后进先出法的期末存货，平均成本法的期末存货则居于其间。

（2）当一个企业的产品价格长期不变时，如水、电、煤气等行业，采用存货计价方法得出的期末存货和销售成本完全相同。唯一的差异来源于存货盘存制度的选择。

（3）与定期盘存制相比，永续盘存制之下各种计价方法产生的存货成本或销售成本的差异要小一些。

（4）在使用后进先出法和定期盘存制的情况下，期末大量购入存货会导致企业的利润显著下降。在使用永续盘存制下，后进先出法下的期末大量采购存货时不会发生企业利润显著下降，因为每次的销售都必须是销售前所有存货的后进先出，不包括后来购买的存货。

（5）使用后进先出法的企业，在存货急剧下降和通货膨胀的时候，企业将面临利润被高估，缴纳更多的税金和需要更多的现金流量来补充存货的问题。

（6）所有存货计价方法计算出来的存货成本都不等于存货的重置成本，加上存货都要按照高于成本的价格出售，因此，这些存货的短期偿债能力就会被低估。在分析存货的流动性时，要充分注意存货计价方法和存货盘存制度的影响。

3. 存货跌价损失的分析

存货跌价损失对期末存货的价值和净利润都有很大的影响。与存货的盘亏会计入管理费用或营业外支出不同，存货跌价损失作为资产减值损失的一部分，计入当期损益，并可以转回。因此，存货跌价损失的计提方法和转回的时间选择就很重要。

1）存货跌价损失的会计规定

存货按照成本法结转，并在资产负债表日按照成本与可变现净值孰低法列示。存货成本高于可变现净值时，要提取存货跌价准备，计入当期损益；存货成本低于可变现净值时，期末存货按成本计量。

可变现净值是指在日常活动中，存货的估计售价减去至完工时估计将要发生的成本、估计的销售费用及相关税费后的金额。

存货跌价准备是指会计期末的存货由于遭受毁损、市场价格急剧下降、全部或者部分过时等因素而导致存货成本不能全部收回，企业需要按照单个存货或者同类别存货项目的成本高于可变现净值的差额所提取的，并计入存货跌价损失的金额。存货跌价损失发生时，借记“资产减值损失——存货跌价准备”科目，贷记“存货跌价准备——原材料或库存商品”等科目。在以后的资产负债表日，企业应当重新确定存货的可变现净值。如果减计存货价值的以前因素已经消失，减计的金额应当予以恢复，并将已计提的存货跌价准备金额转回计入当期损益，借记“存货跌价准备——原材料或库存商品等”科目，贷记“资产减值损失——存货跌价准备”科目。

2）存货跌价损失的计提方法

存货跌价损失可以按照单个存货项目计提、存货类别计提及合并计提 3 种方法进行。采用按单个存货项目计提存货跌价准备，要以确凿证据为基础计算每个存货项目的可变现净值。采用按存货类别计提存货跌价准备的方法只适用于部分数量繁多、单价较低的存货。对于难以与其他项目分开计量，具有相同风险的存货，可以采取合并计提存货跌价准的方式。在这 3 种计提方法中，按照单个存货项目计提的存货跌价准备的金额最大。因存在相互抵销现象，采用存货类别或者合并计提的存货跌价准备金额小于按单个项目计提的金额。

举例 联产品计提存货跌价准备。联产品就是同一种原料，经过同一个生产过程，生产出两种或两种以上的不同性质和用途的产品。某冶炼厂 2019 年 11 月处理铅精矿 1.8 万吨，铅精矿含铅 1.05 万吨，结存成本 1.26 万元/吨；含金 54 千克，结存成本 27 万元/吨；

含银 21 吨，结存成本 460 万元/吨。当月生产粗铅 1.06 万吨，粗铅含铅 1.018 5 万吨，含金 53 千克，含银 20.65 吨。粗铅的加工成本为 0.14 万元/吨，金银不分摊加工成本。11 月 30 日，电铅价格为 1.32 万元/吨，黄金价格为 35 万元/千克，白银价格为 580 万元/吨。粗铅到电铅的加工成本为 0.07 万元/吨，回收率为 98.7%；粗铅含金、银到黄金、白银的加工费分别为 0.3 万元/千克和 10 万元/吨，回收率分别为 96.6%和 95.5%。假设不考虑销售费用及其他税费的影响。要求：按照单个存货项目和合并存货项目计提该企业 11 月的存货跌价准备。

分析：（1）按粗铅含铅、粗铅含金和粗铅含银 3 个存货项目计提存货跌价准备。

粗铅含铅可变现净值=（1.32−0.07）× 10 185 × 98.7%=12 565.74（万元）

粗铅含铅成本=10 500 × 1.26+10 185 × 0.14=14 655.90（万元）

粗铅含铅成本高于可变现净值 2 090.16 万元，需要计提存货跌价准备 2 090.16 万元。

粗铅含金的可变现净值=（35−0.3）× 96.6% × 53=1 776.57（万元）

粗铅含金成本=54 × 27=1 458（万元）

粗铅含金成本低于可变现净值 318.57 万元，不需要计提存货跌价准备。

粗铅含银的可变现净值=（580−10）× 95.5% × 20.65=11 240.83（万元）

粗铅含银成本=21 × 460=9 660（万元）

粗铅含金成本低于可变现净值 1 580.83 万元，不需要计提存货跌价准备。

因此，该冶炼厂在 2017 年 11 月按单个存货项目计提的存货跌价准备为 2 090.16 万元。

（2）按合并存货项目计提存货跌价准备。

粗铅含铅、金、银的可变现净值=12 565.74+1 776.57+11 240.83=25 583.14（万元）

粗铅含铅、金、银成本=14 655.90+1 458+9 660=25 773.90（万元）

可变现净值低于成本 190.76 万元，需要计提存货跌价准备 190.76 万元。这与按单个存货项目计提的存货跌价准备相差 1 899.40 万元。

3）存货跌价准备的会计分析

存货跌价准备的计提基于稳健性原则。在进行会计分析时，需要注意以下几点。

（1）计提存货跌价准备是否合理。由于可变现净值取决于估计的市场价格和销售费用，因此，市场价格和销售费用估计的不同会导致存货跌价准备的不同。

（2）存货跌价准备的标准是否一致。因为单个存货项目、存货类别和存货合并计提的存货跌价准备金额有时相差很大。

（3）分析存货跌价准备的转回是否是跨期盈余管理。存货跌价准备的计提是一种顺周期行为，在经济繁荣时期计提得少，在经济萧条时期计提得多，从而造成企业经营业绩的巨大波动。为了平衡利润的巨大波动，许多企业在繁荣时期多计提存货跌价准备，在经济萧条时期转回存货跌价准备。

（4）存货跌价损失的计提是否违背配比原则。存货跌价损失在当期确认，存货收益在后期确认，从而造成收益和损失不能在同一时期匹配。

4）存货跌价损失的财务分析

存货跌价准备的计提增加了资产减值损失，减少了期末存货的价值，从而提高了企业的资产负债率和存货周转率，降低了企业的营业利润率和销售利润率。与存货跌价损失有关的财务指标有存货跌价准备与存货的比率、存货跌价损失占资产减值损失的比例、存货跌价损失占净利润的比率。

举例　存货跌价准备。表 4-25 是钢铁上市公司 2008 年的存货跌价准备与存货的财务数据。要求：计算存货跌价准备与存货的比率。

表 4-25　钢铁上市公司 2008 年的存货跌价准备与存货的财务数据

钢铁公司	存货跌价准备（亿元）	存货（亿元）	存货跌价准备/存货（%）
武钢	18.18	111.59	16.29
包钢	8.93	121.53	7.35
宝钢	59.04	415.49	14.21
济南钢铁	5.13	54.96	9.33
广钢	5.19	19.75	26.28
重钢	8.32	38.90	21.19
韶钢松山	8.52	34.74	24.53
本钢板材	7.01	85.61	8.19
太钢不锈	12.58	146.44	8.59
鞍钢	20.04	123.76	16.19

分析：计算结果见表 4-25 中的第 4 列，从中可以看出，钢铁行业的存货跌价准备占存货的比率在 2008 年在 7%～27%波动。这说明，2008 年全球金融危机的爆发造成钢铁需求量的急剧萎缩和钢材价格的下降，进而造成钢材存货的大幅度贬值和钢铁公司的普遍亏损。

4．存货质押融资和套期保值

尽管是一种流动性资产，但是存货的变现能力较差，经常面临价格上升或持续下降的风险。存货可以为第三方进行担保，也可以质押融资，还可以进行套期保值。因此，财务分析者要关注存货的表外业务。

1）存货的质押融资

存货的质押融资分为存货质押、仓单质押和存货+仓单质押 3 种模式。存货质押就是企业将销售合同或订单质押给银行、获得贷款的融资方式。仓单质押是企业将产品质押给第三方物流企业，银行在后者验货后发放贷款的融资方式。存货+仓单质押就是企业以信用证项下单据作为质押，银行先行代为付款，并委托第三方物流公司代为报关、提货和对存货的监管，待企业归还借款后再释放质押商品的一种融资方式。

进行质押的货物需要所有权归属明确，产品便于保存和不易变质，产品价格稳定且容易变现。存货质押在降低银行贷款风险的同时，能够增加企业的资金和存货的变现能力，降低了企业的融资成本。

2）存货的套期保值

套期保值有助于锁定价格和合理的利润空间，具有平滑利润的作用。但是，企业容易将套期保值转化为衍生金融工具的投资，最终放大了企业的经营风险和投资风险。

（1）期货交易。石油、大豆、小麦等大宗商品最常用的套期保值工具就是期货交易。期货交易实行保证金制度和结算交割制度。企业只需要支付保证金就可以锁定产品的价格。相对于远期合约和现货库存，期货交易的保证金制度减少了企业购买原材料占用的资金，降低了原材料的库存成本和管理费用。由于期货交易所的第三方保证作用，期货的违约风险很小。企业还能将多余的存货在期货交易所卖出，提高了存货的流动性。但是，期货交易的缺陷在于，如果价格变动的方向判断失误，企业会承担巨额的损失。

（2）期权交易。期权能限制价格波动的风险，但需要支付期权费。期权的高杠杆操作很容易增大企业的投资风险。

（五）存货的财务分析

存货的财务分析包括比较财务报表分析、共同比财务报表分析和比率分析。我们主要对存货的有关比率进行详细分析。存货的比率分析指标主要包括存货与日销售额之比、存货周转率、存货资金周转率、存货周转天数、存货跌价损失与净利润的比率等，以便分析存货的流动性及其对盈利能力的影响。以下主要介绍几种。

1. 存货的比较财务报表分析

存货的比较财务报表分析主要就是分析存货增长率、存货跌价准备增长率、存货跌价损失变动率、存货的销售成本弹性等指标。存货的销售成本弹性就是存货增长率与销售成本增长率的比率。如果一个企业的存货、存货跌价准备及存货跌价损失持续增长，存货的销售成本弹性大于 1，那么，该企业的存货就会过多，占用企业的大量资金，经营活动现金流量就会下降。

2. 存货的共同比财务报表分析

对于存货，我们应该通过分析存货占流动资产的比例、存货占总资产的比例、存货与流动负债的比率等指标，来分析存货在企业资产或负债中的重要性。存货比例越大，企业的流动性越差，除非存货可以质押融资或者进行期货交易。

3. 存货与日销售额之比

存货与日销售额之比反映了期末存货销售完所需要的时间长度。其计算公式为

$$存货与日销售额之比=期末存货余额/（销售成本/365）$$

其中，销售成本可以用营业成本代替。这个指标越小，表明企业对存货的控制越好，企业销售完现有存货所需要的时间越少。该指标的大小主要受以下因素影响。

（1）销售价格。销售价格的高低会直接影响销售量。在同等条件下，销售价格较低的产品需求量大，期末存货就会少。但是，销售价格越低，企业的毛利率也越低。

（2）信用政策。销售价格不变的前提下，宽松的信用政策会扩大销售量。应收账款增加，期末存货会减少，存货与日销售额之比就会降低。

（3）存货的核算方法。存货计价方法、存货盘存制度和存货跌价准备的计提方法，都会对存货与日销售额之比产生影响。采取后进先出法的企业就比采取先进先出法的企业的存货与日销售额之比要低，定期盘存制下的存货与日销售额之比就比永续盘存制下的存货与日销售额之比高，合并计提存货跌价准备的企业就比单项计提存货跌价准备的企业的存货与日销售额之比高。因此，存货与日销售额之比并不能完全准确地反映企业销售本期存货所需要的天数。

（4）会计期间的选择。使用自然营业年度作为会计期间或者季节性经营的企业，由于期末存货较低，存货与日销售额之比可能被低估，存货的流动性可能被高估。

当企业不提供产品销售成本时，作为一种近似，分析人员可以用销售净额代替产品销售成本。由于销售净额高于销售成本，这会高估期末存货的流动性。如果存货金额或者成本不合理，也可以在只有一种产品或者相似产品的企业使用产品数量代替金额来分析。

4. 存货周转率和存货周转天数

企业的存货周转速度对企业的偿债能力、资金流量及盈利能力都至关重要。由于存货的流转分为实物流转和资金流转，存货的周转速度就分为存货周转率和存货资金周转率。

1）存货周转的含义

（1）传统实物流的观点认为，存货周转是指存货入库、投入生产直至销售发出的库存过程。存货周转率反映企业的销货能力。

（2）现金流观点认为，存货周转是指购入存货支付货款、投入生产、存货销售并且收回货款的资金周转过程，存货资金周转率反映存货的变现能力。因此，存货资金周转率就将应收账款周转率、存货周转率和应付账款周转率结合起来。

2）存货周转率

存货周转率是反映存货周转速度快慢及资金占用多少的最常用指标，是企业在一定时期的销货成本与存货平均余额的比值。其计算公式为

$$存货周转率=销售成本/平均存货余额$$

$$平均存货余额=（期初存货余额+期末存货余额）/2$$

$$存货周转天数=360/存货周转率$$

其中，销售成本可以用营业成本代替。存货周转天数越少，存货周转速度越快，存货占用的资金就越少，存货转化为销售收入的速度也越快。

当财务报表不是年度报表而是中期报表时，存货周转天数的计算需要将中期报表中的销售成本调整为年度成本，即年度销售成本=报告期销售成本×12/累计月数，而平均存货的计算则保持不变。如果存货的月度余额波动较大，企业也可以用月度存货余额来计算平均存货。如果存货金额或者成本不合理，也可以在只有一种产品或者相似产品的企业使用产品数量代替金额来分析存货周转率。

在分析存货周转率时，我们不仅要比较企业不同时期的存货周转率及其变化，还要与行业的平均水平或者先进水平进行比较。

3）影响存货周转率的因素

影响存货周转率的因素与影响存货与日销售额之比的因素基本相同，主要因素如下。

（1）企业的信用政策。当企业实行宽松的信用政策并控制原材料和商品的采购时，销售收入和销售成本都会增加，存货会减少，期末存货余额下降，从而造成存货周转率上升。但是，赊销政策会造成应收账款大幅度增加，应收账款周转率会下降。

（2）非销售性存货流转。企业用原材料对外投资、抵债、非货币性资产交换、将存货用于企业的在建工程时，这些存货的流转并未计入销售成本。因此，以主营业务成本或销售成本作为存货的周转额，会低估存货的周转率。

（3）存货计价方法。由于按照先进先出法计算的期末存货比加权平均法计算的期末存

货数量高，因此，存货周转率在先进先出法下就会比加权平均法下高。在较长的时间间隔期间，使用后进先出法的企业与使用其他高估存货计价方法的企业相比，其存货周转率会相差很大。因为其存货较低，所以其存货周转率较高。

（4）季节性因素。对于季节性经营或者使用自然营业年度的企业，平均存货最好使用每月或者每个季度的存货数据进行平均，否则就会高估存货周转率和存货的流动性。

（5）行业性。不同行业的存货周转率和存货周转天数不具有可比性。有的行业生产周期很长，市场结构差异很大，政策和市场需求不确定性带来的安全库存差异很大。

（6）存货的构成。由于存货由原材料、在产品和产成品构成，因此，综合反映企业管理和存货营运状况的存货周转率就不能完全说明企业经营各环节的存货周转状况。报表分析者还需要计算原材料周转率、在产品周转率和产成品周转率。相关计算公式为

原材料周转率=耗用原材料成本/原材料平均余额

在产品周转率=完工产品生产成本/在产品平均余额

产成品周转率=销货成本/产成品平均余额

原材料周转天数=360/原材料周转率

在产品周转天数=360/在产品周转率

产成品周转天数=360/产成品周转率

产成品周转天数主要反映了产品在市场上受欢迎的程度。产品销售的天数越少，产品占用资金也越少，产品受欢迎的程度越大。由于存货周转天数等于原材料周转天数、在产品周转天数和产成品存货周转天数之和，或者仓库存放时间、生产时间和销售时间之和，因此，加速原材料周转率、在产品周转率和产成品周转率就能缩短存货周转天数。

举例　存货周转天数。表 4-26 是甲企业 2019 年的存货周转额。要求：计算甲企业的存货周转天数和产成品周转天数。

表 4-26　甲企业 2019 年的存货周转额（单位：亿元）

项目	年初结存	本年增加	本年减少	年末结存
存货合计	8.1	127.2	123.6	11.6
其中：库存商品存货	2.4	39.5	38.8	3.0

分析：主营业务成本或者销售成本就是“本年减少”的库存商品存货，因此，存货周转天数的计算如下。

（1）平均存货=（期初存货余额+期末存货余额）/2 =（8.1+11.6）/2=9.85（亿元）。

（2）存货周转天数=平均存货 × 360/销售成本=9.85 × 360/38.8=91.4（天）。

（3）存货周转率=360/存货周转天数=360/91.4=3.9（次/年）。

根据甲企业的库存商品存货周转额的资料，其产成品存货周转天数计算如下。

（1）产成品存货平均余额=（3.0+2.4）/2=2.7（亿元）

（2）产成品存货周转天数=2.7 × 360/38.8=25（天）。

计算结果表明，甲企业 2014 年存货周转天数为 91.4 天，即该企业从购买原材料入库开始，经过生产，再到销售出产品的平均时间为 91.4 天，存货周转率为 3.9 次/年。其中，

产成品周转天数为 25 天。由于大量的存货会导致仓储成本、管理费用、销售费用、坏损率和利息费用增加，因此，企业要采取加速存货周转的办法，如扩大销售渠道、成立专门的销售队伍、寻找更便利的运输方法、延长信用期、减少原材料或者存货的采购等。

4）存货周转率的因素分析

在衡量企业的存货周转率时，还需要考虑企业的营业利润率和销售现金比率，考虑存货的快速周转是否实现了盈利和转化为现金。如果存货周转率很高，企业的营业利润率和销售现金比率很低，那么，企业快速的存货周转只是转化为应收账款的增加，无法获得现金和补偿企业的固定费用支出，企业的经营杠杆率可能很低。在缺乏现金的情况下，企业可能被迫按照较高的利率进行融资，从而提高企业的负债和融资成本，进一步降低企业的利润和企业的偿债能力。存货周转率可以分解为

存货周转率=（1-营业利润率）×存货的经营现金周转率×销售变现比率

营业利润率=营业利润/营业收入×100%

存货的经营现金周转率=营业收入/经营现金流入量

销售变现比率=经营现金流入量/平均存货余额

因此，一定的存货周转率与较低的营业利润率、较高的存货经营现金周转率和较高的销售变现比率密切相关。存货周转率并非越高越好，存货周转率的提高有时是以牺牲盈利能力和变现能力为代价的。企业采用宽松信用政策和低价销售策略就是如此。

5）存货资金的节约

为了分析存货周转速度的加快给企业带来的效益，我们需要计算存货资金相对节约额。其计算公式为

存货资金节约额=（计划周转天数-实际周转天数）×计算期销售成本/计算期天数

举例　存货资金的节约。甲企业 2018 年，存货周转天数为 95 天，2019 年为 91.4 天，2019 年的销售成本为 38.8 亿元。2019 年，存货周转速度加快带来的资金节约额=（95-91.4）× 38.8/360=0.388（亿元）。这说明甲企业存货周转天数加快 3.6 天或者 3.78%就能为企业节约 3 880 万元的资金。

6）经营周期

存货周转天数与经营周期、净营业周期密切相关。

（1）经营周期。经营周期就是指取得商品到销售及最后取得现金的时间长度，大致等于应收账款周转天数加上存货周转天数。如果企业使用自然经营年度，并且用年初数和年末数计算平均数，则应收账款周转天数和存货周转天数都会被低估，其流动性会被高估。使用后进先出法的企业，其存货周转天数会被低估，而其流动性会被高估。为了计算期末存货变现的时间长度，可以用应收账款与日销售额之比加上期末存货与日销售额之比来表示。

（2）净营业周期。除经营周期外，我们还需要考虑应付账款的时间长度对营业周期的影响。营业周期减去应付账款周转天数后的时间长度称为净营业周期或者现金周期。其计算公式为

应付账款周转天数=期末应付账款余额/日进货额

日进货额=采购货物总额/360

净营业周期越长，营运资本的需求越大。相反，增加供应商提供的信用天数、加快存

货周转和应收账款周转，可以降低营运资本的需求。

（3）应收账款周转率与存货周转率的替代关系。存货和应收账款周转越快，流动资产创造的利润就越多，企业的成长能力越强。但是，存货周转率与应收账款周转率之间存在一定的替代关系。当应收账款周转率提高时，较短的付款期限必然会限制优质客户的数量，从而造成客户被竞争对手挤占，造成企业的存货增加和存货周转率下降。如果企业的应收账款周转率和存货周转率都同时提高，则表明企业的市场前景较好；两者相反，则表明企业放宽了信用政策和赊销规模。

举例 应收账款周转率与存货周转率的替代。表 4-27 是伊利和蒙牛在 2006～2010 年的应收账款周转率与存货周转率。蒙牛的应收账款周转率呈现逐年下降的趋势，而存货周转率存在逐年上升的趋势。这说明蒙牛采取了宽松的信用政策。相反，伊利则采取了严格的信用政策，应收账款周转率在 2008 年后急剧上升，但存货周转率较低。在成本利润率保持不变的前提下，加速存货周转有助于加速企业的资金周转。存货周转率的提高是以库存的精益化管理为前提的，管理费用也因此会增加。

表 4-27 伊利和蒙牛 2006～2010 年的应收账款周转率与存货周转率（单位：次/年）

项目		2006 年	2007 年	2008 年	2009 年	2010 年
伊利	应收账款周转率	53.74	59.41	107.77	117.23	124.85
	存货周转率	13.91	11.94	11.53	12.62	13.43
蒙牛	应收账款周转率	89.85	95.10	87.51	63.37	55.93
	存货周转率	17.54	21.88	28.05	33.40	32.00

7）存货周转率的缺陷

存货周转率是企业在一定时期的销售成本与平均存货余额的比率。存货周转率越快，企业运用存货赚取营业收入的能力越强。但是，存货平均余额是根据存货账面余额计算得到的，是一种静态指标，不能反映存货动态资金占用情况。销售成本是以权责发生制为基础获得的数据，在赊销和赊购占比较大的企业就不能反映进货是否实际支付现金、销货是否实际收到现金的情况。

5. 存货资金周转率

存货周转率以物流为基础计算，不能真实地反映企业的营运效率。赊销和赊购造成原材料和产成品的实物流转与资金流转不一致，这就需要考虑预付账款、应收账款、预收账款和应付账款对存货资金占用的影响。存货资金周转率以存货资金占用为基础计算，能更好地反映企业资金的营运效率和存货的变现能力，尤其是出现大量往来款项的业务时。

1）存货资金周转率的计算公式

存货资金周转率是企业销售产品、提供劳务时收到的现金与存货资金占用之间的比率，反映了存货从购进付款到销售收回资金全过程的周转速度。其计算公式为

$$存货资金周转率=销售存货收到的现金/存货资金占用额$$

其中，销售存货收到的现金是现金流量表的企业销售产品、提供劳务时收到的现金；存货资金占用额=存货平均余额×（1+增值税税率）+预付账款平均余额−应付账款平均余额−预

收账款平均余额+应收账款平均余额。存货资金周转率越快，表明存货占用的资金量越少，企业实现现金流量越多，短期偿债能力越强。

2）存货资金周转率的其他指标

为了更好地分析存货资金周转率，我们可以分别计算储备资金（原材料）、生产资金（在产品）和产成品资金的周转率。相关计算公式为

原材料资金周转率=原材料耗用总额/原材料占用资金平均余额

在产品资金周转率=完工产品生产成本/在产品平均余额

产成品资金周转率=主营业务成本/产成品占用资金平均余额

原材料占用资金平均余额=原材料平均余额+预付账款平均余额-应付账款平均余额

产成品占用资金平均余额=产成品平均余额+应收账款平均余额-预收账款平均余额

这里，在产品资金周转率与在产品存货周转率完全相同，但是存货资金周转率、产成品资金周转率与原材料周转率、产成品周转率不完全相同。

举例 存货周转。表 4-28 是万科房地产公司 2003～2008 年的存货周转的情况。要求：分析其存货周转状况。

表 4-28 万科房地产公司 2003～2008 年的存货周转情况（次/年）

项目	2003 年	2004 年	2005 年	2006 年	2007 年	2008 年
存货周转率	0.63	0.55	0.54	0.49	0.41	0.33
存货资金周转率	0.96	1.10	1.32	0.99	1.09	0.70

分析：（1）由于存货资金周转率的分子是销售收到的现金，一般大于销售成本，因此，存货资金周转率一般大于存货周转率，表明资金周转速度快于实物周转速度。

（2）存货周转率在 2003～2008 年呈现直线下降的趋势，表明万科房地产公司的房地产存货成本占整个生产成本的比例越来越大。

（3）存货资金周转率呈现出一定的波动性。这与万科房地产公司的预收账款数额巨大及其波动有关。预收账款越多，企业销售收到的现金越多，但产成品占用资金越少，从而造成存货资金周转率的上升。

二、固定资产

固定资产是企业最重要的一种非流动资产。它会在多个会计期间创造收入和现金流量，其价值和服务能力会随着使用而逐渐减少。固定资产质量的好坏、成本的计价、折旧、减值或处置对企业的盈利能力、现金流量和偿债能力具有重要的影响。

（一）固定资产的成本

固定资产是企业用于生产商品、提供劳务、出租或经营管理而持有的，使用寿命超过一年或者一个会计年度的有形资产，包括房屋及建筑物、机器设备、在建工程及土地使用权。固定资产的获取方式包括购进、自建、捐赠、投资者的投入、非货币性资产交换、债务重组等。

1. 历史成本原则

历史成本计价意味着企业对资产的初始价值按照其公允价值或者为购置该资产而放弃资产的公允价值来进行计价。固定资产的成本包括为了使该资产达到预定可使用或可服务状态及地点所必需的购买价格和各种税费，如运费、安装费、税金、调试费等。如果购买价款的延期支付具有融资性质，成本以购买价款的现值为基础确定。按照分期付款方式购买的固定资产，购入的资产成本按照各期付款额的现值之和确定，应支付的金额与现值的差额确认为“未确认融资费用”科目。

2. 固定资产

（1）房屋及建筑物按照原始成本加上改良成本列示。

（2）机器设备按照采购成本加上运输成本和安装成本，以及为延长其使用寿命或者提高其服务质量的重要改良成本的历史成本列示。

（3）作为固定资产的土地使用权，按历史成本列示。

（4）矿产、木材、天然气、石油、煤炭等自然资源需要按照购买开采权的历史成本加上勘探与开发成本来计价。

3. 在建工程

在建工程是企业进行的与固定资产有关的各项工程，包括固定资产新建工程、改扩建工程、更新改造工程、设备更新、技术升级、大修理工程等。资产负债表中的在建工程项目，反映企业期末各项未完工的实际支出和尚未使用的工程物资的实际成本，包括交付安装的机器设备，未完建筑工程已经耗用的材料、人工和费用支出，预付出包工程的价款，已经建筑安装完毕但尚未交付使用的建筑安装工程成本，尚未使用的工程物资的实际成本，借款费用的资本化利息等。

在建工程一旦达到预定的可使用状态，就需要转化为固定资产。因此，我们需要关注在建工程转为固定资产是否及时，计量的金额是否准确，是否出现账外资产和账外负债，借款利息是否资本化等，防止企业利用在建工程来调节折旧费用。在分析公司的经营资产效率时，一般将在建工程列为长期资产的其他项目。

（二）土地使用权的计价

根据企业取得土地后的不同用途，土地使用权在中国会计上可以作为固定资产、无形资产、投资性房地产和存货 4 种资产进行核算。

1. 作为固定资产核算

（1）行政划拨取得的土地。企业通过行政审批取得的土地，单独估价作为固定资产核算，在持有期间不计提折旧；但固定资产减值的，应当确认减值损失。单独估价需采用公允价值对土地进行计量；公允价值难以确认的，需按名义金额进行计量。

（2）外购取得并且自用的土地。外购土地及建筑物支付的价款，应在建筑物与土地使用权之间进行分配；难以合理分配的土地使用权，应当全部作为固定资产。

2. 作为无形资产核算

企业外购取得并且自用的土地使用权通常作为无形资产核算。使用寿命有限的土地使用权需要计提摊销；使用寿命不确定的土地使用权不计提摊销，但有减值迹象时确认价值损失。

3. 作为投资性房地产核算

企业外购土地的用途是赚取租金或资本增值，则该土地使用权作为投资性房地产核算，可以采用成本模式或公允价值模式计量。

4. 作为存货核算

企业外购土地用于开发出售的，作为存货核算。作为存货的土地使用权按照历史成本计价，计入房屋及建筑物的建造成本；外购存货中符合资本化条件的借款费用计入存货成本；期末存货按成本与可变现净值孰低计量，成本高于可变现净值的存货计提存货跌价准备。

企业土地使用权的会计核算见表4-29。土地使用权的价值变动在利润表中表现为折旧费用、摊销费用、销售成本、资产减值损失、公允价值变动损益，而折旧费用又可以计入生产成本、管理费用或销售费用。因此，土地使用权的转让价格上升会增加企业的各种成本，从而加大企业的经营杠杆。

表4-29 企业土地使用权的会计核算

资产类型	获取方式	用途	初始确认	持有期间
固定资产	行政划拨	自用	单独估价	不计提折旧，确认减值损失
	外购	无法分离自用	历史成本	计提折旧，确认减值损失
无形资产	外购	分离且自用	历史成本	计提摊销，确认减值损失
投资性房地产	外购	投资	历史成本	成本模式同无形资产，公允价值模式不计提摊销
存货	外购	开发出售	历史成本	成本与可变现净值孰低

（三）固定资产的修理与改良支出

固定资产的修理与改良支出的资本化与费用化，会影响固定资产的价值、净利润、所得税的现金流出。

1. 固定资产的修理

固定资产的修理根据金额的大小分为日常修理和大修理。

（1）固定资产的日常修理，是为了维护固定资产的正常运行状态而对固定资产进行的维修工作，如更换小部件、清洗设备等。固定资产的日常修理不会增加其经济利益，也不会提高资产的效率。固定资产的日常修理费用，属于生产车间和行政管理部门的计入管理费用核算，属于销售部门的计入销售费用核算。

（2）固定资产的大修理，是为了恢复固定资产的性能，对固定资产的大部分或全部的修理。固定资产的大修理支出作为长期待摊费用，符合资本化条件的计入固定资产成本。

固定资产大修理支出的资本化条件：①与固定资产更新改造有关；②符合固定资产的确认条件，即大修理支出产生的相关利益能够流入企业，同时大修理支出的金额能够可靠计量。

固定资产大修理是企业盈余管理的一种方法。企业在利润较高的会计年度实行固定资产大修理，通过费用化处理，就可以实现利润的平滑和减少现金的流出。

2. 固定资产的改良支出

固定资产的改良支出是指企业为了进一步扩大生产规模或提升固定资产的性能而产生的支出。固定资产的改建、扩建或更新改造等改良支出属于资本性支出，计入固定资产的成本。

（1）固定资产改良支出的特征：①数额较大；②受益期超过一年；③固定资产的性能和质量都有较大的改进；④固定资产使用年限延长，或生产性能提高，或降低生产成本，或其品种、性能和规格出现良好的变化，或改进企业的经营管理环境和条件。

（2）固定资产的技术改造包括产品性能的改进、产品质量的提高、产品品种的增加、能源和原材料消耗的降低等。

（3）固定资产在改良期间，其价值要转入在建工程，待更新改造项目达到预定可使用状态后转为固定资产，需要重新确定折旧方法和可使用年限计提折旧。

（四）固定资产的折旧

对于房屋及建筑物、设备等固定资产来说，其成本都要在使用年限内转化为折旧费用，以便实现同比例的资产成本与使用长期资产产生的收益相匹配。折旧就是对厂房和设备在受益期间内的成本分配过程。尽管在资产的整个使用寿命内所有折旧方法带来的折旧总额相等，但是，不同的折旧方法因所得税而对企业的现金流量影响不同。

1. 折旧的理论

固定资产折旧是指在固定资产的使用寿命内，按照确定的方法对应计折旧额进行系统分摊的程序，以便将消耗的资产价值分期计入成本费用。应计折旧额等于固定资产的原值减去预计净残值和资产减值准备之差。折旧额就是固定资产的原值与折旧率的乘积，而折旧率就是按年或月分摊固定资产价值的比率。

1）企业计提折旧的固定资产

企业计提折旧的固定资产包括房屋建筑物；在用的机器设备、运输车辆、工具器具；季节性停用及修理停用的设备；以经营租赁方式租出的固定资产和以融资租赁租入的固定资产。但是，已提足折旧仍继续使用的固定资产，单独估价作为固定资产入账的土地，提前报废的固定资产，以经营租赁方式租入的固定资产和以融资租赁方式租出的固定资产，未投入使用的固定资产等，都不需要计提折旧。当月增加的固定资产，当月不计提折旧，从下月起计提折旧。

2）折旧的实质

折旧的实质是固定资产的价值在多个生产经营周期中损耗、转移和补偿的周转过程，以便用于固定资产的更新。固定资产周转的特点是以实物形态进入周转过程，以耗损价值参加周转。与原材料在生产中一次性地将其价值转移到产品中不同，固定资产的价值是在生产使用中逐渐耗损并逐渐转移到成本费用中，直至报废不能使用。

固定资产在使用的受益期分摊固定资产的损耗，并合理地进行转移和补偿，符合收益和费用相配比的原则，真实地反映了企业各期的经营成果，保障了固定资产更新的资金来源。如果固定资产的价值一次性地转入产品成本或期间费用，由当期收入来补偿，企业必然会出现成本费用和利润的巨大波动，无法真实地反映企业的经营成果。因此，在固定资产使用期间，需要分期计提折旧。固定资产的折旧额计入产品成本、管理费用或销售费用。

3）固定资产折旧的财务影响

固定资产折旧的财务影响体现在以下 3 个方面。

（1）对盈利能力的影响。折旧额越大，产品成本越高，毛利、营业利润和净利润越低。而且，折旧作为固定成本，单位产品的折旧成本随着业务量的增加而降低。折旧费用的经营杠杆作用表现在，随着产品销售量的下降，净利润会以更大的幅度下降。由于折旧额同时降低净利润和资产总额，当资产回报率小于 100%时，折旧会降低资产回报率。

（2）对现金流量的影响。折旧是将固定资产价值的一部分转化为现金流入的一种方式。作为一种非付现金成本，折旧费用越多，固定资产更新准备金越多，企业可使用的现金越多。而且，折旧费用越多，企业缴纳的所得税越少，企业的现金流出越少。企业的现金流量越多，需要筹资的资金就越少，可以用于投资和股利分配的资金就越多，企业支付的利息费用也越少。

（3）对企业偿债能力的影响。企业计提的折旧额越多，固定资产的账面价值就越少，资产负债率就越高。

2. 折旧的影响因素

折旧额的计提要综合考虑固定资产的原值、预计净残值、固定资产减值准备、固定资产使用年限及折旧方法。资产的使用年限和残值必须在资产投入使用时予以估计。固定资产使用年限、折旧方法、预计净残值的改变都属于会计估计变更，按照未来适用法处理，不用追溯调整。

1）固定资产的原值

固定资产的原值是指固定资产的成本。固定资产的账面价值或者净值就是固定资产的成本减去累计折旧和资产减值准备。在不考虑资产减值准备的情况下，应提折旧总额等于固定资产的原值减去预计净残值。

2）预计净残值

预计净残值是指假定固定资产预计使用寿命已满并处于使命终了时的预期状态，该项资产处置中获得的扣除预计处置费用后的现值金额或预计可收回的现金流量金额。企业要根据规定的固定资产残值率来确定预计净残值。残值率就是固定资产的残值与其原值的比率。

（1）固定资产残值的实质。固定资产的残值就是固定资产报废时包含的金属材料回收价值，如钢铁、铜、铝等。随着技术的革新和无形损耗的增加，固定资产的残值收入越来越少，清理费用特别是人工费用越来越高，容易出现实际净残值为负值的情形，如建筑物的爆破拆除。因此，净残值的估计要考虑市场环境、技术革新和资产的专用程度。

（2）预先估计固定资产的净残值违背了稳健性原则，容易出现高估固定资产的价值、低估折旧额的情况。如果固定资产的净残值率规定得太高，资产的账面余额较大，在报废时容易形成大量的资产清理损失。随着物价的上涨，固定资产的价格和预计净残值也不断提高，但实际可回收金额会越来越少，严重影响清理当期损益。

（3）对折旧额的影响。直线法、工作量法、年数总和法在各期计提折旧时都充分考虑预计净残值，而双倍余额递减法只在使用寿命的最后两年考虑预计净残值，在前期的各年份不考虑预计净残值。

举例　预计净残值。在铁路行业，房屋、建筑物、机械动力设备、传导设备、工具及器具、信息技术设备的预计净残值率为 5%，机车车辆的预计净残值率为 5.12%，涵渠的预计净残值率为 6.5%。表 4-30 是铁路机车的预计净残值和实际可回收净残值的比较数据。

表 4-30　铁路机车的预计净残值和实际可回收净残值的比较数据

机车型号	DF4B	DF8B	HXD3	HXD3B
购入价值（万元）	300	700	1 500	2 200
预计净残值率（%）	5.12	5.12	5.12	5.12
预计净残值（万元）	15.36	35.84	76.80	112.64
机车重量（吨）	138	138	150	150
废钢铁价格（元/吨）	1 600	1 600	1 600	1 600
实际可回收净残值（万元）	22.08	22.08	24.00	24.00
实际与预计差额	6.72	−13.76	52.80	−88.64

分析：预计净残值随购入价值的增加而增大。机车报废后，一般按照拆解的废钢铁处理。机车重量变化不大，可回收净残值基本相同。报废一台 DF4B 型机车产生固定资产清理收入 6.72 万元，但报废一台 HXD3B 型机车，产生 88.64 万元的固定资产清理损失。如果按实际可回收净残值计算，这 4 种机车的净残值率只有 1.96%，而不是 5.12%。这样，预计净残值率的高估就会降低折旧金额，提高当期收益，多缴纳所得税，增加企业的现金流出。

3）固定资产使用寿命

固定资产使用寿命是指企业使用固定资产的预计使用年限，或者固定资产所能生产产品或提供劳务的数量。除土地外，固定资产都存在一定的使用寿命。固定资产的使用寿命估计应考虑固定资产的有形损耗、无形损耗、强制报废、税法规定的资产使用年限、经营风险等因素。对使用年限的合理准确的估计及修正会有助于折旧和收益确定的完整性。

（1）有形损耗。有形损耗是指固定资产的价值由于使用和自然力的作用而造成的损耗。有形损耗与固定资产的质量、负荷状况、安装质量、维修状况等因素密切相关。企业要以固定资产的经济状况、工程研究、经验、有关资产的物理和生产性能的各种信息为基础，估计固定资产的使用年限。

（2）无形损耗。无形损耗就是由科学技术进步而引起固定资产过时或不适用带来的贬值。有形损耗的价值补偿主要通过折旧的形式来实现，无形损耗的价值补偿主要通过资产减值损失的计提来实现。当存在技术更新加速等正当理由时，资产的使用年限和残值可能会发生变更，这可能会导致先前年份的会计报表调整。

（3）强制报废。法律法规规定了汽车、轮船、水库泄洪设备等固定资产的使用年限或强制报废标准。如果法定使用年限低于资产的经济寿命，那么，企业的折旧额和资本性支出就会增加，利润会降低，但企业的事故率和或有损失会降低。

（4）税法规定的资产使用年限。实物磨损会限制资产的物理寿命，而技术进步和法律规定则会降低资产的经济寿命而迫使其退废。税法规定的资产使用年限则会造成递延所得税资产或递延所得税负债的出现。表 4-31 是钢铁公司的固定资产使用年限和残值率。

表 4-31 钢铁公司的固定资产年限和残值率

公司名称	房屋及建筑物（年）	机器设备（年）	运输设备（年）	残值率（%）
武钢	20～45	4～18	6～8	5
宝钢	15	7～10	5～10	4
河北钢铁	25～30	10～13	6～8	3～5
税法规定最低年限	20	10	10	—

（5）经营风险。固定资产的使用寿命期越长，无形损耗越大，其生产的产品价值越小，固定资产的价值越难以补偿或收回。因此，加速折旧和经营租赁能够降低固定资产的经营风险。

4）固定资产减值准备

固定资产减值是指在固定资产的使用过程中，因有形损耗、无形损耗或其他原因造成固定资产的可收回金额低于其账面价值的情形。按照固定资产的可收回金额确认和计量资产的价值，能够更好地反映固定资产给企业带来的真实经济利益，防止固定资产价值的虚增。

（1）固定资产减值准备的概念。固定资产减值准备是指固定资产已计提的固定资产减值准备累计金额。当固定资产出现减值迹象时，企业应当确认资产减值损失，并把固定资产的账面价值减记至可收回金额。固定资产计提减值准备后，应当在剩余使用寿命内根据调整后的固定资产账面价值和预计净残值重新计算折旧率和折旧额。

（2）固定资产减值准备与累计折旧的关系。两者的关系：①固定资产减值准备与累计折旧都是固定资产的备抵项目，共同反映了固定资产账面价值的减少，以便使固定资产的净值等于可收回金额。②固定资产减值准备是累计折旧的补充项目，它将累计折旧中折旧额估计与固定资产实际损耗有偏差的地方进行矫正。未来折旧金额的计提要考虑固定资产减值准备的影响。③折旧是固定资产价值的转移和成本分摊的过程，固定资产减值准备是固定资产价值损失的累积金额。④折旧按折旧方法系统地分摊固定资产减值，固定资产减值损失的确定容易受到盈余管理的随机影响。

3. 固定资产的折旧方法

中国的会计准则允许使用直线法、双倍余额递减法、年数总和法和工作量法对固定资产进行折旧。

1）直线法

直线法又称平均年限法，就是在资产的预计使用年限内按相等的金额计提折旧或平均分摊资产成本的方法。在无减值情况下的计算公式为

年折旧额=（固定资产原值-预计净残值）/预计使用年限

直线法假设，资产的物理磨损会随着时间的推移而均匀地发生。随着资产使用年份的增加，固定资产的生产效率逐渐降低，并需要更多的维护修理费。因此，直线法没有考虑固定资产物理损耗的波动和负荷差异，不符合收入和费用的配比原则，降低了资产后期的收益率。

当企业对固定资产计提减值准备时，直线法下年折旧额的计算公式为

年折旧额=（固定资产账面价值-预计净残值）/剩余使用年限

固定资产账面价值=固定资产原值-累计折旧额-固定资产减值准备

举例 直线法下的固定资产折旧。2015 年 12 月 31 日，甲企业购入一项固定资产的原值为 100 万元，预计使用年限为 5 年，预计净残值为 5 万元。2017 年 12 月 31 日，该企业计提该项固定资产的减值损失 9 万元。要求：计算各年的折旧额并分析资产减值损失对折旧额的影响。

分析：（1）2016 年和 2017 年的折旧额=（固定资产原值-预计净残值）/预计使用年限=（100-5）/5=19（万元）。

（2）在 2017 年计提 10 万元的减值损失后，固定资产的账面价值=100-2×19-9=53（万元），2018 年、2019 年和 2020 年的折旧额=（53-5）/3=16（万元）。

（3）资产减值损失会降低折旧额。当该固定资产是用于生产经营的固定资产时，较低的折旧额就会降低生产成本，从而提高企业的毛利率。当该项固定资产是用于行政管理或销售部门时，较低的折旧额就会降低管理费用或销售费用，从而降低企业的经营杠杆率，减少净利润的波动幅度。即使不考虑盈余管理，资产减值损失也具有调节毛利率和经营杠杆率的作用。资产减值损失金额越大，这种调节作用的效果越明显。

2）双倍余额递减法

余额递减法是在不考虑固定资产预计净残值的情况下，对每期期初的固定资产账面价值按照一定的折旧率进行折旧的一种加速折旧方法，通常有双倍余额递减法和 1.5 倍余额递减法。加速折旧法就是使用递减方式将资产成本在使用年限内进行摊销的方法，包括余额递减法和年数总和法。双倍余额递减法是指用直线法折旧率的两倍作为固定资产折旧率，乘以逐年递减的期初固定资产账面价值，得出各年应提折旧额的一种加速折旧方法。双倍余额递减法可分为完全的双倍余额递减法和现行的双倍余额递减法。

（1）完全的双倍余额递减法是按照会计期间折旧额不断递减的规则来分配固定资产的价值耗损，符合配比原则，也符合固定资产效用递减而维修费用增加、科技进步缩短固定资产寿命的现实。但其缺陷是，在预计的折旧年限内，无法将固定资产的原值计提完。

（2）现行的双倍余额递减法是加速折旧法与直线法的结合。在固定资产使用期间，从第 1 期至第 $N-2$ 期，各期折旧率为直线法折旧率的双倍，即 $2/N$；最后两期的折旧额，则是将固定资产净值扣除预计净残值后的余额平均摊销，采用直线法计提，折旧率为 1/2。双倍余额递减法的公式为

1～（$N-2$）期：年折旧额=固定资产期初账面净值×（2/预计使用年限）

$N-1$ 期和 N 期：年折旧额=（原值-前（$N-2$）期已提折旧额-净残值）/2

固定资产期初账面净值=原值-累计折旧额-资产减值准备

从上式可知，期初账面净值逐年递减，折旧率相同，因此折旧额逐年递减。在固定资产的存续期间，双倍余额递减法在折旧的最初几年会降低固定资产的净值，增加折旧额，从而与直线法相比，会降低企业的固定资产净值，降低企业的利润和所缴纳的所得税，增加企业的现金流量。

现行双倍余额递减法的缺陷：第一，双倍余额递减法在后期阶段改用直线法的时间节点受到残值率和折旧年限的影响。净残值率越高，折旧年限越长，将双倍余额递减法改为

直线法的时间就越晚。第二，计算方式较为复杂，对固定资产种类繁多的企业而言会计核算工作量大。第三，违背了一贯性原则，即各会计期间使用的会计原则应该保持一致。

3）年数总和法

年数总和法是每年用年折旧率乘以固定资产的成本减去预计净残值的余额的一种加速折旧法，其年折旧率是依据当期尚可使用年限占各期的可使用年限之和的比例确定的。在无减值情况下的计算公式为

年折旧额=（固定资产原值-净残值）×年折旧率

年折旧率=当期尚可使用年限/预计可使用年限之和

=（折旧年限-已使用折旧年限）/[折旧年限×（折旧年限+1）/2]

因各期的计提基数相同，折旧率逐年递减，故折旧额也逐年递减。当企业对固定资产计提减值准备时，年数总和法下年折旧额的计算公式不变。前期的年折旧额在有无资产减值准备下是相同的。但是，由于前期资产减值损失的提取，后期的折旧额会减少，或者提足折旧的年限会提前。

举例　年数总和法下的固定资产折旧。2015 年 12 月 31 日，甲企业购入一项固定资产的原值为 100 万元，预计使用年限为 5 年，预计净残值为 5 万元。2016～2019 年底的固定资产可收回金额分别为 65 万元、35 万元、15 万元和 20 万元。要求：计算各年的折旧额。

分析：计算结果见表 4-32。在假设原计使用年限和预计净残值不变的情况下，固定资产减值准备的计提会对年数总和法下后期的折旧额有影响。2019 年底，为了确保固定资产的残值为 5 万元，需要将无减值下的折旧额 12.67 万元减少 1.67 万元。最后一年即 2020 年的预计净残值等于账面价值，无须计提折旧。与 2019 年和 2020 年少计提 8 万元的折旧相比，2016～2018 年多计提了 8 万元的资产减值损失，减少了企业的经营风险。

表 4-32　年数总和法下的固定资产折旧

项目	2016 年	2017 年	2018 年	2019 年	2020 年
固定资产原值（万元）：a	100	100	100	100	100
预计净残值（万元）：b	5	5	5	5	5
应计折旧额（万元）：$c=a-b$	95	95	95	95	95
年折旧率：d	5/15	4/15	3/15	2/15	1/15
无减值下的折旧额（万元）：$e=d\times c$	31.67	25.33	19.00	12.67	6.33
固定资产的账面价值（万元）：f	68.33	39.67	16	3.33	0
可收回金额（万元）：g	65	35	15	20	—
资产减值损失（万元）：$h=f-g$	3.33	4.67	1	0	—
减值下的折旧额（万元）	31.67	25.33	19.00	11.00	0

4）工作量法

工作量法是直线法的延伸，是将应计折旧额在固定资产的使用寿命期内按照其预计工作总量平均分摊的方法。工作量可以选择产量、使用小时数、行驶里程等。资产的成本减

去净残值后的余额除以预计工作总量，得到单位产量的折旧额。每年的折旧额就等于单位产量的折旧额乘以当年的实际工作量。其计算公式为

单位工作量应计提的折旧额=（固定资产原值-预计净残值）/预计工作总量

年折旧额=单位工作量应计提的折旧额×年实际工作量

从上式可知，各会计期间计提的折旧额取决于当期的实际工作量，各年度实际工作量的波动会造成折旧额的波动。当期工作量越高，固定资产的使用和价值损耗程度越大。因此，工作量法的优点是折旧额真实地反映了固定资产的价值损耗情况，符合收入与费用配比的原则。但是，工作量法的缺点是忽视了固定资产的无形损耗。而且，在产品的更新换代或者市场份额变动较大的时期，一个会计期间的产量通常与销售量不一致，将高产量时期的折旧费用计入低销售量时期的管理费用或销售费用会违背配比原则。

5）折旧方法的比较

（1）直线法在各年度或各月计提的折旧额相等，产品成本稳定且具有可比性，适合各年生产量相对稳定的企业。

（2）工作量法假定资产的有形损耗比无形损耗更重要，各年度按实际的有形损耗来计提折旧额，符合配比原则。该方法主要适用于物质损耗程度与完成工作量成正比的固定资产或使用期内能均衡使用的固定资产。例如，钢铁、重型机械制造等行业通常采用工作量法来计算折旧。但是，使用工作量法需要对固定资产的性能、生产力或工作量进行专业估计，增加了核算的难度。

（3）加速折旧法。加速折旧法认为，固定资产的服务价值是逐年递减的。较低的生产效率和频繁的维修会造成人工成本的提高和原材料使用的浪费，因此需要前期多计提折旧，以便平滑各期的生产成本。在涉及企业所得税时，加速折旧额具有很强的抵税效应，增加了企业的现金流量及其现值。该方法适用于前期价值耗损比较大的固定资产。

举例　折旧法的比较。假设一个机器设备的成本为 100 万元，预计使用年限为 5 年，估计使用小时总数为 1.6 万小时，估计残值等于 20 万元。假设第 1 年的使用年限为 2 000 小时，第 2 年为 5 000 小时，第 3 年为 3 000 小时，第 4 年为 4 000 小时，第 5 年为 2 000 小时。比较直线法、双倍余额递减法、年数总和法和工作量法的每年折旧额。

分析：采用各种折旧法计算的折旧额见表 4-33。很显然，使用双倍余额递减法与年数总和法比使用直线法在资产使用的最初年份计提的折旧额更多。在公司面临缴纳所得税和折旧从收入中扣除的情况下，使用加速折旧法的公司在资产使用的前期能少交所得税，从而节省现金流出。当然，使用加速折旧法的公司将比使用直线法的公司的固定资产净值和利润都要少。

表 4-33　采用各种折旧法计算的折旧额（单位：万元）

折旧方法	第 1 年	第 2 年	第 3 年	第 4 年	第 5 年
直线法	16	16	16	16	16
双倍余额递减法	40	24	14.4	0.8	0.8
年数总和法	26.666 7	21.333 3	16	10.666 7	5.333 3
工作量法	10	25	15	20	10

4. 企业折旧政策的选择

固定资产折旧额的多少，取决于企业折旧政策的选择，即企业根据自身的财务状况及其变动趋势，就固定资产的折旧方法和折旧年限所做的选择。企业折旧政策的选择还需要考虑下列因素。

1）资产的耗损状况

折旧方法的选择要考虑固定资产的消耗价值是否符合企业的实际生产经营情况和固定资产的损耗特性。

（1）生产稳定成熟的家电业、汽车业使用直线法。受季节性因素影响的空调、冰箱、服装等行业最好采用工作量法。早期生产率高和资产价值耗损严重的钢铁、航空、化工、采矿等重化工业需要选择加速折旧法。

（2）在同一个企业内，不同的资产类型选用的折旧方法不同。例如，办公大楼、厂房、生活设施、职工住宅等房屋建筑物主要是自然损耗，选用直线法；小汽车、卡车等交通运输设备选择工作量法；生产设备、动力设备和办公设备按照其业务量的波动程度可以选择直线法、工作量法或加速折旧法。

2）可使用的现金流量状况

企业可以在现金流量充裕时选择直线法折旧，现金流量短缺时选择加速折旧。

3）盈余管理程度

企业在需要提高盈利水平时采取直线法或延长使用年限，在需要降低盈利水平时则采取加速折旧法或缩短使用年限。

举例 折旧方法对企业利润和所得税的影响。一个企业的机器设备的原值为 18 万元，残值为 1 万元，使用期限为 5 年，5 年内未扣除折旧的利润为 100 万元，税率为 33%。要求：分析折旧方法对企业的所得税和净利润的影响。

分析：从表 4-34 可以看出，在机器设备使用的 5 年期间，企业的折旧额、净利润和缴纳的所得税税额在不考虑货币的时间价值的情况下是相等的。但是，与直线法每年缴纳的所得税相等不同，年数总和法和双倍余额递减法缴纳的所得税在最初年份较少，随后逐年增加。由于企业所得税采用累进制，过高的利润不仅会引起所得税的增加，而且会引起适用税率的上升。这样，对于中小企业而言，延缓缴纳所得税就减少了企业最初几年的经营现金流出，从而增加了企业的流动性和偿债能力。

表 4-34 折旧方法对企业的所得税和净利润的影响（单位：万元）

折旧方法		2001 年	2002 年	2003 年	2004 年	2005 年	合计
直线法	折旧额	3.4	3.4	3.4	3.4	3.4	17
	利润	96.6	96.6	96.6	96.6	96.6	483
	所得税	31.878	31.878	31.878	31.878	31.878	159.39
	净利润	64.722	64.722	64.722	64.722	64.722	323.61
年数总和法	折旧额	5.666 6	4.533 3	3.4	2.226 6	1.113 3	17
	利润	94.333 4	95.466 7	96.6	97.733 4	98.866 7	483
	所得税	31.13	31.504	31.878	32.252	32.616	159.39
	净利润	63.203 3	63.962 6	65.422	65.481 4	66.240 6	323.61

续表

折旧方法		2001 年	2002 年	2003 年	2004 年	2005 年	合计
双倍余额递减法	折旧额	7.2	4.32	2.592	1.444	1.444	17
	利润	92.8	95.68	97.408	98.556	98.556	483
	所得税	30.624	31.574 4	32.144 6	32.523 5	32.523 5	159.39
	净利润	62.176	64.105 6	65.263 4	66.031 5	66.031 5	323.61

4）企业的风险偏好

折现率和通货膨胀率越高，资产的使用寿命越长，企业越应采取加速折旧法。折旧额确认得越早和前期计提折旧的比例越大，所抵免所得税的现值越大，缴纳税款的现值越小。当企业的融资成本较高时，采用加速折旧法会减少所得税支出，获得更多的现金流量。尽管后期多缴所得税，但融资成本下降，节约现金流的机会成本降低。在各年度折旧前的应税利润确定和税率不变的条件下，从现值角度看，加速折旧法必然优于直线法。

5）税法规定

中国税法对加速折旧法的使用一直都有严格的限定。税法规定的固定资产，可以采取双倍余额递减法和年数总和法的加速折旧方法，但最低折旧年限不得低于规定折旧年限的60%。所有行业的企业在 2014 年 1 月 1 日后新购进用于研发的仪器、设备，单位价值不超过 100 万元的，允许一次性计入当期成本费用在税前扣除；超过 100 万元的，可按 60%的比例缩短折旧年限，或采取双倍余额递减法和其他加速折旧法。

6）企业的盈利状况

处于弥补亏损期和税收减免期的企业不适合采用加速折旧政策。现行税法规定，企业在某一纳税年度发生的亏损可以在以后的年度以税前利润扣除，但是年限不超过 5 年。对于处于减税期的企业，需要对减税期限和固定资产折旧期限进行对比。由于减税期的税率较低，折旧的抵税效应较弱，因此，为了充分利用亏损的税收抵免效应，企业可以采取前期折旧较少的工作量法或者直线法，并通过会计估计的变更尽可能延长折旧年限。此外，如果企业享受“三免三减半”“三免两减半”的减征或免征企业所得税优惠待遇，那么，加速折旧法带来的税收损失比处于弥补亏损期使用加速折旧法还大。

举例 税收的现金流量效应。甲企业在 2014 年 1 月 1 日以后购入用于研发的设备，该设备价值为 100 万元，使用年限为 5 年，预计无残值。该企业所得税税率为 25%，资本成本率为 10%。假设企业扣除折旧后的利润大于 0。要求：计算不同折旧方法下税后现金流量增加额及税后现金流量增加额现值。

分析：从表 4-35 中可以看出，在假定所得税税率为 25%的情况下，税后现金流量增加额的现值是一次性抵扣法的 22.73 万元最大，按法定年限的直线法的 18.97 万元最小，双倍余额递减法、年数总和法及按 60%缩短年限的直线法的税后现金流量增加额的现值比较接近。因此，固定资产折旧确认得越早，所抵免的税款现值越大，税收优惠的效果越好。当然，政府的加速折旧政策只影响税收利润，并不影响会计利润。

表 4-35 不同折旧方法的节税效果比较（单位：万元）

折旧方法		第 1 年	第 2 年	第 3 年	第 4 年	第 5 年	合计
直线法	年折旧额	20	20	20	20	20	100
	税后现金流量增加额	5	5	5	5	5	25
	税后现金流量增加额的现值	4.55	4.13	3.76	3.42	3.11	18.97
双倍余额递减法	年折旧额	40	24	14.4	10.8	10.8	100
	税后现金流量增加额	10	6	3.6	2.7	2.7	25
	税后现金流量增加额的现值	9.09	4.96	2.70	1.84	1.68	20.27
年数总和法	年折旧额	33.3	26.7	20	13.3	6.7	100
	税后现金流量增加额	8.33	6.68	5	3.33	1.67	25
	税后现金流量增加额的现值	7.57	5.52	3.76	2.27	1.04	20.16
按 60%缩短年限	年折旧额	33.4	33.3	33.3	—	—	100
	税后现金流量增加额	8.35	8.33	8.32	—	—	25
	税后现金流量增加额的现值	7.59	6.88	6.25	—	—	20.72
一次性抵扣法	年折旧额	100	—	—	—	—	100
	税后现金流量增加额	25	—	—	—	—	25
	税后现金流量增加额的现值	22.73	—	—	—	—	22.73

5. 长期待摊费用

长期待摊费用就是指本身没有交换价值，不可转让，一经发生就已经消耗，但能为企业创造未来收益，并能从未来收益的会计期间抵补的各项支出，包括筹备费、债券发行费、股票发行费、递延所得税、固定资产的大修理支出、一次性预付的经营租赁款、企业研究与开发费用、租入固定资产改良支出及大修理、石油天然气和采矿的勘探与开发费用、递延投资损失、建设部门转来在建设期内发生的不计入交付使用财产价值的生产职工培训费、样品样机购置等。

1）一般企业的长期待摊费用

长期待摊费用应当单独核算，在费用项目的受益期限内平均摊销，记入“管理费用”“销售费用”等科目。

（1）与固定资产有关的长期待摊费用。大修理费用在下一次大修理前的期限内平均摊销。租入固定资产改良支出应在租赁期限与租赁资产尚可使用年限两者孰短的期限内平均摊销。其他长期待摊费用在受益期限内平均摊销。

（2）股票发行费。股票发行费扣除股票发行冻结期间的利息收入后的余额，直接从股票溢价中扣减。发行股票的溢价不够抵销的，金额较小时直接计入当期损益，金额较大时可以作为长期待摊费用，在不超过两年的期限内平均摊销。

（3）小企业会计准则的长期待摊费用。这包括已提足折旧固定资产的改建支出、经营租赁租入的固定资产的改建支出、固定资产的大修理和其他费用。小企业的大修理支出计入长期待摊费用的两个条件：一是一次性大修理支出超过其原值的 50%；二是大修理后预计延长两年以上的使用寿命。固定资产进行大修理或改良发生的各项支出记入“在建工程”科目，待完工时转入“长期待摊费用”科目，并按照固定资产剩余使用时间进行摊销，计入管理费用。

2）长期待摊费用的会计分析

（1）长期待摊费用混杂其他资产，如将固定资产、无形资产、一年内摊销的待摊费用及期间费用等计入长期待摊费用。

（2）企业为了调节收益，不按规定的摊销期限计算摊销，或者任意计算摊销。

与固定资产的折旧年限较长相比，长期待摊费用的摊销年限一般较短，摊销金额要大于折旧金额。因此，许多企业倾向于将新建固定资产当作租入固定资产的改良支出处理。

（五）固定资产的分析

以上从企业管理角度对固定资产的折旧进行了分析，下面从财务报表角度对固定资产进行会计分析和财务分析。

1. 固定资产的会计分析

在对固定资产进行会计分析时，需要注意以下问题。

1）固定资产计价的可靠性

厂房和设备的计价是否准确可靠，采购价是否合理，是否包含大量的费用做资本化处理。固定资产成本是否包括固定资产的改良与扩建成本，固定资产的盘亏现象是否严重。企业的资产是否包含大量的闲置或贬值的固定资产，是否存在账外固定资产。为此，我们需要注意企业的不良固定资产、闲置固定资产、重大责任事故损失额、固定资产的投保、固定资产维修费用的增长及固定资产的内部控制状况。相关指标的计算公式为

固定资产闲置率=退废的固定资产原值/期初固定资产原值

固定资产损失比率=待处理资产损失净额/年末固定资产余额

固定资产保险率=实际投保的固定资产价值/期初固定资产原值

2）资产使用年限估计的合理性

财务报表分析者可以计算固定资产的平均总寿命、平均已使用寿命和平均剩余寿命，并与同行业或者企业的历史数据进行比较。相关指标的计算公式为

平均总寿命=固定资产总额/当期折旧费用

平均已使用寿命=累计折旧额/当期折旧费用

平均剩余寿命=固定资产净额/当期折旧费用

固定资产净额=固定资产原值-累计折旧额-固定资产减值准备-处置的固定资产面值

由于固定资产平均总寿命等于平均已使用寿命加上平均剩余寿命，我们需要将固定资产的平均总寿命与企业估计的资产使用年限进行比较。同时，还要根据固定资产的平均剩余寿命长短，判断企业未来资本性支出的变动情况。

3）评估折旧的充分性

计提折旧不仅有助于精确地计算收益，真实地反映资产的价值，而且有助于为资产的重置而筹集资金，保持资本的完整性，保护债权人的利益，确保股利支付的稳定性。如果企业选择的折旧方法不合理，设置的折旧率太低，那么，企业的累计折旧储备基金就不足以为固定资产的更新筹集资金。

而且，通货膨胀所带来的重置成本变化会恶化固定资产折旧不足的问题。如果物价的年增长率为5%和10%，那么，对于历史成本为1 000万元和折旧年限为5年的固定资产，应计提的折旧分别为1 276.28万元和1 610.51万元，比按照历史成本计提的折旧多276.28万元和610.51万元。也就是说，5年之后，原有的固定资产分别损失价值21.65%和37.91%，无法用折旧的积累资金实现固定资产的更新改造。这就会造成企业虚增账面利润，增加税收和股利分配，减少资本和固定资产更新的资金。

4）评估固定资产减值的适当性

（1）固定资产减值额的适当性。分析减值资产的类别，减值资产所占的比例，资产价值是否发生明显变化。

（2）减值时机的适当性。例如，行业或者市场是否衰退，是否有巨额冲销。

（3）与同行业其他公司进行比较，判断减值额的高低。

（4）分析资产的舞弊和粉饰的可能性。例如，缺乏正当理由对固定资产进行评估，将评估增减值入账；频繁进行非货币性资产置换；重大资产剥离；提取巨额的资产减值准备，注销的资产价值超过资产减值准备；研发费用和广告费用包含在资产中。

举例　固定资产减值的适当性。太阳公司的A固定资产在2018年的剩余使用年限为3年，预计未来3年每年产生的净现金流量为100万元、150万元和120万元，假设折现率为10%。2018年底，该资产的账面价值为400万元，公允价值预计为350万元或320万元，处置费用为20万元。要求：分别确定该资产的减值损失。

分析:（1）未来现金流量的现值=100×（1+10%）$^{-1}$+150×（1+10%）$^{-2}$+120×（1+10%）$^{-3}$=100×0.909 0+150×0.826 4+120×0.751 3=305.016（万元）。

（2）如果公允价值为350万元，那么，公允价值-处置费用=350-20=330（万元），大于未来现金流量的现值305.016万元。因此，资产的可收回金额为330万元，资产减值损失=400-330=70（万元）。

（3）如果公允价值为320万元，那么，公允价值-处置费用=320-20=300（万元），小于未来现金流量的现值305.016万元。因此，资产的可收回金额为305.016万元，资产减值损失=400-305.016=94.984（万元）。

（4）如果固定资产的未来现金流量受到不同销售量概率的影响，那么，未来每年的现金流量就要考虑概率及相应的现金流量加总求得。

假设上述资产在未来3年的现金流量有30%的概率为150万元、180万元和200万元；50%的概率为100万元、150万元和120万元；20%的概率为50万元、120万元和30万元。那么，第1年的期望现金流量=150×30%+100×50%+50×20%=105（万元），第2年的期望现金流量=180×30%+150×50%+120×20%=153（万元），第3年的期望现金流量=200×30%+120×50%+30×20%=126（万元），则未来现金流量的现值=105×0.909 0+153×0.826 4+126×0.751 3= 316.548（万元）。

当该资产的公允价值为350万元时，公允价值减去处置费用后的余额330万元，大于316.548万元。该资产的可收回金额为330万元，资产的减值损失仍为70万元。但是，当该资产的公允价值为320万元时，公允价值减去处置费用后的余额为300万元，小于316.548万元。因此，资产的可收回金额为316.548万元，该资产的减值损失=400-316.548=

83.452（万元）。

5）固定资产清理的可靠性

固定资产清理账户用来核算企业因出售、报废和毁损等原因转入清理的固定资产净值，以及在清理过程中所发生的清理费用和清理收入。清理固定资产的损益转入营业外收入或者营业外支出。财务报表分析者应关注固定资产清理的时机和价值的适当性，分析企业在固定资产清理过程中低价转移资产的行为。

2. 固定资产的财务分析

固定资产的质量可以从变现性、盈利性、周转性和与其他资产组合的协同性 4 个方面进行财务分析。固定资产的偿债能力只有在企业破产清算时才具有现实的意义，而固定资产的数量、保值程度、结构和专用性对企业的偿债能力有很大影响。固定资产的专用性越高，其变现的风险就越大；固定资产的保值程度越强，其变现能力也越强。

1）比较财务报表分析

固定资产的比较财务报表分析指标包括：①固定资产增长率；②累计折旧增长率；③固定资产减值增长率；④在建工程变动率；⑤固定资产的收入弹性，即营业收入增长率与固定资产增长率的比率。如果固定资产的收入弹性大于 1，那么，这就意味着企业每新增 1%的固定资产，就能带来销售收入增长 1%以上。固定资产增长率的计算公式为

固定资产增长率=（固定资产增加额-注销的固定资产）/期初的固定资产余额×100%

举例 固定资产减值增长率。表 4-36 是上海证券交易所制造业上市公司 2005～2009 年的固定资产及减值情况。要求：计算固定资产增长率和固定资产减值增长率。

表 4-36 上海证券交易所制造业上市公司 2005～2009 年的固定资产及减值情况

项目	2005 年	2006 年	2007 年	2008 年	2009 年
固定资产减值计提额（亿元）	3.31	3.97	4.51	8.32	8.75
固定资产原值（亿元）	2 364.3	2 481.2	2 818.7	2 683.8	4 166.7
固定资产减值增长率（%）	—	19.93	13.60	84.47	5.17
固定资产增长率（%）	—	4.94	13.60	-4.78	55.25
固定资产减值占长期资产减值之比（%）	61.37	70.03	84.13	35.87	85.44

分析：从表 4-36 中可以看出，固定资产减值增长率在 2005～2008 年快于固定资产增长率，说明固定资产的生产能力在急剧下降。2009 年的固定资产增长率达到 55.25%，远高于固定资产减值增长率。而且，固定资产减值占长期资产减值的比例一直都很高。在 2008 年的金融危机中，长期股权投资的大幅度贬值才使固定资产减值占长期资产减值的比例下降到 35.87%。

2）共同比财务报表分析

企业的固定资产包括自制固定资产、购买的固定资产、经营租赁的固定资产、融资租赁的固定资产等。因此，我们需要计算各种固定资产所占的比率、在建工程占固定资产的比例、固定资产占总资产的比例、固定资产成新率等指标。

固定资产成新率又称固定资产净值率、固定资产有用系数，是反映固定资产新旧程度的指标，就是固定资产净值与固定资产原值的比率。其计算公式为

固定资产成新率=固定资产净值/固定资产原值×100%

举例 固定资产成新率。甲公司 2017 年的固定资产账面价值为 2 000 万元，累计折旧为 600 万元。要求：计算固定资产成新率。

分析:（1）固定资产净值=固定资产原值-累计折旧=2 000-600=1 400（万元）。

（2）固定资产成新率=1 400/2 000×100%=70%。

因此，该企业的固定资产成新率是 70%。

有时，成新率用剩余使用年限与总计使用年限的比率表示。利用固定资产成新率，可以确定固定资产的公允价值，其计算公式为

成本法下确定的固定资产公允价值=固定资产重置成本×固定资产成新率

3）固定资产的比率分析

固定资产的比率分析指标有固定资产变现率、固定资产毛利率、固定资产周转率等指标。

（1）固定资产变现率。当固定资产的可回收金额低于其账面价值时，企业需要按照可回收金额低于其账面价值的差额计提资产减值准备。因此，固定资产变现率可以用固定资产减值准备的金额来衡量。相关计算公式为

固定资产变现率=固定资产净额/固定资产净值

固定资产净额=固定资产原值-累计折旧-减值准备

固定资产净值=固定资产原值-累计折旧

（2）固定资产毛利率。固定资产的盈利性可以从固定资产技术水平的先进程度、生产能力及工艺水平对企业毛利的影响进行判断。相关计算公式为

固定资产毛利率=（营业收入-营业成本）/平均固定资产净额

固定资产报酬率=净利润/平均固定资产净额

平均固定资产净额=（期初固定资产净额+期末固定资产净额）/2

固定资产毛利率反映每元的固定资产能够创造的毛利额，而固定资产报酬率则反映每元固定资产能够创造的净利润。固定资产毛利率和固定资产报酬率越高，表明固定资产的盈利能力越强。

（3）固定资产周转率。固定资产周转率就是营业收入除以平均固定资产净额。相关计算公式为

固定资产周转率=营业收入/平均固定资产净额

固定资产现金回收率=经营活动现金流量/平均固定资产净额

固定资产周转率和固定资产现金回收率表明，每元的固定资产在经营期间能够产生的营业收入或者经营现金流入量。该指标越大，表明固定资产的使用效率越高。当企业的价格包含垄断和政策支持因素时，固定资产的周转率就高估了企业实际利用固定资产的效率。一个比较适宜的替代指标是扣除价格中的加成因素，而用生产成本替代营业收入来计算固定资产周转率。

（4）固定资产产能利用率。由于产品的规模和结构同固定资产的规模和结构高度相关，

因此，当固定资产的规模和结构变化时，产品的规模和结构也会发生相应的变化。由于产成品是企业投入原材料、人工和固定资产共同产出的结果，因此，单位固定资产产出的产成品数量越多，固定资产的利用效率就越高。由于一种固定资产会生产多种产品，因此，可以用生产成本作为产品数量的替代。相关计算公式为

固定资产产能利用比率=生产成本/固定资产原值的平均余额

生产成本=期末存货余额-期初存货余额+营业成本

当企业进行大规模的固定资产投资时，固定资产的原值会增加，而生产成本可能保持不变。在这种状态下，产能利用比率降低。随着固定资产被投入使用，新产品会被不断开发出来，企业的产能利用比率得以提高。

（5）固定资产产值率。它是指企业的生产总值与平均固定资产的比率。相关计算公式为

固定资产产值率=企业的生产总值/平均固定资产

企业的生产总值=生产成本×（1+毛利率）

固定资产产值率越高，固定资产创造的价值越大。固定资产产能利用率和固定资产产值率的关系用公式表示为

固定资产产值率=固定资产产能利用率×（1+毛利率）

这意味着，固定资产产值率的高低，不仅与固定资产产能利用率有关，而且与毛利率有关。企业的毛利率越高，固定资产产值率越大。

（6）固定资产与股东权益的比例。该指标表明固定资产中来自股东权益融资的比例。其计算公式为

固定资产与股东权益的比例=固定资产余额/股东权益余额

如果该比率超过100%，那么，企业的固定资产中有一部分是依靠债务融资来实现的。由于固定资产的变现能力较差，固定资产与股东权益的比例较大的公司，现金流量的压力也较大。为了降低固定资产与股东权益的比例，企业可以采取经营租赁的方式。

此外，我们还可以分析固定资产与负债比率、在建工程与负债增加额的比率、折旧额与净利润的比率、折旧占销售收入的比率等指标。

三、无形资产

无形资产是一种越来越重要，种类繁多，价值计量较为困难，但却是企业核心竞争力主要来源的长期资产。无形资产的持有目的通常是生产商品或提供劳务，出租给他人，或者是其他某种管理。无形资产的价值确定已经成为企业转让、合并定价和市场价值评估的重要内容。

（一）无形资产的界定

无形资产存在经济学或资产评估上的广义的无形资产与会计学上的狭义的无形资产之分。

1. 广义的无形资产的定义

广义的无形资产是指能给企业带来超额利润的非实物形态的资产，其价值主要是通过使用或转让所带来的价值增值，如增加利润或带来更多的现金流量。这种资产是企业长期的投资活动和经营管理活动积累的产物。广义的无形资产分为外部赋予和企业自身积累两

部分。

（1）外部赋予的无形资产。包括地段、交通等形成的级差地租，政策、法规、汇率、利率、价格等方面的优惠或政府补贴。

（2）企业自身积累的无形资产。包括商标、广告、知名度、荣誉、品牌、销售渠道、客户关系、域名、商业秘密、人力资源、企业文化、商业秘密等。这些无形资产就是客户资产、供货商资产、雇员资产、组织资产等。

广义的无形资产的种类、数量和价值会随着市场经济的发展而不断变化。

2. 狭义的无形资产的定义

狭义的无形资产是指企业拥有或者控制的非实物形态的可辨认的、未来收益具有高度的不确定性的非货币性资产。这种资产对生产经营长期发挥作用，能给企业带来经济利益。

（1）无形资产可辨认性的判断标准。包括：①能够从企业中分离或者划分出来，并能单独或者与相关合同、资产或负债一起，用于出售、转移、授予许可、租赁或交换；②源自合同性权利或其他法定权利，无论这些权利是否可以从企业或其他权利和义务中转移或分离。可辨认性标准违背了实质重于形式原则。

（2）广义的无形资产转化为狭义的无形资产必须满足无形资产的确认条件。包括：①无形资产带来的未来经济利益能够流入企业；②无形资产的价值能够可靠地计量。凡是其价值无法得到可靠计量的支出，如广告费用、研究阶段的支出、员工培训和招聘费用等，都不能计入无形资产，需要费用化。

（二）无形资产的分类

无形资产种类繁多，可以采取多种方式进行分类。

1. 按照是否纳入资产负债表进行的分类

按照是否纳入资产负债表，无形资产分为表内无形资产和表外无形资产。

（1）表内无形资产就是符合会计确认标准，在会计报表中加以反映的无形资产。中国列入财务报表的无形资产包括专利、版权、商誉、商标权、特许经营权、土地使用权、技术使用权 7 项。国际会计准则列举的无形资产包括计算机软件、专利、版权、著作权，客户名单，抵押服务权，捕捞许可证，进口配额，特许权，客户或供货商的关系，客户的信赖，市场份额和销售权等。

（2）表外无形资产就是那些不符合会计确认标准，尚未在会计报表中加以反映的无形资产，包括人力资产、组织资产等企业价值创造的关键性资产。

与企业的有形资产和金融资产不同，绝大部分无形资产是表外无形资产。企业兼并的价值主要体现在表外无形资产。由于大量的无形资产是表外无形资产，《企业会计准则第 6 号——无形资产》就不能真实地反映企业管理层的受托责任情况，恶化了管理层的短视行为，也不利于投资者预测企业未来的成长性和投资价值。

2. 按照无形资产的来源进行的分类

按照无形资产的来源，无形资产分为外购的无形资产和内部自创的无形资产。作为一项原则，外购的无形资产都要记入“无形资产”科目，内部自创的无形资产只有满足资本化条件时才能记入“无形资产”科目。这意味着，绝大部分自创的无形资产都无法记入“无形资产”科目。

外购的无形资产具有两个特征：一是提供主体非本企业；二是其使用只限于所取得的无形资产。内部自创的无形资产的创造主体是企业自身，无形资产的创造能力仍然存在于企业。企业可以在现有无形资产基础上持续不断地改进或创造新的无形资产，如专有技术、商业秘密。这意味着，内部自创的无形资产比例越大，企业的创新能力和持续经营能力越强，无形资产在未来所带来的现金流量越大，企业的价值就越大。自创无形资产的价值等于预期每年增加的收益在有效使用期之内的现值，或者简单地等于预期每年增加的收益与有效使用期的乘积。

3. 按照无形资产的使用寿命进行的分类

按照无形资产的使用寿命，无形资产分为使用寿命有限的无形资产和使用寿命不确定的无形资产。使用寿命有限的无形资产就是其使用寿命受到法律法规、制度的限制，其寿命权是可以确定的无形资产，如专利权、版权等。使用寿命不确定的无形资产是指其寿命没有时间限制的无形资产，如专有技术、商号、品牌、商誉等。使用寿命有限的无形资产要在其寿命期内将其成本合理系统地摊销，使用寿命不确定的无形资产不允许进行摊销。

4. 按照无形资产的技术含量进行的分类

按照无形资产的技术含量，无形资产分为技术性无形资产、非技术性无形资产和其他无形资产。技术性无形资产是指存在技术性特征并有技术优势的无形资产，如专利技术、专有技术、商标权、著作权、软件技术及其他知识产权等企业创新的无形资产。非技术性无形资产是指没有技术性特征的无形资产，如土地使用权、特许使用权、房屋使用权、用电权等权利类，主要是授权取得的结果。其他无形资产包括研究开发的项目、广告提名费、销售客户资源、许可资质证书、人力资源等关系类和组合类无形资产。技术性无形资产比非技术性无形资产的持续盈利能力要强。

5. 按照是否可辨认进行的分类

按照是否可辨认，无形资产分为可辨认的无形资产和不可辨认的无形资产。

（1）可辨认的无形资产。可辨认的无形资产是指那些价值可以单独确定，并与受益期的具体权利或者特权相联系的无形资产。一般来说，可辨认的无形资产需要按照历史成本进行记录，在受益期内按照使用年限与法律年限的较短者进行摊销。如果期末无形资产的可收回金额低于其账面价值，那么，差额部分应确认为无形资产减值损失。

（2）不可辨认的无形资产。不可辨认的无形资产是指那些来自内部开发或者购入，但无法单独确认和单独转让，也无法确定其受益期，与企业整体紧密联系的资产，如商誉、品牌。

可辨认的无形资产的变现能力较强，而不可辨认的无形资产的变现能力较弱，只能通过企业的产品或服务的出售来实现现金的流入。

（三）无形资产的获取与计价

无形资产的取得方式包括外购、投资者投入、非货币性资产交换、债务重组、接受的捐赠、企业合并、内部研究开发及市场竞争中形成的无形资产。无形资产的减少方式包括摊销、转让、捐出、投出、失效等，而失效包括泄密失效、竞争对手解密失效、技术领先失效、突发性灾难引致失效。无形资产的计量可采用历史成本法、现值法和公允价值法。

1. 无形资产的计价

外购、内部开发和同一控制下企业合并获取的无形资产按照历史成本计量。投资者投入的无形资产按照合同价值入账，如果合同价格不公允，按公允价值入账。具有商业实质的非货币性资产交换、政府补助和非同一控制下企业合并获得的无形资产按公允价值入账。

2. 研究开发费用的资本化

研究开发费用的资本化的条件是，很大程度上形成一项新产品或者新技术的基本条件已经具备，企业能够证明满足无形资产的定义和相关的确认条件，否则，开发阶段的费用计入当期损益，从而导致无形资产价值及其当期利润被低估。

3. 无形资产采用历史成本计量模式的缺陷

（1）竞争对手的研究开发投资会让本企业的技术类无形资产大幅度贬值，按历史成本计量会虚增无形资产的账面价值。

（2）本企业的研究开发费用不计入无形资产的成本，会低估无形资产的账面价值。研发费用不予资本化，则违背配比原则。大多数无形资产在研究阶段不产生收益，却需要承担大量的研发费用；开发成功后的受益会计期间，却仅摊销少量的申请注册费用。

（3）在涉及关联交易的情况下，无形资产的交易价格比实际价值低很多，从而造成关联控制方虚增利润。

（4）忽视了大量表外无形资产的存在，如员工技能、技术开发能力、人力资源、客户及供应商关系。

4. 无形资产的出售或转让与税收

出售无形资产或者以投资者身份投出无形资产时，企业要确认营业外收入；转让无形资产的使用权时，要确认其他业务收入。2016 年 5 月 1 日之后，无形资产转让要缴纳增值税；土地使用权的转让要缴纳 11%的增值税税率；企业取得专利权、非专利技术免征增值税；著作权、商标权和特许使用权的转让征收 6%的增值税税率。

（四）无形资产的摊销

无形资产的摊销是无形资产的价值转移和补偿的过程，受到应摊销金额、使用寿命、摊销期限、摊销方法、残值、减值等因素的影响。使用寿命有限的无形资产，其应摊销金额要在其预计使用寿命内系统合理地摊销；使用寿命不确定的无形资产，不进行摊销，但要进行减值测试并计提减值准备。当月增加可供使用的无形资产，当月开始摊销；当月减少的无形资产，当月不再摊销。

1. 使用寿命

无形资产的使用寿命包括经济寿命和法定寿命。经济寿命是无形资产为企业带来经济利益的年限，主要受到与无形资产相关的类似资产使用寿命，技术的发展趋势，利用无形资产生产的产品或提供劳务的市场需求情况，竞争对手采取的预期行动，维持无形资产的支出等因素的影响。法定寿命则是无形资产的使用寿命受到对该资产控制期限的相关法律规定或者类似限制，如特许使用期、租赁期等因素的影响。经济寿命通常短于法定寿命。来源于合同性权利和其他法定权利的无形资产，其使用寿命不应超过合同性权利或其他法定权利的期限，包括续约期。

2. 无形资产的残值

使用寿命有限的无形资产应摊销金额为其成本扣除预计残值和减值准备后的金额。一般而言，使用寿命有限的无形资产残值为0，除非：①有第三方承诺在无形资产使用寿命结束时购买该无形资产；②可以根据活跃市场得到预计残值信息，并且该市场在无形资产使用寿命结束时很可能存在。

企业每年都需要对无形资产的净残值进行复核，预计其残值与估计金额不同的当作会计估计变更处理。残值重估值高于其账面价值的，无形资产不再摊销，直至残值降至低于其账面价值时再恢复摊销。

3. 摊销方法

无形资产的摊销方法与固定资产的折旧方法相同，包括直线法、双倍余额递减法、年数总和法、生产总量法等，企业要在不同会计期间一致地运用摊销方法。使用寿命有限的无形资产，由于受到技术进步或者权利期限的限制，其前期获取的收入较高，后期获取的收入较低，因此基于配比原则和稳健性原则，比较适合采用加速摊销法。对于无法确定经济利益预期实现方式的无形资产，采用直线法摊销。

举例 无形资产摊销。假如某企业购进一项价值为8万元的无形资产，估计净残值为0，预计使用年限为10年，假设无资产减值准备。要求：按照直线法、双倍余额递减法、年数总和法对该项无形资产进行摊销。

分析：某企业按照各种摊销方法计算的无形资产摊销见表4-37。

（1）直线法下的摊销额和摊销率每年都相等。

（2）双倍余额递减法下的年摊销率是直线法的两倍，摊销额在前8年逐年递减，但在最后两年反而递增。

（3）年数总和法下的摊销额和摊销率都呈逐年下降的趋势。

无形资产的摊销方法就是固定资产折旧方法的推广，各种摊销方法的优缺点与各种折旧方法的优缺点相同。由于没有净残值，受益期间的应计提摊销总额就等于无形资产原值。

表4-37 某企业按照各种摊销方法计算的无形资产摊销

年份	应计提摊销总额（元）	直线法		双倍余额递减法		年数总和法	
		年摊销率（%）	年摊销额（元）	年摊销率（%）	年摊销额（元）	年摊销率（%）	年摊销额（元）
第1年	80 000	10	8 000	20	16 000	10/55	14 545.45
第2年	80 000	10	8 000	20	12 800	9/55	13 090.91
第3年	80 000	10	8 000	20	10 240	8/55	11 636.36
第4年	80 000	10	8 000	20	8 192	7/55	10 181.82
第5年	80 000	10	8 000	20	6 553.6	6/55	8 727.27
第6年	80 000	10	8 000	20	5 242.88	5/55	7 272.73
第7年	80 000	10	8 000	20	4 194.31	4/55	5 828.18
第8年	80 000	10	8 000	20	3 355.45	3/55	4 363.64
第9年	80 000	10	8 000	—	6 710.88	2/55	2 909.09
第10年	80 000	10	8 000	—	6 710.88	1/55	1 454.55

4. 无形资产的摊销核算

企业摊销无形资产，自无形资产可供使用时开始，直至不再作为无形资产确认时止的有限期内系统合理地摊销。一般而言，无形资产的摊销费用计入管理费用。如果无形资产是为生产产品或提供劳务所持有，其摊销额计入制造费用；如果无形资产是为租赁而持有，其摊销额计入其他业务成本；如果是为其他目的持有，其摊销额计入管理费用。对于无形资产部分出租和部分自用的，要将摊销额按时间比例、产量比例或收入比例计入其他业务成本、制造费用或者管理费用。时间分配法适用于自用和出租收益相差较小的情形，而产量或收入分配法适用于自用和出租收益相差较大的情形。

举例 无形资产部分出租和部分自用。甲企业将一项商标使用权转让给乙企业使用。该项无形资产账面价值余额为 20 万元，摊销期限为 5 年，按直线法摊销。出租合同规定：出租期为两年，出租期间，商标使用权归甲、乙两家共同使用。承租方乙每年必须支付给出租方甲商标使用费 5 万元，甲使用该商标每年预计收入为 35 万元。要求：对甲出租期间做会计分录。

分析：（1）甲按年取得转让使用费时：

借：银行存款 5 万

贷：其他业务收入 5 万

（2）该项商标使用权每年摊销额为 20/5=4（万元）。按照时间分配法，在出租的两年期间，自用和出租各占 50%；4 万元的摊销额有 2 万元计入其他业务成本，2 万元计入管理费用。会计处理为

借：其他业务成本 2 万

管理费用 2 万

贷：累计摊销 4 万

（3）按照收入分配法计算，摊销额分配率=本期摊销额/（出租收入+自用收入）=4/（35+5）=0.1，计入其他业务成本的摊销额=本期出租收入×摊销额分配率=5×0.1=0.5（万元），计入管理费用的摊销额=本期自用收入×摊销额分配率=35×0.1=3.5（万元）。会计处理为

借：其他业务成本 0.5 万

管理费用 3.5 万

贷：累计摊销 4 万

显然，甲企业按照收入比例分配自用和出租的商标使用权的摊销额的方法更合适。尽管无形资产的摊销额计入管理费用、制造费用或其他业务成本的方式，不影响最终的净利润或营业利润，但会影响企业的毛利率或经营杠杆率。

5. 无形资产的减值

无形资产的价值随着生产效用和市场竞争的变化而变化。当无形资产的市场价值低于其账面价值时，企业就要计提无形资产减值准备。

1）动机

企业进行无形资产减值的动机分为盈余管理动机（如合理避税、上市融资、业绩评估、债务契约、平滑利润等）和经济动机（如行业衰退、技术进步、政治因素、公司治理、国际竞争等）。

2）减值的确定

由于无形资产的交易市场不是很活跃，其公允价值的确定比较困难，因此，无形资产可收回金额主要采用未来现金流量的现值加以确定。当无形资产的账面价值高于可收回金额时，企业就要计提无形资产减值准备。无形资产计提的减值准备，在以后会计期间不得转回，因而无法体现无形资产的公允价值。

举例 无形资产减值。表 4-38 是上海证券交易所制造业上市公司 2005～2009 年的无形资产减值情况。要求：分析其计提比例的变化。

表 4-38 上海证券交易所制造业上市公司 2005～2009 年的无形资产减值情况

项目	2005 年	2006 年	2007 年	2008 年	2009 年
无形资产减值计提额（万元）	1 489.5	5 415.2	1 565.2	5 482	9 689.4
无形资产价值计提比例（%）	0.23	0.56	0.09	0.26	0.48
无形资产减值占长期资产减值之比（%）	2.76	9.55	2.92	2.36	9.63

分析：无形资产减值计提比例就是无形资产减值计提额占无形资产原值的比例。该比例在这些上市公司一般为 0.2%～0.5%。同时，无形资产减值占长期资产减值之比在 2006 年和 2009 年达到 9%以上，而其余年份保持在 2%～3%，5 年平均为 5.44%。

3）减值和摊销的比较

无形资产减值准备和累计摊销都是无形资产原值的备抵项，共同反映了无形资产价值的减少。但是，两者在性质、核算范围、方法及税法上表现出不同的特点。

（1）摊销是无形资产价值在生产经营中转移、分摊和补偿的周转过程。无形资产减值准备则是无形资产的账面价值相对于可收回金额的减损，与生产经营的关系不大。

（2）所有的无形资产都要进行减值测试并计提无形资产减值准备。使用寿命有限的无形资产需要摊销，使用寿命不确定的无形资产不需要摊销。

（3）无形资产按照摊销方法进行系统合理的摊销。无形资产减值准备需要估计其可收回金额。

（4）在税法上，摊销费用可以在税前扣除，但无形资产减值损失不允许在税前扣除。

（五）土地使用权

作为一项原则，除房地产开发企业外，企业取得的土地使用权一般作为无形资产。但是，土地使用权不同于其他无形资产。

1. 土地使用权的期限规定

以有偿出让方式取得的建设用地使用权，按用途不同，法定使用年限不同，如居住用地 70 年，工业用地 50 年，教育、科技、文化、卫生、体育用地 50 年，商业、旅游、娱乐用地 40 年，综合或其他用地 50 年。建设用地使用权到期的，可以自动续期。

2. 土地使用权的相关会计处理

土地使用权用于自行开发建造厂房等地上建筑物时，土地使用权和地上建筑物的成本不合并计算，分别作为无形资产和固定资产摊销和折旧。土地使用权用于出租或增值目的时，应将土地使用权无形资产转为投资性房地产，按不同部分的公允价值占公允价值总额的比例或出租土地使用权的面积比例进行成本的分摊。投资性房地产包括已出租的土地使用权，持有并准备增值后转让的土地使用权，企业拥有并已出租的建筑物。

土地使用权在作为无形资产、固定资产或投资性房地产进行摊销或折旧时，借记费用或成本类科目，贷记“累计摊销”“累计折旧”或“投资性房地产累计摊销”科目。

3. 作为无形资产的土地使用权的特殊性

（1）不具备无形资产的本质特征。公有制下的土地使用权是私有制下土地所有权的转化形式，并不具备无形资产的本质特征，即未来收益的不确定性和成本转移的不确定性。土地使用权的成本和未来收益能够可靠地计量，并不能够提供超额利润。技术类无形资产不具有排他性，而土地使用权具有很强的排他性，并不是企业核心竞争力的主要来源。在考虑企业的持续经营能力时，需要将土地使用权从无形资产中剔除。

（2）土地使用权的增值性。土地使用权不会发生有形损耗和无形损耗，其价值不会随着时间的推移而下降。土地使用权的摊销提高了产品的成本或期间费用，降低了企业的利润，减少了企业的所得税支出。同时，土地使用权的价值重估降低了企业的资产负债率，为抵押贷款提供了便利，也刺激企业去进行高风险项目的投资。显然，土地使用权的摊销和其价值的不断上升是相矛盾的。

（六）商誉

商誉的本义是指企业在商品产销、财务经营、职工的工作效率和服务态度等方面取得了优越的地位，与顾客、债权人和投资人建立了相互信任的关系，可望在同样条件下获得高于正常盈利水平的能力。但是，在财务报表中，商誉是企业无形资产总额中扣除可辨认无形资产金额后的剩余部分。可辨认无形资产必须满足单独可确认和可予以货币计量两个条件。

1. 商誉的分类

商誉按取得方式分为自创商誉和外购商誉。自创商誉因为成本无法可靠计量的问题，在资产负债表上不能作为一项单独的资产。作为一项原则，企业一般不核算自创商誉，只核算外购商誉。外购商誉就是在企业合并之间产生的商誉。合并商誉分为负商誉和正商誉。负商誉就是购买价格低于可辨认资产市场价值的差额。负商誉可以作为递延收益处理，或分期摊销计入收入，或者直接计入当期收入。财务报表上的商誉主要指外购的正商誉，即购买或者兼并一个企业的购买价格高于可辨认资产市场价值的差额。外购商誉可以采取直接计量法和间接计量法。直接计量法是指将企业可望获得的超额利润予以贴现的方法，间接计量法是指确认企业总体价值与单个可辨认净资产的差额的方法。

2. 商誉金额的确定

由于超额利润的估计比较困难，企业一般采取间接计量法，将商誉的金额确认为，非同一控制下购买方合并成本大于合并中取得的被购买方可辨认资产公允价值份额的差额。

（1）企业合并成本包括购买方为进行企业合并支付的现金或非现金资产、发行或承担的债务、发行权益性证券等在购买日的公允价值。

（2）企业合并成本并未包括交易双方之间的业绩对赌协议，即对被并购公司超额完成或未完成业绩承诺所做出的补偿或奖励协议。对赌协议往往造成合并成本和商誉较高，以及随之而来的巨额商誉减值。因此，将并购资产定价与对赌协议执行割裂开来的做法，违背了实质重于形式原则，造成商誉和商誉减值损失的巨大波动。

（3）在辨认和计量购买方的无形资产时，购买方管理层有很强的动机确认大额的可辨认无形资产，以减少商誉的确认。商誉的价值与可辨认无形资产的价值密切相关。可辨认的无形资产数量和种类越少，企业兼并的数量越多，商誉的价值越大。

举例 可辨认无形资产的确认。2013 年 7 月 31 日，甲公司取得了乙公司 100%的股权。在购买日，乙公司的可辨认净资产公允价值为 3.40 亿元，与其合并日净资产账面价值相等，甲公司的合并成本为 21.93 亿元，由此产生 18.53 亿元的商誉。2014 年 6 月 30 日，甲公司聘请一家评估公司对乙公司进行评估，并以评估结果调增乙公司期初无形资产 12.48 亿元作为“品牌”，从而将商誉减少至 6.05 亿元。

（4）中国会计准则只确认可控制性权益享有的商誉部分，将非控制性权益享有的商誉部分排除在外。按照不完全购买法处理商誉的方式符合稳健性原则，与母公司理论和所有权理论一致，但是与会计实体理论不相符合，与商誉的核算范围不相符合。美国和国际会计准则实施的完全购买法要求，合并商誉依据控制性权益和非控制性权益各自公允价值超过其所占子公司可辨认净资产公允价值比例的金额进行分配。企业采用完全并购法确认的商誉比不完全购买法确认的商誉金额多。

（5）将外购商誉当作计价差额的做法，忽视了商誉的经济实质，即能给企业带来超额的盈利能力。很大一部分计入价差的东西，如股票价格的投机波动、管理层的扩张冲动，估价错误或并购时机的错误，根本不是商誉。在做财务分析时，一般需要将商誉扣除。

举例 并购与巨额商誉。2000 年 1 月，美国时代华纳公司与美国在线公司合并成为美国在线时代华纳公司。当时，美国在线的股票市值约为 1 640 亿美元，时代华纳公司的市值大约为 970 亿美元。合并成本为 1 470 亿美元，商誉为 1 300 亿美元。根据商誉的减值测试，美国在线时代华纳公司在 2002 年第一季度和第四季度分别计提了 542 亿美元和 447 亿美元的商誉减值准备，从而造成 2002 年的亏损达到 986.96 亿美元。

3. 商誉的财务影响

商誉有 4 种会计处理的方式，会带来不同的财务影响。

（1）系统摊销法，将合并商誉单独确认为一项资产，并在预计的有效年限内摊销，或是列为费用，或冲减留存收益。

（2）直接冲销法，在合并时立即将商誉冲销，直接冲减留存收益或资本公积。

（3）永久保留法，将商誉作为一项永久性资产，不摊销，除非有证据表明其价值发生了持续下跌的情况。

（4）定期计提减值准备法，要求对商誉至少每年进行一次减值测试，一旦发现商誉的可收回金额低于其账面价值，就计提减值准备。由于商誉与企业融为一体，无法单独辨认，很难估计其摊销年限，因此，中国和绝大部分国家采用计提减值准备法。如果资产减值损失不允许税前扣除，则使用该方法会增加企业的纳税负担和现金流出。

举例 商誉的财务影响。中国南车集团和中国北车集团在 2014 年采用权益结合法合并，形成中国中车集团，从事轨道交通设备的生产和销售。权益结合法就是将参与合并企业的财务报表按照其账面价值简单地加总，再将金额冲减合并企业的股权权益的方法。表 4-39 是中国南车集团与中国北车集团在 2014 年 10 月 31 日的合并情况。要求：分析商誉的不同会计处理方式对财务报表的影响。

表 4-39　中国南车集团与中国北车集团在 2014 年 10 月 31 日的合并情况

项目	合并前				合并后	
	中国南车集团		中国北车集团		中国中车集团	
	金额（亿元）	占总资产比例（%）	金额（亿元）	占总资产比例（%）	金额（亿元）	占总资产比例（%）
商誉	6.55	0.44	0.13	0.01	6.68	0.22
总资产	1 500.60	100.00	1 565.16	100.00	3 065.77	100.00
净利润	57.43	—	45.70	—	103.13	—

分析:（1）商誉作为一项不需要摊销的永久性无形资产，只在商誉明显减值时进行商誉减值测试和记录商誉减值损失，违背了谨慎性原则和重要性原则。

（2）在合并后，将商誉 6.68 亿元直接计入费用。这会造成净利润和所有者权益在合并的 2014 年减少 6.68 亿元，降低资产利润率 0.22%。从 2015 年开始，资产总额就会减少 6.68 亿元，在利润不变的情况下就会提高股东权益报酬率和资产利润率。

（3）将商誉 6.68 亿元在 20 年内摊销，每年的摊销金额为 3 340 万元。这样，2014 年的资产利润率不变，但从 2015 年开始，每年的管理费用会增加 3 340 万元，净利润会减少 3 340 万元，所得税支出也会减少。这比（2）对某一年的所有者权益和净利润的影响更小。同时，每年年末还要对商誉进行减值测试。

（七）无形资产的会计分析

无形资产的质量是无形资产在企业的生产经营活动中发挥预期经济效果的程度，体现为无形资产创造未来现金流量的能力、无形资产与其他有形资产组合创造利润的能力及创造利润的不确定性程度。无形资产的质量主要从以下 3 个方面分析。

（1）无形资产价值的可靠性分析。从无形资产明细项目及增减变动明细表中，我们需要对无形资产的入账价值和摊销的准确性进行分析，同时注意无形资产中是否涉及侵权的问题。例如，蓝田股份在 1996 年伪造材料，对沈阳土地局未批准处置的土地按照评估结果计入公司总资产，虚增公司无形资产 1 100 万元。

（2）分析可辨认的无形资产摊销和商誉减值损失的合理性。土地使用权在其使用年限内进行摊销的方法忽视了土地的增值性，从而低估了土地使用权的价值。商标权与企业的品牌价值密切相关，而品牌是公司最重要的无形资产，其价值随着年限的增加而提高。估算品牌价值的方法多达 17 种，如市场价值与账面价值之差法、权利金节省法、客户调查法等。

（3）关注表外无形资产。尽管大量的无形资产能为企业带来未来的经济利益，是企业的可持续经营和竞争力的关键所在，但由于无法用货币进行可靠的计量，人力资本、管理者的能力、企业的战略、自创商誉、商业秘密、品牌、企业的文化、航线使用权、行业进入权等无形资产就不能进入资产负债表而形成表外资产。这些未入账的无形资产低估了企业的资产和盈利能力。我们需要采用无形资产评估的成本法、收益法和市场法，分别按资产的重置成本、未来现金流量的现值或市场的交易价格来对无形资产的价值进行评估。

（八）无形资产的财务分析

1. 比较财务报表分析

比较财务报表分析要分析无形资产的增长率、无形资产减值准备增长率、无形资产减值损失的变动率、商誉增长率等指标。

举例 无形资产的趋势分析。表 4-40 是 12 家上市公司无形资产的金额及其年增长率情况。

表 4-40 12 家上市公司无形资产的金额及其年增长率情况

公司名称	无形资产金额（百万元）			无形资产年增长率（%）	
	2011 年	2012 年	2013 年	2012 年	2013 年
振瑞科技	19.92	129.05	156.21	547.84	21.04
华力创通	38.81	137.64	206.60	254.65	50.10
沃森生物	33.28	878.26	944.09	2 638.00	7.49
双林股份	100.23	166.85	220.14	66.46	31.93
互动娱乐	71.20	258.68	250.37	263.31	−3.21
开能环保	12.02	119.87	117.41	897.25	−2.05
康芝药业	201.32	188.07	242.91	−6.58	29.16
乐视网	886.05	1 751.12	2 641.51	97.63	50.84
天源迪科	96.67	161.95	180.23	67.53	11.28
南风股份	127.36	124.89	122.17	−1.94	−2.17
宋城股份	387.55	683.60	667.70	76.39	−2.32
欧比特	42.39	89.52	142.35	111.18	59.01

分析：这 12 家上市公司的无形资产增长率在 2011 ~ 2013 年整体上都很快。振瑞科技、沃森生物、开能环保在 2012 年的增长率都在 500%以上。互动娱乐、宋城股份等公司在此期间的无形资产出现了很大的波动。但是，南风股份在此期间的无形资产却呈现下降的趋势。

2. 共同比财务报表分析

共同比财务报表分析要分析土地使用权占无形资产的比率、商誉占无形资产的比率、无形资产占资产的比率等指标。土地使用权占无形资产的比率越高，企业资产增值的潜力就越小。商誉占无形资产的比率越高，企业管理层进行兼并和收购的力度越大。

举例 无形资产的构成。表 4-41 是中国 495 家上市公司 2007 ~ 2011 年的平均无形资产及其构成状况。

表 4-41 中国 495 家上市公司 2007 ~ 2011 年的平均无形资产及其构成情况

项目	均值（万元）	比例（%）
无形资产总额	12 590	100.00
专利权	554	4.40

续表

项目	均值（万元）	比例（%）
非专有技术	1 520	12.07
商标权	708	5.62
系统和软件	461	3.66
土地使用权	8 264	65.63

分析：从表 4-41 中可以看出，中国上市公司的无形资产中的 2/3 是土地使用权，专利权、非专有技术和商标权构成的知识产权的平均占比约 22%。如果扣除知识产权比例较高的少数企业影响，那么，绝大多数企业的知识产权只占无形资产总额的 4.4%。从行业来看，信息技术业的系统及软件所占无形资产的比例超过 22%，土地使用权比例下降到 51%。医药生物制造业和电子业的土地使用权比例分别为 71.8%和 78.3%。从中可以看出，中国上市企业的土地使用权占无形资产的比例非常大，系统及软件比例及知识产权比例偏低。

3. 比率分析

比率分析要分析无形资产减值准备与无形资产原值的比率、无形资产与股东权益的比率、研究开发费用的资本化比率等指标。无形资产减值准备与无形资产原值的比率越大，企业所拥有的各项无形资产的变现能力就越弱。如果无形资产与股东权益的比率大于 1，那么，股东在企业破产的情况下就无法获得任何有形资产的保障，除非企业拥有一定比例的土地使用权。

举例　研究开发费用的资本化比率。东华公司是一家从事信息技术服务、软件开发与升级、网络流控安全产品的高新技术企业，成立于 2001 年，注册资本 15.9 亿元。至 2016 年末，东华公司持有 169 项软件产品、389 项已登记的软件著作权和 62 项国家专利。表 4-42 是其 2012～2016 年的研究开发投入状况。要求：根据表 4-42 分析东华公司研究开发投入的状况。

表 4-42　东华公司 2012～2016 年的研究开发投入的状况

项目	2012 年	2013 年	2014 年	2015 年	2016 年
研究开发投入（万元）	4 026	6 209	6 205	11 058	13 118
研究开发人数（人）	199	225	275	483	312
研究开发资本化金额（万元）	2 341	5 499	4 185	7 442	9 865
研发投入占营业收入比例（%）	9.93	11.56	7.78	7.12	8.32
研发支出占资本化比例（%）	58.62	89.65	68.12	68.02	76.13
当期净利润（万元）	6 923	9 077	9 942	15 675	14 879

分析：第一，该公司的研发支出的资本化比例非常高，一般在 65%以上。研究开发的无形资产占无形资产总额的 62%，无形资产占总资产的比例为 5.8%。第二，研究开发支出的金额呈现不断上升的趋势，接近净利润。如果所有研究开发支出费用化，那么，净利润一般在 5 000 万元左右。第三，该公司的研究开发支出从上市前的完全费用化转为上市

后的高比例资本化，具有业绩粉饰的盈余管理性质。这与在此期间限售股解禁后的高管减持行为密切相关。

第四节　投资资产分析

资产的金融化是工业经济向信息经济转型的重要驱动因素。投资资产就是企业将资金投入金融市场购买金融工具、房地产或者购买其他公司的股权所获得的资产。投资资产分为金融资产、投资性房地产和长期股权投资。本节主要对金融资产、投资性房地产和长期股权投资进行会计分析与财务分析。

一、金融资产

（一）金融资产的分类

金融资产就是在金融市场上进行交易、具有市场价格和未来估价的金融工具。金融工具就是使一方金融资产得以形成，并使其他方的金融负债或权益工具得以形成的合同。金融资产包括：①企业持有的现金、其他方的权益工具；②获取自其他方的现金及金融资产合同权利；③在潜在利益情况下与其他方交换所得的金融资产或金融负债合同权利，如衍生金融工具；④企业将来需要用到或可能用到的、结算方式为其自身权益工具的非衍生工具合同，以及因该合同所得的可变数量自身权益工具。因金融资产的种类繁多，计量复杂，2006 年和 2017 年的会计准则《企业会计准则第 22 号——金融工具确认和计量》进行了不同的分类处理。

1. 2006 年会计准则的金融资产分类

按照企业持有金融资产的目的和意图，结合企业的经营特点、投资风险和风险管理要求，金融资产分为交易性金融资产、持有至到期投资、贷款和应收账款、可供出售金融资产 4 类。

（1）交易性金融资产。交易性金融资产是指企业打算在近期出售、赚取短期收益，以公允价值计量且其变动计入当期损益的金融资产。为了满足交易性金融资产的要求，该投资必须可以立即在市场上交易，且管理人员准备在一个营业周期或者一年内变现。由于企业持有交易性金融资产的目的是快速赚取回报，交易性金融资产的价格不断波动可能会对利润表产生较大的影响。交易性金融资产越多，企业资产的流动性和变现能力越强。

（2）持有至到期投资。持有至到期投资是指到期日固定、回收金额固定或可确定，且企业有明确意图和能力持有至到期的国债、公司债券或者金融债券等非衍生金融资产。持有至到期投资的目的在于通过定期收取利息来获取长期稳定的投资收益和降低本金收回的风险。

持有至到期投资，应当采用实际利率法，按摊余成本计量。实际利率是到期收回的本金和利息的现值等于购买成本的内在报酬率。以摊余成本计量的金融资产在终止确认、发生减值或摊销时产生的利得或者损失，应当计入当期损益。

（3）贷款和应收账款。贷款和应收账款是指在活跃市场中没有报价、回收金额固定或可确定的非衍生金融工具。其利得和损失，与持有到期投资一样，都要计入当期损益。

（4）可供出售金融资产。可供出售金融资产是指不属于其他 3 类的，以公允价值计量且其变动计入其他综合收益的金融资产。可供出售金融资产包括持有期限不确定的金融资产，发生市场利率和外汇风险变化等需要出售的金融资产，企业没有明确的意图将该资产持有至到期的金融资产，或者发行方可以按照明显低于其摊余成本的金额清偿的金融资产。可供出售金融资产公允价值变动形成的利得和损失，除减值损失和外币货币性金融资产形成的汇兑损益外，应当计入其他综合收益，在该资产终止确认时转出，计入当期损益。

按照企业持有金融资产的目的和意图分类的缺陷包括主观性强，企业的盈余管理较多，会计信息缺乏可比性。

2. 2017 年会计准则的金融资产分类

按照管理金融资产的业务模式和金融资产合同现金流的特征，企业持有的金融资产分为交易性金融资产、可供出售金融资产和以摊余成本计量的金融资产 3 类。金融资产的具体业务模式是指企业对金融资产及其现金流量采取的管理办法，包括目标设定、出售方式及收取现金流的方式。依据业务模式，金融资产的持有目的分为获取持有收益、获取转让收益或两者兼而有之。金融资产合同现金流的特征是指金融工具合同约定的，反映相关金融资产经济特征的现金流属性。依据合同现金流量的特征，金融资产分为债权投资和股权投资。

（1）交易性金融资产。该资产的业务模式以出售该金融资产为目标，现金流量包括对本金和以未偿付本金金额为基础的利息的支付，以及其他现金流量。2017 年会计准则确认的交易性金融资产的范围急剧扩大，包括 2006 年会计准则确认的交易性金融资产、交易性权益类可供出售金融资产和部分债务类可供出售金融资产，以及部分贷款和应收账款。具体而言，交易性金融资产包括企业在近期内会出售的金融资产，如债券、股票、基金、衍生工具等。

（2）可供出售金融资产。该资产的业务模式以收取合同现金流和出售该金融资产为目标，且现金流量仅为对本金和以未偿付本金金额为基础的利息的支付。

可供出售金融资产分为可转入损益的可供出售金融资产，包括 2006 年会计准则中的债务类可供出售金融资产，部分贷款和应收账款，以及不可转入损益的可供出售金融资产，包括非交易性可供出售权益工具和以成本计量的可供出售权益工具。对于不可转入损益的可供出售金融资产，已确认的其他综合收益，在出售或处置金融资产时，不得转入投资收益，只能计入留存收益，从而减少了企业的利润操纵行为。这将促使企业减少可供出售金融资产，增加交易性金融资产或持有至到期投资的金融资产。

（3）以摊余成本计量的金融资产。该资产的业务模式以收取合同现金流为目标，且现金流量仅为对本金和以未偿付本金金额为基础的利息的支付。这类资产包括持有至到期投资、贷款和应收账款。具体而言，该资产包括固定利率国债、公司债券、地方政府债券、贷款和应收账款等，其利得和损失要计入当期损益。

3. 2006 年分类和 2017 年分类的比较

1）盈余管理变化

金融资产的分类标准从根据管理者的主观意图到根据金融资产的性质及金融资产的计量属性的转变，增强了金融资产确认的可靠性，避免了各类金融资产之间的交叉重合，减少了企业的盈余管理行为，让投资者和债权人对企业的短期现金流和短期偿债能力有了更好的理解。但是，企业还是可以控制对业务模式的判断和计价模式的选择，尤其是对债权类金融资产的摊余成本计量模式和公允价值计量模式的选择，从而加大了利润的操纵空间。

2）计价模式不变

新旧准则都采用公允价值和摊余成本相结合的计量模式，但扩大了公允价值计量属性的应用范围。对于以摊余成本计量的金融资产，采用摊余成本计量。对于交易性金融资产和可供出售金融资产，采用公允价值计量，公允价值变动分别计入当期损益和其他综合收益。但对于权益类的可供出售金融资产，处置时公允价值变动的利得或损失不再转入投资收益，而是计入留存收益。表 4-43 总结了 2017 年会计准则关于金融资产计量的情况。

表 4-43　2017 年会计准则关于金融资产计量的情况

金融资产类别		初始购入交易费用	持有期间	处置
以摊余成本计量的金融资产		计入初始确认金额	摊余成本计量，以实际利率法确认利息收入	处置收益计入投资收益
交易性金融资产		计入当期损益	公允价值变动计入当期损益	公允价值变动损益转入投资收益
可供出售金融资产	权益类	计入初始确认金额	公允价值变动计入其他综合收益	公允价值变动利得或损失转入留存收益
	债务类	计入初始确认金额	公允价值变动计入其他综合收益	公允价值变动利得或损失转入投资收益

3）交易费用的计量不变

对于交易性金融资产而言，交易费用直接计入当期损益，借记“投资收益”科目。对于可供出售金融资产和以摊余成本计量的金融资产而言，交易费用直接计入初始确认金额，作为金融资产的成本。

4）金融资产的重分类变化

2006 年会计准则只允许持有至到期投资和可供出售金融资产之间的重分类。2017 年会计准则规定，当企业高层管理者依据内外部的变动决定管理金融资产的业务模式发生变化时，3 类金融资产之间均可进行重分类。重分类日必须是业务模式发生变更后的首个报告期的第一天，即每年的 1 月 1 日。对于重分类的金融资产，自重分类起采用未来适用法进行会计处理，不进行追溯调整。表 4-44 是 2017 年会计准则关于金融资产重分类的资产计价情况。

表 4-44　2017 年会计准则的金融资产重分类的处理

重分类前	重分类后		
	摊余成本计量的金融资产	可供出售金融资产	交易性金融资产
摊余成本计量的金融资产	—	按公允价值计量，账面价值与公允价值之间差额计入其他综合收益	按公允价值计量，账面价值与公允价值之间差额计入其他当期损益
可供出售金融资产	以公允价值为新的账面价值，计入其他综合收益的利得或损失转出	—	按公允价值继续计量，原计入其他综合收益的利得或损失转入当期损益
交易性金融资产	以公允价值为新的账面价值	按公允价值继续计量	—

5）金融资产减值处理的变化

2006 年会计准则以已发生损失模型计提金融资产的减值，而 2017 年会计准则采用了预期信用损失模型来计提金融资产的减值。对 2006 年会计准则中的权益类可供出售金融资产，不管是在 2017 年后划分为交易性金融资产还是指定为损益不可转出的可供出售金融资产，都不再做减值测试，从而减少利润表中的减值损失，增加公允价值变动损益。

（二）金融资产的减值处理方法

1. 已发生损失模型

对于可供出售金融资产、持有至到期投资、贷款和应收账款，有客观证据表明这些金融资产发生减值时，应计提减值准备和确认减值损失。这种方法难以反映金融资产的信用风险状况，容易低估企业面临的损失。

（1）客观证据。包括：发行方或者债务人发生严重的财务困难；债务人违反了合同中的偿付利息或者支付本金的条款；债权人对财务困难的债务人做出让步；债务人可能破产或者重组；金融资产无法在活跃市场继续进行交易；权益工具的公允价值发生严重下跌或者本金无法收回等。

（2）企业计提减值准备的方法。主要包括比较该金融资产的公允价值和账面价值，或者计算该金融资产的未来现金流量现值与账面价值的差额。持有至到期投资、应收款项和贷款等金融资产发生减值时，应当将金融资产的账面价值减记至未来现金流量的现值，减记的金额确认为资产减值损失，计入当期收益；利息收入按照确定减值损失时对未来现金流量进行折现采用的利率计算确认。

如客观证据表明金融资产价值已经恢复，且客观上与确认该损失后发生的事项有关，原确认的减值损失应当予以转回，计入当期损益，但转回后的账面价值不应当超过假定不计提减值准备情况下该金融资产在转回日的摊销余额。

2. 预期信用损失模型

预期信用损失模型要求企业一直确认预期信用损失并计提减值准备，不是等到减值发生时再计提减值准备。预期信用损失是指金融工具信用损失以违约风险为权重的加权平均值。信用损失是指企业应该收取的合同现金流量与预期收取的现金流量之间的差额。

（1）信用风险的增加。当企业的金融资产预期信用风险不断增加时，要对企业减值损失进行确认；如果企业的金融资产预期信用风险不断降低，需要将减值准备转回。贷款与应收账款、持有至到期投资及债务类可供出售金融资产都要适用预期信用损失模型。

（2）预期信用损失模型采用三阶段法。包括：①从初始确认起，信用风险未显著增加，则预期信用损失需要确认 12 个月的，利息收入以账面总额计算。②若信用风险显著增加，如金融资产逾期超过 30 天，但无客观证据表明发生减值，则需确认整个生命周期的预期信用损失，利息收入仍以账面总额计算。③如有客观证据表明发生减值，则需确认整个生命周期的预期信用损失，利息收入仍以账面净额计算。

（3）对于银行和企业而言，预期信用损失模型事实上将贷款和应收账款分为 3 类：一是未逾期未提取减值类贷款；二是逾期未提取减值类贷款；三是已减值类贷款。已发生损失模型和预期信用损失模型对第三类贷款和应收账款计提的损失相同，只是在预期信用损失模型中，利息收入的确认发生质变，计算基数从账面总额改为账面总额扣除预期信用损失准备后的余额。

3. 两个模型的比较

已发生损失模型是存在减值迹象时才计提减值准备，而预期信用损失模型从初始确认起，不管是信用风险未显著增加还是已显著增加或者已经发生信用损失，都需要确认预期损失，从而增大了资产减值损失。预期信用损失模型符合稳健性原则，但是公允价值计量的顺周期性更加突出。

举例 预期信用损失模型。表 4-45 是 24 家上市商业银行 2016 年末的逾期未减值贷款及信用风险系数状况。

表 4-45 24 家上市商业银行 2016 年末的逾期未减值贷款及信用风险系数状况

项目	金额（百万元）	信用风险系数 1(%)	信用风险系数 2(%)	信用风险系数 3(%)
30 天以内	252 554	—	—	—
31～60 天	104 679	5	10	20
61～90 天	121 269	10	20	30
91～180 天	138 199	15	30	40
180 天以上	19 733	20	40	50
减值准备加权平均值（百万元）	—	42 037	84 074	122 462

分析：减值准备的加权平均值等于逾期未减值贷款乘以信用风险系数之和，信用风险系数假设 3 种不同的情况。计算结果见表 4-45。在假设 1 下，银行需要计提 420.37 亿元的减值准备，假设 2 和假设 3 则需要分别计提 840.74 亿元和 1 224.62 亿元的减值准备。考虑到 24 家银行在 2016 年的净利润为 1.351 万亿元，则计提的减值准备分别占 2016 年净利润的 3.11%、6.22%和 9.06%。如果未逾期未减值的贷款和应收账款需要进一步计提减值准备，那么，银行的净利润会进一步降低。为满足监管要求，银行需要吸纳更多的一级资本。事实上，许多银行在 2018 年发行了优先股股票或定向增发普通股股票，以补充一

级资本，应对资产减值损失的提高。

（三）金融资产的分析

金融资产的分析主要对交易性金融资产、衍生金融工具、套期保值、外币折算、可供出售金融资产和持有至到期投资进行简要的介绍和分析。

1. 交易性金融资产的类别和分析

企业的资产管理需要综合考虑流动性、盈利性和安全性。为了确保流动性的同时也兼顾盈利性，企业往往将一定的现金转换成具有高度流动性的有价证券，如随时可以买卖的国债、地方政府债券、短期商业票据、股票、具有良好信用的公司债券等金融资产。

1）交易性金融资产的类别

交易性金融资产就是企业管理层必须在短期内准备转化为现金且具有确定市场价格的金融资产。交易性金融资产包括：①为了近期内出售或回购而取得的股票、债券、基金等金融资产；②属于进行集中管理的可辨认金融工具组合的一部分，且具有客观证据表明企业近期采用短期获利方式对该组合进行管理；③属于衍生金融工具。但是，被指定为有效套期工具的衍生工具，属于财务担保合同的衍生工具，在活跃市场中没有报价且其公允价值不能可靠计量的权益工具，与投资挂钩并须通过交付该权益工具结算的衍生工具除外。

2）交易性金融资产的会计分析和财务分析

在分析交易性金融资产时，需要注意以下 3 个方面。

（1）分析交易性金融资产的投资比例和年度变化率，如交易性金融资产的增长率、交易性金融资产与流动资产的比例、交易性金融资产占金融资产的比例等。

（2）注意交易性金融资产的种类和每个种类的产品数量，是否需要专业的投资技能。

（3）分析交易性金融资产的公允价值变动损益受市场的影响幅度，分析公允价值变动损益与交易性金融资产的比率和交易性金融资产的投资报酬率。注意，上市公司投资股票会导致交叉持股的问题，即收益的乘数效应。当被持股的公司利润增加时，持股公司的资本利得和股利都会增加，但当被持股公司出现亏损时，持股公司的资本损失也会剧烈增加。因此，交易性金融资产占资产的比例越大，企业的净利润越容易受到金融市场波动的影响。

举例 金融资产投资。表 4-46 是 2011 年 9 月金融资产金额占总资产比例最大的 10 家上市公司。

表 4-46 2011 年 9 月金融资产金额占总资产比例最大的 10 家上市公司

公司名称	金融资产金额（亿元）	金融资产占总资产比例（%）	投资收益（亿元）	投资收益占净利润比例（%）
兰生股份	17.24	71	−0.71	92
交大昂立	8.35	44	4.79	98
ST 福日	6.07	42	1.40	131
西水股份	18.83	41	0.54	449
海欣股份	18.53	40	0.11	23
华资实业	8.48	36	0.59	7846
ST 天海	2.33	33	−0.016	3

续表

公司名称	金融资产金额（亿元）	金融资产占总资产比例（%）	投资收益（亿元）	投资收益占净利润比例（%）
两面针	11.55	33	0.84	449
力合股份	3.22	29	0.86	110
中海海盛	14.13	29	0.37	-1 114

分析：从表 4-46 中可以看出，兰生股份的金融资产比例达到了 71%，基本上是一家金融投资公司，但在 2011 年 9 月的投资收益为-7 100 万元。其余 9 家公司的金融资产比例达到了 29%～44%。投资收益超过净利润的企业有华资实业、两面针、力合股份、西水股份等公司，说明这些公司的经营业绩处于下滑阶段。

2. 衍生金融工具和套期保值的分析

1）衍生金融工具的分析

衍生金融工具就是用来投资或者套期保值的金融工具，其价值来自另一种资产或者股票、债券、价格、利率和汇率的经济变量。所有的衍生工具，不管性质如何，均在资产负债表上按照市价记录。与投资证券的公允价值会计仅将资产（而非负债）按照市价处理不同，在衍生品会计下，交易双方都要按照市场价值进行处理。

（1）衍生金融工具的投资和套期保值。用于投资的衍生金融工具是一种交易性金融资产，其公允价值变动计入当期损益。套期保值的衍生金融工具，其公允价值的变动根据套期的类型计入当期损益或其他综合收益。衍生金融工具处置时，其公允价值与初始入账金额之间的差额确认为投资收益，同时调整公允价值变动损益。

（2）衍生金融工具的分类。包括金融远期合约、金融期货合约、期权合约、金融互换合约、财务担保合同、嵌入衍生工具等。

① 金融远期合约。金融远期合约是指规定合约双方同意在将来某一特定日期按照事先约定的价格，以预先确定的方式买卖约定数量的某种金融工具的合约，包括远期外汇合约、远期利率合约、远期股票合约等。远期外汇合约的公允价值需要考虑合同约定汇率、现行远期汇率和折现率。

② 金融期货合约。金融期货合约是指交易所交易的、协议双方约定在将来某个日期按照事先确定的条件买入或者卖出一定标准数量的特定金融工具的标准化协议，如外汇期货合约、利率期货合约、股票期货合约、股指期货合约、债券期货合约等。中国于 2010 年 4 月 16 日推出沪深 300 股指期货合约，分为 5 月合约、6 月合约、9 月合约和 12 月合约，挂盘基准价为 3 399 点。合约标的为沪深 300 股指，合约乘数为每点 300 元，报价单位为股点数，最小变动价为 0.2 点，最低保证金为合约价格的 12%。

③ 期权合约。期权是一种证券化契约，赋予买方在合约到期日或到期日前，以执行价格向卖方买入或者卖出一定数量的商品和有价证券的权利，如看涨期权、看跌期权。

④ 金融互换合约。金融互换是指交易双方按照预先规定的条件，就未来交换债务或现金流量的交易所达成的一种协议，包括货币互换、利率互换或者交叉利率互换。中国人民币的利率互换市场开始于 2006 年 2 月，2008 年规定商业银行、保险公司、银行间债券

市场参与者都可以开展利率互换交易。金融互换合约实质是由一系列远期合同构成的，因此，互换的公允价值等于未来每期的收益或支付净额的贴现值。在确定互换的公允价值时，必须估计各期期初的远期利率，并用这些估计的远期利率贴现各期的净现金流量。

（3）衍生金融工具的会计分析。

① 明确企业使用衍生品的目的是投资还是套期保值，投资的风险更高。

② 对于确认套期保值部分，需要对企业的潜在风险、风险管理策略、套期保值活动及套期保值业务的有效性进行评价。

③ 对个别资产或负债的套期保值有助于降低这些资产或负债的风险，但可能会增加企业总体的风险。一个企业在各国拥有子公司的情况下更是如此。

④ 衍生品的利得或损失计入损益表的问题。如果套期活动不是企业经营的核心部分，将套期保值纳入经营收益部分会掩盖经营收益或现金流量的易变性。此时，衍生品的利得和损失要做非经营性项目处理。如果风险管理是金融机构、保险机构、证券公司等企业的核心业务，必须把所有投资的利得和损失当作经营收益的组成部分。

⑤ 需要注意公允价值中按照市场价值、同类产品的替代价值或者估算价值所占的比例，因为每种公允价值的可靠性程度不同。

2）套期保值的分析

套期保值是指企业为规避外汇风险、利率风险、商品价格风险、股票价格风险、信用风险等，指定一项或一项以上的套期工具，使套期工具的公允价值或现金流量变动，预期抵销被套期项目全部或部分公允价值或现金流量变动。套期保值分为公允价值套期保值、现金流量套期保值和境外经营净投资套期保值 3 种。

（1）套期的分类。

① 公允价值套期。公允价值套期是对已确认的资产或负债、尚未确认的确定承诺，或该资产或负债、尚未确认的确定承诺中可辨认部分的公允价值变动风险进行的套期。该类价值变动源于某种特定的风险，并将影响企业的损益。例如，企业对承担的固定利率负债使用利率互换避险，或者对承担的用固定外币购买飞机的合同而使用远期外汇或者外汇期货的套期，属于公允价值套期。

② 现金流量套期。现金流量套期是指对现金流量变动风险进行的套期。该类现金流量变动源于与已确认的资产或负债、很可能发生的预期交易有关的某类特定风险，并将影响企业的损益。例如，企业对承担的浮动利率债务或者 6 个月后很可能购买飞机有关的现金流量变动风险进行套期，就属于现金流量套期。

公允价值套期和现金流量套期的比较：公允价值套期主要针对现有资产或者负债和确定承诺的套期，而现金流量套期则针对预期交易的套期。公允价值套期规避的是价格风险，而现金流量套期规避的是未来现金流量的风险。从会计上说，企业资产计量结束前进行套期保值活动的，属于公允价值套期；企业资产计量结束后进行套期保值活动的，属于现金流量套期。

③ 境外经营净投资套期。境外经营净投资套期是指对主体在海外拥有子公司、联营企业、合营企业或分支机构等境外经营净投资（境外投资的权益份额）的外汇风险进行的套期。因销售商品或提供劳务等形成的期限较短的应收账款项目，不构成境外经营净投资，

但长期外币货币性应收款和贷款则视为同境外经营净投资的组成部分。

（2）套期保值的计量。在财务报表中，企业要披露所有参与的套期保值活动的类型及所采用会计方法的信息资料，以及有关套期保值的金额、数量、利得和损失。

① 公允价值套期的套期工具和被套期项目均按照公允价值记录，其未确认的利得和损失计入当期收益。

② 现金流量套期的套期工具和被套期项目均按公允价值记录，套期有效部分的未实现利得和损失计入其他综合收益，套期无效部分的未实现利得和损失计入当期损益。

③ 境外经营净投资套期的套期工具和被套期项目均按照公允价值记录，未实现利得和损失计入其他综合收益部分的外币折算调整。

举例　期权的套期保值。由于石油价格急剧上涨，燃油成本占营运成本的比例在东方航空公司从2002年的21%增加到2008年的40%。为了降低燃油成本的经营风险，东方航空公司在2007～2010年进行了原油套期保值交易，见表4-47。由于不符合套期交易会计原则，东方航空公司将航油期权合约交易的衍生工具划分为交易性金融资产或交易性金融负债，按照公允价值计量其损益。东方航空公司在2008年的公允价值变动损益为-62.59亿元，利润总额为-139.85亿元，期权损益占利润总额的44.73%。

表4-47　东方航空公司2007～2010年6月的原油期权合约损益

年份	期权合约资产（千万元）	期权合约负债（千万元）	资产负债差额（千万元）	期权合约损益（千万元）	利润总额（千万元）	期权损益/利润总额（%）
2007	5.946	0.053	5.94	9.65	707.34	13.65
2008	12.30	631.98	-619.68	-625.59	-1398.5	44.73
2009	0.35	98.77	-89.24	374.37	64.01	584.85
2010	0.155	63.35	-63.20	22.43	216.76	10.35

3. 外币折算的分析

外币折算是指企业在经济业务中，将实际使用的不同外币金额转换为统一的本国货币或者特定等值外币的折合换算过程。外币交易应在初始确认时以记账本位币记录，按交易发生日的记账本位币与外币之间即期汇率进行折算。

1）外币货币性项目和外币非货币性项目

在资产负债表日，企业应当区别外币货币性项目和外向非货币性项目的外汇折算处理。

（1）货币性项目。货币性项目就是企业持有的货币、银行存款、应收账款、应付账款等可确定金额的货币收取的资产或者负债。

（2）非货币性项目。非货币性项目就是货币性项目以外的项目，如存货、长期股权投资、固定资产、无形资产、实收资本、资本公积等。

（3）外币货币性项目，应当采用期末即期汇率将其折算为记账本位币金额，汇兑差额确认为当期损益，计入财务费用。

（4）外币非货币性项目。包括：①按照历史成本计量的，仍然采用交易发生日的即期汇率折算，不改变其记账本位币金额；②对以公允价值计量的，采用公允价值确定日的即期汇率折算；③外币投入资本永远按照交易日即期汇率进行折算，不产生外币资本汇兑差额。

2）国外子公司的外币折算

国外子公司与母公司进行报表合并时，需要将国外货币计价的财务报表转换为母公司货币的财务报表。现行汇率法和时态法是两种允许的外币折算方法。如果子公司相当独立，则采用现行汇率法；如果子公司与母公司紧密相连或者子公司所在国家处在巨额通货膨胀（3 年超过 100%）阶段，则采用时态法。调整的汇率包括历史汇率、现行汇率、交易发生时的个别汇率和加权平均汇率 4 种。

（1）现行汇率法。按照现行汇率法进行调整时，所有的资产和负债都按照现行汇率调整，股本按照历史汇率不变，股利、个别资产出售则按照个别汇率调整，收入、费用、销售成本和折旧、摊销按照平均汇率调整，而留存收益则按照取得的数据进行调整，折算调整计入股权投资和其他综合收益。中国会计准则要求对境外经营采用期末的现行汇率法进行折算。

（2）时态法。按照时态法，现金和证券、所有负债都按照现行汇率调整，存货、固定资产、无形资产、股本按照历史汇率调整，留存收益按照取得的数据调整，股利按照个别汇率调整，收入和费用按照平均汇率调整，销货成本和折旧、摊销按照历史汇率调整，外币报表折算差额计入损益表。

（3）两种方法的比较。由于采用时态法计算的折算损益等于货币性资产和货币性负债之间的差额，因此，本币与外币之间的汇率波动就会带来折算收益或者损失。本币增强会带来损失，本币贬值则会带来折算收益，从而影响投资报酬率和资产报酬率。相比之下，现行汇率法下的折算损益等于资产和负债的差额或者净资产的汇率变动结果，从而影响债务权益比率和每股账面价值。

（4）少数股东权益。企业在编制境外企业的合并财务报表时，应按照少数股东在境外经营所有者权益中所享有的份额，计算少数股东应分担的外币报表折算差额，并以少数股东权益列示于合并资产负债表。

另外，当企业处置境外经营的情况发生时，需要将所有者权益部分的外币报表折算差额按比例转入当期损益。当境外经营的公司面临恶性通货膨胀时，需要对资产负债表项目运用一般物价指数予以重述，再按照最近资产负债表日的即期汇率进行折算。

4. 可供出售金融资产和持有至到期投资的分析

（1）在一年内到期的持有至到期投资和可供出售债务证券，应当作流动资产处理。

（2）可供出售金融资产的质量。结合可供出售金融资产的投资种类、证券价格变动的趋势、已确认投资收益金额与相应现金流入量之间的差异等方面来分析其质量。

（3）分析持有至到期投资的风险。持有至到期投资债券的收益率应该高于同期银行存款的利率。但是，债务人能否定期支付利息、到期偿还本金，取决于债务人是否有足够的现金流量和融资能力。因此，需要对持有至到期投资的债券类别及其债务人的偿债能力进行分析，以便确定债券投资的变现能力和流动性。

持有至到期投资需要根据其账面价值高于其未来现金流量的现值的差额计提资产减

值损失。因此，通过分析持有至到期投资的资产减值准备占其初始投资额的比率来判断持有至到期投资的变现性。通过该种证券在证券市场的交易规模和参与交易的投资者数量来判断其市场流动性。

（4）盈余管理。我们需要关注企业利用金融资产减值准备转回的办法来进行利润平滑或者粉饰业绩的动机。这就需要分析资产减值准备的计提与转回的频率和金额，以及其与利润之间的关系。

（5）收益分析。可供出售金融资产和持有至到期投资的金融资产占总资产的比例较大，容易受到利率、汇率波动和其他企业经营风险的影响。因此，可供出售的金融资产和持有至到期投资的价值，以及其公允价值变动损益和资产减值损失的变动较大，从而会影响企业投资资产的收益率、资产负债率及股东权益报酬率。

二、投资性房地产

投资性房地产是指为赚取租金或资本增值，或者两者兼有而持有的房地产。投资性房地产在中国的主要表现形式是出租建筑物、出租土地使用权、持有并准备增值后转让的土地使用权和建筑物。

（一）投资性房地产的计量模式

1. 初始计量

投资性房地产按照历史成本进行初始确认和计量。自用或者作为存货的房地产转化为按照公允价值计量的投资性房地产时，投资性房地产按照转换当日的公允价值计价，转换当日的公允价值小于原账面价值的，其差额计入当期损益；转换当日的公允价值大于原账面价值的，其差额作为其他综合收益。处置该项房地产时，原计入其他综合收益的部分应当转入处置当期损益。自用或者作为存货的房地产转化为按照成本计量的投资性房地产时，按照账面价值结转。

2. 后续计量

投资性房地产的后续计量模式分为成本计量模式和公允价值计量模式。

（1）成本计量模式。采用成本计量模式的投资性房地产需要进行折旧和摊销，租金收入作为其他业务收入，出售投资性房地产时的价格与账面价值之差作为投资收益。

（2）公允价值计量模式。采用公允价值计量模式的投资性房地产不需要计提折旧或进行摊销，租金收入作为其他业务收入，会计期末的公允价值与其账面价值的差额计入当期损益。

（3）两种模式的准则规定。包括：①企业采用成本计量模式不受限制。企业只有存在确凿证据表明其公允价值能够持续可靠取得的，才允许采用公允计量模式。②同一企业只能采用一种模式对所有投资性房地产进行后续计量，不得同时采用两种计量模式。③成本模式转为公允价值模式的，应当作为会计政策变更处理，但不允许从公允价值模式转换为成本计量模式。公允价值可以采用评估价格、第三方调查和市场类比法确定。

举例 投资性房地产的成本计量模式和公允价值计量模式。水生公司在2016年12月31日在自有土地上建成一座厂房，作为车间自用，建造成本720万元，折旧年限20年，按照直线法折旧，预计无残值。由于产品销路不畅，该公司在2018年1月1日将该厂房出租，租期 10 年，每年租金 50 万元。该厂房在出租当日的公允价值为 800 万元。租约到期后，企业将该厂房改造为第五车间，此时公允价值为 540 万元。要求：比较成本计量模式和公允价值计量模式对该公司的财务影响。

分析：（1）2017 年计提折旧额=720/20=36（万元）。

（2）2018 年 1 月 1 日厂房出租。按照成本计量模式，出租厂房按照账面价值结转，该厂房的账面价值=720−36=684（万元），每年的折旧额仍为 36 万元，计入其他业务成本。按照公允价值计量模式，出租厂房按照公允价值 800 万元结转，公允价值与账面价值的差额=800−684=116（万元），计入其他综合收益。

（3）按照成本计量模式，在 2018～2027 年的出租期间，该投资性房地产的租金收入为 50 万元，其他业务成本为 36 万元，营业利润为 14 万元。按照公允价值计量模式，该投资性房地产在出租期间的租金收入为 50 万元，无成本费用，营业利润为 50 万元。在 2027 年 12 月 31 日从出租转为自用后，按照成本计量模式的厂房账面价值=684−36×10=324（万元），按照公允价值模式计量的厂房价值为 540 万元和公允价值变动损益=540−800=−260（万元）。2028～2036 年，按照成本计量模式和按照公允价值计量模式的固定资产折旧分别为 36 万元（324/9）和 60 万元（540/9）。

（4）在假设其他收入相同的情况下，按照公允价值计量模式的投资性房地产在出租的第 1 年获得了 116 万元的其他综合收益和较高的资产价值，在出租期间比按照成本计量模式的投资性房地产每年多获得相当于折旧的营业利润 36 万元，从而会多缴纳企业所得税和增加现金流出。但是，由于房地产的增值，按照公允价值计量模式的投资性房地产在转为自用后比按照成本计量模式的投资性房地产每年的利润降低 24 万元，并在转为自用的第 1 年发生了−260 万元的公允价值变动损益。

（二）公允价值计量模式的财务影响

（1）偿债能力的影响。在房价不断上涨的期间，采用公允价值计量模式的投资性房地产会增加企业的资产和净资产，从而有助于增强企业的偿债能力，提高债务融资规模、延长债务期限和增加贷款的数量。研究表明，管理层选择公允价值计量模式对投资性房地产进行后续计量的可能性与盈利能力负相关，而与资产负债率正相关，从而表明企业选择公允价值计量模式的动机在于提高公司的会计业绩和降低公司的债务水平。

（2）盈利能力的影响。公允价值计量模式具有顺周期性，房地产市场价格的上涨会导致企业利润的增加，但现金流量并未增加，高利润会引发股东对股利分配的需求，造成企业的资金压力。随着投资性房地产实行公允价值后导致净资产的增加，以后年份的净资产收益率会相对较低，从而降低债务资本的使用绩效。而且，公允价值计量模式加剧了利润的波动性，增加了公司的经营风险和财务风险。

（3）现金流量的影响。采用公允价值计量模式的投资性房地产无法享受折旧和摊销的税收扣除，而且资本增值的部分需要按照 25%的所得税税率从当期利润中扣除。因此，从企业对投资性房地产采用成本计量模式还是公允价值计量模式中可以判断企业的稳健性。通常只有资产负债率比较高的企业，或者为了提高融资能力的企业或者大股东为了高价抛售股价而运用公允价值计量模式来调整业绩。

（4）房产税和监管的影响。房产税按房产的账面原值扣除一定比例后按 1.2%的税率计算。公允价值模式可能会引起以重估价值为计税基础，在房价不断攀升的时期会增大企业的税负。而且，企业采用公允价值计量模式会引起监管部门的更多关注。

（5）盈余管理的影响。自用固定资产和土地使用权先转为投资性房地产、在租期满后再转为自用的方式，可以通过成本计量模式和公允价值计量模式之间的转换来达到盈余管理的目的。而且，成本计量模式下的房地产可以通过出售来达到利润调节的目的。公允价值计量模式下的投资性房地产的价值变动分摊到多年的利润中，出售的利润调节效应不明显。

（三）投资性房地产的财务分析

在对投资性房地产进行分析时，首先要看企业是采取成本计量模式还是公允价值计量模式；其次，分析投资性房地产的增长率及其占投资资产甚至总资产的比率；最后，分析投资性房地产的租金收益率和公允价值变动率，并与企业的融资利率、金融资产的收益率及经营资产的收益率比较来判断进行房地产投资的合理性。

三、长期股权投资

长期投资是企业为了保持与其他公司的业务关系、实施控制或者获取利润而持有的长期资产，如长期债权投资、长期股权投资和房地产投资等。这一部分主要介绍长期股权投资。

（一）股权投资的分类

根据中国会计准则，股权投资按照投资方对被投资方的影响程度、活跃交易市场存在与否和公允价值能否可靠计量 3 个标准，分为交易性金融资产、可供出售金融资产和长期股权投资 3 类。尽管股权比例与对被投资方的影响程度并非完全一致，但是，股权比例与对被投资方的影响程度具有高度的相关性。按照股权比例，中国的股权投资及其分类见表 4-48。这 3 类股权投资在初始计量及后续计量的价值和方法方面存在众多差异，以及所包含的内容与 2006 年会计准则和 2014 年会计准则存在较大的差异。

表 4-48 中国的股权投资及其分类

<table>
<tr><td colspan="2" rowspan="2">股权比例</td><td colspan="3">20%以下</td><td rowspan="2">20%～50%</td><td colspan="2">50%以上</td></tr>
<tr><td colspan="2">市场交易</td><td>非市场交易</td><td>同一控制</td><td>非同一控制</td></tr>
<tr><td rowspan="2">初始计量</td><td>价值</td><td colspan="2">公允价值</td><td>公允价值</td><td>公允价值</td><td>账面价值</td><td>公允价值</td></tr>
<tr><td>方法</td><td colspan="2">购买法</td><td>购买法</td><td>购买法</td><td>权益结合法</td><td>购买法</td></tr>
<tr><td rowspan="2">后续计量</td><td>价值</td><td colspan="2">公允价值</td><td>成本</td><td>权益比例</td><td colspan="2">成本</td></tr>
<tr><td>方法</td><td colspan="2">公允价值法</td><td>成本法</td><td>权益法</td><td colspan="2">成本法</td></tr>
<tr><td colspan="2">2006 年会计准则</td><td>交易性金融资产</td><td>可供出售金融资产</td><td colspan="4">长期股权投资</td></tr>
<tr><td colspan="2">2014 年会计准则</td><td colspan="2">交易性金融资产</td><td>可供出售金融资产</td><td colspan="3">长期股权投资</td></tr>
</table>

（1）股权比例小于 20%的股权投资。这种股权投资按照购买法进行初始计量。对于上市公司的股权，2006 年会计准则按交易性金融资产和可供出售金融资产的公允价值进行

后续计量，2014 年会计准则按交易性金融资产进行后续计量。对于未上市公司的股权投资则按照成本法进行后续计量，2006 年会计准则将其归入长期股权投资，2014 年会计准则将其归入非交易性可供出售金融资产。这意味着债务类可供出售金融资产按照公允价值进行计量，非交易性权益类可供出售金融资产按照成本进行后续计量。

（2）股权比例介于 20%～50%的股权投资。这种长期股权投资按照购买法进行初始计量和权益法后续进行计量。

（3）股权比例大于 50%的股权投资。这种长期股权投资在同一控制下按照权益结合法、在非同一控制下按照购买法进行初始计量，按照成本法进行后续计量，需要合并财务报表。

（4）2014 年后的长期股权投资界定。长期股权投资是指企业持有的对其子公司、合营企业及联营企业的权益性投资，包括对被投资企业实施控制的权益性投资、对被投资企业产生重大影响的权益性投资、对被投资企业实施共同控制的权益性投资。对被投资企业不具有共同控制或重大影响且在活跃市场没有报价和公允价值无法可靠计量的权益性投资不再作为长期股权投资，归入可供出售金融资产。

（二）长期股权投资的分析

1. 长期股权投资的初始计量

（1）非企业合并形成的长期股权投资的初始投资成本，按照实际支付的现金购买价款、发行权益性证券的公允价值、投资者投入的长期股权的合同协议价值、非货币性资产交换和债务重组取得长期股权投资价值确认，同时包括与取得长期股权投资直接相关的费用、税金及其他必要的支出。但是，实际支付价款或者对价中包含的已宣告但尚未领取的现金股利或者利润，作为应收项目单独核算，不作为取得的长期股权投资的成本。

（2）企业合并形成的长期股权投资，区分同一控制下的控股合并和非同一控制下的控股合并来确定长期股权投资的初始成本。

① 非同一控制下的控股合并形成的长期股权投资的初始投资成本，等于购买日所支付对价的公允价值和与合并相关的直接费用之和。但是，发行权益性证券发生的手续费、佣金等费用不属于合并成本，应当抵减权益性证券的溢价收入。

② 同一控制下的控股合并形成的长期股权投资的初始投资成本确认，要区分发行权益性证券和非权益性证券的合并。以支付现金、转让非现金资产或承担债务方式作为对价的，应当在合并日按照取得被合并所有者权益账面价值的份额作为长期股权投资的初始投资成本。初始投资成本与支付对价账面价值的差额，应当调整资本公积和留存收益。

合并方以发行权益性证券作为合并对价的，应当在合并日按照取得被合并所有者权益账面价值的份额作为长期股权投资的初始投资成本。按照发行股份的面值总额作为股本，初始投资成本与所发行股份面值总额之间的差额，应当调整资本公积和留存收益。

2. 长期股权投资的后续计量方法

长期股权投资的后续计量方法有成本法和权益法两种。

1）成本法

成本法是指投资按投资成本计价的方法。在成本法下，长期股权投资以取得股权时的成本计价，其后，除投资企业追加投资、收回投资等情形外，长期股权投资的账面价值保持不变。投资企业确认投资收益，仅限于所获得的被投资单位在投资后产生的累积利润的分配额，所获得的利润或者现金股利超过分配数额的部分作为初始投资成本的收回。

举例 长期股权投资的成本法。东方公司在 2011 年 4 月 2 日购入南方公司股份 5 万股，每股价格 12.12 元，另支付相关税费 3 200 元。东方公司购入的南方公司的股份占南方公司有表决权资本的 3%，并准备长期持有。南方公司在 2011 年 5 月 2 日宣告分派 2010 年度的现金股利 0.2 元/股。要求：按照 2006 年会计准则计算东方公司的长期股权投资及其投资收益。

分析：（1）2011 年 4 月 2 日，东方公司的长期股权投资的初始投资成本=5 × 12.12+0.32=60.92（万元）。

（2）2011 年 5 月 2 日，南方公司发放现金股利，东方公司应计股利=5 × 0.2=1（万元），长期股权投资减少至 59.92 万元。

（3）如果南方公司在 2012 年 4 月 25 日宣告以 3 月 1 日为基准日，分配每股现金股利 2.5 元，而南方公司 2011 年的每股收益为 2 元。东方公司在 2011 年享有的每股收益=2 × 9/12=1.5（元），南方公司分派现金股利应冲减的投资成本=（2.5−1.5）× 5=5（万元），投资收益=1.5 × 5=7.5（万元）。因此，到 2012 年 4 月 25 日，南方公司对东方公司的长期股权投资余额为 54.92 万元，投资收回的现金为 6 万元，投资收益为 7.5 万元。

2）权益法

权益法是指投资最初以投资成本计价，以后根据投资企业享有被投资单位所有者权益份额的变动对投资的账面价值进行调整的方法。在权益法下，长期股权投资的账面价值随着被投资单位所有者权益的变动而变动，包括被投资单位实现的净利润或发生的净亏损，以及其他所有者权益项目的变动。被投资企业发行现金股利或分配利润会减少长期股权投资。

举例 权益法的计价基础。A 企业可辨认净资产的公允价值在 2015 年初为 8 000 万元。甲、乙两家企业是分散经营、互不相关的企业，都于 2015 年初对 A 企业进行了投资，各自获得了 A 企业 30%的股权。假设在取得时各项可辨认资产、负债的公允价值与其账面价值相等。甲、乙两家企业支付对价的公允价值分别为 2 500 万元和 2 200 万元，并在取得时即能确定应采用权益法进行后续计量。

分析：（1）甲企业支付的对价为 2 500 万元，该项投资所对应的权益份额的公允价值=8 000 × 30%=2 400（万元），差额 100 万元作为商誉包含在投资成本 2 500 万元中。

（2）乙企业支付的对价为 2 200 万元，小于该项投资所对应的权益份额的公允价值和入账成本 2 400 万元，其差额 2 400−2 200=200（万元）计入营业外收入。

（3）甲、乙两家企业都拥有 A 企业 30%的股权，但长期股权投资的入账成本不同，导致两家企业的会计信息缺乏可比性。而且，甲企业对 A 企业的长期股权投资的账面余额从开始就要大于应享有的被投资单位 A 的权益份额，无法准确地反映被投资单位所享有的权益份额，从而降低了会计信息的相关性。另外，按照权益法核算的长期股权投资的初始成本，只确认经济收入，不确认经济损失，违背了实质重于形式和谨慎性原则。

3）2014 年长期股权投资的新准则

长期股权投资的初始投资成本按照支付对价的公允价值和被投资单位权益份额的公允价值的不同分两种情况计量。第一，当投资企业支付对价的公允价值大于投资企业享有被投资单位权益份额的公允价值时，长期股权投资的初始成本采用支付对价的公允价值为计量基础，不对长期股权投资的初始入账成本进行调整，差额视为商誉包含在投资成本中。第二，当投资企业的支付对价的公允价值小于投资时应享有被投资单位权益份额的公允价值时，长期股权投资的初始成本以享有的权益份额的公允价值为计量基础，并将其差额计入营业外收入。

4）成本法和权益法的比较

（1）成本法是将投资企业与被投资单位视为两个独立的法人、两个会计主体，投资企业只有在收到利润或者现金股利，或对利润或现金股利的要求权实现时，才确认投资收益。这种方法比较符合收入确认的已挣得和已实现的要求，符合收入实现的稳健性原则。跨国企业受到东道国利润分配的法律限制时，更是如此。

成本法能够比较准确地反映长期投资的成本和获得利润与现金股利的情况，现金流入与投资收益的实现能够很好地匹配，与我国税法上确认应税所得额时对投资收益的确认时间是一致的。但是，成本法的“长期股权投资”账户没有能够很好地反映投资企业在被投资单位的权益或者财务经营决策的参与情况，容易造成投资企业操纵被投资单位的利润分配来粉饰投资企业的投资收益和利润。

（2）权益法则将投资企业与被投资单位视为一个经济整体，在损益确认上采用权责发生制原则。在被投资企业产生损益时，投资企业相应确认投资收益份额。这样，权益法下的“投资”账户就能反映投资企业在被投资单位中的实际权益份额和相应的投资利益，而不管被投资单位分配利润或者现金股利的时间、金额或者不确定性的利润分配政策，体现了实质重于形式原则。但其缺点在于忽视了被投资企业的利润分配政策和被投资企业所在国家与地区的法律限制，以至于投资收益的实现和现金流入的时间不相吻合，而且会计核算比较复杂和核算成本较高。

3. 长期股权投资的资产减值

长期股权投资的期末账面价值大于可收回金额的，应计提减值准备。如果由于市价下跌或者被投资单位经营状况恶化等原因导致可收回金额低于投资的账面价值，将可收回金额低于长期投资账面价值的差额，首先冲减该项投资的资本公积准备项目，不足部分确认为当期减值损失。

计提的长期股权投资减值准备在持有期间不得转回，而是在处置长期股权投资时反映在损益中。处置长期股权投资时，其账面价值与实际取得价款的差额计入当期损益，同时结转已计提的减值准备和原计入资本公积准备项目的金额。采用权益法核算的长期股权投资，因被投资单位除净损益以外所有者权益的其他变动而计入所有者权益的，处置该项投资时应当将原计入所有者权益的部分按照相应比例转入当期损益。

4. 长期股权投资的会计分析和财务分析

长期股权投资的会计分析和财务分析主要关注以下 5 个方面。

（1）分析控制性权益投资在长期股权投资所占的比例，长期股权投资中使用货币资金和非货币资产所占的比例。

（2）分析长期股权投资的构成与企业核心竞争力之间的关系。如果长期股权投资的项目与企业的核心竞争力相一致，那么，企业会在技术、管理、市场、投向项目的选择等方面对被投资项目进行理性的选择和做出实质性的贡献，防止企业因为信息不对称性而受骗，也可造成投资项目的业绩变化与企业的业绩变化方向相同。如果投资企业的核心竞争力与被投资项目不一致，或者投资企业将长期股权投资于不熟悉的产业，那么，多元化的投资策略可以帮助投资企业的业绩实现稳定增长，但也容易造成投资企业因不熟悉被投资项目而受骗。

（3）分析长期股权投资因转让股权或者收回股权、增加新的投资或者因权益法确认投资收益而出现的变化状况。

（4）分析长期股权投资的投资收益。长期股权投资的投资收益在成本法和权益法下是不同的。成本法确认被投资企业宣告发放的股利或利润，而权益法则按比例确认被投资企业的利润或损失。因此，如果投资企业对被投资企业拥有重大影响或控制权，最好在进行财务报表分析时采取权益法计算所有长期股权投资的收益率或资产报酬率。

（5）分析长期股权投资的变现能力。当被投资企业是有限责任公司时，投资方的股权投资一般不能从被投资方撤出，只能通过股票市场或者其他市场的讨价还价进行股权转让。因此，要分析长期股权投资的资产减值损失占长期股权投资原值的比例，大宗股票被质押的比例，以及股票市场可以自由转让的长期股权投资所占的比例来衡量长期股权投资的变现性。

（三）企业合并的分析

企业合并就是将两个或两个以上的企业合并形成一个报告主体的交易或事项，分为吸收合并、新设合并和控股合并。企业合并的原因包括获得市场和各种生产资源，实现多元化经营和规模经济及纳税优势，扩大管理层的声望、报酬和津贴，增强企业的增长潜力和增加报告收益等。

1. 企业合并的分类

根据是否出于同一控制，企业合并区分为同一控制下的企业合并和非同一控制下的企业合并。参与合并的企业在合并前后均受同一方或者相同的多方最终控制且该控制并非暂时性的，为同一控制下的企业合并，采用权益结合法进行资产计价。参与合并的各方在合并前后不属于同一方或相同的多方最终控制的，为非同一控制下的企业合并，采用购买法进行资产计价。

2. 资产计价的方法

1）权益结合法

权益结合法是指合并方在企业合并中取得的资产和负债，按照合并日被合并方的账面价值计量的方法。合并方取得的净资产账面价值与支付的合并对价账面价值的差额，调整资本公积；资本公积不足冲减的，调整留存收益。

（1）若被合并方的投入资本大于合并方支付的合并对价账面价值，将差额部分相应地增加合并方的资本公积。

（2）若被合并方的投入资本小于合并方支付的合并对价账面价值，将差额部分先冲减合并方的资本公积，不足部分冲减被合并方的留存收益。

（3）被合并方的留存收益不足冲减的，冲减合并方的留存收益。

（4）合并方为进行企业合并发生的各项直接相关费用，包括为进行企业合并而支付的审计费用、评估费用、法律服务费用等，在发生时计入当期损益。为企业合并发行的债券或承担其他债务支付的手续费、佣金等，计入所发行债券及其他债务的初始计量金额。企业合并中发行权益性证券发生的手续费、佣金等费用，抵减权益性证券溢价收入，溢价收入不足冲减的，冲减留存收益。

2）购买法

购买法是指按照被购买企业的资产和负债的公允价值进行计价，购买价格超过被并购企业的公允价值份额部分确定为母公司商誉的计价方法。

（1）合并成本。合并成本为购买方在购买日为取得对被购买方的控制权而付出的资产、发生或承担的负债，以及发行的权益性证券的公允价值，如购买对价的公允价值，合并发生的各项直接相关费用等。发行权益性证券的成本和预期合并后发生的未来损失或其他成本，不属于合并成本。

（2）商誉的确认。母公司需要对被购买子公司的资产价值超过其账面价值部分分摊到相应的资产和商誉，进行折旧、摊销或计提资产减值：①购买方合并成本大于合并中取得的被合并方可辨认资产公允价值份额的差额，确认为商誉；②购买方合并成本小于合并中取得的被合并方可辨认资产公允价值份额的差额，计入营业外收入；③将合并成本分配到可辨认资产、负债及或有负债。

（3）合并成本由商誉和被购买方可辨认净资产公允价值两部分构成。被购买方的各项资产所带来的未来经济利益预计能够流入企业且公允价值能够可靠计量的，无形资产的公允价值能够可靠计量的，各项负债履行有关的义务很可能导致经济利益流出企业且公允价值能够可靠计量的，或有负债的公允价值能够可靠计量的，各项资产、无形资产、负债和或有负债都要按照公允价值确认。

举例 权益结合法与购买法的差异。2017 年 1 月 1 日，泰山冶炼公司采取发行股票的方式收购了华东采矿公司的全部资产，并承担了后者的全部负债。泰山冶炼公司的股票面值为 10 元，市价为 20 元，发行股票的手续费和佣金为 10 万元，合并过程中发生审计费用 10 万元和法律服务费用 5 万元。华东采矿公司 2017 年 1 月 1 日的资产和负债的账面价值与公允价值见表 4-49。

表 4-49 华东采矿公司 2017 年 1 月 1 日的资产和负债的账面价值与公允价值（单位：万元）

科目	泰山冶炼公司	华东采矿公司	
		账面价值	公允价值
银行存款	80	10	10
应收账款	100	30	28
存货	140	40	50
固定资产	460	120	190
无形资产——特许权	—	—	10
资产合计	780	200	288
应付账款	28	42	39
应付债券	112	8	9
普通股	200	30	

续表

科目	泰山冶炼公司	华东采矿公司	
		账面价值	公允价值
资本公积	140	40	240
留存收益	300	80	
负债与所有者权益合计	780	200	288

假设泰山冶炼公司分 3 种情形全资收购华东采矿公司，编制合并日的资产负债表：①发行 10 万股股票进行同一控制下的企业合并；②发行 10 万股股票和支付现金 60 万元进行非同一控制下的企业合并；③发行 10 万股股票和支付现金 20 万元进行非同一控制下的企业合并。泰山冶炼公司 2017 年 7 月 1 日的合并日的资产负债表见表 4-50。

表 4-50　泰山冶炼公司 2017 年 1 月 1 日的合并日的资产负债表（单位：万元）

科目	同一控制下的企业合并	非同一控制下的企业合并	
	情形①	情形②	情形③
银行存款	65	5	45
应收账款	130	128	128
存货	180	190	190
固定资产	580	650	650
无形资产——特许权	—	10	10
商誉	—	35	—
资产合计	955	1 018	1 023
应付账款	70	67	67
应付债券	120	121	121
普通股	300	300	300
资本公积	100	230	230
留存收益	365	300	305
负债与所有者权益合计	955	1 018	1 023

分析：（1）在 3 种情形中，发行股票的手续费和佣金 10 万元减少泰山冶炼公司的银行存款，冲减资本公积。合并过程中发生的审计费 10 万元和法律服务费 5 万元减少泰山冶炼公司的银行存款 15 万元，在同一控制下的企业合并中增加管理费用 15 万元（减少留存收益 15 万元），但在非同一控制下的企业合并中计入合并成本。

（2）在发行 10 万股股票进行同一控制下的企业合并中，泰山冶炼公司的股票面值为 100 万元，华东采矿公司的股本和资本公积之和为 70 万元，其差额 30 万元冲减泰山冶炼公司的资本公积。华东采矿公司的其余科目按照账面价值与泰山冶炼公司的账面价值合并，合并资产账面价值为 955 万元，负债与所有者权益的账面价值为 955 万元。

（3）在发行 10 万股股票和支付现金 60 万元进行非同一控制下的企业合并的情形中，

泰山冶炼公司的合并成本=200+60+15=275（万元），大于华东采矿公司的公允价值240万元，其中的差额35万元计入商誉。发行10万股股票计入股本的价值为100万元，计入资本公积为100万元（10×20−100）。华东采矿公司的其余科目按照公允价值与泰山冶炼公司的账面价值合并，合并资产账面价值为1 018万元，负债与所有者权益的账面价值为1 018万元。

（4）在发行10万股股票和支付现金20万元进行非同一控制下的企业合并的情形中，泰山冶炼公司的合并成本=200+20+15=235（万元），小于华东采矿公司的公允价值240万元，其中的差额−5万元作为负商誉，计入营业外收入。合并资产账面价值为1 023万元，负债与所有者权益的账面价值为1 023万元。

（5）合并的财务影响。权益结合法不考虑合并差价，被合并企业在合并前的利润需要纳入合并财务报表。这事实上降低了合并企业的权益，提高了合并企业的净利润和净资产报酬率。相反，购买法则需要承认合并差价和按照被合并企业资产的公允价值进行合并，但合并前被合并企业的利润不能纳入合并财务报表。因此，购买法降低了合并企业的净资产收益率。而且，合并过程中发生的审计费、评估费和律师服务费等费用，在权益结合法下计入管理费用，但在购买法下计入合并成本。当合并成本高于被并购企业的资产的公允价值时，这些合并费用就计入商誉。在溢价并购的情况下，并购的费用就作为商誉永远存在。这就间接高估了并购企业的利润。因此，企业的兼并决策在很大程度上取决于对购买法和权益结合法的选择，而不仅仅是合并后带来的规模效应和协同效应。

3. 企业兼并和收购的动机分析

企业的兼并和购买越来越成为企业资本运作的一种方式。通过兼并和收购，企业可以获得更好的发展机会，实现与被并购企业的资源协同效应，或者减少竞争。通过兼并和收购活动获得一个企业的控制权，企业的控股权人可以获得比普通股股权的买卖更多的额外报酬。这包括离任补偿、薪酬、奖金期权、费用报销、豪华旅游、娱乐福利、在职消费；为交易融资和使用别人资金的能力；创造优越的纳税环境的能力；利用企业的内部信息而不仅仅是公开披露的信息来进一步投资；利用被并购企业的生产、经营和投资的任何一个环节牟取利益和实施关联交易；利用控股权决定何时在股票市场出售股票、实施IPO、私募发行、巨额债务融资、发行普通股股票进行兼并和收购、定向增发；利用企业的库存股获得自我保护融通的能力；利用企业的资源酬劳投资银行家、律师、会计师、管理人员的能力，从而构建庞大的社会关系网；获取政治资本，进行兼并和收购活动会获得更多政府官员打交道的机会，从而影响政府决策。

4. 企业合并的会计分析和财务分析

（1）会计商誉只是代表并购交易中所获净资产的成本超过其公允价值部分，而不仅仅是真实的经济价值。这就意味着商誉可能是管理层的估计错误、中间人佣金、律师费、投资银行佣金、中期财务成本等不具有获得超额收益能力的成本部分。为此，需要对商誉定期做减值损失测试。

（2）被并购企业的未完研究开发费用需要进行资本化处理并进行摊销，而不是费用化处理。

（3）年中并购时会出现并购前销售和收益的问题。如果合并子公司全年的销售收入和收益，则会高估销售收入，各种涉及收入的财务指标都会被高估。

（4）合并财务报表存在的问题。如果子公司与母公司在会计原则、估价和摊销等方面不具有可比性，未显示各子公司的现金流量所受到的约束，就会模糊公司的财务状况和公司间内部交易的状态。由于各独立实体的资产和负债是不能互换的，因此会扭曲各种财务比率和债权人求偿权的优先顺序。

（5）企业合并计价的影响。在权益结合法下，资产价值的低估导致合并后公司权益的低估、折旧和摊销费用的低估，收益、资产收益率和权益收益率的高估。同时，按照权益结合法，年中合并报表需要将子公司全年的收益纳入其中，而不仅仅是购买法下的并购日之后的收益部分，从而进一步提高了合并公司的收益率。在购买法下，资产价值的高估会导致公司权益的高估、折旧和摊销费用的高估，收益、资产收益率和权益收益率的低估，以及偿债能力的高估。

【本章小结】

本章对资产负债表的经营资产和投资资产的会计分析及财务分析进行了介绍，尤其是对应收账款、存货、固定资产、无形资产、金融资产、长期股权投资和投资性房地产进行了财务报表分析。

【思考题】

4.1 改变资产使用年限。武汉钢铁公司在2012年初有固定资产原值1 097.5亿元。为了实现扭亏为盈，武汉钢铁公司将折旧年限延长3年，从而在2012年上半年降低成本1.48亿元和实现利润1.39亿元，2012年全年降低折旧费4.44亿元和实现净利润4亿元。假设所得税税率为 25%。分析改变资产使用年限对企业的资产、负债、现金流量和所得税的影响。

4.2 存货跌价损失的调节。根据下表，分析万科房地产公司是如何利用存货跌价准备进行利润调节的。

万科房地产公司 2014～2016 年的财务数据

项目	2014 年	2015 年	2016 年
净利润（亿元）	249.8	331.2	390.2
净利润增长率（%）	37	33	18
资产减值损失（亿元）	7.9	−4.9	12
存货跌价准备（亿元）	7.6	−3.3	6.2
存货跌价/资产减值损失（%）	96	67	52

4.3 应收账款和预付账款。根据下表，分析辽宁省某医院的应收预付账款比例高的原因。

辽宁省某医院的应收预付款占用额

项目	2008 年	2009 年	2010 年	2011 年	2012 年
应收医疗款（亿元）	15	19	29	33	50
应收医疗保险费（亿元）	11	14.4	23.3	27	43

续表

项目	2008 年	2009 年	2010 年	2011 年	2012 年
应收公费医疗病人医疗费（亿元）	2	2	2	1	2
确认无法收回医疗欠款（亿元）	2	2.6	3.7	5	5
其他应收款（亿元）	29	36	46	57	32
预付账款（亿元）	—	—	—	—	13
应收预付款合计（亿元）	44	55	75	90	95
流动资产（亿元）	89	114	142	171	188
应收预付账款占流动资产的比例（%）	49.4	48.2	52.8	52.6	50.3

【练习题】

4.1 库存现金溢余与短缺。某企业 2017 年 9 月 2 日进行库存现金清查，发现现金短缺 4 000 元。9 月 8 日查明原因，其中 500 元属于出纳员王某的责任，由其赔偿；2 500 元应由保险公司赔偿；其余 1 000 元款项无法查明原因。11 月 2 日进行库存现金清查，发现现金多余 2 000 元。11 月 8 日查明原因，其中有 1 500 元属于应付给 A 公司的款项，其余款项无法查明原因。

要求：对该企业 2017 年 9 月和 11 月的库存现金溢余及现金短缺做相应的会计分录。

4.2 货币资金的财务分析。晨光生物公司是一家从事天然色素、原料药和工业辅料产品生产与销售的高科技企业。下表是晨光生物公司 2013～2016 年的财务数据。

晨光生物公司 2013～2016 年的财务数据（单位：万元）

项目	2013 年	2014 年	2015 年	2016 年
货币资金	8 304	13 449	30 626	26 440
流动负债	58 333	44 498	50 692	37 786
总资产	163 165	150 821	199 126	192 845

要求：计算货币资金增长率、货币资金与流动负债之比、货币资金占总资产的比例。

4.3 应付账款和应收账款的坏账准备。甲公司 2012 年采用账龄法对未到期、逾期半年和逾期半年以上的应收账款及预付账款分别按照 2%、10%和 20%估计坏账损失。预付账款 500 万元逾期半年未收到货物，应收账款 6 000 万元已经逾期半年。2012 年 1 月 1 日的“坏账准备”科目的贷方余额为 180 万元，对应“递延所得税资产”科目余额为 45 万元。2012 年实际发生应收账款坏账 230 万元，已转销的应收账款坏账收回 150 万元。假设企业所得税税率为 25%，税前会计利润为 500 万元。

要求：计算 2012 年 6 月 30 日应计提的坏账准备和递延所得税资产。

4.4 存货跌价损失。科龙电器公司是主要从事冰箱、空调及家用电器的生产和销售的企业。下表是 2005 年科龙电器公司的存货及存货跌价准备明细表。

2005 年科龙电器公司的存货及存货跌价准备明细表（单位：百万元）

项目	存货账面余额	存货跌价准备		
		年初余额	本年增加数	年末余额
原材料	802.9	32.5	160.7	193.3
在产品	96.2	0.08	13.7	13.8
库存商品	758.5	101.1	100.7	201.7
合计	1 657.6	133.68	275.1	408.8

要求：计算科龙电器公司的原材料、在产品、库存商品和所有存货的跌价比率。

4.5 存货周转率。下表是中国规模以上工业企业 2009～2011 年的存货情况。

中国规模以上工业企业 2009～2011 年的存货情况（单位：万亿元）

项目	2009 年	2010 年	2011 年
存货	6.60	6.72	7.85
其中：产成品	2.36	2.43	2.78
主营业务成本或者销售成本	44.05	57.73	77.93

要求：计算中国工业企业的存货周转天数和存货周转率。

4.6 存货计价方法。下表是某公司 2018 年的购销明细表。

某公司 2018 年的购销明细表

日期	摘要	数量（万件）	单位成本（元/件）	总成本（万元）
期初	期初库存	0	—	0
4 月	购进	4	3.00	12
5 月	购进	5	3.10	15.5
6 月	购进	6	3.20	19.2
7 月	销售	13		
8 月	购进	7	3.30	23.1
9 月	购进	7	3.40	23.8
11 月	销售	10		
总计	购进	29	—	93.60

要求：分析不同的存货盘存制度和存货计价方法对销售成本及期末存货的财务影响。

4.7 固定资产折旧。西安航空公司从事航空发动机、燃气轮机、烟气透平动力装置、航天发动机及零部件、风力发电机、太阳能发动机及零部件的生产和加工业务。下表是该公司 2014 年上半年的固定资产变动情况。根据税法的最低年限规定，房屋及建筑物的折旧年限为 20 年，机器设备为 10 年，运输工具为 4 年，办公设备为 3 年，企业所得税税率为 15%。

西安航空公司 2014 年上半年的固定资产变动情况（单位：百万元）

项目	期初账面余额	本期增加	本期减少	期末账面余额
房屋及建筑物	4 285	558	31	4 812
机器设备	9 753	1330	54	11 029
运输工具	155	15	2	168
办公设备	542	37	2	577
合计	14 735	1 940	89	16 586

要求：根据 2014 年上半年的固定资产增加额，假设净残值为 0，计算直线法、双倍余额递减法、年数总和法，以及按 60%年限加速折旧法下的折旧额及税后现金流量增加额。

4.8 无形资产摊销。王安公司在 2018 年 1 月以分期付款的方式购买一项商标权。合同规定，该项商标权总价为 600 万元，每年年末付款 300 万元，两年付清。假定银行同期贷款利率为 6%，两年期的年金现值系数为 1.833 4。假定商标权的有效使用年限为 10 年。

要求：计算在直线法下各年的摊销额。

4.9 无形资产的结构。下表是三一重工公司 2011～2014 年的财务数据。

三一重工公司 2011 ~ 2014 年的财务数据（单位：千元）

项目	2011 年	2012 年	2013 年	2014 年
总资产	30 362 096	34 046 294	29 097 428	28 430 788
无形资产	2 160 850	4 784 351	5 567 359	4 351 088
土地使用权	2 218 875	2 466 825	2 647 634	2 369 851
商标权	94	1 127 066	1 140 828	1 010 267
专营权	0	148 783	162 805	104 528
专利与非专利技术	8 015	903 923	1 204 904	907 691

要求：计算各种无形资产明细项目占无形资产的比例，以及无形资产占总资产的比例。

4.10 金融资产。下表是中国上市公司 2007～2012 年的金融资产和负债情况。

中国上市公司 2007 ~ 2012 年的金融资产和负债情况（单位：百亿元）

科目	2007 年	2008 年	2009 年	2010 年	2011 年	2012 年
交易性金融资产	39.6	37.8	29.4	44.0	66.1	98.8
可供出售金融资产	323.2	345.8	417.4	516.9	528.0	595.0
持有至到期投资	406.9	395.4	532.3	835.8	902.4	1 014.6
资产合计	4 224.4	4 963.9	6 296.8	8 641.3	10 424.6	12 133.2
交易性金融负债	12.0	11.3	10.1	33.5	49.2	57.3
负债合计	3 511.9	4 151.3	5 306.6	7 508.4	8 915.8	10 256.6
公允价值变动损益	0.9	−5.0	1.0	1.0	0.2	1.3
净利润	103.6	90.1	117.7	181.4	210.5	214.2

要求：计算各类金融资产占资产的比例。

【案例讨论题】

中冶置业从 2008 年起进入保障房建设行业。保障房建设通常采取建设—移交（build transfer，BT）模式，即由承包方垫付资本建设保障房，工程验收完毕后移交给政府，政府再按照合同的规定支付工程项目款。当政府资金短缺或者不守信用时，建设承包方就会面临巨额的资金压力和应收账款无法回收的情况，从而承担巨大的风险。

中冶置业从 2008 年开始，在江苏、浙江、河北、四川等省市开工建设 270 万平方米的保障房，到 2010 年完成保障房项目 24 个，总投资 257 亿元，总建筑面积 564 万平方米。2011 年，中冶置业开工建设 165 个项目，其中保障房项目 50 个，投资 508 亿元，总面积为 2 063 万平方米。

为了获得建设资金，中冶置业在 2008～2009 年与国家开发银行、中国银行、中国农业银行等 5 家银行签署了 450 亿元的融资授信合作协议。但是，随着 2011 年楼市调控政策的出台，南京、唐山、石家庄等市的政府无法通过卖地获得收购保障房的资金，从而导致中冶置业出现巨额的贷款本息支付和应收账款。2012 年底，中冶置业的应收账款为 65 亿元。到 2013 年 6 月 30 日，中冶置业的长期应收款净额高达 310.16 亿元，从而给中冶置业造成巨大的流动性压力。

讨论：根据以上材料，分析应收账款高度集中对企业流动性的影响。

第五章　负债与权益分析

第四章对资产负债表的资产方进行了比较详细的介绍和分析，本章将对负债和权益进行简要的会计分析和财务分析。

第一节　企业的筹资分析

在财务报表分析中，资本结构是指负债与所有者权益的结构，包括负债规模与股东权益的比率、企业的各种债务占总负债的比例、所有者权益中各类股东的持股构成比例、所有者权益中各项目的构成比例等。在分析企业的资本结构时，需要关注企业的资金成本与资产报酬率的关系，企业资金来源的期限构成与资产结构的适应性，企业的财务杠杆与财务风险和未来融资要求的适应性，企业所有者权益内部的股东持股情况与企业发展的适应性。

按照资金成本的不同，企业的筹资可以分为债务筹资和权益筹资两种，分别对应于资产负债表中的负债和股东权益两部分。债务筹资就是企业以承担债务的方式筹集的资金来源，权益筹资就是企业以发行股份或者增加留存收益的方式筹集的资金来源。

一、债务筹资

（一）债务筹资的方式

企业进行债务筹资的方式主要包括以下几种。

1. 商业信用

商业信用或者交易信用是指，在商品和服务交易中以延期付款或者预收货款进行购销活动而形成的借贷关系，其具体的表现形式是应付票据、应付账款、预收账款等。

（1）商业信用的优点。包括：交易成本很低，不需要复杂的手续和附加条件，是在商业交易过程中自然发生的；使用灵活和富有弹性；一般没有筹资成本和利息费；对债务人的约束性较小，容易造成公司之间的拖欠或者延期。

（2）商业信用的缺点。包括：期限相对较短；一般以具体的交易活动为基础，比较分散；放弃现金折扣的成本较高，应付票据的利息成本较高。

（3）供应链之间的商业信用。作为一种间接融资服务，供应链成员之间的交易信用包括延期付款交易信用和预付款交易信用，兼具融资和销售激励的功能。

（4）其他利益相关者的商业信用。应付工资一般不会超过 1 个月；应付票据不超过 6 个月；应交增值税、消费税、资源税的期限不超过 1 个月；应交企业所得税的期限不超过

4 个月。

2. 银行贷款

银行贷款就是企业从银行等金融机构获得各种形式的贷款和授信融资。企业的银行贷款分为商业银行贷款和政策性银行贷款。

1）商业银行贷款

（1）商业银行贷款的特点。包括：①银行贷款的门槛最低，但其融资成本最高。②银行贷款的金额一般较大，期限较长，需要支付利息和其他融资费用。融资成本或者财务费用就是企业在获取资金使用权的过程中支付的融资费用和资金使用费。融资费用就是企业在筹资过程中所发生的各种费用，资金使用费是指企业因使用资金而向资金供给者支付的报酬，如担保费、保证金、抵押金、贴现费等。③监督和审批严格。银行拥有一大批信贷方面的专业人才，会对债务人的财务状况、再融资行为、股利分配行为规定一些限制性条款。在提供贷款的过程中，银行会对债务人进行监督并干预企业的经营。当然，企业也可以使用短期银行借款。短期银行借款就是企业根据借款合同向银行和其他金融机构介入的款项，分为周转借款、临时借款、结算借款、贴现借款等，手续相对比较简便。

（2）商业银行贷款的分类。按增信方式，商业银行贷款分为信用贷款和担保贷款两种，后者主要涉及保证、抵押和质押贷款 3 种。如果说信用贷款是以借款人的信用为担保的银行贷款，保证贷款则是以第三人的信用而对借款人发放的银行贷款。在借款人不能偿还贷款本息的情况下，第三人承担偿还贷款本息的连带责任。

抵押贷款则是以不动产、车船等特别动产为抵押物的银行贷款，质押贷款则是以动产为质押物的银行贷款。抵押贷款的抵押物由借款人占有和负责保管，而质押贷款的质押物则由贷款人或银行占有和负责保管。债权人处置抵押物需要与借款人协商或由法院裁决，但债权人对质押物的处置不需要经过协商或法院判决，只要超过合同规定的时间就可以处置。

2）政策性银行贷款

除获得商业银行的贷款外，企业还可能获得国家开发银行、国家开发投资公司或者农业发展银行的政策性贷款。在政策性银行贷款中，建设基金一般是投资数额巨大和建设周期长的专项贷款，其利率较低。建设基金的来源是国家开发银行和农业发展银行代为发行的、期限长达 30 年的专项债券。表 5-1 是中国铁路总公司的资金来源情况。

表 5-1 中国铁路总公司的资金来源情况（单位：亿元）

项目	2015 年	2016 年	2017 年
资金来源			
税后利润	6.8	10.7	18.2
建设基金	462	420	498
折旧	1 100	1 228	1 360
国内外贷款	6 058	9 974	6 974
其他	2 233	1 195	1 661
现金来源合计	9 861	12 829	10 512

续表

项目	2015 年	2016 年	2017 年
资金运用			
基建投资	6 090	5 850	4 916

3. 债券

在中国，企业发行的债券分为公司债券和企业债券两种。国家发改委和证监会分别对企业债及公司债进行管理和审批。公司债的发行和流通场所是交易所市场，企业债的发行和流通场所以银行间债券市场为主、交易所市场为辅，中期票据和短期融资债券的发行和流通场所是银行间债券市场。

（1）企业债和公司债的界定。企业债是指非上市企业发行的一种债务契约，企业承诺在特定日期偿还本金并按事先约定的利率支付利息。企业债的期限没有特别规定，短期、中期和长期都有。中小企业集合债是企业债的一种，由一个机构作为牵头人和几家企业一起申请发行债券。公司债是上市公司发行的一种债务契约，公司承诺在特定日期偿还本金并按事先约定的利率支付利息，公司债有长期、中期和短期之分。企业债和公司债的票面利率一般等于无风险国债的收益率、信用风险溢价和其他因素影响的利差之和。

（2）企业债的发行。企业债的发行主体主要是中央政府部门所属机构、国有独资企业或国有控股企业，主要投资人包括银行、财务公司、保险公司、证券公司、信托公司、基金公司和企业法人。国家发改委管理企业债券，中国人民银行管理短期融资债券。表 5-2 是企业债与公司债的区别。

表 5-2　企业债与公司债的区别

特征	企业债	公司债
发行主体	中央政府部门所属机构、国有独资企业或国有控股企业	股份有限公司或有限责任公司
发行定价	债券利率不高于同期存款利率 40%	发行人和保荐人市场询价
发行制度	审核制，国家发改委审核	核准制，证监会审核
发行状况	一次核准发行额度，多次发行	审批后一年内发行，无发行规模限制
资金用途	固定资产投资和技术革新改造	固定资产投资、技术更新改造、改善公司资金来源结构、并购和资产重组
信用来源	政府信用和银行担保机制	公司信用
发行额度	1 200 万～2 400 万元	最低 10 亿元
管制程序	审批部门不对发债主体的信息披露和市场行为监管	证监会要求信用评级和严格信息披露
市场功能	受到行政机制的严格控制	中长期债务融资的主要方式

（3）短期融资债券。短期融资债券就是由企业发行的无担保的本票。在中国，短期融资债券是指企业按照《银行间债券市场非金融企业债务融资工具管理办法》的条件和程序

在银行间债券市场发行和交易，并约定在一年以内还本付息的债务证券，其主要发行对象为银行间债券市场的机构投资者，待偿还融资券余额不得超过企业净资产的40%。企业在发行短期融资债券时需要进行信用评级和审批机关的审查与批准。发行短期融资债券的企业一般为国有企业和大型民营企业。

（4）中期票据。中期票据是企业承诺在未来约定期限内（一般在10年以内）偿还本金并按约定利率支付利息的一种债务融资工具。中期票据发行主体主要为优质非金融企业，发行对象以商业银行、信用社、证券公司、财务公司为主。

（5）公司债券。发行公司债券的资格比较严格，审批手续比较多，但债券利率比银行贷款利率要低。具有发行公司债券资格的公司包括股份有限公司、国有独资公司、两个以上的国有企业设立的有限责任公司、两个以上的国有投资主体投资设立的有限责任公司等所有公司制的企业，并允许非公开发行。

4. 可交换债券和可转换债券

除直接发行债券外，企业还可以将债券与期权结合起来发行可交换债券和可转换债券。

1）可交换债券

（1）可交换债券的概念。作为内嵌期权的金融衍生品，可交换债券（exchangeable bond）的全称是可交换其他公司股票的债券，是指股票持有人通过抵押持有的股票给托管机构而发行的公司债券。该债券的持有人在将来确定的某个时期内，能够按照发行时约定的条件用持有的债券换取发债人抵押的股权。

举例　可交换债券。2014年4月，宝钢集团以所持有的4.71亿股、市价95.09亿元新华保险股票中的2.36亿股作为抵押，发行40亿元的可交换债券。债券持有人在债券发行12个月以后，可按照一定的比例转换为新华股票。

2）可交换债券的特点。由于可交换债券包含股票期权，其利率水平比同期的信用债券的利率要低，债券发行成本也会较低。可交换债券通常具有融资、收购兼并、股票减持等功能，因为大规模的股票减持会造成股票价格的下降，而通过可交换债券的发行可分散减持股票对市场价格的影响，有助于债券发行人获得较高的股票转让价格。

2）可转换债券

可转换债券（convertible bond）是债券持有人在规定期限内可以将持有的债券转换为债券发行人股权的一种包含认股权证的债券。由于包含认股权证，可转换债券的发行价格一般较高，票面利率较低，有助于减少股权扩张对所有者权益的稀释。

5. 其他债务融资的方式

其他债务融资的方式包括融资租赁、委托贷款、企业间贷款等，其优点是筹资速度快，筹资弹性大，但是限制条款较多，资金成本较高。

（二）债务筹资的优势

与股权筹资相比，债务筹资具有如下优点。

（1）企业的控制权不会受到影响。债权人只享有优先于股东获取本息的权利，不参与利润的分配，也不享有企业经营管理的表决权。

（2）负债的融资成本一般低于股权的融资成本。资金成本是指企业利用商业信用、贷款、发行债券和股票的筹资过程中所发生的申请费、登记费、印刷费、发行费等筹资费用，以及使用过程中所发生的利息费、股利等使用费用。负债筹资的手续费、利息等筹资费用一般低于股权的筹资费用，而且利息等资金成本可以在税前支付。只有股权融资的公司不发行或很少发行现金股利时，股权融资的成本才会低于债务融资的成本。

（3）可以利用财务杠杆。当企业的资本报酬率高于债务利率时，负债的增加会提高每股收益、净资产的报酬率和企业的价值。

（4）许多负债的交易成本很低。银行贷款、融资租赁等负债不需要经过政府部门的复杂审批手续和证券发行程序，企业可以快速、灵活地获取必要的资金。在负债融资中，债券发行的固定成本高于贷款的固定成本，因此，要求发行额较大才能实现规模经济。对于中小公司而言，债券融资不是一个好的选择，贷款和融资租赁更好。由于银行等金融机构具有评价融资企业的信息优势和有效地监督企业的经营管理者，因此，获得长期银行贷款的企业一般具有良好的信誉。

（5）限制信息的公开披露。处于发展初期的企业或者信息高度不对称性的企业倾向于采用银行贷款或者抵押贷款的方式获得资金，以便将企业的财务信息限制在少数的债权人手中，防止落入竞争者之手。信息披露成本越高，企业越偏好选择非公开债务的融资方式。管理者持股比例较高的企业更倾向于获得银行贷款，而不是发行债券，以便增强银行的监管力度和限制信息的公开。信用等级居中的企业依赖于银行贷款，信用等级高的企业依赖于发行债券，信用等级较低的企业偏向于获取抵押贷款和融资租赁。

（三）债务筹资的风险

债务筹资的风险就是企业因举债经营而导致偿债能力丧失，或者筹债资金的使用不当而导致企业遭受损失及到期不能及时偿还债务的可能性。债务筹资的风险按照对企业经营的影响，分为决策性筹资风险、支付性筹资风险、经营性筹资风险和货币性筹资风险。

1. 决策性筹资风险

决策性筹资风险源自企业对负债规模和结构确定的风险。这涉及债务规模的合理性、经营性负债与融资性负债的结构、短期负债和长期负债的结构的判断。负债规模是指负债的总额和负债占总资产的比例，负债结构是指负债的期限结构，负债的类别结构分为银行贷款、公司债券、商业信用和企业间贷款。由于受到政府管制的企业对未来投资的决策权较小，道德风险较小，因此，管制性企业的长期债务比例较高。

2. 支付性筹资风险

支付性筹资风险是企业在一定时点上的现金流量不足以偿还到期债务本息的风险。短期债务需要在一年之内偿还本金和利息，对企业的现金流量的需求较大。长期债务只需要在一年内偿还利息，本金只是在多年后偿还。债权人之所以偏向于提供短期债务，是因为银行等债权人通过较短期限的确定和及时的债务清算，防止债务人将资金投入风险较大的投资项目中。将短期借款用于长期投资、固定资产、在建工程等长期资产会造成企业连续借款的需求，增加企业筹集资金和偿还本息的困难。银行基于企业的道德风险来限制企业债务的期限。

3. 经营性筹资风险

经营性筹资风险是指企业在营业亏损或者获利能力下降时出现的不能偿还到期债务

本息的风险。短期负债的比率越大，企业的道德风险会越小，但流动性风险会越大。融资性负债规模越大，短期性负债比例越高，企业的利息费用支出越大，本期需要支付的到期本息就越多，企业的融资风险就越大。同时，企业的自有资本和借入资本的比例不恰当，或者资产负债率不合理，企业的财务杠杆就越高，财务风险就越大。

银行贷款是顺周期行为。在经济衰退时期，银行的风险偏好下降，采取抽贷和减少贷款的方式来降低贷款的风险。抽贷，就是银行以企业的经营风险和压缩信贷规模为名直接将企业存放在银行的流动资金划走，或要求企业提前偿还贷款，或贷款到期和偿还之后不再继续贷款。银行抽贷降低了企业短期偿债能力，扩大了企业资金链中断的风险。

有的企业为了维持信誉，获得银行稳定的贷款来源，不惜提前筹资或者以高息方式向其他企业借贷（俗称“过桥贷”或者“倒贷”），用于偿还银行贷款，并用从银行获得的新贷款来支付过桥贷的本金和利息。在高度同质性竞争的背景下，银行抽贷具有快速的传染效应。一家银行抽贷，往往会引发其他银行跟风，导致企业资金链断裂、破产、跑路或者拖欠工资，酿成社会风险问题。

4. 货币性筹资风险

货币性筹资风险就是负债采用多种货币时发生汇率波动和利率波动所带来的可能性。这在发行外币债券、外币贷款、外币的融资租赁或者外币的商业信用时就会发生。外币融资比例越大，企业越容易受到金融市场波动特别是国际债务危机的影响。

5. 负债融资风险的比较

表 5-3 是 4 种负债融资风险高低的情况。银行贷款在各种融资风险方面都比商业信用高，债券在支付性筹资风险和经营性筹资风险方面比银行贷款低。融资租赁面临的主要风险是货币性筹资风险。

表 5-3　4 种负债融资风险高低的情况

负债筹资	商业信用	银行贷款	债券	融资租赁
决策性筹资风险	低	高	高	低
支付性筹资风险	低	高	低	低
经营性筹资风险	低	高	低	低
货币性筹资风险	低	高	高	高

二、权益筹资

企业可以通过发行普通股、优先股、可转换股的权益融资方式筹集资金。普通股的股东可以获得公司的管理权和控制权。可转换股的投资者在转换以前只享有公司的债权，而在转换之后根据情况可以享有普通股或优先股的权利。与普通股股东只能获取剩余索取权不同，优先股股东在利润分红及剩余财产分配方面享有优先于普通股的权利。

（一）普通股发行

普通股就是享有所有的股东权利、具有投票和清算权利的所有权。普通股股东选举董事会成员，并对公司的主要决策进行投票。在清算时，普通股股东的清算权利使他们享有在所有债权人和优先股股东的权利得到实现后公司的剩余资产的索取权。

1. 普通股的原则

通常情况下，普通股采取同股同权的原则，即每一股股票享有相同比例的投票权。但是，同股不同权的制度安排也在科技和互联网企业得到发展。同股不同权就是双重股权结构或AB股结构，它将公司的普通股分为高投票权和低投票权两种，高投票权的每股享有的投票权要高于低投票权的股票。实施同股不同权的目的就是，通过分离股权和投票权来保证创始人对公司上市后的管理权，以便充分保障创业团队的知识产权在公司成长中的作用。

2. 普通股的发行方式

企业可以公开或私下发行股票来筹集资本。私募的优点在于不需要复杂的行政审批程序，交易成本低，但缺点在于募集的资金规模有限，无法满足企业成长性的资金需求。公开发行普通股的方式包括IPO、定向增发、配股和普通股解禁。公募的优点在于可以充分利用股票市场筹集大规模的资金，但缺点在于交易成本较高。

中国企业只有在满足特定行政审批条件的情况下才允许公开发行股票，这些股票在不同的市场进行交易。中国股票市场包括主板市场、创业板市场、中小板市场和科创版市场，国内投资者购买的股票称为A股，国外投资者购买的股票称为B股。中小板块是指流通股在1亿元以下的创业板块，主板市场则是指上市公司的流通股股价超过4亿元的股票市场。

3. IPO的条件

企业首次公开募集股份的条件存在很大的差异。

1）中小板企业的上市条件

（1）股本条件，发行前股本（面值）总额不低于3 000万元，发行后股本总额不低于5 000万元。

（2）财务条件，最近3个会计年度的会计利润均为正且累计利润超过3 000万元，最近3个会计年度的经营活动现金流量累计超过5 000万元或者营业收入累计超过3亿元，最近一期末无形资产占净资产的比例不高于20%，最近一期末不存在未弥补亏损。

2）主板企业的上市条件

除满足中小板企业的上市条件外，主板企业向社会公开发行的股票不得低于总股份的25%，超过4亿元的公开发行股份不得低于总股份的10%。

3）创业板企业的上市条件

（1）最近两年连续盈利且累计利润不低于1 000万元，持续增长，或者最近一年盈利不低于500万元和营业收入超过5 000万元，且最近2年的营业收入增长率超过30%。

（2）公司股本不低于3 000万元，或者净资产不少于2 000万元和发行后股本总额超过3 000万元。

4）科创版企业的上市条件

（1）市值不少于10亿元，最近两年连续盈利且累计利润不低于5 000万元。

（2）最近一年盈利且营业收入不低于1亿元，或者最近3年的经营活动现金净流量累积不低于1亿元。

4. 配股和增发的条件

在中国，除IPO外，企业还可以通过配股和增发的方式筹集股权资本。配股的对象是原有股东，定向增发的对象是原有股东和机构投资者，公开增发的对象是原有股东、机构投资者和个人投资者。

1）配股

配股指上市公司按照现有股东的持股比例向现有股东增发股票的融资行为。例如，特变电工在 2014 年 1 月 10 日向全体股东按照每 10 股配售 2.2 股、每股 6.9 元的方式融资 40 亿元。

（1）配股条件。对于申请配股的公司，要求最近 3 个会计年度连续盈利。对于一般的上市公司，配股价格不低于每股净资产，不高于市价的 70%，即按照 10∶3 配股，配股数等于普通股数量的 30%。对于国家重点建设和技改项目，可用 10∶5 或 10∶8 的方式实施配股。

（2）配股的股权价值。对于投资方来说，在宣布配股日至除权日（配股权证明发放日）以前，配股权依附在老股上。但从除权日开始，配股权就脱离了老股。老股价格下降的金额，就是让渡给新股的权益，从而赋予新股以权益价值。投资方需要在除权日将老股的账面价值转出一部分给新设立的"配股权投资"账户作为账面价值。转出的金额则依照持有的老股市价总额与获得的配股权市价总额之间的比例确定。

举例　配股。某股份公司发行在外的普通股为 100 万股，原股东权益额为 410 万元，原每股权益为 4.10 元，原每股市价也为 4.10 元。现按 10∶1 的比例向原股东配售新股，总计配售 10 万股，每股配售价为 3 元，总配股收入为 30 万元。这样，配股后的总股数为 110 万股，股东权益总额=410+30=440（万元），即每股权益为 4 元。这意味着，每 10 股老股让渡 1 元的权益给 1 股新股，而每股老股的权益则下降 0.1 元。因此，只要新配股售价低于老股的市价，老股享有的实际权益就会有一部分转让给新配的股。

2）增发

增发就是企业向社会公众公开发行新股的融资方式。增发分为定向增发和公开增发两种。

（1）定向增发。定向增发是企业向控股股东及其子公司或者其他机构投资者发行股票。

① 定向增发的条件：第一，在最近 3 年中，企业未受到证监会的行政处罚，最近 12 个月内未受到证交所的公开谴责，最近一年内不存在违规对外提供担保的行为，上市公司与控股股东或者实际控制人的人员、资产、财务分开，机构和业务独立，能够自主经营管理。第二，连续 3 年的净资产收益率不低于 6%。第三，定向增发的股票数量不得超过股本的 30%。第四，定向增发的对象不超过 10 人，股票折价率不低于 90%，发行价不得低于公告招股意向书的前 20 个工作日的股票价格。第五，定向增发的股票在一年内不得转让，而实际控股股东、实际控制人及其控制的企业认购的股票在 36 个月内不得转让。

② 定向增发的动机：上市公司通过定向增发将集团公司或者关联方的资产纳入上市公司的资产中，从而实现集团公司或者关联方的资产套现。例如，宁波银行在 2014 年向两个大股东定向增发 3.66 亿股，每股价格 8.85 元，融资 32 亿元。由于大股东认购的定向增发新股的股份在 3 年后可以流通，大股东通过向上市公司注入资产置换股票的动机更强烈。当上市公司向其他机构投资者进行定向增发时，发行价格越高，上市公司获得的资金越多，每股净资产增加得越多，股票价格也会上涨，大股东的原有股票增值越多。因此，大股东有动机提高公司的利润或者进行盈余管理。

（2）公开增发。公开增发又称非定向增发，是上市公司通过向符合条件的机构或个人投资者发行新股来筹集资金的再融资方式。一般而言，公开增发首先对原有投资者配售一定比例的股份，其次向公众公开发行其余新增股份。对于申请增发的公司，要求最近 3 个会计年度的加权平均净资产收益率平均不低于 6%。

5. 配股和增发对企业的财务影响

（1）当股票发行价格高于每股净资产时，配股和增发会提高每股净资产。由于股票数量增多，每股净收益会下降。

（2）配股和增发对未来利润的影响取决于增发的价格与上市公司从增发中所获取的资产价值。配股的价格按照股票市价的 10%～25%进行折价处理。由于定向增发通常面向控股股东和战略投资者以市场价格 60%～90%的股价发行，而股东和战略投资者通常以非货币性资产置换股权，因此，置换的非货币性资产的质量就决定了定向增发对上市公司的利润的贡献。

（3）上市公司大股东的持股比例与盈余管理的程度正相关。第一大股东的持股比例越高，盈余管理越强，但定向增发后的股票价格表现越差。集中向大股东进行定向增发的上市公司进行负的盈余管理，而集中向机构投资者进行定向增发的上市公司进行正的盈余管理。当控股股东和战略投资者以劣质的资产置换上市公司的股票时，就表明控股股东和战略投资者在掏空上市公司。

举例　定向增发与大股东套利。驰宏锌锗公司是云南省一家年生产锌 10 万吨、铅 10 万吨、锗 10 万吨和硫酸 26 万吨的金属加工企业。2006 年 4 月 24 日，驰宏锌锗公司公布了股改方案：流通股股东每 10 股获赠 2.7 股非流通股，公司以每股 19.17 元的价格向控股股东云南冶金集团进行定向增发 3 500 万股（2007 年 4 月每股价格达到 215.62 元），用于收购云南冶金集团拥有的昭通铅锌矿 100%的股权，收购价格为 8.018 亿元。

股改的原因包括：①充分利用了铅锌价格在 2006 年以来迅速上涨的趋势；②高估了年产量为 5 000 吨和储量 30 万吨的昭通铅锌矿价格，而后者的资产负债率达到 242.51%；③在定向增发前隐藏利润，以便降低大股东定向增发的价格和随后提升公司股票的价格获利。2007 年 3 月 9 日，驰宏锌锗公司宣布利润分配方案：每 10 股送红股 10 股并派发现金股利 30 元，合计 5.85 亿元。大股东因增发 3 500 万股获利近 2 亿元。该公司定向增发对每股收益的影响见表 5-4。

表 5-4　驰宏锌锗公司定向增发对每股收益的影响

项目	增发前	增发股份	增发后
股份数（亿股）	1.6	0.35	1.95
净利润（亿元）	9.247	1.117	10.364
每股收益（元）	5.78	3.19	5.32

（二）优先股发行

1. 优先股的特征

优先股是介于债券和普通股之间的一种有价证券。

（1）与债券相比，优先股的股息不能抵税，是费用较高的一项资金来源。同时，优先股没有固定的股利支付承诺，本金没有到期日。这是公司选择发行优先股的主要原因。

（2）与普通股相比，只要董事会宣布发行股利，优先股将优先获得股利。如果优先股是累积优先股，在公司董事会没有宣布发行股利的年度时，优先股的股利按照一定的股利率自动累积。在支付优先股东的积欠股利和当期优先股股利之前，公司不能向普通股股东支付任何股利。而且，当优先股参与分享剩余收益时，优先股股东可能会收到超过票面股利利率的额外股利。优先股还在公司清算时享有清算的优先权，但不享受公司的投票权和决策权。

（3）可转换优先股。在某些条件下，优先股股东有权按照一定的转换比例将所持有的优先股股票转换为普通股或者其他公司发行的证券。可转换优先股类似于可转换债券，区别仅在于可转换优先股没有固定支付的承诺，其股息不能免税。优先股不能退股，只能通过优先股的赎回条款被公司赎回。公司通常有权回购可赎回的优先股，回购价格通常在股票发行的合约中具体规定。

（4）在公司清算时，优先股股东的索取权位列债权人之后，但排在普通股股东之前。由于优先股股东没有选举权及被选举权，无法参与公司的经营管理，优先股股东拥有获得优于普通股的利润分红及剩余财产分配的权利。

2. 中国发行优先股的条件

在中国，由于企业发行债券和权益工具是一种需要证监会审批的事项，因此，取得这个发行权就可以获得比银行贷款更低的筹款成本。只有优先股的股息率低于普通股的每股收益率时，优先股融资才能有利于提高普通股的收益。

（1）发行资格。上市公司可以发行优先股，非上市公众公司可以非公开发行优先股。上市公司发行优先股，可以申请一次核准，分次发行。非公开发行优先股股权仅向规定的合格投资者发行，每次发行对象不超过 200 人。按照规定，上证 50 指数成分股的上市公司、回购普通股的上市公司、收购或吸收合并其他上市公司的上市公司，可以发行优先股。

（2）一般条件。为了防止发行优先股成为利益输送的机制，非公开发行优先股的票面股息率不得高于最近两个会计年度的加权平均净资产收益率；发行公司的董事、高级管理人员及其配偶被排除在非公开发行的合格投资者范围之外；上市公司向关联股东发行优先股的，关联股东需要回避表决；独立董事需要对发行优先股发表专项意见。尽管一般公司不得发行可转换为普通股的优先股，但是，商业银行根据监管规定，可以非公开发行触发事件发生时强制转换为普通股的优先股。

（3）公开发行优先股的上市公司需要满足最近 3 个会计年度连续盈利的条件。优先股与永续债归于其他权益类。其他权益是反映企业发行的除普通股以外的分类为权益的金融工具的账面价值，在资产负债表上位于实收资本与资本公积之间。在“应付债券”下设置“优先股”“永续债”两个科目，分别反映企业发行的优先股与永续债的账面价值。

三、股票回购、股利发行、股票分割和转股

除通过发行股票和债券、获得银行贷款和商业信用来增加企业的资金来源外，企业还可以通过控制股票的回购和股利的发行来减少资金的流出。与债券和贷款的本息有义务支付不同，企业对于股票的回购和股利的支付有更多的选择权。

（一）股票回购

股票回购就是公司通过购买流通在外的股票来调节股本、股票数量和股价及回报股东的行为。被公司购回的股票列入库存股，减少了市场上流通的股票数量。公司进行股票回购的原则应该是公司的价值远高于股票的价格，而不是为了抬高下降的股价或者补偿在低价格上执行股票期权而同时发行的股票。

1. 股票回购的条件

股权回购不仅需要良好的现金流和资金储备，而且需要考虑资产负债率、流动比率和速动比率。回购的股票主要是国家股或国有法人股，而不是社会公众股。企业不愿意采用股票回购的原因在于，企业的内在价值远远低于其市场价格，或者公司的管理层没有将所有者的利益放在第一位。

2. 股票回购的原因

（1）信息传递。管理层向市场传递公司股价被低估的信息和公司缺乏良好的投资机会。与收购其他企业相比，以大大低于每股企业内在价值的价格进行的股票回购，不仅极为有效地增加了企业的内在价值，而且通过回购本身向股东和潜在的投资者传达企业内在价值较高的信息，从而推动投资者对企业的未来回报和股价的估计进行修正。

（2）避税动机。股票回购带来的资本利得税要低于发放现金股利的所得税。个人股东获取股利时必须缴纳20%的股利税，而资本利得免税。法人股东获得股利时不缴纳所得税，但在出售股票获得的资本利得时需缴纳企业所得税。

（3）提高股价。回购股票会减少公司的现金和股东权益，提高每股净资产。随着流通的股票减少，每股收益率提高，股票价格也会提高。中国南车集团、江淮汽车公司、广汽集团、首开股份公司、中国中冶集团都因业绩和股价不好而回购股份。

（4）债权人财富让渡。股票回购增加了债权人的风险，因为股票回购会增加债务融资和财务杠杆比率。

（5）股东之间的财富转让。当回购的股价高于市场价值时，未出售股票的股东财富被转移给出售股票的股东，在大股东控制股票回购时更是如此。

（二）股利发行

除股票回购外，公司也可以采取直接发放股利的方式回报股东。在股票市场高度不确定的状态下，稳定的股利发放有助于增加企业的价值，因为有规律的股利发放相当于一种具有承诺价值的股利期权，而且股利的发放有助于建立起公司诚信为股东服务的理念。

1. 股利的影响

股利分为现金股利和股票股利（俗称红股）。现金股利直接减少企业的现金和股东权益，会提高资产负债率和减少企业的资金来源。股票股利不会影响企业的现金流量和股东权益，只是改变股东权益的内部结构，即增加股本和减少留存收益。这样，股票股利的发

行意味着收益的永久资本化。

2. 股票股利

当董事会宣布发放股票股利时，企业以现有的股东各自所持股份的一定百分比配发新股。

（1）如果增发的股票数低于现有股数的25%，则会计上要求在股利宣布日或者股权登记日给这些股票确定一个合理的市价，再从留存收益中扣除，并转为实收资本。

（2）当增发的股票数额超过原有股票的25%时，要按照发行股票面值对股票股利进行计价，转入的金额等于每股面值乘以新发行的股数。

（3）尽管股票股利对股东权益总额和每个股东的权益额没有影响，但发行在外的股票数量却增加了。对于金融市场而言，股票股利可能对股票价格的冲击很大，甚至超过新增股票的百分比。

举例　股票股利的影响。假设天元公司在2018年准备采用10%和100%两种股票股利政策，发行股票股利之前每股收益和每股股价均为20元。天元公司的股票股利分配方案见表5-5。

表5-5　天元公司的股票股利分配方案

项目	发行股票股利前金额（万元）	发行股票股利后金额	
		10%的股票股利（万元）	100%的股票股利（万元）
普通股（面值2元，10万股）	20	22	40
资本公积	10	28	10
未分配利润	200	180	180
股东权益合计	230	230	230
每股收益（元）	20	16.36	9

分析：①发行股票股利不会对股东权益总额产生影响，但会对股本、资本公积和留存收益的结构产生影响，发行的股票股利越多，留存收益越少，股本越多；②发行股票股利对每股收益的影响，随着发行股票的数量增大而急剧上升，进而对股价产生相反的影响。

（三）股票分割和转股

1. 股票分割

当股票的面值太大和股价太高时，企业往往采取股票分割或拆股的方式来降低股票面值和增加股票数量，以便增加股票的流动性。例如，一股面值为100元的股票可以分割为面值为10元的10股股票。尽管股票分割不改变留存收益和实收资本，但是，股票数量的增加会影响股票的交易价格。由于股票分割和股票股利都改变了股票数量，任何以股票数量为基础计算的比率都需要重新计算，以便增加可比性，如每股收益、每股净资产、每股现金流量等。

2. 转增股票

除股票股利和股票分割外，还有一种增加实收资本而保持所有者权益不变的方式就是企业的转赠股票，即将资本公积转增股本。这主要是为了满足监管部门关于注册资本的某些特定要求而采取的会计融资方式。

3. 高送转

高送转是大比例送红股、大比例以资本公积转增股本的行为，如每 10 股送 6 股、转赠 8 股。

（1）上市公司采取高送转的利润分配策略来增加注册资本，保持良好的关心中小股东的市场形象。这是因为股票数量在 5 亿股以下的企业，其股价容易被投机操纵，于是衍生出高送转的分配方案。

（2）当信息不对称、信息反映不及时时，高送转股价在分配方案宣布后会出现短暂上涨的情况。

（3）对于股价较高、股票流动性较差的公司来说，高送转策略也有助于降低股价，增强公司股票的流动性。

（4）公司利用高送转策略来配合股票市场的炒作、大股东和高管出售股票、激励对象达到行权条件，或者为了在再融资过程中吸引投资者认购公司股票。

（5）送股和转股都不改变股东的股权比例，不增加公司的财产，但是却因增加股票数量而会稀释每股收益，增加股票的流动性和投机。在政府管制的情况下，高送转会增加注册资本和总股本，从而增加企业的信用担保和大型项目竞标的资格，潜在地增加公司价值，提升股票价值。

四、非货币性资产的交换、准改组和债务重组

企业还可以通过非货币性资产的交换和债务重组的方式来减少现金的流出或者获得生产经营活动所需要的资产。

（一）非货币性资产的交换

非货币性资产的交换，是指交易双方以存货、固定资产、无形资产、长期股权投资等非货币性资产和少量货币性资产补价进行的交换。货币性资产就是企业持有的货币资金或可确定金额收取的资产，包括现金、银行存款、应收账款、应收票据、债券等。

1. 货币性资产交换与非货币性资产交换的区分

如果支付的货币性资产占换入资产公允价值或者换出资产公允价值与支付的货币性资产之和的比例低于 25%，则视为非货币性资产的交换。这个比例高于 25%，则视为货币资产取得非货币资产的交换，要按照货币资产的销售和非货币资产的购买分别入账。

2. 非货币性资产交换的分类

非货币性资产的交换按照公允价值的可靠性分为以下两种。

（1）具有商业实质且换入或者换出的公允价值能够可靠计量的非货币性资产交换，按照公允价值计价并承认损益。商业实质，就是换入资产的未来现金流量在风险、时间和金额方面与换出资产显著不同，或者换入资产与换出资产的预计未来现金流量现值不同，且其差额与换入资产和换出资产的公允价值相比是重大的。一般而言，不同类的资产交换具有商业实质，同类资产的交换不具有商业实质。

举例 阳光木材加工公司以一台账面价值为 900 元的办公桌交换月亮计算机公司的一台账面价值为 850 元的计算机，两者的公允价值都是 1 500 元，增值税税率按公允价值

的 17%计算。要求：计算两家公司的入账成本、交换损益和增值税。

分析：（1）阳光公司交换计算机的入账成本=1 500+1 500 × 17%=1 755（元），交换损益=1 500−900=600（元），应交增值税=1 500 × 17%=255（元）。

（2）月亮公司交换办公桌的入账成本=1 500+1 500 × 17%=1 755（元），交换损益=1 500−850=650（元），应交增值税=1 500 × 17%=255（元）。

2）不具有商业实质或者不能按照公允价值可靠计量的非货币性资产交换，按照账面价值计价，不承认损益。当一篮子非货币性资产或者同时换入多项非货币性资产时，换入资产的成本，按照换入资产的公允价值（账面价值）占所有换入资产的公允价值（账面价值）的比例对所有换入资产的成本总额进行分配。

在对非货币性资产的交换进行分析时，要注意货币性资产和非货币性资产的比例、非货币性资产的公允价值和账面价值的变化，以及是否存在虚假销售收入的问题。

（二）准改组

准改组是在公司的留存收益出现赤字时对实收资本和资产负债的历史成本进行调整的一种会计行为。

1. 准改组的必要性

当企业连续多年亏损，突然遭受重大损失，以及客观经济环境变化之后资产大幅度贬值时，企业的留存收益就可能是负数。当留存收益出现赤字时，公司就不能派发股利或分配利润，从而影响投资者的信心和缩小融资渠道。因此，准改组要求留存收益的赤字改为0，以便企业重新开始。

2. 准改组的程序

与债务重组需要债权人的同意或法院裁决的复杂程序和支付必要的费用不同，准改组只需要有表决权的股东同意即可。准改组的程序包括：①资产评估，即对资产负债的历史价值重新进行表述，以反映其现行的市场价值。②减资和补亏。这首先要求股东以捐赠股份、降低每股面值等方式减资，然后对留存收益赤字进行重新分类，按照盈余公积、资本公积及实收资本的顺序来弥补亏损，直至亏损为0。③编制准改组后的资产负债表。当公司在会计上实施准改组时，留存收益将被定在一个重新调整了的日期内并在3～10年内在财务报表中披露，公司应在准改组的当年充分披露准改组的程序和影响。

（三）债务重组

债务重组是指在债务人发生财务困难的情况下，债权人按照其与债务人达成的协议或者法院的裁定就债务的偿还方式、偿还期限及债务条件等方面做出的重新安排，以便实现债务的偿还与转化，避免债务人的破产。

1. 债务重组的方式

就偿还方式而言，债务人可以将现金清偿债务改为非货币性资产或者劳务清偿债务，或者将债务转化为优先股或者普通股股权。在偿还期限的变更方面，债务人可以将到期需要偿还的债务改为延期偿还，或者由短期债务改为长期债务。在债务条件方面，债务人可以与债权人重新商谈利率的水平、豁免部分本金或者拖欠的利息。因债务让步而导致债务人少偿付的负债计入债务人的营业外收入和债权人的营业外支出。债务重组以公允价值计量，债务重组收益计入当期损益。但是，当债务重组交易为关联交易或者关联方交易豁免时，债务重组损益计入资本公积。

举例 债务重组收益。*ST[①]金泰在2007年的营业收入只有301.85万元，债务重组收益为2 976.98万元，净利润为864.96万元。

2. 债转股

以债务转为资本（债转股）清偿债务时，债务人应将重组债务的账面价值与债权人因放弃债权而享有股份的公允价值总额之间的差额确认为债务重组损益。该项股权的公允价值与股本之间的差额作为资本公积处理。债务转为资本时，股票发行的费用抵减资本公积；印花税等税费计入当期损益。债权人将收到的股权公允价值和相关税费计入长期股权投资，放弃的债权账面价值与享有股权的公允价值之间的差额作为债务重组损益处理。

3. 债务重组的分析

债务重组可以使债务人延期偿还债务、用非货币性资产或者劳务清偿债务、获得较低的贷款利率或者债券利率、豁免部分本金或者拖欠利息的偿还，从而获得债务重组收益。但是，债务重组是否能改善债务人的实际盈利能力或者负债的质量，却是需要认真考查的问题。

（1）需要评估企业在过去5年或者10年发生债务重组的频率、金额和重组对象，以评估企业的商业信用和赖账的历史。

（2）债务重组经历不仅会造成企业未来融资的成本和难度增加，增加财务费用，而且会造成采购时的商业信用下降。这需要分析企业的融资成本和融资性负债占负债的比例。

（3）分析企业在债务重组前后的发行债券和贷款的利率、期限、规模、抵押及担保条件的变化，以及债务重组对企业的采购所需要的预付账款或者应付账款的变化，如应付账款占购买商品和劳务金额的比例。

（4）分析债务重组收益对企业利润的影响，计算债务重组损益占净利润的比例和重组债务原值占企业长期债务的比例。

（5）分析债务重组对股权结构的调整和资产结构的变化，如债转股的数量和金额。

（6）分析重组债务与流动负债的比值、重组债务中的非货币性资产的账面价值与公允价值的比值，来判断债务重组是否合理和操纵利润的情况。

（7）分析债务重组的其他财务影响。债务重组减少了债务的规模，将短期债务转化为长期债务，或者利用非货币性资产清偿债务，从而造成企业的流动比率、资产负债率等偿债能力指标得到改善的假象。企业的偿债能力在债务重组后的真正改善来源于企业的经营活动现金净流量的持续增加，如削减管理费用、降低单位产品的成本、提高单位产品的销售价格等。

第二节 负 债 分 析

负债是指特定的会计主体由于过去的交易事项所产生的、在现时承担的、未来要向其他主体交付资产或者提供服务的责任，这种责任将引起可预期的未来经济利益的牺牲。负

① *ST股票是指境内上市公司连续亏损且被进行特别处理的股票。

债通常区分为流动负债和长期负债两种。

一、流动负债分析

流动负债就是指可以合理预期在一年内或者一个营业周期内（两者孰短）需要利用企业现有资产，特别是流动资产或者形成其他流动负债来偿还的债务。

（一）经营性负债和融资性负债

按照企业负债资金来源与金融市场的关系，企业负债分为经营性负债与融资性负债两种。

1. 经营性负债

经营性负债是企业在日常业务运营过程中借助于纯粹的商业信用产生的负债，包括应付账款、应付票据、预收账款、应付工资、应付税费、其他应付款、递延收益、递延所得税负债等。按照流动性划分，经营性负债分为经营性流动负债和经营性长期负债两种。经营性流动负债分为需要用现金去偿还的经营性负债，如应付账款、应付工资、应付利息、应付税金等，以及需要用商品或者劳务去偿还的经营性负债。经营性流动负债不需要支付利息，融资成本较低，能最大限度地增加企业的自由现金流量，但违约事件频发且缺乏有效的惩罚机制。但是，延期支付经营性负债会增加企业与供货商、职工及其他服务提供者之间的矛盾，从而提高企业的其他经营成本。

2. 融资性负债

融资性负债是企业借助支付高昂的利息费用、交易费用和承担苛刻的抵押等担保条件从金融市场和金融机构获得的负债，包括短期借款、长期借款、应付债券、融资租赁负债和交易性金融负债等。按照流动性划分，融资性负债分为融资性流动负债和融资性长期负债两种。融资性流动负债包括交易性金融负债、短期借款、一年内到期的长期借款和应付债券等。企业借入金融性负债时，通常会伴随发生利息支出等财务费用，期限的约束很强，一般很难违约拖延。

与股权融资相比，融资性负债可以充分利用债务利息的税收抵扣效应和通货膨胀期间的货币贬值效应。但是，融资性负债的利息支付降低了企业的自由现金流量，增加了企业的财务风险，也增加了债权人对企业的投资和经营活动的限制。在负债的时间结构上，长期负债的利率较高，但不需要支付频繁的融资所带来的交易成本。短期债务支付的利息费用较低，但支付的交易费用较高，容易受到市场利率波动的影响，使企业陷入财务危机。

（二）用商品或劳务偿还的经营性负债

用商品或劳务偿还的经营性负债包括递延收益和预收账款。递延收益就是当期尚待确认但在以后会计期间提供劳务时分期确认的收入或者收益。预收账款就是企业按照合同规定向购货单位或者接受劳务单位预先收取的款项，在以后商品发送或者劳务提供时确认收入。递延收益和预收账款都带有预收性质，但递延收益需要递延，日后结转时计入营业外收入，而预收账款不需要递延，商品或者劳务提供时计入营业收入。

1. 递延收益

在中国，递延收益包括尚未确认的劳务收入、未确认的政府补贴、未实现的售后租回融资租赁的融资收益、未确认的申请入会费和会员费收入、未确认的特许权收入、未确认的高尔夫球场果岭券收入等。一年内到期的递延收益部分列为其他流动负债，超过一年的递延收益部分列为其他非流动负债。

在进行财务报表分析时，将预收账款和递延收益列入负债部分，将会高估资产负债率和债务权益比率，低估企业的流动性和偿债能力。

2. 预收账款

美容美发店、洗车店、健身房、俱乐部、婚纱摄影、高尔夫、游泳馆等企业的预付卡或者会员卡，大型零售商的购物卡，垄断企业发行的电卡、燃气卡、网卡、水卡、电话卡，铁路和公交的充值卡，都是预收款项。预收账款一般在房地产业、电力设备和黑色金属等占有垄断地位或者拥有资源优势的行业所占比例较大。

1）预收账款的财务影响

对于供货商而言，预收账款是加速资金周转和规避交易风险的预付款融资和供应链融资。预收账款不仅可以避免坏账损失、存货积压、产能闲置的问题，而且预收账款与公司的营业收入、毛利率水平高度相关，对收入具有平滑作用。因此，预收账款的多少反映了企业在产品市场和价值链中竞争地位的高低，具有一定的预测公司短期业绩的作用。例如，2002～2013 年，贵州茅台、五粮液、泸州老窖、山西汾酒、古井贡酒、金种子、老白干酒、水井坊、沱牌曲酒、伊利特 10 种白酒公司的前一年预收账款与当年的销售收入的相关系数为 0.76。

2）预收账款的分析

（1）确定预收账款的真实性。由于预收账款需要在当年缴纳所得税、销售税和消费税，企业往往为了避税，在收到预收款的当期将预收款作为应付账款的抵减项，从而造成财务信息失真。

（2）分析预收账款的金额变化和增长率、预收账款与负债的比率、预收账款与营业收入的比率、预收账款与经营活动现金净流量的比率，以便预测企业依靠商业信用进行融资能力的变化。

举例 预收账款。贵州茅台酒股份有限公司是生产和销售茅台酒、饮料、食品、包装材料的著名企业。表 5-6 列举了贵州茅台 2007～2012 年的营业利润、经营活动现金净流量和预收账款。

表 5-6 贵州茅台 2007～2012 年的营业利润、经营活动现金净流量和预收账款（单位：亿元）

项目	2007 年	2008 年	2009 年	2010 年	2011 年	2012 年
营业利润	45.25	53.90	60.75	71.60	123.36	188.30
经营活动现金净流量	17.43	52.47	42.23	62.01	101.48	119.2
预收账款	—	29.36	35.16	47.38	70.26	107.77

分析：从表 5-6 中可以看出，贵州茅台的预收账款与经营活动现金净流量的比率为 0.5～0.9，表明贵州茅台利用其国酒的声誉获得了巨额商业信用融资。

（三）用现金偿还的经营性负债

用现金偿还的经营性负债包括应付职工薪酬、应付账款、其他应付款、应付税金、应付利息等应付款项。下面主要介绍应付职工薪酬和应付账款。

1. 应付职工薪酬

职工薪酬就是企业为获得职工提供的服务或者解除劳动关系而给予各种形式的报酬及其他相关支出，包括工资、奖金、津贴、补贴等货币性职工薪酬，也包括社会保险（医疗保险费、养老保险费、失业保险费、工伤保险费）、住房公积金、工会经费、职工教育经费、辞退福利、离职后福利及非货币性的职工福利（提供免费的汽车、住房等发生的折旧、租赁费）。企业提供给职工配偶、子女、受赡养人、已故员工遗嘱及其他受益人的福利，也属于职工薪酬。

1）职工薪酬的会计分析

（1）职工薪酬金额的可靠性。根据企业的销售额和生产成本，合理估计企业的职工薪酬总额和企业的职工人数，计算人均薪酬金额，并与同行业的人均薪酬相比较，防止企业虚构职工人数和销售收入。

（2）职工薪酬分类的合理性。职工薪酬在生产经营过程中可以作为生产成本、管理费用和销售费用，职工参与生产的固定资产和无形资产则要将职工薪酬划入固定资产和无形资产进行资本化。将职工薪酬过多地划入管理费用会提高企业的边际利润，列入固定资产或无形资产则会提高当期的利润。

（3）分析职工薪酬的发放方式和计价合理性。职工薪酬可以采取货币、实物和股票的发放方式。实物工资形式包括向员工发放商品、分配住房或者租赁住房等，要按照商品或住房的公允价值，或者租赁住房的折旧费或租金进行计价。对于企业以股票期权、股权激励计划、认股权证等形式提供给职工的薪酬，要以权益工具的公允价值为计量基础。

2）职工薪酬的财务分析

（1）职工薪酬的规模和增长率。这可以判断企业是处在扩大经营规模还是裁员压缩生产阶段。

（2）计算人均固定资产的金额及其变化率，判断企业的资本密集度，是否进行产业结构升级。

（3）计算应付职工薪酬占当年职工薪酬的比例，以判断企业是否大规模拖欠职工的工资及企业的生产状况。

2. 应付账款

应付账款是指企业在正常经营过程当中，因发生购买原材料、商品或者接受劳务等经济关系而形成的、应付给供应单位的款项，以及因发包工程而应付给其他单位的工程价款等。应付账款的形成，或者是因为卖方为扩大销售而允许买方延期支付货款，或者因为买方资金不足而无法支付货款，从而造成买卖双方在取得物资和劳务与支付货款的时间上的不一致。

（1）应付账款周转率。为了反映企业的信誉和利用商业信用的效率，我们可以计算应付账款周转率或应付账款周转天数。应付账款周转率在一定程度上反映了企业的交易信用情况、应付账款的流动程度及偿还供货商货款的能力。相关计算公式为

$$应付账款周转率=年赊购金额/平均应付账款余额$$

$$平均应付账款余额=（期初应付账款余额+期末应付账款余额）/2$$

$$应付账款周转天数=360/应付账款周转率$$

其中，应付账款余额包括应付票据余额。如果缺乏年赊销金额的数据，可以利用销售成本代替年赊销金额来计算应付账款周转率和应付账款周转天数。应付账款周转率越慢，企业的违约概率就越大。应付账款周转天数就是企业的付款期，表明企业利用商业信用的时间长短。一般而言，企业的应收账款周转率越高，应付账款周转率越低，企业占用的资金就越多，利润率就会越高。同时，当应收账款周转天数大于应付账款周转天数时，企业的产品在行业竞争中处于弱势地位。

举例　应付账款周转天数。表 5-7 是深沪两市各行业上市公司 2012 年的应收账款周转天数和应付账款周转天数情况。

表 5-7　深沪两市各行业上市公司 2012 年的应收账款周转天数和应付账款周转天数情况

行业	应收账款周转天数	应付账款周转天数	行业	应收账款周转天数	应付账款周转天数
农、林、渔、牧业	31.28	50.61	信息技术业	118.04	90.27
采掘业	63.84	67.95	批发零售业	23.32	56.69
制造业	76.97	75.38	房地产业	30.44	227.64
煤气、电力和水	43.35	70.57	社会服务业	62.24	98.81
建筑业	99.58	133.25	传播与文化业	53.84	106.63
交通运输仓储业	32.15	114.92	综合类	52.99	67.66

分析：由表 5-7 可知，应付账款周转天数与应收账款周转天数的倍数大于 2 的行业有交通运输仓储业、批发零售业、房地产业、传播与文化业等，表明这些行业更多地拖欠供货商的款项。应付账款周转天数与应收账款周转天数的倍数小于 1 的行业有制造业和信息技术业，表明这些行业更多地为下游行业提供商业信用资金。

（2）净应付账款周转率。为了剔除预收账款和预付账款的影响，我们也可以计算净应收账款周转率和净应付账款周转率。相关计算公式为

$$净应收账款周转率=营业收入/平均净应收账款余额$$

$$净应付账款周转率=年赊购金额（或销售成本）/平均净应付账款余额$$

$$平均净应收账款余额=（期初净应收账款余额+期末净应收账款余额）/2$$

$$平均净应付账款余额=（期初净应付账款余额+期末净应付账款余额）/2$$

其中，净应收账款=应收账款+应收票据-预收账款，反映企业与客户之间的交易信用关系；净应付账款=应付账款+应付票据-预付账款，反映企业与供货商之间的交易信用关系。

3. 用现金偿还的经营性负债的会计分析

在考虑用现金偿还的经营性负债时，我们需要注意企业与各种债权人的谈判协商能力是不同的。

（1）所有与税收相关的负债都是必须立即清偿的，否则就需要支付罚金或者导致整个

经营受到影响。

（2）对于应付职工薪酬来说，其要求权会得到法律的优先保护，因此，拖欠工资会带来巨大的社会成本。

（3）对于具有良好关系的供应商，重新协商债务条件或者适当地延期支付都是可能的。如果企业保持良好的信用能力，能够及时支付赊购中发生的货款，那么，应付账款的规模就表示企业的信誉。有时，企业也会虚增应付账款，以便少交增值税。因此，我们要关注应付职工薪酬和应付税金的变动额及增长率、应付票据和应付账款的规模及变化率，以及与企业的存货规模之间的比例关系，以判断企业的商业信用和短期偿债能力的变化。

（四）用现金偿还的融资性负债

融资性负债就是企业需要缴付金融资产、以一项新的金融负债或者以自身权益工具进行结算或者清偿的合同义务。

1. 金融负债

金融负债分为交易性金融负债和其他金融负债两类。交易性金融负债是指企业采用短期获利模式进行融资所形成的负债。符合下列条件的金融负债应当划分为交易性金融负债：①承担金融负债的目的，主要是近期内出售或者回购，如银行间的同业拆借、发行商业票据、短期融资债券；②金融负债是企业采用短期获利模式进行集中管理的金融工具投资组合中的一部分；③属于金融衍生工具。交易性金融负债的金融工具一般存在活跃的交易市场，其公允价值变动计入当期损益。其他金融负债包括应付债券、应付贷款等，不一定存在活跃的交易市场，期末按摊余成本予以计量。

2. 融资性流动负债的分析

融资性流动负债的期限较短，且需要支付利息，对企业的资金需求较大。企业在经营活动现金流量下降的情况下，由于季节性和临时性造成的流动资产的波动部分，可由短期融资或者出售金融资产来解决。但是，利用短期资金来支持长期资产会造成流动性问题，因为短期负债的周转时间较短和需要频繁的融资。

（1）分析融资性流动负债的规模、融资性流动负债占流动负债的比例和融资性流动负债的增长率，以便判断企业的短期偿债能力的高低。

（2）分析应收账款与融资性负债的比率。当企业存在大量应收账款的情况下，企业资金的短缺只能依靠短期借款或者交易性金融负债来补充。因此，应收账款与融资性负债的比率表示企业的应收账款政策的成效。该比率越低，表示企业的应收账款政策非常成功。该比率越高，表示企业的应收账款政策不成功，即企业的应收账款没有及时收回，迫使企业发生大量的短期借款来弥补流动资金的不足。

（3）在企业的短期贷款中，还要分析集团内部融资所占的比例和短期贷款与货币资金的比例来判断企业对货币资金的实际需求量。

举例　融资性负债。东北特钢集团的资产负债率在 2012～2015 年为 85%以上，其中短期债务占 70%，而且公司的资金被占用情况严重。在 2015 年的 23 亿元其他应收账款中，辽宁省国有资产经营公司占用了 11.6 亿元。在 2016 年，东北特钢集团需要兑付的短期债券达到 49.7 亿元，而 2015 年 9 月的货币资金只有 54.8 亿元。2016 年 3 月 27 日，东北特钢集团对面值为 8 亿元、票面利率为 6.5%的到期债券形成实质性违约。表 5-8 是东北特钢集团 2013～2015 年发行的债券。

表 5-8 东北特钢集团 2013～2015 年发行的债券

发行年份	到期日期	发行金额（亿元）	发行期限（年）	票面利率（%）
2015	2016 年 3 月 27 日	8	1	6.5
2015	2016 年 4 月 3 日	10	0.25	6.00
2015	2016 年 5 月 5 日	7	1	6.88
2014	2016 年 6 月 6 日	3	2	8.20
2013	2016 年 7 月 10 日	3	3	7.00
2013	2016 年 9 月 6 日	3	3	8.30
2015	2016 年 9 月 24 日	7	1	6.30
2015	2017 年 7 月 17 日	8.7	2	7.40
2013	2018 年 1 月 15 日	14	5	6.10
2013	2018 年 4 月 12 日	8	5	5.63

二、长期负债分析

长期负债就是那些偿还期超过一年或者一个经营周期（较短者）的债务，通常分为融资性长期负债（如贷款、带息债券、公司债券、长期应付款、融资租赁负债等）和经营性长期负债（如预计负债、递延所得税负债、养老金、企业年金等）。长期负债部分还包括可赎回的优先股。如果优先股具有可赎回的特征，在本质上没有投票权并与固定收益有关，那么，这种可赎回的优先股就具有债券的特征，应该包括在长期负债部分。由于长期负债的情形比较复杂，财务报表需要披露各种负债的利息率、到期日、转换特权、抵押物、循环贷款等条件，也要披露任何违反债务条款的情况。

（一）预计负债和或有负债

或有事项是指过去的交易或事项形成的，其结果须由某些未来事项的发生或不发生才能决定的不确定事项，如未决诉讼和仲裁、债务担保、产品质量担保、票据贴现和背书转让、亏损合同、重组义务等。这些不确定事项对应预计负债、或有负债和或有资产 3 种情形。按照稳健性原则，对有利事项（或有资产，如诉讼胜利）不应确认、计量和披露：如果很可能导致未来经济利益流入企业，应当披露其形成原因、预计产生的财务影响，但不确认。

1. 预计负债

预计负债是指企业预计将来承担的时间或金额不确定的负债。如果与或有事项相关的义务是企业承担的现时义务，履行该义务很可能导致经济利益流出企业，而且该义务的金额能够可靠计量，那么或有事项的义务就应确认为预计负债。由产品质量担保引起的预计负债是在产品销售时期确认费用、在资产负债表日确认的相关负债，要注意产品质量担保损失的计提方法和计提比例。

预计负债的金额在资产负债表中单列项目反映，与确认负债有关的费用或者支出在扣除确认的补偿金额后，在利润表中反映或者计入有关资产的初始确认额。企业应当在资产负债表日对预计负债的账面价值进行复核。有确凿证据表明账面价值不能真实反映当前最佳估计数的，应当按照当前最佳估计数对账面价值进行调整。

举例　预计负债。天津东风银行在 2017 年 9 月 10 日向北京汽车公司提供信用贷款 1 000 万元，期限为 1 年，年利率为 5.4%。2018 年 9 月 9 日，北京汽车公司的借款本息到期，但因存在经济纠纷，未按时还款。2018 年 11 月 25 日，天津东风银行向法院提起诉讼，但到 2018 年 12 月 31 日仍在审理中。预计天津东风银行很可能胜诉，获得本金和利息 1 054 万元，外加 20 万元的罚息。预计北京汽车公司可能会败诉，支付 3 万元的诉讼费和罚息 19 万元。

分析：对于天津东风银行，需要在附注中披露“或有资产：罚息 20 万元”的信息。对于北京汽车公司，需要计提预计负债 22 万元，其中管理费用 3 万元和营业外支出 19 万元。

2. 或有负债

或有负债是指过去的交易或者事项形成的潜在义务，其存在须通过未来不确定事项的发生或不发生予以证实，或者过去的交易或者事项形成的现时义务，履行义务不是很可能导致经济利益流出企业、该义务的金额不能可靠计量。或有负债应当在附注中加以披露：第一，或有负债的种类及其形成原因；第二，经济利益流出不确定性的说明；第三，或有负债产生的财务影响，以及获得补偿的可能性，无法预计的，应当说明原因。

3. 预计负债和或有负债的会计分析

为了确保负债数据的完整性和可靠性，我们需要对预计负债和或有负债做相应的会计分析。

（1）依赖审计师对负债的审查，如直接查核、监察董事会记录、审阅合同和协议、询问公司债务的知情人等。如果在产品质量保证、固定资产的弃置、亏损合同、债务担保、诉讼等方面不计提预计负债和相应的费用或损失，甚至不披露或有负债，就会面临企业高估利润的风险。

（2）利用复式簿记的资产和负债的连锁关系，查明未登记的债务。如果预计未来事件的发生会导致经济利益流出企业的可能性高于 50%，那么，就需要确定预计负债。

（3）对没有记录的承诺和或有负债，要努力查找。低估负债必然导致低估债务费用和高估收益，我们需要审查企业的财务报表附注、年报中的管理层意见及其他相关文件，根据支付或者披露的利息费用来检查负债数量的准确性和合理性。

（4）发现企业的财务隐瞒。由于或有负债只需要在报表附注中披露，而预计负债会影响资产负债表和损益表，因此，我们要评估企业是否存在高估或有负债和低估预计负债的情形，预防其隐瞒或有负债。例如，上市公司*ST 金城隐瞒担保 10 年、啤酒花对 10 亿元的银行担保一半未对外公告、紫金矿业隐瞒环境污染负债、三鹿奶粉隐瞒产品质量保证或有负债。这可以通过分析预计负债与销售收入的比例，来判断企业为产品质量担保预提的负债是否充足。

举例　预计负债与净利润。表 5-9 是江西某公司 2009～2012 年的预计负债和净利润情况。

表 5-9 江西某公司 2009～2012 年的预计负债和净利润情况

项目	2009 年	2010 年	2011 年	2012 年
预计负债（万元）	1 200	21 730	1 000	0
净利润（万元）	1 289	−20 320	648	1 551
每股收益（元）	0.04	−0.563 5	0.02	0.04

分析：2010 年，该公司亏损 2.032 亿元，而预计负债达到 2.173 亿元。在其余的年份，预计负债大幅度减少，该公司盈利为 1 000 万元左右。因此，预计负债越多，净利润越低。

（二）融资性长期负债

与融资协议有关的长期负债需要系统地支付本金和利息，如应付票据、应付债券、贷款协议。为了确保债权人的投资得到保障，债权人通常会对欠债的企业管理层施加股利分配限制、营运资本限制、资产优先索取权、兼并和资产剥离限制、负债发行限制等措施。一旦欠债企业违反这些限制条件，这些技术上的违约就会给债权人提供要求立即付款的法律依据。

1. 应付债券

应付票据就是偿还期超过一年或者一个经营周期的承兑票据。应付债券就是比应付票据的偿还期更长的、需要按照票面利率进行定期利息支付的债务证券。

（1）债券的发行价格。债券发行时的价格通常不等于票面价值。这取决于设定的利率是否高于市场利率。如果设定的利率高于市场利率，债券可以溢价销售，从而增加了应付债券的账面价值。如果设定的利率低于市场利率，债券可以折价销售，从而减少了应付债券的账面价值。

（2）债券的折价和溢价的摊销。债券的折价和溢价要在债券偿还期内通过利息费用逐步摊销，对债券折价的摊销增加了利息费用，对债券溢价的摊销减少了利息费用。在到期日，应付债券的账面价值等于其票面价值。

（3）公允价值计量负债的减值损失。当公司的信用状况恶化时，公司报告的长期债务价值将会降低。这意味着公司可以按照公允价值确认信用恶化带来的资本利得，以冲销公司资产价值降低所带来的损失。

举例 长期借款的重估。2011 年 6 月 30 日，水神公司向某银行借款 10 万元，到期日为 2013 年 1 月 1 日，年利率为 10%。假设水神公司在 2011 年 12 月 31 日发生了财务困难。经与银行债权人协商，长期借款本金到 2015 年 1 月 1 日归还，即延长两年，同时减少至 8 万元；豁免 2011 年 12 月 31 日所欠的债务应计利息 5 000 元；自 2012 年 1 月 1 日起，利率降至 6%，每年付息一次。假定银行没有对该项贷款计提贷款呆账准备，市场利率为 10%。要求：按照公允价值法确认水神公司的债务重组利得和银行的资产减值损失。

分析：（1）水神公司在修改债务条件后债务的公允价值计算如下。

① 本金的现值=80 000×（1+10%）$^{-3}$=80 000×0.751 3=60 104（元）。

② 利息的现值=80 000×6%×2.486 9=11 937（元）。

重组后债务的公允价值=60 104+11 937=72 041（元），债务的本息=10.5 万元，水神公司的债务重组利得=105 000−72 041=32 959(元)。2012 年末，水神公司按照公允价值 72 041 元的 10%计提债务利息，按 8 万元的 6%确认应付利息，差额调整至“长期借款——债务重组”账户。2012 年的利息费用=72 041×10%=7 204（元），2013 年的利息费用=（72 041+2 404）×10%=7 445（元），2014 年的利息费用=（74 445+2 645）×10%=7 709（元）。

（2）银行债权人在 2011 年底计算债务重组损失为 32 959 元，重组后的长期借款公允价值为 72 041 元。2012 年末，银行按照公允价值 72 041 元的 10%计提债务利息，按 8 万元的 6%确认应付利息，差额调整至“长期借款——债务重组”账户。2012 年的利息收入=72 041×10%=7 204（元），2013 年的利息收入=（72 041+2 404）×10%=7 445（元），2014 年的利息收入=（74 445+2 645）×10%=7 709（元）。

2. 零息债券

与大多数需要定期支付利息的债券和贷款不同，零息债券不支付利息，只是在到期日按照债券的账面价值进行支付，投资者以到期价值的很大一部分折扣买入证券来获得收益。

（1）零息债券的有效利率。零息债券的有效利率取决于最初的发行价格、到期价值，以及发行日于到期日之间的时间长度。

（2）零息债券的优势。发行零息债券的好处在于在到期日之前，债务人不需要支付利息，节约了支付利息的现金流量，但可以在报表中扣除利息费用。对于投资人来说，零息债券实现了复利的增长，拥有零息债券的人不需要每半年将所获利息进行再投资。这对于持有长期债券的养老基金和其他投资者来说，利息的再投资风险可能是一个严重的问题。

（3）零息债券的缺陷。零息债券的发行人在到期日之前没有许诺支付利息，也就不可能像普通债券那样因为许诺分文不付而违约。这就可能刺激垃圾债券的发行人，大规模地发行长期的零息债券而最后集中违约，造成债券持有者损失本金和利息。由于违约时间和延期支付利息的时间被延长，公司的管理层可以在此期间得到更多的酬劳。许多企业发行长期的零息债券去高价收购其他企业，以至于大量的自由现金流被用来支付利息，结果造成企业很少有现金去偿还债务。这种以损害固定资产的补偿而提高偿债能力的办法必然在长期中损害企业的盈利能力，最终导致企业无力偿还债务。

3. 融资性长期负债的财务分析

为了评估企业的偿债能力，我们需要分析企业的融资性长期负债是用来购买投资资产还是经营资产，分析融资性长期负债占长期负债的比例、长期负债占总负债的比例、应付利息占融资性负债的比例，以及一年内到期的债务本息占流动性负债的比例。

企业将融资性长期负债的资金用于购买投资资产的比例越大，融资性长期负债占长期负债的比例越大，应付利息占融资性负债的比例越大，融资性流动负债占流动负债的比例越大，以及一年内到期的债务本息占流动性负债的比例越大，那么，企业的财务风险就会越大，偿债能力就会越低。

（三）递延所得税负债和递延所得税资产

与经营责任有关的长期负债主要包括养老金债务、递延税款、担保、退休金和退休金后的福利债务。递延税款是由于纳税申报和对外报告使用了不同的会计方法而引起的债务。当财务报表和纳税申报所确认的收入或者费用不同期时，就会出现递延资产或者递延债务的情况。例如，加速折旧法报税、直线法对外报表的年份就会产生递延税款的负债。财务报表的所得税费用应以财务报表的有关纳税项目为基础，应付所得税则应以所得税申报表确定的本期实际应付的所得税为基础。当财务报表的所得税费用与应付所得税不一致时，其差额计入递延所得税资产或者递延所得税负债。

1. 所得税会计的方法

确认所得税费用的方法有资产负债表债务法、递延法和收益表债务法 3 种。中国企业会计准则采取资产负债表债务法计算递延所得税资产和负债。

1）资产负债表债务法

资产负债表债务法将暂时性差异的影响确认为将在未来得到补偿的所得税资产，或在未来予以清偿的所得税负债。其计算程序如下。

（1）根据资产或负债的账面价值和计税基础计算出暂时性差异。

（2）根据暂时性差异确定递延所得税资产或负债应有的期末余额，再将递延所得税资产或负债应有的期末余额减去期初余额再减去直接计入权益的递延所得税资产或负债，确定本期调整的递延所得税资产或负债的余额。

（3）根据本期应调整的递延所得税资产或负债的金额和本期应交所得税确定利润表上的所得税费用。

在资产负债表债务法下，递延所得税资产和递延所得税负债的确认，分别以报告主体预期收回资产的账面金额和清偿负债的账面金额所引起的纳税后果为依据。

2）递延法

递延法强调费用与收入的配比，把时间差异的纳税影响递延到差异转回的各个期间，以反映原始差异对税额的影响，但不对以后年度税率的变动进行调整。

3）收益表债务法

收益表债务法首先将时间差异区分为在未来期间的应纳税时间性差异和可抵减时间性差异，分别乘以适用税率得出递延税款贷项和递延税款借项在当期的发生额。与递延法不同的地方在于，收益表债务法确认税率变动时的时间性差异对递延税款的影响金额。在绝大多数情况下，资产负债表债务法与收益表债务法计算的当期所得税费用和期末递延所得税余额相同。但是，当某一纳税项目，如计入所有者权益的利得或者损失出现在资产负债表中，而不出现在利润表中时，采用两种方法计算的当期所得税费用和期末递延所得税余额会有差异。

2. 计税基础和暂时性差异

1）资产的计税基础

资产的计税基础是指企业收回资产账面价值过程中，计算应纳税所得额时按照税法规定可以自应税经济利益中抵扣的金额。在未来期间计算应纳税所得额时可以抵扣的金额，或者按照税法规定进行核算所提供的资产负债表中资产的应有余额，就是资产的计税基础，即未来可税前列支的金额。

（1）税法认定的资产取得成本为购入时实际支付的金额。

（2）在资产持续持有的过程中，可在未来期间税前扣除的金额是指资产的取得成本减去以前期间按照税法规定已经税前扣除的金额后的余额。例如，固定资产、无形资产等长期资产的计税基础，是指其成本按照税法规定已在以前期间税前扣除的累计折旧额或累计摊销额后的金额。

（3）税法规定，固定资产一般采取直线法和特定的折旧年限，不允许资产减值损失从税前扣除；企业发生的研究开发支出可税前加计扣除，即一般可按当期实际发生的研究开发支出的150%加计扣除，不允许资产减值损失从税前扣除；以公允价值计量且其变动计入当期损益的金融资产和投资性房地产不允许扣除当期损益。

2）负债的计税基础

负债的计税基础是指负债的账面价值减去未来期间计算应纳税所得额时按照税法规定可予抵扣的金额。计算应纳税所得额时不可抵扣的金额，就是负债的计税基础，即账面价值减去未来可税前列支的金额。一般情况下，负债的确认与偿还不会影响企业的损益，也不会影响其应纳税所得额。未来期间计算应纳税所得额时按照税法规定可予抵扣的金额为0，即计税基础等于账面价值，如企业的短期借款、应付账款等。但是，在某些情况下，负债的确认可能会影响企业的损益，进而影响不同期间的应纳税所得额，使得计税基础和账面价值之间产生差额。

3）暂时性差异

暂时性差异是指资产或负债的账面价值与其计税基础之间的差额。未作为资产和负债确认的项目，按照税法规定可以确定其计税基础的，该计税基础与其账面价值之间的差额也属于暂时性差异。

（1）暂时性差异的分类。按照对未来期间应税金额的影响，暂时性差异分为应纳税暂时性差异和可抵扣暂时性差异。

① 应纳税暂时性差异。这是指在确定未来收回资产或清偿负债期间的应纳税所得额时，将导致产生应税金额的暂时性差异，应确认递延所得税负债。应纳税暂时性差异来自资产的账面价值大于其计税基础或者负债的账面价值小于其计税基础。

② 可抵扣暂时性差异。这是指在确定未来收回资产或清偿负债期间的应纳税所得额时，将导致产生可抵扣金额的暂时性差异，应确认递延所得税资产。可抵扣暂时性差异来自资产的账面价值小于其计税基础，负债的账面价值大于其计税基础，或者以后年度的可抵扣亏损和税款抵减。

（2）暂时性差异的根源。由于税法计算所得税接近于现收现付制，而会计计算所得税费用按照权责发生制计算，中间的暂时性差异就会出现递延所得税资产和递延所得税负债。

（3）不同类科目的暂时性差异。下面主要介绍资产科目的暂时性差异和负债科目的暂时性差异。

① 资产科目的暂时性差异。对于资产科目来说，除货币资金以外，所有其他科目都可能产生暂时性差异。这包括以公允价值计量且其变动计入当期损益的金融资产，应收款项和预付款项计提的坏账准备超过实际损失部分，可供出售金融资产的公允价值变动和资产减值损失，存货计提的跌价准备，持有至到期投资计提的资产减值损失，权益法下未实际收到的投资收益，投资性房地产在成本模式计量下的资产减值损失和折旧年限不同及公允价值模式计量下的公允价值变动，固定资产的折旧年限和折旧方法不同及资产减值损失，在建工程和工程物资的资产减值损失，无形资产的摊销年限和摊销方法的不同及无形

资产减值损失，以及商誉等都会产生可抵扣或应纳税暂时性差异。

② 负债科目的暂时性差异。对于负债科目来说，绝大部分科目不会产生暂时性差异，差异主要来自费用中提取的负债。这包括以公允价值计量且其变动计入当期损益的金融负债、预计负债、预收账款、应付职工薪酬和职工辞退福利等都会产生可抵扣或应纳税暂时性差异。应付账款、长期借款、应付债券、应交税费等应付科目，因为其计税基础等于账面价值，一般不会产生暂时性差异。

3. 递延所得税资产和负债的计量

在资产负债表日，对于当期和以前期间形成的当期所得税负债（资产），应当按照税法规定计算的预期应缴纳（或返还）的所得税金额计量；对于递延所得税资产或者负债，应当依照税法规定，按照预期收回资产或者清偿该负债的适用税率计量。企业当期所得税和递延所得税应当作为所得税费用或收益计入当期损益。资产按照（账面价值-计税基础）×未来适用税率计算递延所得税资产或递延所得税负债：如果为正数，则为递延所得税负债；如果为负数，则为递延所得税资产。负债按照（账面价值-计税基础）×未来适用税率计算递延所得税资产或递延所得税负债：如果为正数，则为递延所得税资产；如果为负数，则为递延所得税负债。

举例　递延所得税负债。某公司的固定资产的账面原值为 1 500 万元。会计按照直线法计提折旧，折旧年限为 5 年，无残值。税法规定采取直线法折旧，折旧年限为 3 年，不考虑残值。进一步假定每年计提折旧前的税前利润为 1 000 万元，第 1 年年初无递延所得税余额，所得税税率为 30%，企业不存在其他会计与税收差异。要求：计算各年的递延税款和所得税费用。

分析：该固定资产的账面价值、计税基础、暂时性差异、递延所得税和本年应交所得税的计算结果见表 5-10。由于税法规定的折旧年限较短，企业在前 3 年的每一年应交所得税为 150 万元，而扣除的所得税费用为 210 万元，其中差额 60 万元为递延所得税负债。后两年的每一年应交所得税为 300 万元，扣除的所得税费用为 210 万元，其中差额 90 万元为递延所得税负债的转回。总之，企业每年扣除的所得税费用均为 210 万元，但由于递延所得税费用的存在，企业在前 3 年少交 180 万元的所得税，后两年补交 180 万元的所得税。

表 5-10　固定资产递延税款明细表（单位：万元）

项目	第 1 年	第 2 年	第 3 年	第 4 年	第 5 年
本年会计折旧	300	300	300	300	300
年末账面价值	1 200	900	600	300	0
本年计税折旧	500	500	500	0	0
年末计税基础	1 000	500	0	0	0
年末暂时性差异	200	400	600	300	0
递延所得税负债余额，税率 30%	60	120	180	90	0
所得税费用	60	60	60	−90	−90
税后收入（税前收入 1 000 万元）	500	500	500	1 000	1 000
本年应交所得税，税率 30%	150	150	150	300	300

4. 递延所得税资产和递延所得税负债的会计分析

（1）分析企业是否利用递延所得税资产（或可抵扣亏损）和递延所得税负债进行盈余管理。由于当期的所得税费用与递延所得税资产和递延所得税负债有关，因此，本期递延所得税资产确认的越多，递延所得税负债确认得越少，则本期的所得税费用就越少，本期的净利润就越多。根据企业所得税法的规定，企业纳税年度发生的亏损，视同可抵扣暂时性差异，准予向以后年度结转，用以后年度的所得弥补，但结转年限不得超过 5 年。加上递延所得税资产的确认，以及在未来期间的转回与管理层的估计和判断有关，企业就会利用递延所得税资产、递延所得税负债或可抵扣亏损进行盈余管理。

举例　递延所得税资产与盈余管理。乐视网是一家互联网上市公司，主营广播电视剧节目制作、互联网信息服务、增值电信业务等。乐视网 2015～2016 年的所得税数据见表 5-11。

表 5-11　乐视网 2015～2016 年的所得税情况（单位：亿元）

项目	合并财务报表所得税		母公司报表所得税	
	2016 年	2015 年	2016 年	2015 年
递延所得税资产	7.63	5.07	0.53	0.27
递延所得税负债	0.03	0.06	0.03	0.01
应交企业所得税	1.72	1.75	—	—

分析：从表 5-11 中可以看出，乐视网递延所得税资产远远大于递延所得税负债，且递延所得税资产主要来自子公司报表。由表 5-12 可以发现递延所得税资产主要产生于可抵扣亏损。乐视网利用子公司的亏损认定为可抵扣亏损的方法，计提了 2.27 亿元的递延所得税资产，从而导致所得税费用减少，净利润相应增加。此外，乐视网还有可抵扣亏损 5.14 亿元未确认为递延所得税资产，从而为调整未来年度的会计盈余提供了条件。

表 5-12　乐视网未经抵销的递延所得税资产（单位：亿元）

项目	期末余额		期初余额	
	可抵扣暂时性差异	递延所得税资产	可抵扣暂时性差异	递延所得税资产
内部交易未实现利润	1.69	0.25	1.89	0.47
可抵扣亏损	26.02	6.51	16.97	4.24
减值准备	4.98	0.87	2.12	0.36
融资租赁摊销利息	0.04	0.01	0.02	0.00
合计	32.74	7.63	21.01	5.07

（2）分析递延所得税资产减值的情况。如果公司将来的应税所得额存在足够的不确定性，就应该对递延所得税资产进行折价备抵，以便使递延所得税资产接近期望的实际净额。折价备抵时，所得税费用将增加。尤其是，所得税税率的变化可能引起递延所得税账户的巨大调整，并对当期收益产生重大影响。

5. 递延所得税资产和递延所得税负债的财务分析

（1）关注递延所得税资产和递延所得税负债的规模与增长率，并与应付所得税增长率和所得税费增长率进行比较。

（2）分析递延所得税资产占资产的比例、递延所得税负债占负债的比例。

（3）分析递延所得税资产和递延所得税负债变动额占净利润的比例。

如果企业发生破产清算，递延所得税资产并不能带来企业的现金流入，递延所得税负债并不能导致企业的现金流出。因此，在做财务分析时，最好将递延所得税资产与递延所得税负债从资产和负债中剔除。

举例 递延税款占资产的比例。表 5-13 是上市公司 2010～2014 年递延所得税资产和负债占资产的比例情况。

表 5-13 上市公司 2010～2014 年递延所得税资产和负债占资产的比例情况

项目	2010 年	2011 年	2012 年	2013 年	2014 年
递延所得税资产/资产（%）	0.49	0.52	0.57	0.56	0.65
递延所得税负债/资产（%）	0.31	0.25	0.26	0.24	0.30

分析：递延所得税资产占资产的比例平均为 0.5%左右，递延所得税负债占资产的比例平均为 0.25%左右。两者的差额为 0.25%左右。这意味着，企业当期所缴纳的所得税税额比按照会计报表计算的应纳税额要高。

（四）企业年金

企业年金又称为退休金和养老金，按照职工个人工资的一定比例和企业的一定配比比例缴纳，计入应付职工薪酬的离职后福利和管理费用，是基本养老保险的一种补充。

1. 退休金账户的设置

中国的个人退休金账户分为政府机关事业单位的职业年金和企业年金两种。从 2015 年起，职业年金法定为单位工资总额的 8%和个人工资的 4%缴纳，均实行个人账户管理。机关事业单位的员工在退休后，按照职业年金积累情况和相关约定按月领取职业年金。中国在 2004 年施行《企业年金试行办法》（现已废止），2018 年 2 月施行《企业年金办法》，具体的规定见表 5-14。

表 5-14 企业年金的缴费比例和领取条件

比较项目	2004 年《企业年金试行办法》	2018 年《企业年金办法》
企业缴费/职工工资总额	1/12	8%
企业和职工合缴费/企业工资总额	1/6	12%
职工领取条件	退休、出国定居	退休、出国定居和完全丧失劳动能力
领取方式	一次性或定期领取	按月、分次或一次性领取
企业缴纳部分归属期限制	约定归属期	最长 8 年

2. 企业年金的模式

中国企业年金采取设立基金并委托管理的信托模式，一般采取设定受益计划、设定提存计划和混合型计划。企业年金基金由企业缴费、职工缴费和企业年金基金投资运营的收益组成。设定受益计划和设定提存计划的比较见表 5-15。

表 5-15　设定受益计划和设定提存计划的比较

比较项目	设定受益计划	设定提存计划
雇主供款	不确定	确定
退休收益的确定性	确定	不确定
计划权利和义务是否平衡	否	是
账户管理	不建立个人账户	建立个人账户
可携带性	高	低
受益权是否有充分积累	不必然	是
对服务时间的依赖程度	大	小
雇员是否参与投资	否	是

3. 企业年金的计量

在会计上，退休后福利的成本需要在雇员服务期间予以确认，而不是等实际支付福利时再行确认。在设定提存计划中，企业为员工建立个人账户，由员工自由选择基金品种进行投资。企业按照事先规定的缴费率，向年金基金缴费，不承担员工个人账户基金的投资风险。在设定提存计划中，企业年金的资产不是企业资产的一部分。当雇员在未获得退休金的权利就离职时，企业将这部分资金作为营业外收入处理。

设定受益计划由雇主供款并承担养老基金的投资风险，承诺雇员退休后给予固定的退休金，但不建立个人账户。设定受益计划产生的福利义务归属于职工提供服务的期间，但需要精算师估算预期寿命、雇员离职率、报酬增长率、保健成本、养老金的预期投资回报率、利息率等信息，以便计算退休后的福利成本，按照公允价值确认相应的资产、负债。职工的福利成本包括服务成本、利息净额和重新计量所产生的变动。服务成本由当期服务成本、过去的服务成本和解除计划时结算的利得或损失构成，利息净额由计划资产的利息收益、计划义务的利息费用和资产上限影响的利息 3 部分构成，服务成本和利息净额计入当期损失。重新设定受益计划净额产生的变动，包括精算利得或损失，计划资产的回报和资产上限影响的变动，计入其他综合收益，且在后续期间不允许转回至损益。在员工死亡后设定受益计划终止时，企业可以将其他综合收益转到留存收益。在设定受益计划下，企业年金基金的资产和负债是企业资产和负债的一部分，应合并到企业的资产负债表中。

4. 设定受益计划和设定提存计划的财务比较

（1）对资产负债表的影响不同。在设定受益计划下，企业年金的支付义务是一种长期负债，支付给临近退休员工的福利是一种短期应付职工薪酬。在设定提存计划下，企业年金的资产和负债不是企业资产负债的一部分。因此，企业的年金会同时增加企业的负债和资产，从而会提高企业的资产负债率。

（2）对利润表的影响不同。在设定受益计划下，职工的福利成本包括服务成本、利息净额和重新计量所产生的变动，分别计入当期损益和其他综合收益。在设定提存计划下，职工的福利成本只包括当期服务成本，直接计入当期损益。后者比较稳定，前者波动性较大，并受到精算的影响。

（3）对现金流量表的影响。在设定受益计划下，企业向年金基金的供款增加了投资活动的现金流出，年金基金的利息收入或利息支出会影响筹资活动的现金流量。在设定提存计划下，企业的年金供款增加了经营活动的现金流出。设定受益计划和设定提存计划都会减少企业的自由现金流量，增加企业的经营成本，降低企业的利润和所应缴纳的企业所得税，但是会减少员工的离职率，提高员工的工作积极性。

5. 退休后福利的会计分析

（1）确定并调节报告的和经济的福利成本、资产与债务。

（2）评价精算假设及其对财务报表的影响。提高贴现率就能降低退休金债务和退休金成本。当利率急剧下降时，养老金债务和养老金成本急剧上升。

（3）考查养老金和其他退休后福利的风险，因为养老金投资于股票、债券等资产，受市场利率和通货膨胀的影响较大。养老金资产和债务占总资产的比例越高，养老金的风险暴露程度也越高。

三、融资租赁和经营租赁

租赁就是出租人在一定时期内将某项资产的使用权让与承租人，以换取一项或者一系列支付的协议。

（一）租赁的分类

根据租赁资产的风险和报酬是否转移给了承租人，租赁在会计上区分为融资租赁和经营租赁两种。如果一项租赁涉及与所有权相关的全部收益和风险发生实质性的转移，那么，这项租赁就是融资租赁。实质性的转移条件包括租赁期占租赁资产可使用年限的大部分（75%以上）；承租人在租赁开始日的最低租赁付款额现值几乎相当于租赁资产的公允价值（90%以上）；租赁资产特殊，如果不经改造，则只有承租人才能使用；当租赁期满时，租赁资产的所有权将无偿转移给承租人，或者承租人有优惠购买权，且可以合理预计承租人会行使购买权。融资租赁外的所有其他租赁都当作经营租赁处理。

（二）租赁资产的会计处理

融资租赁和经营租赁的会计处理存在重大的差异，对财务报表分析有重要的影响。

1. 融资租赁的会计处理

（1）对于承租人来说，融资租赁当作购买财产处理，列入固定资产，其金额相当于最低租赁付款额在整个租赁期内的现值，而相关的债务包括在负债之中；对于出租人来说，融资租赁当作销售和融资业务处理。

（2）如果一项租赁资产被当作融资租赁处理，承租人应将该项租赁资产视同企业购入的资产，将租赁资产、租赁引起的长期应付款（最低租赁付款额）和未确认融资费用分别列入资产负债表。情形包括：①按照租赁资产的公允价值与最低租赁付款额现值中较低者作为租入资产的入账价值；将最低租赁付款额作为长期应付款入账；两者中的差额为未确认融资费用。②租赁资产中固定资产应按规定计提折旧；租赁资产的折旧政策，与同类自有固定资产相同。在支付租金时，摊销未确认融资费用并减少长期应付款。

（3）对于出租人而言，不许将融资租赁资产列入资产负债表和计提折旧。按照租赁资产的公允价值与最低租赁收款额现值中较低者作为租赁资产的成本；将最低租赁收款额作为长期应收账款入账；两者的差额为未实现融资收益，应当在租赁期内各会计期间进行分配，陆续确认为融资收入。在融资租赁的初始确认时，借记“长期应收款”科目（最低租赁收款额与初始直接费用之和）和“未担保余值”科目，贷记“融资租赁资产”科目（公允价值，最低租赁收款额的现值与未担保余值之和）、“银行存款”科目和“未实现融资收益”科目。在分配未实现融资收益时，出租人按照实际利率计算应确认的融资收入。

2. 经营租赁的会计处理

（1）承租人的会计处理。如果一项租赁资产被当作经营租赁处理，承租人应当将经营租赁的租金，在租赁期内各个期间按照直线法计入相关资产成本或当期损益；对于承租人在经营租赁中发生的初始直接费用，应计入当期损益；租赁资产不出现在承租人的资产负债表上，但要在报表附注中披露，并在利润表上列为租赁费用，如办公设备、厂房的租赁费。

（2）出租人的会计处理。对于经营租赁的资产，出租人应当将租赁资产作为自身拥有的资产在资产负债表中列示；对于租赁资产中的固定资产，应当采用同类自有固定资产的折旧政策计提折旧；费用化租赁的租金通常在租赁期内按直线法确认为当期收入；有关的初始直接费用，计入当期费用；租金收入与折旧费用之间的差额为出租人从租赁中获得的利润。

举例　租赁的选择。火星公司的息税前利润为 496.75 万元，每年支付的利息费用为 20 万元，公司所得税税率为 25%，设备采用直线法计提折旧。公司拟租入一台生产设备，租赁期为 10 年，从 2016 年 1 月 1 日起到 2025 年 12 月 31 日止，每年租赁费用为 50 万元，费用在每年年末支付。假如租赁资产的公允价值为 315 万元，不考虑残值，折现率为 10%，承租人可以在经营租赁和融资租赁两种方式中进行选择。要求：分析不同的租赁选择对收益和纳税的影响。

分析：最低租赁付款额=50 万×10=500（万元），最低租赁付款额现值=50 ×（P/A，10%，10）=307.228 4（万元），计入未确认融资租赁费用的金额为 192.771 6 万元。对未确认融资租赁费用的摊销采用实际利率法，即第 1 年确认融资租赁费用（利息费用）的金额为 307.228 4 × 10%=30.722 8（万元）。固定资产的入账价值为最低租赁付款额现值与固定资产公允价值两者中较低者，即固定资产入账价值为 307.228 4 万元，每年的折旧额为 30.722 8 万元。

具体的计算结果见表 5-16，从中可以看出，融资租赁支付的所得税费用要低于经营租赁，但融资租赁的税后净利润要低于经营租赁的税后净利润。

表 5-16　不同租赁方式对火星公司第 1 年的收益和纳税的影响（单位：万元）

科目	不投资	经营租赁	融资租赁
投资前息税前利润	496.75	496.75	496.75
减：租赁费用	—	50.00	30.72*
折旧费用	—	—	30.72

续表

科目	不投资	经营租赁	融资租赁
息税前利润	496.75	446.75	435.30
减：利息费用	20.00	20.00	20.00
利润总额	476.75	426.75	415.30
减：所得税	119.19	106.69	103.82
净利润	357.56	320.06	311.48

*融资租赁费用为最低租赁付款额现值。

（三）融资租赁和经营租赁对财务报表的影响及两者的比较

融资租赁和经营租赁对承租人的资产负债表、损益表和现金流量表的影响是不同的，从而对企业的获利能力、流动性、资产总额、负债总额、所有者权益、现金流量产生不同的影响。

1. 融资租赁和经营租赁对财务指标的影响

（1）对公司资本结构的影响。由于融资租赁会产生长期负债，长期负债属于公司的资本，从而使资产负债率、全部资本比率、权益乘数上升。而且，融资租赁资产和融资租赁负债的金额在租赁开始时是相等的，但由于计提折旧的速度往往高于支付债务的速度，融资租赁资产金额将会小于融资负债数额，这就进一步提高了资产负债率。

（2）对获利能力的影响。经营租赁下的全部租赁费用会计入产品成本、管理费用或者销售费用，而融资租赁下的折旧费用会计入产品成本、管理费用或销售费用，利息费用计入财务费用。但是，融资租赁的承租人所报告的利息费用在前期较多，结果导致融资租赁下的净收益在前几年要低于经营租赁下的净收益。而且，经营租赁低估了企业的融资成本，在利润表上表现为财务费用下降，从而提高了利息保障倍数。由于融资租赁增加了公司的资产和在最初几年减少了利润，因此，融资租赁方式下的资产利润率更低，资产周转率更慢，净资产收益率也会更低。

（3）对流动性的影响。由于融资租赁和经营租赁增加流动性负债的程度不同，因此，融资租赁和经营租赁也会对流动比率产生影响。融资租赁增加了流动性负债，从而降低了流动比率、速动比率和现金比率。

（4）对现金流量的影响。对于现金流量表而言，经营租赁和融资租赁在每期支付的租赁费用相同，但因为所得税和复利的不同作用，会造成租赁期内的融资租赁现金流出的现值要略低于经营租赁现金流出的现值。另外，经营租赁会把支付的全部现金当作经营活动现金流出，而融资租赁资产的折旧金额加回经营活动现金流量，融资租赁的现金支付属于筹资活动的现金流出和投资活动的现金流出。因此，经营租赁下的经营活动现金流量要低于融资租赁下的经营活动现金流量，经营租赁下的筹资活动现金流量要高于融资租赁下的筹资活动现金流量。在融资租赁期间，考虑到复利效应和融资租赁的前期期间费用较高，不管是否考虑税收效应，融资租赁的现金支出的现值一般会小于经营租赁的现金支出的现值。

2. 融资租赁和经营租赁的比较

在前例中，火星公司在融资租赁下比经营租赁下少支付现金 3.383 3 万元。从税收角度和现金流量角度看，融资租赁要好于经营租赁的会计处理。但是，从企业的资本结构和流动性角度看，经营租赁要好于融资租赁。因此，许多企业将融资租赁通过设置独立实体等方式转化为经营租赁。

由于融资租赁费用随着年限的增加而减少，折旧费用保持不变，因此，融资租赁在前几年的期间费用要多于经营租赁的期间费用，从而减少所得税的支付和降低利润。在第 1 年，融资租赁比经营租赁多计入的期间费用为 8.584 2 万元，从而节省所得税 2.861 4 万元。但在租赁资产的后几年，随着融资租赁费用的不断减少，融资租赁的期间费用会低于经营租赁的期间费用，从而增加所得税和增加利润。具体的计算见表 5-17。

表 5-17　经营租赁和融资租赁对火星公司现金流量影响（单位：万元）

年份	经营租赁方案			融资租赁方案				
	租赁费用	税后租赁费用	支出现值	租赁费用	折旧	确认融资租赁费用	费用节税	支出现值
2016	50	37.5	34.090 9	50	30.722 8	30.722 8	15.361 4	31.489 6
2017	50	37.5	30.991 7	50	30.722 8	28.795 1	14.879 5	29.025 2
2018	50	37.5	28.174 3	50	30.722 8	26.674 6	14.349 4	26.784 8
2019	50	37.5	25.614 8	50	30.722 8	24.342 1	13.766 2	24.749 9
2020	50	37.5	23.277 5	50	30.722 8	21.776 3	13.124 8	22.889 6
2021	50	37.5	21.162 5	50	30.722 8	18.953 9	12.419 2	21.208 1
2022	50	37.5	19.240 6	50	30.722 8	15.839 3	11.643 0	19.680 3
2023	50	37.5	17.490 7	50	30.722 8	12.434 3	10.789 3	18.288 6
2024	50	37.5	15.903 3	50	30.722 8	8.677 7	9.850 1	17.027 1
2025	50	37.5	14.456 4	50	30.722 8	4.545 5	8.817 1	15.876 2
合计	500	375	230.402 7	500	307.228	192.762	125	227.019 4

注：费用节税=（折旧+确认融资租赁费用）×所得税税率。

（四）具有融资租赁实质的经营租赁资本化调整

经营租赁是表外融资的一种形式。在分析负债比率时，往往需要将具有融资租赁实质的经营租赁资本化，估算其资产和负债。

（1）判断经营租赁是否具有融资租赁的实质。为了将经营租赁转化为融资租赁，分析人员需要根据最低租赁年数判断经营租赁的分类是否合理。最低租赁年数等于未来多年的最低租赁支付额除以当年的最低支付额，再加上前几年的租赁年数。如果租赁期较长，那么，需要将经营租赁转化为融资租赁处理。

（2）估计可用于对预计租赁额进行贴现的利息率。这可以通过企业使用的融资租赁利率或者债券和长期借款利率来估算。

（3）根据利息率来计算融资租赁的负债额和偿还的利息。

（4）假设期初租赁的负债额等于租赁资产额，然后考虑租赁期限、资产的经济寿命和承租人的折旧政策来对租赁资产进行折旧和估算租赁资产余额。

（5）计算利息费用和折旧费用。利息费用需要通过利息率和租赁负债的现值来计算，折旧费用等于租赁资产除以剩余租赁年限。

（6）调整资产负债表和利润表。资产负债表增加了租赁资产和租赁负债，还有一年到期的流动负债部分，利润表则将租赁费用分解为利息费用和折旧费用。这样，经营租赁资本化会提高负债权益率等比率。

举例　具有融资租赁实质的经营租赁调整。中国东方航空公司成立于 1988 年，1997 年在纽约证券交易所、香港联合交易所有限公司和上海证券交易所上市。1997～2003 年，中国东方航空公司兼并了中国通用航空公司、中国西北航空公司、联合云南航空公司，并在 2003 年组建东航集团。东航集团经营国内外 450 条航线，拥有 168 家大中型飞机和 22 架通用航空飞机。此外，东航集团还采取经营租赁的方式租赁了大量的飞机，飞机构成来源见表 5-18。

表 5-18　东航集团 1998～2004 年的飞机构成来源（单位：架）

项目	1998 年	1999 年	2000 年	2001 年	2002 年	2003 年	2004 年
飞机总数	59	57	61	71	78	98	104
融资租赁和购买	46	37	37	43	47	57	66
经营租赁	13	20	24	28	31	41	38

东航集团的长期负债主要由融资租赁负债和长期借款构成，都用于购买或者融资租赁飞机，见表 5-19。2001～2005 年，东航集团的融资租赁负债显著下降，但经营租赁的飞机数量（2005 年经营租赁飞机 64 架）显著上升，从而降低了资产负债率。截至 2005 年 12 月 31 日，东航集团经营租赁飞机受益期间为 4～12 年，占飞机整个使用年限的 20%～60%，从而使这些经营租赁具有融资租赁的实质。

表 5-19　东航集团 1998～2005 年的长期负债构成分析

年份	长期负债（亿元）	融资租赁负债（亿元）	长期借款（亿元）	长期借款用于买飞机的比例（%）
1998	170.18	108.37	44.16	99.90
1999	168.47	104.51	42.16	72.40
2000	167.72	101.90	43.81	64.60
2001	145.17	79.35	49.39	62.30
2002	129.30	59.36	52.32	87.70
2003	163.29	54.08	89.72	94.30
2004	170.03	74.72	75.42	79.90
2005	207.88	81.80	97.90	94.00

分析：根据东航集团披露的不可撤销经营租赁下未来最低租赁付款总额和租赁年限的信息，可以计算这些经营租赁对资产负债表的影响，以及调整前后东航集团的资产负债率

和全部资本比率。

（1）东航集团 1998～2005 年的负债和权益的调整见表 5-20。

表 5-20　东航集团 1998～2005 年的负债和权益的调整（单位：亿元）

年份	未调整的负债和权益			调整后的负债和权益		
	流动负债	长期负债	股东权益	新增长期负债	新增权益	新增资产
1998	45.21	170.18	64.50	11.45	−0.76	10.69
1999	47.10	168.47	67.52	22.19	−0.44	21.75
2000	48.41	167.72	74.12	28.00	−0.34	27.66
2001	65.72	145.17	78.95	30.56	−0.26	30.30
2002	120.47	129.30	77.83	26.74	−0.23	26.51
2003	147.73	163.29	69.04	18.71	0.02	18.73
2004	177.11	170.03	77.13	10.11	0.64	10.75
2005	316.14	207.88	69.18	0.94	1.65	2.59

（2）根据调整的资产、负债和所有者权益，可以计算资产负债率和全部资本比率，见表 5-21。从表 5-21 中可以得出，资产负债率平均提升了 1.5%，全部资本比率提高了近 2%。

表 5-21　东航集团 1998～2005 年的资产负债率和全部资本率

年份	调整前比率（%）		调整后比率（%）	
	资产负债率	全部资本比率	资产负债率	全部资本比率
1998	76.96	72.52	78.07	74.02
1999	76.15	71.39	77.99	73.97
2000	74.46	69.35	76.79	72.62
2001	72.76	64.77	75.42	69.07
2002	76.24	62.42	78.08	66.79
2003	81.83	70.28	82.68	72.49
2004	81.82	68.79	82.12	69.85
2005	88.34	75.03	88.11	75.57

第三节　所有者权益分析

股东权益是一个经营主体的资产减去负债后的剩余所有者权益，包括实收资本（或股本）、资本公积、盈余公积和未分配利润。商业银行、保险公司等金融机构在税后利润中提取的一般风险准备，也构成所有者权益。一般来说，企业需要提供股东权益变动表，以便反映期初和期末的股东权益变化。

一、所有者权益变动表

所有者权益变动表是反映构成所有者权益的各组成部分当期的增减变动情况的报表。该表以矩阵的形式列示净利润、直接计入所有者权益的未实现利得和损失、所有者投入的资本和向所有者分配利润、提取盈余公积、会计政策变更和差错更正的累积影响金额，XYZ企业2018年所有者权益变动表见表5-22。

表5-22　XYZ企业2018年所有者权益变动表（单位：元）

项目	实收资本	资本公积	库存股	盈余公积	未分配利润	少数股东权益
一、上年年末余额						
加：会计政策变更						
前期差错更正						
二、本年年初余额						
三、本年增减变动金额						
（一）净利润						
（二）直接计入所有者权益的利得和损失						
1. 可供出售金融资产公允价值变动净额						
2. 权益法下被投资单位其他所有者权益变动的影响						
3. 与计入所有者权益项目相关的所得税影响						
4. 其他						
上述（一）和（二）小计：综合收益额						
归属于母公司所有者的综合收益额						
归属于少数股东的综合收益额						
（三）所有者投入和减少资本						
1. 所有者投入资本						
2. 股份支付计入所有者权益的金额						
3. 其他						
（四）利润分配						
1. 提取盈余公积						
2. 对所有者的分配						
3. 其他						
（五）所有者权益内部结转						
1. 资本公积转增股本						
2. 盈余公积转增股本						

续表

项目	实收资本	资本公积	库存股	盈余公积	未分配利润	少数股东权益
3. 盈余公积弥补亏损						
4. 其他						
四、本年年末余额						

由于企业会计准则要求提供比较所有者权益变动表，因此，所有者权益变动表需要区分“本年金额”和“上年金额”。一般而言，所有者权益变动表的横列包括实收资本（或股本）、资本公积、库存股、盈余公积、未分配利润等项目的期初余额，首先调整本期各项目的变动数，然后得出期末余额。除反映年末所有者权益变动的情况外，所有者权益变动表还体现了综合收益的特点，将净利润、直接计入所有者权益的未实现利得和损失合并计算综合收益。

（一）其他综合收益的列报

综合收益就是企业在一定时期内的净资产变动额，分为净利润和其他综合收益两部分。综合收益总额比净利润更能解释股票价格和股票年收益率的变化，更能帮助信贷决策，但在预测未来净利润和未来经营活动现金净流量时不如净利润指标。

1. 其他综合收益的概念和分类

其他综合收益是由特定会计主体与业主之间的交易或事项产生，或者由外部市场环境变化所引起的未实现的所有者权益变动，该变动会影响企业未来经济利益的净流入。这些未在当期损益中确认的各项利得和损失在扣除所得税影响后的净额，直接计入所有者权益的各项利得和损失。其他综合收益分为在以后期间能重新分类计入损益的项目和在以后期间不能重新分类计入损益的项目两类。

1）在以后期间能重新分类计入损益的项目

重新分类调整是指在符合一定条件时，将已确认的其他综合收益转为当期损益。当以下资产项目被出售或处置时，其相应的其他综合收益部分被转入损益。

（1）现金流量套期工具利得或损失中属于有效套期的部分，以及后续的转出，套期会计方法下境外经营净投资形成的损失或利得的有效套期及其转出。

（2）存货或自用房地产转换为公允价值模式计量的投资性房地产。

（3）境外经营的外币报表折算差额。

（4）金融资产重分类因账面价值和公允价值的差额产生的利得或损失，如可供出售的金融资产重分类调整为其他类别的金融资产，持有至到期投资重新分类调整为可供出售金融资产而产生的利得或损失。

（5）权益法核算的长期股权投资单位其他综合收益变动。例如，子公司、联营或合营企业的其他综合收益变动份额，控股股东对子公司资产增减值的评估处理，追加投资后的核算方式由公允价值转变为权益法计量，母子公司之间、子公司之间因持有对方债权而产生的其他综合收益，交易次数过多或追加投资后的核算方式由权益法转变为成本法计量，处置投资导致被投资企业核算方式由成本法转变为权益法计量，处置部分股权或分布处置子公司的投资股份使得对被投资企业的控制权丧失。

（6）可供出售外币非货币性项目公允价值变动。

（7）可供出售金融资产公允价值变动或减持。

（8）与计入其他综合收益项目相关的所得税影响。

2）在以后期间不能重新分类计入损益的项目

（1）设定受益计划，重新计量其净资产或净负债所产生的变动，计入其他综合收益，且以后期间不得转回损益。

（2）权益法下被投资单位属于以后期间不可计入损益的其他综合收益变动的份额。

2. 其他综合收益的列报方式

其他综合收益可以在所有者权益变动表、利润表或综合收益表中列报。表 5-23 是上市公司 2008～2009 年列报其他综合收益的情况。

表 5-23　上市公司 2008～2009 年列报其他综合收益的情况（单位：亿元）

财务报表	项目	2008 年	2009 年
合并利润表	净利润	9 226	11 458
	其他综合收益	−1 909	746
	综合收益总额	7 317	12 204
合并所有者权益变动表	归属母公司其他综合收益	−1 870	729
	少数股东享有的其他综合收益	−76	53
	其他综合收益合计	−1 946	782

3. 其他综合收益的会计分析

（1）将不同的其他综合收益科目混淆合并成某一个科目，或者漏报其他综合收益相关项目。例如，冠龙股份在 2014 年的合并利润表中，将“可供出售金融资产的公允价值变动”项目的金额，列示在“权益法下被投资企业以后期间进行重分类调整的其他综合收益总额”项目之下。

（2）将少数股东的税后其他综合收益或其他资本公积混淆在其他综合收益的相关项目之中。例如，复星股份在 2014 年的合并利润表中，将“少数股东所属的其他综合收益税后金额”，列示在“母公司所属其他综合收益”项目之下。

（3）分析其他综合收益的变动额及其原因。表 5-24 列举了中国上市公司 2014 年的其他综合收益项目的变动情况，从中可以看出，可供出售金融资产的公允价值变动和外币折算差额是其他综合收益变动的主要原因。

表 5-24　中国上市公司 2014 年的其他综合收益项目的变动情况

具体项目	发生额（百万元）	列报户数	占比（%）
权益法下被投资企业以后期间重分类调整后其他综合收益的变动份额	−166	143	24.56
权益法下被投资企业以后会计期间不能重分类调整的其他综合收益的变动份额	64	10	1.75
设定受益计划下对净负债或净资产进行重新计量	−1 797	69	12.04

续表

具体项目	发生额（百万元）	列报户数	占比（%）
持有至到期经重分类调整为可供出售金融资产时公允价值与账面价值的差额，可供出售金融资产公允价值变动值	291 482	323	56.37
财务报表的外币折算差额	−14 678	345	60.21
现金流量套期的有效部分	−3 862	30	5.24
固定资产或存货转换为投资性房地产在公允价值核算模式下的其他综合收益	1 511	20	3.49

（二）少数股东权益的确定

在合并的资产负债表中，少数股东权益的确定非常重要。所有者权益变动表有助于确定少数股东权益的初始金额、增减变动额和期末余额。

1. 少数股东权益初始金额的确定

对于同一控制下控股合并的，编制合并资产负债表时，以少数股东占子公司净资产账面价值的份额，确定归属于该子公司少数股东权益的初始金额。在非同一控制下购买日编制的合并资产负债表中，以购买日子公司可辨认净资产公允价值归属于少数股东的份额，确定归属于该子公司少数股东权益的初始金额。

2. 少数股东权益的增减变动额

（1）子公司当期产生的净利润归属于少数股东的份额，会增加少数股东权益的金额，列在合并所有者权益变动表“少数股东权益”项下的“综合收益总额”一栏里。

（2）子公司分配的现金股利归属于少数股东的部分，作为少数股东权益的减项，列在合并所有者权益变动表“少数股东权益”项下的“对所有者（或股东）的分配”一栏里。

（3）当母子公司之间的逆流交易增加子公司的净利润时，在合并程序中首先对逆流交易进行全额抵销，全额抵销后相关损益计入合并利润表，把归属于少数股东的利润份额计入列在合并所有者权益变动表“少数股东权益”项下的“综合收益总额”一栏里。

（4）当子公司的会计政策变更或前期差错更正在追溯调整中引起子公司净资产金额的变动，其归属于少数股东的份额也需要调整少数股东权益的上期期末余额。母公司增持或减持子公司的股份，也会导致少数股东权益的变化。

举例　少数股东权益的确定。假设乙公司拥有 D 公司 80%的股权和控制权。2018 年 1 月 1 日，D 公司持续计量的可辨认净资产公允价值为 9 000 万元。2018 年 6 月 30 日，乙公司减持有 D 公司 20%的股份，但仍拥有控制权。2018 年，D 公司全年实现净利润 1 000 万元，上下半年各占 500 万元。要求：确定乙公司对 D 公司少数股东权益的期初和期末余额。

分析：（1）减持前少数股东权益。2018 年 1 月 1 日，乙公司合并报表中归属于 D 公司少数股东的权益为 1 800 万元（9 000 × 20%），上半年归属于少数股东的损益为 100 万元（1 000 × 20%/2）。因此，6 月 30 日，减持前少数股东权益金额为 1 900 万元。

（2）减持后少数股东权益。在乙公司减持 D 公司 20%的股份之后，少数股东占 40%的股份，则减持后的少数股东权益金额为 3 800 万元[（9 000+500）× 40%]。

（3）年末少数股东权益。下半年 D 公司实现净利润 500 万元，则归属于少数股东的损益为 200 万元（500×40%），2018 年 12 月 31 日少数股东权益金额为 4 000 万元（3 800+200）。这样，在 2018 年末合并的所有者权益变动表中，少数股东权益的期初金额为 1 800 万元，少数股东权益下“综合收益总额”为 300 万元，少数股东权益下“所有者投入资本”增加 1 900 万元。这样，少数股东权益的期末余额为 4 000 万元。

3. 少数股东权益的分析

（1）确保少数股东权益的真实可靠性。将少数股东权益和少数股东损益混淆在所有者权益和净利润之中，就会造成高估净资产和净利润。

（2）分析资本杠杆的作用。少数股东权益是集团企业特殊的财务资源与内在杠杆，即利用集团企业内部股权安排去筹资和提升利润。例如，海航集团在 2017 年归属于母公司的净资产为 883.95 亿元，而归属于少数股东的净资产超过 4 000 亿元。这是集团企业通过建立多层级的控股子公司形成的资本杠杆，它可以使母公司股东权益在撬动股权融资上的能力得以成倍提升。当控股子公司首次公开发行的股票出现溢价时，少数股东溢价投入的一部分资本公积就会被直接转入“归属于母公司股东权益”。

（3）估算投资合理性。少数股东损益占净利润的比例与少数股东权益占所有者权益之比的差异化说明，母公司在盈利能力较强的子公司中占有的股份较高，而在盈利能力较弱的子公司中占有的股份较低，投资就比较合理。

（4）分析少数股东权益的变动额和增长率，计算少数股东权益占母公司股东权益的比率。如果少数股东权益大幅度增加甚至少数股东权益与母公司股东权益的比率大于 1，那么，可能的原因包括：①设立控股子公司；②收购其他企业，以子公司形式存在；③在所有者权益不变的情况下，母公司减持控股子公司的股份；④母公司对持股比率低于 50%的子公司拥有控制权；⑤在拥有子、孙多个层级的控股企业集团中，归属于母公司股东权益会因为乘数递减效应而急剧减少。注意表 5-25 中 4 家大型集团归属于母公司股东权益与少数股东权益的变化。大唐集团和华润集团的少数股东权益高于归属于母公司股东权益。

表 5-25　4 家大型集团 2005～2007 年的财务数据（单位：亿元）

项目	招商局集团			中粮集团			大唐集团			华润集团		
	2005 年	2006 年	2007 年	2005 年	2006 年	2007 年	2005 年	2006 年	2007 年	2005 年	2006 年	2007 年
货币资金	57	250	809	129	155	210	31	58	76	205	188	271
资产合计	791	1 143	2 172	727	727	1 209	1 830	2 272	2 949	1 369	1 694	2 238
母公司股东权益	127	160	524	184	201	325	178	191	218	127	117	548
少数股东权益	126	192	251	59	81	143	244	321	399	246	320	449
股东权益	253	352	775	243	282	468	422	512	617	373	437	997
净利润	43	59	171	16	22	52	27	46	58	47	74	150
母公司股东净利润	24	35	109	13	16	37	3	8	14	25	42	89

续表

项目	招商局集团			中粮集团			大唐集团			华润集团		
	2005 年	2006 年	2007 年	2005 年	2006 年	2007 年	2005 年	2006 年	2007 年	2005 年	2006 年	2007 年
少数股东损益	19	24	62	3	6	15	24	38	44	22	32	61
经营现金净额	28	17	42	−23	29	197	96	171	234	57	53	47

二、实收资本

实收资本又称股本，是投资者投入资本的一部分。在中国，实收资本要尽可能与注册资本保持一致，在资产负债表的所有者权益部分需要报告股票面值和股份数量。由于投资者的出资可以采取货币资金、固定资产或无形资产的形式，出资的计价、虚报资本、未缴纳认购的资本和抽逃出资值得关注。

（一）注册资本制

注册资本又称法定资本，是指公司向公司登记机关登记时实缴的出资额，即经法定程序确认的资本。中国的注册资本缴纳制度在 1993 年颁布的《中华人民共和国公司法》（以下简称《公司法》）中规定为资本实缴制，在 2005 年修订的《公司法》中规定为有限的资本认缴制，在 2014 年修订的《公司法》中规定为完全的资本认缴制。

1. 注册资本的来源

企业增加注册资本的途径有 4 种：一是投资者投入，包括原始购买和定向增发普通股和优先股；二是将资本公积转为实收资本（转股）；三是将留存收益转为实收资本，即发行股票股利（送红股）；四是将债权转换为股权，如可转换债券、债转股等。

2. 注册资本与实收资本的关系

初建公司时（除股份有限公司记入“股本”科目外），各投资者按照合同、协议或公司章程实际投入企业的资本，全部记入“实收资本”科目。这时，根据《中华人民共和国企业法人登记管理条例》的规定，企业的实收资本应等于企业的注册资本。

当企业在经营过程中，将资本公积、盈余公积或所有者新投入的资本转增资本，或者企业由于资本过剩、发生重大亏损而需要减少资本时，“实收资本”账户核算的金额与注册资本的金额就出现了不一致，此时，记入“实收资本”科目的金额可以不等于注册资本。但是，如果企业法人的实收资本比原注册资本数额增加或减少超过 20%，就应向原登记机关申请变更登记，使企业“实收资本”科目金额与注册资本一致。

3. 注册资本的功能

注册资本是公司取得独立的法人资格并拥有独立财产的必要条件，是公司存在和从事经营活动的物质基础，以及建立公司法人财产权的基础，也是股东对公司承担债务的限额和公司对债权人的信用担保。注册资本在公司成立后不可抽回，因此，注册资本在一定程度上能反映公司的规模和资信能力、股东的诚信状况和对管理的要求，在资产重组中具有特殊的意义。此外，注册资本在竞标大型工程项目、企业认证、企业合作中具有资质和信用担保的作用。

4. 注册资本的实缴制和认缴制

注册资本制具有特殊的功能，但其缺陷也越加明显。

（1）注册资本的实缴制。在注册资本的实缴制下，注册资本就是实收资本的最低限额。2005 年的《公司法》规定，最低注册资本在有限责任公司为 3 万元，在一人有限责任公司为 10 万元，在股份有限公司为 500 万元，并允许公司全体发起人的首次注资额不得低于注册资本的 20%，其余部分由发起人自公司成立之日起两年内缴足；投资公司可以在 5 年内缴足；公司原则上不得回购自己所发行的股票。企业实际注册的资本必须达到这个限额，非经法定程序不得随意增减。

法定最低注册资本制度是为投资者设定准入门槛，防止滥设公司，同时约束股东“抽逃出资”，防止股东滥用公司法人资格和股东的有限责任。因此，公司的注册资本制度就被赋予了有效落实公司业务展开所需要的基础资本，并借助公司注册资本来保护债权人的利益，从而强化了政府对公司资本的管制，如对最低注册资本的规定、实缴资本制度、对股东出资的形式和真实性以验资报告的形式加以管制。

（2）注册资本的认缴制。在注册资本的认缴制下，实收资本可能会小于注册资本。根据 2013 年的《公司法》，注册资本实施完全的认缴制，股东认缴的出资总额（注册资本）应当在工商机关登记。公司的实收资本、股东认缴和实缴的出资额及出资期限不再作为登记事项，但应由股东自主约定后载于公司章程中。而且，2013 年的《公司法》取消了有限公司、一人有限公司和股份有限公司的最低注册资本 3 万元、10 万元和 500 万元的限制，也不再限制公司设立时全体股东的首次出资比例、出资期限及货币出资比例。这些可由股东自主约定后载于公司章程中。公司登记时，也不需要提交验资报告。

（3）注册资本制的缺陷。传统上，我国将公司注册资本和实收资本的比例看作企业的国际竞争力和企业信用的重要指标，忽视了公司融资的灵活性和公司信用的真正标准，即公司的净资产和预期的获利能力才是公司信用和竞争力的来源。无论是资本的认缴制还是实缴制，都不会改变全体股东和每个股东的出资义务，改变的只是股东具体出资义务的时间与期限。在注册资本实缴制下，股东的出资义务为公司成立时需要当即履行的义务。这没有考虑到无形资产和固定资产在出资时价值评估和处理程序的复杂性。在注册资本认缴制下，股东的出资义务可能是即时的，也可以是定期的或分期履行的，还可能是不定期的，从而赋予公司资本更大的弹性和股东安排资本的更大灵活性。

5. 股东的性质

在中国，股东按其性质区分为国家股、法人股（企业股）和社会公众股。实收资本等于非流通的国家股和法人股加上流通的社会公众股。

（1）国家股是有权代表国家投资的机构或部门向股份公司出资形成的股份，国家股的股利由国有资产管理部门监督收缴。

（2）法人股就是企业法人或具有企业法人资格的事业单位和社会团体，以其资产向股份有限公司非上市流通股权部分投资所形成的股份。如果该法人是国有企业、事业单位及其他单位，那么，该法人股为国有法人股；如果非国有法人资产投资于上市公司形成的股份，则为社会法人股。国家股和法人股不能上市交易，但可在法律许可的范围内，经证券主管部门的批准，与合格的机构投资者签订转让协议，一次性完成大宗股权的转让。

（3）社会公众股是指个人（自然人）和机构以其财产向上市公司流通股权投资所形成的股份。除公司职工股、内部职工股及转配股上市流通受到一定限制外，绝大部分的社会公众股可以上市流通。

6. 股东出资的形式

在中国，股东出资的法律形式是不断增多和扩大的。

1）《公司法》规定的出资形式

（1）1993 年的《公司法》规定了 5 种出资形式，即货币、实物、工业产权、非专利技术和土地使用权。

（2）2006 年修订的《公司法》规定，股东可以用货币资金出资，也可以用实物、知识产权、土地使用权等可以用货币估价并可以依法转让的非货币财产作价出资。债权、股权、采矿权、探矿权等他物权均可以作为出资资产。在诸多的出资方式中，全体股东的货币出资金额不得低于有限责任公司注册资本的 30%，而工业产权、非专利技术、著作权等其他的出资形式可以高达公司注册资本的 70%。

（3）2014 年修订的《公司法》规定，股东可用货币估价并可用依法转让的非货币资产作价出资。

2）法律未许可的出资形式

我国的法律未将商业秘密、商标权、商誉、经营许可权、劳务、信用和人力资本当作认可的出资形式。尽管《公司法》禁止股东用信用和劳务出资，但是员工激励计划却是对公司管理层和员工发行股票期权进行工作绩效奖励。而且，许多公司还以艺术品、版权等方式投资，这就造成评估出资额及其对其他股东和债权人不公平的问题。当有一部分股东以非货币资金出资时，对债权人的保护程度就降低。

3）出资形式的财务影响

股东的出资形式不同，对企业的财务影响也不同。

（1）在企业的设立阶段，股东通常以固定资产、无形资产或者存货等非货币资产出资，企业的现金流量会显得不足。企业必须通过额外的融资、吸收新的投资者来获得资金，或者按照低于注册资本的经营规模展开活动。如果大股东的非货币资产出资与企业经营活动所需要的资产结构不同，那么，企业还必须支付较高的交易费用将出资的非货币资产转化为现金，然后购买所需要的经营资产。如果大股东的非货币资产出资的目的不在于企业的经营活动，而在于利用设立的企业作为特殊目的实体进行兼并、收购或者租赁融资活动，那么，设立企业的大股东本身就具有很强的投机动机。

（2）当企业在发展过程中采取配股、定向增发等方式增资时，大量的非货币资产出资也会对企业的盈利能力和现金流量产生影响。当股东出资的非货币资产与企业自身的资产结构不匹配时，企业就必须按照市场价格对出资的非货币资产进行处置，然后进行投资。股东出资的非货币资产价值与市场价格之间的差额就代表了企业的净损失或者大股东的净利得，企业的偿债能力会下降，债权人的权益保障程度会降低。如果企业因闲置增资而获得大量的非货币资产，那么，企业的资产利用效率就会下降。尤其是，股东以长期股权投资方式出资的情况下，企业的长期股权投资增加，企业对投资资产的依存度不断提高，企业收益中投资收益所占的比例也会增加，企业的资产负债率会下降。长期股权的价值评估无论是采取重置成本法还是收益现值法，都与实际的股票价值存在一定的差距，企业的净资产报酬率或者资产报酬率就可能会下降。

举例　书画注资。新疆广汇集团 2012 年增资 0.6 亿元，其中实际控制人孙广信个人现金出资 0.18 亿元，实物出资 35.03 亿元。实物出资计入注册资本的份额为 0.42 亿元，溢价 34.61 亿元计入资本公积。这个实物出资就是广汇能源的实际控股人孙广信将他个人收藏的 70 幅书画评估成 35 亿元，计入注册资本和资本公积，鉴定机构为中国嘉德国际拍卖有限公司和北京保利国际拍卖有限公司。广汇能源以此出资发行了 45 亿元的 4 次中短期债券融资。为了避免财务危机，孙广信将价值 3 000 万元的 500 幅字画再次评估为 500 亿元，将其中的 200 亿元分 3 批注入广发能源，置换出 100 亿元的实体资产。

7. 实收资本的会计核算

根据企业会计准则，“实收资本”科目核算企业接受投资者投入企业的实收资本。企业实际收到投资者的出资时，按照投资者在注册资本所占的份额，作为“实收资本”核算。实际出资超过其在注册资本所占份额的部分，作为资本溢价在“资本公积”科目中核算。

（1）在注册资本实缴制下，注册资本要求股东一次缴足。股东在出资时，资产和所有者权益都同时增加。

（2）在注册资本认缴制下，注册资本可分期缴纳，会出现股东的实缴资本小于注册资本或者认缴而未缴资本的情况。公司实收资本余额就等于认缴资本余额（贷方）减去未缴资本余额（借方）。在投资者认缴资本时，借记“实收资本——未缴资本”科目或“其他应收款”科目，贷记“实收资本——认缴资本”科目；投资者实际缴纳出资时，按照协议约定的出资额及超过部分，借记“银行存款”等科目，贷记“实收资本-——未缴资本”“资本公积——资本溢价”科目。

8. 注册资本的增加

注册资本的增加又称股本扩张，是公司再融资的重要手段，包括增资配股、发放股票股利和公积金转增股本 3 种基本方式。配股是上市公司向老股东配给认购新股的额度，从而筹集资金和增加注册资本。发放股票股利和公积金转增资本是将留存收益或资本公积转增股本。表 5-26 是某些上市公司的股本扩张与市值，从中可以看出，从上市以来，这些公司多次进行股本扩张，造成股本扩张的倍数大都在 10 倍以上，股票的市值增加 3 倍以上。这充分说明，上市公司非常看重注册资本的价值。

表 5-26　某些上市公司到 2015 年止的股本扩张与市值

公司名称	股本（100 万股）		市值（亿元）		股本扩张次数	股本扩张倍数	市值扩张倍数
	上市时	2015 年	上市时	2015 年			
深圳惠程	50.07	757.10	25.44	72.83	6	15.12	2.85
国脉科技	66.75	865.00	16.21	47.06	5	12.96	2.94
盾安环境	71.18	837.94	9.92	86.81	5	11.77	8.75
软控股份	71.24	742.37	35.98	67.18	7	10.42	1.87
大族激光	107.02	1 044.4	41.83	65.80	7	9.76	1.57

续表

公司名称	股本（100 万股）		市值（亿元）		股本扩张次数	股本扩张倍数	市值扩张倍数
	上市时	2015 年	上市时	2015 年			
天马股份	136.00	1 188.0	95.21	78.05	8	8.74	0.82
苏宁电器	93.16	6 996.21	30.46	582.78	10	75.10	19.13
世荣兆业	55.08	461.50	6.98	38.78	3	8.38	5.54

9. 注册资本的减资

当公司出现经营不佳，亏损过多，造成实收资本大大低于公司注册资本总额时，公司可以减少注册资本总额来弥补亏损。按照《公司法》，企业的注册资本减资首先必须取得股东大会决议或决定的同意，修改公司章程，办理前置审批，编制资产负债表和财产清单。公司应当在做出减少注册资本决议之日起的 10 日内通知债权人，并于 30 日内在报纸上公告。债权人在接到通知书之后有权要求公司清偿债务或提供相应的担保，然后公司办理工商变更登记。在减少注册资本时，借记“实收资本”“资本公积”“盈余公积”科目，贷记“未分配利润”科目。注册资本的减资在某些方面类似于公司的准改组。

10. 实收资本的会计分析

股东未如期履行出资义务的情形包括未按期向公司缴付认缴的出资款，向公司转移的财产存在权利瑕疵或者未办理权属变更，股权出资不符合转让的条件，出资的资产未经评估或者评估价值过高，以及虚假出资和抽逃资本。

1）虚报注册资本

虚报注册资本是指以虚假的数额进行资本的注册登记。在注册资本实缴制下，虚报注册资本就是未实际缴纳的资本；在注册资本认缴制下，虚报注册资本就是未实际认缴的资本。由于企业会采取虚假的证明文件或欺诈的手段虚报注册资本，因此，我们需要调查验资报告的真实性，确定其注册资本的金额和验资机构的名称，检查营业执照及相关工商登记核准资料。对验资报告涉及的银行验资账号、进账单、现金交款单、银行询证函等凭证到相关银行进行调查，确认凭证的来源，并要求银行出具书面证明。同时对评估机构所出具的评估财物的真实价值及证明文件的真实性进行核实。

2）虚假出资

不管是注册资本实缴制还是注册资本认缴制下，体现在资产负债表上的实缴资本作为股东向公司转移的资产，不仅直接反映了公司当时拥有的财产和能力，具有财务核算的价值，也是界定股东出资义务是否履行的依据和确定股东权益分配的直接依据。虚假出资是指公司发起人或股东为了吸引其他发起人或股东的投资，违反《公司法》的规定未交付货币、实物或为转移财产权的义务。虚假出资事实上增加了股东之间的侵权行为和企业债权人的债务风险。

3）抽逃资本

抽逃资本是指公司的发起人或者股东在公司成立且完成出资之后，非经法定程序从公司抽回相当于其全部或者部分已缴纳出资额的资产的行为。抽逃资本的公司多采取银行贷款、抵押担保款项或非货币出资形式。随着公司注册资本的增加，其抽逃的可能性也在增加。

（1）抽逃资本不仅损害了公司的独立法人地位和财产实力，违背了《公司法》关于“不得抽回所出资本”的法律规定，而且增加了债权人的交易风险。

（2）抽逃资本的形式有抽走货币资金、转移厂房或建筑物、转让股份、转移销售款、虚报利润和高额分配股利，以及对投资的股东进行反投资、贷款、捐赠或提供抵押担保等。如果长期往来账款、其他应收账款、无形资产或长期股权投资的金额远远高于股东出资额，那么，该企业可能会出现抽逃资本的情形。

举例 抽逃资本。2005 年 12 月，青岛市工商局执法人员在检查青岛电子科技有限公司时发现，公司股东陈某在 2004 年 7 月 16 日向他人借款 400 万元存入验资账户，取得了验资报告、办理公司登记和取得了《企业法人营业执照》。2004 年 7 月 21 日，陈某从公司借出 400 万元，用于偿还借款人，并在 2004 年 12 月向公司转入 70 万元。陈某涉嫌抽逃资本 330 万元。

（二）股票面值

股票是代表公司份额的一种有价证券，分为有面值股票和无面值股票。

1. 股票面值的功能及变化

股票面值曾被赋予许多功能，如公司运营并富有偿债能力的保证，股东之间出资公允的衡量尺度，以及防范公司不当利润分配的机制。但是，随着现代信用调查、侵权法、合同法救济机制的完善，公司筹资效率化的发展，公司最低资本额的功能遭到质疑，以及资本信用到资产信用的观念与规则的变迁，股票的面值失去了其原有的功能。相反，无面值股票则揭示了股份的本来面目——证券的一部分或可以整除的一部分，避免了股票的名义价值与股利之间的联系，有利于推动其他证券资本的融资。无面值股票的发行价格比较灵活，拆股和并股比较简单及准确，公司也不用再设置“股本”和“股份溢价”两个独立的账户。

2. 中国股票面值的规定

1994 年，中国证券委员会规定，公司发行的股票均为有面值股票，每股面值为人民币 1 元，不允许发行无面值股票。中国股票面值的高度统一，有利于不同国内公司之间对每股收益、每股净资产、每股经营活动现金流量进行比较。

（1）世界各地股票的面值规定不同。美国股票市场发行 A 类股票和 B 类股票：A 类股票的面值较大，有收益权但无表决权；B 类股票的面值通常不到 A 类股票的 1/10，享有表决权和收益权。在中国香港股票市场，股票面值有 0.000 1～5 不等的港元、0.000 1～0.5 不等的美元和 0.2 澳元，还有无面值的股票。有的公司还发行不同面值的股票。例如，太古公司发行有面值为 0.6 港元的 A 股和面值为 0.12 港元的 B 股两种，5 股 B 股的权利与 1 股 A 股的相同。

（2）尽管股票面值与股价没有任何内在的关系，但为了防止股票分割或拆分，中国企业一般将股票面值定为 1 元。在上海和深圳的上市公司，股票的面值一般为 1 元；紫金矿业的股票面值为 0.1 元；洛阳钼业的股票面值为 0.2 元；在香港上市的公司有面值 0.1 元、0.2 元、0.25 元和 0.5 元不等。

3. 股票面值的设定依据

股票面值是发行公司计算注册资本的依据，即注册资本等于股票面值与股份总数的乘积。在注册资本一定的前提下，股票面值越大，则股票数量就越少；股票面值越小，则股票数量就越多。

（1）中国《公司法》规定，股票发行价格可以按票面金额发行，也可以超过票面金额，但不得低于票面金额。股票发行价格是指股东向发行公司购买新股时所支付的每股价格，股票市价则是股票在证券市场上交易的价格。如果股票市价低于股票面值，则发行此种股票的公司面临退市风险。例如，闽灿坤 B 在香港上市，2012 年 8 月 1 日股价为 0.45 港元，连续 18 个交易日收盘价低于面值。该公司启动重组方案，按 6∶1 的比例缩股，在保持股票面值不变的情况下缩小注册资本，从而开启了中国股市缩股或拆股的先例。

（2）股票面值与股票发行价格无直接联系，但是，股票市价与股票发行价格之间的联系非常紧密。一般来说，股票发行价格越高，股票上市后的市价就越高，并围绕发行价格波动。股票面值越低，市场流通的股票就会越多，发行价也会越低，便于更多的中小投资者申购，降低发行风险。

（3）较低的股票面值有助于增加股票在二级市场上的流通性，方便投资者参与投资，造成股票的换手率较高和市场投机的问题。尤其是在股票上市首日不设涨跌幅限制的情况下，对发行的新股进行投机就更为严重。而且，较低的股票面值会掩盖股票发行价格“虚低实高”的问题，低价股的市场波动率比高股价的市场波动率小，从而便于公司融资。另外，面值较小的股票有更高的流通性，为企业的兼并和收购提供了条件。

（4）股票面值设计较小的上市公司，一般倾向于发行更多的股票数量吸引更多的散户和中小投资者，从而提高股票发行价格。股票面值设计较大的上市公司，一般倾向于吸引更多风格稳健的机构投资者。

4. 股票分割与股票合并

股票分割俗称拆股，是指在保持注册资本不变的条件下增加股票的数量而减少股票面值的行为。股票合并俗称缩股或股票反分割，是指在保持注册资本不变甚至减少的条件下减少股票的数量而增加股票面值的行为。

（1）股票分割增加了流通的股票数量，降低了股价，从而有助于促进股票换手率的增加和吸引短期市场投资者的投资。股票合并减少了流通的股票数量，增加了股价，降低了股票的换手率。

（2）股票面值较大的公司通过拆股来向投资者传递关于公司现值和公司前景的良好私有信息，克服信息不对称性，以便把股价调整到一个较好的交易区间，确保适宜的股票流动性。相反，股票面值较小且股票市价跌破面值的公司，则通过股票合并来增加股价，避免退市的风险。

（3）股票分割与股票合并对公司的实收资本、资本公积、留存收益和股东权益总额一般不会有影响，只对股票的面值和股票数量有影响，从而会对每股收益、每股净资产、每股经营活动现金流量等产生影响。

举例　股票分割与股票合并。假设天元公司在 2018 年准备采用 1 股换 2 股的股票分割政策和 2 股换 1 股的股票合并政策，股票分割与股票合并之前每股收益和每股股价均为 20 元。天元公司股东权益在发行股票分割与股票合并前后的各项目见表 5-27。

表 5-27 天元公司股东权益在发行股票分割和与股票合并前后的各项目

项目		股票分割		股票合并	
		分割前	分割后	合并前	合并后
普通股股本	面值（元）	2	1	2	4
	数量（万股）	10	20	10	5
	金额（万元）	20	20	20	20
资本公积（万元）		10	10	10	10
未分配利润（万元）		200	200	200	200
股东权益合计（万元）		230	230	230	230
每股收益（元）		20	10	20	40

三、资本公积

投资者投入企业的资本或总股本是指公司发起或后来增发的股本之和，包括实收资本和资本公积两部分。实收资本是从普通股股东和优先股股东收到的作为股本的资金，其金额等于公司发行的优先股和普通股的票面价值乘以股数之和。票面价值意在对投资者保证，只要他们付清全部股份以后，公司不再向他们要求追加投资。资本公积就是投资者或者其他人投入企业，所有权归属于投资者，并且投入金额超过实收资本部分的资本或资产。作为所有者权益的变动，资本公积不能直接作为实收资本，也不能作为利润向投资者分配，但在一定条件下可以转增股本。

（一）资本公积的明细科目

根据企业会计准则，资本公积分为股本溢价和其他资本公积两大类。具体而言，资本公积项目主要包括以下内容。

1. 股本溢价

股本溢价或资本溢价是指企业投资者投入的资金超过其注册资本所占份额的部分，即发行价格超出票面价格的部分乘以股数。

（1）股本溢价的来源。股本溢价来源于股票的发行价格高于普通股和优先股的票面价值或者设定价值而产生的那部分资本，出售库藏股获得的高于其成本的金额，以及当市场价格高于面值时将留存收益转化为股票股利的溢价。股票发行成本和合并费用减少股本溢价，企业合并导致的资本变化也可以影响资本公积。

（2）库藏股。库藏股是指企业购买自己的但没有注销的股票。当公司回购自己的股票时，库藏股可以按照面值或者购买成本记录。按照面值或者设定价值记录的库藏股作为资本的抵减项目，分别减少实收资本和资本公积部分。按照成本记录的库藏股，作为股东权益的抵减项目，减少了股东权益。单独记载库藏股有助于投资者了解公司管理层对自己股票的购买和销售状况，从而判断公司管理层操纵股票价格甚至盈余管理的情况。库藏股减少了股东投入的资本，减少了市场流动的股票数量和股东权益。在中国，与库藏股存在一定联系的有限制流通的股票。限售股是为保证股票流通的价格而设置的，不影响限售股获得股利和价值。

2. 接受非现金资产捐赠准备

捐赠资本通常是由股东、债权人和其他经营主体捐给公司的资本。接受非现金资产捐赠准备用以核算和反映企业接受非现金资产捐赠的价值，扣除未来应交所得税后的余额，在未转入“其他资本公积”明细科目前计入资本公积的准备金额。企业接受固定资产时，要按照固定资产入账价值，借记“固定资产”科目，贷记“待转资产价值”科目。待次年初计算出本年度的应纳所得税额时，再将“待转资产价值”与受赠所得应交的所得税之间的差额确认为“资本公积——接受非现金资产捐赠准备”。

举例　接受固定资产捐赠。假设甲公司在 2018 年 4 月接受捐赠设备 A 一台，有关凭证注明设备原价为 200 万元；2018 年 6 月，该企业又接受捐赠设备 B 一台，有关凭证注明设备原价为 100 万元。企业当年应税会计利润为−120 万元，无其他调整事项，假设企业所得税税率为 30%。要求：计算企业的资本公积增加额。

分析：企业当年应纳税所得额=−120+200+100=180（万元）；企业当年接受捐赠应交所得税=180×30%=54（万元）；企业当年接受捐赠税后所得净额=100+200−54=246（万元），记入“资本公积——接受非现金资产捐赠准备”科目。

3. 接受现金捐赠

接受现金捐赠是指企业因接受现金捐赠而增加的资本公积，可以转增资本。企业接受货币性和非货币性的捐赠，在税法上均作为收益处理，并入当期的应纳税所得，需在年终所得税汇算清缴时做纳税调整。

举例　接受现金捐赠和非现金捐赠。假设某企业在 2014 年接受现金捐赠 100 万元；接受捐赠不需要安装的设备一台，发票上注明价款 1 000 万元，税金 170 万元，企业另支付运杂费 10 万元；接受捐赠材料一批，发票上注明价款 100 万元，税金 17 万元。所得税税率为 33%。要求：计算企业的资本公积增加额。

分析：企业接受捐赠资产计入应纳税所得额的金额为 1 397 万元（100+1 180+117）。如果企业亏损为 500 万元，以前年度尚在弥补期的亏损为 300 万元，本期应交所得税税额=（1 397−500−300）×33%=197.01（万元）。假设接受捐赠的现金全部用于弥补亏损，不形成应交税金，而接受捐赠的固定资产和原材料等非现金资产弥补完亏损后仍形成 197.01 万元的应交税金，资本公积中增加“接受现金捐赠”100 万元和“接受非现金资产捐赠准备”1 099.99 万元。

4. 股权投资准备

股权投资准备是指企业对被投资单位的长期股权投资采用权益法核算时，因被投资单位接受捐赠、外币资本折算差额、拨款转入、股本溢价、关联交易差价等原因增加的资本公积，企业按其持股比例计算而增加，未转入“其他资本公积”明细科目前形成的股权投资准备。会计分录为借记“长期股权投资——股权投资准备”科目，贷记“资本公积——股权投资准备”科目。

“股权投资准备”和“接受非现金资产捐赠准备”不可转增资本，只有待处理掉这些资产并扣除所得税之后才可用于转增资本。但是，被投资企业按照会计政策变更、会计估计变更和会计差错更正的规定而调整前期留存收益而引起所有者权益变动，投资企业要按照相关期间的持股比例计算调整留存收益。

5. 资产重估增值

当按照法定要求对企业资产进行重新估价时，重估价高于资产账面净值的部分，计入其他资本公积。资产评估增值只有在法定重估和企业产权变动的情况下，才能调整被评估资产的账面价值。

（1）法定重估。法定重估包括国有企业清产核资过程中发生的价值重估，国有企业改为股份有限公司的资产评估，资产的拍卖和转让，企业兼并、出售和股份经营，吸收外商投资，企业清算，企业之间的资产租赁或国有企业将资产租赁给其他非国有企业时的价值重估。

（2）企业产权变动。企业产权变动包括公司购买其他企业的全部股权而被购买企业保留法人资格或丧失法人资格时的资产重估，但购买部分股权时被购买企业的账面价值保持不变。根据会计准则，非同一控制的企业合并需要按照公允价值重估被投资单位的资产和负债，而同一控制的企业合并则按照账面价值合并。许多企业通过资产评估增值来调高其他资本公积。

（3）资产评估的方法有成本法、收益法和市场法。成本法就是按资产的原有工艺计算评估基准日的当前价格或重置成本。收益法就是通过将被评估企业资产的预期收益资本化或贴现用以确定其价值的方法。市场法就是将评估对象与市场上交易资产价格进行比较用以确定评估资产价值的方法。

6. 拨款转入

拨款转入是指国有企业收到国家拨入的专门用于技术改造、技术研究等的拨款项目完成后，按规定转入资本公积的部分。政府下拨给企业的专项资金可以分为政府给予企业的无偿资助，即政府补助；政府作为企业所有者投入具有专门用途的资金；以及政府作为企业的所有者投入的资本。

政府作为企业所有者投入具有专门用途的资金以“专项应付款”科目核算；工程项目完工所形成的长期资产部分，转入“资本公积——资本溢价”科目；未形成长期资产且需要核销的部分资金，冲销“在建工程”等科目；未形成长期资产且不需要上交的部分资金，转入“资本公积——拨款转入”科目；需要返还的拨款结余，通过“银行存款”上交。

举例　拨款转入。一家国有企业在 2018 年 1 月 1 日收到国家拨付的技术改造专款 150 万元，到 2018 年 12 月 31 日该项设备已经改造完成，其中发生原材料费用 80 万元、人工费用 43 万元、应摊销的管理费用 3 万元。假设不需要返还结余款。要求：分析这笔技术改造专款增加的资本公积额，并做相应的会计分录。

分析：技术改造专款在 2018 年 12 月 31 日形成固定资产 123 万元（80+43）和银行存款 27 万元，冲减管理费用 3 万元，增加“资本公积——资本溢价”123 万元和“资本公积——拨款转入”24 万元。

7. 外币资本折算差额

外币资本折算差额是指企业因接受外币投资和所采用的汇率不同而产生的资本折算差额。企业在接受外币资本投资时，投资合同中有约定汇率的，按收到当日的汇率折合人民币金额，借记“银行存款”等科目，按合同约定的汇率折合的人民币金额，贷记“实收资本”科目，将二者的差额记入“资本公积——外币资本折算差额”科目。如果外币资本按合同约定的汇率折合的人民币金额小于按收到当日的汇率折合的人民币金额的部分，贷记“资本公积——外币资本折算差额”科目；反之则记入该科目的借方。

8. 关联交易差价

关联交易差价是反映和核算公司与关联方之间显失公允的关联交易形成的差价金额。关联交易差价被视为关联方对公司捐赠形成的资本公积，不得转增资本或弥补亏损，只有公司清算时才予以处理。企业可以通过关联交易或相互投资持股等方式来增减资本公积和调节净资产，以便为股票的增发、配售和发行可转换债券提供便利条件。关联交易差价有以下 7 种形成方式。

（1）按照财政部 2001 年颁布的《关联方之间出售资产等有关会计处理问题暂行规定》（已废止），如果商品的销售仅限于上市公司与关联方之间，或者与非关联方之间的商品销售不超过商品销售量的 20%，那么：①实际交易价格不超过商品账面价值 120%的，按实际交易价格确认为收入；②实际交易价格超过商品账面价值 120%的，将商品账面价值的 120%确认为收入，实际交易价格超过确认为收入的部分，记入“资本公积——关联交易差价”科目。

（2）如果企业与关联方的销售占总销售量的 20%以上，对关联方的销售按对非关联方销售的加权平均价格作为计量基础，并据以确认为收入；实际交易价格超过确认为收入的部分记入“捐赠收益——关联方捐赠”科目，月末再结转记入“资本公积——关联交易差价”科目。

（3）企业将其应收账款、固定资产、无形资产、长期投资和负债出售给其他关联方，应按实际交易价格超过这些资产或负债的账面价值的差额，记入“捐赠收益——关联方捐赠”科目，月末再结转记入“资本公积——关联交易差价”科目。

（4）关联方为企业承担债务或费用的，应视为关联方给予的捐赠。关联方之间一方为另一方承担债务的，承担方应按所承担的债务，计入营业外收支；被承担方应按承担方实际承担的债务，视为关联方的捐赠，记入“捐赠收益——关联方捐赠”科目，月末再结转记入“资本公积——关联交易差价”科目。

（5）企业接受关联方委托，经营关联方委托的资产，将取得的受托经营收益确认为其他业务收入，发生的受托经营费用中应由企业承担的部分作为其他业务成本。取得的受托经营资产收益按受托资产账面价值总额与一年期银行存款利率的 110%的乘积计算的部分，确认为“其他业务收入”，超过部分记入“捐赠收益——关联方捐赠”科目，月末再结转记入“资本公积——关联方交易差价”科目。

（6）企业接受关联方委托经营关联方企业，应按以下标准中较低者确认为其他业务收入：①受托经营协议确定的收益；②受托经营企业实现的净利润；③受托经营企业净资产收益率超过 10%的，按净资产的 10%计算的金额。取得受托经营收益超过应确认为收入部分的金额，记入“捐赠收益——关联方捐赠”科目，月末再结转记入“资本公积——关联交易差价”科目。

（7）企业的关联方以支付资金使用费的方式占用企业的资金，企业应按取得的资金使用费，冲减当期财务费用；如果取得的资金使用费超过一年期银行存款利率计算的金额，超过部分记入“捐赠收益——关联方捐赠”科目，月末再结转记入“资本公积——关联交易差价”科目。

举例 正常商品的关联交易差价。甲公司 2017 年销售 8 000 台设备给联营企业乙，每台设备的售价为 30 万元（不含增值税税额）。当年度甲公司销售给非关联企业的设备分别为：按每台 25 元价格出售 3 000 台，按每台 28 万元价格出售 2 000 台。假定符合收入确认条件，销售设备的款项尚未收到。甲公司销售设备的增值税税率为 17%，并按实际销售价格计算增值税销项税额。要求：计算关联交易差价。

分析：甲公司 2017 年对非关联方的销售量占该商品销售量的比例=8 000/（3 000+2 000+8 000）×100%=61.54%，大于 20%的规定。甲公司对非关联方销售设备的加权平均价格=（3 000 × 25+2 000 × 28）/（3 000+2 000）=26.2（万元）。甲公司当年销售给关联方应确认的销售收入=8 000 × 26.2 万=20.96（亿元）；甲公司当年销售给关联方按售价 30 万元计算的收入=30×8 000=24（亿元），增值税税额=24×17%=4.08（亿元），不能确认为收入的金额=24−20.96=3.04（亿元）。这部分应作为关联方对甲公司的捐赠，记入“捐赠收益——关联方捐赠”科目，月末再结转记入“资本公积——关联方交易差价”科目。

举例 委托经营企业与关联交易差价。2017 年，甲公司接受关联方乙公司的委托，经营乙公司的合资子公司丙，丙公司的账面净资产为 100 万元。按照托管经营协议规定，甲公司受托经营丙公司 3 年，每年可获得 20 万元的固定收益。假定丙公司 2017 年实现净利润 12 万元。甲公司已收到当年度的委托经营收益。要求：计算关联交易差价。

分析：甲公司接受委托经营规定每年可获得固定收益 20 万元，丙公司 2010 年实现净利润为 12 万元，净资产收益率=12/100×100%=12%，超过 10%。甲公司 2017 年可确认的受托经营收益=100 × 10%=10（万元）。按照确认标准的孰低原则，应按 10 万元确认为“其他业务收入”。实际收到的当年度委托经营收益 20 万元与应确认收入的差额=20−10=10（万元），应记入“捐赠收益——关联方捐赠”科目，月末再结转记入“资本公积——关联交易差价”科目。

9. 其他

除上述各项资本公积以外，其他资本公积还包括债权人豁免的债务；确实无法支付的应付账款；企业发行可转换债券的价格超过面值部分；采用权益法核算的长期股权投资，当被投资单位的资本公积发生变动时，投资企业应确认资本公积的变动；以权益结算的股份支付和期权激励确认的资本公积；以及从资本公积各准备项目转入的金额。

（二）其他资本公积与其他综合收益的区别

人们往往混淆其他资本公积和其他综合收益，甚至把其他综合收益当作其他资本公积的一部分。实际上，两者存在显著的区别。

（1）交易性质不同。其他资本公积来源于权益性交易，而其他综合收益来源于损益性交易。

（2）核算内容不同。其他资本公积针对的是股东与企业之间的权益性交易、以权益结算的股份支付等，而其他综合收益的核算内容更为广泛。

（三）资本公积转增股本

从会计法规立法实践来看，资本公积分为 3 类：一是与出资有关但不计入股本的现金或实物流入，主要是指股本溢价；二是所有者权益增加但又未能实现、无法确认的项目，如资产评估增值准备、被投资单位接受捐赠资产准备、被投资单位评估增值准备、被投资单位股权投资准备等准备类科目；三是基于特殊的会计方法而产生的所有者权益账面价值的增长，这主要是公司按照权益法核算的由于子公司准备类项目增加而按比例计算应享有的增值部分。会计法禁止第二类的资本公积各准备项目转增股本，但资本溢价和其他部分资本公积可以通过转股而转增资本，借记“资本公积”科目，贷记“实收资本”科目。

1. 资本公积转增股本的财务影响

资本公积转增股本的实质是所有者权益内部结构的调整，并不会导致所有者权益总额的变化。理论上，只要每股资本公积高于1元，企业就有每10股赠10股的能力。当公司股票溢价发行时，在资产负债表上形成较多的资本公积，利用资本公积转增可以达到迅速扩大注册资本的效果。通过采用高送转的方式来增强注册资本，有助于公司满足项目投标中对注册资本的要求。因此，上市公司经常以资本公积为基础实施股票的高送转分配方案。但是，公司在实施资本公积转增资本政策之后，公司的股本会增加，每股净资产和每股收益都被摊薄。这会引起每股股价的下降，从而有助于吸引更多的投资者参与公司的股票交易。

举例　资本公积转增股本的影响。某上市公司在2017年末的每股股本为3元，每股资本公积为2元，每股未分配利润为1.5元，总股本为1亿股。在股东大会决定实施10转5之后，股票数量为1.5亿股，股本为4.5亿元，每股股本为3元，资本公积为0.5亿元（2×1−3×0.5），每股资本公积为0.33元，每股未分配利润为1元（1.5/1.5）。由于市盈率是每股市价与每股收益之比，随着每股收益的降低，市盈率会上升，从而刺激更多的投资者参与交易。

2. 资本公积转增股本的税收影响

股份有限公司和有限责任公司用资本公积——股本溢价转增股本时，自然人和法人投资者不需要缴纳个人所得税和公司所得税；但用拨款转入、外币资本折算差额、其他资本公积转增资本时，自然人需要按股息和红利所得缴纳20%的个人所得税。印花税法规定，当企业的实收资本和资本公积的合计额增加时，需要对增加部分按万分之五的比例缴纳印花税。因此，用资本公积转增股本不会缴纳印花税，但用盈余公积转增股本需要缴纳印花税。

举例　转增股本和所得税缴纳。圣洁有限责任公司由甲、乙、丙3位自然人投资者设立，投资比例为5∶3∶2。为了扩大资本总额，决定用企业的盈余公积金600万元和资本公积金300万元转增股本900万元，要求：计算甲、乙、丙应纳个人所得税税额。

分析：根据税法规定，资本公积——资本溢价转增股本时，不作为个人所得，不征收个人所得税。但用盈余公积和未分配利润转增股本时，属于派发红利，对个人取得红股数额应作为个人所得税征收。因此，股东甲应缴纳个人所得税=600×50%×20%=60（万元）；股东乙应缴纳个人所得税=600×30%×20%=36（万元）；股东丙应缴纳个人所得税=600×20%×20%=24（万元）。如果这3位股东都是法人股东，且其应缴的公司所得税税率与圣洁公司的所得税税率一致，那么，这3位股东就不需要在盈余公积金和资本公积金转增股本时缴纳公司所得税。同时，由于圣洁公司的实收资本和资本公积的合计额增加了600万元，按照印花税率万分之五计算，需要缴纳 3 000 元的印花税。

四、留存收益

留存收益是指公司过去所有期间的净利润扣除已经宣布发放的现金股利和股票股利的未分配利润。留存收益是公司内部资本积累的源泉。

（一）留存收益与综合收益

留存收益来自利润表的净利润和其他综合收益，因前期财务报表错误的前期调整，作为留存收益期初余额的调整项。按照规定，公司要求披露组成其他综合收益的不同类型的收益，列示在资产负债表上的股东权益部分或者在附注中进行披露。综合收益通常可以采取净利润和综合收益表、综合收益表、股东权益变动表的方式进行报告。由于其他综合收益的波动性较大，公司往往采取净利润和综合收益表的报告方式，在正常的利润表下附加其他综合收益部分。综合收益表以净利润开头，全面列举其他综合收益的项目和金额，最后计算所有的综合收益及每股综合收益。

举例　合并利润表。表 5-28 是中国上市公司 2014 年的合并利润表。

表 5-28　中国上市公司 2014 年的合并利润表（单位：亿元）

项目	本期发生额
净利润	21 859
归属于母公司股东净利润	20 583
归属于少数股东损益	1 276
其他综合收益税后净额	2 593
母公司股东税后净额	2 587
少数股东税后净额	6
综合收益总额	24 452
母公司股东综合收益总额	23 170
少数股东综合收益总额	1 282

分析：其他综合收益分为母公司股东所属其他综合收益税后净额和少数股东所属其他综合收益税后净额两部分。合并利润表中母公司所属其他综合收益税后净额加上资产负债表中其他综合收益期初余额等于资产负债表中其他综合收益期末余额。2014 年上市公司合并资产负债表中其他综合收益的期初余额为-1 776 亿元，期末余额为 798 亿元，可计算得到母公司股东所属其他综合收益税后净额为 2 574 亿元。这与合并利润表中列报的 2 587 亿元略有差距。同时，其他综合收益 2 593 亿元占综合收益总额 24 452 亿元的比率为 10.6%。

（二）留存收益的分类

留存收益通常划分为法定的留存收益、合同规定的留存收益、指定用途的留存收益和其他可自由支配的留存收益。在中国，法定的留存收益和法定公益金被称为法定盈余公积，合同规定的留存收益和指定用途的留存收益被称为任意盈余公积，其他可自由支配的留存收益被称为未分配利润。

（1）法定的留存收益、合同规定的留存收益、由管理层决定的指定用途的留存收益不能用于发放股利。未指定用途的留存收益只有在有充足的现金或者具有现金筹措能力、同时遵守了法律规定的时候才能发放股利。指定用途的留存收益，如提取职工奖励及福利基金、用于本公司职工集体福利的法定公益金等，应该在留存收益调整表或者附注中加以披露。

留存收益调整表就是列示留存收益的期初数、本年度增加的净利润和已经发放的股利，最后列出期末留存收益，从而综合反映留存收益的变动情况的报表。当然，对前期数据调整的税后净额和会计政策变更后的税后净额都将重新调整期初留存收益额。

（2）未分配利润。未分配利润就是企业没有分配给所有者且尚未指定用途的利润。利润的用途包括购置资产和投资、偿付债务、转增资本、弥补亏损、分配股利。在分配之前，未分配利润属于所有者权益；在分配之后，未分配利润属于负债。未分配利润余额等于期初未分配利润余额，加上本期实现的净利润，减去本期分配利润之后的余额。

（3）盈余公积。盈余公积的主要作用是弥补亏损、扩大公司生产经营及增加公司资本。盈余公积分为法定盈余公积和任意盈余公积。法定盈余公积根据国家法律或行政规章的规定，按税后净利润的10%提取，直到法定盈余公积累计额已达注册资本的50%时可不再提取。如果企业当年发生亏损，不应提取法定盈余公积。法定盈余公积不足以弥补以前年度亏损的，在当年提取法定盈余公积之前，要先用当年利润弥补亏损。法定盈余公积转增资本时，所留存的法定盈余公积不得少于转增前公司注册资本的25%。任意盈余公积则按照公司股东大会的决议提取任意比例。

举例　盈余公积弥补亏损。水木公司2012年4月成立，2012年发生亏损700万元；2013年获得净利润1 600万元；2014年获得净利润2 500万元；2015年发生亏损600万元；2016年获得净利润1 000万元。假设不考虑股利分配，分析水木公司2012~2016年的“盈余公积——法定盈余公积”和“利润分配——未分配利润”余额的变化。

分析:（1）2012年，水木公司亏损700万元，不提取法定盈余公积金，未分配利润的借方余额为700万元。

（2）2013年，水木公司盈利1 600万元，先弥补亏损700万元，可用于提取法定盈余公积的金额=1 600−700=900（万元），法定盈余公积金=10%×900=90（万元），未分配利润=900−90=810（万元）。

（3）2014年，水木公司盈利2 500万元。当年提取的法定盈余公积=10%×2 500=250（万元），期末法定盈余公积余额=90+250=340（万元）。当年未分配利润=2 500−250=2 250（万元），期末未分配利润余额=810+2 250=3 060（万元）。

（4）2015年，水木公司亏损600万元，不提取法定盈余公积金，期末法定盈余公积仍为340万元。期末未分配利润的余额=3 060−600=2 460（万元）。

（5）2016年，水木公司盈利1 000万元。当年提取的法定盈余公积金=10%×1 000=100（万元），期末法定盈余公积余额=340+100=440（万元）。当年未分配利润=1 000−100=900（万元），期末未分配利润余额=2 460+900=3 360（万元）。具体结果总结见表5-29。

表 5-29　水木公司净利润和盈余公积弥补亏损（单位：万元）

年份	净利润	盈余公积——法定盈余公积		利润分配——未分配利润	
		借方余额	贷方余额	借方余额	贷方余额
2012	-700	—	0	700	
2013	1 600	—	90	—	810
2014	2 500	—	340	—	3 060
2015	-600	—	340	—	2 460
2016	1 000	—	440	—	3 360

（三）股利分配政策

股利分配就是公司收益分配的行为，包括现金股利、财产股利、负债股利和股票股利4 种。公司股利分配政策的原则是，每一元的留存收益应增加至少相似数量的市场价值，否则收益就应该分配股利。只有在留存资本产生的增量收益大于那些通常可以分配给投资者的收益时，收益的留存才是合理的。企业不能以公司扩张或者为管理层提供资金便利的理由来拒绝发行股利。

1. 发放股利的条件

在股东大会未宣布分配股利之前，任何股东都无权要求公司发放股利。在公司的股东大会确定发放股利的时候，企业必须满足法律的有关规定，或者企业有能力偿还到期债务和充足的现金流量，或者企业在有偿付能力的条件下分配的金额不超过净资产的公允价值，或者企业在有清偿能力的条件下资产负债表符合流动性和风险性测试的要求。当这些条件之一得到满足时，对股东分配现金股利就是可以接受的，以防止公司通过无限制的分配现金股利损害债权人的利益。有的公司大规模地发放现金股利，以防止公司被收购，然后实行债务重组。

2. 现金股利

当董事会宣布发放现金股利时，从留存收益（未分配利润）中减去所宣布的金额，并相应增加“应付股利”的流动负债。在股利支付日，公司将减少“应付股利”和“现金”。注意，是股利宣布日而不是股利支付日影响留存收益并产生负债。

3. 股票股利

股票股利是公司以增发股票的方式从未分配利润或盈余公积中所支付的股利。发行股票股利的行为称为“送股”。对于发行股票股利的公司而言，股票股利会减少未分配利润，增加股本和资本公积。这与转股会减少资本公积、增加股本不同。由于股票数量增加，送股和转增股本都有摊薄公司的每股收益和每股净资产的效应，影响公司在未来期间的利润分配和每股收益等指标。

4. 财产股利

财产股利是指上市公司用现金以外的其他资产向股东分派的股息和红利。

（1）企业在发放财产股利时要按照财产的市场价值计价。在现金支付能力不足时，公司一般以其他公司的股票等有价证券当作财产股利发放。这样可以回避自己为控制其他公司而购买其大量股票的违法行为，且其他公司的有价证券具有较好的流动性，容易为股东所接受。

（2）当董事会以证券的形式宣布发放财产股利时，从未分配利润中减去所宣布的金额，并相应增加“应付股利”的流动负债，同时调整证券的账面价值为市场价值。如果被投资单位的证券账面价值低于市价，则借记“长期股权投资”“交易性金融资产”“可供出售金融资产”等科目，贷记“投资收益”科目。在股利支付日，公司将减少“应付股利”“长期股权投资”“交易性金融资产”“可供出售金融资产”等科目。

（3）如果企业以自己生产或购买的产品分配股东时，应视同销售，计算缴纳增值税。在宣布股利发放时借记“销售成本”“增值税费（进项抵扣）”“应收账款”“未分配利润”等科目，贷记“销售收入”“存货”“应付股利”等科目。在分配产品时，借记“应付股利”科目，贷记“应收账款”科目。

5. 负债股利

负债股利是指上市公司通过建立一种负债，用带有利息和到期日的债券或应付票据作为股利派给股东。这通常发生在公司宣布发放股利之后，发生难以预测的财务困难，为维护公司的信誉而采取的一种权宜之计。当董事会宣布发放现金股利时，从未分配利润中减去所宣布的金额，并相应增加“应付股利”的流动负债。在股利支付日，公司将减少“应付股利”科目，增加“应付票据”科目。票据到期时，公司以银行存款支付票据款和利息费用，借记“应付票据”“财务费用”科目，贷记“银行存款”科目。

6. 股利分配的财务影响

不同的股利分配形式具有不同的财务影响。

（1）偿债能力的影响。负债股利和财产股利都是现金股利的一种替代形式。现金股利、负债股利和财产股利会造成企业的现金、银行存款、长期投资和留存收益的减少，从而提高企业的资产负债率和债务权益比率，降低企业的流动比率、速动比率和现金比率，削弱企业的偿债能力。相反，股票股利只改变所有者权益的内部结构，不会影响资产和负债，从而不会影响资产负债率、债务权益比例、流动比率、速动比率和现金比率，对企业的偿债能力没有影响。

（2）所有者权益的影响。现金股利、负债股利和财产股利都只减少留存收益，不会影响实收资本和资本公积，也不会影响流通在外的股票数量，因此，不会影响每股实收资本、每股资本公积、下一年的每股收益，只会降低当年的每股净资产和每股留存收益。相比之下，股票股利则增加了股票的数量、资本公积和实收资本，从而增加了每股资本公积，大幅度降低了每股净资产、当期每股留存收益和下一年的每股净收益，但对每股实收资本没有影响。

（3）盈利能力的影响。现金股利、负债股利和财产股利都会增加企业的现金流量或者实物资产的流出，从而减少了企业的资产、流动资产和股东权益。在企业保持盈利能力不变的情况下会提高资产收益率和股东权益报酬率。股票股利则对下一年企业的资产收益率和股东权益报酬率没有影响。

7. 股利政策的税收影响

根据税法规定，公司从未分配利润分派现金股利或红利所得（现金股利），以及利用未分配利润或盈余公积转增资本（股票股利）时，视同利润分配，自然人股东需要缴纳个人所得税。法人股东进行分红时不需要缴纳公司所得税，但如果法人股东与公司所适用的所得税税率不一致时，法人股东需要补缴所得税的差额部分。

举例 股利与资本公积转增资本的公司所得税问题。荷花公司以 2018 年 12 月 31 日公司总股本 200 万股为基数，每股面值为 1 元，向全体股东按每 10 股派发现金红利 1 元（含税）进行分配，共计分配利润 20 万元；同时以 2018 年 12 月 31 日公司总股本 200 万股为基数，以资本公积向全体股东每 10 股转增 8 股，其中股权溢价形成的资本公积转增股本为 2 股，共计资本公积转增股本 160 万股。该公司居民企业股东和在国内设立机构的非居民企业股东分别享有总股本的 60%和 40%。要求：分析居民企业和非居民企业应缴纳的企业所得税。

分析：股本溢价形成的资本公积转为股本的情况下，不确认为红利，即 200/10×2=40（万元），不缴纳企业所得税。居民企业确认股息红利=20×60%+（160−40）×60%=84（万元），免缴企业所得税。非居民企业确认股息红利=20×40%+（160−40）×40%=56（万元），免缴企业所得税。

五、所有者权益的财务分析

所有者权益的财务分析包括比较财务报表分析、共同比财务报表分析和比率分析。

（一）比较财务报表分析

所有者权益的比较财务报表分析的指标包括留存收益增长率、净资产增长率、资产增长率、股票数量增长率、股票数量的价格弹性等。

（1）留存收益增长率。留存收益增长率等于当期的净利润除以期初的留存收益，代表着留存收益的平均利润率。如果企业的留存收益增长率低于市场的平均收益率，那么，企业就需要将留存收益作为红利派发给股东。

（2）净资产增长率。净资产增长率又称股东权益增长率，是代表企业发展能力的一个指标，反映企业的资产保值增值的情况。其计算公式为

净资产增长率=（期末净资产余额−期初净资产余额）/期初净资产余额×100%

=（实收资本增加额+资本公积增加额+留存收益增加额）/期初净资产余额×100%

=实收资本增长率×实收资本份额+资本公积增长率×资本公积份额+留存收益增长率×留存收益份额

其中，实收资本份额、资本公积份额和留存收益份额就是期初实收资本、资本公积和留存收益占期初净资产的比率。这意味着净资产增长率等于实收资本、资本公积增长率及留存收益增长率及其在净资产中所占份额的乘积之和。净资产增长率的变化则取决于实收资本增长率、资本公积增长率和留存收益增长率及其份额的变化。股东净投资增长率等于股东投入资本的增长率，即实收资本和资本公积之和的增长率。因此，我们可以对企业净资产增长率的变化进行因素分析。

（3）资产增长率。资产增长率也是代表企业发展能力的一个指标，反映企业资产扩张的速度。其计算公式为

资产增长率=（期末资产余额−期初资产余额）/期初资产余额×100%

=负债增长率×资产负债率+净资产增长率×资产权益比率

其中，资产权益比率就是净资产占总资产的比率。从企业的资金来源来看，资产的扩张速度取决于负债和股东权益增加的速度，以及资产负债率和资产权益的比率。同样，从企业的资金占用来看，资产的扩张取决于经营资产和投资资产的扩张速度，即

资产增长率=经营资产增长率×经营资产份额+投资资产增长率×投资资产份额

其中，经营资产份额和投资资产份额就是经营资产和投资资产占总资产的比例。

举例　发展能力指标。表 5-30 是华能集团 2010～2012 年的发展能力指标情况。

表 5-30　华能集团 2010～2012 年的发展能力指标情况

项目	2010 年	2011 年	2012 年
净资产增长率（%）	−2.9	25.71	−6.62
股东净投资增长率（%）	0.67	9.86	−12.31
资产增长率（%）	49.77	32.69	−6.64
营业收入增长率（%）	10.72	8.97	−8.23

分析：华能集团在 2010 年和 2011 年的资产增长率分别高达 49.77%和 32.69%，但是，净资产增长率在 2010 年为−2.9%，2011 年为 25.71%。这意味着其资产增长率在 2010 年主要来自负债融资的扩张。2012 年，华能集团发生亏损，净资产增长率和股东净投资增长率都是负数，结果资产增长率也变成负数。因此，单纯依靠杠杆融资进行扩张的华能集团存在发展能力不足的问题。

（4）股票数量增长率。流通在外的股票数量增加主要来源于股票发行、债转股、优先股转普通股、股票股利的发行、股票分割、并购中的股票发行、股票期权或者认股权证的行使。流通在外的股票数量因为股票回购、股票购买和收回、反向股票分割等方式而减少。股票数量增长率反映流通在外的股票数量的变动情况。其计算公式为

股票数量增长率=（期末股票数量−期初股票数量）/期初股票数量×100%

一般而言，股票数量增长率通常作为股票市场稀释效应的指数。公司上市带来的稀释效应占全部稀释效应的 1/3～1/2，其余的稀释效应则来自私募、扩股、期权等股票数量增加的行为。

（5）股票数量的价格弹性。股票数量的价格弹性反映了股票分割、股票股利等股票数量的变动对股票价格的影响。其计算公式为

股票数量的价格弹性=股价增长率/股票数量增长率

股票数量的价格弹性一般是负数，表明股票数量的增长会导致股价的下降。但也可能是正数，表明股票数量的增长并没有引起股价的下降，反而引起股价的上升。

（二）共同比财务报表分析

（1）资本公积的构成分析。这需要分析股本溢价、捐赠资产、资产重估增值等各项目占资本公积的比例。如果股本溢价占资本公积的比例越高，企业越有可能将资本公积转增股本。

（2）所有者权益的构成分析。这需要分析实收资本占所有者权益的比例、资本公积占

所有者权益的比例、留存收益占所有者权益的比例、其他综合收益占所有者权益的比例、盈余公积占所有者权益的比例、未分配利润占所有者权益的比例、其他综合收益占留存收益的比例等指标。

（三）比率分析

所有者权益的比率分析指标主要有每股净资产、市净率、托宾 Q 值等。

（1）每股净资产。每股净资产是指每股账面价值或者每股净值，反映了每股流通在外的普通股所能代表的股东权益额。其计算公式为

普通股每股账面价值=（股东权益总额-优先股权益）/流通在外的普通股数量

优先股每股账面价值=优先股权益/流通在外的优先股数量

其中，优先股权益等于优先股账面价值加上延期支付的优先股股利、清算溢价和优先股的其他权益。在不能得到优先股账面价值的情况下，优先股权益可用优先股的清算价值代替。

由于账面价值反映公司的历史成本，股票价格反映公司的现行市场价值，因此，较高的股价从长期来看反映了公司的升值潜力。特别是，公司的固定资产和长期投资都按照历史成本计算，公司自行研发的无形资产和或有资产都不包括在资产中。这样，资产价值和净资产账面价值就会被低估。如果公司的市场价值低于净资产账面价值，公司往往缺乏增长潜力，这会导致股票价格的进一步下降。

（2）市净率。市净率是指每股股票价格与每股账面价值的比率。如果市净率低于 1，则表明每股价格低于每股账面价值。市净率较低意味着，股价被低估，或者净资产的账面价值被高估。

（3）托宾 Q 值。托宾 Q 值是指企业的市场价值与资本重置成本之比，或者股权与债权市场价值之和除以总资产。其计算公式为

托宾 Q 值 =公司的市场价值/资本的重置成本

=（股权的市场价值+债务的市场价值）/（股东权益的账面价值+负债的账面价值）

其中，公司的市场价值等于公司股票的市场价值和债务资本的市场价值之和；资本的重置成本是指今天要花多少资金才能买下公司所有的资产，通常用资产-现金+累计折旧摊销之和的账面价值来表示。如果债务的市场价值与负债的账面价值相等，那么，托宾 Q 值非常接近市净率。

如果托宾 Q 值大于 1，说明企业创造的价值大于投入的资本成本，企业可以通过发行股票的方式进行低成本的融资来购置设备。如果企业的市场价值低于其资本的重置成本，那么企业就可以通过出售现有资产的方式筹资并降低筹资成本。存在非流通股的情况下，托宾 Q 值的计算公式为

托宾 Q 值=（流通股股数×每股股价+非流通股股数×每股净资产+负债）/总资产

股票价格是影响资本投资的一个重要因素。股票价格的上涨会增加托宾 Q 值，从而刺激更多的企业进行股权融资和资本设备的投资。但是，当通货膨胀上升导致股市下跌时，企业却因为通货膨胀而不断扩大投资，造成股票价格和企业投资的方向不同。

（4）每股资本公积。每股资本公积考查上市公司资本公积的大小及转增股本的可能性。其计算公式为

每股资本公积=资本公积/流通在外的普通股数量

（5）内部资本积累率。内部资本积累率是指企业通过内部经营管理获得的利润来实现资本积累的速度。其计算公式为

内部资本积累率=（期末留存收益-期初留存收益）/期初股东权益×100%

=（1-股利支付率）×股东权益报酬率×（2+净资产增长率）/2

其中，股东权益报酬率又称为资本利润率、股权投资收益率，就是企业的净利润与平均股东权益的比率。

影响资本积累率的因素包括股利支付率、股东权益报酬率和净资产增长率。股利支付率越低、股东权益报酬率越高、净资产增长率越快，内部资本积累率就越快。

（6）留存收益与投入资本之比。投入资本等于实收资本和资本公积之和。留存收益与投入资本之比表明投资者投入的资金来源在扣除股利和返还资本之后的增值程度。该指标越大，表明企业赚取利润的能力越强。

（7）股权集中度。股权集中度就是指法人股和国家股或者 5 位大股东的股权在企业股权中所占的比例，体现了控制权的价值大小。当股权高度集中而法律对中小股东的保护不健全时，大股东就可能利用控制权侵害或者剥夺中小股东甚至债权人的权益。在法律比较健全的国家，控制权的利益较小，因为不仅中小股东可以利用抛售股票的方式让控制权利益锐减，而且非法侵占中小股东利益的控股股东也可能遭到起诉或者法律的制裁。

（8）资本充实度。该指标表明企业资产中有多少资金来自股东的资本投入。其计算公式为

资本充实度=（实收资本+股本溢价）/资产总额

其中，股本溢价也可以用资本公积代替。

如果企业的资本充实度较高，股东投入的资产结构合理，那么，企业的持续经营和债务融资就有了基本的保障。当股东投入的大量资产需要较高的交易费用和大量的贬值才能转换为现金或者企业经营所需要的资产时，企业的持续经营和长期偿债能力就会面临困境。

（9）利润贡献度。该指标表示企业累计未分配的利润占总资产的比例。其计算公式为

利润贡献度=（盈余公积金+未分配利润）/资产总额×100%

=（累计利润总额-股利分配总额）/资产总额×100%

利润贡献度表明企业资产中有多少资金是来自企业经营活动中扣除利润分配后所积累的盈利。利润贡献度较高的企业，长期偿债能力较强，未来分配股利的前景较好。但是，较低的利润贡献度，或者来源于企业累计利润较少，或者因为较多的累计利润被用于股利分配的结果。这样，较低的利润贡献度就与企业的经营不善或者过度的股利分配相关联，从而造成企业的长期偿债能力的下降。

举例　利润贡献度。表 5-31 是格力电器 2007 年的资产负债表数据。要求：计算其利润贡献度和资本充实度。

表 5-31　格力电器 2007 年的资产负债表数据

财务指标	期初数	期末数
资产总额（百万元）	13 630.2	21 707.7
实收资本（百万元）	805.3	834.9
股本溢价（百万元）	63.88	1 153.8
盈余公积（百万元）	1 469.3	1 571.3
未分配利润（百万元）	1 469.3	1 211.2
资本充实度（%）=（实收资本+股本溢价）/资产总额×100%	6.38	9.16
利润贡献度（%）=（盈余公积+未分配利润）/资产总额×100%	12.93	12.55

分析：由表 5-31 可知，格力电器在 2007 年的资本充实度从年初的 6.38%增加到年末的 9.16%，这主要来源于股票增发。但是，其利润贡献度从年初的 12.93%下降到年末的 12.55%，这是未分配利润下降的结果。

六、资本杠杆分析

杠杆就是由于存在固定费用而使得某一财务变量发生较小的变动，会引起另一变量发生较大变动的现象。根据财务变量的不同，企业中的杠杆可以分为经营杠杆、财务杠杆和资本杠杆。

（一）资本杠杆的界定

资本杠杆是指通过股权投资和股权控制而不断增大注册资本和扩大资产规模的方式。一般而言，拥有控股权的大股东掌握了企业的财务和经营决策权，小股东的出资只能是放大大股东的资本效应，从而使大股东利用少量的资本来控制超过其资本和资产规模数倍的公司或集团公司。

（二）资本杠杆的分类

按控制的范围划分，控股股东的资本杠杆分为控股杠杆、资本总杠杆和集团控股杠杆。

（1）控股杠杆。控股杠杆反映了控股股东对企业权益资本的控制效率。在一家企业之内，控股杠杆是指所有者权益总额与控股股东权益总额之间的比率。其计算公式为

企业控股杠杆=所有者权益总额/控股股东权益总额

由于控股股东权益总额等于所有者权益总额乘以第一大股东持股比例，因此，控股杠杆就是第一大股东持股比例的倒数。

（2）资本总杠杆。在一家企业内，控股股东的资本总杠杆反映了控股资本所能撬动的资产规模。其计算公式为

资本总杠杆=资产总额/控股股东权益总额

=权益乘数×控股杠杆

其中，权益乘数等于资产总额与股东权益总额的比率，也等于（1−资产负债率）的倒数。

举例　控股股东的资本杠杆。表 5-32 是浙江和江苏中小企业板上市公司 2008～2010 年的控股股东的资本杠杆，从中可以看出，这些中小企业的控股杠杆都在 3.2 倍左右，即

控股股东出资 1 元就能够控制资本 3.2 元。如果加上这些企业的财务杠杆效应，那么，控股股东控制的资产就达到了其出资的 6 倍以上。这就意味着，如果这些企业的资产收益率为 1%，那么，控股股东的权益报酬率就能达到 6%以上。

表 5-32　浙江和江苏中小企业板上市公司 2008～2010 年的控股股东的资本杠杆

年份	权益乘数	企业控股杠杆	资本总杠杆
2008	1.93	3.22	6.25
2009	1.97	3.19	6.35
2010	1.97	3.26	6.45

（3）集团控股杠杆。控股股东除在一家企业内部通过控股杠杆扩大资本规模外，还可以通过股权投资实现集团内部的资本杠杆效应。在合并财务报表中，股东权益分为母公司股东权益和少数股东权益。集团控股杠杆效应就是集团的股东权益与母公司股东权益的比率，集团的资本杠杆效应就是集团的资产总额与母公司股东权益的比率。其计算公式为

集团控股杠杆=集团的股东权益/母公司股东权益

集团的资本杠杆=集团的资产总额/母公司股东权益

=集团的权益乘数×集团的控股杠杆

举例　集团的资本杠杆。表 5-33 是 4 家国有企业 2007 年的财务状况。要求：计算母公司的控股杠杆和集团的资本杠杆。

表 5-33　4 家国有企业 2007 年的财务状况

项目	招商局集团	中粮集团	大唐集团	华润集团
资产总额（亿元）	2 172	1 209	2 949	2 238
股东权益（亿元）	775	468	617	997
母公司股东权益（亿元）	524	325	218	548
权益乘数=资产总额/股东权益	2.80	2.58	4.78	2.24
母公司控股杠杆=股东权益/母公司股东权益	1.49	1.44	2.83	1.82
集团的资本杠杆=资产总额/母公司股东权益	4.14	3.72	13.52	4.08

分析：由表 5-33 可知，在集团公司中，归属于母公司的股东权益一般大于归属于少数股东的权益。在这种情况下，母公司的控股杠杆一般大于 1 而小于 2。有时，母公司通过子公司的连锁股权投资，能够以少量的资本控制大规模的资本，从而造成母公司的控股杠杆大于 2。在这个例子中，招商局集团、中粮集团和华润集团的控股杠杆都小于 2。但是，大唐集团的控股杠杆则达到了 2.83，表明大唐集团以小资本撬动了大资本。借助于财务杠杆效应，大唐集团的资本杠杆达到了 13.52。这就是说，大唐集团的母公司股东每出 1 元，就能够控制 13.52 元的资产，实现了庞大的资本积聚效应。

（4）控股股东的资本总杠杆。当存在集团公司的情况下，控股股东的资本总杠杆等于集团的资产总额与控股股东的权益的比率。其计算公式为

控股股东的资本总杠杆=集团的资产总额/控股股东的权益

=集团的权益乘数×集团的控股杠杆×企业的控股杠杆

一般而言，资本控制的主体是控股公司，客体是集团子公司，不包括未形成实际控制的参股公司和关联公司。母公司通过控制各个层级的子公司，将尽可能多的少数股东权益纳入集团的资本配置范围。在控制股东大会表决权和子公司的经营决策权的情况下，母公司可以接受或转让重大财产，利用子公司的担保借入巨额资金或发行债券，利用子公司的上市融资而扩充资本，加强子公司的经营管理。因此，母公司的控股股东可以通过控股杠杆效应，增大集团的财务杠杆，甚至提高集团公司的经营杠杆，从而实现控股股东的财务最大化。

【本章小结】

本章讨论了企业资金的来源，分析了债务融资和权益融资的不同形式与结构，对流动负债、长期负债、融资租赁和经营租赁、所有者权益变动表、实收资本、资本公积、留存收益进行了详细的介绍，对所有者权益和资本杠杆进行了财务分析。

【思考题】

5.1 应付账款周转率。从下表中你能得出什么结论？

不同板块上市公司 2007～2012 年的平均应付账款周转次数

上市公司的类别	2007 年	2008 年	2009 年	2010 年	2011 年	2012 年
深圳主板 A 股	14.96	15.17	12.95	17.63	19.93	18.86
上证 A 股	10.87	10.58	11.18	10.86	10.80	10.04
中小企业板	10.38	10.61	10.89	12.27	12.21	11.41
创业板	8.82	9.60	9.41	10.87	9.63	7.67
风险警示的企业	7.37	6.65	5.70	6.69	6.57	5.36

5.2 定向增发。根据下述资料，分析定向增发在企业融资中的作用。

深圳天马公司在 2014 年 5 月向 9 名投资者发行股份，收购后者的多项股权和非公开发行股份募集交易金额的 25%的配套资金。新增发行的股份为 4.33 亿股，交换的资产价值为 54.96 亿元。这次重组交易完成后，深圳天马公司在 2013 年的营业收入从 45.19 亿元增加到 112.51 亿元，归属于母公司的净利润将从 1.43 亿元增加到 8.23 亿元，总资产达到 169.95 亿元，净资产增加到 60.58 亿元。

【练习题】

5.1 股票股利和股票分割。天水公司 2018 年准备采取 20%的股票股利政策和 10%的股票股利加上每股 0.5 元现金股利的分配政策。股票每股市价为 3 元。

天水公司 2018 年的股利分配及其后果

<table>
<tr><td rowspan="2">项目</td><td rowspan="2">分配股利前（万元）</td><td colspan="2">分配股利后</td></tr>
<tr><td>20%的股票股利</td><td>10%的股票股利和每股现金股利 0.5 元</td></tr>
<tr><td>普通股股本（每股面值 2 元，500 万股）</td><td>1000</td><td></td><td></td></tr>
<tr><td>资本公积</td><td>100</td><td></td><td></td></tr>
<tr><td>盈余公积</td><td>300</td><td></td><td></td></tr>
<tr><td>未分配利润</td><td>400</td><td></td><td></td></tr>
<tr><td>股东权益合计</td><td>1800</td><td></td><td></td></tr>
</table>

要求：根据上表关于分配股利前股东权益构成，完成表中分配股利后各项目的变化。你从中能得出什么结论？

5.2 递延税款。某钢铁股份有限公司是国资委控制的一家大型国有企业，主要经营黑色金属冶炼和钢压延加工，于 2007 年在深圳证券交易所挂牌上市。2011 年和 2012 年，该公司分别亏损 23.32 亿元和 42.52 亿元，但 2013 年却实现了盈利 7.28 亿元。其利润和递延所得税资产数据见下表。

某钢铁公司利润和递延所得税资产数据（单位：亿元）

项目	2011 年	2012 年	2013 年	2014 年
利润总额	−32.81	−53.20	7.28	15.79
减：所得税费用	−9.49	−10.68	−0.27	6.55
净利润	−23.32	−42.52	7.55	9.24
12 月 31 日递延所得税资产	23.91	35.06	30.01	23.36

要求：分析递延所得税资产的变化对该公司净利润的影响。

5.3 少数股东权益。灰熊公司持有狗熊公司 80%的股权，属于非同一控制。2018 年初，狗熊公司的净资产公允价值为 9 亿元。2018 年第二季度末，灰熊公司减持狗熊公司的股份至 60%，仍保持控制。2018 年，灰熊公司实现净利润合计为 1 亿元，其中上半年为 0.6 亿元，下半年为 0.4 亿元。

要求：计算灰熊公司合并所有者权益变动表中的少数股东权益期初余额和期末余额。

5.4 关联方交易差价。甲公司 2017 年度生产的电子产品全部销售给子公司乙，该产品的账面价值为 4 400 万元，未计提减值准备。甲公司按照 6 160 万元的价格出售。假定符合收入确认条件，销售电子产品的款项尚未收到，甲公司适用增值税税率为 17%，并按实际销售价格计算增值税销项税额。

要求：计算关联方交易差价，并做相关会计分录。

5.5 股利分配的所得税影响。2013 年，隧道股份的营业收入为 235 亿元、净利润为 12.89 亿元，公司的分红方案为每 10 股送 5 股、转 5 股、派发现金 3 元，现金股利总计为

3.89 亿元，占净利润的 30.22%。假设隧道股份的股票面值为 1 元。

要求：

（1）分析股利分配对公司的所有者权益结构的影响。

（2）假设投资者都是自然人股东，分析隧道股份的股利分配方案对自然人股东的所得税影响。

（3）假设投资者都是法人股东，分析隧道股份的股利分配方案对法人股东的所得税影响。

【案例讨论题】

公司自治与大股东控股之间的矛盾。东湾公司成立于 1995 年，股东金鹏公司和丽晶公司出资比例分别为 35%和 65%。东湾公司章程规定每年分配利润一次。但是，到 2002 年底，东湾公司从未召开股东大会讨论利润分配事宜，亦未向股东分配利润。

2003 年，金鹏公司向法院起诉东湾公司，请求东湾公司分配至 2002 年底的利润 665 万元。法院审计结果表明，东湾公司 1995 年未实现销售收入，1996～1999 年连续亏损，2000～2002 年连续盈利，截至 2002 年底的净利润为 1 980 万元。

法院认为东湾公司在连续多年有巨额利润的情况下，不召开股东大会做出利润分配的决议和不向金鹏公司做出不分配利润的说明，从根本上侵害了金鹏公司的股东权益，违反了诚实信用原则，支持金鹏公司的诉讼请求。

讨论：公司未做出分配利润的决议之前，股东是否有权向法院起诉请求分配利润？其理论基础何在？

第六章　利润表分析

本章对利润表进行深入的介绍和分析。首先，对利润表及其在中国的演进过程进行简单的介绍；其次，对收入计量的理论基础、财务资本保全观下的收入确认、营业收入进行会计分析和财务分析；再次，对经营成本进行分析，包括支出的费用化与资本化、成本黏性，以及包括管理费用、销售费用和财务费用在内的期间费用分析；最后，对企业缴纳的税费进行分析，包括税金及附加、管理费用部分的税金增值税及所得税分析等。

第一节　利润表简介

利润表，又称为损益表、收益表，是反映企业在特定时期的收入、费用、利得和损失及净收益的报告。在中国，1992 年颁布的《企业会计准则》采用了"损益表"这个名称，2001 年的《企业会计制度》则改名为"利润表"。利润表不同的信息披露对企业的盈利能力、营运能力、收现能力的分析具有显著的影响。在中国，利润表经历了一个演变的过程，这充分说明人们对收入、费用和利润的认识是一个历史的过程。

一、利润表的列报模式

根据披露信息的不同，利润表的列报模式在国际上主要有两种：一是流行于中国、美国和日本的费用功能法利润表或销售成本法利润表；二是流行于欧洲的费用性质法利润表、支出性质法利润表或总成本法利润表。

（一）利润表的费用功能法和费用性质法

2008 年，国际会计准则理事会和美国财务会计准则委员会在《财务报表列报的初步观点》中，综合运用了费用功能法和费用性质法。中国利润表的列报采用费用功能法，仅在报表附注中按照性质进一步披露相关信息。

1. 费用功能法

费用功能法按照功能的不同将收入和费用分解为经营、投资和融资活动，并将费用按照功能分为销售成本、销售费用、管理费用和财务费用。

2. 费用性质法

费用性质法按照性质的不同对收入和费用进行划分，销售收入按照批发和零售划分；销售成本则分为原材料成本、人工成本、运输成本及能源成本；销售费用和管理费用则按照性质进一步划分。

费用性质法的营业利润反映了经营利润，而费用功能法的营业利润则反映了经营利润和毛利润。表 6-1 列举了利润表的两种列报方式。

表 6-1　利润表的两种列报方式

利润表必须反映的项目	费用性质法	费用功能法
收入	收入	收入
经营活动的成果	其他经营收入	销售成本
融资成本	产成品和在产品的变动	毛利润
联营和合营的损益	耗用的原材料和易耗品	其他经营收入
所得税费用	雇员成本	销售费用
正常活动损益	折旧和摊销费用	管理费用
少数股东损益	其他经营费用	其他经营费用
当期净利润	经营成本总额	经营利润
	经营利润	

3. 德国费用性质法的列报情况

1965 年，《德国股份法》第 157 条规定的损益表主要分为以下项目：销售收入、材料及购入转销商品的成本、毛收入，来自权益联营、股份参与、金融投资、利息、固定资产报废、非常收益等方面的收入，工资、社会支出、退休金，固定资产折旧和无形资产摊销、金融资产价值调整、处理固定资产损失、利息支出、各种税收，盈余或者亏损。

（二）费用功能法和费用性质法的优点

1. 费用功能法的优点

费用功能法的优点在于，明确划分企业内部各部门之间的责任，但不利于外部投资者对企业的盈利能力和未来现金流量进行准确的分析与预测。

2. 费用性质法的优点

费用性质法的优点在于，将所有费用分为原材料、折旧和摊销、利息、工资和税金。这与国际会计准则委员会于 1997 年推荐使用的费用性质法利润表相似：将销售成本分为产成品和在产品的变动、耗用的原材料和易耗品、雇员成本、折旧和摊销费用及其他经营费用，从而避免揭示销售成本。

国际会计准则委员会在 2011 年发布的《其他综合收益项目的列报》中未将销售成本按照费用性质进行划分，但对企业的活动按照经营活动、投资活动、筹资活动和终止经营活动进行划分，并对销售费用和管理费用按照费用性质进行细分。这样，费用性质法的利润表既有助于计算经营资产报酬率和投资（金融）资产报酬率，也能根据折旧数据计算现金流量，更有利于计算企业创造的价值在各要素之间的分配比率。

举例　利润表的费用功能法和费用性质法。表 6-2 是 2010 年伊利的利润表。费用功能法按照中国《企业会计准则第 30 号——财务报表列报》规定列报的利润表列报模式。费用性质法按照国际会计准则委员会和美国财务会计准则委员会主张采用的利润表列报模式。从中可以看出，费用功能法将经营活动、投资活动和筹资活动相混淆，没有将费用按照性质进行划分。相比之下，费用性质法则首先将企业的活动分为经营活动、投资活动和筹资活动，并在每种活动下列报各自的收入和费用，特别是单独列出折旧费和职工薪酬的费用，更有助于财务分析。

表 6-2　2010 年伊利的利润表（单位：亿元；每股收益：元）

费用功能法		费用性质法	
一、营业总收入	296.64	经营活动：销售收入	296.64
其中：营业收入	296.64	销售成本	206.86
二、营业总成本	290.71	销售税金及附加	0.87
其中：营业成本	206.86	毛利	89.80
营业税金及附加	0.87	销售费用：广告费	38.26
销售费用	68.07	工资、薪水和福利费	8.30
管理费用	15.20	其他费用	21.50
财务费用	−0.21	管理费用：折旧费	3.90
资产减值损失	−0.10	工资、薪水和福利费	7.40
加：公允价值变动损益	—	其他费用	3.90
投资收益	0.11	其他经营活动前收益	5.63
其中：对联营企业和合营企业的投资收益	0.05	其他经营活动收益（费用）	
汇兑损益	—	非流动资产处置损益	−0.15
三、营业利润	6.05	资产减值损失	0.10
加：营业外收入	3.02	其他经营收益（费用）	2.63
减：营业外支出	0.54	其他经营活动收益	2.58
其中：非流动资产处置损失	0.22	经营收益总额	8.21
四、利润总额	8.53	投资活动：股利收益	0.06
减：所得税费用	0.58	可供出售证券实现利得（短期）	0.001
五、净利润	7.95	享有联营企业利润分配	0.05
六、每股收益		其他投资活动收益	0.000 2
（一）基本每股收益	0.97	投资收益总额	0.11
（一）稀释每股收益	0.91	营业收益总额	8.33
七、其他综合收益	0.0369	筹资活动：现金利息收益	0.82
八、综合收益总额	7.99	利息费用	0.54
归属于母公司所有者的综合收益总额	7.81	其他费用	0.07
归属于少数股东的综合收益总额	0.18	融资收益净额	0.21
		其他综合收益和税之前的利润	8.53
		所得税：所得税费用	0.58
		本年持续经营净利润	7.95

续表

费用功能法		费用性质法	
		本年终止经营净损益	0
		净利润	7.95
		本年其他综合收益（税后净额）	
		可供出售金融资产未实现利得	0.037 2
		外币财务报表折算差额	−0.000 3
		其他综合收益总额	0.036 9
		综合收益总额	7.99
		基本每股收益	0.97
		稀释每股收益	0.91

二、中国利润表的演进

中国企业的利润表采用了费用功能法的列报模式，并随着市场经济的不断发展而演化。中国企业的利润表分为两个阶段：一是计划经济向有计划的商品经济转变的阶段；二是市场经济深入化发展的阶段。

（一）计划经济向有计划的商品经济转变阶段的利润表

1992 年之前，外资企业开始采用市场经济模式的利润表，而内资企业仍采用计划经济模式的报表。1985～1992 年中国企业的利润见表 6-3。

表 6-3　1985～1992 年中国企业的利润表

1985 年的中外合资企业利润表	1992 年的外商投资企业利润表	1992 年的内资工业企业利润表
产品销售收入	产品销售收入	一、产品销售收入
其中：出口产品销售收入	其中：出口产品销售收入	减：产品销售成本
减：产品销售税金	减：销售折扣与折让	产品销售费用
产品销售成本	产品销售净额	产品销售税金及附加
其中：出口产品销售成本	减：产品销售税金	二、产品销售利润
产品销售毛利	产品销售成本	加：其他业务利润
减：销售费用	其中：出口产品销售成本	减：管理费用
管理费用	产品销售毛利	财务费用
其中：利息支出（减利息收入）	减：销售费用	三、营业利润
汇兑损失（减汇兑收益）	管理费用	加：投资收益
产品销售利润	财务费用	营业外收入
加：其他业务利润	其中：利息支出（减利息收入）	减：营业外支出

续表

1985 年的中外合资企业利润表	1992 年的外商投资企业利润表	1992 年的内资工业企业利润表
营业利润	汇兑损失（减汇兑收益）	四、利润总额
加：营业外收入	产品销售利润	
减：营业外支出	加：其他业务利润	
利润总额	营业利润	
	加：营业外收入	
	减：营业外支出	
	利润总额	

1. 1985 年的中外合资企业利润表

1985 年，《中华人民共和国中外合资经营企业会计制度》确立了“中外合资企业会计科目和会计报表”，提供了市场经济条件下第一张工商业企业的利润表。该报表的特点是，在“本期数”之外提供了“本年累计数”和“上年同期累计数”的信息；使用了制造成本（产品销售成本）的概念，将管理费用从工厂成本中分离出来，并将期间费用单独列报；仍带有计划经济的痕迹，将商品称为产品，没有列示所得税和净利润，没有明确的会计主体界限。

2. 1992 年的外商投资企业利润表

1992 年，《中华人民共和国外商投资企业会计制度》根据“与国际惯例接轨”的指导思想，修订了 1985 年的《中华人民共和国中外合资经营企业会计制度》，制定了市场经济条件下的第二张利润表。其特点是，将财务费用从管理费用中分离出来，明确承认管理活动与财务活动具有不同的性质；引入稳健性原则，对应收账款和存货计提做减值准备，但将坏账损失和存货跌价损失混入了管理费用。

3. 1992 年的内资工业企业利润表

根据 1992 年颁布的《企业会计准则》《企业财务通则》《工业企业会计制度》的规定，内资工业企业开始使用第三张利润表。其特点是，利润表的名称改为损益表；将产品销售费用和产品销售成本混在一起计算产品销售利润；将其他业务收入列入经营性的营业利润，并将投资收益单独列报。

（二）市场经济深入化发展阶段的利润表

从 1992 年开始，中国进入市场经济快速发展阶段，利润表的列报形式发生了根本性的变化，见表 6-4。

表 6-4　1998～2007 年中国企业的利润表

1998 年的利润表	2001 年的利润表	2007 年的利润表
一、主营业务收入	一、主营业务收入	一、营业收入
减：折扣与折让	减：主营业务成本	减：营业成本
主营业务收入净额	主营业务税金及附加	营业税金及附加

续表

1998 年的利润表	2001 年的利润表	2007 年的利润表
减：主营业务成本	二、主营业务利润	销售费用
主营业务税金及附加	加：其他业务利润	管理费用
二、主营业务利润	减：营业费用	财务费用
加：其他业务利润	管理费用	资产减值损失
减：存货跌价损失	财务费用	加：公允价值变动损益
营业费用	三、营业利润	投资收益
管理费用	加：投资收益	其中：对合营企业和联营企业的投资收益
财务费用	补贴收入	二、营业利润
三、营业利润	营业外收入	加：营业外收入
加：投资收益	减：营业外支出	减：营业外支出
补贴收入	四、利润总额	其中：非流动资产处置损失
营业外收入	减：所得税	三、利润总额
减：营业外支出	五、净利润	减：所得税费用
四、利润总额		四、净利润
减：所得税		五、每股收益
五、净利润		（一）基本每股收益
		（二）稀释每股收益

1. 1998 年的利润表

1998 年，财政部制定了第四张利润表。其特点是，将所得税和政府补贴单独列示，区分了企业的法律义务与经营义务的费用支出；明确了净利润的概念；利用主营业务和其他业务的区分消除了不同行业的企业的报表差异；明确将不同于一般费用支出的存货跌价损失单独列示，但是将坏账损失混在管理费用中，固定资产和无形资产减值损失包含在营业外支出中。

2. 2001 年的利润表

根据 2000 年的《企业会计制度》，财政部制定了 2001 年的企业利润表。其特点是，基本继承了 1998 年的利润表；存货跌价损失不再单独列示，但要求对存货跌价损失、坏账损失、短期投资跌价损失、固定资产减值损失、无形资产减值损失、委托贷款减值损失、长期投资减值损失和在建工程减值损失增列资产减值明细表；缺少完整的销售税金及附加的信息，因为其他业务的销售税金及附加信息被列入其他业务利润之中；缺少其他业务成本与其他业务收入的配比信息，也缺少获利水平的信息。

3. 2007 年的利润表

根据 2006 年的《企业会计准则》，财政部第一次制定了《财务报表列报具体准则》，规范了一般企业与金融企业的财务报表列报格式、内容和要求。2007年的利润表具有如下特点：将公允价值变动损益、资产减值损失等未实现的损益单独列示，从而提示报表使用者不要把净利润当作实现损益对待；在投资收益项目下增设对合营企业和联营企业的投资收益，这种投资收益采用权益法确认；将非流动资产处置损益单独列示，提示报表使用者不要把净利润当作持续经营损益对待；完整地列示企业的销售税金及附加信息，将其他业务并入营业活动，使营业成本与营业收入更好地匹配；增列了每股收益，提供了“本期金额”和“上期金额”的比较信息；将大量的损益项目列入资本公积的利得或损失，从而造成利润表不能完整地反映企业的所有损益。

4. 2009年和2014年的利润表补充

为了弥补利润表的不完整，财政部在2009年引入了其他综合收益和综合收益的概念。其他综合收益直接计入资本公积的利得或损失，综合收益是在净利润基础上加上资本公积中的其他综合收益。综合收益概念的引入比较完整地反映了企业的所有损益和股东资本增值或损失的情况。2014年，财政部在发布的《企业会计准则30号——财务报表列报》中明确规定，利润表中要增列综合收益总额、归属于母公司股东的综合收益总额和归属于少数股东的综合收益总额。

综合收益概念的优势在于，它所反映的经营成果的内容比利润概念全面，也能够与所有者权益建立恒等关系，还能够与反映经营成果的收入、费用、利得和损失之间建立恒等关系。但是，综合收益中的其他综合收益部分难以作为预测未来现金流的依据，也不能作为股利分配、缴纳所得税的依据。因此，净利润的指标依然有其独特的价值。

第二节　收入分析

从本章第一节介绍的内容可知，企业利润的界定取决于如何计量收入和费用。收入是指企业在营业活动中形成的、会导致所有者权益增加的，但与所有者投入资本无关的经济利益的总流入，包括经营性收入、投资性收入、融资性收入和其他非经常性收入4类。费用是指企业在营业经营活动中形成的、会导致所有者权益减少的，但与所有者分配利润无关的经济利益的总流出，包括经营性费用、投资性费用和损失、融资性费用，以及其他非经常性支出4类。

一、收入计量的理论基础

收入的计量依赖于资本和资产的保全。传统的资本保全观将企业收入的来源限制在资本保全之上，忽视了与企业相关的各种资产都可能是企业收入的来源。

（一）传统资本保全观

1. 传统资本保全观的分类

传统资本保全观将收入的计量建立在资本保全的基础上。资本保全是指保持投入企业的各种资本的价值完整性，使资本不受侵蚀，利益的流入只有超出投入资本以上的部分才能确认为收益，进而保障资本所有者权益的一种制度安排。所以，资本保全理论既是企业计算成本、计量收益和衡量资本保值增值的重要依据，也是企业持续经营假设的基础和物价变动会计的理论基础。这里的资本就是企业的净资产、股东权益（财务资本）或者营运能力（实物资本）。因此，传统的资本保全理论分为财务资本保全观和实物资本保全观。

1）财务资本保全观

财务资本保全观将资本视为股东或者所有者投入企业的货币或者购买力。在财务资本保全观下，只有在调整本期的所有者分配和所有者出资后，企业期末净资产的货币金额大于期初净资产的货币金额时，利润才能形成。按照财务资本保全概念确认的综合收益或利润，既包括已发生交易或历史成本引起的，又包括未发生的交易或由现行市价、可变现净值或现行成本引起的收益或利润。这就意味着，按照财务资本保全确认的综合收益或利润，就会包含不同的资产或负债的计量属性，成为混合各种计量属性的综合收益或净利润。

2）实物资本保全观

实物资本保全观将资本视为业主投入企业的实际营运能力所需要的资源和资金，不仅仅是货币价值。在实物资本保全观下，企业期末实物生产能力超过期初的部分，在扣除本期投入的余额后，才能形成当期收益或综合收益。

2. 财务资本保全观和实物资本保全观的比较

（1）计量属性不同。在计量属性方面，财务资本保全观可以采用历史成本或者现行成本，而实物资本保全观则必须采用现行成本或者重置成本，排斥历史成本。

（2）计量单位不同。在计量单位方面，财务资本保全观可以采用名义货币单位或者一般购买力计量单位计量，因物价上涨而造成的利得在名义货币单位下列为收益。在一般货币购买力货币计量单位下则将个别资产物价上涨的价格水平分为一般物价水平部分和超过一般物价水平部分，前者仅作调整成本和所有者权益，后者列为收益。

实物资本保全观则按实物生产能力对资本进行计量，收益是在保持实物生产能力不变之后的实际物质财富的增量，因物价变动而产生的利得或者损失均不计为收益，而用来调整实物资本。按照实物资本保全确认的综合收益反映的是会计期间企业物质生产能力的变化。但是，这种物质生产能力很难以货币进行综合的计量，并面临在市场经济或货币经济中交易或销售环节占据主导的问题。因此，实物资本保全观确认的综合收益及其利润不适用于对外的财务报表报告。

3. 传统资本保全观的缺陷

（1）只注重物质资本的货币属性或生产力属性，忽视物质资本之外的人力资本或知识资本的增值和保值问题。

（2）只注重短期的、静态的和消极的资本保全，忽视长期的、动态的和积极的资本保全。这就要求将本期的收入和综合收益的概念扩展到持久性收入和持久性综合收益的概念。

（3）没有考虑资本风险的保全问题，即要考虑资本收益率和资本风险的平衡问题。只有在资本风险不增加的情况下，更高的资本收益率才意味着资本的保值和增值。

（4）实物资本保全理论忽视了技术创新和产品生命周期缩短的问题，保持实物资本的生产能力不如保持资产的配置能力重要。

（二）资产资本保全的界定和理论

对企业有价值的资产，除了通过股东权益和负债形成的经营资产、金融资产和投资资产外，还包括雇员和供应商资产、客户资产、组织资产、政府资产和权势资产等可以给企业带来未来经济利益的所有经济资源。这些资产对企业的长期盈利能力或持续经营能力至关重要。

1. 资产资本保全的界定

资产资本保全是指以资产资本概念和运营风险为基础，将资本视为外界的利益相关者投入企业的资产价值，主张先进行债务资本保全，再进行权益资本保全，最终确认综合收益。企业的综合收益就是在债务保全和权益资本保全基础上的资产价值增值。尽管会计无法可靠地计量这些资产并纳入相应的资本，但是，财务报表分析者要考虑所有资产的保值和增值。人力资本会计在这方面提供了一个比较成熟的分析思路。

2. 人力资本保全

人力资本保全观注重企业人力资本的保值和增值，股东投入财务资本和职工投入人力资本组合成企业，传统会计恒等式“财务资产=负债+所有者权益”改为“财务资产+人力资产=负债+劳动者权益+所有者权益”。

人力资产就是企业在一定时期内拥有或控制的、能以货币计量的，可能会向企业流入未来经济利益的人力资源。人力资本则是能够创造剩余价值的人力资源。企业对员工的人力资本投资包括雇佣和招聘员工的原始投资、教育和职业培训支出、职工集体福利支出、卫生保健和安全措施支出等。这些人力资本投资的总和就是人力资产，根据其价值的变动进行资产减值。人力资本保全观要求，只有当企业期末人力资本的生产能力或人力资产的价值超过期初的人力资本的生产能力或价值时，企业的利润才能形成。

3. 资产资本保全理论

资本保全理论要扩张到人力资本保全理论、无形资本保全理论、虚拟资本保全理论等。无形资本就是企业的研究开发和市场营销所形成的资本。根据资产资本保全理论，企业的综合收益就是财务资本保全的收益、实物资本保全的收益、人力资本保全的收益和无形资本保全的收益之和。这些收益的资本化就是企业的市场价值。

二、财务资本保全观下的收入确认

收入的确认不仅涉及收入标准的问题，还涉及收入在不同商品和劳务之间的分配问题。

（一）收入确认的标准

收入确认的标准分为交易是否完成和控制权是否转移。

1．交易完成的标准

传统上，收入确认的标准取决于交易是否完成。如果交易已经完成，未来经济利益很可能流入会计主体，并且能够可靠地计量其成本或价值，就应当在利润表中确认为收入。商品交易是否已完成的标志是卖方是否将商品所有权上的风险和报酬转移给买方，并按照销售商品、提供劳务、让渡资产使用权和建造合同分别确定收入。但是，将交易的完成与否当作确认收入的标准，就会忽视大量未交易或未完成的交易却需要确认收入的情形。

2．控制权转移的标准

收入确认的新标准建立在控制权是否转移的基础上。对于商品的销售而言，控制权的转移与所有权的风险和报酬的转移基本一致，仍然按照收入确认的时点来确认收入。但是，对劳务特别是建造合同而言，控制权的转移与所有权的风险和报酬的转移会存在不一致的情况，需要按照完工进度在一段时间内确认收入。当合同的交易价格涉及多种商品和劳务、重大融资性质、可变对价、非货币报酬和应付客户对价时，需要分别处理收入的确认问题。

（二）销售收入的确认

销售收入就是公司的持续经营活动所赚得的或者预期将会赚得的现金流入，包括现金销售获得的现金流入和因赊销而带来的预期现金流入。

1. 销售收入确认的原则

在会计上，收入是在已经实现（可实现）并且已经赚得时予以确认。“已经赚得”是指企业已经完成取得收入所必要的生产、销售等核心活动。已经实现原则是指商品及其他资产已经转换为现金或者收取现金的要求，可实现原则是指收入或持有的商品比较容易转换为已知的现金数额或者收取现金的要求。“比较容易”是指存在活跃的交易市场上有公开的标价，而且该资产进入市场后不会对价格造成严重的影响。

2. 销售收入确认的条件

收入在同时满足以下条件时予以确认：销售商品所有权上主要的风险和报酬已经转移；企业既没有保留通常与所有权相联系的继续管理权，也没有对已经售出的商品实施控制；与交易相关的经济利益能够流入企业；相关的收入和成本可以可靠地计量。如果有足够的证据表明销售合同的存在，货物已经发出或服务已经提供，销售收入固定或可确定，货款的收回能够得到可靠的保证，那么，企业就应当在客户取得相关商品的控制权时确认收入。

举例　销售收入的确认时点。房地产公司对销售收入确认的时点分为 3 类：一是将收入确认的时点选择在交付房屋钥匙时，如保利地产、招商地产和金融街等公司；二是将收入确认的试点选择在房地产竣工验收合格的时点，如万科、金地等集团；三是未公布具体的收入确认时点。

3. 延迟确认的收入

当与所有权相关的风险和报酬没有转移，或者风险已经转移但报酬没有转移，或者报酬已经转移但风险没有转移，那么，企业就不能在发出商品的同时确认收入。与所有权相关的风险和报酬没有转移的情形，如附有安装协议的固定资产的销售、委托代销产品、开票持有销售等①。

（1）与所有权相关的风险已经转移但报酬没有转移的情形，如销售方带有回购选择权的售后回购。如果产品未来的价格高于出售的价格，销售方就会实施回购期权，该项销售业务属于融资行为；如果商品未来的价格低于出售的价格，销售方不会实施回购期权，该项销售业务就需要确认收入。面对未来价格的不确定性，销售方最好在初次销售时不确认收入，而在回购时期满后确认是否属于销售。

（2）与所有权相关的报酬已经转移但主要的风险没有转移的情形，如购买方在补充协议中享有特定的退货权。当买方有退货权时，只要在同时满足下述条件下才能确认收入：

---

① 开票持有销售是指销售方将买方的已开发票的货物与卖方的其他货物进行分离，单独管理，等待买方发出运货指示。由于违背了货物已经发出或者劳务已经提供的原则，开票持有的销售在货物装运前不能确认收入。

价格基本固定或者在销售当天可以确定；买方已经付款或承担了向卖方支付的义务；即使发生产品被盗或毁损事件，买方对销货方的义务也不会改变；买方与卖方在经济上是实质地相分离的；销货方对与该销售相关的未来业绩无重大责任；退货的可能性可以合理估计。否则，退货条件下的收入确认就要延迟。

（3）当采用赊销方式形成的应收账款具有高度的不确定性或者回收无法得到合理的保证时，需要延迟收入确认，直到收回现金为止。对于特许权使用费、持续的产品销售、代理销售、冲回特许、特许成本、混合收入、特许双方的关系等，只有当特许权持有人已经实质性地完成与该销售相关的服务或者满足有关条件时，才可以确认特许权使用费收入或成本。

（4）产品融资安排或者存货出售—回购交易并没有发生实际的销售，而是一项以存货为抵押的借贷，因此，不能确认收入。当购买方资本不足、杠杆很高，或购买方资产主要由购自销售方的货物所构成，销售方在交易方中所收到的非现金收入能否实现，就会存在很大的收入不确定性。如果企业在能够合理地确定其实现之前记录了收入，收入在计入一个时期之后，很可能在其后另一时期被取消或冲转，这将导致前一个时期高估收入而后一时期低估收入。

（三）多种商品和劳务的收入分摊

如果一个合同包含多项的履约义务，企业要按照各项履约义务所承诺商品或服务的相对单独售价将交易价格分摊至各项履约义务，并确认相应的收入。需要长期履行的合同，如产品保修合同、软件维护合同，常会出现预期收入。此时，收入需在整个合同期按比例确认，出现在资产负债表上未确认的收入，称为未实现收入。

举例　多项契约义务的收入确认。南方公司销售大型机器设备并提供安装服务、技术支持服务，2017 年 12 月 25 日与客户签订机器设备销售合同，合同不含税总价款为 300 万元。销售合同规定，销售大型机器设备一台，提供标准安装服务、18 个月的售后技术支持服务。客户于 2017 年 12 月 31 日应向南方公司支付合同价款 90 万元，实际支付了 60 万元。南方公司于 2018 年 1 月 1 日交付并为客户安装机器设备，该服务为标准安装服务。南方公司也向其他客户单独销售上述项目，大型机器设备的单独售价为 292.5 万元，标准安装服务的单独售价为 4.5 万元，18 个月的售后技术支持服务的单独售价为 12 万元，以上售价均不含税。假设增值税税率为 17%。要求：计算南方公司销售设备、提供安装和售后服务的收入。

分析：（1）南方公司的单独售价分摊见表 6-5，最后一列数字是一揽子销售分摊的价格。

表 6-5　南方公司的单独售价分摊

履约义务	单独售价（万元）	比例（%）	计算	分摊交易价格（万元）
大型机器设备	292.50	94.66	300×94.66%	283.98
安装服务	4.50	1.46	300×1.46%	4.38
售后服务	12	3.88	300×3.88%	11.64
合计	309			300

（2）大型设备的控制权转移在2018年1月1日，因此，2017年南方公司不应该确认该项目的销售收入，收到的60万元现金作为未实现收入。2018年全部确认大型机器设备和安装服务的收入，但18个月的售后服务应该在2018年和2019年分摊。2018年应确认的售后服务收入=11.63×（12/18）=7.75（万元），2019 年应确认的售后服务收入=11.63×（6/18）=3.88（万元）。南方公司的收入确认与计量见表6-6。

表6-6 南方公司的收入确认与计量（单位：万元）

商品或服务	2018年	2019年	合计
大型机器设备	284	0	284
安装服务	4.37	0	4.37
售后服务（18个月）	7.75	3.88	11.63
合计	296.12	3.88	300

（3）2017年12月31日收到客户实际支付的60万元货款，计入合同负债作为未实现收入。应交增值税（销项税额）在2017年为10.2万元（60×17%），2018年为28.05万元（225×17%−10.2），2019年为12.75万元（300×17%−38.25）。

（四）建造合同收入的确认

与销售收入在某一时点确认不同，建造合同在符合条件时需要在一段时期内确认收入。

1. 一段时期确认收入的条件

如果客户在企业履约的同时即取得并消耗企业履约所带来的经济利益，客户能够控制企业履约过程中在建的商品，企业在履约过程中所产出的商品具有不可替代的用途，以及该企业在整个合同期间内有权就累计至今已完成的履约部分收取款项，那么，企业就应在一段时间内确认收入，否则就需要在某一时点确认收入。

2. 建造合同收入的确认方法

按照2006年的《企业会计准则第15号——建造合同》，建造合同确认收入的方法是完工进度百分比法。衡量完工进度的方法有3种：已发生成本百分比法、已完成工作量百分比法、投入法和产出法。2017年的《企业会计准则第14号——收入》提出了衡量履约进度的投入法和产出法。

（1）已发生成本百分比法就是按照已累计发生的合同成本占预计总成本比例计量完工进度的方法。

（2）已完成工作量百分比法就是按照已完成的合同总工作量占预计总工作量的比例计量完工进度的方法。

（3）投入法是企业为履行义务所做出的投入，如消耗的资源、耗用的工时、已发生的成本和已花费的时间等，占履行履约义务预计总投入的比值计量履约进度的方法，但需要将废料、返工、预计外的人工等对履约义务没有帮助的成本扣除。也就是说，投入法是一种调整的成本百分比法。

（4）产出法则是企业已经向客户转移的商品或服务的价值与企业承诺的剩余商品或服务的比值计量履约进度的方法。当企业的产出值能够真实反映履约义务的完成情况时，企业就需要选择产出法。

按照履约进度，合同收入、成本和毛利的计算公式为

本期累计应确认的合同收入=合同总收入×履约进度

本期应确认的合同收入=本期累计应确认的合同收入-以前会计期间累计已确认的收入

本期累计应确认的合同成本=合同预计总成本×履约进度

本期应确认的合同成本=本期累计应确认的合同成本-以前会计期间累计已确认的成本

本期应确认的合同毛利=本期应确认的合同收入-本期应确认的合同成本

举例　建造合同的收入确认方法比较。甲建筑公司与乙房地产公司于 2017 年 1 月签订了一份价值 1 500 万元的建造合同并开工建设。截至 2017 年 12 月共发生成本 300 万元，预计会继续发生 700 万元的成本。因施工队的更换，工期增加 3 个月，人工成本增加 10 万元，所报废的材料增加 1 万元；2017 年 6 月，甲公司采购了一批水泥，成本为 20 万元，但截至 12 月，水泥只用了 40%。假如甲公司在 2017 年底只完成了工作量的 20%，但向乙公司移交的建筑物价值占合同规定的所有建筑物价值的 35%。要求：分别按照已发生成本百分比法、已完成工作量百分比法、投入法和产出法计算确认的合同收入、成本和毛利。

分析：（1）按照已发生成本百分比法，完工进度=300/（300+700）×100%=30%。应确认的收入=1 500×30%=450（万元），应确认的合同成本为 300（万元）。

（2）按照已完成工作量百分比法，应确认的收入=1 500×20%=300（万元），应确认的合同成本=（300+700）×20%=200（万元）。

（3）按照投入法，投入成本要扣除对履约义务没有帮助的人工成本、废料成本及未使用的材料成本等。在这个例子中，扣除的成本包括延期人工成本 10 万元、报废的材料成本 1 万元，以及未使用的水泥成本 12 万元[20×（1−40%）]，总计为 23 万元。甲公司为履约义务所做出的投入成本为 277 万元（300−23），企业的预计总投入成本为 989 万元（300+700−10−1），合同履约进度=277/989×100%=28%。应确认的收入=1 500×28%=420（万元）。

（4）按照产出法，合同履约进度为 35%。应确认的收入=1 500×35%=525（万元），应确认的成本=（300+700）×35%=350（万元）。

计算的结果见表 6-7，从表中可以看出，不同的履约进度的确认方法会导致不同的收入、成本和毛利。

表 6-7　2017 年甲公司建造合同在不同方法下的收入确认

履约进度确认方法	成本百分比法	工作量百分比法	投入法	产出法
合同金额（万元）	1 500	1 500	1 500	1 500
预计建造成本（万元）	1 000	1 000	1 000	1 000
合同履约进度（%）	30	20	28	35
2017 年确认合同收入（万元）	450	300	420	525
2017 年确认合同成本（万元）	300	200	277	350
2017 年确认合同毛利（万元）	150	100	143	175

（五）合同变更与收入确认

合同变更在 2006 年的《企业会计准则第 15 号——建造合同》和 2017 年的《企业会计准则第 14 号——收入》中对收入确认的影响方式不同。在 2006 年的《企业会计准则第 15 号——建造合同》中，谈判接近尾声，合同变更很有可能获得批准时，可将增加款项计入后续的合同收入。在 2017 年的《企业会计准则第 14 号——收入》中，合同变更则必须是经合同各方批准对原合同范围或价格做出的变更。当合同变更包含可明确区分的商品或服务和合同价款的增加，而且新增加合同价款反映了新增商品或服务的单独售价时，变更部分作为单独合同处理。如果变更合同能够明确区分尚未转让的商品或服务和已转让的商品或服务，那么，原合同终止，剩余部分和变更部分订立新合同。当变更合同不能明确区分尚未转让的商品或服务和已转让的商品或服务时，变更部分并入原合同处理，应在合同变更日调整当期收入，并采取追溯调整法将先前确认的收入进行调整。

举例　合同变更。甲建筑公司与乙房地产公司签订一份建造办公楼的合同，合同价款为 1 000 万元，施工期间为 2015 年 1 月 1 日到 2017 年 12 月 31 日。2015 年 12 月 31 日计算的履约进度为 40%，预计总成本为 900 万元。因市场行情变化，材料价格上涨，至 2016 年 9 月 30 日，成本已发生 700 万元，预计总成本为 1 000 万元。甲公司与乙公司谈判，希望增加合同款 300 万元，截至 2016 年 12 月 31 日，合同履约进度为 75%，预计总成本依然为 1 000 万元。2017 年 3 月 1 日，乙公司批准了增加合同款 300 万元，甲公司在 2017 年 12 月 31 日之前完工并移交了办公楼。企业采取投入法估计履约进度，已发生的成本都是与履约合同相关的成本。要求：分析合同变更对收入确认的影响。

分析：（1）按照 2006 年的《企业会计准则第 15 号——建造合同》和乙公司批准了增加合同款，甲公司在 2015 年应确认的合同收入为 400 万元（1 000 × 40%），2016 年应确认的收入为 575 万元（1 300 × 75%-400），2017 年应确认的收入为 325 万元（1 300-400-575）。

（2）按照 2006 年的《企业会计准则第 15 号——建筑合同》，假如乙公司在 2017 年 3 月 1 日没有批准增加合同款 300 万元，甲公司在 2015 年应确认的合同收入为 400 万元（1 000 × 40%），2016 年应确认的收入为 575 万元（1 300 × 75%-400），2017 年应确认的收入为 25 万元（1 000-400-575）。

（3）按照 2017 年的收入准则，假如乙公司在 2017 年 3 月 1 日没有批准增加合同款 300 万元，甲公司在 2015 年应确认的合同收入为 400 万元（1 000 × 40%），2016 年应确认的收入为 350 万元（1 000 × 75%-400），2017 年应确认的收入为 250 万元（1 000-400-350）。

（4）按照 2017 年的《企业会计准则第 14 号——收入》和乙公司在 2017 年 3 月 1 日批准增加合同款 300 万元，甲公司在 2015 年最初确认的合同收入为 400 万元（1 000 × 40%），2016 年最初确认的收入为 350 万元（1 000 × 75%-400）。2017 年，乙公司批准合同增加款之后，甲公司要重新计算履约进度及调整 2015 年和 2016 年的收入。2015 年的履约进度为 36%（900 × 40%/1 000），应确认收入为 468 万元（1 300 × 36%），2015 年调增收入为 68 万元。2016 年应确认的收入为 507 万元（1 300 × 75%-468），2016 年调增收入为 157 万元。2017 年应确认的收入为 325 万元（1 300-468-507）。

（5）表 6-8 是新旧建造合同准则在合同变更条件下对收入确认的计算结果汇总。按照

2006年的建造合同准则，在可能变更的条件下就需要调整当年的合同金额及确认的收入。如果可能变更的合同没有得到批准，那么，当年的收入按照原合同计算。这等于事实上提前确认收入，违背了稳健性的原则。按照2017年的《企业会计准则第14号——收入》，只有当变更合同得到批准时才调整当年的合同金额，以及追溯调整先前确认的收入，符合稳健性的原则。

表6-8 甲公司在合同变更条件下2015～2017年确认的收入（单位：万元）

合同变更		2015年	2016年	2017年
2006年《企业会计准则第15号——建造合同》	可能变更	400	575	25
	批准变更	400	575	325
2017年《企业会计准则第14号——收入》	可能变更	400	350	250
	批准变更	468	507	325

三、营业收入分析

营业收入是指企业从事销售商品、提供劳务或者让渡资产使用权等日常经营业务过程中所形成的经济利益的总流入，分为主营业务收入和其他业务收入。主营业务收入是指企业从事本行业生产经营活动所取得的营业收入，如工商企业的商品销售收入、建筑企业的工程结算收入、房地产企业的房地产经营收入。其他业务收入就是在主营业务收入之外的材料销售、外购商品销售、废旧物资销售、下脚料销售、提供劳务性作业收入、房地产开发收入、咨询收入、担保收入等其他业务收入。营业收入分析涉及以下内容。

（一）营业收入的会计分析

营业收入的会计分析主要分析营业收入的真实可靠性。提前确认收入、延迟确认收入、虚构收入来源或者将非经常性损益与营业收入相混淆，都会损害营业收入的真实可靠性。

1. 提前确认收入

为了在年末粉饰业绩，企业往往采取优惠的付款条件、折扣、加成保证等营销手段来提前实现收入的确认。年末虚假销售收入的判断方法有以下几种。

（1）年初销售退回的大幅度上升。这可以用年初销售退回与销售收入（应收账款）的比例来衡量。年初销售退回的比例急剧上升，表明企业提前确认了收入。

（2）关联交易。这可用年末销售的现金流入流量与应收账款的比例测量。如果年末经营现金流入量与应收账款的比例明显小于其他月份的比例，则表明企业存在显著的关联交易。

（3）营业税的变动。当营业税及其附加或者增值税的增长率明显低于营业收入的增长率，或者应交税金与应收账款的比例在年底下降时，企业就会存在提前确认收入的情形。

举例 提前确认收入。1991年11月，原野公司与海南公司和深圳公司签署建造两座大厦的工程及承包利润的合同。1991年12月31日，在两座大厦没有动工的情况下，原野公司将所有承包利润8 500万元作为本年度的利润入账，并倒算出销售收入、销售成本和销售税金的数字。

2. 延迟确认收入

为了保证收入的稳定增长，企业还借助应计、递延、摊销等“以丰补歉”的做法平滑收入和进行盈余管理。这可以通过利润与经营活动现金净流量是否同比例变化，或者营业收入和应收账款是否同比例变化来判断利润平滑的行为。

举例　延迟确认收入。东方锅炉于 1992 ~ 1994 年编造虚假财务报表，虚增利润 1500 万元。在 1996 年上市后，东方锅炉将 1996 年度的销售收入 1.76 亿元和销售利润 3800 万元调整至 1997 年度；1997 年将该年度的销售收入 2.26 亿元和销售利润 4 700 万元调整至 1998 年度，从而创造出连续 3 年稳定盈利的假象。

3. 虚构收入来源

由于发票管理制度的特殊性，许多企业以开具销售发票和计税为理由确认营业收入，而不管实际销售过程是否完成。虚增收入的方式有以下几种。

（1）虚开发票和增值税发票确认收入，如捏造材料的购进、领用、生产、销售（出库）等一条龙造假的虚构收入和虚构成本。这可以通过经营现金流入量与销售收入的比率、经营现金流出量与销售成本的比率的波动性来判断。

（2）利用阴阳合同虚构收入。例如，公开合同的货款是 1 亿元，但秘密合同上的约定货款为 5 000 万元，另外 5 000 万元作为虚构收入。

（3）对客户的记录销售额超过实际销售额，虚构销售收入。

（4）利用背靠背交易或者销售回购行为，将出售的商品或劳务立即确认为收入，而将回购的资产作为资本性支出列入固定资产或者无形资产。

4. 将非经常性损益与营业收入相混淆

将一些本质上不属于营业活动的收入粉饰为营业收入。当营业利润出现持续萎缩时，有些公司通过非经常性损益项目和补贴收入计入营业收入来操纵营业利润。这可以通过扣除非经常性损益后每股收益与每股收益的比率、补贴收入占利润的比例等指标来判断。这些指标的比值越大，将非经常性损益与营业收入混淆的可能性越大。

（二）营业收入增长的分析

企业的收入增长一般分解为经营结构的变化、价格的变化、销售量的变化，以及产品结构的变化收购带来的收入增长。如果公司进行大规模的扩张，收入增长主要来源于产品数量的增长；如果在生产规模不变的情况下，收入增长更多来源于经营结构的变化和价格的变化。

1. 经营结构的变化

随着市场和收入来源的多样化，企业的经营结构也会变化。产品数量多，或者经营多元化，有助于企业利用不同的产品实现盈亏互补、平滑收益和降低单一产品的市场风险优势，但也会面临更多行业的进入壁垒、初始投资成本过高、无法形成规模经济的风险。经营产品的数量过多，说明企业缺乏核心的竞争力，依靠产品多元化来弥补竞争力的不足。从企业的经营结构变化中可以判断企业的经营策略和产品构成的变化。

举例　收入构成的变化。表 6-9 是万科集团 1993 ~ 2002 年的利润构成的变化。

表 6-9　万科集团 1993～2002 年各业务收入所创造的利润占总利润的比例（单位：%）

业务	1993 年	1994 年	1995 年	1996 年	1997 年	1998 年	1999 年	2000 年	2001 年	2002 年
房地产	44.8	68.6	75.9	52.4	67.5	89.8	82	79.4	57.3	99.9
证券投资	36.5	15.5	2.92	22.8	17.7	—	—	—	—	—
零售业务	—	7.47	2.06	8.30	10.3	11.0	9.2	8.5	5.66	—
进出口贸易	10.1	7.47	5.33	6.59	2.25	—	—	—	—	—
工业制品	5.3	5.71	5.56	0.85	—	—	—	—	—	—
文化娱乐	3.2	2.73	2.82	9.12	2.35	—	—	—	—	—
其他	—	—	2.41	9.12	—	8.8	12.1	12.8	0.02	—

分析：万科集团在 1997 年之前在经营房地产业之外，还经营证券投资、零售、进出口贸易、工业制品和文化娱乐等行业。但在 2002 年之后，万科集团将主业完全集中在房地产行业，完成战略的转变，从而为自身崛起奠定了基础。

2. 价格的变化

产品的价格稳定性是企业竞争力的表现。产品和服务的价格受多种因素的影响，如产品的质量和服务的变化、市场垄断力或者竞争优势、所处的市场结构、企业的性质、以该产品和服务为核心的互补性产品的数量多寡、技术革新的程度、产品成本，以及产品的销售范围；政府的干预，如利率管制、汇率管制、公用产品的价格管制，既影响产品的价格，也影响销售量。

一般而言，产品的销售范围越广，价格越稳定。因此，仅限于特定地区的产品和服务，其价格的变化就会非常大，因为少数消费大户偏好的改变可能会导致价格的急剧下降。相比之下，在世界市场上销售的产品和服务，就可以借助市场的多样性，缓解价格变化的幅度。因此，我们要分析企业的产品和服务在各个市场上的销售规模和份额，以确定其价格的稳定性。

产品销售地区的市场化程度也与价格的变化密切相关。一般而言，市场化程度越深入的地区，产品价格的变动幅度越小。相反，市场化程度越浅的地区，其产品价格受到政府干预的力度就会越大，其价格的波动幅度也会越大。

3. 销售量的变化

企业产品销售量的变化，除了受到产品竞争的影响之外，还受到各种市场和非市场风险的影响，包括：政治风险，如政府政策的转向、革命行动、战争、恐怖主义；自然灾害风险，如意外爆炸事故、旱灾、水灾、地震；市场风险，如产品质量的根本变化、技术革新、生产要素价格的急剧上涨，以及经济危机或金融危机，都可能使企业的生产和销售急剧下降。为此，我们需要计算销售量的增长率、产量的增长率及产量与销售比率，并与以前年度的这些指标进行比较。产量与销售比率就是企业的年生产量与销售量的比率。对于财务报表的外部使用者而言，产量可由期末存货+销售量-期初存货来代替。产量与销售的比率越高，表明企业的库存占用的现金越多，企业的流动性就会越低。

4. 产品结构的变化

在企业的主营业务收入中，要分析各种产品的销售收入占企业的主营业务收入的比例，了解企业是否有居于主导地位和具有高度竞争力的产品，以及具有竞争力的产品的销售收入占市场的份额有多大。产品的竞争力由市场地位、生产能力、研究和开发等因素决定。按照竞争力的不同，产品可以分为具有高度竞争力的产品、一般性竞争优势的产品、处于竞争劣势和淘汰的产品。确定产品竞争力的方法需要首先分析行业的吸引力，如某种产品的总体市场规模、年市场增长率、历史行业毛利率、兼并机会与威胁、进入与退出的障碍、技术和资本需求、竞争激烈程度；其次，分析企业在市场中的竞争地位。分析指标包括相对市场份额、相对于竞争者的毛利率、在价格和质量上的竞争力、对客户和市场的知识。通过对行业吸引力和企业产品的市场竞争力的分析，可以判断某种产品的行业发展前景，以及企业可能在该产品市场中所处的市场地位。

（三）营业收入的结构分析

营业收入是指企业在日常经营活动中对外销售商品、提供劳务及其他单位使用本企业的资产所形成的经济利益的总流入。营业收入的结构分析包括以下 4 个方面。

1. 营业收入的品种构成和地区构成

在企业营业收入的各种品种或者来源中，如销售收入、利息收入、租金收入、工程承包收入等，要分析各种收入来源在总收入中所占的比例及其长期趋势。对于销售收入，还要关注各种产品的收入在销售收入中所占的比例。

除了考虑收入的产品来源外，营业收入还需要考虑地区构成，了解企业收入的地区来源的多样性或者单一性。由于各地区的经济发展速度和市场化各不相同，如果企业的营业收入主要来源于经济发展速度较慢地区的产品销售，那么，企业的未来收入增长和应收账款回收将面临很大的困难。

举例　营业收入的构成。2016 年，万达的营业收入为 2 549.8 亿元，其中，地产收入 1 122.7 亿元，商业收入 1 430.2 亿元，分别占营业收入的 44%和 56%。在 1 430.2 亿元的商业收入中，租金收入占 13.7%，文化集团收入占 44.8%，网络集团收入占 2.93%，金融集团收入占 14.93%，万达百货收入占 12.46%，集团其他收入占 3.14%。在 640.7 亿元的文化集团收入中，电影产业收入占 61.13%，旅游产业收入占 27.18%，体育产业收入占 9.98%，儿童娱乐收入占 0.81%和其他收入占 0.89%。

2. 银行的收入构成

银行的收入来源主要分为 4 类：一是银行主要业务，包括来自商业贷款、票据贴现、吸收存款和相关手续费用；二是银行零售业务，包括个人存贷款、银行卡及相关的收费服务；三是资金交易业务，如同业资金的拆借；四是中间业务，如提供资产管理、代理、咨询、担保、租赁及各种金融服务。

举例　银行的收入构成。北京银行于 1996 年 1 月 29 日经过中国人民银行和北京市政府批准，在原有 90 家北京市城市信用合作社基础上形成的商业银行，注册资本为 10 亿元，2007 年在上海证券交易所上市。到 2014 年底，北京银行有 325 家分支机构，员工达 10 401 人，资产接近 1.12 万亿元。其中，手续费服务收入主要来自投资银行业务、同业往来业务、融资顾问业务、结算和清算业务、银行卡业务、代理业务、理财业务、保函及承诺业务等方面的收入。表 6-10 是北京银行 2010～2014 年度的收入结构分析。从表中可以看出，北京银行的主要收入来源是贷款利息收入和债券投资利息收入。

表 6-10　北京银行 2010～2014 年度的收入结构分析（单位：%）

科目	2010 年	2011 年	2012 年	2013 年	2014 年
发放贷款及垫款利息收入	63.14	66.56	63.46	58.56	52.15
拆出资金利息收入	1.82	1.01	2.21	4.75	11.11
买入返售金融资产利息收入	3.86	1.65	2.55	6.35	5.33
存放中央银行利息收入	4.18	4.28	4.81	4.33	3.57
存放同业利息收入	1.28	0.73	2.03	5.64	6.93
投资债券利息收入	19.51	19.2	19.23	15.06	14.86
手续费收入	2.87	4.21	5.44	4.46	5.13
其他收入	3.34	2.36	0.27	0.85	0.92
合计	100	100	100	100	100

3. 与关联方交易的收入占总收入的比例

集团公司和跨国公司通常存在大量的关联方交易，其交易价格、交易的实现时间都受到集团或者跨国公司的内部控制。这容易造成集团的内部交易和跨国公司内部交易具有很多人为操纵或者粉饰业绩的性质。

4. 部门或地区行政手段对企业收入的影响

基础性行业和受到价格管制的电信、电力、邮政、自来水、燃气、汽油、旅游景区、教育、高速公路、基础设施建设等企业，容易受到行政干预或政策的影响。当政府的干预造成价格上涨或者业务量增加时，出售该种产品或者提供劳务的企业就会出现营业收入的快速增长。但是，政府的干预具有很强的政策周期和行业转移的特点，容易造成受到政府强力干预的行业呈现周期性的和交替性的繁荣与衰落。即使是民营企业，面临大规模的国内行政干预、外国的反倾销和出口管制，其所处的行业也会面临收缩的危险。

（四）营业收入的质量分析

一般而言，高质量的营业收入具有以下 3 个特征。

1. 收入的真实性

收益的确认必须以实际发生的经济业务为基础，并遵循会计准则和会计制度，会计收益与经济收益要尽量接近。除了对每个收入科目，以及收入来源的多样性变化、关联交易收入占收入的比例进行会计分析外，还需要根据多年来的营业收入与企业的规模来判断当期收入的真实性。

由于营业收入的增加要么来自各种资产的增加，要么来自职工人数的增加，因此，资产增长或者人工增长的幅度要与营业收入增长的幅度大体保持一致，至少要方向相同。工资的收入弹性、资产的收入弹性、固定资产的收入弹性、流动资产的收入弹性、应收账款的收入弹性只有按照同一方向运动，企业的收入真实性才会有保证。电费和水费的收入弹性及营业税的收入弹性应大致为 1。如果完全不同，则有收入造假的可能性。

举例　收入的真实性。1989～1991 年，原野公司通过虚增销售收入、隐匿管理费用、炒卖本公司股票等手段虚增利润 2.22 亿元，致使 3 年的报表累计盈利 7 742.5 万元，尽管实际亏损 14 457.5 万元。

2. 收入的含金量

收入的含金量就是营业收入接近现金流量的程度，用以反映企业现金回收的质量。收入含金量的指标包括销售收现比率、应收账款周转率等。销售收现比率是指销售商品或提供劳务的现金与营业收入的比率。其计算公式为

销售收现比率=销售商品或提供劳务的现金流入量/营业收入净额

如果缺乏销售商品或提供劳务的现金流入量指标，可以用经营现金流入量指标替代。销售商品或提供劳务的现金流入量等于当期的现金销售额、应收账款的回收额及预收账款之和，营业收入净额等于当期的现金销售额、赊销金额，以及以前年度预收账款的收入实现部分之和。因此，当应收账款的回收额大于赊销金额，以及预收账款大于以前年度的预收账款的实现部分时，企业的销售收现比率就会大于 1。该指标越大，收入的含金量越好。一般而言，该指标会小于 1。当销售收现比率低于 0.8 时，企业收入的含金量较差，会出现流动性困难。

举例　收入的含金量。根据表 6-11，计算收益现金比率和销售收现比率。

表 6-11　蓝田股份 1998～2000 年的收益现金率计算（单位：亿元）

科目	1998 年	1999 年	2000 年
经营活动现金净流量	3.002	6.912	7.858
净利润	3.652	5.130	4.316
销售商品、提供劳务收到的现金	18.904	20.714	20.446
营业收入净额	16.403	18.751	18.409
收益现金比率=经营活动现金净流量/净利润	0.828	1.348	1.821
销售收现比率	1.152	1.119	1.111

分析：从表面上看，蓝田股份的收益现金比率和销售收现比率都很好。但是，这是蓝田股份采取虚假销售的手段，同时增加现金收入和现金成本，通过虚假的鱼塘改造工程的投资让现金消失的结果。

3. 收入的稳定性

高质量的收入需要收入的稳定增长和保持结构的稳定性。分析的指标包括主营业务收入与其他业务收入的比例、主营业务收入中主营产品的比例、收入增长比率、收入的客户集中度和地区集中度。收入越是来自高度集中的客户群体和地区，企业的收入质量越差。因此，需要计算 5 个或 10 个客户的销售收入占企业收入的比例。

第三节　经营成本分析

经营成本就是与营业收入密切相关的、已经确定了归属期和归属对象的成本。经营成本包括营业成本、（营业）税金及附加、管理费用、销售费用和财务费用。本节对营业成本的费用化与资本化，以及经营成本的各个组成部分进行分析。

一、营业成本的费用化与资本化

为了准确地估算企业的利润及其构成，以下对营业成本的费用化与资本化进行区分。

（一）资本性支出和费用化支出

资本性支出就是企业经营活动中所发生的、受益期为多个年度或经营周期的支出，如购买固定资产和无形资产的直接支出。费用化支出就是企业经营活动中所发生的、受益期为一个年度或经营周期内的支出。只有与当期收入密切相关的成本才需要费用化，凡是与多个时期的收入密切相关的成本就需要资本化。一般而言，所有的支出在没有特殊规定的条件下都需要费用化。借款费用、研究开发支出、合同成本在符合资本化的条件下需要资本化。尽管广告费用与企业的声誉积累密切相关，但目前广告费用在会计上依然要求费用化。

（二）研究开发支出

研究开发支出的费用化和资本化对企业特别是高新技术企业的资产价值、损益计算、现金流量和经营业绩都有不同的影响。研究开发支出主要包括研究活动中直接消耗的材料、燃料和动力费用，研究人员的人工费用，用于研究活动的固定资产折旧费用或租赁费、无形资产的摊销费等。研究活动具有探索性和不确定性的特点，其费用支出与未来的收益之间缺乏直接的联系，而开发阶段的支出往往具有直接的受益对象。

1. 研发支出的处理方式

对研发支出可以采取以下 3 种处理方式。

（1）全部费用化，企业将研究和开发阶段的支出全部记为期间费用，直接从当期的利润中扣除，不形成无形资产。美国、德国和 2001 年之前的中国等采用全部费用化方法。

（2）全部资本化。企业将研究和开发阶段的支出在发生期内先汇集起来，待无形资产开发成功和取得收益时再予以资本化，形成无形资产。巴西、瑞士、荷兰等国采用全部资本化方法。

（3）部分资本化。企业将符合条件的研究开发支出予以资本化，其余的研究开发支出则在发生时计入当期损益，扣减当期利润。日本、澳大利亚、瑞典、法国和英国等国采用这种有条件的资本化方法。

2. 中国的处理方式

2001 年以后的中国，研究阶段的支出全部予以费用化，而开发阶段的支出在满足资本化条件时确认为无形资产。

（1）资本化确认的条件：①该项无形资产的研究开发的技术具有出售或使用的可能性；②企业具有使用或出售该项无形资产的意图；③无形资产能够给企业产生未来的经济利

益；④企业具有足够的技术、财力和其他资源支持开发；⑤开发阶段的支出能够可靠地计量。不满足资本化条件的开发支出当作当期费用。

（2）会计处理。在会计上，“研究支出”项目下设置“费用化支出”“资本化支出”，用以反映费用化和资本化的研发支出，然后分别转入“管理费用”“无形资产”。当以前年度确认的开发支出不再满足资本化条件时，企业需要计提开发支出减值准备。

（3）税收处理。中国所得税法允许企业研发费用在所得税前按150%扣减，开发支出形成无形资产的则按无形资产成本的150%摊销。许多企业出于税收节约的考虑而减少无形资产的确认，增大研究开发费用。

3. 研究开发支出的财务影响

研究开发支出资本化能够增加企业的当期利润，但税收优惠所带来的现金流出节约在无形资产的摊销期内才能实现。研究开发支出费用化则会减少当期利润，但税收节约会增加当期的现金流量。研究表明，研究开发支出的资本化比率越高，商业信用的需求越强烈。

举例 研究开发支出的处理。假如企业在2017年的研究开发支出为100万元，所得税税率为30%。如果企业将所有的研究开发支出费用化，则当期利润会减少70万元，现金流出减少30万元。如果企业将所有的研究开发支出资本化，则当期利润会增加70万元，现金流出增加30万元。

4. 研究开发支出的扣除

研究开发支出要扣除研发过程中形成的下脚料、残次品、中间试制品等特殊收入和直接形成的产品价值。研究开发中形成的下脚料、残次品和中间试制品在验收入库时，要按照可变现净值确认存货，借记“原材料/库存商品”等科目，贷记“研发支出”科目；出售时按照商品销售处理。研究开发活动直接形成产品时，入库时按照耗费的材料成本确认存货，借记“库存商品”科目，贷记“研发支出”科目；出售时按照商品销售处理。

（三）借款费用

借款费用，是指每一会计期间企业因借款而发生的利息及其他相关成本，包括借款利息、折价或者溢价的摊销、辅助费用，以及因外币借款而发生的汇兑差额等。作为一般原则，借款费用应在发生的当期确认为财务费用，计入当期损益。但是，在某些条件下，借款费用需要计入固定资产、投资性房地产、存货（船舶、航空器、大型设备）等相关资产的成本，纳入当年的资产负债表，并随资产的价值流转而摊销。购建或者生产的符合资本化条件的资产达到预定可使用或者可销售状态之时，借款费用应当停止资本化。

1. 借款费用的资本化成本

借款费用的资本化成本主要包括以下5个。

（1）为购建或者生产符合资本化条件的资产而借入的专门借款利息，以专门借款当期实际发生的利息费用（包括折价或者溢价的摊销），减去将尚未动用的借款资金存入银行取得的利息收入或进行暂时性投资取得的投资收益后的金额确定。

（2）为购建或者生产符合资本化条件的资产而占用的一般借款的利息，根据累计资产支出超过专门借款部分的资产支出加权平均数乘以所占用一般借款的资本化率。加权平均数是指资产累计支出超出专门借款部分实际占用的天数与会计期间涵盖的天数的比值。资本化率是指单一借款的利率或者多笔借款的加权平均利率。加权平均利率等于一般借款当期实际发生的利息之和与所占用的一般借款本金的加权平均数，后者等于所占用的每笔一般借款本金与每笔一般借款在会计期间所占用的天数比率的乘积。

（3）折价和溢价的摊销方法。借款存在折价或者溢价的，按照实际利率法确定每一会计期间应摊销的折价或者溢价金额，调整每期利息金额。

（4）外币借款本金及利息的汇兑差额资本化的确定。在每个应予资本化的会计期间，汇兑差额的资本化金额为当期外币专门借款本金及利息所发生的汇兑差额。在所购建的固定资产或者需要长时间生产的存货等达到预定可使用或者可销售状态之后，所发生的外币专门借款本金及利息的汇兑差额应当计入当期损益。

（5）借款发生的辅助费用，包括手续费、佣金、印刷费、承诺费等。专门借款发生的辅助费用，在所购建或者生产的符合资本化条件的资产达到预定可使用或者可销售状态之前发生的，在发生时根据其发生额予以资本化，计入符合资本化条件资产的成本；在所购建或者生产的符合资本化条件的资产达到预定可使用或者可销售状态之后发生的，在发生时根据其发生额确认为费用，计入当期损益。一般借款发生的辅助费用，在发生时根据其发生额确认为费用，计入当期损益。

举例 借款费用的资本化。华生公司于 2017 年 1 月 1 日动工兴建一栋办公楼，工程采用出包方式，每半年支付一次工程进度款。2017 年 1 月 1 日支付 1 500 万元，2017 年 7 月 1 日支付 2 500 万元，2018 年 1 月 1 日支付 1 500 万元，总计支付 5 500 万元工程款。工程于 2018 年 6 月 30 日完工，达到预定可使用状态。

华生公司为建造办公楼于 2017 年 1 月 1 日专门借款 2 000 万元，借款期限为 3 年，年利率为 8%。办公楼的建造还占用两笔一般借款：①银行长期贷款 2000 万元，期限为 2016 年 12 月 1 日至 2019 年 12 月 1 日，年利率为 6%，按年支付利息；②发行公司债券 1 亿元，发行日为 2016 年 1 月 1 日，期限为 5 年，年利率为 8%，按年支付利息。闲置专门借款资金用于固定收益债券短期投资，假定短期投资月收益率为 0.5%，全年按 360 天计算。要求：计算 2017 年和 2018 年计入在建工程的资本化利息。

分析：（1）专门借款 2 000 万元的资本化利息。2017 年的资本化利息=2 000 × 8%−500 × 0.5% × 6=145（万元），2018 年的资本化利息=2 000 × 8% × 180/360=80（万元）。

（2）一般借款的资本化利息。一般借款资本化率=所占用一般借款当期实际发生的利息之和/所占用的一般借款本金的加权平均数=（2 000 × 6%+10 000 × 8%）/（2 000+10 000）= 7.67%。2017 年一般借款利息费用资本化金额=累计资产支出超过专门借款部分的资产支出加权平均数 × 所占用的一般借款的资本化率=2 000 × 180/360 × 7.67%=76.7（万元）。2018 年一般借款利息费用资本化金额=3 500 × 180/360 × 7.67%=134.23（万元）。表 6-12 是该公司 2017 年和 2018 年借款利息资本化的汇总。

表 6-12 借款的资本化利息计算（单位：万元）

借款	2017 年资本化利息	2018 年资本化利息
专门借款	145	80
一般借款	76.7	134.23
总计	221.7	214.23

2. 借款费用资本化的会计分析

在对借款费用的资本化进行会计分析时，需要注意以下 3 点。

（1）分析一般借款资金与资本支出之间是否存在直接的、明确的和可跟踪的对应关系。如果存在明确的对应关系，则应资本化，否则需要费用化处理。

（2）一般借款费用的资本化是否存在公司董事会的审查及相关的决议。只有公司的董事会做出决议的一般借款，并与资本支出项目存在直接的对应关系时，其借款费用才能资本化。

（3）企业的固定资产投资的借款费用资本化是否满足国家规定的资本金要求。按照 2015 年的《国务院关于调整固定资产投资项目资本金比例》的规定，各行业的最低资本金比例一般为 20%～40%，只有在满足投资项目的最低资本金标准之外的借款才可以实行费用资本化。

举例 借款费用资本化的金额限制。一个化工项目的总投资为 10 亿元，按规定资本金为 2.5 亿元，但企业实际到位的资本金为 1.5 亿元。根据会计准则规定，企业最大借款费用资本化的金额为 7.5 亿元，而不是 8.5 亿元。因此，企业只能取得 7.5 亿元以内的固定资产贷款，其利息费用才能资本化，超过 7.5 亿元部分的借款利息不能资本化。

（4）专门借款进行借款费用资本化的金额不能超过项目的总投资额，并扣除国家规定的最低资本金部分。

举例 借款费用资本化的金额限制。一个煤炭项目的总投资为 10 亿元，企业从银行获得的专门借款为 15 亿元，国家规定的资本金为总投资的 25%。因此，企业在进行借款费用资本化时，按照谨慎性原则和实质重于形式的原则，应以 10 亿元而非 15 亿元作为基数，并扣除 2.5 亿元的资本金。这样，借款费用资本化应以 7.5 亿元为计算基数，超过部分的借款费用只能做费用化处理，否则就会虚增固定资产的价值。如果该项目的总投资为 12 亿元，则借款费用资本化的基数应为 9 亿元。

（5）借款费用的资本化不包括与融资租赁有关的融资费用，以及分期付款采购等融资交易产生的融资费用。

（四）合同成本的资本化

合同成本分为合同投标成本和合同履约成本。合同投标成本包括调查评估费、标书制作成本及竞标人的奖酬金，合同履约成本包括设计成本等。2006 年的建造合同会计准则允许成为优先竞标方后与合同相关的成本皆可资本化。2017 年的收入准则只允许对预期可被收回的为取得合同发生的增量成本资本化。

举例 合同成本的资本化。2015 年 1 月，乙房地产公司对一项住宅工程招标。甲建筑公司花费了 1 万元的调查评估费用。成为优先竞标方之后，甲公司对乙公司花费调查成本和标书制作成本 3 万元，设计成本 4 万元。最后甲公司竞标成功，对竞标负责人奖励 5 万元。甲公司与乙公司签订的建造合同金额包含之前发生的所有成本，工程于 2016 年 1 月开工。要求：按照 2006 年的建造合同和 2017 年的收入准则分别计算费用化成本和资本化成本。

分析：计算结果见表 6-13。按照 2006 年的建造合同准则，合同成本费用化为竞标前调查评估费用 1 万元，合同成本资本化为 12 万元。按照 2017 年的收入准则，合同成本费用化为竞标前调查评估费用和成为优先竞标方后的调查费用与标书制作成本4万元，合同成本资本化为9万元。

表 6-13　甲建筑公司的合同成本（单位：万元）

项目		金额	2006年建造合同准则	2017年收入准则
竞标前调查评估费用		1	费用化	费用化
成为优先竞标方后	标书制作成本	3	资本化	费用化
	设计成本	4	资本化	资本化
竞标成功后的奖励		5	资本化	资本化

二、营业成本分析

营业成本在制造业和零售批发业中被称为销售成本。销售成本就是主要产品销售时的产品成本。批发和零售企业的销售成本等于期初存货加上当期采购减去期末存货的余额，制造企业的销售成本等于期初存货加上生产成本减去期末存货的余额。在服务企业中，营业成本就是服务成本。由于制造业的生产成本涉及制造费用的分摊问题，下面以制造业为例来说明不同的制造费用分摊方法对生产成本和营业利润的影响。

（一）制造费用的分摊

企业的生产成本由直接材料费、直接人工费和制造费用构成。制造费用包括生产部门的管理费用、折旧费用等间接费用。直接材料费、直接人工费和变动性制造费用等直接生产成本属于变动成本，固定性制造费用属于固定成本。分摊间接费用的方法包括生产成本法和作业成本法。

1. 生产成本法

生产成本法是以工时、机器台时等总量为基础，对产品计算统一的间接费用分配率来分配间接费用的一种方法。在各种产品间分配制造费用的生产成本法有生产工人工时比例法、生产工人工资比例法、机器工时比例法、耗用原材料的数量或成本比例法、直接成本比例法、产成品产量比例法和年度计划分配法等。

2. 作业成本法

作业成本法是以各种活动的作业量为基础，对各种主要的间接费用采用不同的间接费用分配率来进行成本分摊的一种成本计算方法。也就是说，生产成本法按照某一固定的分配率来分配间接费用，而作业成本法则可以采取多种分配率来分配间接费用。

举例　制造费用在产品之间的分摊。某企业基本生产车间生产甲产品的机器工时为4万小时和生产工人工资为23万元，生产乙产品的机器工时为3万小时和生产工人工资为40万元，本月发生的制造费用为63万元。要求：按照机器工时和工人工时比例法分配制造费用。

分析：（1）按照机器工时比例法分配制造费用，制造费用分配率=63/（4+3）=9（元/小时），甲产品应承担的制造费用=4×9=36（万元），乙产品应承担的制造费用=3×9=27（万元）。

（2）按照生产工人工时比例法分配制造费用，制造费用分配率=63/（23+40）=1（元/小时），甲产品应承担的制造费用=23 × 1=23（万元），乙产品应承担的制造费用=1 × 40=40（万元）。

（3）从中可以看出，不同的成本分摊方法会造成间接成本分摊的巨大差异。如果制造费用等间接成本在企业生产成本所占的比例较小，这种差异影响不明显。如果制造费用占的比例较大，那么选择不同的成本分摊方法就会影响不同产品的单位生产成本和毛利率。

3. 分摊方法的财务影响

如果企业的固定成本总额和单位变动成本不变，企业生产量的增加就会导致单位产品分摊的固定成本及单位生产成本的降低，用生产成本法核算的单位销售成本也随之降低。在销售价格固定的前提下，生产量越多，销售毛利就越高。单位生产成本的计算公式为

单位生产成本=单位变动成本+固定成本/生产量

举例 单位成本与产量。某企业 2017 年第一季度的各月单位生产成本见表 6-14。

表 6-14 某企业 2017 年第一季度的各月单位生产成本计算

项目	1 月	2 月	3 月
月初在产品（台）	0	0	0
本月投产数（台）	1 000	1 500	500
变动成本（万元）	400	600	200
固定成本（万元）	450	450	450
投入成本合计（万元）	850	1 050	650
月末在产品（台）	0	0	0
本月完成成本（万元）	850	1 050	650
本月完工数量（台）	1 000	1 500	500
单位生产成本（元）	0.85	0.70	1.30
销售量（台）	1 000	800	1 200
月末结转库存（台）	0	700	0
销售成本（万元）	850	560	1 140

分析：从表 6-14 中可以看出，单位销售成本随着生产量的增加而下降。1 月的产量和销售量都为 1 000 台，单位生产成本和销售成本相等。2 月的产量为 1 500 台，销售量为 800 台，单位销售成本按照单位生产成本计算为 0.70 元。3 月的产量为 500 台，销售量为 1 200 台，单位销售成本是 2 月和 3 月单位生产成本的加权平均数，即（500×1.30+700×0.70）/1 200=0.95（元）。因此，在经济下行期间，企业的经营业绩会受到双重打击：价格下降的同时伴随着销售成本的上升，毛利率会加速下降。

（二）固定性制造费用的费用化与资本化

固定性制造费用归入当期生产成本还是当期期间费用，会对企业的营业利润和生产成本造成很大的影响。这涉及完全成本法和变动成本法的选择问题。

1. 完成成本法

完全成本法，又称全部成本法或制造成本法，是一种传统的财务会计成本核算方法。这种方法将成本按照经济用途分为生产成本和非生产成本，将一定期间的直接材料、直接

人工和制造费用计入产品的生产成本，而将销售费用和管理费用作为非生产成本的期间费用。在计算利润时，通过销售收入扣除销售部分的生产成本计算出销售毛利，再通过扣除销售费用、管理费用、财务费用等期间费用计算出息税前营业利润。

2. 变动成本法

变动成本法，又称直接成本法，将成本分为变动成本和固定成本。变动成本是成本总额随着业务量成正比例变动的成本，包括直接材料、直接人工、变动性制造费用、变动性财务费用、变动性销售及管理费用。固定成本是成本总额不随业务量变动而变动的成本，包括固定性制造费用、固定性财务费用、固定性销售及管理费用。单位变动成本不随业务量发生变动，而单位固定成本则随着业务量成反比例变动。利用该方法计算税前利润的程序是，先扣除随业务量变动的变动成本，计算出边际利润，再扣除不随业务量变动的固定成本计算出息税前的营业利润。表 6-15 是完全成本法和变动成本法的成本划分情况。

表 6-15　完全成本法和变动成本法下的产品成本项目比较

完全成本法下的成本项目		变动成本法下的成本项目		
生产成本	直接材料（变动）	变动成本	生产成本：业务量是生产量	直接材料
	直接人工（变动）			直接人工
	变动性制造费用			变动性制造费用
	固定性制造费用		非生产成本：业务量是销售量	变动性销售费用
期间费用	变动性销售费用			变动性管理费用
	固定性销售费用	固定成本	不随业务量变动而变动	固定性制造费用
	变动性管理费用			固定性销售费用
	固定性管理费用			固定性管理费用
销售毛利	销售收入-销售成本	边际利润贡献		销售收入-变动成本
营业利润	销售毛利-销售费用-管理费用	营业利润		边际贡献-固定成本

举例　固定成本与变动成本的划分。重庆市某蚕丝被企业将蚕丝被的生产成本分为固定成本、变动成本及混合成本。属于固定成本的主要有房屋设备折旧费、管理费用和财务费用，属于变动成本的有原材料蚕茧的采购费、燃料动力费及低值易耗品摊销等其他费用，属于混合成本的有房屋设备修理费、工资福利费和电费。表 6-16 是该企业 2013～2015 年实际发生的每斤（1 斤=0.5 千克）蚕丝被的生产成本。要求：计算各年份生产的单位变动成本和单位固定成本。

表 6-16　重庆市某蚕丝被企业 2013～2015 年实际发生的每斤蚕丝被的生产成本

项目	2013 年（元）	2014 年（元）	2015 年（元）	变动成本率（%）	固定成本率（%）
材料	21.81	23.35	26.42	100	0
工资	28.13	26.55	25.32	8	92
福利	3.12	3.27	4.04	8	92

续表

项目	2013 年（元）	2014 年（元）	2015 年（元）	变动成本率（%）	固定成本率（%）
电力	14.21	14.37	16.43	80	20
折旧	8.45	10.41	11.32	0	100
修理	2.22	2.15	2.03	60	40
维修	10.0	10.0	10.0	100	0
其他	6.85	7.77	6.21	100	0

分析：（1）2013 年的单位变动成本额=21.81×100%+28.13×8%+3.12×8%+14.21×80%+2.22×60%+10.0×100%+6.85×100%=53.86（元/斤），2013 年单位固定成本额=28.13×92%+3.12×92%+14.21×20%+8.45×100%+ 2.22×40%=40.93（元/斤）。

（2）2014 年的单位变动成本额=23.35×100%+26.55×8%+3.27×8%+14.37×80%+2.15×60%+10.0×100%+7.77×100%=56.29(元/斤)，2014 年的单位固定成本额=26.55 × 92%+3.27×92%+14.37×20%+10.41×100%+ 2.15 × 40%=41.58（元/斤）。

（3）2015 年的单位变动成本额=26.42×100%+25.32×8%+4.04×8%+16.43×80%+2.03×60%+10.0×100%+6.21×100%=59.34（元/斤），2015 年的单位固定成本额=25.32×92%+4.04×92%+16.43×20%+11.32×100%+2.03×40%=42.43（元/斤）。

3. 完全成本法与变动成本法的比较

完全成本法与变动成本法的根本差别是固定性制造费用是否直接计入生产成本进行资本化。

（1）完全成本法下的单位产品生产成本。相关计算公式为

单位产品生产成本=单位直接材料+单位直接人工+单位变动性制造费用
+单位固定性制造费用
=单位产品变动生产成本+单位产品固定性制造费用

单位产品固定性制造费用=固定性制造费用/生产量

销售成本=期初存货成本+本期生产成本–期末存货成本=销售产品单位生产成本×销售量

（2）完全成本法认为，固定性制造费用发生在生产领域，与直接人工、直接材料和变动性制造费用并无区别，因此需要作为产品生产成本的一部分从产品销售收入中得到补偿。

（3）变动成本法只将直接材料、直接人工和变动性制造费用作为产品成本的构成内容，而将固定性制造费用作为期间费用处理。

① 变动成本法认为，固定性制造费用与特定会计期间相联系，同企业生产经营活动持续经营周期的长短成比例。其效益不应递延到下一个会计期间，而应在其发生的当期，全额列入利润表，作为当期销售收入的一个扣减项目。

② 采用变动成本法，企业的在产品、库存产品或者已销售产品的成本都只包含变动生产成本，期末结余存货成本按照变动成本计价。

③ 在采用完全成本法时，固定性制造费用作为产品生产成本的一部分参与期末成本的分配，因此，已销售产品、库存产成品及在产品都包含一定份额的固定性制造费用。这就意味着，完全成本法下的存货计价必然高于变动成本法下的存货计价。

④ 当生产量等于销售量时，完全成本法下的营业利润等于变动成本法下的营业利润。当生产量大于销售量时，完全成本法下的营业利润大于变动成本法下的营业利润。当生产量小于销售量时，完全成本法下的营业利润小于变动成本法下的营业利润。表 6-17 是两种成本法的利润计算方式。

表 6-17　利润表的基本结构

完全成本法下的传统利润表	变动成本法下的贡献式利润表
销售收入	销售收入
减：销售成本	减：变动成本
其中：期初存货成本	其中：变动生产成本
加：本期生产成本	变动性销售和管理费用
减：期末存货成本	边际利润
销售毛利	减：固定成本
减：销售和管理费用	其中：固定性制造费用
其中：变动性销售和管理费用	固定性销售和管理费用
固定性销售和管理费用	
营业利润	营业利润

举例　营业利润。假设甲企业 2018 年 1～3 月的收入、成本及生产数据见表 6-18。假定 3 个月中产品的价格和成本不变。要求：计算完全成本法和变动成本法下的营业利润。

表 6-18　2018 年甲企业成本及生产数据资料

项目	1 月	2 月	3 月
期初存货（件）	0	0	3 000
本期生产（件）	12 000	12 000	12 000
本期销售（件）	12 000	9 000	15 000
期末存货（件）	0	3 000	0
销售单价（元）	15	15	15
单位变动生产成本（元）	10	10	10
变动性销售和管理费用（元）	1	1	1
固定性制造费用（元）	12 000	12 000	12 000
固定销售和管理费用（元）	16 000	16 000	16 000

分析：（1）按照变动成本法，相关计算如下。

1 月的销售收入=12 000×15=180 000（元）

变动成本=变动生产成本+变动性销售和管理费用=12 000×（10+1）=132 000（元）

固定成本=12 000+16 000=28 000（元）

营业利润=180 000−132 000−28 000=20 000（元）

（2）按照完全成本法，

1 月的销售收入=12 000×15=180 000（元）

销售成本=期初存货成本+本期生产成本−期末存货成本

=0+12 000×（10+12 000/12 000）−0=132 000（元）

期间费用=变动性销售和管理费用+固定性销售和管理费用=12 000×1+16 000=28 000（元）

营业利润=180 000−132 000−28 000=20 000（元）

（3）2 月和 3 月的计算过程同上。编制两种成本法下的利润表分别见表 6-19 和表 6-20。

表 6-19　变动成本法下的利润表（单位：千元）

项目	1 月	2 月	3 月
销售收入	180	135	225
减：变动成本	132	99	165
其中：变动生产成本	120	90	150
变动性销售和管理费用	12	9	15
边际利润	48	36	60
减：固定成本	28	28	28
其中：固定性制造费用	12	12	12
固定性销售和管理费用	16	16	16
营业利润	20	8	32

表 6-20　完全成本法下的利润表（单位：千元）

项目	1 月	2 月	3 月
销售收入	180	135	225
减：销售成本	132	99	165
其中：期初存货成本	0	0	33
加：本期生产成本	132	132	132
减：期末存货成本	0	33	0
销售毛利	48	36	60
减：销售和管理费用	28	25	31
其中：变动性销售和管理费用	12	9	15
固定性销售和管理费用	16	16	16
营业利润	20	11	29

（4）从表 6-19 和表 6-20 中可以看出，变动成本法下产品的变动生产成本只与当期销售量有关，而与期末存货无关。完全成本法下的本期产品生产成本取决于本期产量，固定性制造费用需要在已销产品和期末存货之间分配。1 月的销售量等于生产量，固定性制造费用都在当期扣除，故完全成本法和变动成本法计算的营业利润无差异。2 月的销售量小于生产量，即期末存货结余 3 000 件。在完全成本法下，要将固定性制造费用 12 000 元在

期末存货 3 000 件和销售量 9 000 件之间分配，故期末存货吸收了 3 000 元的固定性制造费用。在变动成本法下，所有的固定性制造费用作为当期费用全额扣除，从而造成变动成本法下的营业利润比完全成本法下的营业利润少 3 000 元。3 月的销售量大于生产量。在完全成本法下，本期销售收入需要承担期初的固定制造费用 3 000 元。因此，与变动成本法相比，完全成本法的营业利润要减少 3 000 元。

完全成本法与变动成本法之间的营业利润差额，主要与本期生产量和销售量有关。如果本期生产量等于销售量，两种方法计算的营业利润相同。如果本期生产量大于销售量，变动成本法下的营业利润要小于完全成本法下的营业利润。如果本期生产量小于销售量，变动成本法下的营业利润要大于完全成本法下的营业利润。由于生产量与销售量之差等于期末存货与期初存货之差，因此，当期初存货等于期末存货时，两种方法计算的营业利润相同。期末存货大于期初存货时，变动成本法下的营业利润小于完全成本法下的营业利润。期末存货小于期初存货时，变动成本法下的营业利润大于完全成本法下的营业利润。

（三）存货计价和固定资产折旧的影响

存货计价和固定资产折旧方法的选择会对不同会计期间的直接材料、固定性制造费用、生产成本和销售成本产生影响。

1. 存货计价方法的影响

（1）当原材料价格上涨时，采用先进先出法的企业就比采用后进先出法的企业在当期的直接材料费低，从而降低生产成本和销售成本。

（2）当期初存货包含的固定性制造费用不等于期末存货的固定性制造费用时，存货的计价方法对完全成本法和变动成本法下的营业利润的影响不同。

① 如果期初存货含有的固定性制造费用大于期末存货含有的固定性制造费用，那么，在存货发出的先进先出法下，完全成本法下的销售成本就会大于变动成本法下的销售成本，从而造成完全成本法下的营业利润小于变动成本法下的营业利润。

② 如果期初存货含有的固定性制造费用大于期末存货含有的固定性制造费用，那么，在存货发出的后进先出法下，完全成本法下的销售成本就会小于变动成本法下的销售成本，从而造成完全成本法下的营业利润大于变动成本法下的营业利润。

2. 折旧方法的影响

对于固定资产的折旧而言，采用直线法的企业比采用加速折旧法的企业在固定资产的使用寿命期间具有更稳定的固定性制造费用。

（1）在完全成本法下，固定性制造费用是生产成本的一部分。因此，采用直线法的企业就比采用加速折旧法的企业在不同会计期间面临较低的生产成本和营业利润的波动。

（2）在变动成本法下，固定性制造费用不算作生产成本，只是作为期间费用。因此，采用直线法的企业比采用加速折旧法的企业在不同会计期间面临更相近的生产成本和销售成本，营业利润的波动幅度要小。

因此，固定性制造费用的摊销方法、固定性制造费用的费用化与资本化方法、存货的计价方法及固定资产的折旧方法都会影响企业的生产成本、销售成本及营业利润。研究表明，固定资产折旧方法的选择比存货计价方法对营业成本的影响更加显著。

（四）成本黏性

企业的营业成本分为固定成本和变动成本两部分。变动成本与业务量之间存在稳定的、对称的线性关系，但固定性制造费用、固定性管理费用、固定性销售和财务费用等固定成本与业务量之间不存在稳定的线性关系，容易随着业务量的增减变动而呈现不同的变化趋势。

1. 成本黏性的含义

成本黏性表示，在收入减少 1%时，费用减少的百分比与收入增加 1%时费用增加的百分比的比率。该比率越大，成本黏性越小；该比率越小，成本黏性越大。一般而言，成本黏性小于 1。

（1）成本黏性会导致利润与销售收入变动的非对称性。当企业处于扩张阶段时，收入和费用都会上升。如果收入增长的费用弹性小于 1，企业的利润也会增加。如果收入增长的费用弹性大于 1，则企业的利润会减少。

（2）当企业处于收缩阶段时，收入和费用都会下降。如果收入减少的费用弹性小于 1，企业的利润也会加速下降。如果收入减少的费用弹性小于 0，那么，企业的收入减少而费用上升，利润会进一步下降。

（3）如果成本随着业务量的上升而增加的幅度小于成本随着业务量的下降而降低的幅度，那么，成本反黏性就会形成，即成本黏性的系数大于 1。

2. 成本黏性的原因

由于受到企业内部的职工交易成本、现有生产能力、管理者的乐观预期、信息不对称性、长期供应合同与经营调整的影响，成本易于增加而不易于减少。经营调整成本包括解雇员工的抚恤金和遣散费、招聘和培训新员工发生的费用。因此，随着业务量的增加，成本增加的幅度高于业务量减少时所对应的成本减少幅度，从而形成成本黏性。

3. 成本黏性的界定

成本黏性是指成本易于增加难于减少的习性。相关计算公式为

成本黏性=收入减少的费用弹性/收入增长的费用弹性

收入增长的费用弹性=费用增长率/收入增长率

收入减少的费用弹性=费用减少率/收入减少率

其中，收入增长率（收入减少率）=（当期收入−前期收入）/前期收入。当当期收入小于前期收入时，这种收入变动率被称为收入减少率。费用增长率（费用减少率）=（当期费用−前期费用）/前期费用。当当期费用小于前期费用时，这种费用变动率被称为收入减少率。

4. 成本黏性的动态变化

由于成本黏性与固定成本密切相关，因此，在固定资产比例大、资本密集度较高的重化工业、钢铁行业、冶金行业、航空运输业等行业中，成本黏性的强度较大。而且，成本黏性会随着时间跨度的增大而逐渐变小。这意味着，企业在资金约束的限制下会在收入下降时调整成本。但是，如果企业的资金存在软预算约束或者政府支持的情形，成本黏性会随着时间跨度的增大而逐渐变大。僵尸企业就属于这种情形。

三、期间费用分析

企业的期间费用主要包括管理费用、销售费用和财务费用。下面结合经营杠杆对经营费用进行会计分析和财务分析。为了降低生产成本，企业就需要加强监督和管理，降低人工成本、材料成本和制造费用，但这会增加管理费用和财务费用。因此，营业成本与经营费用之间存在一定的替代关系。

（一）管理费用

管理费用是指企业行政管理部门为组织和管理生产经营活动而发生的各项费用。管理费用的高低涉及企业的经营绩效和管理效率。

1. 管理费用的内容

企业的管理费用包含与组织管理活动有关的各种费用。

（1）公司经费，就是由企业承担的行政管理部门的支出费用。公司经费包括行政管理部门职工的工资及福利费、高管薪酬及奖金、物料消耗、低值易耗品摊销、办公费、差旅费、运输费等。

（2）董事会费，包括董事会成员津贴、会议费和差旅费，股东大会费用。

（3）企业员工福利费用和社会保险费，包括工会经费——企业按照职工工资总额的2%提取并拨交给工会用于工会活动的专项经费，职工教育经费——企业按照职工工资总额1.5%提取的费用，劳动保险费，待业保险费。

（4）公司外聘的服务费，包括咨询费、聘请中介机构费、审计费、诉讼费、排污费和绿化费。排污费是企业根据环保部门的规定缴纳的排污费用，以及超标准排污加收的排污费。排污费从 2018 年开始改征为环境污染税。绿化费是指企业对生产经营场所进行绿化而发生的零星费用，不包括纳入基本建设预算进行的配套绿化费用。

（5）企业缴纳的印花税、房地产税、车船税、土地使用税、海域使用费（矿产资源补偿费）。2016 年之后，这些税费转入“税金及附加”科目。

（6）管理部门的资产使用费，包括：①保险费，即企业管理部门使用的房屋、设备和其他资产向保险公司投保而应支付的保险费用；②折旧费，即企业管理部门使用的各项固定资产提取的折旧费；③租赁费，企业管理部门采用经营租赁方式租入的各类管理用资产而支付的租金，包括办公用房租赁费、生活用房租赁费等，但不包括融资性租赁固定资产的租赁费；④修理费，即企业管理部门使用的房屋、日常办公用品修理发生的人工费及材料费等；⑤土地损失补偿费，即企业在生产经营过程中破坏其他单位所使用的国有土地或者集体土地，应向遭受损失的单位支付的土地损失补偿费，如耕地、林地或者其他土地的损失补偿费。

（7）业务招待费。在许多公司，业务招待费在管理费用中所占的比例很大。业务招待费在企业的市场营销、产品推广和信息交流中具有重要的作用。

① 业务招待费在会计上的主要问题是，超支严重、列支项目不清，将业务招待费与员工餐费、会议费、差旅费和业务宣传费相混淆，形成庞大的在职消费支出。

② 按照税法规定，业务招待费包括因企业的生产经营需要的宴请、工作餐、赠送纪念品、旅游景点参观费和交通费及业务人员的差旅费开支。根据所得税法，业务招待费支

出占营业收入的比例在0.5%的扣除限额之内，在纳税时可以按照业务招待费的60%予以税前扣除。

举例　业务招待费的扣除。假如甲企业在2018年的销售收入为1亿元，实际发生的业务招待费为100万元，假设所得税税率为25%。则允许税前扣除的业务招待费不能超过50万元（1亿元×0.5%），或者按照60%的扣除原则为60万元（100万元×60%）。按照两者孰低的原则，该企业在计算应纳税所得时扣除的业务招待费为50万元，另外50万元需要缴纳的所得税为12.5万元。

如果业务招待费为40万元，则允许税前扣除的业务招待费不能超过50万元（1亿元×0.5%）；按照60%的扣除原则为24万元（40万元×60%）。按照两者孰低的原则，该企业在计算应纳税所得时扣除的业务招待费为24万元，另外16万元需要缴纳企业所得税4万元。

（8）摊销与非经常性费用，包括技术转让费，技术开发费，无形资产摊销和商誉的减值，开办费摊销，业务招待费，坏账损失，存货盘亏、毁损和报废。

（9）其他管理费用，包括管理部门使用的水电费、取暖费、仓库经费、会议费、住房公积金、摊销的潜亏挂账数。

2. 管理费用的分类

企业的管理费用可以分为变动性管理费用和固定性管理费用两部分。变动性管理费用是指随着企业的业务量的变动而变动的管理费用，如工会经费、职工福利费、教育费附加等费用。固定性管理费用是指在业务量变动的情况下基本保持不变的管理费用，如公司经费、董事会费、审计费、土地使用权费用、技术开发费用、租赁费、折旧费、绿化费、排污费、无形资产摊销费等费用。固定性管理费用的比例越大，企业业绩的变动对净利润的影响就越大。

3. 高管薪酬与股权激励

高管薪酬占营业收入的比例，代表公司的费用控制能力和行政管理效率。影响高管薪酬的一个因素是股权激励计划或者授予高管的股票期权。

（1）股票期权的含义及分类。股票期权就是企业按照事先约定好的股价将一定数量的股票授予期权激励对象的权利，而拥有此种权利的期权激励对象特别是管理者可以在规定的期限内选择行使权利或放弃权利。股票期权分为典型股票期权、不确定股票期权、涉及次级股票期权、股票增值权、混合与可选择股票期权等。

（2）股票期权的计量方法。股权激励的计量方法包括内在价值计量法、公允价值计量法。内在价值法是指在股票期权存在的各个期间内期权价格与股票市场价格之间存在差异，将每期的股票市场价格作为前期期权费用，并重新对其进行调整的一种方法。公允价值法是指通过期权模型对股票期权的激励价值进行评估的方法。中国会计准则要求对衍生金融工具和期权支付采取公允价值计量法。

举例　股票期权。广东宝丽华新能源股份有限公司在2006年9月7日实施了第一批股权激励计划。计划的内容包括：①公司授予第1期股票期权激励计划中的激励人员和相关企业2 700万份的股票期权，每股的行权价格为10.85元；②股票的来源公司向其权利激励对象发行2 700万份股票；③有效期自股票期权的授权之日起为4年；④激励计划自等待期满后分3期进行行权，每期行权的份数为540万份、810万份和1 350万份股票，等待期分别为 2 年、2 年和 3 年，1 年按 365 天计算。

该公司股票的现行价格为 9.35 元，行权价为 10.85 元，无风险利率按照该公司的存款利率计算为 1.8%，股票的波动率使用 2001 年以来的股价计算为 30.14%，各期的剩余期限按照平均剩余的年限计算为 1.5 年、2.5 年和 3.5 年。根据布莱克—舒勒期权定价模型计算，各期股票期权的公允价值为 0.93 元/份、1.39 元/份和 1.77 元/份。要求：计算各期摊销的期权费用。

分析:（1）依据股份支付的会计准则，等待期之内的每一个资产负债表日，都需要将可行权益工具的最佳数量估计作为基础，根据期权定价模型方式进行公允价值的评估，并将该期取得的收益纳入公司的成本费用或资本公积中。

（2）该公司的期权有效期是 4 年，资产负债表日分别为 2006 年、2007 年、2008 年和 2009 年的 12 月 31 日。第 1 期的期权费用=0.93 × 540=502.2（万元），第 2 期的期权费用=1.39 × 810=1 125.9（万元），第 3 期的期权费用=1.77 × 1 350=2 389.5（万元）。

（3）2006～2009 年各期分摊的期权费用计算结果见表 6-21。

表 6-21　2006～2009 年各期分摊的期权费用计算结果（单位：万元）

期数	2006 年	2007 年	2008 年	2009 年	合计
第 1 期	158.22	251.1	92.88	—	502.2
第 2 期	177.36	562.96	385.58	—	1 125.9
第 3 期	250.95	796.5	796.5	545.55	2 389.5
合计	586.53	1 610.56	1 274.96	545.55	4 017.6

4. 管理费用的分析

管理费用的内容较复杂，需要认真分析。

1）管理费用分析时需注意的问题。

（1）注意将管理费用资本化或者与销售费用和生产成本相混淆的情形。

（2）注意管理费用的急剧变化。当企业的管理费用在特定的会计期间出现巨额增加或者巨额下降时，应该查明管理费用巨额变化是企业会计调整的结果，还是企业的组织结构、管理风格、管理手段、业务规模发生巨大变化的结果。

（3）对内部控制和年度报告审计的费用高低直接关系到会计师事务所对企业的财务状况和经营成果的了解和评估程度。公司管理者的能力和产品竞争力越强，审计费用越低，盈余管理越多。同时，媒体的负面报道和诉讼风险会提高审计费。审计费用的高低可以按照公司资产或者销售收入的一定比例进行分析和评价，比较不同公司之间的每百万元资产或每万元收入所占的审计费。审计费太低或者审计师事务所的急剧变化表明公司的财务报表的可信度不高。

2）管理费用的财务分析

管理费用太高，必然会降低企业的净利润，增大企业的经营风险。衡量管理费用高低的两个财务指标是管理费用率和收入的管理费用弹性。

（1）管理费用率，即管理费用与营业收入的比率。ST 方源的营业收入从 2008 年的 3.9

亿元下降到2009年的180万元，而高管薪酬从3 213万元增加到5 926万元，管理费用率高达3 292%。

（2）收入的管理费用弹性。当企业存在较多的固定性管理费用时，管理费用率会随着销售规模的扩大而下降。这可以用收入的管理费用弹性，即管理费用增长率与营业收入增长率的比率来确定。如果收入的管理费用弹性小于1，那么，企业的管理费用中固定性管理费用所占的比例较大，单位变动性管理费用也可能随着销售量的增加而递减。但是，如果企业内部的组织结构混乱，或者企业管理部门占有过多的资产，管理人员过多或者在职消费太多，那么，企业的管理费用率就可能上升，收入的管理费用弹性就可能大于1。

举例　收入的管理费用弹性。表6-22是重庆市某蚕丝被企业的财务数据。要求：计算收入的管理费用弹性。

表6-22　重庆市某蚕丝被企业2013～2015年的财务数据

项目	2013年	2014年	2015年
销售收入（百万元）	276.22	270.41	240.87
管理费用（百万元）	52.99	53.01	53.42
销售收入增长率（%）	—	−2.11	−10.92
管理费用增长率（%）	—	0.037	0.77
收入的管理费用弹性	—	−0.017	−0.07

分析：计算表明，该企业的销售收入呈现下降的趋势，但是，管理费用在不断增长，出现了明显的成本黏性。收入的管理费用弹性表明，收入每降低1%，管理费用在2014年和2015年却分别增长0.017%和0.07%。

（二）销售费用

销售费用是指产品销售环节和提供劳务的过程中发生的各种费用。

1. 销售费用的内容

（1）销售费用包括广告费、业务宣传费、运输费、装卸费、包装费、检验费、展览费、商品维修费、预计产品的质量保证损失、保险费、销售佣金、代理手续费、经营性租赁费，以及销售部门发生的差旅费、工资、福利费、折旧费、低值易耗品摊销、销售服务费等费用。

（2）从事商品流通业务的企业购入存货抵达仓库前发生的包装费、运杂费、运输仓储过程中的保险费、装卸费、运输途中的合理耗损和入库前的挑选整理费用等购货费用可直接计入销售费用。

（3）销售费用可以分为变动性销售费用和固定性销售费用两部分。变动性销售费用是指随着销售业务量的增长而增长的销售费用，如销售人员的工资、奖金、福利费、运输费等。固定性销售费用是指与销售业务量关系不大的销售费用，如销售部门的折旧费、广告费、经营性租赁费、仓储费等。

2. 广告费的费用化与资本化

广告分为促销广告和品牌广告，促销广告是为了增加短期的销售额；而品牌广告则是为了创建企业品牌，树立良好的企业形象，形成企业的无形资产。如果把广告费用支出划分为费用化支出，则会降低当期的净利润，增加企业的经营风险。广告的费用化处理不符合权责发生制和实质重于形式的原则，费用的当期支出与未来长期经济利益的流入之间不配比，无法准确地反映广告支出的预测价值和反馈价值。因此，财务报表分析者需要将品牌广告的支出资本化，增加无形资产，减少当期的广告费用化的金额，从而增加当期利润。对于无形资产化的广告支出，需要采取摊销并计提资产减值的办法，以便让广告费与各期的收入相配比。

3. 销售费用的会计分析

（1）销售费用的真实可靠性。销售人员的差旅费、业务宣传费等费用的监管难度较大，容易出现虚报的情形。

（2）销售回扣的问题。销售回扣是销售方为推销商品或及早收回货款而给予购货方人员的一定回扣金额。药品销售的手术推广费，本质上就是对医务人员的销售回扣。销售回扣在一些国家属于违法的行为。需要注意的是，销售回扣不同于销售折让与现金折扣。销售折让是从销售价格中扣减一定比例的金额，扣减后的净额为实际销售价格。销售的现金折扣则是为了推销产品或及早收回货款而给购货方一定的扣减金额，如 10 天内付款 2%折扣，作为财务费用处理。

（3）销售费用的巨额变动。当企业的销售费用在特定的会计期间出现巨额增加或者巨额下降时，需要查明销售费用的大幅度变化是企业会计调整的结果，还是企业的营销策略、销售规模、产品结构发生巨大变化的结果。

4. 销售费用的财务分析

（1）比较财务报表分析。可以分析销售费用的年度变动额、销售费用增长率、广告费用的年度变动额、广告费用的增长率等。

（2）比率分析。指标有销售费用率、收入的销售费用弹性、销售费用的利润弹性、广告支出的净利润弹性、广告费用占营业收入的比率等，以下主要介绍几个常用指标。

① 销售费用率，是指销售费用与营业收入的比率。

举例　销售费用率。表 6-23 是几家白酒公司的财务数据。要求：计算销售费用率。

表 6-23　2009 年白酒公司的销售费用与营业收入

公司名称	销售费用（亿元）	营业收入（亿元）	销售费用率（%）
山西汾酒	3.64	21.43	16.99
洋河股份	4.05	40.02	10.12
酒鬼酒	1.31	3.65	35.89
老白干酒	1.13	9.35	12.08
金种子酒	1.33	10.46	12.71

分析：计算结果见表 6-23 第 4 列。酒鬼酒的销售费用率接近 36%，比洋河股份高出 25.77%。对于白酒行业而言，品牌价值越高，销售费用率越低。

② 收入的销售费用弹性。当企业存在较多的固定性销售费用时，销售费用率会随着

销售规模的扩大而下降。这可以用销售费用增长率与营业收入增长率的比率，即收入的销售费用弹性来确定。如果收入的销售费用弹性小于1，那么，企业的销售费用中固定性销售费用所占的比例较大，单位变动性销售费用也可能随着销售量的增加而递减。但是，如果企业的销售难度增大，或者企业所面临的市场竞争越来越激烈，那么，企业的销售费用率就可能上升，收入的销售费用弹性就可能大于1。

举例　销售费用率与收入的销售费用弹性。表6-24是江苏奥赛康药业有限公司在2010～2013年1～6月的营业收入和销售费用。要求：计算其销售费用率和收入的销售费用弹性。

表6-24　江苏奥赛康药业有限公司的销售费用和营业收入

项目	2010年	2011年	2012年	2013年1～6月
营业收入（亿元）	8.14	13.03	20.40	12.46
销售费用（亿元）	5.26	8.11	12.90	7.82
销售费用率（%）	64.62	62.24	63.23	62.76
营业收入增长率（%）	—	60.07	56.56	19.81
销售费用增长率（%）	—	54.18	59.06	21.24
收入的销售费用弹性	—	0.90	1.04	1.07

分析：计算结果见表6-24。2013年1～6月的营业收入增长率和销售费用增长率都是用2012年收入和费用的一半计算的。从中可以看出，该企业收入的销售费用弹性在2011年为0.90，2012年为1.04，2013年为1.07。这表明，该企业的销售费用增长率总体上略快于营业收入增长率，这可以根据销售费用率从2011年的62.24%增加到2014年的62.76%得出。总体而言，该企业的销售费用率太高。

③ 销售费用的利润弹性。该指标反映销售费用的增长能够带来净利润的增长程度。该指标大于1，表示广告促销等销售费用的增长率小于净利润的增长率。竞争越大，广告投入越多，利润和销售增长越慢，销售费用的利润弹性越小。

举例　广告支出的利润弹性和收入弹性。表6-25是伊利2012～2016年的财务数据。要求：计算伊利广告支出的利润弹性和收入弹性。

表6-25　伊利2012～2016年的营业收入与广告费用

项目	2012年	2013年	2014年	2015年	2016年
营业收入（亿元）	419.90	477.78	539.59	598.63	603.12
净利润（亿元）	17.36	32.01	41.66	46.54	56.69
广告费用（亿元）	37.31	39.17	46.37	72.75	76.34
营业收入增长率（%）	—	13.78	12.93	10.94	1.01
净利润增长率（%）	—	84.38	30.14	11.71	21.80
广告费用增长率（%）	—	4.98	28.20	56.89	4.93

续表

项目	2012 年	2013 年	2014 年	2015 年	2016 年
广告支出的净利润弹性	—	16.94	1.06	0.20	4.42
广告支出的收入弹性	—	2.76	0.46	0.19	0.20

分析：由表 6-25 的计算可知，广告支出的净利润弹性等于净利润增长率除以广告费用增长率，广告支出的收入弹性等于营业收入增长率除以广告费用增长率。伊利 2011～2016 年的净利润、营业收入和广告支出都保持了快速的增长。但是，广告支出的增长与净利润或营业收入的增长并没有保持一致。除了 2012 年广告支出的增长带来较大幅度的净利润和营业收入增长外，其他年份的广告支出增长对收入增长的影响较小。广告支出每增加 1%，收入增长不到 0.5%，但净利润的增长幅度甚至大于广告支出的增长幅度。这说明，乳制品行业的广告支出增加对收入增长的影响越来越小。但是，如果销售价格远在单位经营成本之上，那么，收入的适当增加会带来更大幅度的净利润增加。

（三）财务费用

财务费用是指企业在生产经营过程中为筹集资金而发生的各项费用，具体包括利息支出、利息收入、金融机构手续费用、汇兑损益、结算费用、其他财务费用等科目。下面对财务费用包含的项目、会计分析和财务分析进行介绍。

1. 财务费用的项目

1）扣除利息收入后的利息费用

企业生产经营期间发生的利息费用包括未确认融资费用摊销、售后回购差价摊销、债券溢折价费用化部分（借款费用）、可赎回转换债券利息补偿金费用化部分、关联交易资金使用费、定期存款和活期存款的利息收入，贷款、应付债券、应付票据、票据贴现和长期应付款的利息支出。但是，企业在筹建期间发生的利息支出计入开办费，与购建或者生产符合资本化条件的资产发生的利息支出计入在建工程、固定资产、无形资产或存货，清算期间发生的利息支出计入清算损益。

举例　利息费用的计算。甲企业建造一幢厂房，2011 年 1 月 1 日借入期限为 3 年的长期借款 100 万元，款项已经存入银行。借款合同规定：年利率为 9%，2012 年末应偿还到期本息的 50%，剩余的 50%于 2013 年末一次全部付清，贷款采用复利法计息，一年复利一次。该厂房于 2011 年底竣工，达到预定可使用状态后交付使用，建造成本为 86 万元。假设不考虑闲置专门借款资金存款的利息收入。要求：计算各年的借款利息在财务费用和资本化利息中的分摊。

分析：（1）2011 年的借款利息=100×9%=9（万元），应予以资本化的利息=86×9%=7.74（万元），财务费用=9−7.74=1.26（万元）。

（2）2012 年的借款利息=（100+9）×9%=9.81（万元），全部计入财务费用。

（3）2013 年的借款利息=50%×（100+9+9.81）×9%=5.346 45（万元），全部计入财务费用。

（4）甲企业借款 100 万元期间 3 年的利息支出=9+9.81+ 5.346 45=24.156 45（万元），资本化利息为 7.74 万元，财务费用=1.26+9.81+5.346 45=16.416 45（万元）。

2）利息费用扣除的税收规定

在所得税法上，企业在生产经营过程中实际发生的利息费用的税前扣除受到一些限制。

（1）企业向金融机构借款的利息支出、金融机构的各项存款利息支出和同业拆借利息支出、企业经批准发行债券的利息支出，准予在税前全额扣除。

（2）当企业的股东未在规定期限（一般公司为2年，投资公司为5年）内缴足资本金时，若企业在此期间借款来弥补资本金不足，那么股东未按时缴纳的部分金额在规定的期限内产生的利息费用不允许在企业所得税税前扣除。

（3）企业之间的借款利息支出，不超过按照金融机构同期同类贷款利率计算的金额的部分准予扣除。

（4）当企业从关联方同时获得债权性投资与权益性投资时，若该企业是金融企业，则债券性投资与权益性投资的比例超过 5∶1 时，超过部分支付给关联方的利息支出不允许税前扣除；若该企业是非金融企业，则债券性投资与权益性投资的比例超过 2∶1 时，超过部分支付给关联方的利息支出不允许税前扣除。

举例　利息费用的税前扣除。2012 年，安泰公司向银行借款 3 200 万元，期限为 2 年，银行贷款的年利率为 7%。同时，该公司接受股东王某的投资，按照公司章程的规定，王某应在 2012 年 4 月 1 日和 2012 年 7 月 1 日各投入 500 万元的资本金。实际情况是，王某只是在 2012 年 10 月 1 日投入资本金 800 万元。要求：计算该企业在 2012 年度企业所得税税前可以扣除的利息费用金额。

分析：该企业 2012 年借款的利息费用=3 200 × 7%=224（万元）。按照国税函〔2009〕312 号文件的规定，实收资本不足的部分贷款不允许扣除利息支出。其计算公式为企业每一计算期不得扣除的借款利息=该期间借款利息额 × 该期间未缴足注册资本额/该期间借款额。2012 年 4 月 1 日到 6 月 30 日不得扣除的借款利息=3 200×7%×3/12×500/3 200=8.75（万元）。2012 年 7 月 1 日到 9 月 30 日不得扣除的借款利息=3 200×7%×3/12×（500+500）/3 200=17.5（万元）。2012 年 10 月 1 日到 12 月 31 日不得扣除的借款利息=3 200×7%×3/12×200/3 200=3.5（万元）。汇总一个会计年度内不同计算期内不得扣除的利息费用总额为 8.75+17.5+3.5=29.75（万元）。因此，2012 年安泰公司企业所得税税前可以扣除的利息支出=224−29.75=194.25（万元），税前扣除的永久性差异为 29.75 万元。

举例　关联企业的税前利息扣除。甲、乙、丙投资注册丁公司，注册资本为 2 000 万元，占比分别为 20%、20%和 60%。已知甲、乙、丙均为非金融企业，银行同期贷款利率为 8%。丁有分别来源于甲的借款 1 000 万元，年利率为 10%；来源于乙的贷款 1 200 万元，年利率为 9%；来源于丙的贷款 1 200 万元，年利率为 7%。同时，丁公司实际税负高于甲公司，且甲无法证明其借款活动符合独立交易原则；乙可以提供税法规定的相关资料证明其符合独立交易原则；丁公司实际税负不高于丙公司。要求：分析丁公司向关联企业借款利息费用的所得税前准许扣除的情况。

分析：丁公司所有借款的利息费用=1 000×10%+1 200×9%+1 200×7%=292（万元）。

根据关联交易利息费用税前扣除的特殊规定，来源于甲的借款不符合独立交易原则，准许税前扣除的利息支出=（2 000 × 20%）×2×8%=64（万元），实际支付给甲的利息=1 000×10%=100（万元），超过的 36 万元作纳税调整。来源于乙的借款符合独立交易原则，准许税前扣除的利息支出=1 200×8%=96（万元），实际支付给甲的利息=1 200×9%=108（万元），超过的 12 万元作纳税调整。来源于丙的借款利率 7%低于金融机构同期贷款利率，且丁公司实际税负不高于丙公司，准许税前扣除的利息支出=1 200×7%=84（万元）。因此，企业所得税税前可以扣除的利息支出=292−12−36=244（万元），税前扣除的永久性差异=12+36=48（万元）。

3）金融机构手续费

手续费是指企业使用某种服务时发生的交易费用，如金融机构手续费、涉税手续费、商业手续费、证券交易手续费和代理记账手续费。不同的手续费在会计处理上不同。

（1）金融机构手续费，是指企业支付给银行或其他金融机构的各种手续费，如办理信汇所支付的手续费、邮电费，购买空白支票、开出汇票和本票的银行手续费、借款手续费、商业承兑汇票手续费、设立账户和使用支票的手续费、调剂外汇手续费。金融机构手续费发生时，借记“财务费用”科目，贷记“银行存款”科目。

（2）涉税手续费，是指企业进行税务登记、领取税务登记证件缴纳的工本费，以及申领购买增值税专用发票、手写普通发票、收据等支付的手续费。代理记账手续费和涉税手续费发生时，借记“管理费用”科目，贷记“银行存款”科目。

（3）商业手续费，包括代购商品手续费和代销商品手续费。代购商品手续费发生时，借记“材料采购”科目，贷记“银行存款”“应付账款”科目。代销商品手续费发生时，委托方借记“销售费用”科目，贷记“银行存款”科目；受托方借记“银行存款”科目，贷记“其他业务收入”科目。

（4）证券交易手续费，分为交易性金融资产手续费、发行权益性证券和购买长期股权支付的手续费、购买长期债权投资的手续费。交易性金融资产手续费发生时，借记“投资收益”科目，贷记“银行存款”科目。企业支付现金取得长期股权投资而支付的手续费，被视为长期股权投资的初始成本，借记“长期股权投资”科目，贷记“银行存款”科目。企业发行权益性证券支付的手续费，要从权益性证券溢价发行的收入中扣除，溢价收入不足的，应当冲减盈余公积和未分配利润，借记“资本公积、盈余公积或未分配利润”科目，贷记“银行存款”科目。

（5）持有至到期投资和可供出售金融资产的手续费，被当作利息调整的一部分。当投资成本或债券面值高于支付的全部价款时，借记“持有至到期投资——成本”“可供出售金融资产——成本”科目，贷记“银行存款”“持有至到期投资——利息调整”“可供出售金融资产——利息调整”科目。当投资成本或债券面值低于支付的全部价款时，借记“持有至到期投资——成木”“可供出售金融资产——成木”“持有至到期投资——利息调整”“可供出售金融资产——利息调整”科目，贷记“银行存款”科目。

举例　金融机构手续费。表 6-26 是上市公司 2014 年支付的金融机构手续费和净利润。

表 6-26　上市公司 2014 年支付的金融机构手续费和净利润

公司名称	中国铁建	中国建筑	苏宁云商	庞大集团	中国联通
手续费（亿元）	5.51	4.12	3.74	3.33	2.82
净利润（亿元）	113.43	225.70	8.67	1.42	39.82
手续费/净利润（%）	4.86	1.82	43.14	234.50	7.08

分析：从表 6-26 中可以看出，庞大集团支付的金融机构手续费是其利润的 2.34 倍，而苏宁云商支付的金融机构手续费占其净利润的 43.14%。

4）汇兑损益

汇兑损益是指企业持有的外币和以可确定的金额收取的资产或者偿付的负债等外币货币性项目，因资产负债表日的即期汇率与初始确认或者前一资产负债表日的即期汇率不同而产生的汇兑差异。

（1）与报表折算损益不同，汇兑损益分为未结算的交易损益和已结算的交易损益，前者是因为交易日期与报表日期的汇率不同所产生的汇兑损益，后者是因为交易日期与结算日期的汇率不同所产生的汇兑损益。根据企业所得税法，汇兑收益属于其他收入，而汇兑损失准予扣除。

（2）按照中国会计准则，只有生产经营期间发生的汇兑损益才作为财务费用，计入当期损益。筹建期间发生的汇兑损益则当作待摊费用，需要递延处理。与构建固定资产等直接有关的，在所构建的资产尚未交付使用或虽已交付使用单位办理竣工决算的汇兑损益，计入资产的购建成本。

（3）由于汇率的频繁波动，在汇兑损益实现之前，将汇兑损益计入当期收益，违背了历史成本原则。外币升值会虚增当期的利润和高估资产，企业需要缴纳的所得税增多；外币贬值则会降低当期的利润和资产，不符合谨慎性原则。更好的解决办法是，对外币账户采取“成本与市价孰低法”，只确认外币资产和外币负债的汇兑损失，而不确认外币资产和外币负债的汇兑收益，从而防止外币资产和外币负债的虚增或虚减。

5）其他财务费用

（1）筹资发生的其他财务费用，如债券印刷费、国外借款担保费等。

（2）融资租入固定资产发生的非资本化融资租赁费用，按物价指数计算的或有租金。

（3）结算费用，如销售和应收账款的现金折扣、票据贴现等与融资相关的费用，筹集设立股份公司的资本筹集费溢价不能冲销部分，债券发行费大于冻结利息收入部分，以及管理费用中不能列支的费用。按照会计准则的规定，购货方实际取得的现金折扣与折让（质量原因）要冲减当期财务费用，销货方发生的现金折扣要增加当期财务费用，销货方的折让冲减营业收入。

2. 财务费用的会计分析

（1）利息费用不单独列示，只将其与利息收入合并计入财务费用，无法直接获取利息费用的数据，如全部的利息费用、税前利息费用等，对计算利息保障倍数、息税前利润、财务杠杆系数造成影响，降低了财务分析的质量。

（2）分析财务费用的真实可靠性。由于财务费用的内容复杂，企业容易将股票发行的手续费、本应计入营业外收入的返利金额计入财务费用。

（3）财务费用容易出现负数。当企业的预收账款、转贷业务、现金销售比较多，或者出现大幅度的汇兑收益时，负的财务费用就会出现。

（4）注意区分不同的财务费用。企业的财务费用分为 3 类：①经营性财务费用，如应付票据的贴现和利息，存货购销产生的汇兑损益和现金折扣等；②投资性财务费用，如购买固定资产和无形资产发生的不计入成本的利息和汇兑损益；③筹资性财务费用，如借款、应付债券和长期应付款产生的利息或者汇兑损益。现金流量表补充材料中的“财务费用”只包括投资活动和筹资活动产生的财务费用，不包括票据贴现的利息、金融机构的手续费、结算费用等经营活动产生的财务费用。

（5）财务费用的可变性。财务费用与企业的销售规模、产品结构、营销策略等方面的关系不大，而主要与企业的融资或者筹资的规模、利率和费用相关联。财务费用可以分为变动性财务费用和固定性财务费用两部分。变动性财务费用是指随着融资额度的变动而变动的财务费用，如利息支出、利息收入、汇兑净损失等。固定性财务费用是指随着融资额度的变动而基本保持不变的财务费用，如结算费用、金融机构手续费及其他财务费用。

3. 财务费用的财务分析

（1）财务费用的比较财务报表分析。其指标包括财务费用的变动额和增长率、利息费用的增长率、金融机构手续费的增长率、汇兑损益的变动率等。

举例 财务费用增长率。2012 年 1 ~ 6 月，中国石油和中国石化的财务费用分别为 80.52 亿元和 55.33 亿元，比 2011 年上半年增长 61.08%和 58.72%；华能国际的财务费用为 45.39 亿元，增长 25.29%。

（2）共同比财务报表分析。其指标主要有利息费用占财务费用的比例、汇兑损益占财务费用的比例、财务费用占营业收入的比率等。

（3）比率分析。主要指标有财务费用率、财务费用与金融性负债的比率、财务费用与负债的比率、财务费用与净利润的比率。财务费用率就是财务费用与营业收入的比率。由于财务费用主要与融资额度有关而与营业收入的关系不大，因此财务费用率只有在融资额主要用于补充流动资金和开展企业的经营活动时，才说明企业的经营活动对贷款或者债券发行额使用的有效性。更为重要的一个指标是财务费用与负债的比率。

（四）利润表的成本结构分析

对利润表的成本结构分析，就是分析企业的营业成本（销售成本）、（营业）税金及附加、管理费用、销售费用和财务费用占营业收入的比例。其中，管理费用率、销售费用率和财务费用率合称期间费用率。

举例 利润表的结构分析。表 6-27 是 2007 ~ 2011 年中国规模以上工业企业的财务数据。要求：分析中国工业企业的成本结构。

表 6-27 2007 ~ 2011 年中国规模以上工业企业的财务数据（单位：亿元）

项目	2007 年	2008 年	2009 年	2010 年	2011 年
营业收入	354 518	439 464	474 609	624 451	843 315
营业成本	300 846	377 145	403 816	529 245	714 397
营业税金及附加	4 043	5 051	7 293	9 366	13 212
销售费用	9 222	12 355	11 992	15 007	19 354
管理费用	12 997	15 698	17 581	21 567	28 414
财务费用	3 927	5 110	5 282	6 269	8 729

分析：2007 ~ 2011 年中国规模以上工业企业的成本结构见表 6-28。从中可以看出，

中国工业企业的营业成本率为85%左右。这意味着企业的毛利率只有15%左右。其中，期间费用率为7%左右，营业税金及附加率为1.5%左右。工业企业的营业利润率只有6.5%左右。

表6-28　2007～2011年中国规模以上工业企业的成本结构（单位：%）

项目	2007年	2008年	2009年	2010年	2011年
营业收入率	100.00	100.00	100.00	100.00	100.00
营业成本率	84.86	85.81	85.08	84.75	84.71
营业税金及附加率	1.14	1.15	1.54	1.50	1.57
销售费用率	2.60	2.81	2.53	2.40	2.29
管理费用率	3.67	3.57	3.70	3.45	3.37
财务费用率	1.11	1.16	1.11	1.00	1.04
期间费用率	7.38	7.55	7.34	6.86	6.70

第四节　企业缴纳的税费分析

在中国，企业纳税科目包括增值税、企业所得税、城市维护建设税、房产税、消费税、土地使用税、印花税、车船税、土地增值税、资源税、教育费附加、矿产资源补偿费、农林特产税、地方教育费附加、营业税、车辆购置附加费、防洪基金、价格调控基金、环境污染税19种税费。企业缴纳的税费包括反映在资产负债表上的增值税，以及反映在利润表上的税金及附加和企业所得税。

一、税金及附加分析

税金及附加项目，反映企业经营业务应负担的消费税、城市维护建设税、资源税、土地增值税、教育费附加及房产税、土地使用税、车船税、印花税等内容。在2016年5月之前，税金及附加项目被分为营业税金及附加和管理费用的税金两部分。为了论述的全面性，本节仍将论述在2016年5月1日之后取消的营业税。

（一）营业税及附加

营业税及其附加是指提供劳务、转让无形资产和出售不动产的收入总额所缴纳的一种流转税费，包括企业经营活动发生的营业税、城市维护建设税、教育费附加等相关税费。营业税及其附加的课税对象是企业的营业收入。城市维护建设税和教育费附加以纳税人实际缴纳的营业税、增值税和消费税的税额为计税依据，再乘以适用税率。建筑企业缴纳营业税的时间为收到营业收入款项的当天，包括预收款项。建造合同准则和新的收入准则规定收入确认的时间为资产负债表日、合同完成时，以及能得到补偿的费用发生当期。这造成合同收入的确认与营业税纳税义务出现暂时性差异。分析营业税及附加的财务指标包括营业税及附加占收入的比例、营业税及附加与营业利润的比率、营业税及附加与净利润的比率。

举例　营业税及附加。甲公司在 2014 年的租金收入为 4 000 万元，包括水电费 500 万元、网络宽带费 20 万元和物业管理费 600 万元。按照税法的规定，应纳营业税=4 000×5%=200（万元），应纳城市维护建设税和教育费附加=200×（7%+3%）=20（万元），应纳房产税=4 000×12%=480（万元），合计营业税金及附加项目=200+20+480=700（万元）。

营业税和房产税都是按照收入总额征税的，不允许扣除相应的成本。甲公司将水电费、网络宽带费和物业管理费包含在收入中就会提高所缴纳的营业税金及附加项目。为了降低税收，甲公司应该对这些支付给其他相关部门的水电费、宽带费、物业管理费实行代收代缴的制度，在租赁合同中明确规定代收代缴部分不属于收入部分。如果水电费、宽带费和物业管理费采用代收代缴的办法，甲公司的租金收入就变为 4 000−500−20−600=2 880（万元），应纳营业税=2 880×5%=144（万元），应纳城市维护建设税和教育费附加=144×（7%+3%）=14.4（万元），应纳房产税=2880×12%=345.6（万元），合计营业税金及附加项目=144+14.4+345.6=504（万元）。这就比最初计算的营业税及附加项目少 196 万元。

（二）土地增值税

与转让房地产有关的税金包括土地增值税、营业税、城市维护建设税、教育费附加和地方教育费附加。

1. 土地增值税额的计算

土地增值税额是按照纳税人转让土地及房地产取得的收入减去扣除项目金额乘以法定的适用税率的税额。扣除项目是指取得土地使用权所支付的金额，开发土地的成本、费用，新建房及配套设施的成本、费用或者旧房及建筑物的评估价格，与转让房地产有关的税金和其他规定的扣除项目。

2. 土地增值税率的征收

土地增值税率按照扣除项目金额的比例征收不同的税率。当增值额未超过扣除项目金额 50%的部分，土地增税税率为 30%；增值额超过扣除项目金额 50%～100%的部分，税率为 40%；增值额超过扣除项目 100%～200%的部分，税率为 50%；增值额超过扣除项目金额的 200%的部分，税率为 40%。

3. 营业税改征增值税的规定

2016 年，财政部营业税改征增值税规定，土地增值税纳税人转让房地产取得的收入为不含增值税收入；土地增值税扣除项目涉及的增值税进项税额，允许在销项税额中计算抵扣的，不计入扣除项目，不允许在销项税额中计算抵扣的，可以计入扣除项目。由于增值税是价外税，营业税金及附加仅包括增值税所对应的城市维护建设税、教育费附加和地方教育附加。而且，由于增值税在营业税改增值税之后通过“应交税金”科目核算，“税金及附加”科目核算的增值税附加的金额都要小于改革前营业税及附加的金额。

举例　土地增值税。某房地产企业开发的某项目销售收入为 91 267.17 万元，该项目的土地价款为 26 171.66 万元，房地产开发成本为 17 960.38 万元，利息支出为 2 500 万元，其他房地产开发费用按 5%计算扣除且符合 20%加计扣除的规定。假设营业税税率为 5%，城市维护建设税税率为 7%、教育费附加计征比率为 3%，附加合计为营业税的 10%。营业税及附加税率=（1+10%）× 5%=5.5%。要求：计算营业税改增值税前后该企业应缴纳的土地增值税税额。

分析：（1）营业税改增值税前征收的土地增值税计算如下。

扣除项目金额=（26 171.66+17 960.38）×1.25+2 500+91 267.17×0.055=62 684.74（万元）

增值率=（91 267.17−62 684.74）/62 684.74×100%=46%

据此适用税率为 30%。

应纳土地增值税=（91 267.17−62 684.74）×30%=8 574.73（万元）

土地增值税占营业收入的比例=8 574.73/91 267.17×100%=9.4%

（2）营业税改增值税后，假设可抵扣进项税额为 2 500 万元，房地产开发成本均为建筑安装成本（增值税税率为 11%），那么

销售收入=91 267.17−（91 267.17−26 171.66）/（1+11%）×11%=84 816.26（万元）

扣除项目金额=[26 171.66+17 960.38/（1+11%）]×1.25+[（91 267.17−26 171.66）/（1+11%）×11%−2 500]×10%=53 335.32（万元）

增值率=（84 816.26−53 335.32）/53 335.32×100%=59%

据此适用税率为 40%，速算扣除数为 5%。

应纳土地增值税=（84 816.26−53 335.32）×40%−53 335.32×5%=9 925.61（万元）

土地增值税占营业收入的比例=9 925.61/84 816.26×100%=11.7%。

从中可以看出，一般纳税人的应纳土地增值税及其税负都是上升的。房地产价格越高，土地增值税越多。

（三）资源税

资源税是对石油、天然气、煤炭、铁矿石、盐、黑色金属矿石、有色金属矿石和其他非金属矿石等采矿和资源开采行业征税的流转税。根据国务院在 2011 年 10 月 10 日颁布的《国务院关于修改〈中华人民共和国资源税暂行条例〉的决定》，原油、天然气、煤炭及部分金属和非金属矿资源税采取从价计征的方式，资源税税率为 6%；其余矿产资源采取从量计征方式。根据 2020 年 9 月实施的《中华人民共和国资源税法》的规定，资源税采取从价计征为主、从量计征为辅的方式。除了原油和天然气继续征收 6%的资源税税率之外，其余的能源、金属、非金属、水气、盐等矿产资源征收的资源税税率一般为 1%～15%，天然卤水、矿泉水、砂石、石灰岩、地热等矿产资源也可以采取从量征收资源税。

（四）消费税

消费税是对某些特定产品征收的流转税。游艇、高尔夫球的消费税率为 10%；高档手表的消费税率为 20%；化妆品的消费税率为 30%；白酒按照 20%的比例税率征税，同时从量征收 0.5 元/斤的定额税。从 2015 年 5 月 10 日起，卷烟批发环节从价税税率由 5%提高到 11%，并按 0.1 元/包加征从量税；卷烟生产环节从价税税率为 36%～56%，并按 0.06 元/包加征从量税。汽油、石脑油、溶剂油和润滑油的消费税率为 1.52 元/升，柴油、航空煤油和燃料油的消费税率为 1.2 元/升。

二、管理费用部分的税金分析

为了对比方便，以下将对于 2016 年 5 月前被列入管理费用部分的印花税、土地使用税、房产税、车船税、环境保护税等税金进行单独介绍和分析。

（一）印花税

印花税是一种对经济活动和经济交往中书立、领受的特定凭证征收的税收。中国的印花税体系分为普通印花税和证券交易印花税两种。

1. 普通印花税

根据 1988 年 10 月国务院颁布实施的《中华人民共和国印花税暂行条例》，中国境内的立合同人、产权转移书据的立据人、营业账簿的立账簿人、应税权利和许可证照的领受人都要在签订经济合同、签署产权转移书据、建立营业账簿、获取权利许可证照和其他经财政部确认的凭证时缴纳印花税。

1）印花税率

印花税率采取差别比例税率和定额税率相结合的方式。

（1）借款合同按照借款金额的 0.05‰缴纳印花税。

（2）购销合同、建筑安装工程承包合同、按照合同金额的 0.3‰缴纳印花税。

（3）加工承揽合同、建设工程勘察设计合同、货物运输合同、技术合同和产权转移书据按照所载金额的 0.5‰缴纳印花税。

（4）建立生产和经营的营业账簿按照资本公积和实收资本合计金额的 0.5‰缴纳印花税。

（5）财产租赁合同、仓储保管合同和财产保险合同按照合同金额的 1‰缴纳印花税，税额不足 1 元的按照 1 元缴纳印花税。

（6）房屋产权证、工商业执照、商标注册证、专利证和土地使用证按件缴纳 5 元印花税。

2）免税情形

财产所有人将财产赠送给政府、社会福利单位和学校所立的书据，企业因改制而签订的产权转移书据，无息贷款和贴息贷款合同，国外政府、国际金融组织向中国政府和国家金融机构提供优惠贷款书立的合同，农林作物、牧业畜类保险合同，书、报、刊发行单位之间及发行单位与订约单位之间订立的凭证，都免除印花税。

2. 证券交易印花税

证券交易印花税是对证券交易征税的一种印花税。从 2008 年 9 月 18 日开始，证券交易印花税只对出让方按照交易额的 1‰征收。

（二）土地使用税

城镇土地使用税是对拥有城镇土地使用权的单位和个人按照实际占用的土地面积为基准所征收的一种财产税。根据 1988 年国务院颁布的《中华人民共和国城镇土地使用税暂行条例》，城镇土地使用税采用定额税率，每平方米土地使用税应纳税额大城市为 1.5～30 元，中等城市为 1.2～24 元，小城市为 0.9～24 元，县城、建制镇和工矿区为 0.6～12 元。

但是，房地产开发商的经济适用房和廉租房用地，以及房地产内所建的医院、学校、幼儿园、托儿所、物业用房，小区外的社会公用绿化用地、道路用地，小区内尚未利用的荒山、林地、湖泊、水塘等所占的用地，免征城镇土地使用税。对于房地产企业而言，随着房产的出售，应纳城镇土地使用税是逐渐减少的。相关计算公式为

本月应纳税额=本月剩余应税占地面积×月单位税额

本月剩余应税占地面积=占地总面积−免税占地面积−销售房屋分摊占地面积

月单位纳税额=年应纳税额/12

销售房屋分摊占地面积=占地总面积×（销售房屋建筑面积/总可售建筑总面积）

（三）房产税

房产税是对房屋的计税余额或租金收入征收的一种财产税。1986 年的《中华人民共和国房产税暂行条例》规定征收房产税，免除个人的房产税。房产税采取从价计征，以房屋原值扣除 10%～30%的损耗价值后的余额征税。房产税按照 12%的税率对租金收入按年征收，按照 1.2%的比例税率对房产余额按年征收。

举例　房产税和土地使用税。某城市一家商贸企业的一处办公楼的房屋原值为 1 000 万元，其中，土地价值为 600 万元，实际占地面积为 500 平方米，房屋建筑面积为 1 000 平方米。2018 年 1 月 1 日开始，该商贸企业将办公楼的一部分出租给一家零售店，出租面积为 200 平方米，租金为 20 万元，租赁期限为一年，该商贸企业于 2018 年 6 月 1 日一次性取得全部租金。假设房产计税价值按房产原值的 70%征收，土地使用税征收标准为 20 元/平方米。要求：计算该商贸企业当年应缴纳的房产税和城镇土地使用税。

分析：出租部分房产税=20×12%=2.4（万元）。自用部分房产税=1 000×（1−30%）×1.2%×（1 000−200）/1 000=6.72（万元）。该商贸企业在 2018 年应缴纳的房产税合计=2.4+6.72=9.12（万元）。该商贸企业 2018 年应缴纳的城镇土地使用税=500×20=1（万元）。

（四）车船税

车船税是对企业和个人所拥有的车辆和船舶征收的一种财产税。现行车船税主要以定额税率形式为主，采取从量计征方式。各地方政府根据《中华人民共和国车船税法》的规定，确定具体的车船税税率。对节约能源的车辆减半征收车船税，对使用新能源的车辆免征车船税。对受严重自然灾害影响纳税困难或有其他特殊原因需减税、免税的，可以减征或免征车船税。

举例　车船税、房产税、印花税和土地使用税。某电子制造公司在 2017 年 2 月发生以下业务：2009 年购入的小汽车 5 辆（5 座排气量 2.0 升及以下），于 3 月 10 日到期，需要办理交强险并缴纳车船税每辆 360 元；按照税务机关通知需要申报当月的房产税和土地使用税。公司房屋一栋，其中 50%办公自用，固定资产原值金额为 1 000 万元；50%出租，计入投资性房地产成本价值 1 000 万元，公允价值 1 500 万元；房屋出租合同记载租赁期为 1 年，年租金为 100 万元。取得该房屋时的无形资产为 600 万元（国有土地使用权，面积为 2 000 平方米），该地块定额税为 8 元/平方米。要求：计算该公司在 2017 年 2 月需要缴纳的车船税、房产税、印花税和土地使用税。

分析：（1）房产税=（1 000+600×50%）×（1−30%）×1.2%+100×12% = 22.92（万元）。

（2）土地使用税=2 000×8=1.6（万元）。

（3）车船税=360×5=1 800（元）。

（4）财产租赁印花税=100×0.1%=0.1（万元）。

（5）车船税、房产税和土地使用税都需要计提，在申报纳税时缴纳。印花税不计提，在缴纳时直接计入税金及附加。

（五）环境税

从 2018 年 1 月开始，排污费改为环境保护税。环境保护税对企业排放的大气污染物、水污染物、固定废弃物和噪声征收。环境保护税计入管理费用或税金及附加，在企业所得税前均可扣除。企业发生环境保护税义务时，借记“管理费用”或“税金及附加”科目，贷记“应交税费——应交环境保护税”科目；缴纳环境保护税时，借记“应交税费——应交环境保护税”“营业外支出——环境保护税滞纳金”科目，贷记“银行存款”等科目。当企业取得排污权时，借记“无形资产——排污权”科目，贷记“银行存款”科目；对排污权在受益年限内摊销时，借记“管理费用”科目，贷记“无形资产（排污权摊销）”科目；排污权转让时，借记“银行存款”科目，贷记“营业外收入——排污权转让收入”“应交税费”“无形资产——排污权”科目。

在对环境保护税或排污费进行分析时，首先要查看财务报表附注中关于企业环境税的计征范围和标准，污染物的种类、排放量及其浓度的测定方式，以及重大环境事故。其次，要分析环境税占生产成本与期间费用的比例、环境税与净利润的比率、治理污染的环境支出的变化趋势。环境税的成本可以用本期应交环境税、营业外支出中的环境赔偿和环境罚金来计算。

三、增值税分析

增值税是指对企业的增值额按照一定税率征收的流转税，是产品或劳务流转各个环节的增值总额，等于营业收入减去外购货物或劳务成本后的余额。在实践中，中国采取间接的税金扣除法来计算增值税。按照进项税额抵扣范围的不同，增值税又分为生产型增值税、收入型增值税和消费型增值税，可以采取价内计税方法或价外计税方法计算。

（一）中国增值税的基本规定

因企业规模不同，纳税人区分为一般规模纳税人和小规模纳税人，实行不同的计税办法、税率或征收率。

1. 一般规模纳税人

只有一般规模纳税人可以领用和开具增值税专用发票，进行进项税额的抵扣。按照增值税法规，应交税费下设应交增值税、未交增值税、预交增值税、待抵扣进项税额、待认证进项税额、待转销项税额、增值税留抵税额、简易计税、转让金融商品应交增值税、代扣代交增值税 10 个科目。其中，应交增值税下设进项税额、销项税额抵减、已交税金、转出未交增值税、减免税款、出口抵减内销产品应纳税额、销项税额、出口退税、进项税额转出和转出多交增值税 10 个专栏。其计算公式①为

当期应交增值税额=当期销项税额-当期进项税额

其中，销项税额等于不含税的销售额与增值税税率的乘积；进项税额等于不含税的购买成本与增值税税率的乘积。

提供服务的销售额是指纳税人提供应税服务取得的全部价款和价外费用，但不包含增值税。自 2018 年 5 月 1 日起，制造业等行业的增值税税率从 17%下调到 16%，交通运输、建筑、基础电信服务业、农产品等行业的增值税税率从 11%下调到 10%，金融和其他服务业的增值税税率为 6%。进项税额转出是记录一般纳税人购进货物、加工修理修配劳务、服务、无形资产或不动产等发生非正常损失及其他原因，而不应从销项税额中抵扣、按规

① 计算增值税的完整公式：应交增值税=销项税额-（进项税额+以前备抵进项税额-进项税额转出）-出口抵减内销产品应纳税额-减免税款-出口退税。

定转出的进项税额。

2. 小规模纳税人

小规模纳税人则对销售额按照征收率缴纳增值税，不得抵扣增值税。其计算公式为

$$应纳税额=销售额\times征收率$$

（二）一般规模纳税人增值税的计算

一般规模纳税人增值税计算的关键，在于确定销售额和购买货物或劳务的成本。对于商品的采购、制造和销售而言，不含税的销售额和购买成本比较简单。但是，对于金融服务而言，销售额和购买劳务的成本确定较为复杂。

1. 存货和固定资产的采购

对于购买的原材料、机器设备、房屋、无形资产而言，购买货物的价款和各种价外费用就是购买成本。但是，增值税不包含在各种资产的购买成本之中，从而低估了资产的实际价值，高估了资产负债率和资产报酬率。

举例 商品采购和销售的增值税。B企业为增值税一般纳税人，材料按计划成本法核算。2017年6月2日从C公司采购原材料甲200千克，材料不含税单价为1 200元/千克，取得增值税发票，款项已付。6月26日从D公司采购原材料乙500千克，材料不含税单价为800元/千克，从D公司取得增值税发票，款项已付。2017年6月30日，甲材料的增值税发票已经经过税务机关认证，乙材料的税票尚未经过认证。假设增值税税率为17%。要求：对相关业务作会计分录。

分析：（1）B企业购买甲材料的价款为24万元，支付增值税为24×17%=4.08（万元）；购买乙材料的价款为40万元，支付增值税为40×17%=6.80（万元）。会计处理为

借：材料采购——甲材料 24万
　　应交税费——应交增值税（进项税额） 4.08万
　　材料采购——乙材料 40万
　　应交税费——待认证进项税额 6.8万
　　贷：银行存款 74.88万

（2）如果2017年7月乙材料的增值税发票通过可抵扣认证，会计分录为

借：应交税费——应交增值税（进项税额） 6.8万
　　贷：应交税费——待认证进项税额 6.8万

（3）如果这批乙材料作为福利发放给员工，会计分录为

借：管理费用 6.8万
　　贷：应交税费——应交增值税（进项税额转出） 6.8万

2. 融资租赁服务的增值税

营业税改征增值税之后，未确认的融资费用需要在财务费用和增值税进项税额中进行分摊。由于增值税进项税额在各个租赁期内相等，因此，摊销的未确认融资费用和财务费用都逐年递减。这就造成融资租赁的财务费用在营业税改增值税之后的减少金额恰好等于增值税进项税额，从而低估了企业的财务费用和高估了企业的净利润。

3. 金融服务的增值税

金融服务包括贷款服务、直接收费金融服务、保险服务和金融商品转让。

（1）金融资产取得环节支付给中介金融机构的佣金、过户费等交易费用，按照直接收费金融服务项目适用6%的增值税税率；金融商品持有期间的利息收入、信用卡透支利息收入等按照贷款服务缴纳增值税，金融商品持有期间收到的现金股利和公允价值变动损益不需要缴纳增值税。

（2）金融商品转让是指转让外汇、有价证券、非货物期货和其他金融商品所有权的活动。金融商品转让按照卖出价扣除买入价后的余额为销售额。

① 买入价包括支付的价款、缴纳的印花税、支付给证券经纪人的佣金和手续费等，但不包括应收未收的股息（红利）。金融商品的买入价，可以选择按照加权平均法或者移动加权平均法进行核算，选择后36个月内不得变更。

② 卖出价包括收到的价款、缴纳的印花税、支付给证券经纪人的佣金和手续费等，但不包括收到的股息。

③ 转让金融商品出现的正负差，按盈亏相抵后的余额为销售额。若相抵后出现负差，可结转下一纳税期与下期转让金融商品销售额相抵，年末时仍出现负差的，不得转入下一个会计年度。

（三）增值税的会计处理分析

增值税的会计处理方法是税法导向的，即财务报表完全根据税法规定的价内计税或价外计税来进行会计处理和反映，把企业当作增值税的代收代缴人，忽视了增值税对企业的销售量、历史成本、净利润等方面的影响。

1. 违背重要性原则

增值税只通过“应交税费——应交增值税”核算确认增值税应纳税额，缴纳的增值税不再单独披露，造成财务报表使用者无法了解企业关于增值税税负及其影响的相关信息。

2. 违背历史成本原则

增值税采取价税分离的会计处理方法，不符合历史成本原则。按照历史成本原则，企业的各项资产应按取得时的历史成本，即按所支付的买价、采购费用和税金的全部价款计价。但是，增值税法要求采购成本的部分计入资产成本，增值税则记入“应交税费——应交增值税（进项税额）”科目，从而造成资产成本的低估。对于卖方获得的收入，不是采用收入实现原则中的“收入”概念，而是直接采纳增值税法中的“销售额”概念，即纳税人销售货物或应税劳务向购买方收取的全部价款和价外费用。

3. 违背权责发生制原则

增值税的进项税额抵扣和销项税款均建立在现金收付制基础上。在赊购的情况下，企业没有支付现金，但可以将进项税额作为抵扣销项税额转嫁出去。在赊销的情况下，企业没有收到现金，但需要提前缴纳增值税。这样，赊购较多的企业增值税税负较轻，而赊销较多的企业则增值税税负较重。

而且，在赊销的情况下，应收账款包括应收的货款、价外费用，以及应由购货方负担但由销货方代缴的增值税税款。当赊销的应收账款出现坏账损失时，坏账部分包括不能收回的货款和应由购货方承担的销项税额。当赊购的企业无法支付应付账款时，应付未付的货款及这部分货款包含的已抵扣的进项税额就成为赊购企业的收益。

4. 增值税的会计处理不符合配比原则

与存货发出可以采取先进先出法、加权平均法、移动平均法和后进先出法相比，财务会计对增值税的会计处理按照税法的规定采用购进扣税法而非销售扣税法，造成增值税销项税额的确认与进项税额的抵扣不能相互配比。如果出现当期准予抵扣的进项税额大于当期实现的销项税额，“应交税费——应交增值税”这个负债科目就会出现借方余额。

5. 不同企业之间或同一企业的会计信息缺乏可比性

（1）对于不同企业而言，存货成本是否包含付出的进项税额，完全取决于是否获得增值税专用发票还是普通发票，以及取得的增值税专用发票是否符合抵扣条件。增值税法规定，纳税人抵扣进项税额必须取得增值税专用发票、海关完税证明、免税农产品收购凭证等扣税凭据，未取得扣税凭证或取得不符合条件的凭证则不允许抵扣进项税额。

（2）对于同一企业而言，存货成本是否包含付出的进项税额，完全取决于一般纳税人和小规模纳税人的身份是否转变，出口的增值税是否允许抵扣或退税。小规模纳税人不管是否取得增值税专用发票，都要按价税合一对存货进行计价。企业取得扣税凭证的购进资产用于非应税项目，增值税税额不再被抵扣转入相应项目的成本。

6. 影响财务报表的质量

增值税不体现在营业收入或经营成本之中，造成增值税对当期损益的影响很难分析。而且，增值税扭曲了成本、费用、收入的确认，存货和固定资产的计价，对各种有关资产负债表和利润表的财务指标都造成影响。对现金流量表而言，应交增值税中的已交税金和本期增值税税负之间的差异巨大，造成对增值税的现金流预测困难。对集团公司和跨国公司而言，合并财务报表面临成本和收入中有的不包含增值税、有的包含其他税金的情形。增值税税率在不同行业和不同规模的企业之间还存在差距，合并的可比性就更加困难。

（四）增值税的财务分析

增值税是企业在生产经营过程中所发生的必要费用支出，应按照历史成本原则将增值税税额计入相关资产成本。在进行财务报表分析时，需要在“应交增值税”的基础上重构增值税费用，将进项税纳入存货成本，将销项税纳入营业收入，以便使本期增值税费用与本期销售收入实现配比。相关计算公式为

增值税费用=当期销项税额-当期销售成本中包含的进项税额

当期应交增值税=当期销项税额-当期允许抵扣的进项税额

增值税费用与当期应交增值税的差额记入“递延增值税”科目。但是，对增值税的资本化处理需要对整个会计处理模式进行重新构建，财务报表分析者显然无法胜任这一任务。

由于税务机关对增值税的监管很严，因此，财务报表分析者可以根据企业的应交增值税或已交增值税金额，分析缴纳增值税的年度变动额、增长率或者增值税税负占收入的比例，以便判断收入的质量。

四、企业所得税分析

由于企业所得税法的规定与财务准则的规定不同，需要高度关注所得税费用的计算。

（一）企业会计准则与企业所得税法的差异界定

企业所得税费用的复杂性在于税前的会计利润与应纳税所得额之间存在众多的差异。

这种差异分为永久性差异和暂时性差异两种。

1. 永久性差异

永久性差异是指税前会计利润与应纳税所得额之间因为计算口径不同而形成的差异。这种差异在本期产生，但不能在以后各期转回，也就不会在将来产生应纳税金额或可扣除金额。这些不存在跨期分摊的永久性差异分为以下两种。

（1）范围不同。在会计上作为费用或损失的项目，在税法上不作为扣除项目处理，或者在会计上作为收入或利得的项目，在税法上不作为收入，如不征税收入或免税收入。

（2）标准不同。会计上作为费用或损失的项目在税法上可作为扣除项目，但规定计税开支的标准限额，超过标准限额部分不允许抵扣应纳税所得。

2. 暂时性差异

暂时性差异是指资产或负债的账面价值与其计税基础之间的差额，分为应纳税暂时性差异和可抵扣暂时性差异。暂时性差异表现为会计上与税法上固定资产的折旧方法和年限、无形资产的摊销方法与年限、存货计价的方法、收入的确认、资产减值损失的确认和公允价值变动损益的确认等方面的不同。暂时性差异会随着时间的变化而自动转回或消失。

（二）企业会计准则与企业所得税法的差异表现

企业会计准则是由财政部根据《中华人民共和国会计法》制定并实施的，企业所得税法是由国家税务机关和全国人民代表大会制定并实施的。因此，两个职能不同的政府部门在制定标准和目的方面就存在差异，而且税法的法律效力要高于会计准则。会计准则要求企业客观、真实、可靠地反映其财务状况、经营成果及其现金流量，但税法要求在确保国家财政收入实现的基础上提供公平税负和公平竞争的环境。这就造成会计准则与企业所得税法在基本假设、基本原则和会计要素等方面存在明显的差异。

1. 基本假设的差异

（1）会计主体与纳税主体的差异。纳税主体一般与会计主体相同，但是，分公司和集团性企业是会计主体，但分公司和未实行汇总缴纳税款的集团性企业不是纳税主体。

（2）持续经营假设。在会计上资产和负债的计价都要考虑持续经营假设，但税法不考虑企业是否持续经营，在企业具有纳税能力时就征税。

（3）会计分期假设。纳税年度是按照公历年度，即从公历的 1 月 1 日到 12 月 31 日。会计年度则可能不同于纳税年度。

（4）核算原则。会计核算以权责发生制为基础，税法按照纳税人支付税款的能力，在计算应税所得时结合了权责发生制和收付实现制。例如，接受捐赠收入在实际收到捐赠资产的当期确认收入，缴纳企业所得税。

2. 基本原则的差异

（1）稳健性原则。会计核算要坚持稳健性原则，充分估计各种风险和损失。税法要求按实际情况，据实扣除，不允许扣除各种估计的减值损失或公允价值变动损益。

（2）相关性原则。会计核算要求会计信息的提供具有及时性、反馈价值和预测价值。税法上的相关性则是指扣除的费用从性质和根源上必须与取得的应税收入相配比、相关联。

（3）实质重于形式原则。会计准则要求企业根据交易或事项的实际情况进行会计核算，而不仅仅以法律形式作为会计核算的依据。但是，税法要求以交易或事项的法律依据作为计税的标准，不能估计。

（4）重要性原则。会计核算要求企业根据交易事项的重要程度而采用不同的核算方法。税法要求纳税人在计算应纳税所得额时，无论金额多少，都要按规定计算所得。

3. 会计要素的差异

会计要素的差异表现为会计要素的计价和确认存在差异。

1）资产的入账价值和折旧方法不同

（1）资产的入账价值在会计上按照历史成本原则计价，但在税法上则更多采取公允价值及历史成本计价。

（2）在固定资产的折旧和无形资产的摊销方面，会计上可以采取加速折旧或提前摊销的方法，但在税法上严格规定加速折旧的情形，更多采取直线法折旧，从而造成折旧和摊销的暂时性差异。

（3）企业在会计上对所有固定资产的入账价值减去预计残值后的余额进行折旧，税法则规定企业只能对固定资产的计税成本按照规定的折旧年限进行折旧，但不能对未使用、不需要和封存的固定资产进行折旧。

（4）对于无形资产的摊销，会计上规定对使用寿命不确定的无形资产（商誉）不允许摊销其价值，税法则规定除了外购商誉支出在企业进行转让或清算时才予以扣除外，其他无形资产都需要摊销；会计上对无形资产摊销的金额就是其入账价值，税法则按计税基础进行摊销；会计上允许采用直线法和其他摊销方法，但税法只允许采用直线法进行摊销。

2）费用化负债的扣除不同

对于预计负债，会计准则允许确认为费用，但税法只允许支出实际发生时税前扣除。对于借款费用，会计上以资产是否达到预计使用状态为资本化或费用化的标准，但在税法上则以资产是否交付使用为标准。对于借款的范围，会计上只允许购置固定资产所发生的借款费用，但在税法上允许固定资产和无形资产购置借入的资金。

3）收入确认不同

会计上的收入确认要满足控制权是否转移或商品所有权上的主要风险和报酬是否转移的标准，但税法上根据交易的结算方式来确认应税收入的纳税时间，不考虑会计上的确认标准。而且，税务机关有权调整关联方之间不符合独立交易原则的收入，并将企业境外投资的未分配利润当作企业的当期收入。

4）费用范围不同

会计上按照费用的实际发生额来扣除费用，但税法规定了部分项目的扣除范围和标准。

（1）职工福利支出、工会经费和职工教育经费分别不超出工资薪金总额的 14%、2%和 2.5%的部分准予扣除。

（2）广告费和业务宣传费不超过当年销售收入 15%的部分准予扣除，超出部分在以后纳税年度结转扣除。

（3）业务招待费可按当年发生额的 60%扣除，但最高不能超过当年收入的 0.5%。

（4）财务费用要在税法上按合理的标准并依据相关证明予以扣除，但与关联方的利息支出超过规定标准的不允许扣除。

（5）慈善捐赠支出在年度利润总额的12%以内的部分，准许在当年计算应纳税所得额时扣除；超过部分，按照2017年修订的企业所得税法，准予结转以后3年内在计算应纳税所得额时扣除。

（6）开发新技术、新产品和新工艺发生研究开发费用，以及安置残疾人员和国家鼓励安置的其他就业人员所支付的工资，都可以加计扣除。

由于以上差异的存在，按照税法计算的应纳税所得额与按照财务会计准则计算的应纳税利润之间就会存在差异。这种差异不仅造成企业的纳税成本和监管部门的征税成本的增加，还为企业逃避税收和财务舞弊提供了更多的机会，增加了纳税人的非法纳税行为和被惩罚的风险。

（三）企业所得税处理的会计方法

企业所得税确认和计量的会计处理方法分为税法导向的应付税款法和财务准则导向的纳税影响会计法两种基本方法。

1. 应付税款法

应付税款法要求所得税费用完全按税法计算，将本期会计利润与应税所得额之间的差异造成的纳税影响额直接计入当期损益，而不递延到以后各期，当期的所得税费用等于当期应缴的所得税。

2. 纳税影响会计法

纳税影响会计法则要求所得税跨期核算，在计算所得税费用时，不必调整时间性差异，只需在会计利润基础上调整永久性差异，再乘以所得税税率，时间性差异对所得税的影响递延和分配到以后各期。纳税影响会计法又由于在税率或税基变动时的不同处理方法分为递延法和债务法两种。

1）递延法

递延法是指在时间性差异发生的期间，按照当时的税率进行计量，在其转回的期间仍然按照这个税率计量转回。当税率变动时，不需要对递延税款余额进行调整。

2）债务法

债务法则以当前或时间性差异转回时的税率为依据，确认和摊销递延税款，当税率或税基变动时要调整递延税款的账面余额。债务法又因侧重利润表和资产负债表的不同而分为利润表债务法和资产负债表债务法。

（1）利润表债务法，是将本期间由于时间性差异产生的纳税影响金额，递延和分配到以后各期，并同时转回已确认的时间性差异对所得税的影响金额，在所得税税率变动时要调整递延税款账面余额的一种会计处理方法。

（2）资产负债表债务法，是按预计转回年度的所得税税率计算其纳税影响数，作为递延所得税资产或负债的一种方法。它从暂时性差异的本质出发，分析暂时性差异产生的本质原因和对期末资产、负债的影响。资产负债表债务法不仅能处理时间性差异，还能处理非时间性差异的暂时性差异，能对企业的财务状况做出恰当的评价。中国所得税确认和计量采用资产负债表债务法。

举例　不同会计方法下的所得税。甲公司于2016年12月购入一套机器作为固定资产，其价值为150万元，预计使用年限为5年，符合所得税法规定的折旧年限范围。甲公司在会计上对该项固定资产采用的折旧方法是直线法，预计净残值为0；公司所使用的预计净残值与税法的规定相同，其他涉税事项的规定也相同，所得税税率为25%。甲公司每年利润总额为300万元，预计未来会计期间能够产生足够的应纳税所得额来抵减可抵扣时间性差异。

分析：（1）假设所得税法规定该项固定资产计税时采用的折旧方法也是直线法。甲公司既无暂时性差异，也无纳税调整事项，利润总额即应纳税所得额，应交所得税=应纳税所得额×所得税税率=300×25%=75（万元）。2017～2021年度的会计分录为

借：所得税费用　　75万

　　贷：应交税费——应交所得税　　75万

（2）假设所得税法规定该项固定资产计税时采用年数总和法进行折旧，并用应付税款法计算所得税费用。尽管会计上和税法上采用不同的折旧方法会造成时间性差异，但所得税费用完全按税法计算，当期的所得税费用等于当期应缴的所得税，本期会计利润与应税所得之间的差异造成的影响额直接计入当期损益。表6-29是按照应付税款法计算的结果。

表6-29　应付税款法下的所得税费用

项目	2017年	2018年	2019年	2020年	2021年	合计
会计的折旧费用（万元）	30	30	30	30	30	150
税法的折旧费用（万元）	50	40	30	20	10	150
所得税税率（%）	25	25	25	25	25	—
会计利润（万元）	300	300	300	300	300	1 500
应税所得（万元）	280	290	300	310	320	1 500
应交所得税（万元）	70	72.5	75	77.5	80	375
所得税费用（万元）	70	72.5	75	77.5	80	375

（3）假设所得税法规定该项固定资产计税时采用的折旧方法是年数总和法，且税率不变，并用递延法计算所得税费用。递延法基于收入费用观，利用时间性差异对所得税的影响通过递延税款递延和分配到以后各期。税率不变与递延法下的所得税费用见表6-30。

表6-30　税率不变与递延法下的所得税费用

项目	2017年	2018年	2019年	2020年	2021年	合计
会计的折旧费用（万元）	30	30	30	30	30	150
税法的折旧费用（万元）	50	40	30	20	10	150
时间性差异（万元）	−20	−10	0	10	20	0
所得税税率（%）	25	25	25	25	25	—
会计利润（万元）	300	300	300	300	300	1 500
应税所得（万元）	280	290	300	310	320	1 500
应交所得税（万元）	70	72.5	75	77.5	80	375
所得税费用（万元）	75	75	75	75	75	375

（4）假设所得税法规定该项固定资产计税时采用的折旧方法是年数总和法，税率在2019～2021年改为15%，并用递延法计算所得税费用。税率变动与递延法下的所得税费用见表6-31。从表中可看出，递延法在未来期间税率发生变动当期不调整递延税款余额。

表6-31　税率变动与递延法下的所得税费用

项目	2017年	2018年	2019年	2020年	2021年	合计
会计的折旧费用（万元）	30	30	30	30	30	150
税法的折旧费用（万元）	50	40	30	20	10	150
时间性差异（万元）	−20	−10	0	10	20	0
所得税税率（%）	25	25	15	15	15	—
递延税款（万元）	−5（贷）	−2.5（贷）	0	1.5（借）	6（借）	0
会计利润（万元）	300	300	300	300	300	1 500
应税所得（万元）	280	290	300	310	320	1 500
应交所得税（万元）	70	72.5	45	46.5	48	282
所得税费用（万元）	75	75	45	45	42	282

（5）假设所得税法规定该项固定资产计税时采用的折旧方法是年数总和法，税率在2019～2021年改为15%，并用利润表债务法计算所得税费用。税率变动与利润表债务法下的所得税费用见表6-32。利润表债务法在2019年税率发生变动的情况下考虑了税率变动对当期所得税费用的影响，并计算出递延税款。因此，在税率变动的条件下，递延法与利润表债务法计算的所得税费用和净利润不同。利润表债务法在税率发生变动当年及时调整了所得税费用和递延税款，保证了所得税费用及税后净利润计算的准确性。

表6-32　税率变动与利润表债务法下的所得税费用

项目	2017年	2018年	2019年	2020年	2021年	合计
会计的折旧费用（万元）	30	30	30	30	30	150
税法的折旧费用（万元）	50	40	30	20	10	150
时间性差异（万元）	−20	−10	0	10	20	0
所得税税率（%）	25	25	15	15	15	—
递延税款（万元）	−5（贷）	−2.5（贷）	3（借）	1.5（借）	3（借）	0
会计利润（万元）	300	300	300	300	300	1 500
应税所得（万元）	280	290	300	310	320	1 500
应交所得税（万元）	70	72.5	45	46.5	48	282
所得税费用（万元）	75	75	42	45	45	282

（6）假设所得税法规定该项固定资产计税时采用的折旧方法是年数总和法，该设备在2019年计提30万元的固定资产减值准备，税率在2019～2021年改为15%，并用利润表债务法计算所得税费用。税率变动、资产减值准备与利润表债务法下的所得税费用见

表 6-33。从表中可看出，利润表债务法不能处理非时间性的暂时性差异，因为此时时间性差异不能完全转回，递延税款也不能完全转回。

表 6-33 税率变动、资产减值准备与利润表债务法下的所得税费用

项目	2017 年	2018 年	2019 年	2020 年	2021 年	合计
会计的折旧费用（万元）	30	30	30	15	15	120
税法的折旧费用（万元）	50	40	30	20	10	150
时间性差异（万元）	−20	−10	0	−5	5	−30
所得税税率（%）	25	25	15	15	15	—
递延税款（万元）	−5（贷）	−2.5（贷）	3（借）	−0.75（贷）	0.75（借）	−4.5（贷）
会计利润（万元）	300	300	300	300	300	1500
应税所得（万元）	280	290	300	295	305	1470
应交所得税（万元）	70	72.5	42	44.25	45.75	277.5
所得税费用（万元）	75	75	42	45	45	282

（7）假设所得税法规定该项固定资产计税时采用的折旧方法是年数总和法，该设备在 2019 年计提 30 万元的固定资产减值准备，税率在 2019～2021 年改为 15%，并用资产负债表债务法计算所得税费用。税率变动、资产减值准备与资产负债表债务法下的所得税费用见表 6-34。资产负债表债务法能够处理非时间性的暂时性差异，递延税款也完全能转回。这是因为资产负债表债务法优先考虑了资产负债表项目的计算准确性，计算出来的递延税款借方余额作为递延所得税资产，递延税款的贷方余额作为递延所得税负债，从而使资产负债表的信息更加明确。但是，递延所得税资产的后期转回是以将来的会计利润大于应税所得为前提的。如果企业将来没有足够的应税所得额可抵扣，这就会造成高估资产和少计提费用的情形。

表 6-34 税率变动、资产减值准备与资产负债表债务法下的所得税费用

项目	2017 年	2018 年	2019 年	2020 年	2021 年	合计
账面价值（万元）	120	90	30	15	0	—
计税基础（万元）	100	60	30	10	0	—
累积暂时性差异（万元）	20	30	0	5	0	—
所得税税率（%）	25	25	15	15	15	—
期初递延所得税负债（万元）	0	5	7.5	0	0.75	—
期末递延所得税负债（万元）	5	7.5	0	0.75	0	—
本期递延所得税负债（万元）	5	2.5	−7.5	0.75	−0.75	0
会计利润（万元）	300	300	300	300	300	1 500
应税所得（万元）	280	290	330	295	305	1 500
应交所得税（万元）	70	72.5	49.5	44.25	45.75	282
所得税费用（万元）	75	75	42	45	45	282

（四）中国企业所得税法的基本规定

从2008年1月1日起，《中华人民共和国企业所得税法》《中华人民共和国企业所得税法实施条例》，以及国家税务总局的国税函文件和财政部的财税文件，共同构成中国企业所得税法体系。

1. 企业所得税费用的会计处理

企业所得税费用反映在利润表上，“应交税费——应交所得税”反映在资产负债表上。企业在计提所得税时，借记“所得税费用”科目，贷记“应交税费——应交企业所得税”科目；在缴纳所得税时，借记“应交税费——应交企业所得税”科目，贷记“银行存款”科目。

2. 企业所得税费用的计算公式

相关计算公式如下：

所得税费用=当期应交所得税税额+递延所得税费用

递延所得税费用=（期末递延所得税负债–期初递延所得税负债）–（期末递延所得税资产–期初递延所得税资产）

当期应纳（交）所得税税额=当期应纳税所得额×所得税税率–减免税额–抵免税额

应纳税所得额=应纳税收入总额–准予扣除项目金额

准予扣除项目金额=不征税收入+免税收入+各项扣除+以前年度亏损

（1）应纳税收入包括销售货物收入、提供劳务收入、转让财产收入、股息红利收入、利息收入、租金收入、特许权使用费收入、接受捐赠收入和其他收入。其他收入包括固定资产盘盈收入、罚款收入、因债权人缘故确实无法支付的应付款项，物资及现金的溢余收入、教育费附加返还款、逾期没收包装物押金收入等。

（2）不征税收入包括财政拨款，依法收取并纳入财政管理的行政事业性收费、政府性基金等。

（3）免税收入包括国债利息收入、不计入损益的补贴项目、指定用途的减免或返还的流转税、纳入财政预算或财政专户管理的各种基金收费、科研单位技术转让收入、治理“废渣、废气、废水”收益等。农林牧渔业的收入，从事国家重点扶持的公共基础设施项目投资经营的收入，从事环境保护和节能节水项目的收入，以及技术转让收入都可以免征或减征企业所得税。

（4）企业实际发生的与取得收入有关的、合理的支出，包括成本、费用、税金、损失和其他支出，准予在计算应纳税所得额时扣除。

（5）抵免税额，包括境外缴纳的所得税税额。如果国外缴纳的所得税税额超过中国税法计算的应纳税额，则超过部分可以在以后5个年度内进行纳税抵免。

3. 不允许扣除的支出

在中国计算应纳所得税税额时，下列支出不得扣除：向投资者支付的股息、红利等权益性投资收益，企业所得税税款，税收滞纳金，罚金、罚款和被没收财物的损失，未经许可的捐赠支出、赞助支出、未经核定的准备金支出，以及与取得收入无关的其他支出。

其中，罚金是法院等审判机关对犯罪分子的一种刑罚处罚。罚款分为行政性罚款和经营性罚款，行政性罚款是政府的工商、税务、公安、环保、城管等部门依据行政法规和法律对企业的罚款，经营性罚款则是其他经营性主体对企业的违约行为给予的收费惩罚，如违约金、银行罚息、诉讼费、电力罚款等。尽管所有的罚金和罚款都可以被列入营业外支出，但是，罚金和行政性罚款不得税前扣除，只有经营性罚款可以税前扣除。

4. 税率的规定

2008 年，《中华人民共和国企业所得税法》规定，内外资企业的所得税税率为 25%，国家需要重点扶持的高新技术企业的税率为 15%，小型微利企业和非居民企业的税率为 20%。国家需要重点扶持的高新技术企业是指拥有核心自主知识产权，并且其产品属于《国家重点支持的高新技术领域》规定的范围，研究开发费占销售收入的比例、高新技术产品收入占企业总收入的比例、科技人员占企业职工总数的比例都不低于规定比例的企业。

（五）可抵扣亏损的所得税会计处理

企业亏损的内部结转政策在世界各国分为亏损前后结转和亏损向后结转两种，并且亏损允许结转的期限也不相同。

（1）美国采取亏损前后结转政策。首先，允许企业采用以前 2 个年度的利润弥补当年亏损，同时将以前年度缴纳的所得税退还给企业；其次，在以前年度的利润不足以弥补亏损时，再将当年的未弥补亏损向以后不超过 20 年内结转。

（2）中国采取亏损向后结转政策，一般企业只允许当年亏损采用以后 5 年的利润进行弥补，但高新技术企业和科技型中小企业自 2018 年起的亏损向右结转年限为 10 年。英国、新西兰、新加坡、法国等允许无限期向后结转。较短的结转年限不仅会助长企业的短期盈余管理活动，而且规定企业境外营业机构的亏损不能用其境内营业机构的盈利来弥补，妨碍企业的国际经营活动。

（3）根据所得税会计准则，企业对于向以后年度结转的可抵扣亏损，应当以很可能获得用来抵扣可抵扣亏损的未来应纳税所得额为限，确认相应的递延所得税资产，借记“递延所得税资产”科目，贷记“所得税费用”科目；以后年度亏损转回时，借记“所得税费用”科目，贷记“递延所得税资产”科目。

举例　可抵扣亏损与所得税。甲公司于 2016 年发生税法计算的经营亏损 5 000 万元，公司管理层预计未来 5 年可产生足够的应纳税所得额来弥补亏损。假设公司未来 5 年每年的会计利润为 2 000 万元，没有任何调整事项，甲公司的所得税税率为 25%。要求：计算各年的所得税费用。

分析：（1）甲公司在 2016 年发生经营亏损，会计税前利润为−5 000 万元，应纳税所得额为−5 000 万元，则当期应交所得税为 0 元。根据所得税会计准则，甲公司 2016 年确认递延所得税资产=−5 000 × 25%=−1 250（万元），递延所得税费用=（期末递延所得税负债−期初递延所得税负债）−（期末递延所得税资产−期初递延所得税资产）=0−（1 250−0）=−1 250（万元），所得税费用=当期应交所得税+递延所得税费用=0−1 250=−1 250（万元），2016 年度净利润=−5 000−（−1 250）=−3 750（万元）。会计分录为

借：递延所得税资产　　　　1 250 万

　　贷：所得税费用　　　　　　1 250 万

（2）2017 年度可抵扣亏损转回时，会计税前利润为 2 000 万元，应纳税所得额=2 000−5 000=−3 000（万元），当期应交所得税为 0 元，递延所得税资产期初余额为 1 250 万元，转回=2 000 × 25%=500（万元），递延所得税资产期末余额为 750 万元，递延所得税费用为

500 万元，所得税费用=0-（-500）=500（万元），净利润=2 000-500=1 500（万元）。会计分录为

借：所得税费用　　500 万

　　贷：递延所得税资产　　500 万

（3）2018 年度可抵扣亏损转回时，会计税前利润为 2 000 万元，应纳税所得额为 2 000-3 000=-1 000（万元），当期应交所得税为 0 元，递延所得税资产期初余额为 750 万元，转回 2 000 × 25%=500（万元），递延所得税资产期末余额为 250 万元，递延所得税费用为 500 万元，所得税费用=0-（-500）=500（万元），净利润=2 000-500=1 500（万元）。会计分录为

借：所得税费用　　500 万

　　贷：递延所得税资产　　500 万

（4）2019 年度可抵扣亏损转回时，会计税前利润为 2 000 万元，应纳税所得额=2 000-1 000=1 000（万元），当期应交所得税=1 000 × 25%=250（万元），递延所得税资产期初余额为 250 万元，转回额=1 000 × 25%=250（万元），递延所得税资产期末余额为 0 万元，递延所得税费用为 250 万元，所得税费用=250-（-250）=500（万元），净利润=2 000-500= 1 500（万元）。会计分录为

借：所得税费用　　500 万

　　贷：递延所得税资产　　250 万

　　　　应交税费——应交企业所得税　　250 万

（5）2020 年度和 2021 年度无可抵扣亏损转回，会计税前利润为 2 000 万元，应纳税所得额为 2 000 万元，当期应交所得税=2 000 × 25%=500（万元），递延所得税资产期初余额为 0 万元，转回 0 万元，递延所得税资产期末余额为 0 万元，递延所得税费用为 0 万元，所得税费用=500+0=500（万元），净利润=2 000-500=1 500（万元）。2020 年度和 2021 年度的会计分录为

借：所得税费用　　500 万

　　贷：应交税费——应交企业所得税　　500 万

（4）亏损转回与盈余管理。未来应纳税所得额是否足以弥补亏损取决于管理层的判断。因此，递延所得税资产的确认就会降低当期的企业所得税费用，增加当期的净利润，从而达到企业避免利润下滑或扭亏为盈的目的，降低净利润的质量。

举例　亏损转回与盈余管理。下面以智慧农业为例，说明可抵扣亏损向后结转确认递延所得税资产给企业带来的盈余管理。表 6-35 是智慧农业 2015 年财务数据。

表 6-35　智慧农业 2015 年财务数据（单位：万元）

科目	2015 年第三季度报表	2015 年年报
递延所得税资产	7 178.90	9 443.87
利润总额	-772.72	-1 163.75
净利润	-447.05	414.00

分析：（1）智慧农业在 2015 年的第三季度报表和年报中分别亏损 772.72 万元和 1 163.75 万元，但在年报中出现了扭亏为盈的现象。这是因为智慧农业在 2015 年第四季度确认了 2 264.97 万元的递延所得税资产。

（2）表 6-36 是 2014 年和 2015 年年报中披露的递延所得税资产的构成信息。从中可以计算出，智慧农业在 2014 年和 2015 年的可抵扣亏损确认的递延所得税资产占递延所得税资产总额的比例分别为 63.41%和 66.39%，可抵扣亏损的递延所得税资产从 4 027.25 万元增长到 2015 年的 6 269.40 万元，增加了 2 242.15 万元。

表 6-36　智慧农业 2014 年和 2015 年报表中递延所得税资产的组成情况（单位：万元）

项目	2014 年年度报表		2015 年年度报表	
	可抵扣暂时性差异	递延所得税资产	可抵扣暂时性差异	递延所得税资产
资产减值准备	9 914.89	1 853.77	13 863.72	2 861.26
内部交易未实现利润	1 457.27	218.59	669.45	100.41
可抵扣亏损	11 506.42	4 027.25	20 193.25	6 269.40
公允价值变动计入损益的资产负债	0.105	0.026	0	0
专项储备对固定资产折旧的影响	1 004.79	251.19	855.18	212.79
合计	23 383.48	6 350.83	35 581.60	9 443.86

（3）依靠可抵扣亏损来改善盈利能力的情形更多的是账面上的盈利能力，智慧农业的实际盈利能力并没有改善。根据智慧农业 2016 年第三季度报表，智慧农业的销售利润率为-0.49%，净资产收益率为-0.01%，净利润增长率为-40.19%。智慧农业在 2017 年 1 月 16 日发布的业绩亏损公告中，预计公司 2016 年度的净利润亏损 1.25 亿～1.45 亿元，2016 年度实际净利润为-1.38 亿元，每股收益为-0.1 元。2017 年度净利润为-2.66 亿元，每股收益为-0.19 元；2018 年第一季度净利润为-5 605.8 万元，每股收益为-0.04 元。这意味着，依靠可抵扣亏损来改善企业的实际盈利能力只是一种表象。

（5）企业之间的亏损结转价值。政府出于征税的目的，将亏损结转限制在一定范围内。

① 中国所得税法明确规定，亏损的结转只能在企业内部进行，企业之间不能合并缴纳企业所得税。财政部和国家税务总局也规定，被合并企业的亏损不得在合并企业结转弥补，企业分立相关企业的亏损不得相互结转弥补，被投资企业发生的经营亏损由被投资企业按规定结转弥补。

② 亏损的税收抵扣效应。由于亏损抵税价值的存在，许多长期处于亏损状态的企业就成为资本市场上盈利企业兼并的对象，这也间接助长了企业的投机行为。在美国和德国，如果公司所有权变动满足一定的条件，继续经营原来业务的新公司每年可以结转弥补的所有权变动前原亏损公司尚未弥补的经营亏损额，不能超过税法规定的数量限额。

③ 在中国，被合并企业或被投资企业的亏损不能跨企业合并结转的规定并没有限制住企业的亏损抵税价值，只是改变了企业合并的形式，即亏损企业合并盈利企业的兼并形式。这尤其发生在借壳上市的资产重组和债务重组情形中。

④ 关联企业可以对广告费和业务宣传费进行转移处理。按照 2012 年财税 48 号文件的规定，对签订广告费和业务宣传费分摊协议的关联企业，其中一方发生的不超过当年营业收入税前扣除限额比例内的广告费和业务宣传费支出可以在本企业扣除，也可以将其中的一部分或全部按照分摊协议归集至另一方扣除。另一方在计算本企业广告费和业务宣传费支出企业所得税税前扣除限额时，可以按照上述办法归集至本企业的广告费和业务宣传费不计算在内。

举例 关联企业的广告费与业务宣传费的转移处理。甲企业和乙企业是关联企业。甲企业在 2014 年的营业收入为 7 000 万元，当年实际发生广告费和业务宣传费为 1 500 万元，广告费和业务宣传费纳税调整前的应纳税所得额为 900 万元。乙企业在 2014 年的营业收入为 5 000 万元，当年实际发生广告费和业务宣传费为 800 万元，广告费和业务宣传费纳税调整前的应纳税所得额为 300 万元。根据双方所签订的分摊协议，乙企业 30%的广告费和业务宣传费归集至甲企业扣除。假定甲乙企业的所得税税率为 25%。

分析：甲、乙企业在 2014 年广告费与业务宣传费转移扣除的金额、实际税前扣除金额、纳税调整后应纳税所得额、当年应交企业所得税税额的计算过程见表 6-37。

表 6-37 甲、乙企业 2014 年的所得税计算过程

项目	行次	甲企业	乙企业
营业收入（万元）	a	7 000	5 000
实际发生广告费、业务宣传费（万元）	b	1 500	800
广告费、业务宣传费扣除限额（15%）（万元）	$c=a\times15\%$	1 050	750
乙企业转移至甲企业的广告宣传费（30%）（万元）	d	225	−225
实际可税前扣除的广告费、业务宣传费（万元）	$e=c+d$	1 275	525
本年度广告费、业务宣传费纳税调增金额（万元）	$f=b-c$	450	50
广告宣传费调整前的应纳税所得额（万元）	g	900	300
广告宣传费调整后的应纳税所得额（万元）	$h=g+f-d$	1 125	575
所得税税率（%）	i	25	25
应纳所得税税额（万元）	$J=h\times i$	281.25	143.75

从中可以看出，乙企业转移到甲企业扣除的广告费与业务宣传费是乙企业税前扣除限额的协议比例，而不是实际发生额的协议比例。同时，甲企业接受转移扣除的广告费与业务宣传费也不占用本企业原有的扣除限额。甲、乙两家企业向以后年度结转的广告费与业务宣传费分别为 450 万元和 50 万元。

五、企业税负的财务分析

由以上的介绍可知，企业的税收负担包括税金及附加、增值税和企业所得税。因此，企业的总体税负就是缴纳的税金及附加、增值税和所得税之和。从现金流量表和资产负债表中可知，企业税负=本年度缴纳的各项税额-本年度收到的各项税收返还+应交税费的增加额，应交税费的增加额=期末应交税费-期初应交税费。

（一）比较财务报表分析

1. 税负的比较财务报表分析

税负的比较财务报表指标主要包括企业总体税负的增长率、税金及附加的增长率、增值税增长率和所得税增长率。

2. 收入的税负弹性

收入的税负弹性就是税负增长率与营业收入增长率的比率。其计算公式为

收入的税负弹性=税负增长率/营业收入增长率

该指标大于 1，表明企业缴纳的税负增长速度快于企业营业收入增长的速度。收入的税负弹性越大，企业的税收负担越重。

举例　收入的税负弹性。甲企业在 2010～2017 年的营业收入与缴纳的税负见表 6-38。要求：计算甲企业收入的税负弹性。

表 6-38　甲企业的营业收入与缴纳的税负

项目	2010 年	2011 年	2012 年	2013 年	2014 年	2015 年	2016 年	2017 年
营业收入（万元）	1 320.4	1 810.7	2 093.3	2 347.3	2 543.0	2 712.3	2 902.1	3 246
缴纳的税款（万元）	101.2	128.8	166.1	200.4	224.8	235.8	239.7	281.9
营业收入增长率（%）	—	37.1	15.6	12.1	8.3	6.7	7.0	11.9
税负增长率（%）	—	27.2	29.0	20.6	12.2	4.9	1.7	17.6
收入的税负弹性	—	0.73	1.86	1.70	1.46	0.73	0.24	1.48

分析：计算结果见表 6-39。甲企业的税负弹性在 2011～2017 年为 0.24～1.86。这表明，有时营业收入的增长快于税负的增长，有时税负的增长快于营业收入的增长。这可能与甲企业的收入结构、收入的来源地或者税负结构有关。

3. 收入的增值税弹性

收入的增值税弹性就是增值税增长率与营业收入增长率的比率。其计算公式为

收入的增值税弹性=增值税增长率/营业收入增长率

该指标大于 1，表明企业缴纳的增值税增长速度快于企业营业收入增长的速度。如果没有增值税的减免或出口退税，那么，收入的增值税弹性应该等于 1。

举例　收入的增值税弹性。甲企业在 2010～2017 年的营业收入与缴纳的增值税见表 6-39。要求：计算甲企业收入的增值税弹性。

表 6-39　甲企业的营业收入与缴纳的增值税

项目	2010 年	2011 年	2012 年	2013 年	2014 年	2015 年	2016 年	2017 年
营业收入（万元）	1 320.4	1 810.7	2 093.3	2 347.3	2 543.0	2 712.3	2 902.1	3 246
缴纳的增值税税款（万元）	—	60.0	74.1	86.5	94.5	100.1	107.1	115.2
营业收入增长率（%）	—	37.1	15.6	12.1	8.3	6.7	7.0	11.9
增值税增长率（%）	—	—	23.5	16.7	9.2	5.9	7.0	7.6
收入的增值税弹性	—	—	1.5	1.4	1.1	0.9	1.0	0.6

分析：计算结果见表 6-40。甲企业的增值税弹性在 2012～2017 年为 0.6～1.5。这表明，有时营业收入的增长率快于增值税的增长率，有时增值税的增长率快于营业收入的增长率。这可能与甲企业的增值税减免、出口退税有关。

（二）税负的共同比财务报表分析

税负的共同比财务报表分析考查企业缴纳的增值税占总税负的比例、税金及附加占总税负的比例、所得税占总税负的比例，以及总税负占营业收入或成本的比例。

税负占收入的比例也称为收入税负比率。其计算公式为

收入税负比率=税负总额/营业收入

该指标可以在企业、行业、地区或国家层面使用，反映营业收入承担税收的程度。各行业的收入税负比率存在较大的差异。农林牧渔业的税负较轻，因为农林牧渔业的所得税减征或免征、税金及附加较少及增值税税率较低。建筑业、水电煤气业、批发零售业的税收负担较重，主要是因为税金及附加的税负较重。

（三）税负的比率分析

税负的比率分析指标主要有所得税节约率、利润税负比率、收入税负比率等，以下具体介绍前两个指标。

1. 所得税节约率

所得税节约率，即税前利润总额与应纳税所得额之差与应纳税所得额之间的比率。其计算公式为

所得税节约率=（税前利润总额-应纳税所得额）/应纳税所得额

应纳税所得额=所得税费用/名义所得税税率

该指标大于 0，表明企业缴纳的所得税低于按照税前会计利润缴纳的所得税。由于实际所得税税率=所得税费用/税前利润总额，所以，

所得税节约率=名义所得税税率/实际所得税税率−1

当实际所得税税率低于名义所得税税率时，企业就会出现所得税节约。该指标越大，所得税节约幅度越大。

举例　所得税节约率。假设甲公司 2015 年度合并财务报表亏损 200 万元，母公司相关数据如下：业务招待费 30 万元，按税法规定计算的税前可扣除额为 20 万元；计提应收账款资产价值损失 10 万元；国债利息收入 5 万元；研发支出 10 万元，企业享受加计扣除；应收账款——坏账准备期初 0 万元，期末 10 万元。子公司利润总额为 10 万元。母公司属于高新技术企业，享受 15%税率，子公司所得税税率为 25%。

2016 年度合并财务报表利润总额为 300 万元，母公司相关数据如下：业务招待费 25 万元，按税法规定计算的税前可扣除额为 23 万元；计提应收账款资产价值损失-5 万元；国债利息收入 10 万元；研发支出 20 万元，企业享受加计扣除；应收账款——坏账准备期初 10 万元，期末 5 万元。全资子公司利润总额为 15 万元。要求：计算甲公司 2015 年和 2016 年的所得税节约率。

分析：（1）2015 年母公司应纳税所得额=（−200+10+10−5−5−10）=−200（万元）。子公司利润总额为 10 万元，应交企业所得税=10 × 25%=2.5（万元）。母公司应收账款账面价值比计税基础小 10 万元，确认递延所得税资产 10 × 15%=1.5（万元）。其他资产负债账面

价值与计税基础一致，故甲企业所得税费用=2.5−1.5=1（万元）。税前利润总额=−200（万元），净利润=−200−1=−201（万元）。由于亏损，无法计算所得税节约率。

（2）2016 年母公司应纳税所得额=（300−15+2−5−10−10−200）=62（万元），当期所得税费用=62×15%=9.3（万元）。子公司 2016 年净利润为 15 万元，应交企业所得税=15×25%=3.75（万元）。母公司应收账款账面价值比计税基础少 5 万元，转回递延所得税资产=5×15%=0.75 万元。其他资产负债账面价值与计税基础一致。甲公司 2016 年的所得税费用=9.3+3.75+0.75=13.8（万元），税后净利润=300−13.8=286.2（万元）。所得税节约率=（300−62）/62×100%=383.87%。

2. 利润税负比率

利润税负比率又称为利税率，就是企业缴纳的税负与净利润的比率。其计算公式为

利润税负比率=税负总额/净利润

其中，企业的税负总额包括增值税、税金及附加、所得税，有时也包括企业为职工缴纳的“五险一金”。该指标反映企业创造的增加值中，股东获取的净利润与政府获取的税收收入之间的关系。如果该比率大于 1，表明政府获取的税收大于股东获取的净利润。如果企业发生亏损，该指标就没有意义。2015 年，A 股上市公司的利润税负比率为 147.52%，其中采掘业达到 1 034.55%，金融保险业为 72.86%。

举例　利润税负比率。根据表 6-41 计算联华超市的收入税负比率和利润税负比率。

表 6-41　联华超市的收入及税负

项目	2014 年	2015 年
营业收入（亿元）	291	274
净利润（亿元）	1.2	−4
实际税负支出（亿元）	1.79	2.54
其中：增值税及其他应付款（亿元）	1.16	1.45
收入税负比率（%）=实际税负支出/营业收入	0.61%	0.93%
利润税负比率（%）=实际税负支出/净利润	149.17%	—

分析：计算结果见表 6-40。联华超市的收入税负比率从 2014 年的 0.61%增加到 2015 年的 0.93%。利润税负比率在 2014 年达到 149.16%，企业缴纳的税收是其利润的 1.5 倍。2015 年，该企业的净利润为−4 亿元，但缴纳的税收为 2.54 亿元。

（四）税负的因素分析

对于一个企业而言，需要分析税收负担变化的原因。

（1）收入税负比率可以分解为纳税收入结构、名义综合税率和征收率的乘积。其计算公式为

收入税负比率=纳税收入结构×名义综合税率×征收率

或者

$$T=S\times R\times Z$$

其中，T 为实际税负与营业收入的比率或者收入税负比率；S 为应纳税收入与营业收入的

比率（纳税收入结构）；R 为应交税额与应纳税收入之间的比率（名义综合税率）；Z 为实际税负与应交税额的比率或者征收率。实际税负=支付的各项税费-收到的税费返还，应交税额来自资产负债表的应交税费，应纳税收入来自现金流量表的经营现金流入量或者销售商品或提供劳务收到的现金。

企业在不同时期的收入税负比率的计算，可以采取因素分析法：

$$
\begin{aligned}
T_1 - T_0 &= S_1 \times R_1 \times Z_1 - S_0 \times R_0 \times Z_0 \\
&= (S_1 - S_0) \times R_1 \times Z_1 + (R_1 - R_0) \times S_1 \times Z_0 + (Z_1 - Z_0) \times S_0 \times R_0
\end{aligned}
$$

（2）收入税负比率还可以分解为利润税负比率与销售利润率的乘积，即

收入税负比率=利润税负比率×销售利润率

企业的利润税负比率越高，销售利润率越高，企业的收入税负比率越大。

举例　收入税负比率的因素分析。根据表 6-40 联华超市的 2014 年数据，收入税负比率为 0.61%，利润税负比率为 149.16%，销售利润率=1.2/291 × 100%=0.41%。从中可知，联华超市 2014 年的收入税负比率低的主要原因是销售利润率太低。

（五）税务杠杆分析

1. 税收杠杆的分类

税收具有杠杆作用。税收杠杆分为综合税务杠杆、间接税的税务杠杆和所得税的税务杠杆。

1）综合税务杠杆

综合税务杠杆衡量各种税率的变动对净利润变动的影响。为了分析方便，我们把企业缴纳的增值税、税金及附加及为职工缴纳的“五险一金”之和统称为间接税，尽管税金及附加包括城镇土地使用税、房产税等直接税，由于增值税之外的间接税可以从应纳税所得额中扣除，因此，间接税具有所得税的抵扣效应。综合税务杠杆率就等于税前利润加上间接税与净利润的比率，其计算公式为

综合税务杠杆率=（税前利润+间接税）/净利润

2）间接税的税务杠杆

间接税的税务杠杆衡量间接税税率的变动对税前利润变动的影响。其计算公式为

间接税的税务杠杆率=（税前利润+间接税）/税前利润

3）所得税的税务杠杆

所得税的税务杠杆衡量所得税税率变动对净利润变动的影响。由于所得税的存在及其在各种收益之间存在差异，当所得税税率提高时，单位税前利润所负担的所得税费用就会提高，企业的每股收益就会减少。所得税的税务杠杆越大，企业的税务风险也越大。所得税的税务杠杆系数是指每股税后利润变动率与每股税前利润变动率的比率，或者等于税前利润与净利润的比率。相关计算公式为

所得税的税务杠杆率=税前利润/净利润

综合税务杠杆率=间接税的税务杠杆率×所得税的税务杠杆率

2. 税务杠杆的财务影响

税收对企业净利润的影响可以分为间接税的影响和所得税的影响两部分。间接税的税务杠杆率与所得税的税务杠杆率越大，税率的变动对净利润的影响越大。当企业的销售收

入下降时，间接税的税务杠杆作用就会导致净利润的大幅度下降。在以间接税为主的国家，间接税的税务杠杆作用加剧了企业在经济衰退时期的困难。在以直接税为主的国家，所得税的税务杠杆会抑制企业在经济繁荣时期的超额利润，具有内在平衡器的作用。

举例　综合税务杠杆率。假如某企业的净利润为100万元，所得税费用为100万元，增值税和税金及附加为500万元。要求：计算该企业的税务杠杆率。

分析：

综合税务杠杆率=（100+100+500）/100=7

间接税的税务杠杆率=（100+100+500）/（100+100）=3.5

所得税的税务杠杆率=（100+100）/100=2

这个例子表明，间接税的税务杠杆作用远大于所得税的税务杠杆作用。

【本章小结】

本章对利润表的经营活动部分进行了介绍和分析，主要内容包括利润表的列报模式、收入计量的理论基础、财务资本保全观下的收入确认、营业收入、支出的费用化与资本化、营业成本、期间费用、税金及附加、增值税、企业所得税及企业税负的分析。

【思考题】

6.1 利润表的列报。利润表按照费用功能法模式和费用性质法模式的列报有何不同？这种不同的列报方式对财务报表的分析有何影响？

6.2 混淆利润表与现金流量表。根据下列事实思考交通运输部错在哪里。

交通运输部公布的2013年全国收费公路通行费收入为3 652亿元、支出4 313亿元、年度亏损661亿元。截至2013年底，全国收费公路累计建设投资5.44万亿元、累积债务性投资3.75万亿元，债务余额3.43万亿元。交通运输部认为，收费站每10元的收费，有8.62元用于还本付息，1.07元用于公路护养（390亿元），0.59元是税费支出，1.25元是运营管理费（457亿元），其他支出0.29元（104亿元）。

【练习题】

6.1 收入确认。2015年1月，甲建筑公司与乙房地产公司签订建造一栋办公楼的合同。该办公楼的正常造价为1 000万元，正常工期为3年。但是，乙公司因特殊原因，需要2.5年完工，合同约定金额为1 200万元。合同注明特别条款，施工期初乙公司支付定金800万元，只有在2.5年内完工并且符合合同要求时，乙公司才支付剩余款项。若不能在2.5年内完工，乙公司不再支付尾款，在建的办公楼由甲乙协商处置。2015年12月经过计算的确认完工进度为25%，2016年12月的完工进度为70%，2017年6月的完工进度为90%。

要求：

（1）按照2006年建造合同准则计算甲公司在2015年、2016年和2017年应该确认的收入。

（2）按照2017年收入准则计算甲公司在2015年、2016年和2017年应该确认的收入。

（3）如果2017年5月31日甲公司完成办公楼的建造，并移交给乙方，甲公司2017年应确认的收入是多少？

6.2 间接费用分摊。某市三级乙等医院实行全成本核算，按核算要求分为利润中心、成本中心及其他总务后勤核算中心。利润中心包括心内科、骨外科等23个临床科室，成本中心包括化验室、放射科 13 个医疗科技室。

2014 年 5 月，全院总职工人数为 910 人，其中，临床医疗科技室人数为 748 人；全院总人员费用为 156.50 万元，其中，临床医技科室人员费为 109.20 万元，待摊全院间接费用总额为 67.03 万元。该医院打算用职工人数平均法、人员费用分摊法、总收入分摊法、直接成本分摊法、收支结余（业务收入-直接成本）分摊法和收支相加（业务收入+直接支出）分摊法来分摊全院的间接费用。心内科的分摊系数（=间接费用总额/表中的第一行数据）见下表。

2014 年心内科不同方法分摊间接费用对比（除职工人数外的单位：万元）

名称	职工人数	人员费	总收入	直接成本	收支结余	收支相加
全院总额	748	109.20	1 058.34	701.31	283.66	1 759.65
心内科总额	28	4.50	58.80	42.58	12.14	101.38
分摊系数	0.089 6	0.613 8	0.063 3	0.095 6	0.236 1	0.038 1

要求：计算心内科分摊的间接费用及心内科分摊的间接费用占全院的百分比。

6.3 完全成本法与变动成本法。宜江公司是一家制造业企业。该公司在 2018 年、2019 年和 2020 年的收入、成本及生产数据见下表。假定 3 年中产品的价格和成本不变。

宜江公司成本及生产数据资料

项目	2018 年	2019 年	2020 年
期初存货（件）	0	0	1 000
本期生产（件）	5 000	5 000	5 000
本期销售（件）	5 000	4 000	6 000
期末存货（件）	0	1 000	0
销售单价（元）	12	12	12
单位变动性生产成本（元）	5	5	5
变动性销售和管理费用（元）	3	3	3
固定性制造费用（元）	10 000	10 000	10 000
固定销售和管理费用（元）	5 000	5 000	5 000

要求：

（1）计算完全成本法和变动成本法下的营业利润。

（2）编制这两种成本法下的利润表。

（3）分析完全成本法与变动成本法下营业利润出现差异的原因。

6.4 管理费用部分的税金。某电子制造公司在 2017 年 1 月发生以下业务：2009 年购入的小汽车 2 辆（5 座排气量 2.0 升及以下），于 2 月 10 日到期，需要办理交强险并缴纳车船税每辆 360 元；业务部门签订及其销售合同和原材料采购合同金额共计 10 000 万元。按照税务机关通知需要申报当月的房产税和土地使用税。公司办公用房屋一栋，固定资产原值金额为 1 000 万元；取得该房屋时的无形资产 300 万元（国有土地使用权，面积 200 平方米，该地块定额税 5 元/平方米。

要求：计算该公司在 2017 年 1 月需要缴纳的车船税、房产税、印花税和土地使用税，并作会计分录。

6.5 营业税金及附加。2014 年 1 月 1 日，甲医院将其不需用房屋出租给某公司，合同租赁价格是 12 万元/年，租金按年预付。甲医院房屋租金适用营业税税率为 5%，房产税适用税税率为 12%，城市维护建设税税率为 7%，教育费附加税率为 3%，地方教育附加 2%，堤防维护费 2%；所出租房屋占用土地面积 200 平方米，城镇土地使用税税额为每平方米 16 元。签订财产租赁合同发生的印花税按 1‰的税率征收，现金支付。

要求：

（1）对甲公司 2014 年每月的租赁及其计提、缴纳的税费作会计分录。

（2）计算所有税金及附加占租赁收入的比例。

6.6 税务杠杆。海信科龙电器公司 2007～2008 年的利润表见下表。

海信科龙电器公司 2007～2008 年利润表（单位：百万元）

项目	2008 年	2007 年
营业收入	8 635.4	8 822.3
营业税金及附加	1.2	1.8
所得税费用	4.0	10.8
净利润	−232.3	215.3

要求：计算 2007 年和 2008 年的综合税务杠杆、间接税的税务杠杆和所得税的税务杠杆。

6.7 所得税计算。甲公司是一家非金融企业，2018 年 1 月 1 日从银行借入资金 1 000 万元，年利率为 5.76%，期限为 5 年，到期还本付息。该资金已存入甲公司的银行账户。甲公司将该资金用于生产线改造，已知该生产线于 2017 年 3 月 1 日开始进行改造，2018 年 6 月 30 日竣工结算。甲公司每 6 个月计息一次。假设该工程在 2018 年 7 月 1 日投入使用，工程成本为 120 万元（不含利息），预计生产线尚可使用 5 年，预计净残值为 3.8 万元，会计上采用直线法计提折旧。甲公司 2018 年利润总额为 200 万元，所得税税率为 25%。

要求：根据下列条件，计算 2018 年甲公司应缴纳的企业所得税。

（1）假如甲公司折旧政策与税法规定一致，不考虑其他因素。

（2）假如税法规定生产线的最低折旧年限为 10 年，其他的因素会计与税法一致。

【案例讨论题】

虚构收入。根据以下事实讨论如何防止企业造假。

为了满足通海高科公司在 2000 年 6 月上市的要求，发起人吉电集团和江门高路华集团从 1998 年 2 月开始合伙造假。1998 年和 1999 年，江门销售公司向黑龙江电子物资公司、高路华通化肥公司等 46 家公司虚开增值税发票 3 076 份，虚增销售收入 36.57 亿元、虚增主营业务利润 3.33 亿元；江门电机厂向销售公司虚开发票 1 793 份，虚增销售收入

16.18 亿元、虚增主营业务利润 2.18 亿元；两项合计虚增利润 5.51 亿元。

为使账目平衡，江门电视机厂以购进原材料为名，使用假发票 1 297 份、金额 15.61 亿元。为了掩盖虚开发票和虚增销售收入的事实，江门高路华集团采取涂改 251 份承兑汇票二次复印、伪造银行进账单和对账单，涉及金额 12.9 亿元。由于欺诈上市，通海在 2000 年 6 月按照每股 16.88 元发行的 1 亿股股票，在 2002 年 9 月按照每股 17.32 元退还给投资者。

第七章　非经常性损益与投资收益分析

第六章对经营利润及其所得税的影响进行了分析，本章主要分析非经常性损益、投资收益与其他损益。

第一节　非经常性损益分析

企业的营业活动可以分为经营活动、投资活动、筹资活动及税收活动。本节主要介绍与投资活动和筹资活动有关的非经常性损益的问题。

一、非经常性损益的界定

证监会将扣除非经常性损益后的盈利作为发行新股、再融资和 ST 公司摘帽的考核标准。非经常性损益是公司发生的与经营业务无直接关系的收支，以及虽与经营业务相关，但由于其性质、金额或发生频率等因素，影响了真实公允地反映公司正常盈利能力的各项收支。

非经常性损益包括：处置长期股权投资、固定资产、在建工程、无形资产、其他长期资产产生的损益；越权审批或无正式批准文件的税收返还、减免；各种形式的政府补贴；计入当期损益的对非金融企业收取的资金占用费；短期投资收益；委托投资收益；扣除公司日常根据会计制度规定计提的资产减值准备后的其他各项营业外收入、支出；因不可抗力因素如自然灾害而计提的各项资产减值准备；以前年度已经计提的各项减值准备的转回；债务重组损益；资产置换损益；会计政策变更对以前净利润的追溯调整数；交易价格显失公允的交易产生的超过公允价值部分的损益。

二、营业外收支

营业外收支是指除经营活动和投资活动以外的非经营性业务，以及不能为企业所控制的非常业务活动所发生的收入和支出。营业外收支可以分为企业可控和不可控两类。可控的营业外收支指企业可以控制的活动所实现的损益，如固定资产处置利得和无形资产出售利得、资产评估损益、债务重组损益、提前赎回债券损益、会计政策变更损益。不可控的营业外收支主要包括非常损失和特殊、偶发项目的损益。营业外收支的许多项目对企业的净利润有很大的影响，并且是非经常性损益的一个重要组成部分，因此值得认真分析。

（一）营业外收入

营业外收入是指与企业经营和投资活动没有直接关系的各种收入，主要包括处置非流动资产处置的利得、出售无形资产的收益、企业合并损益、政府补贴、盘盈利得、捐赠利得、非货币性资产互换利得、债务重组利得、因债权人原因确实无法支付的应付款项、教育费附加返还款、罚款收入。

因债权人原因确实无法支付的应付款项指因为债权人单位变更登记或者撤销等而无法支付的应付款项等。罚款收入是指对方违反国家有关行政管理法规而按照规定支付给本企业的罚款，不包括银行的罚息。盘盈利得是指企业对于现金、存货、固定资产等资产清查盘点中盘盈的资产、报经批准后计入营业外收入的金额。表 7-1 是海信科龙电器公司 2007～2008 年的营业外收入。

表 7-1　海信科龙电器公司 2007～2008 年的营业外收入（单位：万元）

项目	2008 年	2007 年
非流动资产处置利得	5 953.8	36 064.9
出售债权	—	5 757.2
非货币性资产交换所得	—	2.3
罚款收入和违约金收入	950.8	1 215.6
债务重组利得	148.3	—
政府补助	2 299.1	623.5
盘盈利得	11.8	22.8
捐赠利得	—	80.8
其他	1 270.0	2 600.5
营业外收入合计	10 634.5	46 367.9
营业外支出	2 528.5	8 929.9
利润总额	−22 824.1	22 620.7

（二）营业外支出

营业外支出是指企业发生的、与企业日常经营活动无直接关系的各项支出，包括处置固定资产损失、固定资产盘亏、债务重组损失、滞纳金、罚款支出、公益性捐赠、非正常损失和非货币性资产交换损失。

1. 正常损失和非正常损失

企业在生产经营活动中会发生固定资产和存货的盘亏、毁损、报废损失，坏账损失，因自然灾害等不可抗力造成的损失及其他损失。这些损失可以区分为正常损失和非正常损失，见表 7-2。

表 7-2　正常损失与非正常损失的区分

项目	会计		税法	
	正常损失	非正常损失	正常损失	非正常损失
情形	自然损耗、资产贬值、货物被盗和霉烂变质造成的损失	自然灾害、意外事故造成的损失	自然灾害、意外事故损失，自然损耗、资产贬值	货物被盗、霉烂变质造成的损失，没收
财务处理	管理费用	营业外支出	进项税额不转出	进项税额转出

1）正常损失

正常损失是指企业在生产经营过程中发生的合理的、允许的、不可避免的损失，如自然损耗、气体挥发、计量的精确度差异、液体渗漏、原材料和在产品在生产经营中的耗损、存货贬值的合理耗损、国家政策变动带来的资产损失等。

存货、固定资产和其他资产发生正常损失时，其进项税额从销项税额中抵扣，损失金额计入相应的成本或收益。正常损失的相应增值税进项税额不需要转出处理，也不需要上报主管税务机关的批准就可以直接在所得税前扣除。存货的盘亏，扣除责任人或保险公司的赔偿后的余额部分，将净损失计入管理费用。

2）非正常损失

非正常损失是指企业在生产经营过程中正常损耗外的损失，在会计上指因自然灾害或意外事故造成的损失，在税法上则指因管理不善造成货物被盗、丢失、霉烂变质的损失，以及被执法部门依法没收或者强令自行销毁的货物。

非正常损失的购进货物、与购进货物相关的运输费、加工修理等应税劳务，在产品和产成品所耗用的购进货物及应税劳务，以及因存货盘亏、毁损、报废所发生的增值税进项税额，不得从增值税销项税额中抵扣。企业的资产发生非正常损失时，其抵扣过的增值税进项税额予以转出，与资产损失一起计入营业外支出。非正常损失的相应增值税进项税额需要转入“待处理财产损益”科目处理，并需要上报主管税务机关的批准，才可以计入在所得税前扣除的营业外支出。

固定资产的非正常损失也不得抵扣进项税额。不得抵扣的进项税额等于固定资产净值乘以适用税率，其中，固定资产净值是固定资产原值扣除折旧后的净值。固定资产非正常损失和非常损失及转出的进项税额，在计算应纳税所得额时予以扣除。

举例　固定资产报废。甲公司为一般纳税人，2009 年 1 月 1 日购进一台设备，原值 100 万元，进项税额为 17 万元，已经抵扣。公司估计其使用年限为 10 年，保留残值为 0。2012 年 1 月因管理不善毁损报废，已计提累计折旧 30 万元、资产减值准备 5 万元。在清理过程中，以银行存款支付清理费用 2 万元，残料变价收入为 10 万元（含税）。要求：计算处置固定资产净损失。

分析：不得抵扣的进项税额=（100−30）×17%=11.9（万元）。收到残料变价收入，应交增值税=10/1.17×17%=1.45（万元）。营业外支出——处置固定资产净损失=（100−30−5）+2−（10−1.45）+11.90=70.35（万元）。

2. 企业发生损失时的会计分析

第一，判断资产损失是正常损失还是非正常损失。第二，对于非正常损失，购进货物及其应税劳务，其进项税额不得从销项税额中抵扣，但在转出后可以在计算应纳税所得额时予以扣除。第三，不要混淆会计上和税法上的正常损失与非正常损失。

举例 正常损失与非正常损失。某书店报废图书一批，其中，盘亏图书价值 100 万元，毁损价值 200 万元，长期积压无法销售的教辅材料（教材改版等原因）为 150 万元，企业将以上物品按废品出售，取得变价收入 38 万元（不含税），其中毁损部分 23 万元、教辅材料 15 万元，销项税率为 17%。要求：假设该批报废存货进项税率为 13%，则报损金额如何确定？

分析：盘亏毁损属于非正常损失，应作进项税额转出。非正常损失部分的进项税额转出=100 × 13%+（200−23）× 13%=36.01（万元）。教辅材料的积压由政策这一客观原因引起，属于正常损失，不作进项税额转出。报损金额=100+（200−23）+（150−15）+36.01=448.01（万元），计入营业外支出。库存商品减少=100+200+150=450（万元），按废品出售获得 38 万元的变价收入，冲减营业外支出，并计入增值税销项税额=38 × 17%=6.46（万元）。

3. 滞纳金

滞纳金是由国家法律和法规明确规定的，对超过规定的缴款期限而向缴款人征收的一种带有惩罚性质的款项，如税收滞纳金、法院强制执行滞纳金、借款利息滞纳金、上交管理费滞纳金、征收排污费滞纳金、专利年费滞纳金、电信滞纳金、社保滞纳金、银行滞纳金、信用卡滞纳金、交通罚款滞纳金等。滞纳金一般按照超过规定期限的天数，每天征收应缴款项一定的百分比。在中国，许多公共事业企业（水、电、煤气）和国有垄断企业也征收滞纳金。滞纳金的计算公式为

应缴滞纳金总额=应缴款金额×延期天数×滞纳金比率

4. 营业外支出的所得税法规定

1）各种赞助支出、行政性罚款和滞纳金、纳税人直接向受赠人的捐赠不得税前扣除，企业按照经济合同规定支付的违约金（包括银行罚息）、罚款和诉讼费可以税前扣除，纳税人用于公益和救济性的捐赠在年度应纳税所得额 3%以内的部分可以税前扣除。

2）财产损失，企业计提的八项准备金须经税务机关批准的不超过年末按企业会计制度计提基数 0.5%的坏账准备可在税前扣除，其他不得在税前扣除。

3）债权人发生的债务重组损失，符合坏账的条件下，报主管税务机关批准后，可以税前扣除；但债务人发生的债务重组损失，不得税前扣除。

4）企业出售职工住房的收入（计入住房周转金）和损失不得在税前扣除。个人所得税由企业代付的，不得在所得税前扣除。

5）与取得收入无关的其他各项支出，如债权担保等原因承担连带责任而履行的赔偿、企业负责的个人消费等均属无关的支出，不得在税前扣除。

（三）非经常性损益的财务分析

非经常性损益的财务分析包括比较财务报表分析、共同比财务报表分析和比率分析。

1. 比较财务报表分析

比较财务报表分析是指分析非经常性损益的年度变动额及增长率，以及各非经常性损

益项目的年度变动额及增长率。

2. 共同比财务报表分析

共同比财务报表分析是指分析各非经常性损益的子项目占非经常性损益的比例。

3. 比率分析

非经常性损益的财务指标包括非经常性损益占净利润的比例，其计算公式为

非经常性损益比例=非经常性损益/净利润

该指标表明，在企业的净利润中，非经常性损益所占的份额有多大。该指标越大，表明企业的经营可持续性越差。

三、固定资产盘盈与盘亏

固定资产盘盈是指企业在财产清产盘点中发现的账外固定资产估计原值减去估计折旧后的净值。固定资产盘盈通常由发票遗失、漏记或者固定资产未使用等因素造成。

（一）固定资产盘盈的处理方法

企业在财产清查中盘盈的固定资产有以下 3 种处理方法。

（1）当期损益调整法。固定资产盘盈当作当期损益，计入营业外收入。

（2）前期差错调整法。固定资产盘盈作为前期差错处理，通过“以前年度损益调整”科目核算，调整未分配利润。

（3）其他综合收益调整法。固定资产盘盈当作其他综合收益。

以上 3 种方法都要考虑所得税的影响。2006 年前的企业会计准则要求按照第一种方法处理，2007 年后的企业会计准则要求按照第二种方法处理固定资产的盘盈。

（二）旧准则“当期损益调整法”的处理

盘盈固定资产的会计入账价值，按同类或类似固定资产的市场价格，减去依据该项固定资产当前的新旧程度估计其价值损耗后的余值，借记“固定资产”科目，贷记“待处理财产损溢”科目。查明原因后，写出书面报告上报企业的相关部门，经股东大会或董事会等权力机构批准后，会计部门借记“待处理财产损溢”科目，贷记“营业外收入”科目。

（三）新准则“前期差错调整法”的处理

固定资产盘盈应作为前期差错，通过“以前年度损益调整”会计科目核算，计算应缴纳的所得税，最后按照该固定资产的净值记入“留存收益”科目，按比例计提法定盈余公积，不再计入当期损益。若存在同类或类似固定资产的活跃市场，则按同类或类似固定资产的市场价格，减去按照该项资产的新旧程度估计的价值损耗，余额作为入账价值。若不存在同类或类似固定资产的活跃市场，则按该项固定资产预计未来现金流量的现值入账。

（四）其他综合收益调整法

按照这种方法，固定资产在扣除累计折旧后直接计入其他综合收益，借记“固定资产”“累计折旧”科目，贷记“其他综合收益”科目。其他综合收益调整法的好处是，避免了对企业固定资产盘盈征收所得税的负担，同时更好地反映了企业的实际经营所得，符合实质重于形式的原则。

（五）前期差错调整法和当期损益调整法对财务报表的影响

（1）对固定资产原值和累计折旧的影响不同。尽管两种方法确定的固定资产净值相同，

但是，当期损益调整法降低了固定资产原值和累计折旧，低估了资产使用寿命和使用年限。

（2）对会计利润的影响。当期损益调整法高估了当期的净利润，提高了每股收益和资产报酬率。前期差错调整法则增加了以前年度的留存收益。

（3）对盈余管理的影响。在当期损益调整法下，企业会故意漏记部分固定资产，留待将来经营业绩下滑时以盘盈的方式增加当前的经营成果；或者直接借入关联方的固定资产，充当自己的盘盈固定资产处理，同时增加固定资产和当期损益。

（4）对所得税的影响。当期损益调整法和前期差错调整法都提前增加了企业的所得税支出和现金流出，从而增加了企业的财务负担，违背了实质重于形式的原则。

（六）固定资产盘盈与固定资产购入的比较

（1）对于购入的固定资产而言，固定资产折旧会造成在固定资产使用寿命期间的留存收益总额减少，其金额等于固定资产原值与缴纳的所得税和残值之间的差额，同时减少现金流出量的金额等于折旧节省的应交所得税税额。

（2）盘盈的固定资产在盘盈当期增加的留存收益总额等于固定资产原值与缴纳的所得税和残值之间的差额，同时增加应交所得税税额，从而造成留存收益和负债的虚高，资产负债率得以降低。随着折旧的进行，应交所得税税额和留存收益总额逐渐减少至0。

（3）从企业融资的角度讲，盘盈的固定资产比购入的固定资产更有利于企业的融资，从而促使企业通过调节固定资产的入账方式来调节所有者权益。例如，企业在购入固定资产时故意不入账，在财产清查时再通过盘盈入账，从而影响会计信息的可靠性。

举例　固定资产盘盈与购入。假设甲公司2015年年终决算前按照要求进行了一次财产全面清查，盘盈一台全新管理用机器设备。该设备同类产品市场价格为40万元，预计使用年限为5年，无净残值，企业使用的所得税税率为25%。甲公司对固定资产的折旧规定与税法规定一致。要求：比较该设备的盘盈与2015年购入的财务影响。

分析：（1）2015年底盘盈时，确认应交所得税=40×25%=10（万元），计提10%的法定盈余公积=（40−10）×10%=3（万元），计入未分配利润27万元，从而造成2015年底的所有者权益增加30万元，应交所得税增加10万元。

（2）从2016年开始，公司按照直线法计提折旧，每年的折旧额=40/5=8（万元），计入管理费用。由于折旧费的增加，甲公司从2016年开始每年可抵减应交所得税2万元，5年共抵减10万元，每年的净利润减少6万元，5年共减少留存收益和所有者权益30万元。假设不考虑货币资金的时间价值影响，固定资产盘盈在固定资产寿命结束时对所得税和留存收益的影响为0。

（3）假设甲公司这台机器是在2015年底用银行存款购入的，则在2015年底流动资产会减少40万元，固定资产会增加40万元。从2016年开始，公司按照直线法计提折旧，每年的折旧额=40/5=8（万元），计入管理费用。由于折旧费的增加，甲公司从2016年开始每年可抵减应交所得税2万元，5年共抵减10万元，每年的净利润减少6万元，5年共减少留存收益和所有者权益30万元。

（4）购入固定资产和固定资产盘盈在资产的使用寿命期间，对企业财务状况的影响见表7-3。从表中可以看出，购入的固定资产会减少应交所得税，其金额=（固定资产原值−残值）×所得税税率；购入的固定资产会减少留存收益总额，其金额=固定资产原值−残值

-所得税。因此，与固定资产盘盈相比，购入的固定资产会导致降低的留存收益总额超过应交所得税税额，从而提高资产负债率和降低债务权益比率。

表 7-3　使用寿命期不同形式的固定资产对财务状况的影响（单位：万元）

项目	盘盈的固定资产	购入的固定资产
应交所得税	0	-10
留存收益总额	0	-30
固定资产账面价值	0	0

（七）固定资产的盘亏与存货的损失及盘亏

在 2007 年后实施的会计准则中，当期损益调整法还适用于现金和存货的盘盈盘亏，以及固定资产盘亏的会计处理，见表 7-4。

表 7-4　2007 年准则规定的资产盘盈和盘亏转出的会计处理

资产	现金	存货	固定资产
盘盈	借：待处理财产损溢 　　贷：营业外收入	借：待处理财产损溢 　　贷：管理费用	借：固定资产 　　贷：以前年度损益调整
盘亏	借：管理费用 　　贷：待处理财产损溢	借：管理费用（正常损耗） 　　营业外支出（非常损失） 　　贷：待处理财产损溢	借：营业外支出 　　贷：待处理财产损溢 　　　　固定资产

1. 固定资产盘亏

固定资产盘亏与企业的固定资产管理密切相关。购置时间越长、价值越低、使用年限越短的资产越容易出现盘亏。科研部门和业务部门的资产盘亏数量和价值远大于行政和后勤部门。通用设备资产盘亏数量及价值占比较大，而专用设备及其他设备占比较小。企业资产管理制度越严，资产盘亏数量和价值越少。在建工程的资产盘亏数量和价值较大。

2. 存货的损失

存货的损失区分为正常损失和非正常损失两种。属于计量收发差错和管理不善等原因造成的存货正常损失，应先扣除残料价值、可以收回的保险赔偿和过失人赔偿，将净损失计入管理费用；属于自然灾害等非常原因造成的存货非正常损失，应先扣除处置收入（残料价值）、可收回的保险赔偿和过失人赔偿，将净损失计入营业外支出。当企业管理不善，造成存货被盗、丢失或霉烂变质的非正常损失时，进项增值税要转出，借记“待处理财产损溢”科目，贷记“原材料”“应交税费——应交增值税（进项税额转出）”科目。

3. 存货盘亏的问题

企业在存货盘亏时所面临的会计问题是，不区分正常损失和非正常损失，把存货损失以生产领料领出的方式计入生产成本，或直接计入销售成本。或者，企业把所有损失都作为正常损失，进项税额都不转出。假如企业发生非正常损失，如果进项税额不转出，从“待处理财产损益”科目转入本期利润的金额减少，企业相应多交所得税。但是多抵扣的进项税金额大于企业相应多交的所得税。

举例　非正常损失。假设企业发生原材料非正常损失 1 000 元，进项税额为 170 元。企业把此项损失当成正常损失。不正确的会计分录为

借：待处理财产损益　　1000

　　贷：原材料　　1000

分析：企业减少当期利润为 1 000 元，而实际上企业应该减少当期利润为 1 170 元。企业多盈利 170 元，需交所得税 42.5 元。企业多抵扣进项税 170 元，少交城市维护建设税与教育费附加 17 元，因此企业共逃税 144.5 元（170−42.5+17）。

四、政府补助

政府补助是指企业无偿直接地或间接地从政府获得的货币性或非货币性资产，包括技术开发、创新、技术改造的财政拨款，财政贴息，税收返还，无偿划拨土地使用权和其他补助。

（一）政府补助的确认条件

政府补助是企业营业外收入的主要来源之一，是非经常性损益的重要部分。按照企业会计准则，政府补助的确认需要满足两个条件：一是企业能够满足政府在批准发放政府补助时所提出的条件；二是企业能够收到政府补助，并在补助“取得时”入账。

（二）政府补助的分类

政府补助分为与资产相关的政府补助和与收益相关的政府补助。

1. 与资产相关的政府补助

与资产相关的政府补助，是指企业取得的、用于建构的或以其他方式形成长期资产的政府补助。与资产相关的政府补助应当冲减相关资产的账面价值或确认为递延收益。与资产相关的政府补助确认为递延收益的部分，要在资产使用寿命期限内按照一定的方法计入损益。

2. 与收益相关的政府补助

与收益相关的政府补助，是指除与资产相关的政府补助之外的政府补助。这些无偿获得的资产，有的直接计入当期损益或营业外收入，以便补偿企业的当期损失或者以前年度的损失；有的则与企业未来的费用和损失有关，需要先确认为递延收益，在确实补偿了那部分费用和损失时才逐步转入当期损益。与企业日常经营活动相关的政府补助，要按照经济业务实质计入其他收益或冲减相关成本费用。与企业日常经营活动无关的政府补助，应计入营业外收入或冲减相关损失。

若政府补助是既包含与资产相关又包含与收益相关的综合性项目补助，企业需要对其分解为与资产相关的政府补助和与收益相关的政府补助。若企业无法进行区分，则整体按照与收益相关的政府补助进行处理。

（三）政府补助的会计处理方法

政府补助可以采取收益法和资本法两种会计处理方法。收益法是将政府补助计入当期收益或递延收益的方法，而资本法则将政府补助计入所有者权益。收益法又区分为总额法和净额法两种具体方法。总额法是将政府补助全额确认为收益，而净额法则是将政府补助

作为相关资产账面余额或补偿费用的扣减。2006 年准则和 2017 年准则在政府补助的会计处理方面的差异见表 7-5。

表 7-5 政府补助的会计处理

项目	2006 年准则	2017 年准则
会计处理方法	总额法	允许净额法和总额法，更偏重净额法
涉及会计科目	营业外收入、递延收益	其他收益、营业外收入，冲减资产账面价值或成本费用
与资产相关的政府补助确认	递延收益	递延收益或冲减账面价值
资产折旧摊销法	直线法	合理、系统的方法
与收益相关的政府补助确认	营业外收入或递延收益	其他收益、营业外收入、冲减成本费用
财政贴息会计处理	总额法	净额法

1. 与资产有关的政府补助的会计处理

对于与资产有关的政府补助，需要区分货币性资产和非货币性资产。对于货币性资产，企业可以选择总额法和净额法对政府补助进行会计处理。根据总额法，企业在取得货币性资产时将其确认为递延收益，在相关资产使用寿命内按合理方法分期计入其他收益，相关资产在使用寿命结束时或结束前被处置，尚未分摊的递延收益应一次性转入处置当期的营业外收入。根据净额法，企业在取得货币性资产时将补助冲减相关资产的账面价值。对于非货币性资产，企业需要采用总额法，在收到时将其确认为递延收益，并在使用寿命内合理摊销计入其他收益。

举例 与货币性资产相关的政府补助。2017 年 1 月 1 日，顺风公司通过招拍程序取得一块价值为 1 300 万元的土地，取得政府开具的非税收财政票据 1 300 万元，同时政府返还奖励款 1 000 万元。要求：分析政府奖励款的不同财务处理的影响。

分析：这是与资产相关的政府补贴，可以采取冲减账面价值和确认递延收益两种方法进行会计处理。

（1）冲减账面价值的净额法。顺风公司在收到土地返款 1 000 万元时，冲减“无形资产——土地使用权”，然后按照土地使用权 50 年的期限摊销 300 万元，每年的摊销费为 6 万元。

（2）确认为递延收益的总额法。顺风公司在收到土地返款 1 000 万元时，计入递延收益，然后土地使用权 1 300 万元和递延收益 1 000 万元按照 50 年的期限摊销，每年计入摊销费 26 万元和其他收益 20 万元。

（3）两种方法的比较。冲减账面价值的方法会在第一年增加无形资产 300 万元，银行存款减少 300 万元，而总资产不变。随后每年会增加摊销费 6 万元、无形资产减少 6 万元。确认递延收益的方法则会在第一年增加无形资产 1 300 万元，银行存款减少 300 万元，长期负债——递延收益增加 1 000 万元。随后每年会增加摊销费 26 万元和其他收益 20 万元。

假定顺风公司在这两种方案中的销售收入和净利润都不变，那么，递延收益的方法会增加企业的资产负债率、负债权益比率，降低资产周转率和资产报酬率。

（4）补助资产处理的不同税收影响。由于财政返还款 1 000 万元不能作为不征税收入，不免征所得税，因此，在每年损益金额一致的情况下，两种方法的所得税影响一致。但是，当这块土地在未来出售时，计入的土地使用权成本的不同会造成缴纳增值税的不同。假如土地增值税为 17%，这块土地在 2018 年 12 月 31 日以 2 000 万元的价格出售。按照冲减账面价值的方法，土地成本=300（万元），土地增值税=（2 000－300）×17%=289 万元。按照递延收益的方法，土地成本=1 300（万元），土地增值税=（2 000－1 300）×17%=119（万元）。两者相差 170 万元的增值税，恰好等于两者的土地成本差价 1 000 万元的 17%。

2. 与收入有关的政府补助的会计处理

对于与收入相关的政府补助，需要区分是用于补偿以后期间还是已发生的相关成本费用或损失。

（1）对于用于补偿以后期间的相关成本费用或损失，企业需要采用总额法。在收到时表明能满足政府补助的附加条件的，应确认为递延收益；企业在收到时无法判断是否能满足政府补助附加条件的，先计入其他应付款，待条件满足时确认为递延收益；然后在政府补助要补偿的成本费用发生时，借记“递延收益”科目，贷记“其他收益”或“营业外收入”科目。其他收益是专门用于核算与企业日常活动有关，但又不能确认收入或冲减成本费用的政府补助。

（2）对于补偿企业已发生的相关成本费用或损失，企业可以采取总额法或净额法，在收到补助时直接计入当期损益（其他收益或营业外收入）或冲减相关成本。在期末未收到补助资金但符合相关政策规定时应借记“应收账款”科目，贷记成本类科目。

（3）企业取得的财政补贴在符合下列所有条件时，可以作为不征税收入，在计算应纳税所得额时从收入总额中扣除。第一，企业能够提供规定资金专项用途的资金拨付文件；第二，财政部门及其他政府部门对该资金有专门的资金管理办法；第三，企业对该资金及该资金发生的支出单独进行核算。同时，这些不征税收入用于支出所形成的费用，或者用于支出所形成资产的折旧和摊销，都不得在计算应纳税所得额时扣除。

举例　与收入相关的政府补助。甲企业是一家储备粮食企业，2017 年实际储备粮食量为 1 亿斤。根据国家有关规定，财政部门按照企业的实际储备量给予每季度每斤 0.039 元的粮食保管费补贴，于每个季度初支付。2017 年 1 月 10 日，甲企业收到财政拨付的第一季度补贴款 390 万元。要求：分析不同政府补助形式的影响。

分析：（1）假如政府补助是粮食保管费补贴或返还的增值税 390 万元，计入其他收益。2017 年 1 月 1 日，甲企业确认应收的财政补贴款为“其他应收款”390 万元和“递延收益”390 万元。在收到应收款后，2017 年 1 月、2 月和 3 月将保管费的补贴分别计入其他收益 130 万元。

（2）假如政府补助不是粮食保管费，而是返还的消费税 390 万元，那么，甲企业就需要冲减生产成本或营业成本 390 万元。

（3）假如甲企业收到的政府补助 390 万元与日常经营活动无关，如奖励公司安排残疾人员就业，那么，甲企业就需要将政府补助计入营业外收入 390 万元。

从以上举例可以看出，与收入相关的政府补助存在不同的会计处理方式。如果政府是针对企业低价销售进行补贴，则确认为收入；如果政府是针对企业高价采购进行补贴，则冲减成本；如果以上两者都不是，而又确实与日常经营活动有关，则计入其他收益；如果与日常经营活动无关，则计入营业外收入。

因此，政府补助可以作为营业收入、其他收益、营业外收入或者冲减成本费用。在利润表中，计入其他收益的政府补助在“其他收益”项目中反映；冲减相关成本费用的政府补助在“相关成本费用”项目中反映；与企业日常经营活动无关的政府补助在“营业外收支”项目中反映。因此，不当的会计处理会扭曲企业的收入和成本结构。

3. 财政贴息的会计处理

2006 年的政府补助准则采取总额法对财政贴息进行处理，对于收到的财政贴息直接计入营业外收入或者递延收益。2017 年的政府补助准则采取净额法对财政贴息进行处理，对于收到的财政贴息冲减相关借款费用。对于政府给予企业贷款的财政贴息，需要区分财政贴息资金拨付给贷款银行和直接拨付给企业两种情况，见表 7-6。

表 7-6　2017 年后财政贴息的会计处理

<table>
<tr><td rowspan="2">贴息拨付给贷款银行</td><td colspan="3">简化方法：按借款金额入账，按优惠利率计算借款费用</td></tr>
<tr><td colspan="3">公允价值法：以公允价值计量并调整实际利率</td></tr>
<tr><td rowspan="5">贴息拨付给企业</td><td rowspan="3">与建造长期资产相关</td><td>已完工</td><td>冲减当期财务费用</td></tr>
<tr><td>建设期</td><td>资本化部分冲减资产成本，费用化部分冲减财务费用</td></tr>
<tr><td>未完工</td><td>冲减当期财务费用</td></tr>
<tr><td rowspan="2">与建造长期资产无关</td><td>补助对象利息在取得贴息款前已产生</td><td>冲减当期财务费用</td></tr>
<tr><td>补助对象利息在取得贴息款前未产生</td><td>计入递延收益，未来分期冲减财务费用</td></tr>
</table>

（1）对于政府将财政贴息拨付给贷款银行的，企业可以采取以下两种会计方法处理：一是以实际收到的金额为借款入账价值，按借款本金和政策性优惠利率计算借款费用；二是借款的公允价值折现为借款的入账价值，按照实际利率法计算借款费用，实际收到的金额与公允价值差额确认为递延收益，递延收益在借款存续期内采用实际利率法摊销冲减相关借款费用。

（2）对于财政贴息资金直接拨付给企业的，企业将财政贴息冲减相关借款费用，满足资本化条件的冲减在建工程。

（3）财政贴息付给贷款银行的两种方法的比较。简化方法和公允价值法对企业资产负债表的资产部分没有影响，但对负债的结构影响不同。在简化方法下，贴息贷款的负债全部作为长期借款列报；而在公允价值法下，贷款的公允价值部分作为长期借款列报，未分摊的递延收益部分在其他非流动负债项目中列报。两种方法对利润表的影响是一致的。

（四）政府补助分析

1. 政府补助的会计分析

（1）政府补助存在的会计问题主要是将与资产相关的政府补助和与收益相关的政府补

助相混淆，或者将政府补助在当期损益和未来损益之间的划分相混淆，或者将政府补助当作营业收入，或者将政府补助与政府的资本性投入和政府购买商品与劳务的营业收入相混淆，或者将财政贴息与其他政府补贴相混淆。此外，企业也可能将未满足条件的政府补助确认为当期损益或冲减费用。这需要认真分析政府补助的详细披露信息。

举例　政府补助的错误会计处理。2014 年 5 月 21 日，证监会对河南莲花味精股份有限公司在 2006 ~ 2009 年错误处理政府补助的行为进行了行政处罚。该公司在 2007 年和 2008 年存在的错误：第一，将没有实际收到的 1.944 亿元和 3 亿元的政府补助直接计入 2007 年和 2008 年的营业成本中，造成 2007 年和 2008 年的报告利润额分别变为 2 000 多万元和 1 000 多万元；第二，2008 年将 4 167 万元的两项政府补助直接用于冲减企业的生产成本，改变了企业的利润结构；第三，2007 年和 2008 年仅仅将 385 万元和 627.4 万元的政府补助计入营业外收入。将政府补助用于弥补原材料和人工费用，并在 2008 年将环保补贴和淘汰落后产能补贴的政府补助直接计入企业的生产成本进行抵销，还试图将一笔金额为 575 万元的节能技术改造补助纳入生产成本的抵减项中。具体情况见表 7-7。

表 7-7　2007 ~ 2008 年河南莲花味精股份有限公司与收益有关的政府补助的明细（单位：万元）

2007 年			2008 年		
补助类别	金额	补助原因	补助类别	金额	补助原因
技术创新	300	企业技术创新专项基金	技改奖励	575	节能技术改造奖励
政府补助	80	河南外贸发展促进基金	政府奖励	32.4	周口项城市政府奖励
政府奖励	5	政府对纳税大户奖励	科技经费	20	财政局科技经费
合计	385		合计	627.4	

（2）作为营业收入的政府补助。根据 2017 年《企业会计准则第 16 号——政府补助》，企业从政府取得的经济资源，如果与企业销售商品或提供服务等活动密切相关，且是企业商品或服务的对价及其组成部分的，需要按照销售处理。例如，政府对可再生能源发电项目上网电价补助、高效照明产品推广财政补贴、新能源汽车推广补助等，都是政府替购买方支付价格的一部分，应计入企业的营业收入而不是政府补助。

如果将与企业销售商品或提供劳务密切相关的政府补助当作营业外收入而不是营业收入，就无法反映企业的真实营业收入和毛利，从而降低企业的毛利率、营业利润率、资产周转率和应收账款周转率。如果这类具有营业收入性质的政府补助占企业的营业收入比例较大，将政府补助当作营业外收入还会大幅度降低企业扣除非经常性损益后的净利润，从而增大企业的经营风险和增加筹资成本。

2. 政府补助的财务分析

对政府补助的财务分析可以从政府补助金额及其变动率、政府补助现金流入占经营活动现金流入的比例、政府补助占净利润的比例等方面进行分析。

五、出售债权与债务重组

企业的债权和债务，除了向债务人收回应收账款和向债权人偿还债务，还可以通过其他方式变现或处置。出售债权与债务重组就是其中的两种方式，从而将企业的经营活动、筹资活动和投资活动结合起来。

（一）出售债权

企业的债权包括应收账款、其他应收账款、应收票据、应收贷款等，都可以采取融资的方式变现。

1. 应收债权融资

应收债权融资包括债权质押贷款、债权贴现和债权出售 3 种，都可能增加市场的系统性债务风险。债权质押贷款是一种以债权作为担保物的商业信贷。债权贴现是指企业按照银行等金融机构有关贴现的规定，从债权价值中扣除一定贴息，将余额提前支付给企业的一种融资方式。债权出售是指企业将债权资产在交易中进行变现的行为。债权贴现与债权出售都是债权资产转让融通资金的交易行为，但两者存在如下区别：第一，债权贴现涉及票据债权，债权出售涉及非票据债权；第二，债权贴现的利息需要先作为待摊费用，然后分期摊销作为财务费用，而债券出售无利息费用。

2. 应收债权出售的会计处理

应收债权出售分为不附加追溯权的应收债权出售和附加追溯权的应收债权出售。

1）不附加追溯权的应收债权出售

不附加追溯权的应收债权出售是指在应收债权到期而债务人未按期偿还时，出售债权的企业不承担任何偿还责任。在企业出售债权时，借记“银行存款”（按实际收到的金额）、“其他应收款”（协议中约定预计将会发生的销售退回、销售折让和现金折扣）、“坏账准备”“财务费用”（应支付的相关手续费）、“营业外支出——出售应收债权净损失”科目，贷记“应收账款”“应收票据”“营业外收入——出售应收债权净收益”等科目。出售应收债权净损益的计算公式为

出售应收债权净损益=实际收到的售价款-（应收债权的账面净额
-协议约定预计发生的销售退回、销售折让及销售折扣的金额
-支付的相关费用）

2）附加追溯权的应收债权出售

附加追溯权的应收债权出售是指在应收债权到期而债务人未按期偿还时，出售债权的企业需要承担偿还的责任。按照实质重于形式的原则，这种协议与应收债权有关的风险和报酬并未转移，实质上是企业以应收债权为质押取得的借款，不应冲减应收债权的账面价值。在企业质押债权时，借记“银行存款”“财务费用”科目，贷记“短期借款”科目。

3. 债权出售的财务影响

（1）对现金流量的影响。不附加追溯权的应收债权出售和附加追溯权的应收债权出售在初期都会增加企业的现金流入量，只不过前者是经营现金流入量的增加，后者是筹资现金流入量的增加。如果债务人到期无法偿还应收债权，附加追溯权的应收债权出售则会导致企业的筹资现金流出量增加，则不附加追溯权的应收债权出售不会导致现金流出量增加。

（2）对资产负债表的影响。不附加追溯权的应收债权出售会增加企业的流动性，特别是现金比率和现金流量比率会提高。附加追溯权的应收债权出售则会增加银行存款和短期借款，会降低企业的流动性，特别是流动比率和现金流量比率，也会提高企业的资产负债率。

（3）对利润表的影响。应收债权出售会增加企业的营业外收入或营业外支出，从而影响销售利润率和股东权益报酬率。相比之下，债权质押贷款和债权贴现都会提高企业的财务费用，增加企业的筹资现金流入量，提高企业的资产负债率。表 7-8 总结了不同形式的债权处置对财务报表的影响。

表 7-8 债权的不同处置方式及其影响

项目	收回应收账款	债权质押贷款	债权贴现	债权出售
现金流量	增加	增加	增加	增加
应收账款	减少	不变	不变	减少
短期借款	不变	增加	增加	不变
营业外收支	不变	不变	增加	增加
财务费用	不变	增加	增加	增加
所得税费用	不变	减少	增加或减少	增加或减少

（二）债务重组

债务重组是指因债务人没有能力偿还到期债务或不能履行到期债务时，债权人按照与债务人达成的协议或法院的裁定，同意债务人修改债务条件的事项，如延期付款、降低利率、豁免利息或者部分本金、以非货币资产偿还债务、债务转为股权等。债权人将债务重组前的债务账面价值，扣除重组中新的债务条款所产生的公允价值之间的差额，确认为债权人的债务重组损失，计入当期的营业外支出。债务人将债务重组前的债务账面价值，减除债务重组中债权人的让步条款确认的清偿债务的现金、非现金资产的公允价值、所转股份的公允价值或者重组后债务账面价值之间的差额，确认为债务人的债务重组利得，计入当期的营业外收入。

1. 债务重组的主要方法

1）以资产清偿债务

以资产清偿债务是指债务人通过让渡现金、存货、固定资产、无形资产等资产使用权的方式来清偿到期债务。债务人在转让相关非现金资产的过程中产生的税费、运费等相关费用，直接计入转让资产损益。以非货币性资产清偿债务，实质上是非货币性资产的出售与债务偿还两种交易行为的结合，需要分别计算处理非货币性资产的损益和债务重组的损益，以及缴纳相应的增值税。因此，以非货币性资产清偿债务会造成非货币性资产和债务减少，营业外收支和增值税增加，从而提高企业的流动比率和资产负债率，增加资产报酬率。

2）债务转为资本

债务转为资本是指债权人把自己拥有的对债务人的债权转变为对债务人的股权，债务人将欠债权人的债务转化为自身资本的非货币性融资行为。债务人将债权人放弃债权而享有股份的面值总额确认为实收资本，股份的公允价值总额与实收资本之间的差额确认为资本公积。重组债务的账面价值与股份的公允价值之间的差额计入营业外收入，与发行权益性证券直接相关的手续费、佣金等交易费，冲减资本公积——股本溢价。债权人则将修改条件后债务的公允价值作为重组后长期股权投资的账面价值，重组前债权的账面余额与重组后长期股权投资的账面价值之间的差额，计入营业外支出；债权人已对债权计提减值准备的，应当先将该差额冲减减值准备。

对于债务人而言，债转股会降低企业的资产负债率和债务权益比率，提高企业的资产报酬率。对于债权人而言，债转股会增强企业的流动性。

3）修改其他债务条件

修改其他债务条件是指债权人为更可能及时收回更多的债权，对债务人做出减免本息、降低利率等方面的决定。重组债务的账面余额大于将来应付金额现值的，债务人应将债务重组的账面余额减至将来应付金额现值，按减去的金额借记“应付账款”等科目，贷记“营业外收入”等科目。

2. 债务重组的财务影响

债务重组对企业的流动性、偿债能力、盈利能力及融资能力都产生重要的影响。由于债务重组的重要性，债权人和债务人对债务重组的信息披露包括：债务重组的方式；确认的债务重组利得或损失金额；债转股时，债务人的股本或实收资本的增加额和债权人的投资增加额；或有应付的金额，或有应收的金额；公允价值的确定金额及方法和依据。

（1）对企业流动性的影响。不管是以非货币性资产清偿债务、债转股，还是改变其他偿还债务的条件，债务重组都提高了债务人企业的流动性，同是流动比率、速动比率、现金比率和现金流量比率也得以提高。对于债权人企业而言，债务重组将长期无法收回的债权转变为现金、非货币性资产、长期股权等资产，提高了应收账款周转率和变现能力。

（2）对偿债能力的影响。对于债务人而言，债务重组或者以较少的资产偿还较多的债务，或者将债务转为股权，或者降低债务的本金和利息支出。这些手段都降低了企业的资产负债率和债务权益比率，提高了企业的偿债能力。对于债权人而言，较多的应收账款被转为较少的长期股权投资、交易性金融资产或者其他非货币性资产，从而提高了企业的资产负债率和债务权益比率。

（3）对盈利能力的影响。对债务人而言，债务重组经常会产生债务重组利得，并减少利息支出，从而提高企业的股东权益报酬率和销售利润率。对于债权人而言，债务重组会产生债务重组损失，并增加财务费用，从而造成企业税前利润的减少。但是，债务重组也会造成损失在公司之间转让，具有所得税抵免效应。

（4）对融资能力的影响。债务重组改变了企业的融资结构。对债务人而言，债务重组减少了应付账款或应付贷款，降低了企业的利息支出，从而提高了企业的利息保障倍数。对于债权人而言，债务重组获得了具有更多变现能力的资产，增强了融资能力。

六、非货币性资产交换

如果说出售债权是企业主动将应收账款或贷款转化为货币性资产，债务重组则是债权人企业被动地将债权转变为货币性资产、非货币性资产或金融资产，那么，非货币性资产交换则是企业主动将一种形式的非货币性资产转化为另一种非货币性资产的方式。货币性资产是指企业持有的货币资金和将以固定或可确定的金额收取的资产。这种资产不仅给企业带来确定的经济利益，而且其公允价值与账面价值相等。非货币性资产是指除货币性资产以外的资产，其典型特征是这种资产给企业带来的经济利益具有不确定性，公允价值和账面价值可能会存在很大的差异，由此产生的损益需要确定。

（一）非货币性资产交换的含义、计量模式和过程

1. 非货币性资产交换的含义

非货币性资产交换是指企业之间以存货、固定资产、无形资产和长期股权投资等非货币性资产进行的交换，该交换不涉及或只涉及少量的货币性资产（补价）。非货币性资产交换不同于货币性资产交换的地方在于，货币性资产交换的资产价值按照资产自身的公允价值及其相关的税费进行计价；非货币性资产交换的资产计价不是按照换入资产自身的价值，而是按照换出资产的价值进行计价。

2. 非货币性资产交换的计量模式

非货币性资产交换的计量模式分为账面价值计量模式和公允价值计量模式两种。

1）账面价值计量模式

在账面价值计量的非货币性资产交换中，换入资产成本以换出资产账面价值及支付的相关税费、支付的补价并扣除收到的补价进行计价，并且不确认损益。交易方为换入资产而发生的相关税费（除可抵扣的增值税外）计入相关资产的成本；为换出资产而发生的相关税费（除增值税外）最终计入当期损益。

2）公允价值计量模式

非货币性资产交换采取公允价值计量模式，必须满足两个条件：该项交换具有商业实质；换入资产或换出资产的公允价值能够可靠地计量。按公允价值计量的非货币性资产交换中，换入资产成本是以换出资产公允价值及支付的相关税费、支付的补价并扣除收到的补价进行计价，换出资产的公允价值与账面价值的差额计入当期损益。

（1）若换出资产为存货，则视同销售处理，确认收入并接转成本。若存货为库存商品，则确认主营业务收入并结转主营业务成本；若存货为原材料或投资性房地产，则确认其他业务收入并结转成本，最终通过营业收入与营业成本计入营业利润。

（2）若换出资产为固定资产或无形资产，则最终通过营业外收入或营业外支出计入损益。

（3）若换出资产为投资类资产，则通过投资收益计入当期损益。

3. 非货币性资产交换的过程

具有商业实质的存货交换涉及两个过程：一是交换过程，即以换出资产获得的不是应收账款或银行存款，而是原材料或存货；二是出售过程，即相当于商品出售，确认收入和成本，以及销项增值税。因此，存货交换与一般的存货销售在确认营业收入、营业成本、销项增值税方面是相同的。但不同的是，存货交换中换入的存货成本不是其公允价值，多包含或多扣除了部分的增值税，从而导致增值税在企业之间通过存货交换实现了转移。一旦存货的交换不具有商业实质，那么，换入存货的成本不仅多包含或多扣除了部分的增值税，而且远低于其公允价值，也不确认营业收入和营业成本。对于一般销售而言，运费当作销售费用处理。

举例　存货交换。华联公司以一批库存商品换入华威公司一批原材料，两个公司各支付运费 2 000 元。华联公司换出库存商品的账面余额为 20 万元，公允价值为 25 万元，增值税税额为 4.25 万元。华威公司换出原材料的账面余额为 25.5 万元，公允价值为 26 万元，增值税税额为 4.42 万元；华联公司向华威公司支付补价 1.17 万元，该交易中未涉及其他相

关税费。要求：比较不存在交换、具有商业实质的交换和不具有商业实质交换的财务影响。

分析：（1）假设该交易具有商业实质，且补价 1.17 万元低于换出资产价值 25 万元的 25%。对于华联公司而言，换入原材料的成本=25+1.17+4.25+0.2−4.42=26.2（万元），换出的存货按照主营业务收入处理。华威公司换入存货成本=26+4.42+0.2−（1.17+4.25）=25.2（万元），换出的原材料存货按照其他业务收入处理。

（2）假设这笔交易不具有商业实质，则华联公司换入原材料的成本=20+4.25+0.2+1.17−4.42=21.2（万元）。对于华联公司来说，原材料成本比过去的库存商品增加 1.2 万元，其中包含 0.2 万元的运费，支付的现金补价 1.17 万元，以及扣除增值税 0.17 万元（4.42−4.25）。但是，原材料的成本 21.2 万元远低于其公允价值 26 万元。华威公司换入库存商品的成本=25.5+4.42+0.2−1.17−4.25=24.7（万元）。对于华威公司来说，库存商品成本比过去的原材料成本降低了 0.8 万元，其中，扣除了 0.17 万元的增值税，增加了 0.2 万元的运费，收到的现金补价 1.17 万元。但是，库存商品的成本 24.7 万元远低于其公允价值 25 万元。

（3）从表 7-9 中可以看出，在存货的公允价值高于其账面价值时，对交易双方而言，具有商业实质的存货交换比货币资产的交换会产生更高的营业利润。因为在具有商业实质的交换中，销售费用被资本化，纳入了换入资产的入账成本。相比之下，不具有商业实质的存货交换没有任何毛利和营业利润。

表 7-9 存货交换后的比较（单位：万元）

项目	不存在存货交换		商业实质存货交换		非商业实质存货交换	
	华联	华威	华联	华威	华联	华威
公允价值	25	26	25	26	—	—
成本	20	25.5	20	25.5	—	—
毛利	5	0.5	5	0.5	—	—
销售费用	0.2	0.2	—	—	—	—
营业利润	4.8	0.3	5	0.5	—	—

（4）假如华联公司和华威公司在存货交换之后，都按照公允价值在市场销售存货。我们可以对比不存在存货交换的销售、具有商业实质的存货交换后的销售，以及不具有商业实质的存货交换后的销售之间的差异，见表 7-10。

表 7-10 存货交换后的再销售比较（单位：万元）

项目	不存在存货交换		商业实质存货交换		非商业实质存货交换	
	华联	华威	华联	华威	华联	华威
公允价值	25	26	26	25	26	25
成本	20	25.5	26.2	25.2	21.2	24.7
毛利	5	0.5	−0.2	−0.2	4.8	0.3
销售费用	0.2	0.2	0.2	0.2	0.2	0.2
营业利润	4.8	0.3	−0.4	−0.4	4.6	0.1

以上举例表明，在具有商业实质的存货交换后，存货立即在市场上出售会为交易双方带来亏损，因为具有商业实质的存货交换高估了换入资产的入账成本。相比之下，不具有商业实质的存货交换后，按照公允价值出售产品，会带来营业利润。因此，商品销售和存货交换会对不同会计期间的毛利、营业利润及存货的成本产生不同的影响，进而影响应存货周转率、股东权益报酬率等财务指标。

（二）非货币性资产交换和债务重组的比较

非货币性资产交换和债务重组都是对企业的资产结构、负债结构甚至权益结构进行改变的方法。如果说非货币性资产交换主要集中在固定资产、无形资产、原材料、金融资产和长期股权之间的交换，那么，对债权人而言，债务重组集中在应收账款和应收票据的债权换取现金和非货币性资产。对债务人而言，债务重组则是利用资产、权益或者新债务换取旧债务。具体而言，两者的区别如下。

（1）商业实质的考虑不同。非货币性资产交换需要区分是否具有商业实质，而债务重组则假定所有的债务重组都具有商业实质。商业实质的判断在于考虑换入资产与换出资产未来现金流量在时间、风险及金额上具有显著的不一致性。具有商业实质的非货币性资产交换和债务重组，都将资产的公允价值与其账面价值之间的差额作为当期损益，而不具有商业实质的非货币性资产交换不确认交换资产的损益。这样，在发生财务困难时，母子公司之间更容易采用债务重组的方式来确认换出资产的损益，排除了商业实质判定标准模糊和关联方交易的规定。

（2）固定资产处置的归集不同。非货币性资产交换和以固定资产偿还债务的重组，都用固定资产清理账户进行归集，只不过将固定资产账面价值与公允价值之间的差额叫作非货币性资产交换损益或处置固定资产损益。

（3）获得资产的成本计算方法不同。非货币性资产交换的两种会计处理方式，即以账面价值计量和以公允价值计量模式，对换入资产的入账价值和换出资产的损益处置不同。在具有商业实质的非货币性资产交换中，换入资产的价值等于换出资产的公允价值加上相关税费和支付的补价，减去收到的补价，并确认换出资产的损益作为营业外收支。在不具有商业实质的非货币性资产交换中，换入资产成本等于换出资产的账面价值加上相关税费和支付的补价，减去收到的补价。在账面价值高于公允价值的情况下，不具有商业实质的非货币性资产互换会高估换入资产的入账价值，不符合稳健性原则。在债务重组中，受让资产成本等于受让资产的公允价值加上相关税费，不同于非货币性资产交换中换入资产的成本是放弃资产的对价。

（三）固定资产交换无形资产

在具有商业实质的非货币性资产交换中，按照公允价值模式，换出资产的公允价值与其账面价值及相关税费的差额记入“营业外收支——非货币性资产交换损益”科目，换入资产的公允价值加上相关税费作为入账成本。在不具有商业实质或者公允价值不能可靠地计量的非货币性资产交换中，按照账面价值模式，换出资产不确认损失，换入资产按照换出资产的账面价值加相关税费作为入账成本。不管是否具有商业实质，与换出资产相关的税金（不含增值税）计入（营业）税金及附加，与换入资产相关的税费（不含可抵扣增值税）计入换入资产的入账价值。不管是否具有商业实质，税金的计算都要以公允价值为计税价格，除非公允价值无法获取。

（四）非货币性资产交换的会计分析

非货币性资产交换非常复杂，对企业的资产负债表和利润表都有重要的影响，在不涉及补价的情况下则不会对现金流量表产生影响。这就为企业的盈余管理和企业之间的关联交易提供了足够的空间，因此要认真地进行会计分析。

（1）非货币性资产交换与货币性资产交换的区分，在于收到或支付补价中货币性资产的比例是否低于换出或换入资产公允价值的25%。对于支付补价的一方来说，支付的货币性资产占换入资产公允价值（或换出资产公允价值与支付的补价之和）的比例低于25%，视为非货币性资产交换；对于收到补价的一方来说，收到的货币性资产占换出资产公允价值（或换入资产公允价值与收到的补价之和）的比例低于25%，视为非货币性资产交换；高于或等于25%则视为货币性资产交换。非货币性资产交换与货币性交易的区别在于换入资产成本的确认不同，而换出资产的账务处理和对财务报表的影响相同。

（2）区分是否采用公允价值计量模式和账面价值计量模式。公允价值计量模式需要满足公允价值计量和交换具备商业实质两个条件，并确认当期损益。如果交易不能可靠地采取公允价值计量或者不具备商业实质，则采取账面价值计量模式，不确认当期损益。当企业应该采用公允价值计量模式而实际采用账面价值计量模式，并涉及大规模的非货币性资产交换时，财务分析者需要调整企业的财务报表。由于公允价值的确定包括存在活跃市场，同类或类似资产存在活跃市场及采用估值技术，因此，分析人员需要考虑公允价值确定的合理性，以及非货币性资产交换中是否涉及关联方关系。

（3）确定是单项还是多项资产交换，以及多项资产交换如何分配换入资产的初始成本。

（4）相关税费的处理。将所有非货币性资产交换的税费都计入换入资产的成本，没有区分换入资产的税费和换出资产的税费。换出资产的税费实质上是非货币性资产的销售或处置，应该计入销售费用或者营业税金及附加。将这些税费计入换入资产的成本，实质上是高估了换入资产的成本，从而减少了当期税费的支出，提高了利润和增加了所得税支出。

（5）非货币性资产交换损益取决于换出资产的公允价值及其账面价值，而换出资产的账面价值取决于发出存货的计价方法、固定资产的折旧方法和无形资产的摊销方法，以及计提的资产减值准备是否充足。按照会计准则，固定资产、无形资产、长期股权投资等长期资产的减值损失经确认后，在持有期间不得转回。但是，当长期资产在出售、对外投资、非货币性资产交换及债务重组时，就可以营业外收入的形式将资产减值损失转回，实现盈余管理。

（6）对于利用非货币性资产交换是否进行盈余管理的问题，需要判断以下6个问题。第一，交易是否具有商业实质。不同资产的交换，或同类资产交换但具有不同的未来现金流量的时间、风险和金额，则该交换具有商业实质。第二，交易的频率。非货币性资产交换的频率越频繁，盈余管理的可能性越大。第三，换入资产的入账价值偏离公允价值的程度，是否存在高估或者低估换入资产价值的情形。第四，公允价值的确定是否合理。第五，是否隐瞒关联方交易，通过虚构资产交换来达到虚增主营业务收入、其他业务收入、投资收益或者营业外收入，并虚增利润的目的。第六，分析非货币性资产交换的资产价值占企业所有资产总额的比例、非货币性资产交换损益占企业净利润的比例。这两个比例越大和交换越频繁，盈余管理的可能性越大。

第二节　投资收益与其他损益

随着企业之间的相互持股和企业持有的金融资产越来越多，投资收益在企业的净利润和现金流量中的作用越来越大。非经常性损益等于投资收益加上营业外净收入。营业利润通常反映企业持续性生产经营活动创造利润的能力，具有很高的盈利持续性的特点。与营业利润的性质不同，公允价值变动损益更多地受到非企业自身能控制的证券市场环境的影响；投资收益也与企业的营业利润来源不同，不具有盈利持续性的特点。

一、企业投资的收益

企业投资的收益可以分为持有的收益和处置时的收益两部分。持有的收益就是从持有日开始到资产负债表日由于金融资产价格的变动所引起的未实现损益，在利润表中体现为公允价值变动损益和其他综合收益两部分。其他综合收益与计入当期损益的公允价值变动损益非常相似，都是由金融资产或金融负债的公允价值变动引起的未实现利得或损失。不同的是，其他综合收益不计入当期损益，直接计入所有者权益。处置的收益就是金融资产和长期股权投资出售时的价格与账面价值的差额，以及获取的股息、利润和利息，在利润表中体现为投资收益。在税法上，已实现的投资收益才要缴纳所得税和增值税，未实现的公允价值变动损益不需要缴纳所得税和增值税。

（一）公允价值变动损益

公允价值变动损益是指企业因资产或负债公允价值变动所形成的应当计入当期损益的利得或损失，本质上属于已确认但尚未实现的持有利得或损失。公允价值变动损益并不会带来相应的现金流入或者流出，但在利润表中报告会更全面地和公允地反映企业的获利能力、未来业绩及其不确定性，充分体现了会计确认的资产负债观。

1. 公允价值变动损益的来源

（1）交易性金融资产的公允价值变动。

（2）采用公允价值计量的投资性房地产的公允价值变动，以及将自用的或者作为存货的房地产转化为按照公允价值计量的投资性房地产时的转换当日的公允价值低于原账面价值的差额部分（转换当日的公允价值大于原账面价值的差额部分作为其他资本公积）。

（3）可供出售的金融资产或者现金流量套期保值的有效部分在出售时原计入其他综合收益的公允价值变动损益。

（4）公允价值套期保值的被套期工具和衍生金融工具的公允价值变动，以及现金流量套期保值的被套期工具的无效部分公允价值变动损失。

（5）交易性金融负债的公允价值变动。

2. 公允价值变动损益的分类

1）交易性金融资产的公允价值变动损益

公允价值变动损益由两部分构成，一是当年交易性金融资产和金融负债价格变动所引起的损益，二是当年处置金融资产转出的公允价值变动损益。从交易性金融资产中获得的股息、利息都记入“投资收益”科目，公允价值变动损益在年底也通过“投资收益”科目结转。按照 2006 年的会计准则，初始投资中含有对已宣告但未发放的现金股利需要单独确认为应收项目。但在 2017 年《企业会计准则第 22 号——金融工具确认和计量》中，这种现金股利计入金融资产或长期股权投资的初始入账成本。初始投资所发生的交易费用，对于交易性金融资产确认为投资收益项目，对于其他类别的金融资产计入入账成本。

2）交易性金融负债的公允价值变动损益

金融负债是指交付金融资产、以一项新的金融负债或以自身权益工具进行结算或清偿的合同义务。交易性金融负债是指以公允价值计量且其变动计入当期损益的金融负债：①企业承担该金融负债的目的主要是在近期内出售或回购，如短期融资票据或短期债券；②属于进行集中管理的可辨认金融工具组合的一部分，且有客观证据表明企业近期采用短期获利方式对该组合进行管理；③属于衍生工具。

交易性金融负债所发生的交易费用和支付的利息计入投资收益，而不是计入财务费用。当交易性金融负债的公允价值发生变动时，借记或贷记“公允价值变动损益”科目，贷记或借记“交易性金融负债——公允价值变动”科目。在处置或兑付交易性金融负债时，根据其账面价值，借记“交易性金融负债”“应付利息”等科目；根据其实际支付的金额，贷记“银行存款”科目；根据借贷平衡确认的差额，借记或贷记“投资收益”科目。同时，结转“公允价值变动损益”科目，借记或贷记“公允价值变动损益”科目，贷记或借记“投资收益”科目。按照税法规定，交易费用应计入交易性金融负债的成本，公允价值变动损益不计入应税所得，利息在实际支付的税前扣除。

交易性金融负债在会计和税法上的所得税处理差异见表 7-11。

表 7-11　交易性金融负债在会计和税法上的所得税处理差异

项目	会计准则	税法规定	差异	递延所得税
发行时交易费用	当期损益	计入成本	可抵扣暂时性差异	递延所得税资产
应付利息	当期损益	实际支付扣除	可抵扣暂时性差异	递延所得税资产
公允价值变动	当期损益	不计入应税所得	应纳税或可抵扣暂时性差异	递延所得税负债或资产

举例　交易性金融负债与所得税。甲公司 2013 年 7 月 1 日发行以面值发行期限为 1 年、到期一次还本付息的短期融资债券 100 万元，票面利率为 4%，发行费用为 0.4 万元。2013 年 12 月 31 日，债券市场价格为 101.8 万元（含利息）。2014 年 1 月 31 日，甲公司以 102.1 万元的价格回购该债券。甲公司所得税税率为 25%。假设甲公司 2013 年和 2014 年的会计利润都为 80 万元。要求：计算 2013 年和 2014 年的公允价值变动损益、投资收益和所得税费用。

分析：（1）2013 年，投资收益=0−发行费用−利息支付=0−0.4−100×4%×6/12=−2.4（万元），公允价值变动额=（101.8−2）−100=−0.2（万元），即交易性金融负债的公允价值减少 0.2 万元和公允价值变动收益增加 0.2 万元。应纳税所得额=80+0.4+2−0.2=82.2（万元），应交所得税=82.2×25%=20.55（万元）。税法规定，交易费用计入交易性金融负债的成本，公允价值变动损益不计入应税所得，因此，交易性金融负债的账面价值=100−0.2=99.8（万元），计税基础=100−0.4=99.6（万元），交易性金融负债产生可抵扣暂时性差异=99.8−99.6=0.2（万元）。对应付利息而言，账面价值为 2 万元，计税基础为 0 万元，应付利息产生可抵扣暂时性差异为 2 万元。总的可抵扣暂时性差异=0.2+2=2.2（万元），递延所得税资产=2.2×25%=0.55（万元）。

（2）2014 年，投资收益=0−利息支付=−100×4%×1/12=−0.3（万元）。2014 年确认的利息费用为 0.3 万元，税法允许税前扣除的利息支出=102.1−99.6=2.5（万元），两者的差额为 2.2 万元。所以，应税所得额=80−（2.5−0.3）=77.8（万元），应交所得税=77.8×25%=19.45（万元）。同时，2014 年回购交易性金融负债后，交易性金融负债和应付利息的账面价值及其计税基础均为 0，2013 年确认的可抵扣暂时性差异产生的递延所得税资产为 0.55 万元，在 2014 年全部转回并确认为所得税费用。

3. 公允价值变动损益与资产减值损失的区别

公允价值变动损益与资产减值损失都是资产的公允价值变动导致资产的公允价值或可回收金额与其账面价值之间的差额所引起的。公允价值变动损益主要用于核算金融资产或金融负债的公允价值变动所形成的、应计入当期损益的利得或损失。资产减值损失则是资产的账面价值高于其可回收金额而造成的价值损失。两者的区别表现在以下几个方面。

（1）资产的后续计量方式不同。计入公允价值变动损益的资产或负债都采取公允价值计量模式，而计入资产减值损失的资产基本上采用历史成本的计价模式。

（2）核算对象不同。公允价值变动损益的核算对象主要包括交易性金融资产、交易性金融负债、采用公允价值模式计量的投资性房地产、衍生工具、套期保值等。资产减值损失的核算对象主要包括应收账款、存货、长期股权投资、固定资产、无形资产、生产性生物资产。

（3）损益的确认不同。公允价值变动损益对金融资产或金融负债的公允价值变动既确认未实现的收益，也确认未实现的损失。基于稳健性原则，资产减值损失只是对实物性资产的公允价值变动确认已确定的损失，不确认收益。

（4）可供出售金融资产不同。可供出售金融资产的公允价值下降为暂时性的，计入其他综合收益；公允价值下降为非暂时性的，计入资产减值损失。

（5）可转回性不同。公允价值变动损益都能转回，但是，资产减值损失分为可转回的项目和不可转回的项目。资产减值损失可转回的项目包括可供出售金融资产、持有至到期投资、应收账款、持有待售的非流动资产、未探明矿区的油气资产和消耗性生物资产。资产减值损失不可转回的项目包括固定资产、无形资产、商誉、生产性生物资产、长期股权投资、成本模式计量的投资性房地产等。

4. 公允价值变动损益的会计分析

（1）判断金融资产和金融负债的公允价值是否合理，是否存在活跃的交易市场。

（2）注意公允价值变动的跨期分配和盈余管理问题。由于处置金融资产或金融负债都能将公允价值变动损益转出，因此，需要注意企业利用金融资产或金融负债的处置来调节公允价值变动损益和投资收益。由于投资收益包括前期公允价值变动转入的损益，当期公允价值变动已实现的损益，以及支付的交易费用，因此，投资收益与公允价值变动损益存在一定的替代关系。当期投资收益的增加可能意味着当期公允价值变动损益的减少。

（3）分析公允价值变动损益与营业利润或者净利润的比值。公允价值变动损益占营业利润的比例大小，反映了企业的营业重点是集中在正常的经营活动还是投资活动的问题。由于股票和债券市场波动的剧烈性，公允价值变动损益占净利润比例大的企业，也意味着净利润的波动性较大。

（4）注意公允价值变动损益的结构，尤其是衍生金融工具和套期保值公允价值变动损益的影响。此外，还需要通过分析公允价值变动损益的变动率来分析企业投资的风险。

（二）其他综合收益

其他综合收益反映了企业未在当期损益中确认的各项非经常性利得和损失，扣除所得税影响的净额直接计入所有者权益。当满足当期损益的确认条件时，其他综合收益可以转回至损益的项目，从而对企业未来期间的损益产生影响。与净利润主要反映本期已经实现的净资产价值的变动不同，其他综合收益主要反映了本期确认的未实现净资产价值的变动。净利润和其他综合收益一起构成综合收益，反映了企业全面的已实现和未实现损益的信息。

1. 其他综合收益项目的价值

就与股票价格的相关性而言，营业利润最强，包括公允价值变动损益在内的非经常性损益次之，而其他综合收益最弱。但是，企业大幅度降低其他综合收益或者非经常性损益会削弱营业利润的价值相关性。同时，其他综合收益项目在利润表中披露比在股东权益变动表或者综合收益表中披露更具有股票价值相关性。由于其他综合收益项目具有显著的盈余管理性质，因此，其他综合收益占综合收益比例大的企业，预测未来盈余的误差较大。

2. 其他综合收益项目的来源

（1）可供出售金融资产公允价值变动。

（2）持有至到期投资重分类为可供出售金融资产，在重分类日其账面价值与公允价值之间的差额计入其他综合收益，在其发生减值或终止确认时转出，计入当期损益。

（3）金融资产和金融负债由公允价值计量转为按照成本或摊余成本计量时，若该金融资产有固定到期日的，应当在其剩余期限内，对原计入其他综合收益部分按照实际利率法进行摊销，计入当期损益；若无固定到期日，其他综合收益在被处置时转出，计入当期损益。

（4）现金流量套期和境外经营净投资套期产生的、属于有效套期的利得或损失。

（5）外币报表折算差额。

（6）与计入所有者权益项目相关的递延所得税资产或负债。

（7）投资性房地产转换为公允价值计量模式。自用房地产或存货转换为公允价值计量的投资性房地产，转换当日公允价值大于原账面价值的，其差额直接计入其他综合收益，在处置时转入当期损益。

（8）设定收益养老金计划的精算损益。

举例　其他综合收益项目。表 7-12 是英国石油公司的综合收益。除了不动产、厂房和设备的重估利得，其他综合收益项目与中国基本相同，并且其他综合收益项目分为不可重新分类至损益的项目和可重新分类至损益的项目。从表中可以看出，可重新分类至损益的项目在其他综合收益中所占比例越大，企业利用其他综合收益项目进行盈余管理的可能性也越大。

表 7-12　英国石油公司 2014～2016 年的综合收益（单位：百万英镑）

项目	2016 年	2015 年	2014 年
净利润	13 842	15 946	22 149
综合收益	32 415	28 413	48 316
其他综合收益	1 011	2 541	4 015
不可重新分类至损益的项目			
不能够重新进行分类的所得税影响总额	1 621	443	1 459
养老金计划精算利得	4 851	1 543	5 102
可重新分类至损益的项目			
现金流量套期重新分类至损益	41	152	542
现金流量套期公允价值变动	2 100	1 463	489
可重新分类的所得税影响总额	154	268	89
可供出售金融资产公允价值变动	184	254	89
不动产、厂房、设备重估利得	23	16	21
外币报表折算差额	1 715	541	620

3. 其他综合收益项目的会计处理

当公允价值上升时，借记“金融资产——公允价值变动”科目，贷记“其他综合收益”科目；产生应纳税暂时性差异，确认递延所得税负债，借记“其他综合收益”科目，贷记“递延所得税负债”科目，“其他综合收益”科目的期末余额，即利润表中其他综合收益的税后净额的影响金额；产生可抵扣暂时性差异的，确认递延所得税资产。企业在处置这些金融资产时，把该金融资产持有期间计入其他综合收益的累计利得或损失转出，记入当期损益的“投资收益”科目。

举例　可供出售金融资产。2013 年 1 月 1 日，嘉禾公司从证券市场上购入本生公司于 2012 年 1 月 1 日发行的 5 年期债券，划分为可供出售金融资产，面值为 2 000 万元，票面年利率为 5%，实际利率为 4%，每年 1 月 5 日支付上年度的利息，到期日一次归还本金和最后一次利息。实际支付价格为 2 172.60 万元，假定按年计提利息。2013 年 12 月 31 日，该债券的公允价值为 2 040 万元。2014 年 12 月 31 日，该债券的预计未来现金流量现值为 2 000 万元并将继续下降。2015 年 12 月 31 日，该债券的公允价值回升至 2 015 万元。2016 年 1 月 20 日，嘉禾公司将该债券全部出售，收到款项 1 990 万元存入银行。要求：分析嘉禾公司 2013～2016 年的投资收益、其他综合收益和资产减值损失的变动。

分析：（1）2013 年，投资收益=2 072.60×4%=82.9（万元），可供出售金融资产账面价值（摊余成本）=2 000+（2 172.60−100−2 000）−（100−82.9）=2 055.5（万元），公允价值为 2 040 万元，应确认公允价值变动损失=2 055.5−2 040=15.5（万元）。

（2）2014 年投资收益=期初摊余成本×实际利率=2 055.50×4%=82.22（万元），利息调整=100−82.22=17.78（万元）。可供出售金融资产账面价值=2 040−17.78=2 022.22（万元），公允价值为 2 000 万元。由于预计未来现金流量会持续下降，因此公允价值变动=2 000−2 022.22=−22.22（万元），并将原计入其他综合收益的 15.5 万元的累积损失转出。资产减值损失=22.22+15.5=37.72（万元）。

（3）由于摊余成本的计算不考虑公允价值变动损益，但需要考虑资产减值损失，因此，2015 年应确认的投资收益=（2 000+72.60−17.1−17.78−37.72）×4%=80（万元）。可供出售金融资产账面价值=2 000−20=1 980（万元），公允价值为 2 015 万元，应该转回原确认的资产价值损失=2 015−1 980=35（万元）。

（4）2016 年 1 月 20 日，出售债券 1 990 万元。利息调整=72.6−（17.1+17.78+20）=17.72（万元），公允价值变动=（15.5+22.22）−35=2.72（万元）。投资收益=1 990+2.72−（2 000+17.72）=−25（万元）。

（5）2013～2016 年的相关信息见表 7-13。从表中可以看出，第一，摊余成本不等于资产的账面价值，因为摊余成本只考虑资产减值损失，不考虑公允价值变动损益。第二，投资收益等于应收利息减去利息调整。因此，随着利息调整的增加，投资收益会下降。第三，其他综合收益和资产减值损失都存在跨期分摊的问题，从而为盈余管理提供了便利。第四，其他综合收益和资产减值损失存在一定的替代关系问题。资产减值损失的增加必然伴随着其他综合收益从所有者权益中转出。

表 7-13　嘉禾公司 2013 年 12 月 31 日～2016 年 1 月 20 日可供出售金融资产余额（单位：万元）

项目	2013 年	2014 年	2015 年	2016 年
可供出售金融资产——成本	2 000	2 000	2 000	0
可供出售金融资产——利息调整	55.5	37.72	17.72	0
可供出售金融资产——公允价值变动	−15.5	−37.72	−2.72	0
可供出售金融资产——减值准备	0	0	0	0
账面价值	2 040	2 000	2 015	0
摊余成本	2 055.5	2 000	2 015	0
公允价值	2 040	2 000	2 015	0
投资收益	82.9	82.2	80	−25
其他综合收益	−15.5	15.5	0	0
资产减值损失	0	37.72	−35	0

4. 排除在其他综合收益项目外的所有者权益项目

与长期股权投资或资本公积变化有关的权益性交易项目，不计入其他综合收益，而是直接计入所有者权益。

（1）公司改制评估调账。企业在进行公司制改制时经评估确认的资产、负债价值作为认定成本，该成本与账面价值的差额，调整资本公积；企业的子公司进行公司制改制的，母公司确定对子公司长期股权投资的成本，该成本与长期股权投资账面价值的差额，调整所有者权益。

（2）同一控制下的企业合并。按照 2006 年的准则，合并方在企业合并中取得的资产和负债，应当按照合并日在被合并方的账面价值计量。合并方取得净资产账面价值与支付的合并对价账面价值（或发行股份面值总额）的差额，调整资本公积；资本公积不足冲减的，调整留存收益。企业合并中发行权益性证券发生的手续费、佣金等费用，抵减权益性证券溢价收入，溢价收入不足充减的，冲减留存收益。

（3）追加投资导致被投资单位的核算由成本法变为权益法。对于原取得投资至追加投资交易日之间被投资单位可辨认净资产公允价值的变动相对于原持股比例的部分，属于在此期间被投资单位实现净损益中应享有份额的，调整留存收益；属于其他原因导致被投资单位可辨认净资产公允价值变动中应享有的份额，计入其他资本公积。

（4）处置投资导致被投资单位的核算由成本法变为权益法。在原取得投资至因处置投资导致核算方法由成本法转变为权益法的情况下，对于原取得投资时至处置投资当期期初被投资单位实现的净损益，应享有的份额，调整留存收益；其他原因导致被投资单位所有者权益变动中应享有的份额，计入其他资本公积。

（5）多次交易导致被投资单位的核算由权益法变为成本法。通过多次交换交易，分步取得股权最终形成企业合并，并且达到企业合并前对长期股权投资采用权益法核算的，购买日应对权益法下长期股权投资的账面余额进行调整至最初取得成本。

（6）母公司购买子公司少数股权所形成的长期股权投资。母公司购买少数股权新取得的长期股权投资与按照新增持股比例计算应享有子公司自购买日开始持续计算的净资产份额之间的差额，调整资本公积；资本公积不足冲减的，调整留存收益。

（7）不丧失控制权情况下处置部分对子公司投资的处理。在合并财务报表中处置价款与被处置长期股权相对应享有子公司净资产的差额计入所有者权益。

5. 其他综合收益的会计分析

（1）注意勿使其他综合收益与公允价值变动损益、其他资本公积相混淆。

（2）债务性证券划分为交易性金融资产、可供出售金融资产和持有至到期投资，股权投资划分为交易性金融资产、可供出售金融资产和长期股权投资，套期保值划分为公允价值套期保值和现金流量套期保值，都会影响公允价值变动损益、其他综合收益和资产减值损失的金额，从而为盈余管理提供条件。

举例　金融资产的分类对利润额的影响。表 7-14 是中国平安公司 2007～2009 年的交易性金融资产和可供出售金融资产及其对净利润和所有者权益的影响情况。

表 7-14　中国平安公司 2007～2009 年的公允价值计量项目对利润及权益的影响（单位：亿元）

项目	2007 年			2008 年			2009 年		
	期末余额	影响利润额	影响权益	期末余额	影响利润额	影响权益	期末余额	影响利润额	影响权益
交易性金融资产	849	66.4	—	654	−174.9	—	292	15.6	—
可供出售金融资产	1 785	—	383.8	2 122	259.6	−13.2	2 122	−4.3	59.4
合计	2 634	66.4	383.8	2 440	−434.5	−13.2	2 410	11.3	59.4

分析：作为金融资产，不管企业如何进行划分，其公允价值都受到整体金融市场的影响，具有同样的上升趋势和下降趋势。因此，将金融资产划分为交易性金融资产和可供出售的金融资产，就将公允价值的波动幅度分散在“公允价值变动损益”“其他综合收益”两个科目之下。金融资产的分类对中国平安公司的利润影响额从 2007 年的 66.4 亿元降低到 2008 年的-434.5 亿元和 2009 年的 11.3 亿元。如果所有的可供出售金融资产都算作交易性金融资产，那么，中国平安公司的净利润额就会从 2007 年的 450.2 亿元下降到 2008 年的-447.7 亿元和 2009 年的 70.7 亿元。

6. 其他综合收益的财务分析

其他综合收益可以采取比较财务报表分析、共同比财务报表分析和比率分析。

（1）比较财务报表分析。分析其他综合收益及其各项目的年度变动额及增长率，并与企业的公允价值变动损益的年度变动额及增长率进行比较。

（2）共同比财务报表分析。分析其他综合收益各项目占其他综合收益的比例，以及其他综合收益占综合收益的比例，以此说明其他综合收益的重要性。

（3）比率分析。常用的指标是其他综合收益的税后净额占净利润的比例。该比例越大，说明企业的其他综合收益越多，净利润越小，企业通过其他综合收益项目调节未来的净利润和现金流量的可能性越大。

（三）投资收益

投资收益是企业在一定会计期间对外投资所获得的经济利益的流入，在数量上等于对外投资所取得的利润、股利和债券利息，以及转让或出售金融资产和长期股权投资所产生的已实现的损益，减去投资损失后的净收益。处置金融资产或长期股权投资就将公允价值变动损益转变为投资收益，而投资收益也更多地代替经营利润成为许多上市公司的主要利润源泉。

1. 投资收益的内容

具体而言，投资收益包括：①按照权益法核算的长期股权投资确认的投资收益；②成本法核算的股权投资收到的现金股利；③交易性金融资产、可供出售金融资产、持有至到期投资等收到的股利或利息而确认的投资收益；④出售交易性金融资产或交易性金融负债，出售时点公允价值与账面价值差异及公允价值变动损益转入形成的投资收益；⑤出售可供出售金融资产，出售时点公允价值与账面价值差异及公允价值累积变动额转入形成的投资收益；⑥处置持有至到期投资、长期股权投资形成的投资损益；⑦按照权益法记账的股票投资、其他投资在被投资单位增减的净资产中所拥有的数额；⑧处置投资性房地产所获得的损益，但不包括处理分部或大批量固定资产所获得的损益。

投资收益科目分设“股票投资收益”“债券投资收益”“其他投资收益”。需要注意的是，债券利息算作投资收益，而企业存款或者贷款的利息收入算作利息费用的扣除。这意味着，利润表将利息收入分为两种，一种是间接融资的利息收入，算作利息费用的扣除；另一种是直接融资的利息收入，作为投资收益的一部分。

2. 投资收益的变现能力

投资收益的来源包括金融资产的处置收益、金融资产持有期间取得的利息及股利收益，长期股权投资转让收益，权益法和成本法确认的长期股权投资收益等。金融资产的处置收益和长期股权投资的转让收益在转化为现金方面基本有保障，但是，长期股权投资和长期债权投资的持有收益都是按照权责发生制确认的应计收益，在转化为现金方面具有很大程度的不确定性。在权益法下确认的长期股权投资收益，会小于该投资收益所对应的现金回款，因为被投资企业不能将所有的净利润都用作现金股利分配。根据税法规定，投资企业从长期股权投资中获得现金股利或利润的投资收益免征所得税，但转让或处置投资资产获得的投资收益需要缴纳所得税。

3. 投资收益的脆弱性

在金融和投资领域，评价和投资行为之间是互相强化的，并最终在资金短缺或者认知改变的状态下形成繁荣—萧条的交替循环。为了维持公司的高速增长，业务饱和的公司不断地兼并和收购其他公司，每股盈利和市盈率也不断增长。随着大量公司竞相收购其他公司，收购公司的出价越来越高（利用对其他机构投资者的股票集资），然后通过精简营运流程、处理原有资产、出售亏损的企业，每股盈利也持续攀高，然后利用估价过高的股票进行收购和融资。当其他潜在的被收购公司意识到收购公司的股票估价过高而不愿意进行交易，以及股票市场的股票发行过多时，收购公司的股价就开始下跌。由于投资者愿意为股票支付的价格是决定未来盈利走向的重要原因，收购对每股盈利的有利影响开始逐渐消失，公司的内在经营问题凸现出来，大量的公司也就开始破产。

这就意味着，投资收益和经营收益的划分是有道理的。如果不管公司的增长是如何获得的，都应当按照每股收益的增长状况来衡量公司的股价，那么，这就是一种误解，繁荣容易建立在误解的基础上。因为投资收益的增长只有靠公司持续不断的投资来实现，这往往受到现金流量的限制。即使一些股价估值过高的公司暂时能够利用发行股票融资或者进行直接的收购，但是，当投资者认识到股价估值太高而无法发行更多的股票时，公司的现金流就会中断。

4. 投资收益的会计分析

（1）分析债权投资和股权投资的比例。金融资产和长期股权投资占总资产的比例较大时，表明企业忽视了主营业务的发展，资金使用不恰当，或者表明企业管理层对企业的资金分配不恰当。

（2）分析关联企业之间的长期股权投资与盈余管理问题。三九医药股份有限公司于2000年12月29日将委托投资款8 000万元划入三九药业，但在2000年12月31日收回委托投资本金8 000万元和投资收益1 483.86万元。

（3）关注企业所持有的股票和债券的种类及其数量，注意其投资收益的稳定性。

5. 投资收益的财务分析

投资收益的财务指标主要有投资收益的增长率、投资收益占净利润的比例、投资资产的收益率、投资收益的含金量等。对于投资收益占净利润比例较大的企业，报表使用者要仔细分析投资收益的来源，辨别各种投资收益的长久性，计算投资收益与长期股权投资和金融资产的比率，即投资资产的收益率。如果该比率较高，说明企业有非正常的投资收益。

对于长期股权投资收益而言，报表使用者要分析投资项目所处的行业风险和收益增长潜力，分析长期股权投资核算的成本法和权益法的处理是否正确，分析投资收益的现金含量。转让收益、利息收益和成本法下的股利收益可以保证在近期收回现金，但是，权益法下确认的投资收益很难对应相应的现金流入。因此，需要分析现金流量表中的投资收益收回的现金与投资收益的比例。投资收益的现金回款金额等于现金流量表中的“取得投资收益收到的现金”加上资产负债表中的“应收股利”“应收利息”的增加额。投资收益收到的现金与投资收益的现金回款额的比率就表示投资收益产生现金流量的能力。

举例　投资收益与净利润的比率。表 7-15 是万科集团 1992 ~ 1999 年的投资收益及其占利润的比例。

表 7-15　万科集团 1992 ~ 1999 年投资收益及其占利润的比例（金额单位：万元）

项目	1992 年	1993 年	1994 年	1995 年	1996 年	1997 年	1998 年	1999 年
投资收益	4 211	14 112	7 710	3 630	7 277	5 936	−1 815	452
投资收益/利润（%）	53.19	78.77	35.28	18.93	37.79	26.65	—	1.58

分析：在 1997 年集中转入房地产业之前，万科集团的利润中有很大一部分是投资收益。但在 1999 年将主营业务转入房地产业之后，万科集团的投资收益急剧下降。

二、长期股权投资与投资收益的转换

公允价值变动损益、其他综合收益和投资收益的区别是，投资收益是已实现的收益，而公允价值变动损益和其他综合收益是未实现的利得或损失。但是，长期股权投资核算在转换中形成的投资收益，以及按照权益法对被投资单位核算的投资收益都包含大量的未实现利得或损失。因此，在财务分析时要予以重视。

（一）长期股权投资的分类与计量方法

根据对被投资单位的影响程度和公允价值能否可靠地计量，股权投资分为：①能够对被投资单位实施控制的权益性投资，即对子公司投资；②能够与其他合营方一同对被投资单位实施共同控制的权益性投资，即对合营企业投资；③能够对被投资单位施加重大影响的权益性投资，即对联营企业的投资；④对被投资单位不具有控制、共同控制或重大影响，且在活跃市场中没有报价、公允价值不能可靠地计量的权益性投资；⑤对被投资单位不具有控制、共同控制或重大影响，但在活跃市场中有报价、公允价值能可靠地计量的权益性投资，即按照公允价值计量损益的交易性金融资产和可供出售金融资产。前四类权益性投资的后续计量分别采用成本法和权益法。

1. 2006 年和 2014 年不同准则下的长期股权投资核算

按照 2014 年修订的长期股权投资的准则，长期股权投资是指投资方对被投资单位实施控制、重大影响的权益性投资，以及对其合营企业的权益性投资。上面的第四类被重新划分为按成本法核算的可供出售金融资产。表 7-16 反映了 2006 年准则和 2014 年准则关于长期股权投资会计核算的差别。

表 7-16　2006 年和 2014 年长期股权投资准则的比较

项目	2006 年准则	2014 年准则
长期股权投资类别	子公司、联营、合营企业，无公允价值计量的权益性投资	子公司、联营、合营企业
无公允价值计量权益性投资	长期股权投资	成本计量的可供出售金融资产
同一控制下企业合并形成的长期股权投资初始成本	合并日被合并方所有者权益账面价值的份额	合并日被合并方所有者权益在最终控制方合并财务报表中的账面价值份额
成本法转为权益法	追加投资取得共同控制或重大影响，处置部分投资使控制关系转为共同控制或重大影响	处置部分投资使控制关系转为共同控制或重大影响
权益法转为成本法	重大影响或共同控制追加投资至控制关系，或处置部分投资失去重大影响或共同控制	重大影响或共同控制追加投资至控制关系
成本法下的投资收益	投资后产生的累积利润分配额	所有投资前后的利润分配额
权益法下的投资收益	净损益的份额	净损益和其他综合收益份额

1）联营企业

联营企业是指投资者对被投资企业具有重大影响，但不是投资者的子公司或者合营企业的企业。联营企业有法人型联营（有限责任公司）、合伙型联营和合同型联营 3 种。对被投资企业拥有重大影响包括在被投资企业拥有 20%～50%的表决权资本，在被投资企业的董事会或者类似的权力机构中派有代表，参与政策制定过程，互相交换管理人员，依赖投资方的技术资料等。一个企业对一些投资者是联营企业，对另外某个投资者就是子公司。投资者通常对被联营企业的经营决策和财务决策只具有参与决策的权利，但不具有控制权。

2）合营企业

合营企业是指两个或者多个企业和个人按照合同约定对某项经济活动所共有的控制而建立的有限责任公司，包括合资经营和合作经营。合营者对投资企业的经营决策和财务决策具有共同的控制权。

对联营和合营企业的投资，按照《企业会计准则第 2 号——长期股权投资》的规定，应当采用权益法核算，在按持股比例计算确认享有或应分担的被投资单位的净损益。但是，内部交易的损益需要按照持股比例相互抵销后确认投资损益，内部交易所带来的资产减值损失需要全额确认。投资企业对于被投资单位宣告发放的现金股利或者利润，要按照规定计算应分得的部分确认股利，同时冲减长期股权投资的账面价值。对联营企业和合营企业的投资在投资者的财务报表中采用权益法进行反映，而母公司对子公司的投资在投资者的报表中进行合并反映。

2. 同一控制下长期股权投资成本的确定

所有长期股权投资的初始成本都按照购买法采取公允价值计量，但同一控制下的长期股权投资成本则按照权益合并法采取账面价值计量。2006年的会计准则规定，同一控制下的企业合并形成的长期股权投资，在合并日按照取得被合并方所有者权益账面价值的份额作为长期股权投资的初始投资成本。2014年的会计准则规定，同一控制下的企业合并，在合并日按照被合并方所有者权益在最终控制方合并财务报表中的账面价值的份额作为长期股权投资的初始投资成本。

举例　同一控制下的长期股权投资成本。从2012年1月1日起，甲公司拥有丙公司60%的股权，在股权取得日丙公司所有者权益账面价值为4 000万元，公允价值为4 600万元，差异为设备，设备剩余使用年限为6年，不考虑净残值。2012年1月～2013年12月底，丙公司实现净利润500万元，没有发生其他影响所有者权益的事项。2014年1月，甲公司将上述股权转让给子公司乙，转让价为3 000万元。要求：分析新旧准则的长期股权投资的入账成本和资本公积的变化。

分析：丙公司2013年底所有者权益账面价值=4 000+500=4 500（万元）。按照旧准则，乙公司取得丙公司60%股权的成本为丙公司所有者权益账面价值4 500万元的60%，即2 700万元，资本公积=2 700−3 000=−300（万元）。

但是，从最终控制方甲公司的角度看，丙公司的所有者权益账面价值=4 600+500−（4 600−4 000）/6×2=4 900（万元）。因此，在2014年的合并财务报表中，丙公司的所有者权益应从4500万元调整为4 900万元。按照新准则，乙公司取得丙公司60%股权的成本为丙公司在合并财务报表中的所有者权益账面价值4 900万元的60%，即2 940万元，资本公积=2 940−3 000=−60（万元）。

3. 长期股权投资核算的成本法

成本法是指长期股权投资按投资成本计价，并在被投资单位宣告分派利润或现金股利时确认投资收益的方法。除了追加投资或收回投资，长期股权投资的账面价值保持不变。投资企业不能在资产负债表日按持股比例对被投资单位实现的利润确认投资收益，只有在被投资单位宣告分派现金股利或利润时才确认投资收益。成本法一般用于投资企业对子公司的长期股权投资的核算。由于母公司控制了子公司的包括股利发放在内的重大决策，因此，利用成本法核算长期股权投资的投资收益就为母公司对投资收益的盈余管理提供了条件。

4. 长期股权投资核算的权益法

权益法是指投资以初始成本计量后，在投资持有期间根据投资方享有被投资单位所有者权益份额变动对投资的账面价值进行调整的方法。被投资企业实现净利润、出现亏损、分派现金股利、可供出售金融资产公允价值的变动都会引起投资方的长期股权投资净资产量的变动。

（1）投资企业对被投资单位拥有共同控制和施加重大影响的，要求采用权益法对长期投资进行后续计量，并在长期股权投资科目下设置“投资成本”“损益调整”“其他权益变动”等明细科目。

（2）在初始投资或追加投资的成本小于被投资单位可辨认净资产的公允价值份额时，应将其差额，借记“长期股权投资——投资成本”科目，贷记“营业外收入”科目；当投资成本大于被投资单位可辨认净资产的公允价值份额时，应将亏损额当作商誉处理，不对初始投资成本进行调整。

（3）当被投资企业产生净利润或其他综合收益时，投资方按照净利润或其他综合收益的持股比例，确认投资收益，借记“长期股权投资——损益调整”科目，贷记“投资收益”“其他综合收益”科目；被投资企业发放股利时，借记“银行存款”科目，贷记“长期股权投资——损益调整”科目。

5. 成本法和权益法的比较

成本法和权益法既有相同点，也有不同点。

1）相同点

（1）股票股利的处理方法相同。被投资企业分配股票股利时，投资企业除了注明股数变化外，都不作账务处理。

（2）资产减值的计提方式相同。对子公司、合营企业及联营企业都要按照可回收金额计提的减值准备，并且都不能转回。

2）不同点

（1）被投资企业亏损的转移不同。按照成本法核算的长期股权投资的账面价值不受被投资企业盈亏的影响，而按权益法核算的长期股权投资的账面价值则随着被投资企业的盈亏呈现大幅度波动。除了长期股权投资减值损失，按照成本法核算的投资企业不会转移被投资企业的亏损，但是，按照权益法核算的投资企业则会对被投资企业的亏损、其他综合收益、其他资本公积的变动进行转移。

（2）确认营业外收入不同。在投资成本低于被投资企业的净资产公允价值的份额时，权益法核算的投资企业还会确认营业外收入，不确认投资损失。因此，在对权益法下的长期股权投资进行会计分析时，要注意持股比例的准确性及其变化，被投资单位可辨认净资产的公允价值估算的可靠性，以及关联交易损益掩盖的问题。

（二）可供出售金融资产和长期股权投资的分类

长期股权投资的增减变动对企业的投资收益影响很大。股权在持有期间，持股比例的变化或公司上市等原因可能会导致公允价值法、成本法和权益法之间的相互转换。企业通过调整股份来实现其他综合收益、投资收益或公允价值变动损益之间的转换，进行盈余管理。

1. 可供出售金融资产与长期股权投资的区别

可供出售资产包括权益性投资和债务性投资，长期股权投资只包括权益性投资。

（1）长期股权投资主要以对被投资单位实施控制或施加重大影响为目标，具有长期持有的性质；而可供出售金融资产主要在于出售获利，持有的投资期限具有不确定性。

（2）长期股权投资的初始计量方法分为购买法和权益合并法（同一控制下的合并），后续计量方法分为成本法和权益法；而可供出售金融资产则采取公允价值法和成本法计量。

（3）可借出售金融资产和长期股权投资在面临资产减值时，都要提取资产减值损失，但长期股权投资的减值损失不允许转回。可供出售金融资产在收到利息、股息或利润时，确认投资收益；而长期股权投资则将被投资单位的净利润享有相应的份额确认为投资收益，收到股利或利润时减少长期股权投资。尽管有以上的差别，可供出售金融资产和长期股权投资还是通过股份的增减变化而进行相互的转化。

2. 追加投资至重大影响

按照 2014 年准则，投资方因追加投资等因素能够对被投资方施加重大影响或实施共同控制但不构成控制的，原持有的股权投资的公允价值加上新增投资资本之和，作为按权益法核算的初始投资成本。原持有的股权投资分类为可供出售金融资产的，其公允价值与账面价值的差额，以及原计入其他综合收益的累计公允价值变动转入按权益法核算的当期损益。但按照旧准则，追加投资引起的成本法转换为权益法过程中，原持有股权在初次投资日与追加投资日之间应享有的被投资单位净资产公允价值的变化，与损益有关的，调整相应年度的留存收益；与损益无关的，调整资本公积。

举例 追加投资至重大影响。甲公司于 2012 年月初取得乙公司 10%的股权，成本价为 900 万元，取得时乙公司净资产公允价值为 8 400 万元（假定与账面价值相同）。甲公司按 10%提取盈余公积，2014 年 1 月初甲公司又以 1 800 万元的价格取得乙公司 12%的股权，当日乙公司可辨认净资产公允价值为 12 000 万元，甲公司可以派人参与乙公司管理。初次投资和再投资期间乙公司实现的净利润为 900 万元，除此之外，没有发生应计入所有者权益的事项。2012 年末和 2013 年末，乙公司净资产公允价值分别为 10 000 万元和 11 900 万元。要求：分析新旧准则下追加投资的不同财务影响。

分析：（1）按照旧准则，2012 年 1 月 ~ 2014 年 1 月，乙公司净资产公允价值增加额 =12 000−8 400=3 600（万元），其中，900 万元属于以前年度损益引起的变化，甲公司应按比例 10%增加年初留存收益 90 万元，剩余的 2 700 万元与以前年度的损益无关，按比例增加资本公积 270 万元。加上 2012 年 1 月投资的 900 万元，甲公司在 2014 年 1 月初对乙公司的“长期股权投资——成本”账户的余额为 2 700 万元。长期股权投资总账户余额为 3 060 万元，与追加投资日乙公司净资产公允价值的份额 2 640 万元（12 000 × 22%）之间的差为 420 万元，就是两次投资所形成的商誉之和。

（2）按照新准则，2012 年取得股权投资时作为可供出售金融资产，2012 年末和 2013 年末确认的公允价值变动为 100 万元（10 000 × 10%−900）和 190 万元（11 900 × 10%−1 000）。2014 年 1 月初追加投资后，原持有股份的公允价值 1200 万元（12 000 × 10%）和追加的投资成本 1 800 万元的合计数为 3 000 万元，作为长期股权投资的成本。原持有股份的公允价值与其投资成本的差异 300 万元（1 200−900）作为投资收益。2014 年 1 月初，“长期股权投资——成本”账户的余额和长期股权投资总账户的余额都是 3 000 万元，与追加投资日乙公司净资产公允价值份额 2 640 万元的差额为 360 万元的商誉。初次投资所形成的商誉 60 万元（900−8 400 × 10%）和初次投资应分享乙公司净利润 90 万元（900 × 10%）没有得到反映。但是，通过追加投资，甲公司获得了 300 万元的投资收益，从而使追加投资成为企业盈余管理的一种手段。

3. 处置部分股权

2014 年准则规定，投资方因处置部分股权投资等因素而丧失对被投资单位的共同控制或重大影响的，处置后的剩余股权按照公允价值计量，其在丧失共同控制或重大影响之日的公允价值与账面价值之间的差额计入当期损益。但是 2006 年准则规定，处置后的剩余股权的账面价值作为长期股权投资的成本。

举例 处置股权投资至丧失共同控制或重大影响。甲公司原有持乙公司60%的股权，其账面价值为9 000万元，未计提减值准备。2014年1月1日，甲公司将其持有的对乙公司50%的股权出售给某企业，出售取得价款12 400万元，当日被投资单位可辨认净资产公允价值为24 000万元。甲公司按净利润的10%提取盈余公积，剩余股权为10%，无法对乙公司实施重大影响。要求：分析2006年2014年准则下处置部分股权的不同财务影响。

分析：（1）按照2006年准则的规定，甲公司的处置收益为出售价款与相应的成本之差=12 400−9 000 × 50%/60%=4 900（万元），剩余股权的账面价值=9 000−9 000 × 50%/60%=1 500（万元）。

（2）按照2014年准则的规定，除了确认处置收益4 900万元，还需要确认剩余长期股权投资转换为可供出售金融资产的转换收益=24 000 × 10%−1 500=900（万元），投资收益=4 900+900=5 800（万元），可供出售金融资产的公允价值为2 400万元。由于确认转换收益，2014年准则确认的投资收益比2006年准则高得多，从而为企业进行盈余管理提供了条件。

（三）成本法与权益法的转换

1. 处置子公司的股权

处置子公司的股权分为一次性处置子公司的全部股权和多次交易、分步处置子公司的股权。分步处置子公司的股权包括分步将所持子公司的股份全部售出、分步处置部分股权后不丧失对其子公司的控制权、分步处置子公司的股权后丧失其控制权但保留部分股权。

（1）对于个别财务报表，无论通过多次交易、分步处置开始时是否已确定属于一揽子交易，或者交易发生时母公司是否已丧失控制权，母公司都要按照处置取得的价款与处置股权账面价值的差额确认投资收益。对于剩余股权仍未丧失控制权的，核算方法不变；对于剩余股权已丧失控制权但符合权益法核算条件的，按权益法核算，并将剩余股权的账面价值作为剩余股权的初始投资成本，并采用追溯调整法分步调整剩余股权的账面价值；不符合权益法核算条件但股权有活跃市场、公允价值能够可靠地计量的，按照剩余股权的账面价值和已计提减值准备，采用交易性金融资产或可供出售金融资产核算；在金融市场没有报价、公允价值无法可靠计量的，应以丧失控制权日的账面价值作为长期股权投资成本（2014年后为可供出售金融资产）采用成本法核算。

（2）对于合并财务报表，丧失控制权之前处置的股权投资，其处置价款与对应的享有子公司净资产份额的差额，均计入其他综合收益。如果后来的处置导致丧失控制权，则应将以前计入的其他综合收益转入丧失控制权当期的投资收益。

2. 成本法转为权益法

当投资方因处置部分权益性投资而导致对被投资单位失去控制时，如果处置后的剩余股权能够对被投资单位实施共同控制或施加重大影响的，应当改为权益法核算，并根据追溯调整法对剩余股权视同自取得时即采用权益法核算。为了调整剩余股权的账面价值，须采取如下步骤。

（1）追溯调整剩余股权在初始投资时投资成本与按剩余持股比例计算的原投资时享有被投资单位可辨认净资产公允价值份额的差额。差额大于0时，不作账务处理。差额小于0时，借记“长期股权投资——成本”科目，贷记“盈余公积”（10%）、“利润分配——未分配利润”（90%）科目。

（2）追溯确认应享有或应承担原子公司自原投资日至丧失控制权日期间的净损益剩余份额，借（或贷）记“长期股权投资——损益调整”科目，贷（或借）记“盈余公积”“利润分配——未分配利润”科目（至丧失控制权当期期初的份额）、“投资收益”科目（丧失控制权当期期初至丧失控制权日期间的份额）。

（3）追溯确认原子公司除损益以外其他权益变动应计的份额，借（或贷）记“长期股权投资——其他权益变动”科目，贷（或借）记“资本公积——其他资本公积”科目。

3. 多步交易形成非同一控制下的企业合并

多步交易取得被投资方控股权的企业合并，涉及个别报表与合并报表两个层面的会计处理。在购买日，个别财务报表需要按照可供出售金融资产（公允价值法）或长期股权投资（权益法）进行处理，并将其他综合收益转入当期损益；合并财务报表要按照公允价值计量合并成本。在购买日之后，多次交易形成的企业合并与一次性交易形成的控股合并相同，即母公司在个别报表中，对长期股权投资采用成本法核算；在编制合并报表时，先对股权投资按权益法调整，再进行资产负债表、利润表及其他内部交易的抵销处理。

4. 多次交易形成同一控制下的控股合并

由于同一控制下的企业合并属于在最终控制方主导的权益重新整合，因此股权投资初始成本为该股份在最终控制方合并报表的账面价值，其与所持股权、支付对价账面价值之和的差额应调整资本公积而不能计入当期损益。

三、资产减值损失与持有待售的非流动资产

资产减值是指企业的资产受到市场环境、法律规定、技术变化等外在因素，以及企业内部运用资产方式变动的影响，致使资产的未来现金流入量或可收回金额低于其账面价值的情形。资产减值损失就是资产的历史成本与可收回金额之间的差额。资产减值损失的确认符合稳健性原则，但也可能成为企业进行盈余管理的手段。

（一）资产减值损失

1. 资产可收回金额的估计

资产减值损失确认的关键在于估计资产的可收回金额。企业资产减值的确认要以单项资产为基础估计其可收回金额。如果单项资产的可收回金额难以估计，企业要以该资产所属的资产组为基础确定资产组的可收回金额。

（1）可收回金额的估计，需要根据其公允价值减去处置费用后的净额与资产预计未来现金流量的现值两者之间的较高者确定。处置费用是指可以直接归属于资产处置的增量成本，包括与资产有关的法律费用、相关税费、搬运费，以及为使资产达到可销售状态所发生的直接费用，但不包括财务费用和所得税费用。资产预计未来现金流量的现值需要综合考虑资产预计未来现金流量、资产使用寿命和折现率。

（2）如果资产的公允价值减去处置费用后的净额或者资产预计未来现金流量的现值的任何一项超过资产的账面价值，这就意味着资产减值没有发生。如果没有确凿证据或理由表明，资产预计未来现金流量的现值显著高于其公允价值减去处置费用后的净额，就可以考虑将资产的公允价值减去处置费用后的净额视为资产的可收回金额。持有待售的非流动

资产就是如此。如果资产的公允价值减去处置费用后的净额无法估计，那么，资产的预计未来现金流量现值作为其可回收金额。

2. 资产减值损失的确认与账面价值的调整

如果资产减值测试确认了资产的可收回金额低于其账面价值，那么，就将资产的账面价值减记至可收回金额，计入当期损益。

（1）资产减值损失反映在利润表中，减少了当期的营业利润和净利润。计提的资产减值准备作为相关资产的备抵项目，如固定资产减值准备、无形资产减值准备、长期股权投资减值准备、商誉减值准备等，反映在资产负债表中，减少期末资产。各资产减值准备科目累计每期计提的资产减值准备，直至相关资产被处置、出售、对外投资、非货币性资产交换、债务重组时才予以转出。

（2）资产减值损失确认后，减值资产的折旧或摊销费用也要在未来期间进行调整，以便使该资产在剩余使用寿命期内，系统地分摊调整后的资产账面价值（扣除预计残值）。对于发生了减值且损失不得在未来转回的固定资产或无形资产而言，其未来期间的折旧或摊销费用就会降低，从而提高未来期间的营业利润和净利润。对于发生了减值且损失能在未来转回的应收账款坏账损失、存货跌价损失、可供出售金融资产减值损失等资产，当期的减值损失会提高未来期间的营业利润和净利润。因此，资产减值损失具有跨期利润平滑的性质。

举例　固定资产减值损失。甲企业于 2011 年 9 月 5 日对一生产用固定资产进行改扩建，改扩建前该固定资产的原价为 1 800 万元，已计提折旧 600 万元，已提减值准备 100 万元。在改建过程中领用工程物资 200 万元，领用生产用原材料 100 万元，原材料的进项税额为 17 万元。发生改扩建人员工资 120 万元，用银行存款支付其他费用 23 万元。该固定资产于 2011 年 12 月 20 日达到预定可使用状态，预计尚可使用年限为 10 年，预计净残值为 100 万元。表 7-17 是甲企业固定资产 2012 ~ 2015 年每年 12 月 31 日估计的可收回金额。假定固定资产计提减值准备不影响固定资产的预计使用年限和预计残值。要求：计算各年的折旧额和资产减值损失。

表 7-17　甲企业固定资产 2012 ~ 2015 年每年 12 月 31 日的可收回金额（单位：万元）

项目	2012 年	2013 年	2014 年	2015 年
公允价值减去处置费用后的净额	1 360	1 160	1 340	1 080
预计未来现金流量现值	1 320	1 180	1 350	1 100

分析：（1）2011 年，改扩建后的固定资产账面价值=（1 800−100−600）+（23+120+100+17+200）=1 560（万元）。

（2）2012 年计提的折旧额=（1 560−100）/10=146（万元），计入制造费用。2012 年计提减值准备前的账面价值=1 560−146=1 414（万元）。该固定资产的公允价值减去处置费用后的净额 1 360 万元与预计未来现金流量现值 1 320 万元的较高者为 1 360 万元，2012 年 12 月 31 日该固定资产计提的减值准备金额=1 414−1 360=54（万元）。

（3）2013 年计提的折旧额=（1 360−100）/9=140（万元）。2013 年计提减值准备前的账面价值=1 360−140=1 220（万元）。该固定资产的公允价值减去处置费用后的净额 1 160 万元与预计未来现金流量现值 1 180 万元的较高者为 1 180 万元，2012 年 12 月 31 日该固定资产计提的减值准备的金额=1 220−1 180=40（万元）。

（4）2014 年计提的折旧额=（1 180−100）/8=135（万元）。2014 年计提减值准备前的账面价值=1 180−135=1 045（万元）。该固定资产的公允价值减去处置费用后的净额 1 340 万元与预计未来现金流量现值 1 350 万元的较高者为 1 350 万元，2014 年 12 月 31 日该固定资产的账面价值低于可收回金额，故不计提减值准备。

（5）2015 年计提的折旧额与 2014 年相同，都是 135 万元。 2015 年计提减值准备前的账面价值=1 180−135 × 2=910（万元）。该固定资产的公允价值减去处置费用后的净额 1 080 万元与预计未来现金流量现值 1 100 万元的较高者为 1 100 万元。2015 年 12 月 31 日该固定资产的账面价值低于可收回金额，故不计提减值准备。

（6）表 7-18 是甲企业 2012～2015 年的折旧额与资产减值损失。从表中可以看出，资产减值损失具有跨期盈余管理的性质。某一年度的大幅度资产减值损失会降低随后年份的折旧额，从而有助于提高未来年份的净利润。

表 7-18　甲企业 2012～2015 年的折旧额与资产减值损失（单位：万元）

项目	2012 年	2013 年	2014 年	2015 年
折旧额	146	140	135	135
资产减值损失	54	40	0	0

3. 资产减值损失的会计分析

资产减值损失的确认，本质上属于资产质量的管理和会计估计的问题。企业在应收账款、存货、固定资产、无形资产、长期股权投资等方面频繁的、大规模的资产减值损失的确认，表明企业的债权管理、存货管理、固定资产管理、无形资产管理或者对外投资管理可能存在严重的问题。但是，企业也可能为了平滑利润或者盈余管理，进行各种资产减值损失的确认。

要注意企业估计可变现净值、可收回金额或市价的可靠性。对于存货跌价损失，当计提存货减值因素不存在或者存货的可变现净值高于存货成本时，企业要将之前计提的跌价准备金额内冲销或转回，但转回的金额以历史成本为上限。持有待售的非流动资产、存货跌价准备、贷款和应收账款、可供出售金融资产、持有至到期投资、消费性生物资产的减值准备允许转回，而固定资产、无形资产、生产性生物资产和油气资产、长期股权投资和商誉等资产的减值准备不允许转回。

（二）持有待售的非流动资产

在资产减值损失的处理中，有一个特殊的问题就是持有待售的非流动资产。持有待售的非流动资产就是企业出售子公司、合营企业、长期股权投资，飞机、钻机等固定资产，以及土地使用权等无形资产，但不包括出售金融资产和递延所得税资产。

1. 非流动资产划分为持有待售的非流动资产的确认条件

（1）该非流动资产或该处置组在当前状况下根据惯常条款可立即出售。

（2）已经就处置该非流动资产或该处置组做出决议并取得适当批准。

（3）已经与受让方签订了不可撤销的转让协议，或就交易价格、违约惩罚等条款达成确定的购买承诺。

（4）该项转让将在一年内完成。

（5）对国有企业的资产处置，在签订购买协议前还要求招标、拍卖和挂牌的程序。

当企业出售子公司的股权而丧失其控制权时，不管出售后企业是否保留部分权益性投资，企业都要在拟出售的子公司投资满足持有待售类别划分条件时，在母公司个别财务报表中将对子公司投资整体划分为持有待售类别，在合并财务报表中将子公司所有资产和负债划分为持有待售类别。如果一项持有待售的非流动资产超过一年仍未完成交易，不再满足持有待售的非流动资产的划分条件，那么，该项资产可重分类为其他类别的非流动资产。

2. 持有待售的非流动资产或处置组的计量

（1）企业初始计量或在资产负债表日重新计量持有待售的非流动资产或资产组时，要按公允价值计价。如果其账面价值高于公允价值减去出售费用后的净额，将账面价值减记至公允价值减去待出售费用后的净额，减记的金额确认为资产减值损失，计入当期损益，同时计提持有待售资产减值准备。对于持有待售的固定资产而言，预计残值要调整到公允价值减去处置费用后的金额，但不得高于该项固定资产的账面价值，然后将账面价值高于预计残值的差额作为资产减值损失，计入当期损益，并停止对固定资产的折旧和减值测试。

（2）如果此后持有待售的非流动资产公允价值减去出售费用后的净额增加的，以前减记的金额予以恢复，并在划分为持有待售类别后确认的资产减值损失金额内转回，转回金额计入当期损益。但是，划分为持有待售类别前确认的资产减值损失不得转回。

3. 持有待售非流动资产的报告和披露

（1）持有待售的非流动资产或处置组单独列示为流动资产和流动负债，且持有待售的资产和负债不允许相互抵销。

（2）在报表附注中，要披露持有待售的非流动资产或处置组的分部、出售费用和主要类别，每个类别的账面价值和公允价值；出售的原因、方式和时间安排；资产减值损失及其转回金额，以及有关的其他综合收益累计金额。

（3）对于一年内未完成转让的持有待售的非流动资产，在重新分类后要采用追溯调整法对相应科目和金额进行调整，并在附注中披露企业改变出售计划的原因、可比会计期间财务报表中受影响的项目名称和影响金额。

举例 持有待售的长期股权投资。2010 年 1 月 1 日，甲公司以银行存款 200 万元购入乙公司 20%的有表决权股份，对乙公司具有重大影响，采用权益法进行核算。当日，乙公司可辨认净资产的账面价值与公允价值相同，均为 1 000 万元。2010 年，乙公司实现净利润 200 万元，因可供出售金融资产公允价值变动调增资本公积 50 万元。2011 年 5 月，经股东大会研究决定，分配现金股利 50 万元。甲公司由于投资结构调整，决定出售对乙公司的投资。2011 年 7 月 30 日，与丙公司签订不可撤销合同，合同规定 2012 年 4 月 1 日将甲公司持有的乙公司的 20%的投资转让给丙公司。要求：分析该项投资的资产减值损失和账面价值如何调整。

分析：（1）假设转让价格为 260 万元，由甲公司承担的相关税费为 5 万元。此时公允价值减去处置费用后的差额=260−5=255（万元）。处置前资产账面价值=200+200×20%+50×20%−50×20%=240（万元）。资产按账面价值240万元反映在资产负债表中的持有待售的资产项目中，不需要计提减值准备。

假设2011年乙公司实现净利润100万元。2012年2月1日，甲公司与丙公司达成解除股权转让合同的协议。按照权益法追溯调整后的长期股权投资账面价值=240+100×20%=260（万元）。如果当日该项投资的可回收金额为270万元，按照调整后的账面价值与可回收金额孰低的原则，该长期股权投资应以260万元计量，260万元与账面价值240万元之间的差额调整期初留存收益。

（2）假设转让价格为230万元，由甲公司承担的相关税费为5万元。此时公允价值减去处置费用后的差额=230−5=225（万元）。处置前资产账面价值=200+200×20%+50×20%−50×20%=240（万元）。资产按账面价值225万元反映在资产负债表中的持有待售的资产项目中，账面价值与公允价值减去处置费用后的差额为15万元，需要计提减值准备15万元。

假设2011年乙公司实现净利润100万元。2012年2月1日，甲公司与丙公司达成解除股权转让合同的协议。按照权益法追溯调整后的长期股权投资账面价值=240+100×20%=260万元。如果当日该项投资的可回收金额为230万元，就需要转回前期计提的减值准备=230−225=5（万元）。按照调整后的账面价值与可回收金额孰低的原则，该长期股权投资应以230万元计量。

假设2011年乙公司实现净亏损50万元。2012年2月1日，甲公司与丙公司达成解除股权转让合同的协议。按照权益法追溯调整后的长期股权投资账面价值=240−50×20%=230（万元）。如果当日该项投资的可回收金额为250万元，就需要转回前期计提的减值准备=250−225=25（万元），但不能超过计提的减值准备15万元。按照调整后的账面价值与可回收金额孰低的原则，该长期股权投资应以240万元计量。

4. 持有待售非流动资产的财务影响

由于持有待售的非流动资产从过去的长期资产变成流动资产或流动负债，企业的流动性得以改善。

举例 持有待售的非流动资产。天成公司的流动资产和非流动资产分别为3 000万元和7 000万元，流动负债、非流动负债和所有者权益分别为3 000万元、2 000万元和5 000万元，流动比率为1。假如天成公司将一项账面价值为1 000万元的固定资产，根据持有待售条件的规定，划分为持有待售的非流动资产，那么，该企业的流动资产为4 000万元，非流动资产为6 000万元，流动比率就变为1.33。流动比率的上升有助于企业直接融资，降低融资成本。

（三）资产减值损失的财务分析

1. 资产减值损失的比较财务报表分析

资产减值损失的比较财务报表分析需要分析资产减值损失的年度变动额及其增长率。

2. 资产减值损失的共同比财务报表分析

资产减值损失的共同比财务报表分析既可以分析各类型的资产减值损失所占的比例，也可以分析资产减值损失在利润表中所占的比例。

举例　资产减值损失的比例。表 7-19 是深市上市公司 2015 年的资产减值损失的构成情况。

表 7-19　深市上市公司 2015 年的资产减值损失的构成情况

类型	主板公司		中小板公司		创业板公司	
	金额（万元）	增长率（%）	金额（万元）	增长率（%）	金额（万元）	增长率（%）
应收账款坏账损失	107.26	15.17	151.31	49.73	58.39	51.08
存货跌价损失	204.84	28.97	78.46	25.78	19.93	17.44
其他金融资产价值损失	316.96	44.82	12.68	4.17	0.53	0.46
商誉减值损失	11.53	1.63	22.63	7.44	23.06	20.17
固定资产减值损失	55.48	7.85	34.60	11.37	11.49	10.05
其他资产减值损失	11.05	1.56	4.60	1.51	0.91	0.80
合计	707.12	100	304.28	100	114.31	100

分析：从表 7-19 中可以看出，应收账款坏账损失、存货跌价损失和其他金融资产减值损失共同构成资产减值损失的 68%以上。当然，商誉减值损失和固定资产减值损失在中小板企业和创业板公司所占的比例也很大。而且，在 2015 年深市上市公司分别计提可转回和不可转回的资产减值损失为 938 亿元和 188 亿元，分别占资产减值损失总额的 83%和 17%。

3. 资产减值损失的比率分析

资产减值损失的比率分析指标包括各类资产减值损失占资产余额的比例、资产减值转回金额占净利润的比例、资产减值损失占营业收入的比例等。

（1）资产减值转回金额占净利润的比例。表 7-20 是 2015 年数家上市公司的净利润及资产减值转回金额的情况。从中可以看出，这些企业的净利润完全来自资产减值的转回。对于大连重工而言，该比率超过 900%，说明资产减值损失的转回在利润管理中的重要性。

表 7-20　2015 年数家上市公司的净利润及资产减值损失转回金额

项目	一汽夏利	东北电力	金城股份	华锦股份	大连重工
净利润（万元）	1 899	486	1 146	36 453	599
资产减值转回金额（万元）	2 284	631	3 004	47 990	5 651
资产减值转回/净利润（%）	120	130	262	132	943

（2）资产减值损失占营业收入的比例。该指标表明，资产减值损失对企业的销售利润率的直接影响程度。该指标越大，企业的销售利润率受到的影响越大。表 7-21 是中国中铁 2004—2007 年的资产减值损失及其占营业收入的比率。从表中可以看出，资产减值损失在此期间直接减少了该企业的销售利润率 0.2%以上。

表 7-21　中国中铁 2004～2007 年的资产减值损失及其占营业收入的比率

项目	2004 年	2005 年	2006 年	2007 年
资产减值损失（亿元）	6.62	3.56	3.41	4.96
资产减值损失/营业收入（%）	0.73	0.32	0.21	0.27

【本章小结】

本章对利润表的非经营性活动进行了讲解，主要内容包括营业外收支、固定资产盘盈、政府补助、出售债权与债务重组、非货币性资产互换、企业投资的收益、长期股权投资与投资收益的转换、资产减值损失与持有待售的非流动资产等。这些内容充分地说明，企业管理层对利润表和资产负债表都可以进行有效的管理，调节利润和流动性。

【思考题】

滞纳金。根据下列事实，说明如何区分滞纳金、违约金和罚息。

2018 年 9 月 20 日，哈尔滨市香坊区税务局向北大荒集团下达了《税务事项通知书》，要求北大荒集团在收到通知书的 3 日内，补交 2016 年企业所得税 1.18 亿元、滞纳金 2 750 万元，补交 2017 年企业所得税 1.43 亿元、滞纳金 1 839.53 万元，合计 3.06 亿元。9 月 28 日，哈尔滨市香坊区税务局向北大荒集团下达了《税收保全措施决定书》，决定从 2018 年 9 月 28 日起冻结该公司在中国建设银行农垦分行营业部的存款 9 亿元，并要求按时缴纳应纳税款。

【练习题】

7.1 存货的正常损失与非正常损失。甲公司为一般纳税人，使用增值税税率为 17%，2017 年 6 月末在财产清查中发现，库存材料短缺 5 000 元，其中包含分摊的运输费用为 500 元。

要求：根据下列情形，分别作会计分录，并分析对财务报表的影响。

（1）库存短缺的原因是仓库管理员管理不善。经单位领导批示，由仓库管理员赔偿 500 元。

（2）库存短缺的原因是被盗，保险公司赔偿 1 000 元。

（3）库存短缺的原因是遭受自然灾害，毁损原材料 5 000 元。

7.2 财政补贴与收入的划分。2016 年，天星公司通过统一招标形式，中标某节能高效环保产品，按规定需以中标价减去财政补贴资金后的价格向最终用户出售该高效环保产品，并按照产品的实际销售量、中标协议价格、补贴标准申请财政补贴资金。2017 年，天星公司因销售高效环保产品获得财政补贴资金 5 000 万元。

要求：

（1）按照 2016 年的政府补助准则，如何对这笔财政补贴进行会计处理？

（2）按照 2017 年的政府补助准则，如何对这笔财政补贴进行会计处理？

（3）财政补贴资金不同的会计处理，对企业的财务状况有何影响？

7.3 与资产相关的政府补助。甲企业 2017 年 6 月 18 日收到政府拨付的扶持企业发展专项资金（与资产相关的政府补助）60 万元，用于扶持甲企业的生产经营发展。企业当月购买了一台不需要安装，价值 120 万元（不含税价）的设备，已付款。假定该固定资产使用寿命为 5 年，采用直线法计提折旧，无残值。

要求：

（1）按照冲减账面价值的净额法，对该企业 2017 年的交易及随后 5 年的折旧进行会计处理。

（2）按照确认递延收益的总额法，对该企业 2017 年的交易及随后 5 年的折旧进行会计处理。

（3）分析净额法和总额法对财务报表的不同影响。

7.4 财政贴息。2017 年 1 月 1 日，甲粮食企业为购买储备粮从中国农业发展银行贷款 1 000 万元，实际收到贷款 990 万元，贷款期 3 年，每年年底支付利息，同期银行贷款利率为 6%，由财政将贴息资金拨付给中国农业发展银行，实际执行政策性优惠利率 2%。

要求：

（1）按照简化方法处理财政贴息，作会计分录。

（2）按照公允价值法处理财政贴息，作会计分录。

（3）比较这两种方法对财务报表的不同影响。

7.5 债务重组与债转股。2018 年 10 月 1 日，甲企业应收乙公司购物货款账面余额为 6 万元。乙公司由于产品积压，无力偿还甲企业货款。经协商，乙公司将债务转为乙公司股本的方式进行债务重组。假定乙公司普通股面值为 1 元，乙公司以 2 万股抵偿该债务，乙公司股票面值为 2.5 元/股，甲企业计提坏账准备 2 000 元，股票登记已经办理完毕，甲企业对其作为长期股权投资处理。

要求：

（1）对甲公司的该笔债务重组作会计分录。

（2）对乙公司的该笔债务重组作会计分录。

（3）分析该笔债务重组分别对甲、乙公司的财务影响。

7.6 固定资产交换存货。甲、乙公司均为增值税一般纳税人，适用增值税税率为 17%。2016 年 10 月，甲公司以一台机器设备交换乙公司所生产的一批笔记本电脑。甲公司将笔记本电脑确认为固定资产，机器设备的原值为 120 万元，在交换日已累计计提折旧 40 万元，该项资产未发生减值，该机器设备公允价值为 100 万元。甲公司支付机器设备运杂费 2 万元。乙公司笔记本电脑账面余额为 110 万元，未计提存货跌价准备，在交易日期公允价值为 90 万元，计税价格与公允价值一致。乙公司换入的机器确认为生产用固定资产，并向甲公司支付 11.7 万元的补价。在整个交易过程中没有发生除增值税以外的其他相关税费。

要求：

（1）确定甲、乙两公司换入资产的入账价值。

（2）计算甲、乙两公司进行非货币性交换的当期损益。

（3）对甲、乙两公司该笔交易作会计分录。

（4）假设甲、乙两公司的资产各自在市场上按照公允价值出售，然后购买对方的产品，分析对财务报表的影响与非货币性资产交换的不同。

7.7 其他综合收益。下表是中国石油化工集团 2015～2016 年的部分综合收益。

中国石油化工集团 2015～2016 年的部分综合收益（单位：百万元）

项目	2016 年	2015 年
净利润	59 170	43 480
其他综合收益		
现金流量套期	2 014	3 163
可供出售金融资产公允价值变动	−24	62
应占联营公司的其他综合收益	45	−5 356
外币财务报表折算差额	4 298	2 268
其他综合收益总额	6 333	137
综合收益总额	65 503	43 617
归属于母公司所有者的综合收益总额	53 468	31 558
归属于少数股东的综合收益总额	12 035	12 059

要求：

（1）以综合收益总额为基础，进行共同比财务报表分析。

（2）以 2015 年为基础，进行比较财务报表分析。

（3）计算其他综合收益占净利润的比值。

7.8 可供出售金融资产与所得税的影响。2015 年 2 月 15 日，甲公司购入乙公司股票 100 万股，每股市价为 9.5 元，支付价款 1 000 万元（每股交易费用为 0.5 元），占乙公司股份的 4%。甲公司的该项金融资产以收取合同现金流量和出售该金融资产为目标，根据业务模式和金融资产的合同现金流量特征，将其分类为以公允价值计量且其变动计入其他综合收益的金融资产。2015 年 6 月 30 日，该股票的每股价格为 10.5 元；2015 年 12 月 31 日，该股票的每股市价为 9.7 元。2016 年 6 月 21 日，甲公司以每股 9 元的价格将股票全部处置。2015 年和 2016 年甲公司的利润总额分别为 130 万元和 150 万元。甲公司适用的所得税税率为 25%，不考虑其他纳税调整因素。

要求：

（1）对甲公司 2015 年和 2016 年作会计分录。

（2）计算甲公司 2015 年和 2016 年的所得税费用。

（3）如果甲公司购买的乙公司股票划分为交易性金融资产，分析对其净利润的影响。

第八章　现金流量表分析

现金是企业的血液。现金流量表提供了企业在特定时期的现金来源、现金用途和现金余额变化的状况，旨在提供有关评价企业的流动性、偿债能力和财务弹性的信息，帮助人们辨析会计收益与现金流量之间的关系，以及有关收益质量方面的信息，预测未来现金流量和增强企业间财务报告信息的可比性。流动性是指资产和负债与现金的接近程度，需要考虑转化为现金的交易费用。偿债能力是指支付到期负债的能力。财务弹性是指企业面对机遇或者逆境时做出反应或者调整的能力。企业管理层可以利用现金流量表进行股利决策、运营现金、投资和融资决策等，债权人或者投资者可以利用现金流量表预测企业股利增长的能力、利用经营活动产生的现金偿还贷款的能力等。

第一节　现金流量表概述

现金流量表是以现金为基础编制的财务状况变动表，反映企业在一定期间内现金的流入和流出，表明企业获得现金和现金等价物的能力。现金是指企业的库存现金，以及可以随时用于支付的存款，即现金是不受任何限制的、可以随时使用的可转让支票、活期存款余额、持有的库存现金、储蓄账户余额。以及可用于支付的存放中央银行款项、存放同业款项和拆放同业款项等。现金等价物指企业持有的期限短、流动性强、易于转换为已知金额的现金、价值变动风险很小的投资，如 3 个月内到期的国债、商业票据、货币市场基金、理财产品等变现能力较强的短期金融工具。

一、现金流量表的构成

按照企业的会计准则，现金流量表分为正表和补充资料两部分。在现金流量表的正表中，现金流量分为经营活动、投资活动和筹资活动 3 部分，均采用直接法列示。经营活动涉及利润表、资产负债表的营运资本项目，投资活动通常因长期资产项目的变化而产生，融资活动通常与融资性负债和股东权益项目有关。

（一）现金流量表与交易活动

现金流量表按照现收现付制编制，在收到现金时确认现金流入，而在支付现金时确认现金流出，最后计算的现金及现金等价物就是现金收入。企业的交易通常划分为两种，一种是涉及现金流量的交易，绝大部分企业的经营活动、投资活动和筹资活动会涉及现金流量的交易。现金流量表通过分析资产负债表和利润表所有项目的变化来解释现金及现金等价物的变化。另一种是不涉及现金流量的交易。普通股票交换土地、长期债券转化成普通股股票、资产互换、股权置换、销售产品交换原材料等投资、融资或者经营活动均未对企业的现金流量产生直接的影响，但会对企业未来现金流量产生影响。对于不涉及现金流量的交易，必须在一个单独的表格中加以披露，作为现金流量表的补充资料。

（二）经营活动的现金流量

经营活动的现金流量是指经营活动中产生的现金流入量与现金流出量。经营活动的现金流入包括销售商品或者提供劳务收到的现金、收到的税费返还、收到其他与经营活动有关的现金。经营活动的现金流出包括购买商品、接受劳务支付的现金；支付给职工以及为职工支付的现金；支付的各项税费；支付其他与经营活动有关的现金等。中国企业会计准则规定，列报经营活动现金流量的方法有直接法和间接法两种方法。

1. 直接法

直接法要求以利润表中的营业收入和营业成本为起算点，调节与经营活动有关项目的增减变动，然后计算经营活动产生的现金流入量和现金流出量。

2. 间接法

间接法以净利润为起算点，将按照权责发生制确定的净利润调节为现金流量净额，并剔除投资活动和筹资活动对现金流量的影响。按照间接法，经营活动的现金流量等于净利润加上所有不涉及现金支出的费用并减去非现金收入，加上流动负债的增加额和流动资产的减少额，减去流动资产的增加额和流动负债的减少额，加上所有投资或者融资活动的损失，并减去所有投资或者融资活动的收益。

3. 直接法和间接法的比较

直接法便于分析企业经营活动产生的现金流量的来源和用途，预测企业未来的现金流量变化。间接法则便于比较净利润与经营活动所产生的现金流量净额，了解投资活动、筹资活动，以及权责发生制、非现金交易活动对净利润造成的不同于经营活动现金净流量的影响。中国企业会计准则规定，中国企业应当采用直接法列报现金流量表，同时要求在附注中提供以净利润为基础调节到经营活动现金净流量的信息。

举例 直接法列示的现金流量表。表 8-1 是中国中铁 2005～2007 年的现金流量表。中国中铁是从事基建建设、勘探设计与咨询服务、工程设备和零部件制造、房地产开发、铁路和公路投资及运营、矿产资源开发、物资贸易等业务的国有独资企业。

表 8-1 中国中铁 2005～2007 年的现金流量表（单位：亿元）

项目	2005 年	2006 年	2007 年
经营活动产生的现金流量			
销售商品、提供劳务收到的现金	1 135.65	1 553.08	1 746.45
收到的税费返还	0.75	0.66	0.64
收到的其他与经营活动有关的现金	16.60	39.29	32.64
现金流入小计	1 153.00	1 593.03	1 779.73
购买商品、接受劳务支付的现金	893.70	1 242.97	1 512.80
支付给职工以及为职工支付的现金	101.10	118.61	128.94

续表

项目	2005 年	2006 年	2007 年
支付的各项税费	31.92	48.73	66.28
支付的其他与经营活动有关的现金	88.42	102.50	71.49
现金流出小计	1 115.14	1 512.81	1 779.51
经营活动产生的现金流量净额	37.85	80.20	0.21
投资活动产生的现金流量			
收回投资所收到的现金	3.86	2.97	21.62
取得投资收益所收到的现金	0.092	1.04	7.25
处理固定资产、无形资产和其他长期资产所收回的现金净额	6.99	8.65	1.21
处置子公司及其他营业单位收到的现金净额	0	0	0.65
收到其他与投资活动有关的现金	1.48	4.07	0
现金流入小计	12.42	16.73	30.73
购建固定资产、无形资产和其他长期资产所支付的现金净额	35.81	70.17	110.05
投资所支付的现金	10.91	22.58	69.99
处置子公司及其他营业单位支付的现金净额	0	6.83	0
取得子公司及其他营业单位支付的现金净额	1.38	0.099	6.56
现金流出小计	48.10	99.68	186.60
投资活动产生的现金流量净额	−35.68	−82.94	−155.86
筹资活动产生的现金流量			
吸收投资所收到的现金	3.30	0.87	479.90
取得借款收到的现金	162.01	367.80	416.50
现金流入小计	165.31	368.67	896.40
偿还债务支付的现金	123.86	215.26	439.61
分配股利、利润或偿付利息所支付的现金	9.27	14.68	27.25
支付的其他与筹资活动有关的现金	0	0	0.91
现金流出小计	133.13	229.94	467.77
筹资活动产生的现金流量净额	32.17	138.72	428.64
汇率变动对现金及现金等价物的影响	0	0	−3.11
现金及现金等价物净增加额	34.34	135.98	269.88
加：年初现金及现金等价物余额	127.04	161.39	297.38
年末现金及现金等价物余额	161.38	297.37	567.26

分析：中国中铁的主要现金来源是经营活动产生的现金流量，投资活动产生的现金流出主要是资本性支出和长期股权投资，筹资性活动产生的现金流入主要是借款和发行股票。

举例　现金流量表的补充资料。表 8-2 是中国中铁 2005～2007 年现金流量表的补充资料。

表 8-2　中国中铁 2005～2007 年现金流量表的补充资料（单位：万元）

项目	2005 年	2006 年	2007 年
将净利润调节为经营活动的现金流量			
净利润	57 860.00	232 158.80	350 053.30
加：计提的资产减值准备	36 583.30	34 189.70	49 637.00
固定资产折旧、油气资产折耗、生产性生物资产折旧	204 879.20	242 463.20	283 439.00
无形资产摊销	4 556.30	4 992.00	11 064.10
投资性房地产折旧	505.20	823.60	1 425.00
长期待摊费用的增加	76.90	−267.20	743.40
处理固定资产、无形资产和其他长期资产的损失	4 960.10	−5 467.80	1 003.30
财务费用	52 484.30	63 480.90	91 013.40
公允价值变动收益	−2 223.40	−1 871.70	−2 433.20
投资损失（减收益）	11 051.2	−18 864.40	−111 274.20
递延所得税资产及负债减少（减增加）	−141.30	16 591.50	15 821.70
存货的减少（减增加）	−651 238.70	−1 103 977.00	−1 584 350.00
经营性应收项目的减少（减增加）	−656 174.60	−1 125 591.10	−976 928.00
经营性应付项目的增加（减减少）	1 315 391.60	2 463 373.40	1 872 929.00
经营活动产生的现金流量净额	378 570.10	802 033.90	2 143.80

（三）投资活动的现金流量

投资活动是指企业长期资产的购建和不包括在现金等价物范围内的投资及处置活动，属于取得和处置非现金资产的手段。投资活动的现金流入包括收回贷款，出售其他公司的债权或者股票，出售财产、厂房和设备，分得股利或利润所收到的现金，取得债券利息收入所收到的现金等。投资活动的现金流出包括贷款给其他经营主体，购买其他公司的债券或者股票，购买厂房、设备和财产。当采取权益法计算投资收益时，投资方根据被投资公司收益所占比例记录收益，而收到的股利则作为投资余额的扣减额。但是，在计算经营活动现金流量时，需要加回现金股利，而扣除权益法的投资收益。

（四）筹资活动的现金流量

筹资活动是指与融资性负债和所有者权益相关的、导致企业资本及债务规模和结构发生变化的活动。筹资活动的现金流入包括出售本公司的股票所得现金，销售本公司的债券、抵押贷款、票据，其他短期或者长期借款所得现金。筹资活动的现金流出包括支付现金股利、利息费用，回购本企业的股本，偿还借款。

需要注意的是，在中国的现金流量表中，利息支出属于筹资活动的现金流出，现金股利和利息收入属于投资活动的现金流入。在美国的现金流量表中，利息和现金股利支出属于经营活动的现金流出，投资收益属于经营活动的现金流入。

二、现金流量表的编制

中国企业对现金流量表的编制主要采取两种方法，即直接法和账户法。一般来说，现金流量表有 3 种调整的编制方法：①直接法或分析填列法；②T 形账户法；③工作底稿法。直观法只能在财务资料不复杂的情况下使用。当财务资料比较复杂时，我们就需要使用 T 形账户法或者工作底稿法编制现金流量表。

（一）现金流量表编制的直接法

现金流量表编制的直接法是指在资产负债表和利润表的基础上，通过直接调整资产负债表和利润表的科目而得出期末现金流量数额，从而将权责发生制的经济业务转换为收付实现制形式的现金流量表编制方法。按照直接法编制现金流量表的步骤简要总结如下。

（1）计算现金和现金等价物的变动额。这可以通过本年度期初和期末的资产负债表的现金及现金等价物的差额计算得出。

（2）计算现金账户外的其他资产负债表账户的变动净额，并确认各资产负债表账户是属于经营活动、投资活动还是筹资活动。所有流动资产、流动负债、累计折旧，以及与税收有关的长期资产和负债属于经营活动的交易，非流动资产和交易性金融资产属于投资活动，交易性金融负债、短期借款、长期债权和股东权益的变动属于筹资活动。凡是非现金资产的增加、负债的减少和股东权益的减少代表现金流出，非现金资产的减少、负债的增加和股东权益的增加代表现金流入。

（3）综合考虑资产负债表的变动、当期收益表及相关补充信息，将现金流量分成经营活动产生的现金流量、投资活动产生的现金流量及筹资活动产生的现金流量。非现金的投资或者融资活动单独列示并随同现金流量表并行披露。

（4）资产负债表的其他变动及其他的剩余补充信息，可以用于计算投资活动和筹资活动产生的现金流量，并判断非现金的投资或者筹资活动。

（二）现金流量表编制的账户法

现金流量表编制的账户法是指根据直接法列报的现金流量表结构，来设置现金流量表科目体系并编制现金流量表的方法。

（1）企业需要设置两套账户体系，一套账户体系以权责发生制为基础编制会计分录，并以此编制资产负债表和利润表；另一套账户体系以收付实现制为基础编制会计分录，并以此编制现金流量表。

（2）企业的业务区分为现金业务与非现金业务，并将现金业务区分为经营活动、投资活动、筹资活动和汇率变动的业务，然后根据经营活动现金流入量科目、投资活动流入量科目、筹资活动流入量科目、经营活动现金流出量科目、投资活动流出量科目、筹资活动流出量科目、汇率变动对现金及现金等价物的影响、现金及现金等价物净增加、期末现金及现金等价物余额等科目及其子科目进行记账、汇总和结转。

（3）利用记账和结账过程完成之后各个现金流量表账户的期末余额，用账户法编制现金流量表可采取如下步骤。

① 根据结账前的现金流入量账户、现金流出量账户和现金净流量账户的期末余额编制现金流量表中的相关科目。

② 根据结账前的“汇率变动对现金及现金等价物的影响”账户的期末余额填制现金流量表中的“汇率变动对现金及现金等价物的影响”项目。

③ 根据结账前的“现金及现金等价物净增加”账户的期末余额填制现金流量表中的“现金及现金等价物净增加”项目。

④ 根据“期末现金及现金等价物余额”账户的期末余额填制现金流量表中的“期末现金及现金等价物余额”项目。

（三）两种编制法的优缺点

1. 现金流量表编制的直接法的优缺点

直接法的优点在于，利用权责发生制的会计科目体系来直接调整和编制现金流量表，节省了按照收付实现制另设一套会计科目体系的成本。但其缺点在于，所有编制现金流量表的工作都集中在会计期间的期末统一进行，既无法提供及时准确的现金流量表，也妨碍了企业的审计监督工作，无法及时披露企业现金流量中出现的问题。

2. 现金流量表编制的账户法的优缺点

账户法的优点在于，能够及时准确地报告现金流量表，减少了会计年度的期末集中编制现金流量的工作量，有利于企业随时编制现金流量表和发现企业现金流量存在的问题。但其缺点在于，增加了企业处理会计和财务的成本，也需要在补充资料中按照间接法从净利润出发调整经营活动的现金净流量。

三、现金流量表各项目的分析

下面将按照直接法编制现金流量表的方式，介绍各现金流量表科目的计算和列报。

（一）经营活动的现金流入各项目的分析

1. 销售商品、提供劳务收到的现金

销售商品、提供劳务收到的现金项目是指企业因销售商品、提供劳务而实际收到的现金款项，包括本期销售收到的现金、前期销售本期收到的现金和本期预收的现金，以及增值税销项税额，但扣除因前期或本期销售而在本期退回支出的现金。其计算公式为

销售商品、提供劳务收到的现金=当期销售商品、提供劳务收到的现金+当期收到前期的应收账款+当期收到前期的应收票据+当期收到的预收账款-当期销售退回支付的现金+当期收回前期核销的坏账损失

或者

销售商品、提供劳务收到的现金=当期销售商品、提供劳务应收的款项+（应收账款期初余额-应收账款期末余额）+（应收票据期初余额-应收票据期末余额）+（预收账款期末余额-预收账款期初余额-应收款项的意外减少-当期销售退回支付的现金+当期收回前期核销的坏账损失

其中，当期销售商品、提供劳务应收的款项可以用主营业务收入+其他业务收入（销售材料、提供劳务）+本期销项税发生额来表示；应收款项的意外减少主要包括坏账损失的发生，应收账款与预付账款的对冲，票据贴现造成的借记财务费用额，债权人收到的债务人用于“以物抵债”的货物，视同销售所产生的“应交税金——应交增值税（销项税额）”等。

在非货币性资产互换中，企业换出存货并收到补价，这部分补价应计入销售商品、提

供劳务收到的现金。

第一个公式是直接法下的，说明了销售商品、提供劳务收到的现金的直接来源。第二个公式是间接法下的，说明了销售商品、提供劳务收到的现金是如何从利润表的营业收入和资产负债表的应收和预收款项转化而来的。财务报表的分析者可以利用“销售商品、提供劳务收到的现金”计算公式来核查企业的营业收入的准确可靠性。

举例　销售商品、提供劳务收到的现金。甲公司 2016 年销售收入 400 万元，增值税为 68 万元，其中，收到现金 409.5 万元，其余款项 58.5 万元均为应收账款。应收账款期初余额为 90 万元，期末余额为 78.5 万元。应收票据期初余额为 70 万元，期末余额为 20 万元。预收账款期初余额为 2.5 万元，期末余额为 9.5 万元。2015 年 11 月销售的一批产品，因质量不合格被退回，返还价税款合计 11.7 万元，收回 2015 年已核销的坏账损失 0.8 万元。要求：计算甲公司 2016 年销售商品、提供劳务收到的现金。

分析：（1）直接法计算。销售商品、提供劳务收到的现金=409.5+[90-（78.5-58.5）]+（70-20）+(9.5-2.5)-11.7+0.8=525.6（万元）。

（2）间接法计算。销售商品、提供劳务收到的现金=468+（90-78.5）+（70-20）+（9.5-2.5）-11.7+0.8=525.6（万元）。

2. 收到的税费返还

收到的税费返还项目是指企业本期实际收到返还的各种税费，包括收到的增值税、消费税、营业税、所得税、关税、教育费附加返还款等。企业收到的补贴或其他非税费返还款应列入“收到其他与经营活动有关的现金”项目。当企业收到增值税的出口退税款时，借记“银行存款”科目，贷记“营业外收入”科目。当企业收到营业税、消费税、城市建设维护税的返还时，借记“银行存款”科目，贷记“（营业）税金及附加”科目。当企业收到所得税的返还时，借记“银行存款”科目，贷记“所得税费用”科目。当企业收到教育费附加的返还时，借记“银行存款”科目，贷记“其他应付款”科目，以便用于职工教育。

3. 收到其他与经营活动有关的现金

收到其他与经营活动有关的现金项目是指除了销售商品、提供劳务收到的现金及收到的税费返还，还包括收到的其他所有与经营活动有关的现金，如收到的罚款收入、政府补助收入、公益性和赞助性捐赠收入、经营租赁租金、流动资产损失中由个人赔付的现金流入、银行存款利息收入等。其计算公式为

收到其他与经营活动有关的现金=营业外收入（处理固定资产收益等除外）+其他应收款（备用金、租金除外）的减少净额+其他应付款（押金、现金溢余）的增加净额+银行存款利息收入

为了增加经营现金流入量，一些企业采取增加收到其他与经营活动有关的现金的办法。例如，将债券利息收入、企业间的往来账款等投资活动的现金流入量或者筹资活动的现金流入量列入该项目。例如，光大嘉宝股份有限公司在 2009 年的“收到其他与经营活动有关的现金”为 78 029 万元，其中，包括往来账款金额为 74 814 万元。因此，为了判断企业是否利用收到其他与经营活动有关的现金粉饰经营活动的现金流量，我们要采取比较财务报表分析和共同比财务分析，计算收到其他与经营活动有关的现金的增长率及占经营活动现金流入的比例，并与利润表的营业外收入和其他业务收入的项目进行比较。

举例　虚增收到其他与经营活动有关的现金。表 8-3 是泛海控股 2007～2009 年收到的其他与经营活动有关的现金。

表 8-3　泛海控股 2007～2009 年收到的其他与经营活动有关的现金

项目	2007 年	2008 年	2009 年
经营活动现金流入（A）（万元）	1 131 761	223 053	271 763
收到其他与经营活动有关的现金（B）（万元）	694 459	87 103	29 374
其中：利息收入（C）（万元）	386	563	541
收到其他与经营活动有关的现金占比（%）=B/A	61.36	39.05	10.80
利息收入占比（%）=C/B	0.06	0.65	1.84

分析：从表 8-3 中可以看出，收到其他与经营活动有关的现金不仅在 2007 年高达约 69.4 亿元，而且其占经营活动现金流入的比例在 2007 年高达 61.40%。查看其现金流量表的补充资料发现，该公司将债券利息收入全部计入该项目。

（二）经营活动的现金流出各项目的分析

1. 购买商品、接受劳务支付的现金

"购买商品、接受劳务支付的现金"项目反映企业购买原材料和商品，接受劳务实际支付的现金，既包括本期购买实际支付的现金、前期购买本期支付的现金和本期预付的现金，也包括与货款一并支付的增值税进项税额，但要扣除前期或本期购买而在本期退回收到的现金。其计算公式为

购买商品、接受劳务支付的现金=当期购买商品、接受劳务支付的现金+当期支付前期的应付账款+当期支付前期的应付票据+当期支付的预付账款−当期购货退回收到的现金

购买商品、接受劳务支付的现金=当期购买商品、接受劳务支付的现金+（应付账款期初余额−应付账款期末余额）+（应付票据期初余额−应付票据期末余额）+（预付账款期末余额−预付账款期初余额）−当期购货退回收到的现金

其中，当期购买商品、接受劳务支付的现金无法直接获取时，可以用（存货期末余额−存货期初余额）+主营业务成本+其他业务成本+存货的意外减少−存货的意外增加+本期进项税发生额代替。其他业务成本是指对应存货减少的部分，如销售材料结转的成本；存货的意外减少是指未对应主营业务成本和其他业务支出的存货减少的部分，如管理部门、在建工程领用材料和商品，销售和购货业务的往来账户的对冲；存货的意外增加是指非购买渠道造成的存货增加，如折旧计入制造费用的部分，应付职工薪酬计入生产成本或制造费用的部分。

在非货币性资产互换中，企业换入存货并支付补价，这部分补价应计入"当期购买商品、接受劳务支付的现金"。此外，应付账款或应付票据的期末余额还需要增加企业用非现金资产偿还应付账款和应付票据的部分，以及应付账款和应付票据转换为股本的部分。第一个公式是直接法下的，说明了购买商品、接受劳务支付的现金的直接去处。第二个公式是间接法下的，说明了购买商品、接受劳务支付的现金是如何从利润表的营业成本和资产负债表的应付和预付款项转化而来的。购买商品、接受劳务支付的现金与（营业成本+

存货增加额+进项增值税发生额）的比率应该接近 1。

举例 购买商品、接受劳务支付的现金。甲公司 2016 年购买商品的价款为 200 万元，增值税为 34 万元，运费为 1 万元，其中，以现金支付的金额为 155 万元，货款暂欠的为 60 万元，以商业汇票结算的为 20 万元，应付账款期初余额为 80 万元、期末余额为 90 万元，应付票据期初余额为 50 万元、期末余额为 40 万元，预付账款期初余额为 1 万元、期末余额为 3 元。2015 年 10 月购买的一批产品，因质量不合格而被退回，收到返还的价税款合计 5.85 万元。要求：计算购买商品、接受劳务支付的现金。

分析：（1）直接法计算。购买商品、接受劳务支付的现金=155+[80–（90–60）]+[50–（40–20）]+（3–1）–5.85=231.15（万元）。

（2）间接法计算。购买商品、接受劳务支付的现金=（200+34+1）+（80–90）+（50–40）+（3–1）–5.85=231.15（万元）。

从举例中可以看出，在利用直接法计算购买商品、接受劳务支付的现金的金额时，当期支付前期的应付账款=期初应付账款余额+本期增加应付账款–期末应付账款余额，当期支付前期的应付票据=期初应付票据余额+本期增加应付票据–期末应付票据余额。

2. 支付给职工及为职工支付的现金

“支付给职工以及为职工支付的现金”项目反映企业实际支付给职工的现金，以及为职工支付的现金，包括本期实际支付给职工的工资、奖金、各种津贴、补贴等，以及为职工支付的个人所得税和其他费用。

但是，支付的离退休人员的各项费用，包括支付的统筹退休金及未参加统筹的退休人员的费用，在“支付的其他与经营活动有关的现金”项目中列示；支付的在建工程人员的工资在“投资活动现金流量——购建固定资产、无形资产和其他长期资产支付的现金”项目中列示。

企业为职工支付的养老保险、失业保险等社会保险基金、补充养老保险；为职工交纳的商业保险；支付给职工的住房困难补助；为职工支付的住房公积金；支付给职工或为职工支付的其他福利费用等，应根据职工的工作性质和服务对象，分别在“支付给职工以及为职工支付的现金”“支付的其他与经营活动有关的现金”“投资活动现金流量——购建固定资产、无形资产和其他长期资产支付的现金”项目中反映。支付给职工的现金与应付职工薪酬的比率表示薪酬付现率，说明企业拖欠职工的薪酬或者非货币性福利的情况。

3. 支付的各项税费

“支付的各项税费”项目反映企业按照国家规定在当期实际支付的各项税费，包括本期发生并支付的税费、本期支付以前各期发生的税费和本期预交的税费，如支付的增值税、所得税、消费税、营业税、房产税、土地增值税、车船税、印花税、教育费附加等，但不包括计入固定资产原值的、实际支付的耕地占用税，也不包括本期退回的增值税、所得税等。支付的各项税费与营业收入的比率表示企业的综合税负率，与上期数或同行业数据比较，可以判断企业税负的合理性。

4. 支付的其他与经营活动有关的现金

“支付的其他与经营活动有关的现金”项目反映除上述各项目外，本期实际支付的其他与经营活动有关的现金，如罚款支出、支付的差旅费、业务招待费、保险费、经营租赁支付的租金、离退休人员的工资和各项费用、公益性和赞助性捐赠支出、为购买银行各种单证或办理各种业务所发生的手续费支出，企业在生产经营过程中支付的履约保证金、申请开户银行开具银行承兑汇票而支付的保证金等。

“支付的其他与经营活动有关的现金”项目可以根据“管理费用”“销售费用”“制造费用”“营业外支出”“其他应收款”等科目的记录分析填列，但要扣除管理费用、制造费用和销售费用中的职工薪酬、支付的税金，以及未支付现金的费用，加上财务费用中支付的结算手续费、其他应收款中支付给职工预借的差旅费和企业支付的押金、其他应付款中支付的经营租赁的租金、营业外支出中支付的罚款和现金捐赠支出等。

举例 支付给职工以及为职工支付的现金。甲公司 2016 年实际发生的工资性支出为 5 000 万元，其中，生产人员工资 3 000 万元、管理人员工资 1 000 万元、在建工程人员工资 600 万元，离退休人员工资 400 万元。另外，甲公司还为在职职工按工资的 5%缴纳医疗保险，按工资的 20%支付养老保险，按工资的 10%支付住房公积金，支付给一线工人住房困难补助 50 万元。要求：计算支付给职工以及为职工支付的现金。

分析:（1）支付给职工以及为职工支付的现金=（3 000+1 000）×（1+5%+20%+10%）+50=5 450（万元）。

（2）支付的其他与经营活动有关的现金=400（万元）。

（3）购建固定资产、无形资产和其他长期资产支付的现金=600×（1+5%+20%+10%）=810（万元）。

（三）投资活动的现金流入各项目的分析

1. 收回投资所收到的现金

“收回投资所收到的现金”项目反映企业出售、转让或到期收回除现金等价物以外的交易性金融资产、可供出售金融资产、长期股权投资、持有至到期投资而收到的现金，非货币性资产互换中换出长期股权并收到补价的部分。

举例 收回投资所收到的现金。2018 年 12 月 1 日，甲公司将持有的交易性股票投资以公允价值 31 万元对外出售。出售日，该交易性金融资产的账户余额为成本 27 万元，公允价值变动借方 3 万元，同时，收取被投资方发放的现金股利 1 万元。甲公司收回投资所收到的现金为 30 万元（31−1），取得投资收益所收到的现金为 1 万元。

2. 取得投资收益所收到的现金

“取得投资收益所收到的现金”项目反映企业持有股权和债权期间收到的现金股利和利息收入，包括交易性金融资产、可供出售金融资产、长期股权投资和持有至到期投资分得的现金利息收入和现金股利，从子公司、联营企业或合营企业分配利润、现金股利而收到的现金（股票股利除外），以及现金等价物范围内的债权性投资的利息收入（银行存款的利息收入除外）。利用利润表中的投资收益和公允价值变动损益，可以计算投资收益的现金比例，即取得投资收益所收到的现金/（投资收益+公允价值变动损益）。同时，利用取得投资收益所收到的现金与（取得投资收益所收到的现金+收回投资所收到的现金）的比例，可以判断企业投资收益的持续性和稳定性。

举例 收回投资所收到的现金与取得投资收益所收到的现金。表 8-4 是综艺股份公司和南京高科公司 2008～2010 年的投资收益现金流量。

表 8-4　综艺股份公司和南京高科公司 2008～2010 年的投资收益现金流量

项目	综艺股份公司			南京高科公司		
	2008 年	2009 年	2010 年	2008 年	2009 年	2010 年
收回投资所收到的现金（万元）	2 350	7 892	54 987	11 098	4 196	12 468
取得投资收益所收到的现金(万元)	108	431	1 560	19 543	13 993	29 575
取得投资收益收到现金比例（%）	4.4	5.18	2.76	63.78	76.93	70.34

分析：从表 8-4 中可以看出，综艺股份公司的投资收益的现金流入平均只占到了投资收益与收回投资现金之和的 4.11%，而南京高科公司的该比例则平均达到了 70.35%。这说明，南京高科公司的对外投资所取得的现金中，来自股息和利息收入的现金比例较大，投资收益的稳定性较好。综艺股份公司只依靠出售股权和债权获得对外投资活动的现金流入，无法保证投资收益的稳定性。

从综艺股份公司和南京高科公司 2010 年年报附注中，可以看到两家公司投资收益的明细情况，见表 8-5。2010 年，综艺股份公司的净利润为 45 156 万元，其中，投资收益达到了 61 796 万元，而处置对外投资取得的投资收益合计为 55 786 万元，占投资收益总额的 90.27%；持有对外投资期间取得的投资收益为 6 009 万元，占投资收益总额的 9.72%。相比之下，南京高科公司在 2010 年的投资收益约为 37 064 万元，其中，处置对外投资取得的投资收益为 15 200 万元，占投资收益总额的 41.01%；对外投资期间取得的投资收益为 21 800 万元，占投资收益总额的 58.82%。这意味着，南京高科公司比综艺股份公司具有更高的投资收益稳定性。

表 8-5　综艺股份公司和南京高科公司 2010 年的投资收益明细（单位：万元）

项目	综艺股份公司	南京高科公司
成本法核算的长期股权投资收益	575	1 781
权益法核算的长期股权投资收益	4 684	6 017
处置长期股权投资产生的投资收益	10 448	10 851
持有交易性金融资产期间取得的投资收益	—	57
持有可供出售金融资产等期间取得的投资收益	750	13 998
处置交易性金融资产取得的投资收益	—	-533
处置可供出售金融资产等取得的投资收益	45 338	4 890
其他	—	32
合计	61 796	37 064

3. 处置固定资产、无形资产和其他长期资产所收回的现金净额

“处置固定资产、无形资产和其他长期资产所收回的现金净额”项目反映企业出售固定资产、无形资产和其他长期资产所取得的现金，减去为处置这些资产而支付的有关费用后的净额。在非货币性资产互换中，企业换出固定资产、无形资产并收到补价，这部分补

价应计入处置固定资产、无形资产和其他长期资产所收回的现金净额。企业因政府规划而发生的搬迁补偿款中属于对固定资产和无形资产损失的补偿款部分，也归入本项目。本项目需要与利润表上的“营业外收入”或“营业外支出”核对，以便确定企业处置固定资产所得净损益的可靠性。

4. 收到其他与投资活动有关的现金

“收到其他与投资活动有关的现金”项目反映了企业除上述各项目以外，收到的其他与投资活动有关的现金流入，包括企业收到购买股票和债券时支付的买价中包含的已宣告发放但尚未领取的现金股利，或已到付息期但尚未领取的利息，等等。

（四）投资活动的现金流出各项目的分析

1. 购买固定资产、无形资产和其他长期资产所支付的现金

“购买固定资产、无形资产和其他长期资产所支付的现金”项目反映了企业购买、建造固定资产，取得无形资产和其他长期资产所支付的现金，包括购买机器设备所支付的现金及增值税税款、建造工程支付的现金、支付在建工程人员和研究开发人员的工资等现金支出，以及融资租入固定资产所支付的租赁费，但不包括为购建固定资产而发生的借款利息资本化部分。

在非货币性资产互换中，企业换入固定资产、无形资产并支付补价，这部分补价应计入购买固定资产、无形资产和其他长期资产所支付的现金。如果资产负债表上的固定资产和无形资产的增加额大于现金流量表上的“购买固定资产、无形资产和其他长期资产所支付的现金”，那么，我们就需要分析企业接受捐赠、评估增值、非货币性资产互换等情形。

举例 购建长期资产。甲公司在2018年1月1日以银行存款300万元购入一台加工设备，以银行存款10万元购买了相应的工程物资，并支付在建工程人员工资及福利费共计5万元现金。假如当年没有其他的长期资产购建事项，那么，甲公司2018年“购买固定资产、无形资产和其他长期资产所支付的现金”项目的金额为315万元（300+10+5）。

2. 投资所支付的现金

“投资所支付的现金”项目反映了企业进行权益性投资和债权性投资所支付的现金，包括企业取得的除现金等价物以外的短期股票投资、短期债券投资、长期股权投资、长期债券投资支付的现金，非货币性资产互换中换入长期股权并支付补价的部分，以及投资支付的佣金、手续费等附加费用。

3. 支付其他与投资活动有关的现金

“支付其他与投资活动有关的现金”项目反映了企业除上述各项目外，支付的其他与投资活动有关的现金，包括企业购买股票和债券时支付的买价中包含的已宣告发放但尚未领取的现金股利或已到付息期但尚未领取的利息（该部分股利或股息收到时计入收到的其他与投资活动有关的现金）；控股企业向其子公司支付的具有资本投入性质的扶持性捐助资金；企业在购买固定资产或其他长期资产时支付的保证金。处置固定资产、无形资产和其他长期资产所收回的现金净额为负数，或者处置子公司及其他营业单位收到的现金净额为负数时，也在“支付其他与投资活动有关的现金”项目中反映。

举例 甲企业在2018年5月10日购买A股票作为交易性金融资产，支付价款50万元，但其中包括已宣告尚未领取的现金股利1万元。当年5月20日收到现金股利；6月2

日将A股票售出，出售价为52万元。则甲企业收回投资收到的现金项目的金额为52万元，投资所支付的现金为49万元，支付其他与投资活动有关的现金为1万元，收到其他与投资活动有关的现金为1万元。

（五）筹资活动的现金流入各项目的分析

1. 吸收投资所收到的现金

"吸收投资所收到的现金"项目反映了企业以发行股票、债券等方式筹集资金实际收到的款项净额，即发行收入减去支付的佣金等发行费用后的净额。

2. 取得借款收到的现金

"取得借款收到的现金"项目反映了企业从银行的长期和短期借款金额。

3. 收到其他与筹资活动有关的现金

"收到其他与筹资活动有关的现金"项目包括企业取得的搬迁补偿款扣除转入递延收益的金额后转入资本公积部分的款项；政府对企业的资本性投入；企业收到实际控制人、控股股东及其子公司直接或间接的具有资本投入性质的扶持性捐助资金；投资人未按期缴纳股权的罚款现金收入；债务性利息收入；等等。

（六）筹资活动的现金流出各项目的分析

1. 偿还债务支付的现金

"偿还债务支付的现金"项目反映了企业偿还的各种借款和债券的本金，包括偿还金融企业的借款本金、偿还债券本金。

2. 分配股利、利润或偿付利息所支付的现金

"分配股利、利润或偿付利息所支付的现金"项目反映了企业实际支付的现金股利、支付给其他投资单位的利润或用现金支付的借款利息、债券利息。其计算公式为

分配股利、利润或偿付利息所支付的现金=应付股利借方发生额+利息支出+长期借款利息+在建工程利息+应付债券利息-预提费用中的"计提利息"贷方余额-票据贴现利息支出

该项目金额减去分红支出就是全部的利息支出，包括资本化的利息和费用化的利息。利润表的利息费用与现金流量表的利息支出的比率，就表示利息费用化率。

3. 支付的其他与筹资活动有关的现金

"支付的其他与筹资活动有关的现金"项目包括企业间借款支出；票据贴现利息支出；因企业向银行借款或发行权益性证券、债券等方式筹集资金而支付的手续费，以及审计、咨询等筹资费用；企业在借款时支付的保证金；融资租赁所支付的现金；收购本公司股票和退回联营单位的联营投资等减少注册资本所支付的现金；企业以分期付款方式购建固定资产除首期付款支付的现金以外的其他各期所支付的现金。

由于收到或支付的其他与经营活动、投资活动和筹资活动有关的现金比较复杂，企业一般要求对这些项目提供现金流量表的补充资料。表8-6是海信科龙电器公司2007年和2008年收到或支付的其他与经营活动、投资活动和筹资活动有关的现金的补充资料。

表 8-6　海信科龙电器公司 2007 年和 2008 年的现金流量表的补充（单位：万元）

科目		2007 年	2008 年
收到的其他与经营活动有关的现金	补贴收入	596.8	2 740.7
	违约金、保险赔偿	969.3	950.8
	供应商、运费押金等	1 575.3	706.5
	小计	3 141.4	4 398
支付的其他与经营活动有关的现金	营业费用	86 316.1	87 189.5
	管理费用	16 175.9	14 940.3
	财务费用	130.6	527.5
	营业外支出及其他	1 011.8	1 566.0
	小计	103 634.5	104 223.3
收到的其他与投资活动有关的现金	利息收入	401.1	144.7
	合计	401.1	144.7
收到的其他与筹资活动有关的现金	收回保证金存款	17 812.4	4 689.2
	其他应收款融资	14 200.0	—
	小计	32 012.4	4 689.2
支付的其他与筹资活动有关的现金	偿还海信集团支持款	19 100.4	—
	支付重组中介费用	587.7	1 139.0
	小计	19 688.1	1 139.0

四、外币项目及其汇率变动的列报

由于对外贸易、对外借贷、对外投资和发行外币债券在企业的生产经营活动中所占的地位越来越重要，下面介绍外币项目列报和汇率变动对现金及现金等价物的影响。

（一）现金流量表的外币项目列报

按照《企业会计准则》，外币现金流量应折算成企业的记账本位币，并在现金流量表中反映。企业外币现金流量及境外子公司的现金流量，应以现金流量发生日的汇率或平均汇率折算。这里的平均汇率既可采用报告期的加权平均汇率，也可对报告期年初和年末的汇率进行简单平均。

外币现金流量在现金流量表中有两种列示方法：一是单独列项反映；二是依其性质分别归入其他项目合并反映。单独列项反映的好处在于区分人民币现金流量和外币现金流量的来源、用途及其余额，但涉及多种外币时列报较为复杂，且降低了信息的相关性。合并列报反映的好处在于将外币现金流量按其性质归入经营活动、投资活动或筹资活动的现金流量，但无助于了解企业外币现金的规模、来源和用途。目前，企业一般采取合并列报反映外币现金流量。

（二）汇率变动对现金及现金等价物的影响

根据《企业会计准则》，外币现金流量及境外子公司的现金流量，要采取现金流量发生日的即期汇率（中国人民银行公布的外汇中间价）进行汇率折算。企业发生的外币兑换业务或涉及外币兑换的交易事项，要按照交易实际采用的汇率（银行买入价或卖出价）折算。汇率变动对现金的影响额在现金流量表中单独列报。

对于一个持有某种外币的企业而言，期末外币现金数量=期初外币现金数量+本期收入外币现金数量-本期付出外币现金数量。按照外币是以人民币计价余额还是以外币计价余额，有以下3种方法可以计算汇率变动对现金的影响额。

1. 因素法

因素法是指按照汇率变动对现金的影响因素分别计算，将各因素的影响金额相加得出汇率变动对现金的影响额。其计算公式为

汇率变动对现金的影响额=期初外币现金结存数量×（期末汇率-期初汇率）+∑[年内收入外币现金数量×（期末汇率-当日汇率或平均汇率）]+ ∑[年内付出外币现金数量×（期末汇率-当日汇率或平均汇率）]

2. 查账法

查账法是以期内外币现金账户人民币余额调增或调减的净额作为汇率变动对现金及现金等价物的影响额的计算方法。其计算公式为

汇率变动对现金的影响额= ∑按期末汇率调整人民币的调增额-∑按期末汇率调整人民币的调减额+期内结清外币现金账户时汇率差异的影响额

其中，期内结清外币现金账户时汇率差异的影响额是指在结清外币现金余额时，因付出外币采用的汇率与外币账户结清前的余额实际汇率不同，导致账户上外币余额已结清而人民币余额未结清或为负数的情形。为了同时结清账户的人民币余额，需要将外币账户结存的人民币余额同时转销，计入汇兑损益。

3. 倒轧法

倒轧法是将期内外币现金账户净增减的人民币余额，与外币收付时折算的现金流量净额合计进行比较，推算出汇率变动对现金及现金等价物的影响额的计算方法。其计算公式为

汇率变动对现金的影响额=（外币现金账户期末人民币余额-外币现金账户期初人民币余额）-外币现金账户期内收付时折算的现金流量净额合计

其中，外币现金账户期内收付时折算的现金流量净额=收入外币时折算的人民币金额加总-付出外币时折算的人民币金额加总。

举例　汇率变动对现金及现金等价物的影响。假如天才公司以人民币为记账本位币，以每月末为外币账户余额调整期，以业务发生日即期汇率为外币收付记账汇率。该公司只有一个外币现金账户，2017年内共发生外币现金收付业务5笔，具体收付金额和月末调整情况见表8-7，凭证号省略。4～10月无外币收付业务，月末人民币余额调增4次，计37万元，调减3次，计70万元。10月底外币余额为660万澳元，汇率为1澳元=4.35元人民币，人民币余额为2 871万元。要求：计算汇率变动对现金及现金等价物的影响额。

表 8-7 2017 年天才公司外币存款日记账——澳元存款（单位：万澳元）

日期	摘要	收入			付出			结存		
		数量	单价	金额	数量	单价	金额	数量	单价	金额
1月1日	上年结转							100	4.10	410
1月31日	据月末汇率调整			10				100	4.20	420
2月28日	据月末汇率调整			26				100	4.46	446
3月7日	来自澳大利亚货款	120	4.45	534				220		980
3月31日	来自澳大利亚货款	440	4.40	1 936				660		2 916
3月31日	据月末汇率调整						12	660	4.40	2 904
11月4日	汇出购设备				210	4.40	924	450		1 947
11月30日	据月末汇率调整			33				450	4.40	1 980
12月9日	来自澳大利亚货款	150	4.36	654				600		2 634
12月18日	汇出还借款				400	4.40	1 760	200		874
12月31日	据月末汇率调整			26				200	4.50	900
	本年累计	710		3 219	610		2 696			
	其中：月末调整			132			82			

分析:（1）澳元存款账户期初余额的汇率变动对现金的影响额=100×（4.50−4.10）=40（万元）。

（2）2017 年内收入澳元的汇率变动对现金的影响额=120×（4.50−4.45）+440×（4.50−4.40）+150×（4.50−4.36）=71（万元）。

（3）2017 年内付出澳元的汇率变动对现金的影响额=−[210×（4.50−4.40）+400×（4.50−4.40）]=−61（万元）。

（4）按照因素法，2017 年澳元的汇率变动对现金的影响额=40+71+（−61）=50（万元）。

（5）按照查账法，2017 年澳元的汇率变动对现金的影响额=（10+26+37+33+26）−（12+70）+0=50（万元）。

（5）按照倒轧法，2017 年澳元的汇率变动对现金的影响额=（900−410）−[（534+1 936+654）−（924+1 760）]=490−440=50（万元）。

（6）假如 11 月 4 日预付购买设备款的金额为 660 万澳元，当日汇率为 4.40，则应贷记人民币金额 2 904 万元；10 月底的汇率为 4.35，外币存款余额为 660×4.35=2 871（万元）。两者之差计入财务费用=2 904−2 871=33（万元）。为结清该账户，需要做如下会计分录：

借：预付账款——澳元（某供货商）　　2 904 万

　贷：银行存款——外币存款　　2 871 万

　　　财务费用——汇兑损益　　33 万

这 33 万元人民币即该澳元账户终止时汇率变动对现金及现金等价物的影响金额。

五、间接法编制现金流量表补充资料

根据《企业会计准则》，企业应当在财务报表附注中披露现金流量表的补充资料。例如，将净利润调节为经营活动现金流量、不涉及现金收支的重大投资和筹资活动、现金及现金等价物净变动情况 3 类信息。将权责发生制确定的净利润调整为收付实现制的现金流量，主要涉及以下特殊调整项目：第一，企业并没有实际收到现金的收益；第二，企业并没有实际支付现金的费用；第三，经营活动之外的投资与筹资活动产生的损益；第四，经营性应收应付项目的当期额。对调整项目的具体分析，需要结合资产负债表和利润表，并根据报表项目进一步区分为资产类项目、负债类项目及净利润的相关项目。

（一）资产负债表类项目调整

（1）资产类调整项目分为经营性应收项目和摊销项目。经营性应收项目的增加虽然增加了企业的净利润，但未增加现金，从而需要从净利润中减去。经营性应收项目的减少虽然减少了企业的净利润，但增加了现金，从而需要在净利润的基础上加上。摊销项目减少了企业的净利润，但并没有减少企业的现金，因此需要加回去。

（2）存货的减少一般等于存货项目的期初数与期末数的差额，但还需要考虑存货的调整项目：①存货跌价准备的当期转回金额应调增期初存货；②非经营活动导致的期初存货的减少，如以存货对外投资，以存货置换固定资产和无形资产，将存货用于在建工程等，应调增期初存货；③非经营活动导致的期末存货的增加，如以固定资产和无形资产置换存货，借款费用资本化等，应调减期末存货。

（3）负债类调整项目分为经营性应付项目和预提项目。经营性应付项目的增加节约了企业的现金流出，但并没有减少企业的利润，因此需要加回去。经营性应付项目的减少加大了企业的现金流出，但并没有减少企业的利润，因此需要减去。预提项目减少了企业的净利润，但并没有增加企业的现金流出，因此需要加回去。

总之，企业将净利润调整为经营活动现金流量时，应加上资产类项目的减少，减去资产类项目的增加；减去负债类项目的减少，加上资产类项目的增加。

（二）利润表项目调整

（1）利润表项目的调整。这主要表现为企业将净利润调整为经营活动现金流量时，首先需要加回并没有减少现金但减少了净利润的项目，如固定资产折旧、资产减值准备、处理和报废固定资产的净损失、无形资产摊销等；其次，需要减去并未收到现金但使净利润增加的项目，如转回的资产减值准备；最后，加上虽然现金和经利润都减少，但在性质上属于投资活动和筹资活动损益的项目。

（2）财务费用的调整。在编制现金流量表的主表时，利润表中的财务费用被分为 4 类：一是归入经营活动现金流量的财务费用，如不带追溯权的票据贴现利息支出、银行存款利息收入等；二是归类为筹资活动现金流量的财务费用，如贷款利息支出；三是归类为汇率变动对现金的影响的财务费用，如汇率变动致使外币现金流量产生的汇兑损益；四是不涉及现金流入和流出的财务费用，如未支付的利息支出、企业发生的现金折扣、不涉及外币现金流量的汇兑损益。因此，在编制现金流量表的补充资料时，首先要根据财务费用明细账目的核算内容按照类别对业务事项进行分类；其次，需要将后 3 类金额的合计，即不属于经营活动的现金流量或者根本不涉及现金的流入和流出的财务费用加回。

（3）投资损失、公允价值变动损失也需要在计算经营活动现金流量时加回。资产减值准备是指当期计提扣除转回的减值准备等于利润表中的资产减值损失额。

举例　间接法编制现金流量表。甲企业 2018 年的资产负债表和利润表分别见表 8-8 和表 8-9，编制现金流量表。

表 8-8　甲企业 2018 年资产负债表（单位：千元）

资产	期末余额	期初余额	负债和所有者权益	期末余额	期初余额
流动资产			流动负债		
货币资金	344.563	221.4	短期借款	0	225
应收账款	1	1	应付账款	15.39	8.2
应收股利			应交税费	138.773	0.9
其他应收款	1.8	1.8	应付利息		
存货	12.3	77.4	应付股利	83.8	
一年内到期的非流动资产			其他应付款	0.8	0.8
流动资产合计	359.663	301.6	其他流动负债		
非流动资产			流动负债合计	238.763	234.9
可供出售金融资产			非流动负债		
持有至到期投资			长期借款	70	70
固定资产	9 074.8	9 077.8	非流动负债合计	70	70
固定资产清理			负债合计	308.763	304.9
油气资产			所有者权益		
无形资产			实收资本	9 000	9 000
长期待摊费用			盈余公积	20.95	0
递延所得税资产			未分配利润	104.75	74.5
非流动资产合计	9 074.8	9 077.8	所有者权益合计	9 125.7	9 074.5
资产总计	9 434.463	9 379.4	负债和所有者权益总计	9 434.463	9 379.4

表 8-9　甲企业 2018 年利润表（单位：千元）

项目	本年累计数
一、营业收入	500
减：营业成本	250
税金及附加	8.443
销售费用	17
管理费用	44.557
财务费用	
资产减值损失	

续表

项目	本年累计数
加：公允价值变动收益（损失以“-”号填列）	
投资收益（损失以“-”号填列）	
其中：对联营企业和合营企业的投资收益	
二、营业利润（亏损以“-”号填列）	180
加：营业外收入	
减：营业外支出	
三、利润总额（亏损总额以“-”号填列）	180
减：所得税费用	45
四、净利润（净亏损以“-”号填列）	135

分析：根据甲企业 2018 年的资产负债表和利润表，可得：固定资产折旧=9 077.8-9 074.8=3 000（元）；存货减少=77.4-12.3=65 100（元）；经营性应付款项增加=15.39-8.2+138.773-0.9+0.8-0.8=145 063（元）；流动负债中的筹资性应付款项增加=83.8-225=-141 200（元）；经营性应收款项的增加=1-1+1.8-1.8=0（元）。甲公司 2018 年现金流量表的补充资料部分见表 8-10。

表 8-10　甲公司 2018 年现金流量表（补充资料部分）（单位：千元）

补充资料	本期金额
1．将净利润调节为经营活动现金流量：	
净利润	135
加：资产减值准备	
固定资产折旧	3.1
无形资产摊销	
长期待摊费用摊销	
处理固定资产、无形资产和其他长期资产损失（收益以“-”号填列）	
固定资产报废损失（收益以“-”号填列）	
公允价值变动损失（收益以“-”号填列）	
财务费用（收益以“-”号填列）	
投资损失（收益以“-”号填列）	
递延所得税资产减少（增加以“-”号填列）	
递延所得税负债增加（减少以“-”号填列）	
存货的减少（增加以“-”号填列）	65.1
经营性应收项目的减少（增加以“-”号填列）	
经营性应付项目的增加（减少以“-”号填列）	145.603
其他	

续表

补充资料	本期金额
经营活动产生的现金流量净额	348.803
2．不涉及现金收支的投资和筹资活动	
债务转为资本	
一年内到期的可转换公司债券	
融资租入固定资产	
3．现金及现金等价物净增加情况	
现金的期末余额	344.563
减：现金的期初余额	221.4
加：现金等价物的期末余额	
减：现金等价物的期初余额	
现金及现金等价物净增加额	123.163

（4）信息披露。当期取得或处置子公司及其他营业单位的有关信息，如取得（处置）子公司及其他营业单位的价格、取得（处置）子公司及其他营业单位支付（收到）的现金和现金等价物、子公司及其他营业单位持有的现金和现金等价物、取得（处置）子公司及其他营业单位支付（收到）的现金净额、取得（处置）子公司的净资产（流动资产、非流动资产、流动负债、非流动负债）等内容需要在补充资料中披露。

第二节　现金流量表分析

本节对现金流量表进行会计分析、定性分析、比较和共同比分析、比率分析。

一、现金流量表的会计分析

现金流量表没有应计项目，不像利润表那样容易进行盈余管理，因为净利润=经营活动现金净流量+应计项目。但是，由于经营活动现金流入量、经营活动现金流出量及经营活动现金流量净额的重要性，企业仍然有许多管理现金流量表的办法，并且现金流量管理的幅度和频率随着时间推移而不断增加，从而降低了现金流量表信息的相关性和可靠性。为此，我们需要对现金流量表进行会计分析。

（一）现金流量的会计选择问题

由于证监会将每股经营活动产生的现金流量和扣除非经常性损益后的每股收益当作企业财务报告的主要会计数据和财务指标，因此，许多上市公司将实质上属于投资和筹资活动的现金流入纳入经营活动现金流量，或者将某些经营活动现金流出转移至投资和筹资活动的现金流项目，从而混淆经营活动现金流量、投资活动现金流量与筹资活动现金流量。

（1）企业间借款。有的企业将向其他企业借入和偿还的资金当作收到的其他与经营活动有关的现金和支付的其他与经营活动有关的现金，而不是作为筹资活动现金流量。如果企业向其他企业借出大额的资金并收取利息，企业需要将拆出的资金、收回资金和利息当作投资活动产生的现金流量。但是，集团内部母子公司之间、子公司之间的资金往来均应当作经营活动的现金流量。

（2）财务费用的错列。将利息收入、支付的金融机构手续费错误地列入收到的其他与经营活动有关的现金和支付的其他与经营活动有关的现金，应将利息收入列入投资活动的现金流入，将金融机构的手续费当作筹资活动的现金流出。

（3）代扣代缴的个人所得税。在“支付的各项税费”中错误地列入了企业代扣代缴的“个人所得税”，后者应列入“支付给职工以及为职工支付的现金”。

（4）经营性项目的混淆。现金流量表附表中的“预提费用的增加”是指经营性预提费用的增加，应将非经营性的预提费用特别是利息费用扣除。“存货的减少”是指经营性存货的减少，应将非经营性的存货，如对外投资、在建工程和非生产机构的存货部分扣除。此外，企业还利用非货币性资产互换来混淆不同类型的现金流量。

举例　现金流量和投资收益的操纵。世纪星源为了避免亏损，将一栋尚未完工的价值3 000万元的建筑用来偿还银行1.66亿元的贷款，获得1.36亿元的投资收益。第二年，该公司再用1.66亿元将这栋建筑物回购，造成购买固定资产的现金支出增加1.66亿元，筹资活动现金流出减少1.66亿元。

（二）会计政策的选择问题

现金流量表一般不受存货计价法、固定资产的折旧和无形资产的摊销、金融资产和金融负债的分类、资产减值损失的计提和转回的影响。但是，企业购买的办公桌、办公椅既可以作为固定资产管理，也可以作为存货进行管理。同一项现金支出，如果将其资本化计入固定资产或无形资产的价值中，就会增加企业的投资活动的现金流出；如果将其费用化计入当期费用或者存货中，就会影响经营活动的现金流出量。

对于承租方来说，经营租赁发生的支出计入经营活动的现金流出量；融资租赁发生的支出计入筹资活动的现金流出量。企业可以通过租赁合同的设计或签订阴阳合同的方式来改变租赁的方式，调节经营活动和筹资活动的现金流量。

（三）企业所得税问题

现金流量表存在很多局限，如将所得税划分为经营活动现金流量，未区分非常项目和终止经营项目的现金流量。企业缴纳的所得税，除来自经营活动之外，还来自投资活动的投资收益和处理固定资产的损益，以及筹资活动中的债务重组收益。因此，将所得税支出全部反映在企业经营活动产生的现金流量中，高估了企业经营活动的现金流出量，从而低估了企业经营活动的现金流量净额，以及高估了投资活动和筹资活动的现金流量净额。

（四）现金流量的操纵与造假问题

现金流量的控制与信用期、销售折扣、授权支出等密切相关，通过要求客户迅速付款、延迟向银行兑付现金收入等方式得到现金流量改善。企业也可以对现金流量发生的时间进行操纵，如延缓货款回收、清理资金占用、延长采购付款期限、通过关联方代垫费用和价格转移等方式，从而实现对现金流量的平滑。另外，有的企业对经营活动现金流量直接造假。例如，将非法经营活动甚至违规行为所得计入主营业务收入和销售现金；配合收入造假虚构销售收现，通过虚构投资支出消化虚增的现金；同时，虚构销售商品、提供劳务收到的现金和购买商品、接受劳务支付的现金，将虚增的现金部分抵销；虚构预收账款。

举例 现金流量的虚构。一家科技股份有限公司在2007年度利润表中主营业务收入金额为11.47亿元，资产负债表中预收账款金额为23.13亿元，但预收账款没有销售合同或者替代文件，从而出现了经营活动现金流量的虚构。

二、现金流量表的定性分析

在分析现金流量时，要注意经营活动产生的现金流量应该有盈余，不能过度投资于营运资金，盈余现金应进行投资，长期投资与筹资计划应该与企业在经营活动中创造现金的能力相适应，以及跨国企业的现金流量应该进行有效的组织来减少货币风险。企业的现金流量质量还应该结合企业所处的生命发展周期的阶段进行分析。企业的初创、发展、成熟和衰退阶段对企业的各种现金流量的需求不同，因而不存在衡量企业现金流量好坏的单一指标。

（一）经营活动现金净流量分析

企业的经营现金流入量，除了要维护企业经营活动的正常运转所需要的购买产品和劳务、税金支出，还需要补偿当期的固定资产折旧和无形资产摊销等费用。

1. 资本性支出的考虑

固定资产折旧率和无形资产的摊销率越大，需要从经营活动现金净流量中用于补偿固定资产折旧和无形资产摊销的金额也越大。随着固定资产和无形资产的更新，原有固定资产和无形资产从处置中获得现金流入量，加上折旧和摊销的现金量，可能不足以购买新的固定资产和无形资产。这就需要企业从经营活动现金净流量中拨出一部分现金以弥补不足，为企业扩大再生产、股权投资和债权投资提供额外的资金。

2. 偿还债务和利息

企业的经营活动现金净流量还需要为贷款或者发行债券支付必要的利息费用，支付本年度的现金股利，以及补偿本年度已经计提但应由以后年度支付的应计性费用。当企业采取较低的折旧率和摊销率、控制现金股利的支付时，企业的优先现金流量或用于必要支出的现金流量就会很高，但未来需要更多的筹资来弥补固定资产的更新和改造。高质量的筹资活动在时间和金额上满足企业的投资活动和经营活动的现金需求。而且，企业的筹资行为应该根据实际现金需求进行债务融资，无融资的资金被长期闲置或者被关联方非正常占用。

3. 经营活动现金净流量的生命周期分析

当企业的经营活动现金净流量小于零时，企业必须通过消耗现存的货币资金、挤占用于经营活动的现金、进行额外融资、拖延债务支付、扩大负债规模或者处理资产等方式来支付正常的经营活动。

（1）在企业的生命周期中，企业经营的初期往往会出现经营活动现金净流量小于零的情形。因为处于初创期的企业虽然还没有打开产品市场，但必须支付大量的人工费、购买原材料、对产品加大广告支出。如果处于初创期的企业还需要购买机器设备、厂房或者土地使用权，那么，企业的投资活动现金净流量也可能小于零。在这种状态下，初创期的企业就必须依赖于所有者的资金投入或者银行的贷款。企业的经营活动现金净流量和投资活动现金净流量都可能为负，而筹资活动现金净流量为正。如果初创期延续的时间较长，那么，银行贷款需要偿还本金和利息，在所有者的资金不足的情况下，企业的资金链就会断裂。

（2）如果一个比较成熟的企业出现了经营活动现金净流量小于零的情况，这就意味着企业的资金运用和资产管理可能出现了问题。企业的产品可能滞销，或者产品销售后不能及时回收现金，或者企业用现金购买了过多的产品和劳务。这就需要考查企业多年的经营活动现金净流量的变动情况。

（3）即使企业的经营活动现金净流量等于零或者略微大于零，这也只能意味着企业的经营现金流入量恰好弥补企业的经营现金流出量。企业的折旧费、摊销费和大量的应计成本无法得到现金补偿。当企业的负债需要偿还利息或者本金时，企业只有依靠贷款、发行债券或者出售资产的方式来筹集资金。在这样的状态下，企业的持续经营就可能存在很大的问题。

（4）当企业的经营活动现金净流量大于零并能补偿折旧、摊销和应计成本时，企业的经营活动就能正常运转。如果企业的经营活动现金净流量在补偿折旧、摊销和应计成本后还有剩余，那么，企业就有能力支付现金股利、扩大企业的投资。当然，企业的投资也可以利用现有的非现金资产，将盈利能力不强的资产投资到盈利能力较强的行业中。

（二）投资活动现金净流量分析

企业的投资动机分为交易动机、预防动机和投机动机 3 种。交易动机主要集中在为企业的正常生产经营活动购建固定资产、无形资产和其他长期资产。企业进行权益性投资和债权性投资具有扩大对外投资的交易动机和预防性动机的成分。企业将闲置资金进行金融资产的短期投资，具有很强的投机动机性质。

1. 投资活动现金净流量的生命周期分析

（1）当企业的投资活动的现金净流量小于零时，企业在购买固定资产、无形资产、权益性投资和债务性投资方面所支付的现金之和，大于企业在收回投资、分得股利或者利润、取得债券利息收入、处置固定资产和无形资产所收到的现金之和。在这种情况下，企业必须通过消耗现存的货币资金、挤占用于投资活动的现金、进行额外融资、拖延债务支付、扩大负债规模或者处理资产等方式来支付正常的投资活动。

（2）当企业的投资活动现金净流量大于零时，企业的投资活动的现金流入量大于流出量，或者企业从投资的资产处置和利息股利的现金回收金额大于投资支出的规模。如果企业处置大量的资产而导致投资活动的现金流量大于零，我们就必须分析企业的经营活动或者筹资活动是否需要现金，或者企业是否发现了新的投资机会，原有的资产价值是否出现大规模贬值的风险。

2. 企业的生命周期分析

在初创阶段和发展阶段，企业需要进行资本性支出或者长期股权投资，以便扩大生产经营规模，造成投资活动现金流量小于零的情形。进入成熟阶段和衰退阶段之后，企业较少进行大规模的资本性支出，更多会采取企业并购的股权投资方式，从而会有大量的投资收益现金和处置部分过时的固定资产，其投资活动现金流量净额一般应为正数。但是，如果企业在成长阶段就有大规模的投资活动现金流量来自处置长期资产，那么，这表明企业投资过度，需要进行战略调整。

（三）筹资活动现金净流量分析

1. 筹资的动机

企业的筹资动机可以分为交易动机、预防动机和投机动机。当企业以扩大投资和经营活动为目的进行筹资时，筹资就具有交易动机的成分。当企业为了进行预防性投资活动和经营活动的现金流出过多而被迫筹资时，筹资活动就具有预防动机的成分。当企业采取借新债还旧债的方式、充分利用发行债券和优先股（配股、定向增发）的特权进行筹资时，筹资活动就具有投机动机的成分。当企业的经营活动现金流量很充裕，企业还在进行广泛的筹资活动时，筹资的投机动机成分就非常明显。

2. 筹资活动现金净流量的生命周期分析

（1）筹资活动现金净流量大于零，意味着企业在吸收权益性投资、发行债券、贷款等方面所收到的现金之和大于企业在偿还债务、支付筹资费用、分配股利或利润、偿付利息、融资租赁所支付的现金、减少注册资本，以及股票回购等方面所支付的现金之和。

（2）当企业的筹资活动现金净流量小于零时，企业在偿还债务、支付筹资费用、分配股利或利润、偿付利息、支付融资租赁、减少注册资本及股票回购等方面支付的现金之和，大于企业从发行债券、股票和借款方面所获得的现金之和。企业必须通过消耗现存的货币资金、挤占用于筹资活动的现金、进行额外融资、拖延债务支付、扩大负债规模或者处理资产等方式来支付正常的筹资活动，如集中偿还债务、利息或者融资租赁等。

这可能意味着企业能从经营活动或者投资活动中获取足够的现金来偿还债务、支付股利和利息，也可能意味着企业在缺乏投资机会和无法扩大生产规模的情况下清偿债务和减少未来的利息支付，还可能意味着债权人在现金紧缺或者破产清算的状态下催逼债务人集中还款。因此，不仅要从企业自身的生命周期中分析各种现金流量的变化，也要从与企业具有密切资金往来和交易关系的公司的生命周期中分析企业的现金流量变化。

3. 筹资的生命周期分析

在初创阶段和发展阶段，企业获取经营活动现金的能力不强，资本性支出和经营活动现金流出的资金主要来自债权融资和股权融资，企业的偿债需求较弱，因此会造成筹资活动的现金流量净额为正数的情形。随着企业进入成熟阶段，经营活动现金流入量会稳定增加，资本性支出减少，企业筹资的需求减少，而偿还债务及发行股利的需求会上升，因此，筹资活动的现金流量会呈现为负数。如果企业是通过借新债偿还旧债，那么，企业在成熟阶段很容易陷入财务危机。在企业的衰退阶段，经营活动现金流入量会下降，但经营活动现金流出量会存在成本黏性的问题，从而造成经营活动现金净流量是负数。企业只能依靠抵押固定资产获得贷款来勉强维持生存，筹资活动现金流量净额可能为正数。现将企业现金流量的变化与企业所处生命周期阶段可能出现的情况进行总结，见表 8-11。

表 8-11　企业现金流量与生命周期、财务风险

生命周期阶段	经营活动现金净流量	投资活动现金净流量	筹资活动现金净流量	财务风险
初创期	负数	负数	正数	大
高速扩张期	正数	负数	正数	小
过度扩张期	负数	负数	负数	大

续表

生命周期阶段	经营活动现金净流量	投资活动现金净流量	筹资活动现金净流量	财务风险
经营增加成熟期	正数	正数或负数	正数或负数	小
经营较少成熟期	负数	正数	正数	大
衰退期	负数	正数	负数	大

（四）企业的交易循环及现金周转期分析

企业经营的一般原则是，销售产品与提供劳务所收到的现金应该超过为购买产品与接受劳务所支出的现金。这就需要企业尽快取得现金收入并缩短现金循环的周期，有足够的现金来偿付到期的支出款项。

1. 企业的交易循环分析

企业的交易循环是从购买原材料到销售产品之间的时间长度，而现金循环是指从向供货商付款开始到最后的销售取得现金之间的时间长度。在制造业，交易循环包括购买原材料至入库的时间、生产循环时间、产成品入库存放的时间，现金循环周期则包括向供货商支付购货款的期限、生产循环时间、产品入库至销售的时间、信用期及其延期收款的时间。在零售业，交易循环包括购买存货、商品储存和现金销售时间，现金循环周期则包括现金销售时间、向供货商支付货款的时间。现金循环周期的延长，受到向供货商和客户付款时间的延长、生产周期的延长、存货库存时间的延长的影响。

2. 现金周转期分析

营运资金或者循环资本是指企业维持日常经营所需的现金，等于存货+应收账款-应付账款。企业营运资金的规模取决于销售量、通货膨胀（提高了存货和应收款项的金额）和现金周转期的长度。增加营运资金的办法包括延迟付款、加速收款、缩短存货周转期或者现金周转期。相关计算公式为

现金循环周期=存货周转期+应收账款周转期-应付账款周转期

存货周转期=原材料周转期+生产周期+产成品周转期

原材料周转期=原材料库存平均余额×360/年销售成本（或本期购买的原材料成本）

生产周期=在产品平均余额×360/年销售成本（或本期的生产成本）

产成品周转期=产成品库存平均余额×360/年销售成本

应付账款周转期=应付账款平均余额×360/年销售成本（或者本期赊购成本）

根据财务报表计算的应收账款周期、应付账款周期都只是粗略估算的平均数。实际上，企业在经营活动中对每笔销售收入的收款时间和每笔采购的付款时间都存在很大的差异。为此，应该根据每笔交易的应收账款（从客户开具发票到客户付款的时间）和应付账款（从收到发票到支付货款的时间）样本，分别计算应收账款和应付账款的平均时间及变动范围。

举例　提高企业的现金周转速度。假设制造企业荣光公司在 2019 年 365 天的销售收入为 979.4 万元，销售成本为 681.7 万元。表 8-12 中列举了该公司 2019 年末和年初的相应财务数据。要求：计算该公司 2019 年的实际和控制现金周转期。

表 8-12　荣光公司 2019 年的财务数据（单位：万元）

科目		原材料	在产品	产成品	应收账款	应付账款
2019 年	实际额	53.1	36.2	83.6	220.4	74.9
	控制额	44.8	29.9	74.7	161.0	78.4
2019 年实际额		44.9	28.0	83.7	183.8	68

分析：该公司 2019 年的实际和控制现金周转期见表 8-13。

表 8-13　荣光公司 2019 年的实际和控制现金周转期（单位：天）

科目	现金周转期	原材料周期	生产周期	产成品周期	应收账款周期	应付账款周期
实际天数	125	26	17	45	75	38
控制天数	98	24	16	40	60	42

从表 8-13 中可以看出，如果荣光公司能够将现金周转天数降低 27 天，企业可以减少 86.4 万元的营运资金，增加 86.4 万元的现金余额。但是，如果现金循环周期过短且不稳定，企业就需要在未来增加营运资金的投资。过分缩短现金周转期会减少存货、增加对供应商的欠款或者减少赊销，从而降低企业的经营效率。

三、现金流量表的比较和共同比分析

现金流量表的比较财务报表分析和共同比财务报表分析，就是分析现金流量表各项目的变动趋势和结构，以便发现企业在一个较长时期的趋势变动和结构变动。

（一）比较财务报表分析

现金流量表的比较财务报表分析就是分析各现金流量项目的变动额及增长率，以便发现企业现金流量变动的长期趋势。我们需要分析经营活动现金流入量、经营活动现金流出量、投资活动现金流入量、投资活动现金流出量、筹资活动现金流入量、筹资活动现金流出量的变动额及增长率。根据需要，我们也要分析销售商品、提供劳务所收到的现金的变动额及增长率，支付的各项税费的变动额及增长率，偿还债务支付的现金变动额及增长率，等等。

举例　现金流量的趋势分析。浙江广夏公司是一家从事建筑工程的承揽、设计与施工及房地产开发的企业。表 8-14 是该公司 2014～2016 年的经营活动现金净流量。

表 8-14　浙江广夏公司 2014～2016 年的经营活动现金净流量

项目	2014 年	2015 年	2016 年
经营活动现金净流量（亿元）	−5.20	2.47	11.53
经营活动现金净流量年度变动额（亿元）	—	7.67	9.06
经营活动现金净流量增长率（%）	—	—	366.80

分析：从表 8-14 中可以看出，2015 年比 2014 年的经营活动现金净流量增加了 7.67

亿元，这主要是销售商品、提供劳务收到的现金增加了 0.67 亿元，而购买商品、接受劳务支付的现金减少了 6.11 亿元。2016 年比 2015 年的经营活动现金净流量增加了 9.06 亿元，这主要是销售商品、提供劳务收到的现金增加了 4.05 亿元，而购买商品、接受劳务支付的现金减少了 4.91 亿元。

（二）共同比财务报表分析

现金流量表的共同比财务报表分析主要是对现金流入结构、流出结构和流入流出之比的分析，以揭示企业的经营活动、投资活动和筹资活动的现金流动特点和结构。根据企业的现金流量表，分析人员可以根据各种活动区分现金流入量和现金流出量，然后分析各种活动的现金来源和使用状况。按照现金流入量和现金流出量编制的现金流量表见表 8-15。

表 8-15 垂直法编制的现金流量表

科目	现金流入量（万元）	现金流出量（万元）	流入量占比（%）	流出量占比（%）	流入/流出
经营活动现金流量	××	××	××	××	××
投资活动现金流量	××	××	××	××	××
筹资活动现金流量	××	××	××	××	××
总计	×××	×××	100.00	100.00	××

根据调整的现金流量表，我们就可以分析经营活动现金流入量与现金流出量之间的结构，从而发现企业的主要现金来源和主要现金使用状况，以便判断企业的经营决策之间的相互关系。

1. 现金流入结构分析

现金流入结构是指各种业务活动的现金流入占整个企业的现金流入的比例，以便反映各种业务活动的现金流入量所发生的结构及其变化。相关计算公式为

经营活动现金流入比例=经营活动现金流入量/整个企业现金流入量

投资活动现金流入比例=投资活动现金流入量/整个企业现金流入量

筹资活动现金流入比例=筹资活动现金流入量/整个企业现金流入量

其中，整个企业现金流入量等于经营活动现金流入量、投资活动现金流入量、筹资活动现金流入量和汇率变动对现金流入的影响额之和。当汇率变动对现金的影响为正时，汇率变动对现金流入的影响额等于汇率变动对现金的影响。

（1）经营活动现金流入比例，也称为经营现金比率，反映企业在一定时期内经营活动现金流入量占整个企业现金流入量的比例。该比率越大，说明企业在经营活动中，现金的流通速度快，企业的财务状况和流动性越好，持续经营及获利能力的稳定程度越高。较低的经营活动现金流入比例，意味着企业需要依靠贷款、发行债券或者股票等方式来筹集必要的经营资金。在企业的生命周期中，经营活动现金流入比例在初期比较低，随后不断增高，并随着经营状况的恶化而不断降低。

（2）筹资活动现金流入比例越大，说明企业适应财务环境变化的能力越弱，容易陷入财务危机。此外，销售商品或提供劳务收到的现金占经营活动现金流入量的比例越大，企

业的经营活动现金流量的结构越合理，企业的主营业务越趋于稳定。

举例 现金流入量的结构。表 8-16 是 2004 年 6 家酒类上市公司的现金流入量的结构。

表 8-16 2004 年 6 家酒店类上市公司的现金流入量的结构

公司名称	现金流入量（万元）	经营活动现金流入比例（%）	投资活动现金流入比例（%）	筹资活动现金流入比例（%）
新都酒店	100.00	100.00	0.00	0.00
华天酒店	100.00	69.75	0.74	29.50
东方宾馆	100.00	71.05	0.53	28.41
西安饮食	100.00	50.18	0.51	49.31
锦江酒店	100.00	48.48	49.32	2.19
*ST 东海	100.00	100.00	0.00	0.00

分析：酒店类公司的特点是资金周转速度快，现金流动频繁，投资和筹资规模较大。经营活动现金流入主要由酒店客房出租收入、餐饮收入、食品销售收入、场地出租收入、停车服务收入、娱乐收入、酒店管理收入等构成，还有利息和股息收入；经营活动现金流出主要是酒店低值易耗品的采购、水电费、维修及能源费、工资、税收、交际应酬费、差旅费等现金支出，以及向托管方支付的押金和承包费。投资活动现金流出主要是酒店的装修改造工程、收购资产及投资新的酒店项目。筹资活动现金流入主要是增发新股、借款取得，而筹资活动现金流出包括偿还债务和利息、分配股利等。

从中可以看出，经营活动现金流入比例大都超过 50%，投资活动现金流入比例较小，说明这些企业主要依靠经营活动获得现金流量。新都酒店和*ST 东海甚至完全依靠经营活动获取现金，没有任何对外投资收益和筹资现金流入。锦江酒店的投资活动现金流入占到了现金流入量的一半，如果不是出售资产或者对外投资造成的，那么，该企业的现金流入结构比较合理。西安饮食的筹资活动现金流入比例几乎占到了 50%，这主要是由当年借款 4.02 亿元造成的。

2. 现金流出结构分析

现金流出结构是指各种业务活动的现金流出占整个企业的现金流出的比例，以便反映各种业务活动的现金流出量所发生的结构及其变化。相关计算公式为

经营活动现金流出比例=经营活动现金流出量/整个企业现金流出量

投资活动现金流出比例=投资活动现金流出量/整个企业现金流出量

筹资活动现金流出比例=筹资活动现金流出量/整个企业现金流出量

其中，整个企业现金流出量等于经营活动现金流出量、投资活动现金流出量、筹资活动现金流出量和汇率变动对现金流出的影响额之和。当汇率变动对现金的影响为负时，汇率变动对现金流出的影响额等于汇率变动对现金的影响。

举例 现金流出量的结构。表 8-17 是 2004 年 6 家酒类上市公司的现金流出量的结构。

表 8-17 2004 年 6 家酒店类上市公司的现金流出量的结构

公司名称	现金流出量（万元）	经营活动现金流出比例（%）	投资活动现金流出比例（%）	筹资活动现金流出比例（%）
新都酒店	100.00	71.82	15.91	12.26
华天酒店	100.00	51.76	20.52	27.72
东方宾馆	100.00	43.48	18.33	38.19
西安饮食	100.00	41.63	9.78	48.59
锦江酒店	100.00	32.56	54.17	13.28
*ST 东海	100.00	91.32	6.26	2.71

分析：从表 8-16 中可以看出，经营现金流出比例和筹资现金流出比例都比较大，尤其是新都酒店和*ST 东海的经营现金流出比例分别为 71.82%和 91.32%，说明其经营成本偏高。锦江酒店的投资现金流出比例达到了 54.17%，而西安饮食筹资现金流出比例高达 48.59%。

3. 现金流量净额结构分析

现金流量净额的结构是指各种业务活动的现金流量净额占整个企业的现金流量净额的比例，以便反映各种业务活动的现金流量净额所发生的结构及其变化。相关计算公式为

经营活动现金净流量比例=经营活动现金净流量/整个企业现金净流量

投资活动现金净流量比例=投资活动现金净流量/整个企业现金净流量

筹资活动现金净流量比例=筹资活动现金净流量/整个企业现金净流量

其中，整个企业现金净流量等于经营活动现金净流量、投资活动现金净流量、筹资活动现金净流量和汇率变动对现金的影响额之和。如果整个企业现金净流量为负数，经营、投资或者筹资活动现金净流量所占的比例就可能为正数或负数。

举例 现金净流量的结构。表 8-18 是 2004 年 6 家酒类上市公司的现金流量净额的结构。

表 8-18 2004 年 6 家酒店类上市公司的现金净流量的结构（单位：万元）

公司名称	现金净流量	经营活动现金净流量	投资活动现金净流量	筹资活动现金净流量
新都酒店	−861	2 017	−1 625	−1 253
华天酒店	−6 705	8 481	−14 513	−6 732
东方宾馆	−4 290	7 837	−7 048	−5 079
西安饮食	−7 689	4 022	−8 582	−31 287
锦江酒店	−34 535	18 887	−27 868	−25 553
*ST 东海	128	257	−89	−39

分析：从表 8-17 中可以看出，这些酒类公司除*ST 东海外，现金净流量都是负数。尽管这些企业的经营活动现金净流量都是正数，但企业的投资活动和筹资活动的现金流出量大于其流入量，并且规模巨大。投资流出主要是购买固定资产会和无形资产及对外投资，

筹资流出主要是偿还债务。这些事实说明，这些酒类公司的经营尚可，只是采取了过于激进的扩张战略，并且要偿还大规模的债务，从而造成其财务风险增大。

4. 现金流入流出结构分析

现金流入流出结构是指各种业务活动的现金流入量与其相应的现金流出量的比率，以便反映各种业务活动的现金流量的内部结构及其变化。相关计算公式为

经营活动现金流入与流出之比=经营活动现金流入量/经营活动现金流出量

投资活动现金流入与流出之比=投资活动现金流入量/投资活动现金流出量

筹资活动现金流入与流出之比=筹资活动现金流入量/筹资活动现金流出量

（1）经营现金流入与流出的比率用以衡量企业的财务弹性。其数值越大，说明企业的现金自给能力越高，支付现金的能力越强。当该指标低于行业平均水平时，说明企业发展资金不足，需要依靠外部融资或者出售资产来维持企业的正常运行。

（2）投资活动现金流入与流出之比反映企业的投资活动现金流量的自给程度。其数值越小，说明企业投资活动的现金自给能力越弱，需要用筹资活动或经营活动的现金流量来支持投资。

（3）筹资活动现金流入与流出之比表示企业的筹资现金流入量用于满足企业的偿还本息和分配股利的程度。该指标越接近1，表示企业存在借新债换旧债的情形。该指标大于1，表示企业对外融资的资金，除偿还债务外，还可以用于补充流动资金或者增加资本性支出。

四、现金流量表的比率分析

现金流量的比率分析分为经营活动现金流量的比率分析、投资活动现金流量的比率分析、筹资活动现金流量的比率分析、偿债能力分析、获取现金能力分析、支付能力分析及盈利能力分析。

（一）经营活动现金流量的比率分析

（1）主营业务收现率。该指标结合利润表的营业收入和现金流量表的销售商品、提供劳务所收到的现金，用以反映企业营业收入转变为现金的程度。其计算公式为

主营业务收现率=销售商品、提供劳务收到的现金/营业收入

该指标大于1，表示当期企业销售获得的现金大于营业收入。这可能来自收回前期的应收账款，收回本期的预收账款增加，以及当期的绝大部分销售获得了现金。

与主营业务收现率比较接近的一个指标是营运现金比率或者销售现金收入比率。后者是企业在一定时期内经营实现的现金与经营应得现金或者经营现金流入量与销售收入的比率。该比率越高，说明企业经营的收现能力越强。由于经营现金流入量包括预收款，因此，在预收款较多的企业，如房地产企业、电力公司等，销售现金收入比率会大于1。较低的销售现金收入比率意味着，企业的收款能力较差或者企业的信用政策过于宽松，造成企业的坏账损失和财务风险增加。

（2）主营业务付现率。该指标反映企业的营业成本支出中有多大比例的现金支出。其计算公式为

主营业务付现率=购买产品、接受劳务收到的现金/主营业务成本

该指标数值越大，企业的付现能力越强，利用商业信用的能力越弱。

（3）非经常性经营现金流入比率。该指标用以反映企业的经营现金流入量的不稳定程度。其计算公式为

非经常性经营现金流入比率=非经常性经营现金流入/经营现金流入量

其中，非经常性经营现金流入是指除销售商品、提供劳务等经常性的经营活动之外的其他经营活动产生的现金流入项目，包括收到的税费返还，租金收入，罚款、没收等营业外活动产生的现金流入，以及往来借款性质的现金流入。该指标越大，表示企业的经营现金流入量越不稳定，企业的持续经营能力越弱。

（4）非经常性经营现金流出比率。该指标用以反映企业的经营现金流出量非经常性部分。其计算公式为

非经常性经营现金流出比率=非经常性经营现金流出/经营现金流出量

其中，非经常性经营现金流出是指除购买商品、支付职工工资、支付经营管理费等经常性的经营活动之外的其他经营活动产生的现金流出项目，包括支付罚款、没收等营业外活动产生的现金流出及往来借款性质的现金流出。由于非经常性经营现金流入或流出很容易受到公司管理层的操纵，因此，非经常性经营现金流出（或流入）比率越大，公司的经营活动现金流量的质量就越差。

（5）折旧、摊销、利息和现金股利与经营活动现金净流量的比率。经营活动的现金流入量不仅需要满足企业经营活动所需要的现金流出，还要能够补偿固定资产的折旧和无形资产的摊销，以及支付利息和现金股利，否则企业就只能依靠借款和发行债券来支付利息和分派现金股利。因此，折旧、摊销、利息和现金股利与经营活动现金净流量的比率就反映了企业的经营活动现金净流量满足折旧、摊销、支付利息和现金股利的程度。

举例　某企业2017年经营活动现金净流量为78 176万元，2016年的经营活动现金净流量为71 267万元，2017年的固定资产累计折旧额为8 283万元，无形资产摊销额为1 265万元，利息净支出为-1 432万元，应支付的现金股利为7 859万元。因此，折旧、摊销、利息和现金股利与经营活动现金净流量的比率=（8 283+1 265-1 432+7 859）/78 176 × 100%=20.43%。因此，该公司的经营活动现金净流量不仅在2017年比2016年增加了6 909万元，而且足够满足折旧、摊销、支付利息和现金股利的需要。

（6）优先应付项目保证率。该指标就是经营活动现金流量与优先现金流出量的比率，用以衡量企业以经营活动现金流量支付优先现金流储量的能力。其计算公式为

优先应付项目保证率=经营活动现金净流量/优先现金流出量

优先应付项目保证率表示企业产生现金的能力是正在提高还是正在降低。如果该比率非常低，那么，在没有其他长期筹资的情况下，企业无力支付股利及进行必要的资本投资。从长期来说，企业应该从经营活动现金流量中筹集大部分资本性支出，而只有一部分资本性支出是通过借款来筹集的。因此，经营活动现金流量减去优先现金流量支付后的金额就应该相当于资本性支出的现金流出量。

（7）内部筹资率。该指标用来衡量企业的资本支出使用内部资金和外部资金的比率。其计算公式为

内部筹资率=（经营活动现金净流量-优先现金流量）/资本支出

其中，资本支出包括固定资产投资、股权投资或者收购支出，但不包括金融市场的投资，优先现金流量包括利息支出、税款和支付的股利。从长期来看，这个比率应该非常接近 1。但是，如果该比率小于 1，则公司将会使用新的借款或者发行股票来筹集一些资本支出项目。

（二）投资活动现金流量的比率分析

（1）经营投资比率。该指标反映了经营活动现金净流量在扣除流动负债之后，能用于资本性支出的比例有多大。其计算公式为

经营投资比率=（经营活动现金净流量-流动负债）/资本性支出

其中，资本性支出就是现金流量表的“购建固定资产、无形资产和其他长期资产所支付的现金净额”。该指标大于 0，表示企业的经营活动现金流量在补偿流动负债之后还有剩余资金用于扩大资本性支出。该指标大于 1，表示企业有足够的资金进行资本性支出，完全不需要筹资活动的现金流入。该指标小于 0，表示经营活动现金流量无法补偿流动负债，更谈不上支持资本性支出。

（2）投资收益的现金比率。该指标表示企业投资收益中现金收益的比例有多大。其计算公式为

投资收益的现金比率=投资收益所收到的现金/投资收益

该指标越大，企业实现投资收益越多，投资收益的质量越好，投资风险越低。

（3）投资成本回收率。该指标反映企业的长期投资中出售的比率。其计算公式为

投资成本回收率=收回投资所收到的现金/长期投资

该指标越大，说明企业投资成本的回收期越短，长期投资的风险越低，但未来获得投资收益的能力就越弱。投资成本回收率的倒数就表示，按照目前处置长期投资的速度，还需要多少年就能完全处置完所有的长期投资。

（4）战略性投资的比率。企业的投资活动分为财务类投资活动和战略性投资活动。金融资产投资和财务类股权投资是为获得一定的回报率所采取的财务类投资活动。战略性投资活动主要涉及购建和处置固定资产、无形资产和其他长期资产，以及并购和处置子公司的投资决策和活动。战略性投资比率就反映了公司的投资活动现金流出中用于资本性支出和长期股权投资的比例。其计算公式为

战略性投资比率=战略性投资现金流出量/投资活动现金流出量

（5）长期资产新投资额比率。该指标表示企业新增加的经营规模和生产能力占前期经营规模和生产能力的比例，以便反映企业扩张的速度。其计算公式为

长期资产新投资额比率=长期资产新投资额/长期资产期初净额×100%

长期资产新投资额=长期资产净投资额–报废或到期退役的长期资产净额

长期资产净投资额=购建长期资产支付的现金–处置长期资产收回的现金

其中，长期资产新投资额表示企业实际增加的经营规模和生产能力的多少。在无法获得报废或到期退役的长期资产净额的数据时，财务报表分析人员需要采用当期折旧摊销金额来代替，即长期资产新投资额=长期资产净投资额–当期折旧摊销额。长期资产净投资额表示企业购买和处置长期资产的差额，试图说明企业生产规模是扩大还是收缩。长期资产新投资额比率大于 0，表示企业采取了扩张战略；该指标小于 0，表示企业采取了收缩战略。

举例　投资活动现金流量分析。表 8-19 是万华化学公司在 2013～2015 年的投资活动

现金流量及相关的数据。要求：计算长期资产新投资额比例。

表 8-19　万华化学公司 2013～2015 年的财务数据（单位：百万元）

项目	2013 年	2014 年	2015 年
处置固定资产、无形资产和其他长期资产所收回的现金净额（A）	5	1	63
购买固定资产、无形资产和其他长期资产所支付的现金（B）	6 771	9 050	5 160
固定资产折旧、油气资产折耗、生产性生物资产折旧（C）	846	934	1 473
无形资产摊销（D）	21	44	73
长期待摊费用摊销（E）	10	10	0
处置固定资产、无形资产和其他长期资产的损失（F）	29	223	160
固定资产报废损失（H）	0	0	0
期初长期资产净额（I）	13 986	22 614	31 513

分析：根据表 8-19 的数据，长期资产新投资额比例计算见表 8-20。从表中可以看出，万华化学公司在 2013～2015 年进行了大规模的长期资产购建活动。如果考虑到该公司 2011 年和 2015 年的长期资产净额分别为 79 亿元和 31 513 万元，那么，该公司的扩张战略就非常明显。

表 8-20　万华化学公司 2013～2015 年长期资产新投资额比例的计算

项目	2013 年	2014 年	2015 年
净投资额（百万元）=B−A	6 766	9 049	5 097
新投资额（百万元）=净投资额−C−D−E−F−H	5 860	7 838	3 391
期初长期资产净额（百万元）	13 986	22 614	31 513
新投资额比例（%）=新投资额/期初长期资产净额×100%	41.90	34.66	10.76

（三）筹资活动现金流量的比率分析

（1）外部筹资比率。外部筹资比率反映一个企业的外部筹资能力。其计算公式为

外部筹资比率=（经营性应付项目增减净额+筹资活动现金流入量）/现金流入总额

其中，经营性应付项目增减净额等于应付账款、应付票据、其他应付账款、预收账款之和的增加额，减去应收账款、应收票据、其他应收款和预付账款之和的增加额；现金流入总额等于经营活动现金流入量、筹资活动现金流入量与投资活动现金流入量之和。该指标越大，说明企业的外部筹资能力越强；该指标越小，说明企业的外部筹资能力越弱。为了评估企业的外部筹资能力，我们需要对企业多年的外部筹资比率进行趋势分析，并与当期同行业的该比率进行对比分析。

（2）债务权益现金比率。该指标反映当期的外部融资中间接融资与直接融资的比例。其计算公式为

债务权益现金比率=取得借款所收到的现金/吸收投资所收到的现金

其中，取得借款所收到的现金是来自银行的短期和长期借款的间接融资；吸收投资所收到

的现金是包括债券融资和股票融资在内的直接融资金额。该指标在一定程度上反映了企业的财务风险水平。该指标越大，说明企业越依赖于银行的间接融资，企业的融资渠道比较单一，财务风险较大。为了评估企业的财务弹性，我们需要对企业多年的债务权益现金比率进行趋势分析，并与当期同行业的该比率进行对比分析。

（3）筹资用途比率。筹资活动的现金流量主要用于补充企业的流动资金、进行资本性支出、兼并活动，以及用来偿还债务。因此，我们可以计算筹集补充流动资金比率、筹集投资比率和筹集偿还债务比率。其计算公式为

筹集补充流动资金比率=补充流动资金数额/筹资活动现金流入量

筹集投资比率=投资数额/筹资活动现金流入量

筹集偿还债务比率=偿还债务数额/筹资活动现金流入量

其中，投资数额等于资本性支出加上投资所支付的现金；补充流动资金数额一般是企业发行债券和发行股票募集的资金，以及借款用于补充流动资金的部分，其数值等于筹资活动现金流入量-投资数额-偿还债务数额。筹集补充流动资金比率越大，说明企业将筹资活动产生的现金流量用于存货、交易性金融资产或者现金及现金等价物的资金越多，企业的流动性越好，但盈利能力可能会不足。筹集投资比率越大，说明企业将筹资活动产生的现金流量用于购买固定资产、无形资产和其他长期资产，以及长期股权投资和长期债券投资的资金越多，企业的获利能力也就越强。筹集偿还债务比率越大，说明企业将筹资活动产生的现金流量用于偿还债务的资金越多，也说明企业经营活动现金流量的不足。

（4）筹资效益比率。该指标说明了筹资活动现金流入量用于补充流动资金和投资活动所产生的效益。其计算公式为

筹资效益比率=营业利润/（筹资活动现金流入量-偿还债务的现金-在建工程增加额）

该指标大于 1，说明每 1 元的筹集资金投入生产经营活动产生的收益足够弥补其筹资成本资金。

（四）偿债能力分析

（1）当期现金偿债比率。该指标反映企业偿付本期到期债务的能力。该比率的数值越高，表示企业的流动性越好，企业偿付到期债务的能力越强，企业不需要发行债券、向金融机构进行长期借款或者发行股票就能按期偿还到期的债务。当当期现金偿债比率比较低时，企业偿还到期债务的压力就会增大，也需要利用其他融资渠道来偿还到期的债务，从而增加企业的融资成本和利息费用。其计算公式为

当期现金偿债比率=经营活动现金净流量/（本期到期的长期债务+本期应付票据）

（2）现金流量比率。该指标又称为流动负债保障率，表明企业的经营活动现金净流量对流动负债偿还的保障程度。其计算公式为

现金流量比率=经营活动现金净流量/流动负债

该指标表示企业每 1 元流动负债有多少经营活动现金流量净额作为偿还的保证。现金流量比率越高，企业短期的偿债能力越强，债权人的权益越有保证，企业也无须接受较高的短期利率而采用其他的融资手段来筹集偿还流动负债的资金。与当期现金偿债比率相比，现金流量比率中的负债包含经营性负债和融资性负债两部分，因此，其比率要低一些。

（3）负债保障率。该指标又称现金流量债务比率，是企业经营活动现金净流量与当期

负债总额的比值，表明企业经营活动现金流量对其全部债务偿还的保障程度。其计算公式为

负债保障率=经营活动现金净流量/负债总额

该比率越大，表明企业的经营活动现金净流量越多，企业偿还债务的能力越强。

（4）现金偿债比率。该指标反映企业的经营活动现金净流量在支付股利之后，能用于偿还流动负债的能力大小。其计算公式为

现金偿债比率=（经营活动现金净流量–股利）/流动负债

（5）现金利息保障倍数。现金利息保障倍数是企业在一定时期所得税之前的经营活动现金净流量与利息支出的比值。其计算公式为

现金利息保障倍数=（经营活动现金净流量+所得税付现）/利息支出

这里的“利息”同利息保障倍数中的利息相同，包括企业实际支付的借款利息、债券利息及资本化的利息。现金利息保障倍数反映了企业获取经营现金的能力对偿付债务利息的保证程度，是衡量企业的长期偿债能力和财务风险高低的重要标准。一般而言，现金利息保障倍数越高，企业的长期偿债能力越强。

举例　现金流量比率。表 8-21 是上海汽车（集团）公司的财务数据。要求：计算现金流量比率和负债保障率。

表 8-21　上海汽车（集团）公司的财务数据（单位：亿元）

项目	2010 年	2011 年	2012 年	2013 年	2014 年
经营活动现金净流量	293.53	202.09	195.91	206.03	232.84
流动负债	1 489.32	1 625.13	1 563.52	1 863.40	1 999.32
负债总额	1 715.32	1 855.17	1 721.97	2 199.09	2 298.72

分析：计算结果见表 8-22。从上海汽车（集团）公司的现金流量比率和现金流量债务比率来看，其短期偿债能力呈现下降的趋势，而长期偿债能力在整体下降的趋势中有所波动。这主要是因为上海汽车（集团）公司的流动负债增长率远高于负债的增长率所致。由于企业的现金流量只能满足偿还流动负债不足 20%的需要，因此，企业需要依靠筹资现金流入或者投资现金流入来偿还到期的负债。

表 8-22　上海汽车（集团）公司 2010～2014 年的偿债能力指标（单位：%）

项目	2010 年	2011 年	2012 年	2013 年	2014 年
现金流量比率=经营活动现金净流量/流动负债	19.71	12.44	12.53	11.06	11.65
负债保障率=经营活动现金净流量/负债总额	17.11	10.89	11.38	9.37	10.13

（五）获取现金能力分析

获取现金能力是指经营现金流入净额与投入资源的比值，反映企业营业收入或投入资源创造现金的能力。获取现金能力的指标有盈利现金流量比率、每股经营活动现金净流量、销售现金收入比率等，以下具体介绍前两个。

（1）盈利现金流量比率。该指标就是经营活动现金净流量与净利润的比值，说明企业的收益质量的高低。其计算公式为

盈利现金流量比率=经营活动现金净流量/净利润

该指标大于 1，表示企业的收益质量非常高。该指标小于 0.5，表示企业的收益质量非常差，即企业的应收账款和会计利润中应计项目太多。

（2）每股经营活动现金净流量。每股经营活动现金净流量是指发行在外的每股普通股的资金流量。由于经营活动现金净流量大致等于净收益加上折旧，因此，该比率的数值通常比每股收益高。一般而言，每股经营活动现金净流量在反映企业资本支出决策和股利支付能力方面比每股收益好，但并不能代表企业获利能力的每股收益。其计算公式为

每股经营活动现金净流量=（经营活动现金净流量-优先股股利）/稀释后发行在外的普通股的加权平均数

如果不能获得稀释在外的普通股的数据，我们可以利用发行在外的普通股股数作为近似替代。流通在外普通股的加权平均数等于每一种不同日期的流通在外的股数乘以全年的月份比例，然后把所有日期的加权股数加总。该指标的数值越大，表明所有者投资的回报能力越强。表 8-23 是中国上市公司 1999～2005 年的每股现金净流量及相关指标。

表 8-23　中国上市公司 1999～2005 年的每股现金净流量及相关指标

项目	1999 年	2000 年	2001 年	2002 年	2003 年	2004 年	2005 年
公司数量（家）	813	914	1 030	1 099	1 155	1 219	1 261
每股现金净流量（元）	0.046	0.052	0.045	0.053	0.048	0.056	0.058
每股经营活动现金净流量（元）	0.20	0.23	0.23	0.28	0.27	0.34	0.38
每股投资活动现金净流量（元）	−0.28	−0.30	−0.40	−0.43	−0.46	−0.48	−0.44
每股筹资活动现金净流量（元）	0.20	0.33	0.25	0.13	0.24	0.15	0.003

（六）支付能力分析

支付能力分析是将经营活动产生的现金净流量同企业各项重要的支付现金进行比较。当经营活动现金净流量大于或等于需要优先支付的现金时，企业的支付能力就较强。其指标有以下 5 个。

（1）现金股利保障倍数。该指标又称为现金股利支付能力比率，是指经营活动产生的现金流量净额与现金股利的比率，反映了企业年度内使用经营活动现金净流量支付现金股利的能力。其计算公式为

现金股利保障倍数=经营活动现金净流量/现金股利

举例　现金股利保障倍数。表 8-24 是上海汽车（集团）公司的财务数据。要求：计算每股经营活动现金净流量和现金股利保障倍数。

表 8-24　上海汽车（集团）公司 2012～2014 年的财务数据

项目	2012 年	2013 年	2014 年
经营活动现金净流量（亿元）	195.91	206.03	232.84
流通在外的普通股数量（亿股）	110.25	110.25	110.25
现金股利支付（亿元）	—	—	213.13
每股经营活动现金净流量（元/股）	1.78	1.87	2.11
现金股利保障倍数			1.09

分析：计算结果见表 8-24。每股经营活动现金净流量反映每股股票从经营中所获取的现金。该比率越大，表明企业有足够的现金进行资本支出和股利支付。上海汽车（集团）公司的每股经营活动现金净流量在 2012 ~ 2014 年持续增长。现金股利保障倍数大于 1，说明上海汽车（集团）公司有足够的经营活动现金流量支付股利。

（2）现金投资保障比率。该指标是指经营活动产生的现金流量净额与投资活动支付的现金和存货增加额之和的比率。其计算公式为

现金投资保障率=经营现金流量净额/（资本性支出+长期投资+存货增加额）

该比率越大，说明企业现金投资的保障程度越高，越有资金进行资本性支出、股权投资或者增加存货。

（3）现金再投资率。现金再投资率是指发行股利后的经营活动现金净流量用于公司内部再投资，更新资产和维持经营增长水平的比率。其计算公式为

现金再投资率=（经营活动现金净流量–现金股利）/（资本性支出+营运资本）

（4）现金流量充足率。现金流量充足率是指经营活动现金净流量用以满足资本支出、存货投资和支付现金股利的资金需求的能力。为了消除生产周期或者随机因素的影响，通常以 3 年为期间来计算这一比率（也可以用 5 年、6 年或者 10 年期限）。其计算公式为

现金流量充足率=3 年经营活动现金净流量总额/3 年资本支出、新增存货和现金股利的总额

如果存货减少，则新增存货视为 0。该比率为 1，意味着企业内部经营活动的现金可以满足资本投资、存货增加和股利发放的需求。如果该比率小于 1，则内部现金来源不足以维持股利和目前经营的增长。

（5）自由现金流量。自由现金流量是指满足所有以相关的资金成本折现后净现值为正的项目所需要的资金后剩余的现金流量，其数值等于经营活动的现金净流量减去资本性支出额，或者等于税后净营业利润减去净经营资产的增加额（营运资本的增加额与长期资产增加额之和）。其计算公式为

自由现金流量=经营活动现金净流量–资本性支出

其中，资本性支出主要包括公司当年购买固定资产、无形资产及其他长期资产所使用的现金。在无法获得经营活动现金净流量的情况下，也可以用净利润+折旧摊销额来代替经营活动现金净流量。自由现金流量可以区分为股权自由现金流量和公司自由现金流量。

① 股权自由现金流量。该指标是股权所有者拥有的公司在履行了包括偿还债务在内的所有财务义务和满足了再投资需要之后的全部剩余现金流。其计算公式为

股权自由现金流量=净收益+折旧摊销额–资本性支出–营运资本增加额
–债务本金偿还+新发行债务额
=自由现金流量–债务本金偿还+新发行债务额

② 公司自由现金流量。该指标是指企业资本所有者（债权和股权）在满足再投资支出后的全部剩余现金流量。其计算公式为

公司自由现金流量=息税前利润×（1–税率）+折旧摊销额–资本性支出–营运资本增加额
=经营活动现金净流量–资本性支出–营运资本增加额

其中，营运资本等于经营性流动资产减去经营性流动负债之差，即营运资本=（流动资产–交易性金融资产）–（流动负债–融资性流动负债）；营运资本增加额=期末营运资本–期初

营运资本；息税前利润=营业收入-营业成本-税金及附加-销售费用-管理费用=经营利润+财务费用，税后净营业利润=息税前利润-所得税。如果公司的经营周期比较明显或者陷入财务困境，利用自由现金流量来估算公司的价值就比较困难。

举例　自由现金流量。表 8-25 是贵州茅台公司 2005～2010 年的税后净营业利润、资本支出及折旧发生额、营运资本增加额。要求：计算贵州茅台公司的自由现金流量。

表 8-25　贵州茅台公司 2005～2010 年的财务数据（单位：亿元）

项目	2005 年	2006 年	2007 年	2008 年	2009 年	2010 年
营业收入	—	48.96	72.37	82.41	96.69	116.32
营业成本	—	7.93	8.71	7.99	9.51	10.53
营业税金及附加	—	5.74	6.04	6.82	9.40	15.78
销售费用	—	5.79	5.61	5.32	6.21	6.77
管理费用	—	4.92	7.23	9.42	12.17	13.41
息税前利润	—	24.58	44.78	52.86	59.40	69.83
所得税	—	9.14	15.56	13.84	15.27	18.22
税后净营业利润	—	15.44	29.22	39.02	44.13	51.61
经营性流动资产	60.19	67.50	72.68	122.37	156.36	202.57
经营性流动负债	28.95	33.94	21.13	42.50	51.08	70.28
营运资本	31.24	33.56	51.55	79.87	105.28	132.29
营运资本增加额	—	2.32	17.99	28.32	25.41	27.01
固定资产原值	—	16.27	23.36	28.40	40.05	52.92
固定资产累计折旧	—	4.02	5.06	6.48	8.34	10.98
固定资产净值	—	12.24	18.29	21.92	31.70	41.94
固定资产净增加额	—	2.40	6.05	3.63	9.78	10.23
在建工程	—	11.79	9.94	5.82	1.93	2.63
在建工程净增加	—	2.69	−1.85	−4.11	−3.88	0.69
无形资产	—	0.66	2.49	4.45	4.65	4.52
无形资产净增加	—	0.09	1.83	1.95	0.20	−0.13
无形资产摊销	—	0.03	0.08	0.07	0.11	0.14
折旧	—	0.84	1.10	1.47	1.87	2.67
长期待摊费用摊销	—	0.08	0.56	0.02	0.08	0.03
折旧与摊销	—	0.96	1.75	1.56	2.07	2.85

分析：表 8-26 是贵州茅台公司 2006～2010 年的自由现金流量，从表中可以看出，贵州茅台公司的自由现金流量在 2006～2010 年总体上呈现增长趋势，在此期间增长了 87.61%。而且，贵州茅台公司在其此间的营运资本和资本性支出在总体上处于增长阶段，增强了市场竞争力。

表 8-26　贵州茅台公司 2006～2010 年的自由现金流量计算（单位：亿元）

项目	2006 年	2007 年	2008 年	2009 年	2010 年
税后净营业利润	15.44	29.22	39.02	44.13	51.61
营运资本增加额	2.32	17.99	28.32	25.41	27.01
固定资产净增加额	2.40	6.05	3.63	9.78	10.23
在建工程净增加	2.69	−1.85	−4.11	−3.88	0.69
无形资产净增加	0.09	1.83	1.95	0.20	−0.13
折旧与摊销	0.96	1.75	1.56	2.07	2.85
自由现金流量	8.88	6.96	10.78	14.69	16.66

（七）盈利能力分析

通常，投资者以利润表的净利润作为盈利能力分析的起点。不过，经营活动现金净流量也可以帮助分析企业的盈利能力。

（1）资产现金回收率。该指标也称为现金毛利率，就是经营活动现金净流量占总资产的比率。其计算公式为

资产现金回收率=经营活动现金净流量/平均总资产额

该指标反映了每 1 元的资产，在经营期内获得了多少经营活动现金净流量。

（2）净资产现金回收率。该指标也称为股东现金报酬率，就是经营活动现金净流量占净资产或所有者权益的比率。其计算公式为

净资产现金回收率=经营活动现金净流量/平均净资产

股东现金报酬率=经营活动现金净流量/平均所有者权益

该指标反映了每 1 元的股东权益在经营期内获得了多少经营活动现金净流量。该指标越大，公司的所有者获得现金股利的程度越高。自由现金流量比较多的企业，发行现金股利也较多。为了增加对不同规模的公司之间的比较，我们可以采用自由现金流量占总资产（或净资产）的比例来进行衡量。

（3）经营活动现金净流量收益差异率。该指标反映了资产报酬率与资产现金回收率之差，其计算公式为

经营活动现金净流量收益差异率=（净利润−调整后的经营活动现金净流量）/平均资产总额

其中，调整后的经营活动现金净流量=经营活动现金净流量+投资收益的现金净额+非流动资产处置收到的现金净额。该指标越大，表示企业的应计项目占总资产的比例越大，企业的变现能力越差。

【本章小结】

本章对现金流量表进行了简单的介绍和分析。第一节主要是对现金流量表的构成与编制、现金流量表的各项目及外币项目进行了说明，第二节则对现金流量表进行了会计分析、定性分析、比较和共同比分析、比率分析。

【练习题】

8.1 销售商品、提供劳务收到的现金。甲企业 2017 年度有关账户资料如下：①应收

账款，年初100万元，年末120万元；②应收票据，年初40万元，年末20万元；③预收账款，年初80万元，年末90万元；④主营业务收入6 000万元；⑤应交税费——增值税（销项）1 037万元。⑥其他资料如下：本期发生坏账损失5万元，应收票据贴现使“财务费用”账户发生借方发生额3万元，工程领用的本企业产品100万元产生增值税销项税款17万元，收到客户用11.7万元商品（货款10万元，增值税1.7万元）抵偿前欠款12万元。

要求：计算销售商品、提供劳务收到的现金。

8.2 购买商品、接受劳务支付的现金。甲企业2015年度有关账户资料如下：①应付账款，年初100万元，年末120万元；②应付票据，年初40万元，年末20万元；③预付账款，年初80万元，年末90万元；④主营业务成本4 000万元，存货项目的年初数100万元，年末数80万元；⑤应交税费——增值税（进项）600万元。⑥其他资料如下：用固定资产偿还应付账款10万元，生产成本中直接工资项目含有本期发生的直接生产工人工资费用100万元，本期制造费用发生额为60万元（其中，消耗的物料为5万元），工程领用的本企业产品10万元。

要求：计算购买商品、接受劳务支付的现金。

8.3 投资活动现金流量分析。下表是大秦铁路公司2013～2015年的投资活动现金流量及相关数据。

要求：计算长期资产新投资额比例。

大秦铁路公司2013～2015年的财务数据（单位：百万元）

项目	2013年	2014年	2015年
处置固定资产、无形资产和其他长期资产所收回的现金净额	19	50	33
购买固定资产、无形资产和其他长期资产所支付的现金	4 738	5 515	5 811
固定资产折旧、油气资产折耗、生产性生物资产折旧	4 710	4 817	5 020
无形资产摊销	110	114	114
长期待摊费用摊销	31	35	35
处置固定资产、无形资产和其他长期资产的损失	73	44	147
固定资产报废损失	0	0	0
期初长期资产净额	71 878	72 689	72 083

8.4 现金流量比率分析。甲公司2011～2013年的财务数据见下表。

甲公司2011～2013年的财务数据（单位：亿元）

项目	2011年	2012年	2013年
经营活动现金净流量	0.23	0.95	0.51
销售收入总额	8.92	13.86	20.14
平均资产总额	13.33	33.01	56.75
净利润	2.05	2.41	6.73

要求：计算下列指标：①销售现金比率；②总资产现金回收率；③盈利现金比率。

8.5 现金流量的财务指标。2016 年，某公司的经营活动现金净流量为 6.22 亿元，净利润为 3.63 亿元，平均净资产为 16.39 亿元，主营业务收入为 11.76 亿元，销售产品和提供劳务的现金收入为 14.74 亿元，股票数量为 7.67 亿股，资本支出为 1.11 亿元，营运资本增加额为 6.56 亿元。

要求：根据以上财务数据，计算下列指标：①盈利现金流量比率；②净资产现金回收率；③净资产收益率；④主营业务收现率；⑤每股经营活动现金净流量；⑥自由现金流量。

8.6 现金流量的财务指标。下表是甲公司 2018 年的现金流量表。相关资料如下：流动负债期末余额为 101.46 亿元，一年内到期的长期债券和应付票据为 0.3 亿元，净利润为 3.36 亿元，销售收入为 84.41 亿元。

甲公司 2018 年的现金流量表（单位：亿元）

项目	金额
一、经营活动产生的现金流量	
销售商品、提供劳务收到的现金	73.16
收到的税费返还	0.85
收到的其他与经营活动有关的现金	4.24
现金流入小计	78.25
购买商品、接受劳务支付的现金	65.12
支付给职工以及为职工支付的现金	2.92
支付的各项税费	2.51
支付的其他与经营活动有关的现金	7.06
现金流出小计	77.61
经营活动产生的现金流量净额	0.64
二、投资活动产生的现金流量	
收回投资所收到的现金	0.00
取得投资收益所收到的现金	2.46
处理固定资产、无形资产和其他长期资产所收回的现金净额	—
处置子公司及其他营业单位收到的现金净额	—
收到其他与投资活动有关的现金	—
投资活动现金流入小计	2.46
购建固定资产、无形资产和其他长期资产所支付的现金净额	3.72
投资所支付的现金	6.49
取得子公司及其他营业单位支付的现金净额	0.00
支付其他与投资活动有关的现金	0.04
投资活动现金流出小计	10.25
投资活动产生的现金流量净额	−7.79

续表

项目	金额
三、筹资活动产生的现金流量	
吸收投资所收到的现金	0.00
取得借款收到的现金	23.91
收到其他与筹资活动有关的现金	0.01
筹资活动现金流入小计	23.92
偿还债务支付的现金	13.96
分配股利、利润或偿付利息所支付的现金	0.00
支付的其他与筹资活动有关的现金	0.74
筹资活动现金流出小计	14.70
筹资活动产生的现金流量净额	9.22
四、汇率变动对现金及现金等价物的影响	0.00
五、现金及现金等价物净增加额	2.07
加：年初现金及现金等价物余额	40.93
六、年末现金及现金等价物余额	43.00

要求：

（1）计算下列指标：①现金比率；②当期现金偿债比率；③现金流量比率；④盈利现金流量比率；⑤销售现金收入比率；⑥自由现金流量；

（2）试评价该公司的财务状况。

第九章　偿债能力分析

企业的偿债能力是评估企业持续经营假设的一个核心指标，比较全面地衡量了企业的财务状况、举债的合理程度及清偿债务的实际能力。偿债能力分为短期偿债能力和长期偿债能力。由于偿债能力的强弱反映了企业的财务安全和经营稳定的程度，因此，偿债能力的分析有助于评估企业资本结构的合理性，揭示企业的偿债风险和其他财务风险，评估企业的筹资前景并预测企业财务危机的可能性。

第一节　短期偿债能力分析

短期偿债能力就是公司偿还流动负债的能力。公司的短期偿债能力通常体现在流动资产与流动负债的规模和质量、经营性现金流量的大小和时间性、公司的财务弹性、公司集团内部的资金调拨、公司的财务管理水平及资本市场的完善程度等方面。公司的短期偿债能力越强，对短期债权人承担的短期债务的保障程度就越高。企业缺乏流动性会导致无法利用折扣带来的机会、难以偿还短期债务、被迫以较低的价格出售资产甚至走向破产。流动性是企业持有的现金数额及其他资产转化为现金的能力，以及从外部渠道取得现金的能力的描述。传统上，短期偿债能力分析指标，如营运资本、流动比率、速动比率、现金比率等，是建立在企业清算基础之上的，因此，在判断企业是否持续经营时需要其他指标的补充。

一、营运资本分析

贷款协议和债券契约经常包含保持最低水平营运资本的条款，财务分析师在做投资决策或者提供投资建议时需要估算营运资本的大小，政府在实施监管和制定政策时需要计算所有企业的营运资本。因此，营运资本是分析企业短期偿债能力的一个重要指标。

（一）营运资本的规模和质量

营运资本也称营运资金，是指企业在一定时期内的流动资产和流动负债及二者之间的关系。在财务报表分析中，营运资本就是流动资产减去流动负债后的剩余额，或者流动资产超过流动负债的部分。其计算公式为

$$
\begin{aligned}
\text{营运资本} &= \text{流动资产} - \text{流动负债} \\
&= \text{长期资本} - \text{长期资产}
\end{aligned}
$$

其中，长期资本是指股东权益与非流动负债之和；长期资产是指非流动资产。

举例　营运资本及其增长率。上市房地产公司中华企业 2010～2012 年的营运资本

状况见表 9-1。

表 9-1 中华企业 2010～2012 年的营运资本状况

项目	2010 年	2011 年	2012 年
流动资产（亿元）	187.35	200.85	194.08
流动负债（亿元）	82.53	110.96	116.61
营运资本（亿元）=流动资产−流动负债	104.82	89.89	77.47
营运资本增长率（%）	—	−14.24	−13.82

分析：中华企业的营运资本在 2010～2012 年每年都大幅度减少，降幅达 14%左右。其中的原因是流动资产增加幅度很小，但流动负债大幅度增加。营运资本占流动资产的比例从 2010 年的 55.95%下降到 2011 年的 44.75%和 2012 年的 40.12%。这说明，中华企业的偿债能力减弱，财务状况变差。

1．营运资本的质量分析

我们需要认真分析营运资本的每个科目及其可能的变动。

（1）现金及现金等价物主要是为了应对短期现金失衡而做的预防性储备，现金余额与企业的商务活动水平并无直接的联系，而企业更多地使用授信额度来作为现金的替代品。

（2）交易性金融资产作为预防储备，距离资产负债表日期越远，其公允价值变动未被反映的可能性越大。

（3）应收账款的变动取决于销售收入的变动，而应收账款与收入的关系取决于信用政策和收款方法。这样，应收账款水平并不能衡量未来现金净流入。

（4）存货并未反映销售水平和利润边际，也无法反映未来现金的流入，而存货管理的经济订货量、安全存货水平和订购点等方法都努力维持较低的存货量。只有销售才是将存货转化为现金的过程。

（5）流动负债主要取决于销售和相应的采购行为，以及企业与供货商之间的关系。这样，流动性在很大程度上取决于预期现金流量，对现金和现金等价物水平的依赖很小；营运资本账户余额与可能的未来现金流量模式之间并不存在直接关系。应收账款和存货管理主要受制于资产利用效率和效益性，其次才是流动性。在分析营运资本的规模时，既需要与前期的营运资本比较，也要注意企业规模的扩张或者收缩。

2. 经营性流动负债的分析

由于流动负债由经营性流动负债和融资性流动负债组成，不需要支付利息的经营性流动负债中还包括预收账款，因此，营运资本可以调整。

（1）降低营运成本。通常采取应收账款的代收和让售、现款现货的销售方式、实时存货管理来降低流动资产的企业，会增强现金流量和盈利能力。同时，企业还通过增加流动负债的方式，如预收款、应付账款或者短期借款，来筹集流动资产的大部分资金。青岛海尔公司采取的“零营运资金管理”方式就是尽可能降低企业的流动资产，大量地利用短期负债进行流动资产的融资。

（2）企业可以对到期的应付账款或者应付工资采取拖欠迟还的方式，或者通过提高企业的声誉来让其他企业愿意提供更多的商业信用和更优惠的信用条件，或者提高企业的垄断力来增加预收账款。

（3）当企业的流动资产大于经营性流动负债时，企业需要融资性流动负债或者其他资金来源来满足企业的流动资产所需资金的不足。当流动资产小于经营性流动负债时，企业不需要考虑融资性流动负债或者其他资金来源。因此，财务管理效率较高和声誉良好的企业可以力求缩小流动资产的规模，提高经营性流动负债的规模，低成本地使用供货商、职工所提供的资金。如果流动资产大于经营性流动负债，就需要根据应付工资和应付账款的规模来分析企业的雇主声誉和商业信誉。

（二）营运资本的比率

传统上，营运资本的分析指标包括营业资本的增长率、营运资本占流动资产的比率、流动资产占资产的比率、流动负债占负债的比率、应收账款占资产的比率、存货占资产的比率等。下面主要介绍营运资本周转期、现金周转期和商业比率。

1. 营运资本周转期

营运资本周转期指标反映营运资本周转一次所需要的天数。其计算公式为

营运资本周转期=360/营运资本周转率

营运资本周转率=营业收入/平均营运资本

平均营运资本=（期初营运资本+期末营运资本）/2

营运资本周转率表示企业的营运资本每年的周转次数。该比率较低，表示企业营运资本的营利能力较低或者销售不足；该比率较高，表示企业资本不足，隐含着企业在经营条件发生较大变化时可能存在流动性问题。同样，营运资本周转率需要与前期比率、同行的平均比率及主要竞争对手的比率进行对比分析。

2. 现金周转期

现金周转期或净营业周期就是从购买原材料到销售商品、收回现金的天数。现金周转期是衡量现金支付和现金回收之间的时间长度的指标，反映了经营过程中现金对经营性支出的敏感程度。其计算公式为

现金周转期=存货周转期+应收账款周转期−应付账款周转期

=[存货+应收账款/（1+毛利率）−应付账款]/（销售成本/360）

现金周转期变化的每日利润=当年销售收入×年利率/360

现金周转期变化对年利润的影响=现金周转期变化的每日利润×周转期变化的天数

其中，应付账款周转期就是平均付款期。平均付款期越长，使用供应商资金的量就越大。如果资料具备，也可以用购货成本来计算应付账款周转期。应付账款周转率=销售成本/应付账款平均余额，表明付款的速度快慢。研究表明，公司的净营业周期的长短与公司的盈利性和股票收益率之间存在显著的相关关系。净营业周期越长，企业的利润越低，股票回报率也越低。

举例　现金周转期对利润率的影响。假如企业的年销售收入为 100 万元，年利率为 10%，那么，将现金周转期缩短 1 周就能使利润增加 1 923 元（100 万×10%/52）。

3．商业比率

商业比率是对现金周转期的改进，综合了营运资本管理中的采购、销售、收款和支出

活动。其计算公式为

商业比率=商品销售成本/[平均应收账款×（1−毛利率）+平均存货−平均应付账款]

商业比率比较好地解决了存货周转率、应收账款周转率和应付账款周转率的孤立状况，可以考查公司为了增加销售额而放松信用政策时所引起的应收账款和存货周转率的综合变化。当企业涉及跨国经营，拥有多个分公司和子公司时，企业的营运资本管理还要考虑国际汇兑风险、国际现金流、国际现金收款和信用管理等。

二、流动性分析

营运资本分析的一个缺陷就是营运资本的指标容易受到企业规模的影响。流动性分析剔除了企业规模的影响，更容易比较不同企业之间的短期偿债能力。

（一）流动比率

流动比率能够计量流动负债的偿付能力，承担损失的缓冲能力，代表流动资金的储备，以便抵御经营不确定性和意外风险。因为其计算简便、易于理解和数据容易得到，所以，流动比率作为一项衡量流动性的指标被广泛应用。

1. 流动比率的计算

流动比率就是流动资产除以流动负债的比值。其计算公式为

流动比率=流动资产/流动负债

传统上，流动比率保持在 2 以上被认为是安全的。营业周期越短，流动比率就可以越低；营业周期越长，流动比率就需要越高。

举例 流动比率。上市房地产公司中华企业 2010～2012 年的流动资产和流动负债见表 9-2。要求：计算中华企业的流动比率。

表 9-2 中华企业 2010～2012 年的财务数据

项目	2010 年	2011 年	2012 年
流动资产（亿元）	187.35	200.85	194.08
流动负债（亿元）	82.53	110.96	116.61
流动比率=流动资产/流动负债	2.27	1.81	1.66

分析：计算结果见表 9-2。中华企业的流动比率在 2010～2012 年每年都大幅度减少。2011 年的流动比率比 2010 年降低了 0.46，说明每 1 元流动负债减少了 0.46 元的流动资产作为偿债保障。2012 年的流动比率又比 2011 年下降了 0.15，说明每 1 元流动负债减少了 0.14 元的流动资产作为偿债保障。这说明，中华企业的偿债能力减弱，财务状况变差。

2. 流动比率的质量

一般来说，流动比率可以在不同规模、不同行业的企业之间比较，这是流动比率指标比营运资本指标在反映企业的短期偿债能力方面表现优越的地方。

（1）在分析流动比率时，需用与企业前期的流动比率、行业的平均流动比率进行比较，也需要关注应收账款、存货、经营性流动负债的具体情况。当存货采取后进先出法时，期末存货的价值被低估，流动比率也被低估。而且，流动比率的分析要与应收账款周转率、

存货周转率结合起来分析，以判断应收账款、存货的流动性是否充足。也就是说，评估流动资产的质量和流动负债的构成、行业状况和营业周期的长度比固定的流动比率经验规则更为重要。

（2）注意分析流动比率的历史变化趋势，并注意在经济衰退期流动负债的偿还会提高流动比率，在经济繁荣期应付税款和应付账款的增多会降低流动比率。还需要注意企业的流动比率管理，即在年末加紧催收货款、降低库存并将正常的采购向后拖延。为此，我们需要结合年度比率、中期比率甚至季度比率来估算管理层粉饰年度流动比率和季节性因素的影响。实际上，流动比率高可能意味着存货积压、应收账款的收款期延长、其他应收款中的关联方借款无法回收、向供货商提供的大量预付账款，这些都不能转化为偿还债务的资金。另外，企业在会计期末是否过高或者过低估计各项减值准备或者预计负债，也会对流动比率产生影响。

（3）在分析企业的流动性时，要考虑企业未动用的银行信贷额度、可以迅速变现的长期资产、随时可以筹措的资金额度等。对于流动负债的调整需注意以下两点：第一，要注意附注中披露的企业存在已贴现并附有连带责任的应收票据、存在大额其他或有负债、企业为其他单位提供的担保。第二，要注意表外债务。

3. 流动比率的动态理解

企业的真正流动性需要用足够的现金流入来满足现金流出，因此，从静态角度衡量偿付短期债务的流动比率就无法衡量企业动态资金的流动性。

（1）由于静态流动性指标表明了流动资产转化为现金的便利程度和速度，以及这种转化导致流动资产价值的缩水程度，因此，流动性指标恰当地使用就是将其作为对流动资产抵偿流动负债能力的计量，并将流动资产在偿付流动负债后的流动性剩余，用以满足企业资金流入失衡或者其他资金需求。为此，我们就需要评价与计量流动资产和流动负债的质量，以及计算流动资产和流动负债的周转率，以便估算将应收账款和存货转变为现金并偿还流动负债所需要的时间。

（2）流动比率大于 1，意味着企业除了用短期负债融资来为短期资金的运用筹集资金外，还用了部分长期负债和股权融资来为企业的短期资金的运用筹集资金。在这种保守型融资策略中，流动负债占筹资比例较小，长期负债和权益资金所占的比例较大。如果权益资本所占的比例很小，企业的融资成本就相对较高，通过财务杠杆效应，企业的收益会相对较低。在较短的时期内，企业无法偿还到期债务的风险很小，也较少受到短期利率变动而增加企业融资成本的风险的影响。但是，随着时间的推迟，长期债务到期的比例会逐渐增大，企业偿还到期债务的风险和进行短期融资的风险也逐渐增大，企业的偿债能力会下降。如果权益资本所占的比例较大，企业面临的偿债能力风险则会较小。

（3）流动比率等于 1，意味着企业以短期债务融资的方式为短期资金运用筹资，用长期债务和权益资本筹资的方式为长期资金运用筹资。财务管理者习惯称之为稳健型债务筹资策略，认为资产和负债的到期时间能够很好地匹配，降低了企业无法偿还到期负债的风险。但是，除非有经营活动的现金流量来偿还到期的短期债务，流动资产中各项资产的流动性差异较大的现实必然会影响企业的短期偿债能力，增加企业的债务风险。因此，流动比率等于 1 时，企业需要高度关注经营活动现金流量的变动状况。例如，海尔公司推行的

“零营运成本”或者流动比率等于1的策略。

（4）流动比率小于1，意味着企业除了以长期债务和股权筹资的方式为长期资金的运用筹集资金，还利用短期债务筹资的方式为长期资金的运用筹集资金。在这种激进型债务筹资策略中，短期负债融资的比例较高和筹资成本较低，企业的收益较高。除非企业有其他的短期融资或者长期融资来偿还短期债务，否则，企业面临的短期偿债压力比较大。银行等金融机构就是利用短期负债来进行长期贷款和投资的典型例子。

对于金融机构而言，短期负债与经营现金流入量基本重叠，所以不依赖于静态的流动资产来偿还短期债务。对于非金融机构而言，短期负债与经营活动现金流量完全不同，需要用企业的经营现金流入或者其他筹资活动来偿还到期的债务。一旦企业的经营活动恶化或者筹集资金的其他来源缺乏，流动比率小于1的企业就会面临短期偿债风险。当企业的经营活动现金流量周转比较快，并且流动资产中现金比率和流动负债中预收账款的比率较高时，流动比率较小也是非常安全的。

4. 流动比率的因素分析

由于流动资产可以分为经营性流动资产和交易性金融资产，流动负债可以分为经营性流动负债和融资性流动负债，因此，流动比率的计算公式为

流动比率=流动资产的经营性倍数×经营性流动比率×流动负债的经营性比率

其中，流动资产的经营性倍数=流动资产/经营性流动资产，其中，经营性流动资产=流动资产-交易性金融资产；经营性流动比率=经营性流动资产/经营性流动负债，其中，经营性流动负债=负债-融资性流动负债；流动负债的经营性比率=经营性流动负债/流动负债。因此，流动比率的高低，与流动资产的经营性倍数、经营性流动比率和流动负债的经营性比率密切相关。

（二）速动比率

由于存货需要很长一段时间出售，或者存货已经成为特定债权人的抵押物，或者存货的计价并不能反映公允价值，或者存货的销售受到市场需求的影响，我们在分析短期清偿能力时，往往将存货从流动资产中扣除。

1. 速动比率的计算

速动比率的计算公式为

速动比率=（流动资产–存货）/流动负债

由于预付账款、其他流动资产往往并不能产生当前的现金流量用以清偿债务，许多研究人员也将这些项目扣除，采用更为保守的速动比率。其计算公式为

保守的速动比率=（现金+交易性金融资产+应收账款净额）/流动负债

一般认为，保守的速动比率应该保持在1以上，但采取现金销售的企业可以把速动比率保持在1以下。比较稳健的办法是，流动比率和速动比率的分母应该改为流动负债-经营性流动负债。

举例　速动比率。上市房地产公司中华企业2010～2012年的流动资产、存货和流动负债见表9-3。要求：计算中华企业的速动比率。

表 9-3　中华企业 2010～2012 年的财务数据

项目	2010 年	2011 年	2012 年
流动资产（亿元）	187.35	200.85	194.08
存货（亿元）	153.52	181.99	172.00
流动负债（亿元）	82.53	110.96	116.61
速动比率=（流动资产−存货）/流动负债	0.41	0.17	0.19

分析：计算结果见表 9-3。中华企业的速动比率在 2010～2012 年都大幅度减少。2011 年的速动比率比 2010 年降低了 0.24，说明每 1 元流动负债减少了 0.24 元的流动资产作为偿债保障。2012 年的速动比率又比 2011 年提高了 0.02，说明每 1 元流动负债增加了 0.02 元的流动资产作为偿债保障。整体而言，中华企业的偿债能力减弱，财务状况变差。

2. 速动比率的分析

在分析速动比率时，需要与行业的平均数、主要竞争对手、前期的速动比率进行比较，以便发现其中的变化和差异。为了强化对速动比率的分析，我们需要对应收账款的质量进行深入了解，分析应收账款周转率。

（1）从长期来看，流动比率和速动比率的不断下降，加重了企业的流动性破产的风险。速动比率保持在 1 以上具有一定的道理，因为较低的流动比率和速动比率通常是由大额的银行透支或者较高的短期借款引起的。对企业来说，不仅流动比率和速动比率的高低重要，流动比率和速动比率的稳定性也重要。

（2）由于企业的真正流动性来自企业从销售产品与提供劳务中获取的现金收入超过原材料、人工和其他费用的支出，因此，企业正常的现金循环应该能够使企业保持其流动性，无论其流动比率是多少。如果企业的产品销售不佳或者无法从客户处收回欠款，企业的存货或者应收账款就会增加，流动比率和速动比率也会增加。因此，现金周转期的变化会造成流动性的变化。

（3）流动比率和速动比率的稳定，也意味着现金周转期的稳定。如果企业能用长期贷款或者发行股票来偿还短期贷款，或者短期负债能够转化为长期负债或者股权，企业的流动比率就会显著改善，但企业的偿债能力会降低。

举例　速动比率。假设某企业的年销售收入为 50 万元、销售成本为 30 万元，存货为 3 万元，应收账款为 4 万元，现金为 1 万元，短期应付款为 4 万元。要求：计算该企业的流动比率、速动比率、存货周转天数、应收账款周转天数。

分析：流动比率=（3+4+1）/4=2；速动比率=（8−3）/4=1.25；存货周转天数=3 × 360/30=36（天）；应收账款周转天数=4 × 360/50=28.8（天）。

如果企业的平均存货周转天数和应收账款周转天数变为 90 天和 60 天，那么，存货和应收账款变为 7.5 万元（30 × 90/360）和 8.3 万元（50 × 60/360），分别增加 4.5 万元和 4.3 万元。由于现金只有 1 万元，企业需要短期借款 7.8 万元。结果，企业的流动性急剧恶化，流动比率=15.8/11.8=1.34，速动比率=8.3/11.8=0.7。如果企业能够获得银行 7.8 万元的长期贷款用于偿还短期借款，那么，企业的流动比率=15.8/4=3.95，速动比率=8.3/4=2.08。流动性过强意味着现金周转期过长，这反过来又会迫使企业进行借款或者透支，最终流动比率和速动比率会降低，从而造成流动比率和速动比率的大幅度波动。

3. 存货周转期的变化对企业利润的影响

周转期变化的成本是按当年实际利率计算的利息成本。延长存货周转期的利息成本是由存货增加引起营运资金的变化所致的。其计算公式为

周转期变化的每日成本=当年销售成本×年利率/360

周转期变化对年利润的影响=周转期变化的每日成本×周转期变化的天数

如果企业有多种存货，企业就需要判断周转期正在改善和正在恶化的存货项目，分析这些存货周转期的变化对企业的成本或利润的影响，寻找改善正在恶化的存货周转期或者巩固已改进的存货周转期的措施。实时制就是根据需求进行购买和生产，从而减少原材料和在产品存货的办法，库存存货的降低可以缩短存货周转期，减少资金的占用、库存费用和利息费用。同时，在产品成本的降低可以通过提高产品的生产质量和组织更好的生产流程实现。这会减少产品的检查成本、残次品的再加工成本、仓促的安排成本，以及不必要的原材料和人工浪费成本。

举例 存货周转期的影响。甲、乙两公司 2012～2014 年的财务数据见表 9-4。要求：计算存货周转期的变化对利润的影响。

表 9-4 甲、乙两公司 2012～2014 年的财务数据

项目	甲公司			乙公司		
	2012 年	2013 年	2014 年	2012 年	2013 年	2014 年
存货平均余额（万元）	58	55	60	75	80	100
销售成本（万元）	268	250.9	257.6	484.5	530.9	598.4
存货周转天数	79	80	85	56.5	55	61
存货周转期的变化	—	+1	+5	—	−1.5	+6
利率	—	12%	10%	—	12%	10%
存货周转期变化的每日成本（元）	—	825	706	—	1 744	1 639
存货周转期变化对年利润的影响（元）	—	−825	−3 530	—	+2 616	−9 834

分析：计算结果见表 9-4。甲企业的存货周转天数在 2013 年和 2014 年分别比前一年增加 1 天和 5 天，造成资金成本分别增加 825 元和 3 530 元。乙企业的存货周转天数在 2013 年降低 1.5 天，节约资金成本 2 616 元，但在 2014 年增加 6 天，提高了 9 834 元的资金成本。

（三）现金比率

（1）现金比率的计算。对存货和应收账款周转很慢的企业或者具有高度投机性的企业，分析人员应该注意其现金比率。其计算公式为

现金比率=（现金+交易性金融资产）/流动负债

现金比率反映企业在不依靠存货销售及应收账款的情况下支付当前债务的能力。一般认为 20%以上的现金比率较为合适。现金比率越高，表示短期内企业的流动性越好，但也表示企业没有更好地把资金投放到更能赢利的地方，从而降低公司整体的盈利能力。在金融危机期间，企业的现金比率一般较高，容易出现流动性陷阱。

（2）现金-流动资产比率。如果持有股票的比例过大，金融危机的到来可能会破坏企业的流动性。为此我们用现金-流动资产比率来补充现金比率。其计算公式为

现金-流动资产比率=（现金+交易性金融资产）/流动资产

现金-流动资产比率越高，企业的流动资产的流动性就越强。另外，预收账款不需要用现金去偿还，因此，我们可以计算现金即付比率和货币资金比率。

现金即付比率=（现金+交易性金融资产）/（流动负债-预收账款）

货币资金比率=现金/流动负债

举例　现金比率。上市房地产公司中华企业2010～2012年的资产负债表数据见表9-5。要求：计算中华企业的现金比率、货币资金比率和现金-流动资产比率。

表 9-5　中华企业 2010～2012 年的资产负债表数据

项目	2010 年	2011 年	2012 年
流动资产（亿元）	187.35	200.85	194.08
货币资金（亿元）	28.67	15.56	20.03
交易性金融资产（亿元）	0.00	0.00	0.00
流动负债（亿元）	82.53	110.96	116.61
现金比率=（现金+交易性金融资产）/流动负债	0.35	0.14	0.17
货币资金比率=现金/流动负债	0.35	0.14	0.17
现金-流动资产比率=（现金+交易性金融资产）/流动资产	0.15	0.077	0.103

分析：计算结果见表 9-5。中华企业的现金比率和现金-流动资产比率在 2010～2012 年都大幅度减少。现金比率下降了 50%以上。2011 年的现金比率比 2010 年降低了 0.21，说明每 1 元流动负债减少了 0.21 元的现金和交易性金融资产作为偿债保障。2012 年的现金比率比 2011 年提高了 0.03，说明每 1 元流动负债增加了 0.03 元的现金和交易性金融资产作为偿债保障。现金-流动资产比率在 2010～2011 年下降了 50%，但 2012 年比 2011 年上升了 33.8%。中华企业的偿债能力减弱，但现金比率和现金-流动资产比率有改善的迹象。

（四）现金流量的比率指标

与流动比率、速动比率和现金比率这些静态性指标不同，现金流量比率是一个动态指标。现金流量比率可以评估现金的利用效率和未来的潜力，评估信用贷款。现金流量的比率指标包括现金流量比率、现金债务率、到期债务本息偿付比率、综合支付能力、现金周转期、股价-现金流比率等，以下具体介绍前 4 个。

（1）现金流量比率。该指标有时称为经营性现金流量比率，是指经营活动现金净流量占流动负债的比率。该指标可以克服流动比率的静态属性，更好地反映企业的经营活动现金流量用以偿还短期债务的能力。其计算公式为

现金流量比率=经营活动现金净流量/流动负债

其中，经营活动现金净流量或经营活动产生的现金流量净额来自现金流量表，流动负债来自资产负债表。该指标大于 1，说明企业有足够的经营活动现金净流量来满足流动负债，根本不需要用流动资产来偿还流动负债。该指标小于 1，表明经营活动现金净流量不足以满足流动负债，还需要投资性现金流量或筹资性现金流量来满足流动负债的需要。经营活

动现金流量比率过低，则表明企业有财务危机产生的可能性。

举例　现金流量比率。上市房地产公司中华企业 2010～2012 年的财务数据见表 9-6。要求：计算中华企业的现金流量比率。

表 9-6　中华企业 2010～2012 年的财务数据

项目	2010 年	2011 年	2012 年
经营活动现金净流量（亿元）	−51.35	−15.47	16.43
流动负债（亿元）	82.53	110.96	116.61
现金流量比率=经营活动现金净流量/流动负债	−0.62	−0.14	0.14

分析：计算结果见表 9-6。中华企业的经营活动现金净流量的状况很差，但有逐步改善的迹象。现金流量比率在 2010 年为-0.62，在 2011 年为-0.14 和在 2012 年为 0.14。现金流量比率小于 0，表示债权人无法从企业的经营活动获得债权的保障。在这种情况下，债权人就需要依靠企业的流动资产特别是现金资产来保障其债权。2010 年和 2011 年的经营活动现金净流量的巨额负值，主要是由于政府房地产政策的调控，造成应收账款巨额增加的结果。2012 年的经营活动现金净流量达到了 16.43 亿元，主要是因为大量的应收账款收回的结果，期末应收账款存量只有 365 万元。

（2）现金债务率。该指标反映了企业的经营活动现金净流量在扣除现金股利之后能够偿还当前融资性负债的程度，其计算公式为

现金债务比率=（经营活动现金净流量−现金股利）/当前计息负债

其中，当前计息负债就是在当年内需要还本付息的融资性债务。该指标大于 1，表明公司正在产生足够的经营性现金来履行即将到期的债务义务。该指标小于 1，表明公司没有足够的现金来支付目前即将到期的债务。

（3）到期债务本息偿付比率。该指标反映了经营活动现金净流量是本期到期债务本息的倍数，其计算公式为

到期债务本息偿付比率=经营活动现金净流量/（本期到期本金+现金利息支出）

（4）综合支付能力。综合支付能力表明，企业从经营活动和投资活动获得的现金是否足够偿还到期的债务，其计算公式为

综合支付能力=经营活动现金净流量+投资现金流入量−偿还债务的现金支出

该指标小于 0，表明企业还需要通过筹资活动来偿还到期的债务。筹资的手段是依靠发行股票，或者借新债偿还旧债。

举例　综合支付能力。上海汽车（集团）公司 2014 年的经营现金流入量为 232.84 亿元，投资现金流入量为 377.40 亿元，偿还债务的现金支出为 725.09 亿元，综合支付能力=232.84+377.40−725.09=−114.85（亿元）。

三、财务弹性分析

财务弹性又称为财务柔性、财务灵活性，是指企业以较低的成本采取临时财务措施来应对资金流中断的能力，具体表现为企业能否灵活地筹集资金应付偶发性支出、股利支出

及捕捉投资机会的能力。

（一）财务弹性的表现形式

除了通过流动比率、存货周转率、应收账款周转率等报表指标来判断企业的流动性或者短期偿债能力，我们还可以从其他额外增加流动性的信息来判断企业的流动性和企业的商业信誉。

（1）未使用的银行授信额度。银行授信是指银行向非金融机构客户提供的资金，或对客户在有关经济活动中可能产生的赔偿和支付责任做出的保证。银行授信包括贷款、贸易融资、票据融资、融资租赁、透支、各项垫款等表内业务，以及票据承兑、开出信用证、保函、备用信用证、信用证保兑、债券发行担保、借款担保、有追溯权的资产销售、不可撤销的贷款承诺等表外业务。

（2）交易性金融资产升贬值程度。由于公开交易的股票现在全部纳入交易性金融资产，因此，企业的流动性会受到交易性金融资产和套期保值贬值程度的影响。当企业或银行持有大量的金融产品而金融资产的价值不断下降时，企业获取现金的需求更加迫切。

（3）应收账款的让售和商业票据的出售。企业一般通过商业票据的出售来获得短期的资金，支付工资或货款。当商业票据的未清偿余额的变动率与收入增长的变动率不一致时，意味着信贷紧缩可能发生。这导致企业获得银行授信额度的能力下降。如果企业的应收账款或者贷款的打包出售能力下降，意味着企业的应收账款安全性和变现的能力下降，企业需要检查信用政策来确保应收账款或贷款的安全。

（4）可以迅速变现的长期资产。这包括可供出售金融资产、持有至到期投资、投资性房地产、存在二级市场交易的长期股权投资、股权质押贷款、可贴现的应收票据等。

（5）发行债券或者股票的能力。这包括发行短期融券、中长期债券、增股和配股的能力。

（6）或有事项。如为其他企业的银行贷款进行的担保，未记录的重要或有负债，长期债务延期或者提前偿还的可能性，债券转化为股权的可能性。因此，在分析企业的流动性时，我们既要结合流动资产、流动负债的主要信息，又要搜寻其他可能影响流动性的信息。

（二）财务弹性的测量指标

财务弹性的大小可以通过经营活动现金流量、债务水平和利用商业信用的程度来衡量。

1. 商业信用的利用程度

企业利用商业信用获得现金的能力可以通过如下指标来表示。

（1）盈利现金比率。盈利现金比率是权责发生制下的净利润与现收现付制下的经营活动现金净流量的比率。其计算公式为

$$盈利现金比率=经营活动现金净流量/净利润$$

一方面，这个指标反映企业每获得100元的净利润，能够获得多少经营现金；另一方面，这一指标反映企业获取的净利润中有多大程度是利用商业信用的结果。该指标大于1，意味着企业通过商业信用获得的经营活动现金净流量远远超过企业通过经营所获取的净利润。相反，该指标小于1，意味着企业向客户提供了一定的商业信用，其幅度等于1-盈利现金比率。

（2）销售现金比率。这个指标是销售商品或提供劳务收到的现金与营业收入的比率，反映了营业收入变现的能力大小。其计算公式为

销售现金比率=销售商品或提供劳务收到的现金/营业收入

其中，销售商品或提供劳务收到的现金等于当年应收账款的回收金额、现金销售额及预收账款之和；营业收入是当年的现金销售和赊销之和。如果无法获得销售商品或提供劳务收到的现金的数据，可以用经营现金流入量代替。该指标大于 1，表明应收账款的回收金额和预收账款之和大于赊销金额，反映了企业利用客户商业信用的能力较强。该指标小于 1，则意味着企业向客户提供了一定的商业信用，其幅度等于 1-销售现金比率。

（3）财务竞争力。企业的财务竞争力反映了企业依靠商业信用免费使用客户的资金和供货商依靠商业信用免费使用企业资金的能力差异。其计算公式为

财务竞争力=（应付账款+预收账款）/（应收账款+预付账款）

其中，应收账款包括应收账款总额、其他应收款、应收票据和长期应收账款之和；应付账款包括应付账款总额与应付票据之和。该指标越大，表明企业的财务竞争力越强，免费进行商业信用融资的能力越大。该指标等于 1，表明企业的供货商和客户提供的免费资金相互抵销。

举例 财务竞争力。表 9-7 是广汇能源 2012～2013 年的财务数据。要求：计算广汇能源的财务竞争力。

表 9-7 广汇能源 2012～2013 年的财务数据

科目	2012 年	2013 年
应收账款（A）（亿元）	24.2	27.54
预付账款（B）（亿元）	1.8	9.16
应付账款（C）（亿元）	16.65	28.26
预收账款（D）（亿元）	14.37	14.95
财务竞争力=（C+D）/（A+B）	1.19	1.18

分析：广汇能源在 2012 年和 2013 年的财务竞争力都大于 1。这表明该企业很好地利用了商业信用来进行融资。尤其明显的是，2013 年的应付账款比 2012 年增加了 11.61 亿元，增长了 69.73%；而预付账款在 2013 年比 2012 年增加了 7.36 亿元，增长了 408.89%。这一趋势值得关注。

2. 现金流量的指标

现金流量的指标主要有以下几种。

（1）现金股利保障倍数。其计算公式为

现金股利保障倍数=每股经营活动现金净流量/每股现金股利

该指标反映企业运用现金净流量支付股利的能力。该指标越大，表明企业对股利的支付越有保障，支付现金股利的能力越强。

（2）现金流量再投资比率。其计算公式为

现金流量再投资比率=（经营活动现金净流量-现金股利）/（固定资产+长期投资+其他资产+营运资本）

=（经营活动现金净流量-现金股利）/（所有者权益+长期负债）

该指标表明经营活动产生的现金流量与投资净额、长期资本之间的关系。该指标越大，企业的再投资能力越强，用于再投资的资金就越多。因此，现金流量再投资比率说明了企业成长必要的现金流量保障程度，或长期资本所获取的现金流量。

（3）资本购置比率。资本购置比率与现金流量再投资比率相似，主要考虑经营活动现金净流量与资本性支出之间的关系。其计算公式为

资本购置比率=经营活动现金净流量/资本性支出

其中，资本性支出包括购置固定资产、无形资产等发生的支出。该指标表示企业经营活动产生的现金流量净额维持和扩大生产经营规模的能力。该指标越大，说明企业用经营现金流支付资本支出的能力越强。

（4）全部现金流量比率。全部现金流量比率表示经营活动产生的现金流量满足投资活动和筹资活动的现金需求程度。其计算公式为

全部现金流量比率=经营活动现金净流量/（筹资活动现金流出量+投资活动现金流出量）

3. 未使用举债能力指标

短期负债率和资产负债率都可以表示未使用举债能力的程度。短期负债比率较小，资产负债率就会显著低于行业平均水平，企业短期融资的能力较强。

第二节　长期偿债能力分析

长期偿债能力是企业偿还所有债务本息的能力。这种能力在信用经济中对于企业的持续经营至关重要。因为债务不仅有助于企业突破股东自身财富的硬约束，合理利用财务杠杆和利息费用的税收效应，从而提高股东的投资收益和增加企业的价值，而且会增加企业的财务风险，在经营不景气时削弱企业的盈利能力甚至迫使企业破产。因此，长期偿债能力的大小取决于企业稳定地获取资金和避免财务风险的能力。一般而言，偿还长期债务的资金来源主要有 4 种方式：一是资产变现的能力，这取决于资产的结构；二是资产的使用效率；三是外部融资资金及其资本结构；四是经营中产生的现金。

一、资本结构分析

资本结构就是负债与股东权益之间、长期负债与短期负债之间及经营性负债与融资性负债之间的关系。对资本结构的财务分析可以采取资本结构的共同比分析和资本结构的比率分析两种方式。资本结构的共同比分析就是分析资本的各构成要素，如流动负债、长期负债、经营性负债、融资性负债、普通股权益、留存收益等占总资产的百分比。这种分析有助于理解企业的资金来源的构成比例，适合比较同一企业在不同时期和不同企业之间的资本构成变化。但是，其缺陷在于无法明晰可用于偿付债务的现金流量。资本结构的比率分析则试图从资本结构的内在结构中寻找长期偿债能力的大小。一般而言，分析长期偿债能力的资产结构比率包括资产负债率、负债权益比率、长期负债比率、全部资本比率、长期负债与权益比率、短期负债比率等。此外，表外融资会影响资本结构，如长期租赁、或

有事项、担保责任等会影响长期偿债能力。

（一）资产负债率及其相关指标

反映企业的资产负债结构的指标有资产负债率、股东权益比率、债务权益比率、有形净值债务比率和全部资本比率。

1. 资产负债率

资产负债率又称财务杠杆率，反映了资产总额中有多大比例的资金是从债务融资得来的，用于衡量企业利用债权人的资金进行财务活动的能力和在清算时对债权人利益的保障程度。其计算公式为

$$资产负债比率=负债总额/资产总额\times100\%$$

（1）企业用于偿债的资产要剔除不易变现和不能变现的无形资产、长期待摊费用、商誉及国家规定的不计入破产财产的资产。负债总额应扣除预计负债、固定资产预提费用等不需要偿付的负债，也需要扣除递延收益、预收账款等具有收益性质的经营性负债。一般来说，资产负债比率越低，企业的偿债能力越好，但企业利用财务杠杆的能力越差。资产负债率越高，利息费用和债务支付额也越高，在某一时点上对企业的现金需求量就越大。当收益下降或者意外发生时，无力偿付的可能性也就越大。

（2）由于大量的资产都没有采取公允价值进行计量，单纯的账面价值低估了资产的价值，也就高估了资产负债比率，而且稳定经营的行业比周期性经营的行业可以拥有更多的债务和更高的资产负债率。因此，在财务分析时，资产负债比率应该与竞争对手、行业的平均水平及该企业的前期资产负债比率进行比较，也应该注意企业是否有藏匿的资产或者负债，同时还要区分经营性负债和融资性负债占资产的比率。

（3）资产负债率之所以被称为财务杠杆率，主要是基于负债的资产投资和经营效应。当企业能够借到大量低息贷款，并以低价购买能够带来赢利的资产时，贷款就会刺激企业的经营活动和资产价值的上升。这就提高了企业的信用水平并可以获得更多的贷款。在这个阶段，企业的负债率因为借款活动而得到改善。但是，当债务太多超过了偿债能力或者企业经营不善时，为了清偿债务，担保品将会被迫折价出售，这进一步提高了企业的资产负债率，削弱了企业的偿债能力，企业的信用水平下降和贷款利率上升，财务风险也不断扩大。在政府对银行业实行严格管制的社会中，银行信用会过度扩张，巨额的坏账继续滞留在银行体系之内，从而将企业的财务风险扩散到整个银行系统而形成金融风险，迫使政府采取宽松的货币政策和扩大货币供给量。

（4）资产负债率是反映企业在某一特定时点上的负债占资产的比例，不能反映全年的平均偿债水平和偿债风险。而且，资产负债率忽视了负债的偿还期限结构、利率的差异、经营性负债和融资性负债的区别、资产评估的增值、会计政策的变更，以及经营现金流是否稳定等信息。因此，企业偿债能力的高低还需要借助其他财务指标来判断。

（5）传统的偿债能力分析关注企业在破产的情况下对债权人的保护程度，即通过处理资产来偿还债务。在企业的正常经营过程中，我们更应关注企业通过获取利润和经营活动现金流量来偿还债务的能力。当企业的盈利能力较强且营业利润能够产生足够多的经营活动现金流量时，即使企业的资产负债率比较高，企业的长期融资能力和偿债能力也比较强。只有当企业的盈利能力和获取经营现金的能力恶化时，较高的资产负债率才表明企业的偿

债能力较弱。研究表明，资产负债率的高低与企业的规模和有形资产的比例正相关，而与资产报酬率和累计折旧与资产的比率负相关。

2. 股东权益比率

股权权益比率就是股东权益占资产总额的比率。股东权益比率的倒数就是权益乘数，即资产是股东权益的倍数。其计算公式为

股东权益比率=股东权益总额/资产总额=1−资产负债率

权益乘数=资产总额/股东权益总额=1+债务权益比率

股东权益比率反映了股东对企业的资金贡献程度。股东权益比率越高，或者权益乘数越小，债权人的资金越有保障，但企业利用债务融资的能力就越弱。

举例 股东权益比率的计算。表 9-8 是江淮汽车公司 2014～2016 年的财务数据。要求：计算资产负债率、股东权益比率和债务权益比率。

表 9-8 江淮汽车公司 2014～2016 年的财务数据

项目	2014 年	2015 年	2016 年
资产总额（亿元）	268.64	389.03	492.14
负债总额（亿元）	195.12	287.38	337.46
股东权益总额（亿元）	73.51	101.04	154.68
资产负债率（%）=负债总额/资产总额	73	74	69
股东权益比率（%）=股东权益总额/资产总额	27	26	31
债务权益比率（倍数）=负债总额/股东权益总额	2.65	2.84	2.18

分析：计算结果见表 9-8。江淮汽车公司的股东权益比率大致维持在 27%，并有改善的迹象。这表明，企业资金的 70%以上来自债权人提供的资金，而股东提供的资产不足 30%。同时，债务权益比率也逐渐得到改善，债权人的资金更加有保障。

3. 债务权益比率

债务权益比率又称产权比率，就是企业的债务融资与股权融资之间的比率。由于负债可以区分为经营性负债和融资性负债，因此，债务权益比率也可以区分为经营性负债权益比率和金融性负债权益比率。其计算公式为

债务权益比率=负债总额/股东权益总额=资产负债率×权益乘数

经营性负债权益比率=经营性负债总额/股东权益总额

金融性负债权益比率=金融性负债总额/股东权益总额

债务权益比率=经营性负债权益比率+金融性负债权益比率

其中，股东权益总额可以采取账面价值，也可以采取市场价值；债务权益比率可以揭示企业的财务风险，以及确定股东权益在企业破产时对债权人的债权保障程度。较低的债务权益比率说明企业的负债状况良好，但也表明企业没有很好地利用经营性负债和金融性负债。在某种程度上说，经营性负债权益比率越高，企业的偿债能力和盈利能力越强。

举例 权益乘数的分解。表 9-9 是房地产企业 2013 年的权益乘数及其分解。

表 9-9　房地产企业 2013 年的权益乘数及其分解

企业名称	万科地产	保利地产	招商地产	金地集团
权益乘数	4.54	4.54	3.44	3.26
金融性负债权益比率	0.74	1.43	0.80	0.99
经营性负债权益比率	2.81	2.11	1.64	1.26

分析：权益乘数=经营性负债权益比率+金融性负债权益比率+1。从表 9-9 中可以看出，经营性负债权益比率越大，企业的负债融资越安全。万科地产和保利地产的经营性负债权益比率都超过了 2 倍，说明客户提供了两倍于其权益的资金。这两家公司充分利用了房屋预售制度。相比之下，招商地产和金地集团在利用客户资金的能力方面稍差。

由于许多非流动资产采用账面价值，股东权益部分被低估，债务权益比率被高估。在分析时，应该与竞争对手、行业的平均水平，以及该企业的前期负债权益比率、金融性负债权益比率和经营性负债权益比率进行比较。

4. 有形净值债务比率

债务权益比率指标的一个缺陷是，股东权益包含大量很难变现的资产，而债务的偿还一般是刚性的。因为无形资产不能为偿还债权人的债务提供任何资源，所以需要将无形资产，如商誉、商标权、专利权、版权等从股东权益中扣除，形成有形净值，以便债务与权益比率更稳健。其计算公式为

有形净值债务比率=负债总额/（股东权益总额–无形资产总额）

一般而言，有形净值债务比率是正数。如果无形资产大于股东权益，有形净值债务比率就会成为负数。该指标越小，债权人的利益就越能得到保障。从表 9-10 中可以看出，银广夏的有形净值债务比率是负数，表明债权人的债权得不到股东权益的任何保障。从理论上说，银广夏早已破产。相反，大元股份、赛马实业、东方铝业的有形净值债务比率较低，其偿债能力较强。同时需要注意，大元股份在 2011 年的有形净值比率突然增加。在负债没有大幅度增加的情况下，这只能说明大元股份的无形资产特别是土地使用权大幅度增加。

表 9-10　上市公司 2007～2011 年的有形净值债务比率（单位：倍数）

公司名称	2007 年	2008 年	2009 年	2010 年	2011 年
银广夏	−1.9	−1.5	−2.1	−1.4	−1.2
西北轴承	1.4	1.0	1.5	2.9	4.8
英力特	4.4	4.8	3.5	3.2	3.0
美利纸业	2.4	2.3	2.5	3.5	4.9
银星能源	5.2	5.5	6.8	6.9	8.2
东方铝业	0.3	0.7	1.4	2.1	1.0
中银绒业	3.6	3.5	4.0	4.6	3.5
大元股份	0.3	0.4	0.3	0.6	11.9
宁夏恒力	1.9	2.3	2.5	3.1	1.0

续表

公司名称	2007 年	2008 年	2009 年	2010 年	2011 年
赛马实业	1.1	0.5	1.0	1.3	0.9
新华百货	1.0	1.1	1.0	1.1	1.2

5. 全部资本比率

全部资本比率就是长期负债与全部资本之间的比率。全部资本包括长期负债、优先股权益和普通股权益。其计算公式为

全部资本比率=长期负债/（长期负债+优先股权益+普通股权益）

该指标反映了全部资本中长期负债所占的比率。该指标越大，长期债权人相对于投资者提供的资金越多。由于长期负债和股东权益是企业长期资产的主要资金来源，因此，全部资本比率的高低就反映了长期债权人对企业的信任程度，同时也反映了债权人利益的保障程度。

举例 全部资本比率。表 9-11 是东方航空公司 1997 ~ 2005 年的财务数据。要求：计算资产负债率和全部资本比率。

表 9-11 东方航空公司 1997 ~ 2005 年的财务数据

年份	流动负债（亿元）	长期负债（亿元）	股东权益(亿元)	资产负债率(%)	全部资本比率(%)
1997	36.37	162.56	69.57	74.09	70.03
1998	45.21	170.18	64.50	76.96	72.52
1999	47.10	168.47	67.52	76.15	71.39
2000	48.41	167.72	74.12	74.46	69.35
2001	65.72	145.17	78.95	72.76	64.77
2002	120.47	129.304	77.83	76.24	62.42
2003	147.73	163.292	69.04	81.83	70.28
2004	177.11	170.03	77.13	81.82	68.79
2005	316.14	207.889	69.18	88.34	75.03

分析：计算结果见表 9-11。从表中可以看出，东方航空公司的资产负债率不断攀升，从 1997 年的 74.09%增加到 2005 年的 88.34%。全部资本比率最初呈平稳下降的趋势，但在 2005 年突然增加到 75%，说明东方航空公司的长期负债在 2005 年大幅度增加。

与全部资本比率相关的一个指标是流动负债与净值比率。该指标表明流动负债与股东权益之间的关系。该比率越高，企业的流动性风险就越大。

（二）偿债保障比率及其相关指标

以资产负债率为核心的传统偿债能力指标建立在企业的清算假设基础上。这些指标假设，随着资产负债率的增加，债权人在企业清算时得到的保障程度越低。但是，对于持续经营的企业而言，其偿债能力的大小很大程度上取决于长期获取现金流量的能力，而不仅仅是企业资产的变现能力。偿债保障比率、现金流量债务之比和现金流量利息保障倍数是从动

态角度对偿债能力进行考查的，反映了企业偿还长期债务本金和利息的真实能力。

1. 偿债保障比率

偿债保障比率就是企业的负债总额与经营活动现金净流量之比。其计算公式为

偿债保障比率=平均负债总额/经营活动现金净流量

该指标反映了按目前经营活动现金净流量的水平，需要多少年才能偿还清总债务。该指标为负数，表示不能依赖经营现金流量来偿还负债，只能依靠变卖资产、债权融资或股权融资来偿还债务。偿债保障比率可以与目前债务的平均期限结构进行比较，以判断目前债务期限结构的合理性和偿债能力的强弱。

举例　表 9-12 是上市公司 2007～2011 年的偿债保障比率。从表中可以看出，银广夏、中银绒业和大元股份的偿债保障比率在许多年份是负数，说明其经营活动现金净流量是负数。对于英力特和银星能源等公司而言，偿债保障比率大多是在 10 倍以上，说明这些企业按照目前获取经营活动现金净流量的水平，需要 10 年以上才能偿还清债务。如果这些企业的债务结构较短，它们就只能依靠债务融资或股权融资来偿还债务。

表 9-12　上市公司 2007～2011 年的偿债保障比率

公司名称	2007 年	2008 年	2009 年	2010 年	2011 年
银广夏	37.7	−1.5	−41.7	−150.4	−155.6
西北轴承	18.8	15.0	13.5	−35.4	−23.0
英力特	3.2	4.2	38.5	13.2	17.6
美利纸业	14.7	2.3	2.5	11.5	40.5
银星能源	15.8	10.9	13.9	12.7	12.0
东方铝业	4.4	−4.4	−19.9	23.7	−11.5
中银绒业	3.8	−6.1	−10.8	116.6	−4.6
大元股份	−8.8	−18.1	72.0	21.6	−3.9
宁夏恒力	52.1	20.6	9.1	−12.1	−5.0
赛马实业	4.8	3.7	3.4	6.2	−8.0
新华百货	5.3	3.7	2.8	3.7	3.9

2. 现金流量债务之比

现金流量债务之比就是经营活动现金净流量与负债的比率，其倒数就是偿债保障比率。其计算公式为

现金流量债务之比=经营活动现金净流量/平均负债总额

该指标表明负债总额中能用经营活动现金流量偿还的比例有多大。如果该比率小于债券的票面利率或者贷款利率，企业偿还利息的能力就会遭到质疑。如果该比率小于一年之内到期的债务本息占负债总额的比率，该企业就会面临债务违约的风险。

二、资产构成分析

如果企业把债权用在资产投资上，债权人则会同时关注回收的风险和可能获得的收

益。因此，资产结构是估计公司资本结构风险暴露和变现能力的一种工具。结合负债的比率分析，资产构成分析就能有助于判断企业的风险暴露和资产变现能力。

（一）资产的变现能力分析

由于资产负债表是按照变现能力排序的，因此，资产变现能力的大小可以通过资产结构予以说明。资产的变现能力包括资产变现的金额和资产变现的时间长短两个方面。

（1）资产通过销售、抵押或使用能够收回的现金越多，资产的变现能力越强。资产的变现时间越短，需要支付的交易费用越少，资产的变现能力越强。现金的变现能力最强，投资性房地产和金融资产的变现能力受到商业周期的影响，固定资产的变现能力较弱和变现时间长，预付账款、递延所得税资产、商誉、长期待摊费用、研究开发支出等很难具有变现能力。

（2）不良资产比率。该比率是反映企业资产变现能力的一个指标，其计算公式为

不良资产率=年末不良资产总额/年末资产总额×100%

其中，年末不良资产总额是指企业资产中存在价值损失或难以参加正常生产经营的资产总额，包括3年以上的应收账款、其他应收账款和预付账款，积压的存货、闲置的固定资产和不良投资的账面余额，待处理流动资产和固定资产的净损失，经营亏损挂账和潜亏挂账，商誉和长期待摊费用。

（3）在分析资产的变现能力时，首先需要按照过去3年或5年的财务数据，利用各类资产价值的平均损失率对各类资产的账面价值进行调整，同时剔除没有变现能力的资产，如预付账款、长期待摊费用和递延所得税资产。这些经过调整的资产，其账面价值就是企业偿债能力的最后保障。其次，需要对资产构成的各种比率及变化趋势进行分析，以便判断资产变现的速度、所需要支付的交易费用，以及企业的资产是朝着变现能力增强还是变现能力减弱的方向变化。

（二）资产构成的比率分析

（1）流动资产所占比例，其计算公式为

流动资产所占比例=流动资产/资产总额×100%

其中，资产总额=流动资产+非流动资产。流动资产所占的比例越高，资产的变现能力越强。非流动资产所占的比例越高，资产的变现能力越弱。

（2）投资资产所占比例。企业的资产分为投资资产和经营资产，其中投资资产包括金融资产、投资性房地产和长期股权投资。投资资产比例的计算公式为

投资资产比例=流动资产/资产总额×100%

投资资产或金融资产占资产总额的比率越高，企业的资产变现能力越强。经营资产所占的比例越高，变现能力越弱。

（3）固定资产比率。固定资产是具有高度专用性的资产。资产的专用性就是资产的用途比较少，而且从一种用途转换为另一种用途的成本较高。如果企业的固定资产过多，很容易造成金融错配，即资金来源结构与资产效率之间的不匹配。固定资产比率就是固定资产和在建工程在净资产中所占的比例。其计算公式为

固定资产比率=（固定资产+在建工程）/净资产

固定资产比率越高，企业的财务风险暴露程度越大，偿债能力越弱。如果该指标大于

1，企业就需要利用负债资金来为长期资产融资。如果企业的负债中短期负债占很大的比例，企业的资金配置就会出现错配的问题。

（4）资本固定化比率。与固定资产比率相关的指标是资本固定化比率。资本固定化比率是企业被固化的资产与净资产或所有者权益的比率。其计算公式为

资本固定化比率=（资产-流动资产-长期股权投资）/净资产

=（固定资产净值+无形资产+在建工程+递延资产）/净资产

该指标反映企业的自有资金被固化的程度。资本固定化比率越高，企业的自有资金用于维持流动性的资金越少，企业的流动性就会越差。这就造成高度依赖外部融资来满足企业的正常周转的需要，容易造成企业经营困难和被债权人敲竹杠的问题。

三、收益补偿分析

企业收益和经营活动现金流量是偿付能力及借款能力的主要源泉。因此，分析和判断企业的偿债能力就需要优先考虑企业的收益和经营活动现金流量。收益补偿分析就是要研究收益或现金净流量与利息等固定支出之间的关系。研究表明，收益补偿率与债务拖欠率的相关性非常高。同时，在收益补偿固定的情况下，收益和现金流量越稳定，可接受的收益补偿水平越低。与长期偿债能力相关的收益补偿分析指标有利息保障倍数、固定费用偿付能力比率、收益固定支出比率、现金利息保障倍数。

（一）利息保障倍数

利息保障倍数是衡量企业支付负债利息能力的指标。该指标又称已获利息倍数，就是企业的生产经营所获的息税前利润与利息支出的比率，反映了企业经营收益是所需支付债务利息的倍数。其计算公式为

利息保障倍数=息税前利润/利息支出

其中，息税前利润等于归属于母公司股东的净利润、所得税费用、资本化利息支出和费用化利息支出之和；利息支出等于资本化利息和费用化利息之和，或者等于现金流量表的利息支出加上资产负债表的应付利息增加额之和。

（1）在利息保障倍数公式中，不仅终止经营、非常项目和会计原则变更的累积影响等不重复发生的项目需要从净利润中扣除，而且利息费用、所得税费用、非合并子公司的权益收益和少数股权收益都要加回到净收益中。这样，分析利息保障倍数的利润就是只包括以后期间期望能发生的利润。资本化的利息数额应该包括在利息费用总额中，计入利息保障倍数比率计算的分母。

举例　利息保障倍数。根据表 9-13 中的数据，计算江淮汽车公司的利息保障倍数。

表 9-13　江淮汽车公司的财务数据

项目	2014 年	2015 年	2016 年
息税前利润（亿元）	4.77	9.42	12.34
利息支出（亿元）	0.94	0.64	1.07
利息保障倍数=息税前利润/利息支出	5.07	14.72	11.53

（2）对于建设期间比较长的公路、铁路或者其他基础设施的企业而言，在项目完成以前，利息支出主要源自资本化利息。如果没有相应的收入，按照上述公式计算的利息保障倍数就会很低，不利于融资。有的人建议，应该将资本化利息支出从分子和分母中扣除。这实际上抬高了这类企业的利息保障倍数。

举例　利息保障倍数。如果一个公司的税前利润总额为0.5亿元，费用化利息支出为0.5亿元，资本化利息支出为3亿元，则利息保障倍数=（0.5+0.5+3）/（0.5+3）=1.14（倍/年）。如果资本化利息从分子分母中扣除，利息保障倍数就变为2。

（3）利息保障倍数不仅反映了企业获利能力的大小，而且反映了获利能力对偿还到期债务的保证程度。利息保障倍数越大，说明企业支付利息费用的能力越强。研究表明，利息保障倍数为3以上，债务的拖欠率仅为2.1%；利息保障倍数为2～2.9，则债务拖欠率上升到4%；当利息保障倍数降低到1.5～1.9时，债务拖欠率增加到17.9%；当利息保障倍数在1以下时，则拖欠率增加到35%。为了评价企业的偿债能力，我们需要计算3～5年的利息保障倍数，并与竞争对手及其行业平均水平进行比较，以判断利息偿还的稳定性。一般来说，企业应以最低期间的利息保障倍数作为基本偿还利息能力的指标。

（4）利息保障倍数的调整。由于折旧费用、摊销费用、折耗费用在短期内不需要使用现金，为了更好地反映企业的短期偿债能力，折旧费用、摊销费用、折耗费用等可以加回到利息保障倍数比率的分子中。为了进行区别，将包含折旧摊销费用的利息保障倍数称为短期利息保障倍数，而将排除折旧摊销费用的利息保障倍数称为长期利息保障倍数。短期利息保障倍数就是息税折旧摊销前利润与利息支出之比。其计算公式为

短期利息保障倍数=息税折旧摊销前利润/利息支出

其中，息税折旧摊销前利润等于净利润加上所得税费用、利息支出、折旧费和摊销费，而利息支出等于资本化的利息加上费用化的利息。

举例　短期利息保障倍数。企业在所得税和会计原则变更累积影响前的收益为1 017.3万元，利息费用为47.6万元，资本化利息为1.7万元，折旧、摊销和其他费用为276.6万元。要求：计算短期利息保障倍数和长期利息保障倍数。

分析：（1）短期利息保障倍数=（1 017.3+47.6+276.6）/（47.6+1.7）=27.21（倍/年）。

（2）长期利息保障倍数=（1 017.3+47.6）/（47.6+1.7）=21.6（倍/年）。

（二）固定费用偿付能力比率

固定费用偿付能力比率是利息保障倍数的扩展形式，反映了企业偿付固定费用的能力。利息保障倍数存在的一个问题是没有考虑融资租赁和经营租赁的利息费用。固定费用偿付能力比率的计算方式与利息保障倍数类似，只是在分子和分母中分别加入了租赁的利息费用。因此，固定费用偿付能力比率就是包含租赁利息在内的息税前利润与包含租赁利息在内的利息支出之比。其计算公式为

固定费用偿付能力比率=（息税前利润+租赁的利息）/（利息支出+租赁的利息）

在这里，息税前利润和利息支出与利息保障倍数界定的内容一致。也就是说，固定费用偿付能力比率的分子是归属于母公司股东的净利润、所得税费用、资本化利息、费用化利息和租赁的利息部分之和，分母是资本化利息、费用化利息和租赁的利息部分之和。这样，固定费用偿付能力比率就比利息保障倍数更全面地反映了企业偿付债务利息的能力。

举例　固定费用偿付能力比率。企业在所得税和会计原则变更累积影响前的收益为

1 017.3 万元，利息费用为 47.6 万元，资本化利息为 1.7 万元，折旧、摊销和其他费用为 276.6 万元，租赁费用的利息为 53.3 万元，则固定费用偿付能力=（1 017.3+47.6+53.3）/（47.6+1.7+53.3）=10.9（倍/年）。

如果折旧、折耗和摊销、支付的本金债务、支付的养老金、大量的优先股股利包括在固定费用中，我们就能够计算更稳健的固定费用偿付能力。

（三）收益固定支出比率

收益固定支出比率是固定费用偿付能力的扩展形式，能够更加全面地衡量企业在一个经济周期内偿付利息和其他固定支出的能力。其计算公式为

收益固定支出比率=正常收益/固定支出

（1）正常收益等于持续经营的税前收益、利息费用、债务费用和折溢价的摊销、经营性租赁费用的利息部分、控股子公司的优先股股利调整、前期资本化利息的本期摊销，以及持有 50%以下股权子公司的未分配收益的总和。

（2）固定支出等于已发生利息的总额、债务费用和折溢价的摊销、经营性租赁费用的利息部分、控股子公司的优先股股利调整的总和。固定支出的衡量：①实际发生的利息，可以用现金流量表上已付利息，加上折价和溢价的摊销、资本化利息和应付利息的变动来衡量；②控股公司的优先股股利，等于优先股股利/（1−实际税率）；③不包含偿还债务的本金，但需要包含担保承诺支出、不可撤销长期购货合同金额、长期租赁付款义务的金额。

（3）现金流量固定支出比率与收益固定支出比率完全相似，只需要用税前经营活动现金流量代替持续经营的税前收益，其他部分相同。税前经营的现金流量等于税前利润加上折旧和摊销费用，减去流动资产的增加和加上流动负债的减少。

（4）优先股股利收益补偿率也与收益固定支出比率的计算完全相似，只需要在分子中用税前收益代替持续经营的税前收益，分母=固定支出+优先股股利/（1−税率）。

（四）现金利息保障倍数

现金利息保障倍数与利息保障倍数类似，用以反映企业的经营活动现金净流量偿还债务利息支出的能力。现金利息保障倍数就是息税前经营活动现金净流量与现金利息支出的比率。由于利息保障倍数只能反映偿还利息的保障程度，并不能说明企业对本金的偿还能力，而且企业的本金和利息并不是用利润去支付，而是用现金流量去支付，因此，现金利息保障倍数比利息保障倍数更能反映企业的偿债能力大小。

（1）美国的财务报表将从利息收入和股利收益中收到的现金及向债权人支付利息的现金都列入经营活动的现金流量。中国的财务报表则将分得的股利或从利润中收到的现金、取得债券利息收入所收到的现金列入投资活动的现金流量，偿付利息支付的现金则列入筹资活动产生的现金流量。因此，在计算现金利息保障倍数的时候，就需要将美国的计算方法根据中国财务报表的实际情况进行调整。在美国的教材中，其计算公式为

现金利息保障倍数=（经营活动现金净流量+现金利息支出+所得税付现）/现金利息支出

（2）中国版的现金利息保障倍数。由于中国的经营活动现金流量没有包括现金利息支出，因此，其计算公式为

中国版的现金利息保障倍数=（经营活动现金净流量+所得税付现）/现金利息支出

其中，现金利息支出就是现金流量表中的利息支出数据。

举例　现金利息保障倍数的计算。一个企业从销售产品、提供劳务收到的现金为 100

万元，购买商品、接受劳务支付的现金为 79 万元，支付给员工的工资为 6 万元，向债权人支付的利息为 10 万元，借款收到的现金为 50 万元，假设不存在投资活动产生的现金流量。要求：计算现金利息保障倍数。

分析：按照中国会计准则编制的现金流量表，经营活动产生的现金净额为 15 万元，筹资活动产生的现金净额为 40 万元。按照美国会计准则编制的现金流量表，经营活动产生的现金净额为 5 万元，筹资活动产生的现金净额为 50 万元。美国版的现金利息保障倍数=（5+10+0）/10=1.5，中国版的利息保障倍数=（15+0）/10=1.5。如果不加以调整，直接按照美国版的利息保障倍数来计算中国企业的利息保障倍数=（15+10+0）/10=2.5，从而高估了中国企业的现金偿付能力。

四、营运能力分析

企业营运能力是指企业的产出总额与资产的占用额之间的比率，反映了各种资产的使用效率及其获取利润的能力。反映企业营运能力的财务指标有存货周转率、应收账款周转率、总资产周转率、经营资产周转率、流动资产周转率、负债收入之比、固定资产周转率等指标，以下具体介绍几个常用指标。

（一）总资产周转率

总资产周转率就是企业的营业收入与资产总额的比率。其计算公式为

总资产周转率=营业收入/平均总资产总额

总资产周转天数=360/总资产周转率

平均总资产余额=（期初总资产余额+期末总资产余额）/2

（1）总资产周转率反映了企业投入的所有资产获得产出的能力，或者企业的所有资产为创造利润或现金流量的速度。该指标越高，说明企业利用资产进行经营的效率越高，企业的获利能力也越强。总资产周转天数越长，说明企业利用资产的效率越差。

（2）企业的总资产周转率取决于各种资产周转率的加权平均数，其中权数等于各种资产占总资产的比例。因此，企业的总资产周转率要想提高，就需要提高各种资产的周转率，特别是周转率较高的那部分资产所占的比例，或者降低周转率较低的那部分资产所占的比例。一般来说，企业的固定资产周转率较低。因此，采用经营租赁的方法就能减少企业的固定资产所占用的资金，提高企业的资产周转率。

举例　资产周转率。根据海信电器 2013～2016 年的财务数据，计算总资产周转率和总资产周转天数。

分析：计算结果见表 9-14。海信电器 2013～2016 年的总资产周转率大致维持在 1.40 左右，资产周转天数约为 250 天。这说明该公司的资产周转速度太慢，属于重资产的企业。

表 9-14　海信电器 2013～2016 年的财务数据

项目	2013 年	2014 年	2015 年	2016 年
营业收入（亿元）	284.79	290.07	301.89	318.32
平均资产总额（亿元）	198.67	207.03	209.21	226.91
总资产周转率=营业收入/平均资产总额	1.43	1.40	1.44	1.40
总资产周转天数=360/总资产周转率	251.75	257.14	250	257.14

（3）根据资产周转率的公式，企业的销售收入或者创造的价值总额，取决于资产规模的大小和资产的周转速度。资产的周转速度则取决于生产过程和流通时间的长短，即营业周期。为了实现一定规模的销售收入，企业可以采取较少的资产和较快的资产周转速度，或者较多的资产和较低的资产周转速度。

（二）经营资产周转率

由于全部资产周转率主要是反映全部资产获得销售额的能力，因此，那些与销售能力无关的资产，如投资账户、金融资产、在建工程和其他闲置资产，就需要从全部资产中扣除，以便确实反映运用的资产与销售额之间的关系。因此，经营资产就是全部资产扣除在建工程、金融资产、长期投资、无形资产和其他资产以后的资产。

（1）经营资产周转率。以经营资产来反映销售额的能力的比率就是经营资产周转率。其计算公式为

经营资产周转率=营业收入/平均经营资产

平均经营资产=（期初经营资产+期末经营资产）/2

（2）固定资产周转率。有些时候，企业需要评价有效使用厂房、设备、财产等固定资产获得销售额的能力。固定资产周转率，亦称销售额与固定资产之比，就是销售额或营业收入与平均固定资产的比率。其计算公式为

固定资产周转率=营业收入/平均固定资产

平均固定资产=（期初固定资产+期末固定资产）/2

在计算销售额与固定资产之比时，一定要扣除在建工程和固定资产清理，因为这部分固定资产对当前的销售额没有任何贡献。当企业的固定资产老化或者企业属于劳动密集型行业时，固定资产的基数很低，销售额与固定资产之比大幅度提高。当企业存在大幅度固定资产投资时，销售额与固定资产的比值也会下降。

（三）流动资产周转率

流动资产周转的速度对企业的经营和偿债能力至关重要。流动资产周转率就是营业收入与流动资产的比率。其计算公式为

流动资产周转率=营业收入/平均流动资产余额

流动资产周转天数=360/流动资产周转率

平均流动资产余额=（期初流动资产+期末流动资产）/2

流动资产周转率反映了企业投入的流动资产获得产出的能力。该指标越高，说明企业利用流动资产进行经营的效率越高，企业的获利能力也越强，流动资产的变现速度越快，流动资产的风险越低。流动资产周转天数越长，说明企业利用流动资产的效率越差。

举例 流动资产周转率。根据海信电器 2013～2016 年的财务数据，计算流动资产周转率和周转天数。

分析：计算结果见表 9-15。海信电器 2013～2016 年的流动资产周转率为 1.6 左右，并呈现下降趋势。流动资产的周转天数从 2013 年的约 220 天增加到 2016 年的近 230 天。这说明，海信电器的流动资产管理效率下降，经营业绩出现下降的风险。

表 9-15 海信电器 2013～2016 年的财务数据

项目	2013 年	2014 年	2015 年	2016 年
营业收入（亿元）	284.79	290.07	301.89	318.32
平均流动资产余额（亿元）	174.20	181.20	184.28	203.31
流动资产周转率=营业收入/平均流动资产余额	1.63	1.60	1.64	1.57
流动资产周转天数=360/流动资产周转率	220.86	225	219.51	229.30

（四）负债收入之比

（1）负债收入比。负债收入比就是企业的负债总额与营业收入的比率。该指标反映企业负债创造收入的能力，或者现有的负债以目前的收入水平需要偿还的年数。其计算公式为

负债收入比=负债总额/营业收入×100%

一般而言，负债收入比大于 300%，表明企业可能面临债务危机。当然，这需要与利息保障倍数、流动比率、现金流量比率、金融性负债与收入之比、负债与现金流入量之比等指标配合使用。

（2）宏观杠杆率。与企业的负债收入比相类似的一个宏观指标就是债务国内生产总值比率。该指标一般被称为宏观杠杆率，表示一个国家的总债务是国内生产总值（gross domestic product，GDP）的倍数。由于社会生产总值等于 GDP 加上折旧摊销费，而社会生产总值等于所有企业的营业收入之和，所以，宏观杠杆率可以分解为

宏观杠杆率=社会总债务/GDP

=社会资产负债率/社会资产周转率×（1+折旧摊销费/GDP）

其中，社会资产负债率就是社会总负债与社会总资产的比率；社会资产周转率就是社会生产总值与社会总资产的比率。一个社会的宏观杠杆率随着资产负债率和折旧摊销费占 GDP 比例的增加而增加，随着社会资产周转率的增加而下降。由于固定资产的投资会增加资产负债率、折旧摊销费和降低社会资产周转率，因此，固定资产投资的增加会显著地提高一个社会的宏观杠杆率。

（3）所有者权益周转率。所有者权益周转率就是企业销售收入与平均所有者权益总额的比率，反映企业的所有者权益创造收益的能力。其计算公式为

所有者权益周转率=销售收入/平均所有者权益总额

第三节 财务危机的判断与分析

财务危机是企业在经营过程中出现的财务支付困难的情形，主要体现为偿债能力的缺失所带来的财务风险的急剧上升。偿债能力的缺失包括短期偿债能力的缺失和长期偿债能力的缺失两种。短期偿债能力的缺失是指企业缺乏相应的流动性，无法用净现金流来偿付到期的流动负债，从而出现违约的行为。长期偿债能力的缺失就是企业的资不抵债或者净

资产是负数，从而出现企业的经营失败。经营失败就是公司在违约和破产以后全面停止经营，处理抵押品并对债权人继续造成损失，按期无法支付债务，或被其他企业接管或重组。

一、财务风险

财务风险是指公司财务结构不合理和融资不当，致使公司无法按期支付负债融资的本息和投资收益下降的风险。通常情况下，财务风险分为流动性风险、筹资风险和资金管理风险。

（一）流动性风险

流动性风险就是企业债务到期时因缺乏足够的现金而无法按时偿还债务本息的风险，或者需要以较高的筹资成本来偿还债务本息的风险。流动性风险包括变现力风险和经营风险。

变现力风险是指企业的资产不能正常地和确定地转变为现金的风险。经营风险是指企业在生产经营过程中资金运动的迟缓所造成的现金流入减少和现金流出增加的风险。

经营风险包括采购风险、生产风险、存货变现风险和应收账款变现风险。采购风险是指原材料供应的短缺或者信用条件与付款方式的变动所导致的实际付款期限与平均付款期限相偏离、现金支出突然增加的风险。生产风险是指生产技术、人员、能源和信息的变动及库存不足所造成的停工或销售延迟和现金流入下降的风险。存货变现风险是指政策或市场条件的变动所造成的产品销售和经营现金流入量下降的风险。应收账款变现风险是指赊销所带来的应收账款管理成本和坏账损失的增加，以及赊销政策的改变所导致的实际回收期与预期回收期偏离的风险。不可流通的债转股就是一种应收账款变现风险。

（二）筹资风险

筹资风险是指企业因筹资决策失误所造成的资本结构不合理或者无效融资的风险。筹资风险包括利率风险、汇率风险、再融资风险、财务杠杆效应风险、购买力风险等。利率风险和汇率风险是指金融市场上的利率和汇率波动所造成的筹资成本变动的风险。再融资风险是指由于金融工具的品种和融资方式的变动造成再融资的困难或不确定性的风险。财务杠杆效应风险就是企业使用杠杆融资对收益造成高度不确定性的风险。购买力风险是指由于货币币值的变动或通货膨胀给筹资带来的风险。

（三）资金管理风险

资金管理风险是指企业因投资决策失误所造成的资产结构不合理、资产获利能力低下甚至资产损失的风险。资金管理风险包括投资风险、存货管理风险等。投资风险是指企业对股权投资和证券投资的收益偏离预期收益的风险，包括利率风险、汇率风险、再投资风险、通货膨胀风险、金融衍生工具风险、道德风险、违约风险等。存货管理风险涉及如何平衡存货的资金占用和存货不足影响企业的正常生产经营之间的关系。

二、财务危机的成因、征兆和四阶段症状分析法

财务危机是财务风险的集中化和系统化表现。一般而言，企业在日常经营过程中会碰到各种形式的、零散的财务风险，它们会在日常经营管理过程中得到解决和控制。但是，各种形式的财务风险的集中和恶化，就可能形成财务危机，甚至造成企业的重组或破产。

（一）财务危机的成因

财务危机的成因或来源是指产生财务危机的各种条件或因素。按照危机的来源，财务危机分为自发性财务危机、政策性财务危机、经济周期的财务危机和体制性财务危机 4 种。

（1）自发性财务危机。自发性财务危机是由企业投资决策、筹资决策和经营决策失误和较差的管理造成的财务危机。这包括用短期负债来支持长期投资和资本性扩张支出，或者将大量的资金投入需要长期研究开发的项目，或者进行关联企业之间的相互投资和担保，从而造成资本被套牢、财务费用急剧上升、筹资规模不断扩大和经营性资金无法偿还债务融资的局面。一般而言，企业的过度经营、投资的大项目失败或财务杠杆过高，是自发性财务危机的根源。

（2）政策性财务危机。政策性财务危机是指政策的变化造成企业的现金支出突然增加或现金流入的急剧减少造成的财务危机。这包括政府大幅度提高贷款利率和汇率、压缩贷款规模、提高税率和关税率、增加税收种类和费用、降低管制产品的销售价格和销售量、限制产品的出口等政策性行为。高度依赖出口的企业很容易受到国外的反倾销税和反补贴税的影响，销售收入会出现急剧下降。

（3）经济周期的财务危机。经济周期的财务危机就是由经济整体性的周期波动所造成的企业的财务危机。在经济危机期间，企业的销售收入会下降，贷款和融资难度增加，坏账损失也会上升。

（4）体制性财务危机。体制性财务危机就是由于经济体制或产业模式的根本性变化所带来的企业经营模式变化引起的财务危机。这包括政府鼓励的支柱产业的变化所引起的财政补贴、贷款、债券和股票发行资格的变化，对产品的销售实行配额制和审批制，等等。

（二）财务危机的征兆和四阶段症状分析法

财务危机的征兆是指企业在陷入财务危机之前不同于财务正常公司的各种特征。财务危机预警的研究方法包括四阶段症状分析法、流程图分析法、风险分析调查法和综合管理评分法。四阶段症状分析法将企业的财务危机分为 4 个阶段，认为每个阶段都有一些可辨认的特征。这 4 个阶段分别是财务风险潜伏期、财务风险发作期、财务风险恶化期和财务风险实现期。

（1）财务风险潜伏期。其特征是企业通过收购或资本性支出的方式盲目扩张，市场营销无效，疏于风险管理，缺乏有效的管理制度，资源分配不当，漠视政策环境的重大变化。在财务上表现为负债较高、营运资本较少、固定资产比例较高、销售业绩不佳等特征。

（2）财务风险发作期。其特征是企业自有资本不足，过分依赖带息负债或股东的融资，利息负担过重，拖延债务的支付，营运资本和销售业绩持续下降。

（3）财务风险恶化期。其特征是企业资金周转困难，债务到期违约无法支付，企业的经营业绩只能达到盈亏平衡。企业的财务比率持续恶化，采用创造性会计粉饰财务报表，产品和服务质量下降，采购订单大幅度减少。

（4）财务风险实现期。其特征是营运资本和销售业绩迅速恶化，负债超过资产，企业丧失偿付能力，宣布破产或重组。从财务上看，这些财务危机公司的资产的流动性较小，资产结构的风险较大；资金来源的还款期限较短，资金结构风险大；营运能力低下，经营活动现金流量不足和盈利能力低下。财务危机的现金流量模型认为，企业是一个流动资产的蓄水池，流动资产减少、经营性支出增加、流动资产流入和流出量发生变动、企业所处的行业不景气并有逐渐衰败迹象时，企业发生财务危机的概率增大。

三、财务危机的财务分析

企业界和学术界广泛利用各种财务指标、企业的安全指标及理论模型来判断企业财务困难的可能性。

（一）财务指标分析

我们要计算那些被公认为明显反映企业的持续经营变化的财务指标，初步判断企业经营是否处于正常状态。学者从研究中总结出许多判断破产企业明显不同于持续经营企业的财务指标，如股东权益收益率、股东权益与负债比率、现金流量与负债总额的比率、资产负债率、资产收益率、贷款利息和票据贴现费用占销售额的百分比等。

权益与负债比率表示企业离破产边缘有多远。利润减去红利代表净资产的增加或者减少额，表示企业以多快的速率趋于或者远离破产。如果资产收益率、股东权益收益率、股东权益与负债比率、现金流量与负债总额的比率过低，或者资产负债率、贷款利息和票据贴现费用占销售额的比率过高，那么，我们可以初步断定企业的持续经营状况有变异的表现。表 9-16 列举了财务危机公司和财务健全公司的 5 个财务指标之间的差别。

表 9-16　财务危机公司和财务健全公司的 5 个财务指标之间的差别（单位：%）

财务指标	财务危机公司	财务健全公司
营运资本/总资产	-6.1	42.4
累积留存收益/总资产	-62.6	35.5
息税前利润/总资产	-31.8	15.4
股权资本市场价值/负债总额	40.1	247.7
销售收入/总资产	150.0	190.0

（二）企业的安全指标

我们从企业的销售和资产的公允价值的角度，利用企业的经营安全率和资金安全率来判断企业处于财务困境的可能性。经营安全率表示企业的销售收入距离盈亏平衡点或者保本销售额有多远，资金安全率表示企业资产的变现金额距离负债有多远，财务安全期间表示企业的现金流量能够维持多长时间的正常运转。

（1）企业的经营安全率。其计算公式为

企业的经营安全率=（当期销售额-保本销售额）/当期销售额×100%

其中，保本销售额=当期单位售价/（单位售价-单位销售成本）×期间费用。期间费用一般是指企业的固定费用，包括管理费用、销售费用和财务费用。

（2）企业的资金安全率。其计算公式为

企业的资金安全率= 资产变现率-资产负债率

= 资产变现金额/资产账面价值-资产负债率

=（资产变现金额-负债）/资产账面价值

当企业的资金安全率和经营安全率均小于零时，企业陷入财务困境或者爆发财务危机的可能性较大。当企业的资金安全率和经营安全率均大于40%时，企业的持续经营状况良好。当企业的经营安全率低于10%且资金安全率为负时，企业的财务状况出现恶化的征兆。当企业的经营安全率为负但资金安全率为正时，企业的财务安全可能在营销能力不足的状态下走向恶化。

（3）企业的财务安全期间。其计算公式为

企业的财务安全期间=（现金余额+经营现金流入）/（经营现金流出+利息费用）

该指标以天数、周数、月数、季度或者年数表示，主要取决于经营现金流出和利息费用是以什么样的时间间隔计算。经营现金流出就是为支付职工工资、购买原材料、支付水电费、租用办公室的费用、税费等费用。有的分析家认为，每家新创立公司的日均经营现金流出的最大值就是公司团队人数乘以1万元。如果没有收入和现金流入的快速增长，最好不要盲目扩张公司员工。因为员工的增加意味着薪资自动的增长和大量的医疗保险费用支出。如果账面的现金余额只够3个月的营运，保持公司正常运转的最好办法就是公司领导缩减自己的工资，保证员工的工资正常照发。

（三）财务指标的模型判断

我们运用各种财务指标及其权数，计算出一个判别企业破产状态的综合指标。

（1）Z计分模型。用于判断企业是否处在破产边缘的Z计分（Z-score）模型就是对营运资本/总资产（A）、累积留存收益/总资产（B）、息税前利润/总资产（C）、股权资本市场价值/负债总额（D）、销售收入/总资产（E）5个指标分别赋予不同的权数，然后加总计算出一个总判别指标Z。Z的计算公式为

$$Z=0.012A+0.014B+0.033C+0.064D+0.999E$$

如果$Z<1.81$，则企业处于破产状态；如果$Z>2.675$，则企业处于持续经营状态；如果$1.81<Z<2.675$时，则企业的财务处于高度不稳定的状态。

（2）修正的Z值判别模型。为了适应中国上市公司的特殊性，Z计分模型需要修正，选择的财务指标包括营运资本/总资产（A）、留存收益/总资产（B_1）、总资产利润率（C_1）和资产负债率（D_1）。修正的Z值计算公式为

$$修正的Z值=0.517-0.46D_1-0.388A+9.32C_1+1.158B_1$$

如果修正的Z值小于0.5，可判别为出现了财务危机。如果修正的Z值大于0.9，可判别为财务安全。如果修正的Z值处于0.5～0.9，可判别为非财务危机。这个修正的Z值没有考虑资产的运营效率。

举例　修正的Z值。国内最大的乳制品企业H公司2012～2014年的财务指标见表9-17。

表9-17　H公司2012～2014年的财务指标

财务指标	2012年	2013年	2014年
负债总额/资产总额	0.526 2	0.565 7	0.596 4
营运资本/总资产（A）	0.107 3	0.040 0	0.004 9
总资产利润率（G）	0.040 0	0.045 4	0.047 7
留存收益/总资产（B_1）	0.117 7	0.031 5	0.124 8
修正的Z值	0.742 4	0.700 9	0.829 8

分析：根据修正的 Z 值计算公式，表 9-17 中计算了 H 公司的修正的 Z 值，均在 0.7 以上。这表明 H 公司不处于财务危机期间，但距离完全的财务安全还是有一定的差距。

（3）L 计分模型。L 计分模型与 Z 计分模型基本类似。略为不同的地方在于，除了对每个指标的权数赋值不同外，L 计分模型还将累积留存收益/总资产修改为总资产报酬率（B_L），以及将股权资本市场价值/负债总额改为股东权益/总资产比率（D_L）。

（4）F 计分模型。F 计分模型与 Z 计分模型也基本类似。F 计分模型不同于 Z 计分模型的地方在于，息税前利润/总资产被修改为（税后净收益+折旧）/平均负债总额（C_F），销售收入/总资产被修改为（税后净收益+净利息收入+折旧）/平均总资产（E_F）。不管是 Z 计分模型、修正的 Z 值判别模型、L 计分模型还是 F 计分模型，如果计算的指标低于临界值，则企业处于破产的边缘。表 9-18 列举了 Z 计分模型、修正的 Z 值判别模型、L 计分模型和 F 计分模型的各种指标、赋值及临界值。

表 9-18　判断企业破产的 4 种综合财务分析方法

Z 计分模型		L 计分模型		F 计分模型		修正的 Z 值判别模型	
财务比率	赋值	财务比率	赋值	财务比率	赋值	财务比率	赋值
A	0.012	A	−0.17	A	1.109 1	A	−0.388
B	0.014	B_L	3.02	B	0.107 4	B_1	1.158
C	0.033	C	0.78	C_F	1.927 1	C_1	9.32
D	0.064	D_L	0.22	D	0.030 2	D_1	−0.46
E	0.999	E	−0.11	E_F	0.496 1	—	—
临界值	1.81	临界值	1.72	临界值	0.204 8	临界值	0.5

注：字母标有下标的财务比率表示对 Z 计分模型同一字母指标的修正。

另外，有的学者还根据速动比率、营运资本/资产总额、固定资产/资本净值、应收账款周转率和现金流入量/现金流出量 5 个指标，分别赋予权数 0.35、0.67、−0.57、0.29 和 0.55，然后计算一个类似于 Z 计分模型的得分指标，用来判断企业的破产状况。当然，所有这些分析企业的破产状况的指标，都假定企业提供的财务数据是真实的。当一家企业处于破产状态时，其提供的财务报表的真实性首先是值得怀疑的，因为会计数据容易遭受盈余管理。不过，这些不同的财务指标综合分析方法，为判断企业的财务状况的可持续性提供了有用的信息。

举例　公司破产。湖南天润实业控股公司主要从事化肥、租赁服务和煤炭贸易行业，于 2007 年 2 月 8 日在深圳交易所 A 股上市，在上市 2 年后开始连续亏损，在 2010 年被戴上了 ST 帽子，并于 2011 年 4 月 28 日成为*ST 天润。2010 年底，该公司的资产负债率为 97.30%，经营活动现金净流量/到期债务本息的比率为 0.195，债务偿还保障率为 2.78%，期末现金余额为 54 万元，而流动负债为 2.54 亿元。按照 Z 计分模型和 F 计分模型计算的 Z 值和 F 值分别为 0.602 7 和−3.91，均低于临界值 1.81 和 0.205，说明该公司处于破产的边缘。

（四）非财务指标的模型判断

由于财务报表的数据是基于历史成本和稳健性原则编制的，企业的真实资产价值可能不同于账面价值，利用过去的会计信息很难准确地预测企业未来的行为。为了更好地预测企业的财务困境，期权模型和风险模型逐渐被使用和推广。有的研究者采用人工神经网络、支持向量机等方法来预测企业的财务危机。

1. 风险模型

风险模型同时使用会计数据和市场数据来预测企业的财务危机，认为财务数据反映了公司的历史状况，市场价格更能反映公司未来发展的趋势。信用风险测度模型包括 KMV 模型、Credit metrics 模型、麦肯锡模型、CSFP 信用风险附加计算模型等。风险模型采用 Logit 模型的函数形式：

$$P_{it}=\frac{\mathrm{e}^{\alpha(t)+X_{it}\beta}}{1+\mathrm{e}^{\alpha(t)+X_{it}\beta}}$$

其中，向量 $\boldsymbol{X}$ 为与企业财务困境有关的会计数据和市场数据；α、β 为模型需要估计的参数；P 为企业 i 在 t 时期发生违约风险的概率。

2. 或有权益分析的模型

或有权益分析的模型将权益看作公司资产价值的一项看涨期权，企业即将失败或者破产的可能性是期权在到期日毫无价值的概率。这些模型中最有影响力的是穆迪公司的 KMV 模型。该模型高度依赖于有效市场假说和证券收益的正态性假设，利用从市场获取的股票价格波动作为判断其违约风险或者破产的概率。

（1）KMV 模型。KMV 模型以期权理论为基础，将所有者权益看作看涨期权、负债看作看跌期权、违约债务看作或有权益。该模型认为，当公司的资产价值（股票市场价值+债务价值）低于一定水平或者违约触发点（公司的资产价值等于负债价值）时，公司就会对债权人和股东违约。KMV 模型假设，公司的股权价值等于公司资产的市场价值与公司债务的差额，时间段 T 内仅有一个债务到期，公司股价的变动是一个随机过程。公司资产价值服从几何布朗运动，即

$$dV_{\mathrm{A}}=\mu V_{\mathrm{A}}dt+\delta_{\mathrm{A}}V_{\mathrm{A}}dZ$$

其中，V_{A} 为公司资产价值；μ 为公司资产价值的回报率；δ_{A} 为公司资产价值的相对波动率；dZ 为标准的维纳过程。

为了确定公司股权价值，需要确定公司资产价值及其波动率，以及根据违约距离（DD）确定预期违约概率（EDF）。预期违约概率具有较好的风险预测效果。

（2）期权定价模型。根据期权定价模型，公司股权的市场价值（V_{E}）与资产价值（V_{A}）具有如下的关系：

$$V_{\mathrm{E}}=V_{\mathrm{A}}N(d_1)-\mathrm{e}^{-rT}DN(d_2)\text{，}\quad \delta_{\mathrm{E}}=\frac{V_{\mathrm{A}}}{V_{\mathrm{E}}}\left(\frac{\partial V_{\mathrm{E}}}{\partial V_{\mathrm{A}}}\right)\delta_{\mathrm{A}}\text{，}\quad N(d_1)=\frac{\partial V_{\mathrm{E}}}{\partial V_{\mathrm{A}}}$$

其中，D 为公司债务的账面价值；r 为无风险利率；T 为债务偿还期限；$N(\cdot)$ 为标准正态分布；$d_1=\dfrac{\ln(V_{\mathrm{A}}/D)+(r+0.5\delta_{\mathrm{A}}^2)T}{\delta_{\mathrm{A}}\sqrt{T}}$，$d_2=d_1-\delta_{\mathrm{A}}\sqrt{T}$。

根据上市公司的财务数据，首先确定其股权价值 V_E 与股权价值波动率 δ_E，然后采用迭代法求解 KMV 模型的方程组，得出资产价值 V_A 与资产价值波动率 δ_A，并计算各种违约点情况下的违约距离。

（3）违约距离。违约距离反映了公司资产价值到违约点（DP）的距离，其计算公式为

$$DD = (V_A - DP) / \delta_A$$

DD 大于 1，表示公司的信用状况越好。违约点可以采取多种计算方式，如 DP_0=流动负债+0.5×非流动负债，DP_1=流动负债+0.75×非流动负债，DP_2=流动负债+非流动负债，而预期违约概率 EDF=N(−DD)处于 0.02%～20%的范围。预期违约概率反映了企业的资产市场价值降低到违约触发点水平以下的概率。

举例 预期违约概率。一个公司的资产价值为 1 200 万元，资产波动率为 100，违约触发点 DP=800 万元，则违约距离 DD=（1 200−800）/100=4。假设在 5 000 家公司中，在所有违约距离等于 4 的公司中有 20 家违约，则 EDF=20/5 000 × 100%=0.4%。EDF 为 0.4%表示该公司在未来一年中有 0.4%的违约风险。当该公司的 EDF 从 2001 年 2 月的 0.35%增加到当年 10 月的 2.05%和 11 月的 20%时，该公司就倒闭了。

【本章小结】

本章对企业的偿债能力进行了介绍。第一节主要介绍了营运资本分析、流动性分析和财务弹性分析，第二节主要从企业的资本结构、资产构成、收益补偿和营运能力角度进行了介绍，第三节则主要对财务风险、财务危机的成因和征兆及财务危机的指标进行了介绍。

【思考题】

9.1 现金周转期。根据下表中的数据，分析中国制造业上市公司的经营效率是否有所改善。

中国制造业上市公司 1997～2006 年的周转期（单位：天）

项目	1997 年	1998 年	1999 年	2000 年	2001 年	2002 年	2003 年	2004 年	2005 年	2006 年
存货周转期	140	152	150	144	144	134	123	116	117	115
应收款周转期	116	130	136	132	116	101	92	83	80	77
营业周期	256	282	286	276	260	235	215	199	197	192
应付款周转期	72	79	82	86	88	91	95	93	96	97
现金周转期	184	203	204	190	172	144	120	106	101	95

9.2 流动比率。根据下表中银行流动比率的数据，你认为银行的流动比率低吗？为什么？

2007～2008 年银行流动比率（单位：%）

上市银行	2007 年	2008 年
中国工商银行	48.9	26.8
中国银行	37.7	32.6
中国招商银行	51.1	41.7
中国民生银行	51.42	34.94
上海浦东发展银行	44.24	39.6
深圳发展银行	45.99	39.33

注：深圳发展银行现更名为平安银行。

9.3　违约距离。根据下表中关于上市公司违约距离的数据，搜集这些公司 2013～2018 年的违约状况信息，并分析这些公司的财务风险。

农业上市公司 2012 年的信用风险测度（V和 D的单位：元）

公司名称	V_E	δ_E	D	V_A	δ_A	DD	DD_1	DD_2
亚盛集团	123	0.151	175	140	0.946	0.942	0.933	0.924
敦煌种植	38	0.364	29	47	2.265	0.173	0.169	0.166
新农开发	17	0.210	16	30	0.947	0.549	0.523	0.496
万向德农	24	0.174	5.8	29.6	1.027	0.783	0.783	0.782
丰乐种业	32	0.134	6.3	38.2	0.805	1.040	1.038	1.036
星河生物	10	0.149	1.9	11.8	0.841	1.025	1.012	0.999

9.4 资产负债率。根据下表中有关电子商务企业的资产负债率数据，你能得出什么结论？

中国电商企业 2008～2013 年的资产负债率（单位：%）

企业名称	2008 年	2009 年	2010 年	2011 年	2012 年	2013 年
苏宁云商	57.85	58.36	57.08	61.38	61.78	65.10
鄂武商 A	70.32	73.33	75.20	76.99	76.09	75.25
武汉中商	74.66	73.66	72.38	70.85	70.12	69.37
大商股份	66.14	71.82	73.17	71.13	67.71	63.33
国美电器	68.86	67.00	59.31	57.16	58.36	61.05
银泰商业	54.51	53.94	56.79	62.00	65.90	60.09

【练习题】

9.1 财务指标的计算。下表是华盛江泉集团有限公司 2012～2017 年上半年的主要财务数据。

华盛江泉集团有限公司 2012～2017 年上半年的主要财务数据（单位：亿元）

项目	2012 年	2013 年	2014 年	2015 年	2016 年	2017 年 1～6 月
营业收入	89.70	129.02	121.24	37.68	56.15	45.06
毛利	9.11	11.66	12.21	−2.39	2.01	4.33
资产减值损失	0.13	0.14	−0.16	5.85	0.82	0.08
投资净收益	−0.13	0.22	−0.16	7.37	0.53	0.15
营业利润	2.45	2.30	2.13	−14.50	−9.35	0.04
净利润	1.83	2.29	1.26	−14.47	−9.25	0.02
资产总计	126.47	139.33	151.08	127.19	126.12	118.57
负债合计	80.75	88.92	99.38	97.15	105.29	97.64
股东权益	45.72	50.41	51.70	40.04	20.83	20.93
经营活动现金净流量	6.45	19.84	0.93	−9.59	0.86	3.21
投资活动现金净流量	−31.48	−17.86	−8.54	6.79	−0.40	—
筹资活动现金净流量	30.78	−2.58	3.25	0.35	−0.45	−1.34

要求：

（1）计算下列指标：①销售毛利率；②销售利润率；③总资产报酬率；④股东权益报酬率；⑤资产负债率；⑥偿债保障率；⑦资产周转率。

（2）分析华盛江泉集团有限公司债务违约的征兆和成因。

9.2 资产周转率。下表是青岛海尔公司 2013～2015 年的财务数据。

青岛海尔公司 2013～2015 年的财务数据（单位：亿元）

财务指标	2013 年	2014 年	2015 年
营业收入	864.87	887.75	897.48
平均资产总额	554.40	677.67	754.18
平均应收账款余额	69.82	72.13	80.62
平均流动资产余额	445.81	544.63	571.64

要求：计算资产周转率、资产周转天数、流动资产周转率、流动资产周转天数、应收账款周转率和应收账款周转天数，并分析其趋势。

9.3 现金流量分析。甲公司 2011～2013 年的财务数据见下表。

甲公司 2011～2013 年的财务数据（单位：亿元）

项目	2011 年	2012 年	2013 年
现金以及现金等价物	19.02	27.94	33.93
流动负债	7.56	16.21	22.43
经营活动现金净流量	0.23	0.95	0.51
本期到期债务	0	3	5.02
负债总额	7.56	20.13	32.54

要求：计算现金比率、到期债务本息偿付比率、现金流量债务之比。

9.4 偿债能力分析。海兴电力公司成立于 2001 年 7 月，主要从事仪器仪表及配件的生产和销售，经历了 11 次股权转让，于 2012 年在上海证券交易所上市。下表是该公司 2015～2016 年的财务数据。

海兴电力公司 2015～2016 年的财务数据（单位：亿元）

项目	2015 年	2016 年	项目	2015 年	2016 年
流动资产	18.78	23.45	货币资金	10.01	12.29
流动负债	6.41	7.88	股东权益	12.58	15.94
速动资产	15.38	18.12	资产总额	20.31	26.08
负债总额	7.8	10.2			

要求：

（1）计算流动比率、速动比率、资产负债率、权益乘数。

（2）分析其短期偿债能力和长期偿债能力。

【案例讨论题】

企业债券违约。根据下列事实，查询该公司的财务资料，分析该公司的财务危机状况。

华盛江泉集团有限公司是山东省临沂市罗庄区的一家民营企业，主要从事钢铁产品制造，还从事热电、建筑、肉制品、养殖和贸易等多种经营。该集团公司及其子公司的资金来源主要有银行贷款、股票发行和债券融资。

2012 年 3 月 12 日发行 8 亿元的公司债券，票面利率为 8.4%，发行期限为 7 年（附第 5 年末回售选择权）。其中，6.4 亿元用于年产 36 万吨肉制品加工项目，1.6 亿元用于偿还银行贷款和补充营运资本。

2013 年 5 月 31 日公开发行 6 亿元公司债券，票面利率为 6.7%，发行期限为 7 年（附第 5 年年末回售选择权）。其中，5 亿元用于综合性养殖场建设一期工程项目，1 亿元用于偿还银行贷款和补充营运资本。由临沂市经济开发投资公司提供无条件的不可撤销的连带责任保证担保。

2017 年 3 月 13 日，华盛江泉集团有限公司 2012 年发行的企业债券原定偿还本年全部利息及回售本金 1.77 亿元，但由于资金紧张和经营恶化，只支付了利息，未能偿还本金，成为中国钢铁行业第一个发生债券回售违约的民营企业。

第十章　利润质量及盈利能力分析

第六章和第七章分别对利润表的经营利润、非经常性损益与投资收益的各个构成科目进行了会计分析和财务分析。本章将在此基础上对企业利润质量及其盈利能力进行更深入的分析。

第一节　利润质量分析

从利润表可知，企业利润有 4 个实现的途径：一是经营性资产产生的经营利润；二是投资活动产生的净投资收益；三是与企业的日常经营和投资活动无关的活动所产生的营业外收支；四是其他综合收益。其中，经营利润加上净投资收益，构成利润表的营业利润。营业利润和营业外收支，在扣除所得税之后，构成企业的净利润或会计收益。净利润与其他综合收益之和构成综合收益。净利润与其他综合收益的一个主要区别是，净利润可以用来发放优先股股利和普通股股利，而其他综合收益则不能用来发放股利。因此，对利润的质量分析需要关注利润的来源。

一、会计收益的质量分析

会计收益的质量可以从收益的持续性、收益的真实性、收益的含金量、收益的稳定性和收益的安全性等方面进行分析。收益的持续性就是分析收益构成项目中的永久收益、临时性收益和价值不相关的收益部分，确保永久收益尽可能接近会计收益。收益的真实性分析收益中价值不相关部分及盈余管理的情况。收益的含金量就是收益转化为现金流量的程度。收益的稳定性就是收益的结构变化和收益的波动性。收益的安全性就是收益发生亏损的风险。

（一）收益的持续性分析

1. 会计收益的构成

与经济收益和永久性收益不同，会计收益是一个由永久性收益、临时性收益和价值不相关部分构成的混合物，后者可能与计量上的错误、武断的财务规则、盈余管理和估计错误密切相关。经济收益就是企业的净资产或者股东权益变化的净额，在数量上等于当期的现金流量加上预期未来现金流量的现值之和。永久性收益在目前经营条件保持不变的前提下，企业可望在整个寿命期间内赚得的稳定的平均收益的估计值。

与经济收益仅仅计量公司价值的变动不同，永久性收益直接构成公司价值，即公司价值等于永久性收益除以资本成本，或者永久性收益按照一定的资本报酬率进行贴现的现值。为了确定永久性收益，我们需要预测公司经营前景的变化和企业存续期，而会计收益则为计量权益的净变动和企业的可持续盈利能力提供了一种估计。

2. 会计收益的分类

为了更好地理解收益，我们需要从收入或费用的来源或者发生的频率来区分经营收益和非经营收益、经常性收益和非经常性收益两类。

（1）经营收益就是指来自企业持续经营活动的收益，如经营利润，而不是来自融资活动和投资活动的收益。因此，那些不属于经营活动所产生的收入和费用、融资收入和费用、与终止经营相关的损益都要被排除在经营收益之外。由于公司业务的多样化发展，我们还可以在经营收益中区分主营业务的经营收益和次要业务的经营收益，如租赁。

（2）经常性收益就是来自持续发生的经营活动、投资活动和融资活动的收益，而非经常性收益则来自偶然发生的经营活动、投资活动和融资活动的收益及营业外收支。经常性收益和非经常性收益的分类，是为了确定永久性收益和临时性收益的构成。上市公司的非经常性损益的分类接近于非经营收益。

（3）不同收益的价值。对于持续经营的项目而言，1 元永久性收益对企业价值的影响等于 1 元除以资本成本；而对于非持续经营项目而言，1 元的临时收益的影响等于 1 元。当企业把大量的损失转化为特殊项目时，这就会造成虚假的永久性收益增高和收益增长的趋势。

举例　利润结构。表 10-1 是吉林森工集团 2012 ~ 2015 年的利润及其结构。

表 10-1　吉林森工集团 2012 ~ 2015 年的利润及其结构

项目	利润（百万元）				各项目占利润总额的比例（%）			
	2012 年	2013 年	2014 年	2015 年	2012 年	2013 年	2014 年	2015 年
资产减值损失	37.6	6.3	35.0	64.4	102.73	9.59	98.31	239.41
投资净收益	155.2	57.6	37.8	52.9	424.04	87.67	106.18	196.65
经营利润	−159.8	−136.5	−108.1	−248.2	−436.6	−207.76	−303.65	−922.68
营业利润	−34.0	2.5	−25.4	−228.7	−92.90	3.81	−71.35	−850.19
营业外收支净额	70.6	63.2	61.0	255.6	192.90	96.19	171.35	950.19
利润总额	36.6	65.7	35.6	26.9	100.00	100.00	100.00	100.00

分析：从表 10-1 中可以看出，该企业的经营利润在此期间亏损 1 亿 ~ 2.5 亿元，主要依靠投资收益和营业外收支来对亏损进行弥补。投资净收益和营业外收支净额占利润总额的比例在多数年份超过 100%。这充分说明，吉林森工集团的主要收益都是临时性收益，永久性收益都是负数，其经营不具有长期的可持续性。

（二）收益的真实性分析

净利润的价值不相关部分，或者低质量的会计收益部分，一般与盈余管理有关。企业会采取各种手段调节利润，如调节营业收入、营业成本、投资收益或者营业外收支。

1. 对营业利润的管理

企业对营业利润的操纵主要是指企业对营业利润实现的时间、利润规模的人为调节。

其手段包括以下 3 个。

（1）调节资产转化为费用的时间，如推迟或者提前确认资产减值准备，推迟已经完工的在建工程转化为计提折旧的固定资产，延长固定资产的折旧期，通过成本会计系统的处理将产成品的部分成本转移至在产品，通过扩大或者缩小生产来调控生产成本和毛利水平，将当期费用计入待摊费用或者资本化处理。

（2）利用关联交易调节利润，如虚拟交易，采用高于或者低于市场价格的方式进行购销活动或者资产置换，采用委托经营和受托经营，以低息或高息发生资金往来调节财务费用，以收取或支付管理费等方式调节。

（3）对应计费用和收入的入账时间进行操纵。在公司业绩好时多提取退货、贷款损失、保修费用；而在业绩较差时少提取各种准备，利用政府补贴、税收返还、银行免息等方式调节利润。

2. 操纵费用的确认

操纵费用的确认的手段包括：①改变费用的确认原则，混淆收益性支出与资本性支出的划分；对费用进行摊销而违背权责发生制原则；对当期实现的收入不结转相关的费用而违背配比原则。②修改费用的计量标准，如改变折旧方法、坏账损失估算方法、存货计价方法调节利润。③违反费用的处理原则，将期间费用纳入生产成本或者相反。④利用集团公司在母子公司之间进行费用分担或者费用转嫁；或者调低、调高应收取的各种管理费用、宣传费用、广告费用等。⑤滥用借款费用资本化或者其他费用的资本化。

3. 对投资收益的管理

一般而言，经营利润与投资收益不存在稳定的关系。但是，当企业为了达到稳定的净利润率或者帮助企业扭亏为盈时，就会在营业利润下降时增加投资收益或者在营业利润增加时减少投资收益，从而造成营业利润与投资收益的反向变化。企业利用投资收益来补偿营业利润不足的办法有：①调整预防性投资组合，即在预见到企业经营利润不可避免地下降的情况下对企业的投资结构进行调整，如利用企业的现金购买优质股权、理财产品或者参与货币市场交易等。②将股权投资于与企业的产品生命周期存在较大差异的产品或者行业，企业经营利润的下降可以得到股权投资收益增加的补偿。③在企业的投资组合和投资结构没有重大调整的情况下，企业可以采取权益法调整投资收益，或者多计提或者少计提投资减值准备来调整投资收益。④将其他综合收益转为投资收益、公允价值变动损益、资产减值损失。

4. 其他盈余管理的手段

（1）资产重组，如大宗股权在股东之间的转移，收购兼并，以剥离资产的方式高价出售资产给关联企业，将劣质资产进行高价置换。

（2）资产评估消除潜亏。

（3）频繁利用债务重组，以便实现企业之间的亏损转移。

（4）利用存货、应收账款、其他应收账款、表外融资、费用延期确认、收入提前确认等方式调节利润。

5. 企业的低质量利润来源

低质量利润包括挂账性利润、储存性利润、风险性利润、政策性利润、其他非经营性利润和非法利润。

（1）挂账性利润就是企业当期确认的但尚未收到现金的利润额。挂账性利润等于当期增加的应收账款净额与本期计提的坏账准备金额之差，也等于当期实现的经营利润与经营活动现金流量的差额。

（2）储存性利润就是大量的生产成本和费用被转移到库存商品成本中而使企业增加的利润额。这主要是因为企业大规模生产导致单位产品成本下降，但销售量远低于生产量时放松信用政策而形成应收账款增加和产品积压。计算储存性利润的办法：分别按照产量和销售量计算出单位成本，然后根据（销量下的单位成本-产量下的单位成本）×实际销量确定；或者根据存货的实际成本与重置成本的差额，加上储存成本和因存货占用资金而产生的利息成本。储存性利润占利润总额的比例越大，企业的利润质量越差、变现风险越大。

（3）风险性利润包括财务风险性利润和经营风险性利润两部分。财务风险性利润就是企业因按照低于市场利率进行负债而形成的利润，在数量上等于经营性负债额×市场利率+（市场利率-低息贷款利率）×低息负债总额。经营风险性利润就是企业经营管理不善、投资决策失误、同行业竞争激烈或者政治经济政策不稳定所形成的风险利润。

（4）政策性利润就是企业因享受税收、财政政策性优惠、补贴等原因而产生的利润。由于政策性利润是短期、高度不稳定的，因此，政策性利润比例较大的企业的利润质量较低。

（5）其他非经常性利润就是扣除补贴收入以外的其他营业外收支净额。

（6）非法利润就是利润总额中那些不符合财务会计准则的利润，如提前确认收入、推迟确认费用、关联交易、资产重组等。

（三）收益的含金量分析

分析收益含金量的财务指标包括收益现金比率、现金营运指数、经营利润的现金比率、销售收现比率、投资收益的现金回收率、应收账款周转率，等等。以下具体介绍几个。

（1）收益现金比率。该指标反映每股经营活动现金净流量与每股收益之间的比率，体现了收付实现制与权责发生制会计之间的差异。其计算公式为

收益现金比率=每股经营活动现金净流量/每股收益

若该指标小于1，表明企业的账面利润没有转化为现金的流入，说明企业的利润质量比较差。若该指标大于1，说明企业的利润增长伴随着更多的现金流入，如提前收到现金或者收回以前年度的应收账款。

（2）现金营运指数。该指标是经营活动现金流量与经营所得现金的比率，反映了营业利润的现金实现程度。经营活动现金流量等于经营所得现金减去应收账款、存货等经营性营运资产的净增加，经营所得现金等于经营利润加上折旧和摊销、资产减值损失等非付现费用。其计算公式为

现金营运指数=经营活动现金流量/经营所得现金

该指标大于1，则说明企业的经营利润的收现能力较强，营业利润的质量较好；该指标小于1，则说明企业的营业利润受到应收账款的影响。该指标越小，表明企业以实物或债权形式存在的收益占总收益的比例越大，收益质量越差。

举例　现金营运指数。一家企业 2017 年的净利润为 1 000 万元，计提的各项资产减

值损失共计 400 万元，提取的固定资产折旧为 300 万元，处置固定资产的收益为 20 万元，借款利息的财务费用为 15 万元，投资收益为 24 万元，存货增加为 30 万元，经营性应收项目增加 38 万元，经营性应付项目增加 52 万元，所得税税率为 33%。要求：计算现金营运指数。

分析：非经营收益的调整项目=20+24−15=29（万元），非现金支出=400+300=700（万元），经营性净资产=30+38−52=16（万元），经营活动现金流量=1 000+700−29 × 33%−16=1 674.43（万元），经营所得现金=1 000+700−29 × 33%=1 690.43（万元），现金营运指数=1 674.43/ 1 690.43=0.99。

（3）经营利润的现金比率。经营利润的现金比率就是经营活动现金净流量与经营利润的比率。与经营活动现金净流量比较接近的指标不是对净利润的调整，而是用经营利润进行调整。这是因为经营活动现金净流量没有消除固定资产折旧和无形资产摊销，减除了企业所缴纳的所得税，不包括利息支付，而经营利润扣除了财务费用、折旧费和摊销费，但未减除企业所缴纳的所得税。因此，调整后的经营利润就等于经营利润加上折旧、摊销和财务费用，然后扣除所得税费用之后的余额。经营活动现金净流量与调整后的经营利润的比率就表示经营活动的净利润实现现金的程度。该比率明显小于 1，可能意味着企业的应收账款回收能力不足、企业的付款过多或者存在与关联方过多的资金往来。

（四）收益的稳定性分析

收益的稳定性是指公司收益的向下变动幅度要尽可能小、向上变动幅度要尽可能大。这意味着，收益的稳定性可以从收益的波动性和收益的增长性两个方面进行分析。收益的增长性受到销售增长率、资产管理效率、营运能力、市场控制能力和技术创新能力的影响。

1. 利润的波动性

收益的波动性可以用利润的波动性的下列指标表示：①营业利润比例=营业利润÷利润总额。②经营利润比例=经营利润/净利润，净利润包括经营利润、投资收益和营业外净利润。③主营业务利润比例=主营业务利润/营业利润。④利润波动率=本年度利润额/近 3 年平均利润额，或者利润变异系数=利润的标准差/平均利润。⑤经营活动现金流量与营业利润比例的波动率。⑥各地区分部和业务分部的利润率波动率，各分部利润占公司利润的波动率。

2. 影响收益的稳定性的因素

收益的长期稳定性受到行业的生命周期、外部环境和会计政策的选择的影响。

（1）行业的生命周期。通过分析连续多年的销售增长率、销售利润率、净现金流量来判断行业的生命周期，如初创期、成长期、稳定期或者衰退期。影响行业兴衰的因素包括技术进步、政府政策、组织创新、社会习惯的改变等。

（2）外部环境，如政治法律环境、经济环境、社会文化环境、科技环境的变化，会通过企业的产品需求和要素供给的变化，影响企业的产品价格和成本，造成利润的波动。

（3）会计政策的选择，如激进型会计政策、保守型会计政策或者稳健型会计政策。激进型会计政策就是管理层在法律允许的范围内对财务数据进行会计操纵所选择的会计政策，如过于乐观地确认收入、随意变更折旧政策、坏账政策和资产减值准备政策等。保守型会计政策就是推迟确认收入，尽早确认费用，采用过于谨慎的折旧政策、坏账政策和资产减值准备政策等。这通常是垄断行业采取的降低利润的办法。稳健型会计政策就是在不确定因素存在的情况下对可能发生的损失和费用提前确认，而对可能发生的收入和利得延期确认的会计政策。

二、利润的安全性与杠杆原理

利润的安全性可以通过经营杠杆系数、财务杠杆系数和综合杠杆系数进行量度。企业财务管理活动中的杠杆效应表现为由于特定费用的存在，当某一财务变量以较小幅度变动时，另一相关财务变量以较大幅度变动。这个特定的费用一般是固定成本，如管理费用、销售费用、财务费用，以及优先股股息等。综合杠杆系数是每股收益变动率对营业额变动率的敏感程度。

（一）企业风险与杠杆效应

1. 企业风险的内涵

企业经营面临着外在风险和内在风险。外在风险包括外在的政治风险、政策风险、战争风险所引起的企业销售量、销售价格、原材料采购数量等出现急剧变化的市场风险。内在风险就是企业生产经营成本结构的不同所引起利润变化的风险，包括经营亏本风险、财务风险等。当企业的销售量增加时，固定成本的存在可以使企业获得规模经济的杠杆收益。但是，当销售量萎缩时，固定成本的存在就通过经营杠杆和财务杠杆的作用，进一步加大企业走向亏损的风险。

2. 企业风险的指标与分析

（1）企业的系统风险或市场风险就是企业股票的收益率与市场收益率同向变动的程度，一般用贝塔系数来衡量。

（2）经营风险由产品成本的变化、销售市场的变化及经营杠杆所引起。一般用经营杠杆系数来衡量经营亏本风险的大小，销售风险用销售量的变异系数表示。影响企业经营风险的因素包括销售量对宏观经济和政策的敏感程度、企业规模和市场占有率、投入市场价格的稳定性、企业调整价格变动的能力、企业降低固定费用的能力。若公司没有固定成本，产品成本保持不变，那么，经营风险就等于销售风险。若公司的成本结构中包含固定成本，经营风险就会由销售风险和经营杠杆风险之和构成。财务风险主要由财务杠杆、资产规模、流动比率等有关资产结构的变动引起，商业风险主要由收益变动、收益增长、股票分红等有关收益变动的因素所引起。内在的商业风险就是企业在无任何杠杆时的普通股系统风险。

（3）企业的系统性风险可以表述为财务杠杆系数、经营杠杆系数和商业风险的乘积。这意味着，财务杠杆和经营杠杆的存在，放大了普通股的内在商业风险。

① 无杠杆条件下的企业系统风险来源于市盈率、销售增长率和平均价格增长率的变动。对于一般公司而言，由于债务、优先股和固定成本的存在，企业的系统风险要大于无杠杆条件下企业的系统风险。杠杆率越高，系统性风险越大。当一家企业从一个劳动密集型企业向一个资本密集型企业转变时，其成本结构将会改变，固定成本的增加提高了经营杠杆的系数，从而增加了企业的系统性风险。同时，当公司采取债务融资的方式进行大规模的资本性投资或兼并时，利息费用的增加提高了财务杠杆，从而增加了企业的系统性风险。

② 经营杠杆和财务杠杆之间存在一定的替代关系，经营风险高的公司将会选择一个

较低的财务风险，而财务风险高的公司将会选择一个较低的经营风险，从而将企业的系统性风险降低到一个合理的水平。当经营风险和财务风险都很高时，企业就会面临较高的系统性风险。

（二）经营杠杆与经营亏损风险

经营杠杆是指由于固定成本的存在而导致息税前利润的变动幅度，大于销售收入的变动幅度的现象。经营杠杆的存在扩大了企业经营利润或亏损的不确定性。当企业的销售收入比预期有所下降时，经营杠杆大的企业会先遭受亏损，或跌破保本点，从而显示出企业经营的亏损风险。

1. 经营杠杆系数

经营杠杆系数就是息税前利润的变动率与销售收入变动率的比率，反映了利润的变动对于销售收入变动的敏感程度。经营杠杆系数（DOL）的计算公式为

$$\mathrm{DOL}=\frac{\Delta \mathrm{EBIT}}{\mathrm{EBIT}}\Big/\frac{\Delta R}{R}=\frac{PQ-VQ}{PQ-VQ-F}=\frac{\mathrm{EBIT}+F}{\mathrm{EBIT}}=\frac{Q}{Q-Q^*}$$

其中，EBIT 为息税前利润；R 为销售收入；ΔEBIT 为息税前利润的变动额；ΔR 为销售收入的变动额；P 为销售价格；Q 为销售量；Q^*为盈亏平衡点的销售量；V 为单位变动成本；F 为固定成本。

（1）经营杠杆系数试图说明企业对固定成本的使用程度，或者企业降低固定费用的能力。第 1 个等式是经营杠杆系数的定义，第 3 个等式是用变动成本和固定成本来表示经营杠杆系数。销售收入减去变动成本称为边际贡献。第 3 个等式表示经营杠杆系数就是边际贡献与息税前利润的比率。第 4 个等式用实际销售量和盈亏平衡点的销售量来界定经营杠杆系数。

（2）数据的替代。由于中国企业的财务报表主要以完全成本法为依据，报表分析者无法获取变动成本和固定成本的信息，需要采用如下 4 种替代的办法来获取息税前收益和固定成本的数据信息：①息税前收益采用利润总额和财务费用之和来代替，固定成本采用利润表的销售费用、管理费用及资产负债表的当期累计折旧和摊销之和来代替，销售收入采用营业收入代替。②将营业外收支排除在息税前收益之外，息税前利润等于营业利润加上财务费用之和，销售收入采用主营业务收入。③息税前利润等于净利润、所得税费用和财务费用之和，固定成本等于折旧、摊销和长期待摊费用之和。国泰君安采用这种方法计算经营杠杆系数。④将资产减值损失、公允价值变动损益、投资收益和营业外收支都排除在息税前利润之外，息税前利润等于毛利减去销售费用和管理费用，销售收入采用营业收入减去税金及附加的差额表示。因此，由于采用的计算数据不同，同一个企业的经营杠杆系数就会存在一定的差异。

举例 经营杠杆系数的计算。甲、乙两家公司的销售量、单价、单位成本、固定费用和息税前利润见表 10-2。要求：计算各自的经营杠杆系数。

表 10-2 甲、乙两家公司的财务数据

公司	销售量（个）	单价（元）	单位成本（元）	固定费用（元）	息税前利润(元)
甲	1 300	50	30	14 000	12 000
乙	1 300	50	25	19 000	13 500

分析：（1）甲公司的经营杠杆系数=（12 000+14 000）/12 000=2.17。

（2）乙公司的经营杠杆系数=（13 500+19 000）/13 500=2.41。

（3）如果两个公司的销售量都降为 1 000，则甲公司的息税前利润=1 000×（50−30）−14 000=6 000（元），经营杠杆系数=（6 000+14 000）/6 000=3.33。乙公司的息税前利润=1 000×（50−25）−19 000=6 000（元），经营杠杆系数=（6 000+19 000）/6 000=4.17。

（4）如果两个公司的销售量都降为 700 个，则甲公司的息税前利润=700×（50−30）−14 000=0（元），经营杠杆系数=（0+14 000）/0=+∞。乙公司的息税前利润=700×（50−25）−19 000=−1 500（元），则经营杠杆系数=（−1 500+19 000）/−1 500=−11.67。

（5）表 10-3 将甲、乙公司的销售量、固定成本与经营杠杆系数进行了总结。

表 10-3　甲、乙公司的销售量、固定成本与经营杠杆系数

	甲公司			乙公司		
销售量（个）	1 300	1 000	700	1 300	1 000	700
固定成本（元）	14 000	14 000	14 000	19 000	19 000	19 000
经营杠杆系数	2.17	3.33	+∞	2.41	4.17	−11.67

从表 10-3 中可以看出，首先，随着固定成本的增加，经营杠杆系数变大。其次，随着销售量的下降，经营杠杆系数也变大。当甲公司的销售量达到盈亏平衡点时，经营杠杆系数变为+∞。当乙公司的销售量将到盈亏平衡点（760）以下时，经营杠杆系数变为负数，企业呈亏损状态。这意味着，经营杠杆是收益和风险的结合。经营杠杆利益就是，当销售收入或销售量不断增长时，企业中一定量的固定成本所带来营业利润的大幅度增加。经营杠杆风险则是，当销售收入或销售量下降时，企业中一定量的固定成本会带来营业利润的大幅度下降。

2. 影响经营杠杆的因素

从经营杠杆的公式和以上例子可以看出，销售量、固定成本、产品单价、单位变动成本都会引起经营杠杆的变化。

（1）销售量。销售量对经营杠杆的影响主要取决于实际销售量 Q 与盈亏平衡点销售量的关系。当企业的盈亏平衡点保持不变时，销售量越大，经营杠杆系数就越会趋于 1，企业的经营风险就越小。当销售量逐渐接近盈亏平衡点时，经营杠杆系数就会变大，企业的经营亏本风险就会急剧上升。①当 $Q>Q^*$时，DOL>1。企业的实际销售量 Q 超出保本销售量 Q^*越多，企业的亏损风险越小。Q 越接近 Q^*，DOL 越大，企业的亏损风险越大。②当 $Q<Q^*$时，DOL<0，表示企业已经遭受亏本。③当 $Q\to Q^*$时，不管 Q 大于或小于 Q^*，都有 DOL→+∞。

因此，经营杠杆系数反映了经营利润对销售量的敏感性，即销售量的提高会造成营业利润以经营杠杆系数的倍数增加，也意味着销售量的降低会造成营业利润以加倍的速度下降，企业的亏损风险也越人。只要实际销售量大丁保本销售量，息税前收益的变动率就会大于销售量的变动率。一旦实际销售量小于保本销售量，企业就会开始亏损，经营杠杆系数就是负数。当实际销售量趋近于保本销售量时，经营杠杆系数会趋近于+∞，企业处于亏损的边缘。总之，经营杠杆系数与实际销售量呈负相关。企业的销售量越大，经营杠杆系数越小，其具体的数值取决于保本点销售量与实际销售量的比值。而且，经营杠杆系数与保本点销售量正相关。保本点销售量越小，企业的经营杠杆系数及亏本的风险也越小。

（2）固定成本。由于保本点销售量取决于固定成本与单位边际贡献，因此，经营杠杆系数大小就与固定成本成正比。管理费用和销售费用越高，或者管理费用和销售费用占营业收入的比例越大，企业经营的亏本风险也就越大。企业的固定资产折旧和无形资产摊销、固定性管理费用和销售费用越多，固定成本越高。这就意味着，资本密集型企业和大型企业的经营风险越大。

（3）产品单价。产品单价越高，经营杠杆系数就越小，企业亏损的风险也越小。但是，产品单价越高，企业的销售量就可能越低，经营风险也会变大。

（4）单位变动成本。企业的单位变动成本或销售成本越高，经营杠杆系数就越大。企业的原材料采购成本和人工成本越高，面临的通货膨胀率越大，企业的经营风险也越大。而且，企业的快速增长必然会带来内部组织的压力、新增机会的减少、筹资能力和营销机构的压力，从而提高企业的固定成本。当固定成本增加而变动成本减少时，经营杠杆是上升还是下降则取决于固定成本与变动成本的变动幅度。当固定成本增加的幅度与变动成本减少的幅度相同时，在一定产量水平下的固定成本越大，盈亏平衡点的销售量越高，经营杠杆系数就越大。

举例　经营杠杆与公司业绩。表 10-4 是中国 4 261 家制造业上市公司 2010～2015 年的经营杠杆系数。

表 10-4　中国 4 261 家制造业上市公司 2010～2015 年的经营杠杆系数

项目	2010 年	2011 年	2012 年	2013 年	2014 年	2015 年
公司数	545	626	716	731	767	876
平均值	4.313	3.152	4.292	4.192	4.036	3.973
最小值	1.006	1.009	1.014	1.018	1.020	1.012
中位数	1.956	1.739	1.817	1.966	2.033	1.965
最大值	53.542	31.234	74.318	54.268	54.506	60.548

分析：从表 10-4 中可以看出，中国制造业上市公司的经营杠杆系数的平均值在 4 附近波动，50%以上企业的经营杠杆系数在 2 以下。这意味着，一部分企业的经营杠杆系数很高，最大值达到 70 以上。研究表明，经营杠杆系数为 1～2.5 时，企业的净资产收益率和销售利润率都在 10%以上；经营杠杆系数为 2.5～4 时，企业的净资产收益率和销售利润率下降到 7%左右；经营杠杆系数为 4～6 时，企业的净资产收益率和销售利润率则下降到 5%；经营杠杆系数为 6 以上时，企业的净资产收益率和销售利润率大都为 3%以下。因此，部分制造业企业的经营风险很大。

3. 经营杠杆系数与安全边际

经营安全率或经营安全边际就是企业的实际销售量距离盈亏平衡点的销售量的程度，

用公式表示为（$Q-Q^*$）÷Q。从经营杠杆系数的公式可知，经营安全边际与经营杠杆系数呈倒数关系，但是，经营杠杆系数为 0～1 不存在。表 10-5 是经营杠杆系数与经营安全边际的关系。

表 10-5　经营杠杆系数与经营安全边际的关系

经营杠杆系数	经营安全边际	企业的安全状态
1～2.5	>40%	很安全
2.5～3.33	30%～40%	安全
3.33～5	20%～30%	比较安全
5～10	10%～20%	值得注意
>10	<10%	危险
<0	<0	极度危险

（三）财务杠杆与财务风险

财务风险就是由于财务杠杆的使用而扩大了净利润的波动程度[①]。财务杠杆是由负债融资需要支付固定利息费用所引起的净收益的变动，一般用资产负债率、负债权益比率等指标表示。较高的财务杠杆意味着企业利用债务融资的可能性降低，导致企业无法维持原有的增长率和损害收益的稳定性。较高的财务杠杆也意味着融资成本增加，收益质量下降。

1. 财务杠杆系数

由于固定财务费用和优先股股息的存在而导致每股收益变动率大于息税前利润变动率，财务杠杆程度就是反映息税前收益对每股收益的影响程度。如果 D 为债务，I 为利息费用，r 为利率，A 为企业的资产，$M=D/A$ 为企业的资产负债率，M_0 为经营性负债占资产的比率，k=EBIT/A 为企业资产的经营收益率，EPS 为每股收益，EBIT 为息税前利润，EAT 为税后净收益，P 为优先股股息，那么，财务杠杆系数（DFL）为

DFL=EPS 变化的百分比/EBIT 变化的百分比

$$=\frac{\Delta \text{EPS}/\text{EPS}}{\Delta \text{EBIT}/\text{EBIT}}=\frac{\text{EBIT}}{\text{EBIT}-I}\times\frac{\text{EAT}}{\text{EAT}-P}=\frac{k}{k-(M-M_0)r}\times\frac{\text{EAT}}{\text{EAT}-P}$$

$$=\text{DFL}_I\times\text{DFL}_P$$

其中，DFL_I 为由于固定利息费用引起的财务杠杆系数；DFL_P 为由于固定优先股股利引起的财务杠杆系数。第 1 个等式是财务杠杆系数的定义，表示每股收益的变化率与息税前利润变化率的比率。这里的息税前利润与经营杠杆系数的息税前利润界定相同。第 2 个等式是将财务杠杆系数分解为利息费用的财务杠杆和优先股股息的财务杠杆两部分。在优先股股息为 0 时，财务杠杆系数则转化为通常的 EBIT/（EBIT−I）。这里的利息费用是利润表中的利息费用，不包括资本化利息；利息保障倍数的利息支出包括利润表的利息费用和资产负债表的资本化利息两部分。在不存在资本化利息的情况下，财务杠杆系数的倒数与利息保障倍数的倒数之和等于 1。第 3 个等式是将息税前收益转化为企业资产的经营收益率，

---

① 在这里，财务风险实际上是指债务筹资风险或者融资风险。在现代的许多分析中，财务风险已经被扩展到包括投资风险、资金回收风险、收益分配风险、营运资金管理的风险及股权筹资风险等。

从中可以看出影响财务杠杆系数的因素。

举例　财务杠杆系数。假定甲公司 2014～2018 年的息税前收益分别为 160 万元、240 万元、400 万元、150 万元和 80 万元，每年债务利息均为 150 万元，公司所得税税率为 25%，无优先股股息。甲公司的财务杠杆利益测算见表 10-6。要求：计算财务杠杆系数。

表 10-6　甲公司的财务杠杆利益测算

年份	息税前利润（万元）	息税前利润增长率（%）	债务利息（万元）	所得税（万元）	税后利润（万元）	税后利润增长率（%）
2014	160	—	150	2.5	7.5	—
2015	240	50	150	22.5	67.5	800
2016	400	67	150	62.5	187.5	178
2017	150	−62.5	150	0	0	−100
2018	80	−46.7	150	0	−70	−∞

分析:（1）2014～2018 年的财务杠杆系数计算如下。

2014 年：DFL=EBIT/（EBIT−I）=160/（160−150）=16

2015 年：DFL=EBIT/（EBIT−I）=240/（240−150）=2.67

2016 年：DFL=EBIT/（EBIT−I）=400/（400−150）=1.6

2017 年：DFL=EBIT/（EBIT−I）=150/（150−150）=+∞

2018 年：DFL=EBIT/（EBIT−I）=80/（80−150）=−1.14

从中可以发现，在债务利息保持不变的条件下，随着息税前利润的增加，公司的财务杠杆系数不断下降，企业的财务风险也在降低。但是，随着息税前利润的减少，公司的财务杠杆系数急剧上升，企业的财务风险急剧增大。当息税前利润小于利息费用时，财务杠杆系数变为负数。

2. 财务杠杆效应的分析

在资本结构一定、债务利息保持固定不变的条件下，随着息税前利润的增长，税后利润以更快的速度增长，因为税后利润的增长率等于息税前利润的增长率乘以财务杠杆系数。2015 年与 2014 年相比，甲公司的息税前利润增长率为 50%，2014 年的财务杠杆系数为 16，因此，2015 年的税后利润增长了 800%。2016 年与 2015 年相比，息税前利润的增长率为 67%，2015 年的财务杠杆系数为 2.67，所以，2016 年的税后利润增长率为 178%。这充分说明，财务杠杆效应的存在，使税后利润的增长幅度大于息税前利润的增长幅度。

当企业的息税前利润降低时，企业的净利润就会按照财务杠杆程度降低相应的倍数。2017 年与 2016 年相比，息税前利润的下降率为 62.5%，2016 年的财务杠杆系数为 1.6，所以，2017 年的税后利润下降幅度为 100%。2018 年与 2017 年相比，息税前利润的下降率为 46.7%，2017 年的财务杠杆系数为+∞，2018 年的税后净利润就变为负数。因此，债务利息既可起到税前抵扣的作用，又可发挥债务融资的杠杆作用。财务杠杆利益就是，当息税前利润不断增长时，企业中一定量的固定财务费用所带来的每股收益或净利润的大幅度增加。财务杠杆风险则是，当息税前利润下降时，企业中一定量的固定财务费用所带来每股收益或净利润的大幅度下降，甚至出现亏损的局面。

3. 影响财务杠杆的因素

从财务杠杆的公式可知，影响财务杠杆的因素包括以下 4 个方面。

（1）利息费用。利息费用来自企业的负债经营。利息费用的高低取决于：①企业的资本结构。一般而言，资产负债率越高，企业承担的利息费用越高。②负债成本。债务融资的利率越高，企业的利息费用越高。③经营性负债和融资性负债的结构。企业的经营性负债比例越高，企业的利息费用越低。因此，资产负债率和利率越高，企业的财务杠杆系数和财务风险越大。但是，经营性负债的比例越高，财务风险就越小。

举例　财务杠杆与财务杠杆系数。表 10-7 是沪市上市公司 2001～2007 年的财务杠杆（FL）和财务杠杆系数（DFL）的分布状况。

表 10-7　沪市上市公司 2001～2007 年的财务杠杆（FL）和财务杠杆系数（DFL）的分布状况

项目	2001 年	2002 年	2003 年	2004 年	2005 年	2006 年	2007 年
公司数	510	575	497	494	455	456	455
FL<10%	1.2	1.2	1.6	2.2	1.2	0.2	0.4
10%≤FL<30%	23.1	21	19.1	12.1	11.5	11.8	12.5
30%≤FL<50%	36.5	41	40.2	32.4	28.3	32	32.7
50%≤FL<70%	32	30.4	33.6	42.9	45.5	41.2	40.9
FL>70%	7.3	6.3	5.4	10.3	13.3	14.7	13.4
DFL<0	1.4	0.7	0.8	0.4	1.6	1.1	1.8
0≤DFL<1	5.7	6.3	5.2	5.7	7.5	5.7	5
1≤DFL<2	84.7	82.5	83.7	82.3	76.3	77.5	80.3
DFL>2	8.2	10.6	10.3	11.5	14.5	15.8	12.9

分析：从表 10-7 中可以看出，80%的上市公司的财务杠杆系数为 1～2。由于利息费用使用利润表的财务费用数据代替，许多公司呈现负的财务费用的情形，造成财务杠杆系数位于 0～1。另外，当息税前利润为负数时，财务杠杆系数也会位于 0～1。显然，财务杠杆系数大于 2 的情形，大致与财务杠杆大于 70%相吻合，说明财务杠杆系数能够充分揭示财务杠杆的风险。

（2）息税前利润率或资产的经营收益率。息税前利润率越高，财务杠杆系数越小。只要企业资产的经营收益率大于利息率时，负债经营就会给企业带来财务杠杆的利益。但是，一旦企业资产的经营收益率低于利息率时，负债经营就会带来财务杠杆的风险。债务融资的杠杆作用体现在，当企业的资本收益率高于债务成本时，净利润归股东所有。但是，当企业的资本收益率低于债务成本时，企业就会呈现亏损的局面。

（3）息税前利润。息税前利润受到产品的销售价格、销售量、单位变动成本和固定成本高低的影响。在不考虑优先股股息的情况下，DFL=EBIT/（EBIT−I）。

当 EBIT≤0 时，0≤DFL≤1。这表明企业处于亏损状态，财务杠杆效应会在息税前利润下降之时，造成每股收益更大幅度的下降。

当 0<EBIT<2*I* 时，DFL>2。这表明企业处于盈亏临界点，进入较高的财务风险区。息税前利润每减少一个单位，都会使每股收益剧烈地减少，造成企业的亏损。

当 EBIT≥2*I* 时，1<DFL≤2。这表明企业处于财务安全区域。当 EBIT=2*I* 时，财务杠杆效应最为显著。随着息税前利润的进一步增大，财务杠杆效应越来越小，企业的财务风险也迅速缩小。

（4）优先股股息。当企业发行优先股时，普通股股东的权益就会受到优先股股息的影响。优先股股息越大，普通股股东的每股收益就会越小，财务杠杆系数就会越大。

4. 财务杠杆在融资决策中的应用

由于财务杠杆系数受到息税前的资产报酬率、债务利率和资本结构的影响，因此，只要息税前的资产报酬率大于债务利率，合理地进行负债融资就会给企业带来额外的收益。但是，如果息税前的资产报酬率低于债务利率，那么，过度的负债融资就会让企业陷入债务风险。

举例　财务杠杆的应用。某企业需要现金 1 000 万元，可以选择全部股权融资（方案 A）、70%股权融资和 30%债券融资（方案 B）、30%股权融资和 70%债券融资（方案 C）3 种方式。假如每股发行价都是 10 元，发行债券的利率为 10%，息税前利润为 200 万元，所得税税率为 30%。要求：分析 3 种方案的合理性。

分析：3 种方案的财务杠杆系数、每股收益和净资产收益率计算见表 10-8。由于财务杠杆系数表示息税前利润变动所引起的每股收益增减的幅度，因此，方案 C 的财务杠杆系数最大，财务风险也最大。为了规避财务风险，许多企业愿意采取股权融资的方式。但是，股权融资不能享受利息扣税的好处。当企业在盈利时，如果债券利率低于资产报酬率，采用债券融资比例较大的方案会有较高的每股收益。当所得税税率提高到 50%时，财务杠杆系数不变，但是，每股收益在这 3 种方案中分别变为 1 元、1.21 元和 2.17 元。因此，对企业来说，所得税税率的变动对每股收益的变动影响非常显著。

表 10-8　企业的融资对净利润和每股收益的影响

项目	方案 A	方案 B	方案 C
息税前利润（万元）	200	200	200
利息费用（万元）	0	30	70
税前利润（万元）	200	170	130
所得税（税率 30%）（万元）	60	51	39
税后净利（万元）	140	119	91
财务杠杆系数	1	1.18	1.54
股票数量（万股）	100	70	30
每股收益（元）	1.4	1.7	3.03
净资产收益率（%）	14	17	30.3

同时，企业在生命周期中需要考虑以固定成本主导的经营风险和以债务利息和优先股股息为主导的财务风险之间的关系。在企业产品引入市场的初期阶段，销售的不确定性造成经营风险很大，财务资源的配置就应以低风险的内部“自有资本”或者外部的风险投资

为主。当产品进入成长期，销售额的稳定增长会降低经营风险，企业也就可以筹集更多的高风险的“债务资金”来扩大经营规模，从而实现利润的最大幅度增长。

（四）综合杠杆

固定成本和固定财务费用的共同存在导致销售额或者销售量的变动对净利润或者每股收益的影响程度，被称为综合杠杆或者联合杠杆。综合杠杆系数（DTL）就是每股收益（EPS）的变动百分比与销售收入（R）的变动百分比的比率。如果 EBIT 表示息税前收益，那么，综合杠杆系数（DTL）的计算公式为

$$\text{DTL}=\frac{\Delta\text{EPS}/\text{EPS}}{\Delta R/R}=\frac{\Delta\text{EBIT}/\text{EBIT}}{\Delta R/R}\times\frac{\Delta\text{EPS}/\text{EPS}}{\Delta\text{EBIT}/\text{EBIT}}$$

$$=\text{经营杠杆系数}\times\text{财务杠杆系数}=\text{DOL}\times\text{DFL}$$

这意味着，综合杠杆是经营杠杆系数和财务杠杆系书的乘积。当销售收入增长 a%时，毛利或边际贡献也增长 a%。由于经营杠杆的作用，经营利润将增长 DOL×a%，税前利润和税后利润增长的幅度均为 $\text{DFL}_I\times\text{DOL}\times a\%$，属于普通股股东的净利润和每股收益的增长幅度均为 $\text{DFL}_D\times\text{DFL}_I\times\text{DOL}\times a\%$。

这是假定收入增长而其他成本不变的情形。如果固定成本、利息费用和优先股的股息也随着销售收入的增长的不同程度发生变化，那么，利用经营杠杆和财务杠杆来分析就是不准确的。经营杠杆系数和财务杠杆系数成立的条件是计算期或预测期内的成本结构、财务结构、利息率、所得税税率和优先股股息率都保持不变。因此，在进行杠杆效应分析时，要注意这些条件是否得到满足。

三、经济增加值分析

会计利润不仅不考虑股权融资和经营性负债的成本，而且会造成大量的盈余管理和鼓励无效的投资。经济增加值提供了一种测量企业经济利润的方法。

（一）会计利润和经济增加值

1. 会计利润的缺陷

高质量收益的一个必要条件是利润的真实性。经营利润、营业利润和净利润仅仅扣除了部分融资成本，如融资债务的利息、优先股的股息，没有考虑股权融资的成本和经营性负债的成本。这样，会计利润就认为使用企业的信用和普通股股东的资金是免费的。利用比较健全的资本市场不仅会促使管理人员更有效地使用资源和提高资本的生产效率，而且通过减少对失败企业的资金供应而强化了产品市场的竞争，从而提高了整体的资本生产率水平或者资产报酬率。即使如此，由于会计制度和会计准则对企业经营活动的扭曲，许多企业仍在大量低效地使用资金，尤其是没有将经营性负债和股东权益的资本成本计入成本中。

2. 会计利润的扭曲

有的研究认为，会计准则存在 120 多种潜在的对经济现实的扭曲，造成企业错误地配置资源和侵蚀了股东的财富。由于净利润不考虑资金的成本，造成许多企业过度地增加机器设备和厂房的投资，大量的办公设备、机器和建筑物被闲置，企业的资产规模不断膨胀和资产负债表项目的变动被忽视。当使用会计利润来评价新的投资机会，包括兼并和收购，

或者制定薪酬政策来激励管理层的时候，管理层就有很强烈的动机使用免费资金，扩大财务杠杆，对新的投资会投入较少的精力，从而导致大量低收益的投资项目在不考虑资金成本的状态下被认可，较低的经营效率也会被免费资金的使用掩盖，从而增加企业破产的风险。

3. 经济增加值对会计利润的修正

在投资市场上，机会成本是指投资者由于持有现有的公司证券而放弃的其他风险相当的股票和债券投资所预期带来的回报。只有当所有的资金成本都被扣除后，剩下的才是真正的经济利润，而经济增加值是这种真正利润的度量指标。

只有当经济增加值大于 0 时，企业才为股东在给定的时间内创造了真正的经济利润而不仅仅是会计利润。那些回报超过资本成本的企业更加容易获得新的资金来开发新的产品，改进现有产品的质量，进入新的市场，招募更有创造力和渴望成功的员工。使用经济增加值来度量利润和员工的业绩，可以帮助发现在成本和使用资金方面的浪费，减少存货、应收账款等无效资产，迫使销售部门加速收款，采购部门降低原材料和半成品的存货。

（二）经济增加值的传统计算方法

1. 经济增加值的逻辑

经济增加值表示企业扣除资本成本后的剩余收益，是一种以经济利润为基础的评估方法。其基本思想是，企业运用的每 1 元，不管是来自股东权益还是借贷，都需要计算其经济成本。只有公司创造的财富超过了该公司使用的股权和债务的资本成本，该公司才实现了经济增加值（EVA）。因此，经济增加值比会计利润更能真实地揭示公司的经营业绩，帮助投资者判断企业是否真正为股东创造了价值。

2. 经济增加值的计算公式

如果 NOPAT 为息前税后利润，WACC 为加权平均资本成本，K 为资本总额，那么，经济增加值的计算公式为

$$\text{EVA}=\text{NOPAT}-\text{WACC}\times K$$

其中，息前税后利润=净利润+利息支付×（1-税率）；K 为资产的账面价值。加权平均资本成本是将公司的债务资本成本和权益资本成本进行加权平均而得出的，其计算公式为

$$\text{WACC}= r_e\times E/V+r_d\times(1-T_c)\times D/V$$

其中，r_e 为权益资本成本；r_d 为债务资本成本，是根据公司的负债结构和不同的债务期限对债务成本的加权平均值；V 为总资本；T_c 为所得税税率；D 为债务资本的账面价值，可从资产负债表中直接获得；E 为股权资本。当存在非流通股时，股权资本 E=股票市价×流通股股数+每股净资产×非流通股股数；当不存在非流通股时，E=股票市价×普通股股数。利用资本资产定价模型，权益资本成本 r_e 可以进行如下线性估计：

$$E(r_p)=r_f+\beta[E(r_m)-r_f]$$

其中，r_f 为无风险收益率，取一年期存款利率或一年期的国债收益率；r_m 为市场收益率，利用市场指数可以直接求得；β系数需要利用一年内上市公司股价日收益率与市场收益率作为样本，进行线性回归得出β系数的估计值。

举例 经济增加值的计算。根据公司年报及相应的银行利率，下面对 2004～2006 年中国联通的经济增加值进行评估，所得税税率为 33%。

（1）息前税后利润（NOPAT）的计算，见表 10-9。

表 10-9　息前税后利润的计算

项目	2004 年	2005 年	2006 年
净利润（百万元）	2 471.14	2 842.21	3 644.61
利息支出（百万元）	2 287.47	1 916.28	923.12
NOPAT（百万元）	4 003.75	4 126.13	4 263.10

（2）债务资本成本（r_d）的计算，见表 10-10。

表 10-10　债务资本成本的计算

项目	2004 年	2005 年	2006 年
6 个月内利率（%）	5.04	5.22	5.4
所占比例	0.189 6	0.285 9	0
6 个月～1 年利率（%）	5.31	5.58	5.85
所占比例	0.255 3	0.226 5	0.496 6
1～3 年利率（%）	5.49	5.76	6.03
所占比例	0.217 2	0.392 3	0.167 8
3～5 年利率（%）	5.58	5.85	6.12
所占比例	0.299 3	0.095 3	0.167 8
5 年以上利率（%）	5.76	6.12	6.39
所占比例	0.038 6	0	0.167 8
r_d	5.396	5.573 4	6.016 1

（3）权益资本成本[$E(r_p)$]的计算，见表 10-11。

表 10-11　权益资本成本的计算

项目	2004	2005	2006
β	1.031 8	0.825 6	0.982 2
$E(r_m)$	−0.225 9	−0.004 1	1.207 8
$E(r_p)$	−0.233 5	−0.004 1	1.186 1

（4）加权平均资本成本（WACC）的计算，见表 10-12。

表 10-12　加权平均资本成本的计算

项目	2004 年	2005 年	2006 年
每股净资产（元）	3.380 5	3.540 8	—
非流通股股数（百万股）	14 696.596	24 696.596	—
流通股股价（元）	3.23	2.72	5.25
流通股股数（百万股）	6 500	6 500	21 196.596
r_e	−0.234	−0.004	1.186

续表

项目	2004 年	2005 年	2006 年
E（百万元）	69 443.067	62 989.851	11 128.20
V（百万元）	142 615	126 291	173 808
E/V	0.487	0.499	0.640
r_d	5.396%	5.573%	6.016%
D（百万元）	73 172.31	63 301.615	6 250
D/V	0.513	0.501	0.360
（$1-T_c$）D/V	0.344	0.336	0.241
WACC	−0.095 2	0.016 7	0.773 9

（5）经济增价值（EVA）的计算，见表 10-13。

表 10-13 经济增加值的计算

项目	2004 年	2005 年	2006 年
NOPAT（百万元）	4 003.75	4 126.12	4 263.10
WACC	−0.095 2	0.016 7	0.773 9
K（百万元）	145 000	138 000	143 000
EVA（百万元）	17 800	1 820	−106 000

（6）从以上计算可以看出，中国联通在 2004 年和 2005 年的经济增加值都大于 0，而且数值较大。但是，2006 年的经济增加值却变为−1 060 亿元。这主要是受到中国股票市场收益率变化的影响。2004～2005 年，中国股市处于“熊市”，股票的市场收益率很低，结果造成权益资本成本和加权平均资本成本较低，从而抬高了中国联通的经济增价值。但是，从 2006 年开始，中国股市回暖，股市的市场收益率超过 100%，从而带动了权益资本成本的上升，加权平均资本成本也变得非常大，从而造成经济增加值出现了很大的负值。因此，在资本市场的高度不稳定和市场收益率出现剧烈变化的情况下，利用经济增加值来判断企业的经济利润水平就会出现失真。

另外，对于中国联通来说，总资本 K 的规模庞大，息前税后利润只占总资本的 3%。这意味着，只有在加权平均资本成本小于 3%的情况下才能保证经济增加值大于 0。但是，中国联通的债务成本一般为 5%以上。如果权益资本成本与债务成本相同，那么，中国联通只有大幅度提高利润水平，才能实现经济增加值为正。

（三）经济增加值的国资委计算方法

1. 国有企业的经济增加值考核

经济增加值就是指税后净利润与全部资本成本之间的差额。2009 年 11 月，国资委颁发了《中央企业实行经济增加值考核方案（征求意见稿）》，要求中央企业从 2010 年开始通过经济增加值而非净资产收益率进行考核。由于没有考虑资本成本，净资产收益率可能会激励公司管理层追求短期的会计利润和扩大债务融资，而忽视企业的长期价值创造。但是，国资委规定经济增加值的计算方法，与传统计算方法规定的经济增加值等于息前税后利润减去债务资本和股本资本的成本略有不同。

2. 国资委的经济增加值规定公式

按照国资委的规定，企业的经济增加值等于税后营业利润扣除资本成本后的余额。其计算公式为

企业的经济增加值=税后营业利润-调整后资本×加权平均资本成本率

（1）税后营业利润=净利润+（利息支出+研究开发和勘探费用调整项-非经常性收益调整项×50%）×（1-所得税税率）。研究开发费用就是指利润表中“管理费用”项下的“研究与开发费用”和当期确认为无形资产的研究开发支出，勘探费用调整项是指企业为获取国家战略资源所支出的勘探费用的一定比例（不超过50%）予以加回的金额。

非经常性收益调整项包括：①变卖企业优质资产收益，如减持具有实质控制权的所属上市公司股权取得的收益，企业集团转让所属主业范围内且资产、收入或者利润占集团总体10%以上的非上市公司资产取得的收益。②主业优质资产以外的非流动资产转让收益，如企业集团转让股权收益、资产和土地转让收益。③其他非经常性收益，如与主业发展无关的资产置换收益，与经营活动无关的补贴收入等。

（2）调整后资本=平均所有者权益+平均负债-平均无息流动负债-平均在建工程。资本调整计算中都采用资产负债表相应项目的年度平均值，即（年初值+年末值）/2。平均所有者权益和平均负债之和就是平均总资产。无息流动负债就是经营性流动负债，如应付票据、应付账款、应付税费等。同时，国资委规定，企业从政府获取的专项应付款，如政府拨入的科研费和专项投资的专款，视同无息流动负债扣除。在建工程扣除的目的是鼓励企业进行长期资本投资和更新改造项目，但只有主业的在建工程才能从资本中扣除。

（3）资本成本率。由于计算资本成本率比较复杂，国资委不是采用传统方法计算的资本成本率，而是采用统一的行政规定：中央企业的资本成本率为5.5%，承担国家政策性任务较重且资产通用性较差的企业的资本成本率为4.1%，资产负债率为75%以上的工业企业和80%以上的非工业企业的资本成本率上浮0.5%；资本成本率确定后，3年保持不变。

举例　国有企业经济增加值的计算。青岛啤酒和燕京啤酒在2009~2010年的财务信息见表10-14。要求：按照国资委的规定，计算这两个公司的经济增加值。

表10-14　青岛啤酒和燕京啤酒2009~2010年的财务信息（单位：百万元）

项目	青岛啤酒		燕京啤酒	
	2009年	2010年	2009年	2010年
净利润	1 299.11	1 584.41	752.20	868.25
利息支出	95.97	82.88	86.73	77.14
研究开发费用	8.55	10.98	0	0
非经常性收益	166.89	192.48	89.28	104.36
平均所有者权益	7 490.38	9 141.44	8 365.69	9 075.65
平均负债	6 209.45	7 180.83	3 370.91	4 187.66
平均无息流动负债	4 424.30	5 232.17	1 709.19	2 186.19
平均在建工程	103.73	190.91	419.89	680.44

续表

项目	青岛啤酒		燕京啤酒	
	2009 年	2010 年	2009 年	2010 年
税后净营业利润	1 314.92	1 582.64	783.87	886.97
调整后资本	9 171.79	10 899.18	9 607.52	10 396.68
资本成本率	5.5%	5.5%	5.5%	5.5%
经济增加值	810.47	983.18	255.46	315.15

分析：从表 10-14 中可以看出，青岛啤酒在 2009 年的经济增加值约为 8.1 亿元，2010 年约为 9.8 亿元，增长率约为 21.31%。燕京啤酒在 2009 年的经济增加值约为 2.6 亿元，2010 年约为 3.1 亿元，增长率约为 23.37%。青岛啤酒的经济增加值占净利润的 50%以上，而燕京啤酒的经济增加值只占净利润的约 1/3，说明燕京啤酒在考虑的资本成本后的资产使用效率不如青岛啤酒高。

（四）国资委方法和传统方法的比较

一般而言，按照国资委的公式计算的经济增加值，通常会高于按照传统方法计算的经济增加值。两者的差异主要表现在如下 3 个方面。

（1）营业外收支。传统经济增加值指标排除了营业外收支对净利润的影响，而国资委的经济增加值则将营业外收支考虑在净利润中。

（2）资产减值准备。传统经济增加值考虑了资产减值准备的影响，而国资委的经济增加值不考虑资产减值准备的影响。

（3）资本成本率的选择不同。国资委按照规定的资本成本率计算经济增加值，而传统经济增加值则需要计算债务资本和权益资本的成本率，然后加权平均得出资本成本率。当股票的市场收益率波动较大时，国资委规定的方法就比传统方法计算的经济增加值更加稳定。

但是，不管是传统方法还是国资委规定的方法，经济增加值都不鼓励企业进行长期投资，特别是固定资产投资，因为投资初期的资本成本较高，造成企业的经济增加值在资产的寿命期内呈现前期较小后期较大的情况。而且，经济增加值也不反映企业的现金流量状况，企业依然会关注会计利润的高低。

第二节 盈利能力分析

盈利能力就是企业在一定时期内赚取利润的能力，往往结合生产性资产、所有者权益、负债、销售额与净利润、经济增加值及综合收益进行分析。由于利润是收入与费用配比的结果，因此，获利能力就是企业的生产经营能力、营销能力、收现能力、降低成本的能力、资产管理水平、资金运用效果、经营规模、市场竞争能力和财务状况的综合体现。盈利能力的评价也就可以从经营获利能力，如销售毛利率、销售利润率，资产获利能力，如总资产报酬率、经营资产报酬率和投资资产报酬率，以及资本获利能力，如股东权益报酬率、净资产的经济增加值率 3 个方面进行分析，以下主要介绍几个。

一、销售毛利率

销售毛利率反映了企业产品的初始获利能力，是企业净利润的起点。没有足够高的毛利率，企业就不能形成稳定的盈利。毛利率有助于预测企业的盈利能力、确定存货水平、估计涉及保险损失的存货，以及判断库存系统的准确性。销售毛利率与销售毛利额相结合分析，可以评价企业对期间费用的承受能力和获取经营利润的能力。销售毛利率随行业的不同而变化很大，但同一行业的毛利率一般相差不大。与同行业的平均毛利率比较，可以揭示企业在定价政策、产品销售或生产成本控制方面存在的问题。

（一）销售毛利率及毛利率的含义

1. 销售毛利率的含义

销售毛利率就是销售毛利与销售收入的比率，毛利等于销售收入与产品销售成本之差。其计算公式为

$$销售毛利率=毛利/销售收入\times100\%$$

其中，销售收入一般是扣除现金折扣后的销售净额或者营业收入；销售成本是指制造业中的销售成本，或者非制造业中的营业成本。销售毛利率意味着，每 1 元销售收入扣除销售成本后，有多少资金可以用于各项期间费用和形成净利润。

2. 毛利率的含义

毛利率越高，表明企业的盈利能力越强，安全边际越高。毛利率越稳定，说明企业拥有某种独特的竞争优势，如成本优势、价格优势或垄断优势。成本优势体现在企业的成本稳定和对产品成本的控制力较强。价格优势体现在公司具有一定的市场议价能力，可以保证在市场占有率不变的前提下提高价格。垄断优势则表明公司已形成一定的进入壁垒，有比较固定的消费人群，阻碍竞争者分享市场份额和进入的威胁。对于具有垄断优势的企业，我们需要区分依靠自身力量获得竞争优势的企业和依靠政府力量获得垄断优势的企业。前者依靠技术的研究和开发、专有知识的保有程度和知识产权的保护，这类企业拥有较高的毛利率主要是因为拥有更多的新产品、新技术、新供给来源、专利、专有知识、新的组织类型或者更多的市场垄断。后者依靠政策特许权的授予或者限制进入的政策。

因此，较高的毛利率，不仅反映了企业的生产经营是否具有垄断地位、规模优势或者技术优势等自身的竞争力，而且反映了行业的特点、产品的研究开发的投入、应收账款周转率的高低、产品的技术复杂程度、企业产品的周期性波动、存货积压和调低成本的特殊会计处理行为。低毛利率意味着行业处于衰退期、企业缺乏竞争力和特殊的会计处理。如果公司的毛利率高且长期稳定，公司的经营风险很小，投资价值较高。

（二）毛利率的分类及其与产品的生命周期

（1）产品毛利率和综合毛利率。根据利润表计算的毛利率，一般是企业的综合毛利率。在企业的经营管理中，单项产品的毛利率也很重要，而综合毛利率是产品毛利率的加权平均数，或者产品毛利率和产品结构的一个组合。为了使综合毛利率维持在一定水平之上，企业需要考虑各种商品的种类组合和销售额组合。

（2）产品毛利率的划分。按照毛利率的高低划分，产品毛利率分为竞销品毛利率、次

竞销品毛利率、一般品毛利率和非竞销品毛利率。竞销品是指毛利率小于10%的商品。次竞销品是指毛利率为10%～20%的商品。一般品是指毛利率为20%～40%的商品。非竞销品是指毛利率为40%以上的商品。毛利率越低的商品，周转速度越快，销售量越大，有助于降低单位产品的固定成本。毛利率越高的商品，周转率越慢，销售量越低，单位产品的固定成本越高。

（3）毛利率与产品的生命周期。毛利率的高低还与行业的生命周期和垄断程度有关。一般而言，高科技行业的毛利率高于普通产业的毛利率，新兴产业的毛利率比传统产业、夕阳产业的毛利率高，新开发产品的毛利率比原有老产品的毛利率高，垄断行业的毛利率比竞争行业的毛利率高。表10-15是中国各行业2014年的平均毛利率。从中可以看出，房地产、金融保险、社会服务和食品饮料的毛利率都超过30%，石油化工、金属和非金属、纺织服装、电子类、机械设备、批发零售等行业的毛利率都为20%以下。

表10-15 中国各行业2014年的平均毛利率（单位：%）

行业名称	毛利率	行业名称	毛利率	行业名称	毛利率
房地产	39.89	医药生物制品	28.25	造纸印刷	21.37
金融保险	33.94	木材家具	27.02	农林牧渔	20.42
社会服务	32.04	信息技术	25.62	纺织服装	19.29
食品饮料	31.08	运输仓储	24.41	电子类	17.1
传播与文化	28.93	采掘	22.11	机械设备	16.8
石油化工	14.85	金属和非金属	13.15	批发零售	13.2

（三）影响毛利率的因素

影响毛利率的因素主要包括产品价格、产品成本、产品结构、经营模式和会计政策。

1. 产品价格

产品价格受到市场的供求状况、竞争者的状况、产品的独特性、技术含量、企业的定价策略和目标群体等因素的影响。产品销售单价的变化会同比例地影响毛利和毛利率的上升和下降。其计算公式为

产品价格的变动对毛利率的影响=上期单位成本×（上期销售单价的倒数
-本期销售单价的倒数）

2. 产品成本

（1）产品成本主要包括直接材料、直接人工、能源耗费和制造费用等要素。这些成本要素的购买价格及其生产效率、管理水平的变化都会影响到产品成本的高低。产品销售成本的上升（或下降）会导致产品毛利和毛利率的下降（或上升）。企业大幅度降低制造费用或直接材料费用，就能提高毛利率。其计算公式为

单位销售成本对毛利率的影响=（上期单位销售成本-本期单位销售成本）/本期销售单价

（2）销售成本还受到营业税金和增值税征收模式不同的影响。从2009年1月1日起，企业为新增固定资产支付的增值税税款，不再计入固定资产成本，而是确认为企业的进项税额，可以抵减企业的销项税额。这将会降低固定资产成本、企业的管理费用和产品成本，

同时降低营业税金，增加经营活动现金流量，增加毛利和毛利率。但是，进口设备免征增值税和外商投资企业采购国产设备增值税退税政策的取消，将会增加产品成本和降低毛利率。营业税改征增值税会提高毛利率，因为增值税是价外税，营业税是价内税。

3. 产品结构

对于生产经营多种产品的企业而言，综合毛利率还受到产品结构的影响。各产品销售比例的变化会导致企业的综合毛利率的变化。当企业经营毛利率不同的多种产品时，通过并购重组毛利率较高的产品生产线，出售或关闭毛利率较低的产品生产线，就能提高综合毛利率。

举例　*产品结构与毛利率。天山纺织在2013年之前从事毛纺织品行业，其销售毛利率从2010年的28.04%下降到2012年的12.45%。2013年，天山纺织并购了一些矿业企业，同时从事毛纺织和矿产品的生产与销售，其综合销售毛利率在2013年和2014年分别达到37.77%和38.75%。这主要是因为2013年和2014年的矿产品毛利率分别为56.75%和58.31%，矿业收入占营业收入的比例在这两年分别为62.24%和62.55%。*

4. 经营模式

企业可以采取租赁和销售、直接营销和批发外包、送货上门和客户上门提货等多种经营模式，毛利率会存在不同。

（1）与采取销售模式的企业不同，采取租赁模式的企业很少有生产成本，销售收入较低但长期保持稳定，而且毛利率较高。

（2）采取销售模式的企业可以选择直接销售和批发外包销售。在医药行业，有的公司采用直销模式，即将产品直接销售到医院和药店；另一些公司采用经销模式，即通过经销商开拓市场。在直销模式下，公司的销售价格较高，但公司承担的广告费及人员薪酬等销售费用等也较高，出现“高毛利高费用”的现象。在经销模式下，公司将部分销售职能外包给经销商，销售价格和销售费用都要低于直销模式下的价格与费用，出现“低毛利低费用”的现象。

（3）物业行业的经营模式分为包干制和酬金制。包干制就是物业公司在收取所有的物业费后，再将主要的物业管理业务外包给其他物业公司。在包干制下，原来的管理费用转变为经营成本，毛利率降低。酬金制就是物业公司在收取所有的物业费后，自己进行经营管理。在酬金制下，物业的经营成本为0，毛利率为100%。

（4）采取直销的企业还可以选择送货上门或客户上门提货的方式。在运费占销售价格较大比例的采矿、建筑石材、水泥等行业，送货上门和客户上门提货会造成毛利率或销售费用的重大差异。因为送货上门的销售价格高于客户上门提货的销售价格。

（5）联营的经营模式。现代百货零售企业采用的是联营的业务处理模式，即业主提供物业、供应商提供货品、商业企业提供品牌与管理，各方共担风险，共享收益。在物业收取固定租金时，产品的销售毛利就需要在供应商和商业企业之间进行分割。合同扣率及调整、促销券的使用都会对商业企业的毛利率产生影响。各种形式的促销活动会降低商场的销售毛利率，但却可以增加商场的品牌和知名度。

5. 会计政策

与毛利率有关的会计政策选择涉及销售管理费用与生产成本之间的划分、存货发出的计价方法及收入的确认方式。企业将直接人工和制造费用归入管理费用或销售费用，就会造成企业的产品成本大幅度下降。在物价处于上涨的行业中，存货发出采用先进先出法的毛利率就高于采用后进先出法的毛利率。在一些商贸业务中，如果按照净额法确认收入，其销售毛利率要远高于全额法下的销售毛利率。对于新能源产品补贴的收入，有的公司将其计入营业收入，有的则确认为营业外收入，两种会计处理方法下的销售毛利率必然存在差异。

因此，在对公司的毛利率指标进行分析时，首先需要对公司的经营模式和营业成本的分布状况进行了解，其次需要了解公司对其成本和收入的主要会计处理方式，最后需要结合其他财务指标对公司的盈利能力进行综合分析。

（四）毛利率的财务分析

毛利率的财务分析方法包括横向比较法、比较财务报表分析、因素分析法和共同比财务报表分析。具体而言，对毛利率进行分析时，我们需要注意以下 5 点。

（1）关注毛利率和毛利增长率。对企业的毛利率进行判断，需要知道企业是否拥有生产经营的垄断地位、技术优势、规模优势、产品是否处于周期性波动的上升期、企业的存货是否大规模增加或者企业调控产品价格和成本的其他行为。如果企业的毛利率较低，那么，我们就应该关注企业的产品是否处于生命周期的衰退期，企业产品的品牌、质量、成本或者价格已经没有竞争力，企业的产品是否处于完全竞争市场或者面临购货方的垄断经营，企业是否进行了人为压低毛利率的会计处理。

（2）比较企业的毛利率与同行业其他企业特别是龙头企业的毛利率，发现其中的差距及原因。

举例 毛利率的同行业比较。波斯科技长期从事各类功能色母粒、普通色母粒和其他高分子复合材料的研发、生产和销售。表 10-16 是 2014 ~ 2017 年波斯科技与其他生产和销售各种色母粒公司的毛利率对比情况。

表 10-16 波斯科技与同行业毛利率对比（单位：%）

公司名称	2014 年	2015 年	2016 年	2017 年
美联新材	23.64	23.85	23.05	23.74
青岛润兴	22.43	23.22	20.60	17.65
行业平均	23.04	23.54	21.83	20.70
波斯科技	40.39	41.60	45.55	41.26

分析：从表 10-16 中可以看出，波斯科技的毛利率几乎高出同行业的一倍。要知道，毛利率取决于销售收入和产品成本。产品的价格取决于市场竞争力和定价权，产品的销售量取决于市场规模、市场份额和企业的营销效率，产品的成本则取决于原材料价格、生产技术、生产工人的工资和生产效率。在一个高度竞争性的色母粒生产行业，需要认真结合经营模式、会计处理方式、定价策略等因素对波斯科技的高毛利率进行分析。

（3）关注每个产品的毛利率对公司整体毛利率的影响，即关注公司的产品组合、每 1 种产品的价格和成本，分析产品价格和成本上涨的原因。毛利率的上升一般由销售价格上涨或进货成本下降引起。要区分销售价格上涨是物价普遍的上涨还是产品竞争优势的提升，进货成本下降是进货质量的下降还是进货物品的市场竞争更加激烈所致。

（4）毛利率的变化趋势分析。毛利率的变化趋势分析分为全行业的毛利率变化趋势分析、行业内可比公司的毛利率变化趋势分析和自身毛利率的变化趋势分析，以便理解特定企业毛利率的合理性和可持续性。如果行业平均毛利率的长期趋势是逐年下降的，那么，行业的竞争强度增加，产品的同质性增强，行业成本提高，产品的生命周期进入衰退期。对行业内可比公司毛利率变化趋势的分析，有助于发现企业核心竞争力的高低和竞争对手的现状。对自身毛利率变化趋势的分析，有助于发现企业核心利润来源的变化及其原因，毛利率的增加是因为存货积压、行业的周期性波动还是企业自身竞争力增强。

（5）毛利率的因素分析法。通过对销售毛利率变动的因素分析，不仅有助于发现企业经营业绩的变化及其在经营管理中存在的问题，而且有助于判断企业核心竞争力的变化趋势，预期企业的发展方向。

举例　毛利率与因素分析法。Z 制造企业生产 A、B、C 型号的无人机，2015 和 2016 年各型号无人机的销售数据见表 10-17。要求：计算各种产品的毛利率和综合毛利率，分析产品毛利率和综合毛利率变化的原因。

表 10-17　Z 企业无人机的销售数据

项目	销售量（台）		销售单价（万元）		单位成本（万元）	
	2015 年	2016 年	2015 年	2016 年	2015 年	2016 年
A 产品	270	270	20.00	21.00	12.37	12.48
B 产品	562	540	60.00	63.00	35.48	38.80
C 产品	450	495	30.00	33.01	18.00	20.79
合计	1 282	1 305	41.05	42.93	24.48	26.52

注：销售量的“合计”栏是 3 种产品的销售量的加总，销售单价和单位成本的合计分别是 3 种产品的加权平均销售单价和单位成本。

分析：（1）表 10-18 计算了各种产品的毛利率及综合毛利率。从中可以看出，A 产品的毛利率在 2016 年比 2015 年增加了 2.42%，而 B 产品和 C 产品的毛利率则分别下降了 2.46%和 2.98%。最终，Z 企业的综合毛利率从 40.37%下降到 38.22%。

表 10-18　Z 企业的产品毛利率和综合毛利率

项目	销售额（万元）		销售成本（万元）		销售比例（%）		毛利率（%）	
	2015 年	2016 年	2015 年	2016 年	2015 年	2016 年	2015 年	2016 年
A 产品	5 400.00	5 670.00	3 339.90	3 369.60	10.26	10.12	38.15	40.57
B 产品	33 720.00	34 020.00	19 939.76	20 952.00	64.08	60.72	40.87	38.41
C 产品	13 500.00	16 339.95	8 100.00	10 291.05	25.66	29.16	40.00	37.02
合计	52 620.00	56 029.95	31 379.66	34 612.65	100.0	100.0	40.37	38.22

（2）分析单价和单位成本对产品毛利率的影响。对于 A 产品而言，单价变化对毛利率

的影响：上期单位成本×（上期销售单价的倒数-本期销售单价的倒数）=12.37×（1/20.00-1/21.00）=2.95%；单位成本变化对毛利率的影响：（上期单位销售成本-本期单位销售成本）/本期销售单价=（12.37-12.48）/21.00=-0.52%。因此，A 产品单位价格的上升导致其毛利率增加了 2.95%，而单位成本的上升则导致毛利率下降了 0.52%。单位成本的上升来源于原材料价格和直接人工成本的上升，Z 企业通过提高单位价格来应对单位成本的上升。对 B 产品和 C 产品的单价和单位成本的变动对毛利率的影响计算的结果见表 10-19，计算过程略。

表 10-19　Z 企业的产品毛利率和综合毛利率的因素分析（单位：%）

项目	销售比例		毛利率		毛利率变化	各因素对毛利率的影响		
	2015 年	2016 年	2015 年	2016 年		结构	成本	单价
A 产品	10.26	10.12	38.15	40.57	2.42	—	-0.52	2.95
B 产品	64.08	60.72	40.87	38.41	-2.45	—	-5.27	2.82
C 产品	25.66	29.16	40.00	37.02	-2.98	—	-8.45	5.47
合计	100.00	100.00	40.37	38.22	-2.14	-0.03	-5.72	3.60

（3）分析产品结构、单价和单位成本变动对综合毛利率的影响。

产品结构变动对综合毛利率的影响：∑（各产品本期销售比例-各产品上期销售比例）×各产品上期毛利率=（10.12%-10.26%）×38.15%+（60.72%-64.08%）×40.87%+（29.16%-25.66%）×40.37%= -0.03%。

单价变动对综合毛利率的影响：∑（各产品本期销售比例×各产品单价对毛利率影响额）=10.12%×2.95%+60.72%×2.82%+29.16%×5.47%=3.6%。

单价成本变动对综合毛利率的影响：∑（各产品本期销售比例×各产品单位成本对毛利率影响额）=10.12%×（-0.52%）+60.72%×（-5.27%）+29.16%×（-8.45%）=-5.72%。

各产品及综合毛利率最终的结果总结见表 10-19。从中可以看出，产品结构的变化对综合毛利率的影响较小，但单位成本的上升降低了综合毛利率 5.72%，而各种产品单价的上升不足以弥补单位成本的上升，最终造成 Z 企业的综合毛利率下降了 2.14%。

（五）毛利率指标的优点

毛利率是评价公司经营业绩的重要指标之一。相比于销售利润率、经营利润率和净资产收益率，其优点如下。

（1）运用具有广泛性。不管行业规模大小，企业的国有、民营或混合经营性质，毛利率都能用来评价不同行业和不同性质的经营业绩。不过，不同行业的毛利率存在巨大差异。高新技术行业和具有垄断优势的行业，如白酒、软件等行业，其毛利率较高。处于完全竞争的行业，如钢铁、汽车、纺织等行业，毛利率较低。

（2）客观性较强。毛利率主要受到销售收入和产品成本的影响，销售收入的确认必须满足收入确认的原则，产品成本则受到企业的成本核算系统的严格控制。当然，存货发出计价方法和存货跌价损失计量方法的选择会对销售成本的客观性产生某种影响。

（3）稳定性强。企业产品的毛利率一般很稳定，波动性较小。除非受到市场冲击或者重大技术变革的影响，产品的价格刚性和成本黏性非常明显。毛利率领先的公司，其优势会保持较长时间，而毛利率较低的企业要超越行业平均水平的难度也很大。

相比之下，净利润的客观性较差，容易受到会计政策和会计选择的影响。净利润的波动性较大，不如毛利率稳定。

（六）毛利率的缺点

（1）毛利率是一个不太完善的盈利能力指标。一般而言，企业的毛利率越高，盈利能力越强。但是，将毛利率看作盈利能力强弱的标志是在假设，企业的期间费用明显低于销售成本。如果企业的主要营业成本不是销售成本，而是销售费用、管理费用和财务费用，那么，高毛利率并不必然代表盈利能力强。尤其需要注意财务杠杆和经营杠杆对净利润的影响，因为销售利润率=销售毛利率/经营杠杆系数/财务杠杆系数×（1−所得税税率）。在传统制造业企业中，产品成本是主要的经营成本，经营杠杆系数和财务杠杆系数很小，高毛利率就意味着高利润率。休闲服务、医药制造、软件等行业的产品成本很低，财务费用或销售费用可能是其主要的经营成本，经营杠杆系数和财务杠杆系数很大，销售利润率可能很低。

举例 高毛利率与盈利能力。表 10-20 是 9 家上市公司 2015 年的销售毛利率和销售利润率。

表 10-20 9 家上市公司 2015 年的销售毛利率和销售利润率（单位：%）

公司名称	销售毛利率	销售经营利润率	销售利润率
民生控股	99.82	−1.94	9.88
大东海 A	96.06	−59.64	−47.07
广联达	95.97	6.79	16.66
我武生物	95.09	49.64	44.11
舒泰神	94.57	17.63	16.78
三六五网	94.28	18.87	17.78
恒生电子	92.69	11.96	20.17
贵州茅台	92.23	66.24	49.20
锦江股份	91.10	6.06	11.53

分析：民生控股和大东海 A 的期间费用率超过 100%，以至于销售经营利润率是负数。而且，民生控股借助于 3 088 万元的投资收益和 523 万元的营业外收入，才实现了销售利润率为 9.88%。相比之下，贵州茅台的期间费用只占销售收入的 26%，结果是销售经营利润率高达 66.24%和销售利润率为 49.2%。

（2）高毛利率意味着高税收。在以流转税为主的国家，高毛利率意味着高税收，特别是增值税、营业税金及附加。增值税负担率的计算公式为

增值税负担率=毛利率×增值税税率+（期初存货额−期末存货额）/销售额×增值税税率

其中，增值税负担率=应纳增值税税额/销售额×100%，应纳增值税税额=（销售额−购进额）×增值税税率。当企业的销售收入中有免征增值税的收入或者存在不同的增值税税率

时，式中的增值税税率就应调整为所有销售收入的加权平均增值税税率。

举例　毛利率与增值税负担率。某商业企业 2015 年的销售额为 100 万元，销售成本为 82 万元，期初存货和期末存货分别为 96 万元和 103 万元，增值税税率为 17%。要求：计算该企业的毛利率和增值税负担率。

分析:（1）毛利率=（100−82）/100=18%。

（2）增值税负担率=18%×17%+（96−103）/100×17%=1.87%。

由于增值税负担率受到毛利率、增值税税率及期初和期末存货的差额占销售额的比例 3 个因素的线性影响，因此，毛利率越高，企业的增值税负担率越高。

二、销售利润率

销售利润率是一个反映企业销售收入的获利水平和承受风险能力的重要静态指标，是构建杜邦分析的重要一环。尽管销售利润率存在众多的缺陷，但是，企业管理者、投资者和债权人还是非常关注企业的销售利润率。

（一）销售利润率的含义

销售利润率，又称销售净利率，就是净利润与销售收入的比率。其计算公式为

$$销售利润率=净利润/销售收入\times100\%$$

其中，净利润是税后净利润，包括经营利润、投资净收益和营业外收支净额；销售收入传统上用主营业务收入代替，但不包括其他业务收入。随着企业业务的多样化发展，主营业务和其他业务的区别不明显，有的企业用主营业务收入和其他业务收入之和即营业收入代替销售收入。销售利润率表示每 1 元的销售收入能够赚取的净收益金额。对于企业而言，销售利润率越高越好。使用销售利润率指标时，要与行业平均利润率和企业的历史利润率进行比较。

（二）影响销售利润率的因素

从利润表可知，净利润是一个包含经营利润、投资净收益和营业外收支净额的混合性会计收益。因此，销售利润率受下列因素的影响。

（1）毛利率。在其他条件不变的情况下，企业的毛利率越高，销售利润率一般也较高。但是，较高的毛利率则面临销售收入下降和单位固定成本上升的问题。

（2）期间费用。企业的期间费用包括管理费用、财务费用和销售费用。企业的期间费用占收入的比例越高，销售利润率越低。考虑到期间费用，毛利率与销售利润率之间存在如下的关系：

$$销售毛利率=销售利润率\times经营杠杆系数\times财务杠杆系数/（1-所得税税率）$$

该公式表明，在销售毛利率一定的情况下，经营杠杆系数和财务杠杆系数越大，销售利润率越低。

（3）所得税、税金及附加。上面的公式表明，所得税税率会直接降低企业的销售利润率。除企业所得税外，中国企业还面临多种税收和费用，体现在（营业）税金及附加、管理费用之中。这些税收越高，企业的毛利率或经营利润率就越低，销售利润率也越低。

（4）投资净收益。在经营多元化的时代，投资收益成为企业利润的一个重要组成部分。投资净收益包括资产减值损失、公允价值变动损益和投资收益。企业可以对投资净收益的

这 3 个部分进行盈余管理。除企业具有控股权的长期股权投资获得的收益外，其他净投资收益体现了企业面临的多样化市场风险。投资净收益越多，企业的销售利润率越高。

（5）营业外净收入。中国企业财务报表的一个特色是营业外净收入比较多，出现的频率较高。政府补贴收入、债务重组收益、非流动资产处置收益等是经常出现的科目。一般而言，投资净收益和营业外净收入被归入非经常性损益。

（三）销售利润率的优缺点

1. 销售利润率的优点

销售利润率的最大优点是，含义直观明了，计算简单，比较完整地体现了企业的获利能力与承受风险的能力。相比之下，内部收益率则计算比较复杂。内部收益率就是企业在计算期内各期净现金流量现值之和等于零时的折现率。如果企业的内部收益率高于行业基准收益率，该企业就具有较强的盈利能力。内部收益率的计算公式等同于一元高次多项式的根的问题，往往存在多解或无解的问题。

2. 销售利润率的缺点。

作为一个静态指标，销售利润率具有如下缺点。

（1）不符合配比原则和可比性原则。销售利润率的分子和分母不配比，分子包含其他业务利润、投资净利润和营业外收支净额，与当期的主营业收入没有配比关系。其他业务利润是指除主营业务收入外的其他业务收入扣除其他业务成本之后的盈利。对于制造企业而言，其他业务收入包括材料销售收入、代购代销收入、包装物出租和销售的收入、租赁收入等。同一行业的不同企业也会采取不同的投资决策，使得销售利润率指标之间因口径不同而不可比。

（2）不能准确考核销售人员的业绩。由于销售利润率的分母包括投资收益和营业外收支净额等与销售无关的因素，因此，销售利润率夸大了销售费用所支持的获利状况，不能很好地说明销售人员的业绩。

（3）没有考虑资金的时间价值、资本成本、企业的生命周期和风险。与内部收益率考虑资金的时间价值不同，销售利润率不考虑资金的时间价值。同时，净利润没有扣除资本成本，没有考虑企业所面临的市场风险和行业风险。

（四）经营利润率和营业利润率

由于净利润包含投资收益和营业外净收入，销售利润率在一些情况下会大于销售毛利率。反之，当企业盈利能力处于正常状态时，销售利润率会小于销售毛利率。但是，非经常性亏损较大时，净利润可能会大幅度下降。

（1）经营利润率和营业利润率的计算。为了扣除非经常性损益的影响，可以计算经营利润率和营业利润率。经营利润率，又称为扣除非经常性损益后的销售利润率，就是税后经营利润与营业收入的比率。营业利润率则是税后营业利润与营业收入的比率。其计算公式为

$$经营利润率=税后经营利润/营业收入\times 100\%$$

$$营业利润率=税后营业利润/营业收入\times 100\%$$

其中，经营利润等于营业收入减去税金及附加、营业成本、销售费用、管理费用和财务费用；税后经营利润=经营利润×（1−所得税税率）=净利润−非经常性损益×（1−所得税税率）。

营业利润=经营利润+投资净收益；投资净收益=公允价值变动损益+投资收益-资产减值损失；税后营业利润=营业利润×（1-所得税税率）=净利润-营业外净收入×（1-所得税税率）；销售收入用营业收入代替。

（2）经营利润率和营业利润率的优缺点。与销售利润率相比，经营利润率更好地反映了企业每单位营业收入所产生的经营利润状况。经营利润率的分子和分母的计算口径保持一致，分母包括主营业务收入和其他业务收入，分子包括主营业务利润和其他业务利润，从而有助于同行业的不同企业之间和同一企业的不同时期的经营业绩进行比较。同时，经营利润率的预测性较好，而销售利润率的预测性较差。但是，经营利润率的缺点是综合性差，忽视了投资净收益和营业外收支净额对企业经营业绩的影响。营业利润率部分地弥补了经营利润率的缺陷，但更容易受到金融市场风险的影响。

举例　经营利润率和销售利润率。甲企业 2017 年的税后净利润为 1 800 万元，其中投资收益为 800 万元，当年销售收入为 3 600 万元；2018 年的投资收益为 0，税后净利润为 1 000 万元，当年销售收入为 3 600 万元。要求：计算该企业 2017 年和 2018 年的销售利润率和经营利润率。

分析：（1）2017 年的销售利润率=净利润/销售收入×100%=1 800/3 600×100%=50%；2018 年销售利润率=1 000/3 600=28%。

（2）2017 年的经营利润率=税后经营利润/营业收入=（1 800−1 000）/3 600=22%；2018 年的经营利润率=（1 000−0）/3 600=28%。

（3）由于销售利润率包含投资收益，因此，当投资收益从 2017 年的 800 万元下降到 2018 年的 0 时，企业的销售利润率从 50%下降到 28%。但是，扣除投资收益后，企业的经营利润率在 2017～2018 年没有发生变化。因此，采用扣除非经常性损益后的净利润，即经营利润，比包含投资收益和营业收支净额的销售利润率更好地反映了企业的持续获利能力。

三、总资产报酬率

总资产报酬率是衡量企业资产盈利能力的重要指标。总资产报酬率，又称为总资产利润率、总资产收益率或总资产回报率，就是净利润与资产平均总额的比率，用以衡量总资产的获利能力。其计算公式为

总资产报酬率=净利润/平均资产总额×100%

平均资产总额=（期初总资产余额+期末总资产余额）/2

其中，净利润就是税后净利润。总资产报酬率表示每 1 元的资产所赚取的税后净利润。该指标越高，公司越能比较有效地使用资产，赚取的利润越多。

（一）总资产报酬率的因素分析

总资产报酬率可以从产品的生产与销售、产品的销售和资产周转、经营资产报酬率和金融资产报酬率的角度进行分解，以便研究如何提高总资产报酬率。

1. 生产与销售的分解

总资产报酬率可以分解为销售利润率、产品销售率和总资产产值率。其分解公式为

总资产报酬率=销售利润率×产品销售率×总资产产值率

其中，总资产产值率=企业生产产值/平均总资产，产品销售率=销售收入/企业生产产值，企业生产产值=（销售收入/销售量）×生产量。总资产产值率表示每单位的总资产在一定时期所生产的产品价值，产品销售率表示生产产值中用于销售的比例有多大。这个分解公式意味着，企业的销售利润率、产品销售率和总资产产值率越高，总资产报酬率越高。

举例　总资产报酬率的因素分析法。表 10-21 是甲公司总资产报酬率及各因素指标的数据。要求：分析各因素的变化对总资产报酬率的影响。

表 10-21　甲公司的财务指标（单位：%）

指标	2017 年（基期）	2018 年（报告期）
总资产产值率（A）	82	80
产品销售率（B）	94	98
销售利润率（C）	22	30
总资产报酬率（Y）	16.96	23.52

分析：按照因素分析法，各因素的排序规则是先数量后质量因素，先实物后价值因素，先主要后次要因素。依据此规则，总资产产值率排在第一位，产品销售率排在第二位，销售利润率排在第三位。连环替代的过程和各因素对总资产报酬率的影响如下。

基期指标体系：82%×94%×22%=16.96%。

实际指标体系：80%×98%×30%=23.52%。

第一次替代：80%×94%×22%=16.54%。

第二次替代：80%×98%×22%=17.25%。

第三次替代：80%×98%×30%=23.52%。

总资产产值率对总资产报酬率的影响：（80%−82%）×94%×22%=−0.42%。

产品销售率对总资产报酬率的影响：80%×（98%−92%）×22%=1.06%。

销售利润率对总资产报酬率的影响：80%×98%×（30%−22%）=6.27%。

因此，甲公司总资产报酬率在 2018 年比 2017 年上升了 6.56%（=23.52%−16.96%），其中销售利润率的提升贡献了 6.27%，产品销售率的提高贡献了 1.06%，但总资产产值率却减少了 0.42%。

2. 销售和资产周转的分解

杜邦资产报酬率是综合考虑销售利润率与总资产周转率对资产报酬率的影响。其分解公式为

总资产报酬率=销售利润率×总资产周转率

其中，总资产周转率是综合评价企业全部资产的经营质量和利用效率的重要指标，反映了单位资产创造的主营业务收入的能力。总资产周转率受到行业的周期性、经营模式、新技术和新产品、经营资产所占比例的影响。销售利润率则从销售角度衡量企业创造利润的能力。杜邦资产报酬率表明，总资产报酬率的变动，或者是销售利润率变动的结果，或者是全部资产周转率变动的结果。

为了实现一定水平的总资产报酬率，企业必须在较高的销售利润率和较低的总资产周转率、较低的销售利润率和较高的资产周转率，以及适中的销售利润率和适中的总资产周

转率之间进行选择。为了提高销售利润率，企业要么提高售价，要么降低单位成本。如果产品存在价格弹性，提高售价会降低销售收入；降低单位成本意味着减少总资产、裁员或降低期间费用，从而会降低收入。反之，企业要想提高资产周转率，则必须增加广告投入和加大产品推广来扩大销售收入，从而会降低销售利润率。零售业通常采用较低的销售利润率和较高的资产周转率相结合的策略，奢侈品和垄断产品的企业会采取较高的销售利润率和较低的资产周转率相结合的策略。

3. 经营资产报酬率和金融资产报酬率的分解

企业的资产报酬率可以看作经营资产报酬率和金融资产报酬率的加权平均之和，权数为经营资产和金融资产占企业总资产的比例。金融资产报酬率就是投资净收益与平均金融资产的比率，其中金融资产包括所有的非经营资产。

（1）经营资产报酬率就是经营利润与平均经营资产的比值。经营资产报酬率的杜邦分析如下：

杜邦经营资产报酬率=经营利润率×经营资产周转率

其中，经营资产周转率=销售收入/平均经营资产。

（2）净经营资产报酬率。净经营资产报酬率等于税后经营利润除以净经营资产的平均余额。其计算公式为

净经营资产报酬率=税后经营利润/平均净经营资产

其中，经营资产等于总资产减去金融资产，如债券和股票投资、终止经营的资产。经营负债等于总负债减去计息债务，包括债券和其他长期计息负债、融资租赁的非流动部分。净金融负债等于非经营负债减去非经营资产，企业的净融资额等于净金融负债加上股东权益。经营资产减去经营负债就是净经营资产，净经营资产也等于净融资额，即净金融负债加上股东权益。税后经营利润等于经营利润×（1−所得税税率），净经营利润率就是税后经营利润与销售收入的比率。

（3）净经营资产报酬率的杜邦分析如下：

杜邦净经营资产报酬率=净经营利润率×净经营资产周转率

=净经营利润率×经营资产周转率×（1+经营负债杠杆率）

其中，经营负债杠杆率=经营负债/净经营资产。这意味着，经营负债杠杆率会提高净经营资产报酬率。通过延迟付款或者提高预收款不会增加企业的经营成本，即利用供应商和顾客的免费资金赚钱，结果会造成经营利润的提高。为了实现一定的净经营资产报酬率，净经营利润率和净经营资产周转率有多种组合，或者提高经营资产周转速度（降低固定资产和闲置资产比率），或者提高经营利润（降低期间费用或产品成本）。超市的经营利润率很低，但经营资产周转率非常快，在投资额较小的情况下，仍然可能会产生较高的净经营资产报酬率。电信、医药、印刷、娱乐等行业的净经营利润率较高，但资产周转率较低。相反，服装、纺织、零售、餐饮等行业的资产周转率较高，而净经营利润率较低。

（4）在对企业的资产报酬率进行分析时，需要对经营资产报酬率和金融资产报酬率进行比较分析。如果两者大致相等，表明企业的经营活动与对外投资活动具有相同的盈利能力和管理效率。如果经营资产报酬率与金融资产报酬率的比值大于 1，则表明企业对外投资的盈利能力在下降，企业应该减少投资资产，将资金转移到经营资产的更新与改造，扩

大企业的竞争优势。如果该比值小于 1，则表明企业的经营资产存在不良占用、资产周转缓慢，或者产品在市场上缺乏竞争力，也意味着企业的对外投资盈利能力较强。

由于金融资产的报酬率高度依赖于投资收益方法的选择和公允价值变动损益的确认，因此，较高的金融资产报酬率也可能意味着企业有更大的空间进行盈余管理。此外，分析者还需要对经营资产报酬率与金融资产报酬率的比率进行多年的跟踪分析，并与同行业其他企业的经营资产报酬率和金融资产报酬率的比率进行横向比较分析。

（二）总资产报酬率的缺陷

由于净利润存在的问题，总资产报酬率具有如下缺陷。

（1）分子和分母不匹配。总资产报酬率的分子是扣除利息支出后的净利润，分母则是包含净资产和负债在内的总资产。对于那些能很好地使用财务杠杆进行负债经营的企业来说，总资产报酬率偏低。对于那些负债很少的企业而言，总资产报酬率非常接近净资产报酬率。因此，总产报酬率的分子（净利润）不应该是息税后净利润，而应该是息前税后净利润。

（2）总资产报酬率未反映新增资产报酬率与原有资产报酬率的差别。新增资产报酬率就是企业在两个会计报告期间新增的净利润与新增的总资产之间的比率。其计算公式为

新增资产报酬率=（当期净利润-上期净利润）/（期末总资产-期初总资产）×100%

如果新增资产报酬率高于上期资产报酬率，那么，企业通过负债融资或股权融资来扩张资产的经营策略就是有效的。如果新增资产报酬率低于上期资产报酬率，那么，企业采取资产扩张的策略就是无效的。利用新增资产报酬率与总资产报酬率，我们可以计算资产的利润弹性。资产的利润弹性就是利润增长率与总资产增长率的比率，等于新增资产报酬率除以上期总资产报酬率。因此，只要企业的新增资产报酬率大于上期总资产报酬率，资产的利润弹性就大于 1，企业扩张资产的策略就是有效的。

（3）总资产报酬率没有扣除股权资本的成本。经济增加值克服了净利润不考虑股权资本成本的缺陷。总资产的经济增加值回报率就比较好地反映了所有资产在扣除负债成本和股权成本后的超额回报率。其计算公式为

总资产的经济增加值回报率=经济增加值/平均总资产×100%

其中，经济增加值等于净利润扣除股权资本的成本。总资产的经济增加值回报率意味着，每 1 元的资产每年能获取超过股权资本成本的获利能力。

举例　总资产的经济增加值回报率。表 10-22 是 3 家银行在 2009～2013 年的总资产的经济增加值回报率。

表 10-22　银行的总资产的经济增加值回报率（单位：%）

银行名称	2009 年	2010 年	2011 年	2012 年	2013 年
宁波银行	−1.94	0.45	0.59	0.63	−0.24
南京银行	1.31	0.52	0.52	0.45	0.48
北京银行	0.59	0.56	1.32	0.70	0.60

分析：从表 10-22 中可以看出，这几家银行的经济增加值回报率一般为 1%以下，而且宁波银行的该指标波动较大，在一些年份出现了负数。这就需要降低资本成本，提高资

本回报率。

（三）总资产报酬率的替代指标

由于净利润可以用息税前利润、利润总额、息前税后利润替代，总资产报酬率有如下的变化形式：

总资产的息税前报酬率=息税前利润/平均总资产

总资产的息前税后报酬率=息前税后净利润/平均总资产

总资产的税前报酬率=利润总额/平均总资产

其中，息税前利润=净利润/（1-所得税税率）+利息费用，息前税后净利润=净利润+利息费用×（1-所得税税率），利润总额=净利润/（1-所得税税率）。

总资产的税前报酬率包含投资净收益和营业外净收入，容易受到企业盈余管理的影响。当公司资本结构和所得税税率不同时，总资产的税前报酬率和总资产息前税后利润率难以客观地反映企业利用资产获取报酬的能力。总资产息税前利润率则不受公司利息支出水平和所得税税率的影响，比较客观地反映了总资产获取报酬的能力，有助于比较不同企业或同一企业不同时期的盈利能力。

举例　总资产报酬率。甲、乙公司 2016 年和 2017 年的部分财务数据见表 10-23。甲、乙公司 2015 年底的总资产分别为 6 000 万元、4 000 万元，所得税税率为 20%。要求：计算各自的总资产报酬率。

表 10-23　甲、乙公司 2016 年和 2017 年的部分财务数据（单位：万元）

项目	甲公司		乙公司	
	2016 年	2017 年	2016 年	2017 年
总资产	4 000	4 500	3 000	3 700
净利润	150	200	150	200
所得税	30	40	30	40
利息费用	35	30	35	30

分析：表 10-24 是按照净利润、息税前利润、利润总额和息前税后利润计算的总资产报酬率。息税前利润=净利润+所得税+利息费用，利润总额=净利润+所得税，息前税后利润=净利润+利息费用×（1-所得税税率）。从中可以看出，随着利润指标的数值增加，总资产报酬率也不断增加。随着利息费用的增大，总资产的息税前利润率与总资产报酬率的差距也不断扩大。同时，随着总资产的增加，在利润指标不变的条件下，总资产报酬率也不断下降。因此，乙企业的总资产使用效率明显高于甲企业。

表 10-24　甲、乙公司的总资产报酬率

项目	甲公司		乙公司	
	2016 年	2017 年	2016 年	2017 年
平均总资产（万元）	5 000	4 250	3 500	3 350
净利润（万元）	150	200	150	200

续表

项目	甲公司		乙公司	
	2016 年	2017 年	2016 年	2017 年
息税前利润（万元）	215	270	215	270
利润总额（万元）	180	240	180	240
息前税后利润（万元）	178	224	178	224
净利润/平均总资产（%）	3.00	4.70	4.28	5.97
息税前利润/平均总资产（%）	4.30	6.35	6.14	8.06
利润总额/平均总资产（%）	3.60	5.64	5.14	7.16
息前税后利润/平均总资产（%）	3.56	5.27	5.08	6.68

四、股东权益报酬率

股东权益报酬率指标是普遍使用的业绩评价尺度，也是财务报表分析中综合性最强的一个财务指标，是对公司经营及财务状况进行杜邦分析和政治经济学分析的基础。

（一）股东权益报酬率的基本概念

股东权益报酬率反映了股东投入资金的盈利能力。股东权益报酬率，又称为净资产收益率、资本利润率、净资产报酬率或净资产利润率，是指一定时期企业的净利润与股东权益或净资产平均总额的比率。其计算公式为

股东权益报酬率=净利润/平均股东权益

扣除非经常性损益的股东权益报酬率=扣除非经常性损益的净利润/平均股东权益

其中，净利润是扣除可赎回优先股股利后的净利润；平均股东权益=（期初股东权益+期末股东权益）/2；这里的股东包括普通股股东和提供股权融资的优先股股东，不包括提供具有债务融资性质的可赎回优先股股东。股东权益报酬率意味着，股东每提供 1 元的资本，在一定时期能够获得多少元的回报。

举例　净资产收益率。美尔雅主要从事纺织服装的生产、加工和销售，兼营酒店业。2017 年的资产总额达 11 亿元，拥有年产西服 140 万套、时装 400 万套的生产能力。表 10-25 是服装企业的净资产收益率对比分析。

表 10-25　服装企业的净资产收益率对比分析（单位：%）

年份	净资产收益率				扣除非经常性损益的净资产收益率			
	森马	海澜之家	美尔雅	行业平均	森马	海澜之家	美尔雅	行业平均
2012	9.82	5.19	3.05	10.60	8.99	5.16	2.31	9.87
2013	11.41	6.74	2.22	8.77	10.83	6.60	−3.51	7.45
2014	13.35	40.63	−1.41	8.43	12.37	38.34	−3.59	6.58
2015	15.43	40.02	0.65	7.55	14.49	39.40	−1.09	5.35
2016	14.92	34.64	0.90	6.66	13.92	34.03	−0.27	3.76

分析：从表 10-25 中可以看出，服装家纺行业的行业盈利能力在 2012～2016 年持续下降，净资产收益率从 10.60%下降到 6.66%，扣除非经常性损益的净资产收益率从 9.87%下降到 3.76%。非经常性损益占净资产的比率从 2012 年的 0.73%上升到 2016 年的 2.9%。但是，美尔雅的净资产收益率显著地低于行业平均水平，扣除非经常性损益的净资产收益率在 2013～2016 年都是负数，非经常性损益占净资产的比率在 2013 年高达 5.73%。这说明美尔雅的盈利质量不高，为股东创造价值的能力较低。美尔雅净资产收益率低的原因如下。

（1）产品结构不合理。美尔雅的服装家纺产品毛利率约为 40%（同行业毛利率为 35%），而酒店行业的毛利率在 60%以上。但是，服装收入占公司总营业收入的比例在 70%以上，酒店收入占总营业收入的比例不足 7%。

（2）期间费用率高。与服装行业的期间费用率平均为 25%相比，美尔雅的期间费用率超过 50%。结果，服装行业的销售利润率平均为 6%左右，森马和海澜之家的销售利润率超过 10%，而美尔雅的服装产品销售利润率在 2015 年只有 0.84%。

（3）销售收入的波动率较大。服装行业的年均收入增长率维持在 6%左右，净利润率增长率不足 2%。美尔雅的营业收入波动很大，2012 年的收入增长率为 3.11%，2013 年为 12.66%，2014～2016 年的收入增长率是负数。收入的巨大波动，通过经营杠杆的作用，造成美尔雅的净利润增长率不仅低于行业平均水平，而且在 2012～2015 年出现了负增长。

（4）资产周转率较低。服装家纺行业的存货周转率在 2 次/年以上，森马为 3 次/年以上，而美尔雅均为 1 次/年以下。此外，美尔雅的流动资产周转率和总资产周转率都低于行业平均水平。

（5）盈利质量较差。服装纺织行业的经营利润一般占利润总额的 60%以上，而美尔雅的经营利润占利润总额的比例低于行业平均值，并在 2014～2016 年出现了负值。服装行业扣除非经常性损益后的净利润占净利润的比例一般为 90%以上，而美尔雅公司的该比例是负数。这说明，美尔雅的净利润主要来自非经常性损益。实际情况是，美尔雅在 2013～2016 年的非经常性损益分别为 3 011 万元、1 148 万元、914 万元和 618 万元，远高于同期的净利润 2 252 万元、758 万元、396 万元和 530 万元。

（二）股东权益报酬率的杜邦分析法

股东权益报酬率全面地将企业的资产、负债、收入和利润联系在一起，有助于进行杜邦分析。杜邦分析体系综合地反映了企业的盈利能力、运营能力和偿债能力，形成以股东权益报酬率为核心的综合评价体系。企业管理者可以借助杜邦分析体系了解公司运营的整体状况，找出财务层面存在的问题。

1. 杜邦股东权益报酬率

杜邦财务分析法的核心公式是由股东权益报酬率构成的。杜邦分析体系将股东权益报酬率分解成销售利润率、总资产周转率和权益乘数 3 个指标。其计算公式为

股东权益报酬率=总资产收益率×权益乘数=销售利润率×总资产周转率×权益乘数

其中，股东权益报酬率是净利润与平均净资产或股东权益的比率；销售利润率是净利润与销售收入的比值；总资产周转率是营业收入与平均资产总额的比值；权益乘数是平均总资产与平均股东权益的比值。在进行杜邦分析时，销售利润率的分母采用的是营业收入，而不是主营业务收入。

该公式表明，在其他条件不变的情况下，销售利润率或总资产周转率的提高，将会导致总资产收益率的提高。而总资产收益率或权益乘数的增加，将会使净资产收益率提高。企业要想获得较高的股东权益报酬率，就需要产品的销售利润率比较高，总资产周转率较快，以及充分使用财务杠杆来获得较大的权益乘数。

举例　股东权益报酬率的杜邦分析和因素分析法。中国工商银行于2006年在上海和香港同步上市，是中国最大的商业银行。表10-26是中国工商银行2010～2014年的杜邦分析。

表10-26　中国工商银行2010～2014年的杜邦分析（单位：%）

年份	股东权益报酬率（%）	销售利润率（%）	总资产周转率（次/年）	总资产收益率（%）	权益乘数（倍数）
2010	20.20	44.70	0.027 6	1.23	16.37
2011	21.76	44.96	0.030 0	1.34	16.15
2012	21.15	45.94	0.029 6	1.36	15.54
2013	20.08	45.59	0.030 8	1.40	14.30
2014	17.57	42.96	0.031 5	1.35	12.98

分析:（1）杜邦分析。中国工商银行的股东权益报酬率在2010～2013年都保持在20～22%，但在2014年却下降到17.55%。最重要的变化是权益乘数从16.37倍下降到12.98倍。这是因为中国工商银行在2014年发行了以人民币、美元、欧元计价的三类优先股，募集资金345.49亿元，造成股东权益在资产中的比例上升了2%，同时客户存款下降了1.3%。在此期间，中国工商银行的总资产周转率得到了改善，但销售利润率下降了2%，造成总资产收益率保持相对稳定。总资产周转率的上升趋势表明，中国工商银行的收入增长幅度大于资产增长幅度。收入增加主要得益于利息收入的增加，资产的增加主要得益于客户贷款及垫款、现金及存放中央银行款项、可供出售金融资产等。销售利润率的下降主要是因为净利润的增长率落后于营业收入的增长率。净利润的增长率在2011～2014年分别为25.55%、14.51%、6.34%和4.1%，而营业收入的增长率在此期间分别为24.83%、12.07%、7.15%和10.46%。净利润的增长率低于营业收入的增长率的原因是，营业支出中的资产减值损失和其他业务成本增幅过大。2014年，中国工商银行的资产减值损失高达552.75亿元，其中贷款减值损失为551.02亿元，向客户兑付的结构性存款支出等其他业务成本从2013年的22.84亿元增加到2014年的100.73亿元。

（2）杜邦分析法是因素分析法的基础。利用因素分析法分析2014年股东权益报酬率下降的原因如下。

2013年基期的股东权益报酬率=45.59%×0.030 8×14.30=20.08%

替换销售利润率=42.96%×0.030 8×14.30=18.92%

替换总资产周转率=42.96%×0.031 5×14.30=19.35%

替换权益乘数=42.96%×0.031 5×12.98=17.57%

因此，销售利润率下降2.62%对股东权益报酬率的影响为18.92%−20.08%=−1.16%。

总资产周转率增加了 0.000 6，对股东权益报酬率的影响为 0.43%（19.35%−18.92%）。

权益乘数减少了 1.32，对股东权益报酬率的影响为−1.78%（17.57%−19.35%）。这说明，销售利润率和权益乘数的下降是中国工商银行 2014 年股东权益报酬率下降的主要原因。

2. 杜邦分析法的缺陷

以股东权益报酬率为核心的传统杜邦分析法较好地将股东权益报酬率及其影响因素联系在一起，有助于企业管理层发现企业经营管理中存在的问题及其内在联系。随着投资活动和经营性负债越来越重要，传统的杜邦分析体系的缺陷就越来越明显。

（1）销售收入与净利润的不配比。净利润包含投资收益、补贴收入和营业外收支净额等非经常性损益，销售利润率不能准确地反映企业的盈利能力。

（2）没有区分经营资产和金融资产。实际上，与营业收入密切相关的资产只能是经营资产，不包括股权投资、待处理的非流动资产、投资性房地产和其他金融资产。

（3）没有区分有息的金融负债和无息的经营性负债。有息负债有资金成本，财务杠杆强。

（4）忽视了现金流量的分析。杜邦分析体系的财务指标通常来自资产负债表和利润表，较少考虑现金流量表。经营活动现金净流量可能比净利润更好地反映了企业的当期获利能力。

（5）忽视了利益相关者的利益分配对股东权益报酬率的影响。企业的相关利益者包括股东、债权人、税务机构、职工群体及企业管理层，而企业最终创造的价值需要在这些利益相关者之间进行分配。马克思在《资本论》中对资本利润率的研究提供了一种新的思路。马克思的股东权益报酬率或资本利润率可以分解为

股东权益报酬率=利润分配率×剩余价值率/（1+资本有机构成）×资产周转率×权益乘数

其中，企业生产的增加值分为工资和剩余价值两部分，剩余价值=净利润+租金+利息+税收；利润分配率=净利润/剩余价值×100%；剩余价值率=剩余价值/工资×100%，资本有机构成=不变资本/可变资本=工资以外的经营成本/工资。在马克思的术语中，不变资本和可变资本是对生产成本的划分。资本有机构成在西方经济学中被称为资本劳动比率。这里的资产周转率等于经营成本与总资产的比率，比通常所使用的资产周转率要小。

因此，资本利润率与利润分配率、剩余价值率、资产周转率和权益乘数成正比，与资本有机构成成反比。

（三）杜邦净资产报酬率的拓展

1. 净资产报酬率的构成

净资产报酬率可以分解为净经营资产报酬率和财务杠杆带来的收益两部分。其计算公式为

净资产报酬率=净经营资产报酬率+（净经营资产报酬率−净借款成本）×净金融性负债杠杆

净经营资产报酬率=经营资产报酬率+经营性负债杠杆×（经营资产报酬率−税后短期借款利率）

其中，净借款成本=税后财务费用/净金融性负债，税后财务费用=（利息费用−利息收入）×（1−所得税税率）；净金融性负债杠杆=净金融性负债/股东权益，净金融性负债=金融性负债−金融资产；经营性负债杠杆=经营性负债/股东权益；经营资产报酬率=（息前税后利润+经营性负债成本）/平均经营资产；经营性负债成本=税后短期借款成本×经营性负债。

以上公式表明，只要经营资产报酬率超过经营性负债的隐性融资成本，通过经营性杠杆的作用，净经营资产报酬率就会显著上升。只要净经营资产报酬率超过净借款成本，通过净金融性负债杠杆或净财务杠杆的作用，企业的股东权益报酬率就会上升。

举例　净资产报酬率的构成。表 10-27 是承德露露公司 2009 ~ 2010 年的净资产报酬率及其构成。

表 10-27　承德露露公司 2009 ~ 2010 年的净资产报酬率及其构成

年份	净资产报酬率（%）	净经营资产报酬率（%）	税后利息率（%）	净财务杠杆（倍数）
2009	21.26	36.42	0.33	−0.42
2010	23.27	60.33	0.55	−0.62

分析:（1）净资产报酬率的构成分析。负的净财务杠杆表示，当年的金融性负债少于金融资产，企业有大量的金融资产、股权投资和投资性房地产投资。

2009 年净资产报酬率=36.42%+（36.42%−0.33%）×（−0.42）=21.26%

2010 年净资产报酬率=60.33%+（60.33%−0.55%）×（−0.62）=23.27%

因此，2010 年的净资产报酬率上升了约 2%，最明显的原因是净经营资产报酬率出现了明显的上升，但税后利率也增加了。

（2）采用因素分析法确定有关因素变动对净资产报酬率的影响。将 2009 年作为基期，

净经营资产报酬率的替代：60.33%+（60.33%−0.33%）×（−0.42）=35.13%。

税后利息率的替代：60.33%+（60.33%−0.55%）×（−0.42）=35.22%。

净财务杠杆的替代：60.33%+（60.33%−0.55%）×（−0.62）=23.27%。

因此，净经营资产报酬率变动的影响：35.13%−21.26%=13.87%，税后利息率变动的影响：35.22%−35.13%=0.09%，净财务杠杆变动的影响：23.27%−35.22%=−11.95%。

因此，承德露露公司在 2009 年的净资产报酬率提高了 2.01%。净经营资产报酬率的变动提高了净资产报酬率 13.86%，税后利息率的变动提高了净资产报酬率 0.09%。但是，净财务杠杆的变动则降低了净资产报酬率 11.95%。

2. 银行的资本利润率分解

银行的资本利润率，即净利润与平均净资产的比率，可以分解为销售利润率、风险资产贡献率、资本杠杆和资本充足率 4 个指标。其计算公式为

资本利润率=销售利润率×风险资产贡献率×资本杠杆/资本充足率

其中，销售利润率=净利润/营业收入，营业收入包括净利息收入、净手续费及佣金收入、投资收益及公允价值变动损益；风险资产贡献率=（营业收入/风险加权资产）×（净资产/平均净资产）；资本杠杆=资本净额/净资产；资本充足率=资本净额/风险加权资产。当净资产与平均净资产的比率接近 1 时，风险资产贡献率就大致等于风险加权资产的周转率。银行的资本净额=净资产+贷款损失一般准备+投资风险准备+长期金融债券−非自用不动产−非金融机构投资。资本杠杆表示资本净额在净资产基础上放大的倍数。风险加权资产=资产负债表内资产×风险权数+资产负债表外资产×转换系数×风险权数，风险权数则是按照不同的资产类型设置的一个资产折扣比例。

按照该公式，银行的资本利润率与销售利润率、风险资产贡献率和资本杠杆的大小成正比，但与资本充足率成反比。资本充足率越高，银行的偿债能力越强，但资本利润率越低。

举例　银行的资本利润率分解。表 10-28 是招商银行 2013 ~ 2015 年的财务指标。

表 10-28　招商银行 2013 ~ 2015 年的财务指标（单位：%）

年份	资本利润率	销售利润率	风险资产贡献率	资本充足率	资本杠杆
2013	20.74	38.69	5.59	10.85	104.05
2014	17.96	32.95	6.31	11.93	103.05
2015	16.04	27.74	6.86	12.15	102.39

分析:（1）杜邦分析。从表 10-28 中可以看出，招商银行的资本利润率从 2013 年的 20.74%下降到 2015 年的 16.04%，销售利润率也从 2013 年的 38.69%下降到 2015 年的 27.74%，资本杠杆也出现了微弱的下降。但是，招商银行的风险资产贡献率和资本充足率则出现了大幅度的上升。

（2）因素分析。以 2013 年为基期，2015 年为报告期，分析影响资本利润率变动的因素。

基期指标=38.69%×5.59%×104.05%/10.85%=20.74%。

销售利润率的替换：27.74%×5.59%×104.05%/10.85%=14.87%。

风险资产贡献率的替换：27.74%×6.86%×104.05%/10.85%=18.25%。

资本杠杆的替换：27.74%×6.86%×102.39%/10.85%=17.96%。

资本充足率的替换：27.74%×6.86%×102.39%/12.15%=16.04%。

因此，销售利润率变动的影响：14.87%−20.74%=−5.87%。

风险资产贡献率变动的影响：18.25%−14.87%=3.38%。

资本杠杆变动的影响：17.96%−18.25%=−0.29%。

资本充足率的影响：16.04%−17.96%=−1.92%。

综合起来，2013 ~ 2015 年，招商银行的资本利润率下降了 4.70%。销售利润率和资本杠杆的下降分别拉低了资本利润率 5.87%和 0.29%，资本充足率的上升导致资本利润率下降 1.92%，但是，风险资产贡献率的增加则提高了资本利润率 3.38%。如果将这 4 个因素的影响按照绝对值计算影响的相对比例，则在资本利润率下降之中，销售利润率贡献了 51.22%，风险资产贡献率占 29.49%，资本杠杆为 2.53%，资本充足率为 16.75%。

（四）股东权益报酬率的缺陷

在评价企业业绩和盈利能力方面，股东权益报酬率存在以下 5 个缺陷。

（1）忽视长期盈利能力。股东权益报酬率反映了一个时期的短期盈利能力。当企业在一个时期进行大规模投资、研究开发新产品或进行品牌建设活动时，该时期的股东权益报酬率就会出现大幅度下降，不同时期的股东权益报酬率就会出现波动。采用股东权益报酬率作为业绩判断的标准，会造成许多企业进行短期化投资，忽视企业的长期盈利能力。

（2）忽视企业经营面临的风险。股东权益报酬率只衡量企业经营的收益，没有反映一家企业产生股东权益报酬率时所伴随的风险，尤其是股权成本变动的风险。股东权益的经

济增加值回报率克服了这一点。其计算公式为

股东权益的经济增加值回报率=经济增加值/平均股东权益×100%

（3）忽视股东投资的市场价值。股东权益报酬率衡量的是股东投资的收益，投资数额使用的是股东权益的账面价值而非市场价值。由于投资者更看重企业的市场价值和未来现金流量的状况，因此，当账面价值与市场价值高度背离时，股东权益报酬率就不能真正反映企业的长期盈利能力。

（4）主观性较强。由于股东权益报酬率的分子和分母都容易受到会计政策的选择及会计估计的影响，兼具净利润和净资产易受操纵的缺陷，因此，股东权益报酬率有时很难对企业的经营业绩进行准确的、真实的评价。净利润和企业的控股结构越复杂，股东权益报酬率的主观性越强。

（5）忽视其他综合收益。股东权益报酬率只考虑了净利润，没有考虑其他综合收益。因此，需要计算股东权益综合收益率。其计算公式为

股东权益综合收益率=综合收益/平均股东权益×100%

与股东权益报酬率相比，股东权益综合收益率将其他综合收益都包括在盈利之中，从而具有更大的综合性。但是，股东权益综合收益率的缺陷在于，由于其他综合收益更容易受到金融市场波动的影响，企业的综合收益年度波动更大，预测性可能较差。

【本章小结】

本章对企业的盈利能力进行了介绍。第一节主要介绍了会计收益的质量、利润的安全性与杠杆原理，以及经济增加值。第二节对企业的 4 个盈利能力指标，即销售毛利率、销售利润率、总资产报酬率和股东权益报酬率进行了介绍。

【思考题】

10.1 销售利润率和销售毛利率。有人提出如下公式，你能加以推导吗？

销售利润率=销售毛利率×（1-所得税税率）/财务杠杆系数/经营杠杆系数

10.2 销售利润率。下表是中国电商企业 2008～2011 年的销售利润率。查找相关资料，分析银泰商业的销售利润率明显高于同行业其他企业的原因。

中国电商企业 2008～2011 年的销售利润率（单位：%）

企业名称	2008 年	2009 年	2010 年	2011 年
苏宁云商	4.53	5.13	5.44	5.20
鄂武商 A	4.14	4.00	3.59	3.50
武汉中商	0.90	1.60	2.09	2.31
大商股份	1.27	−0.43	0.42	0.93
国美电器	3.34	4.29	4.93	4.14
银泰商业	38.86	36.43	40.46	36.22

【练习题】

10.1 财务杠杆系数。根据下表中的数据，计算财务杠杆系数和利息保障倍数。

江中药业的财务数据（单位：万元）

项目	2013 年 6 月 30 日	2013 年 12 月 31 日	2014 年 6 月 30 日
利息支出	2 048	3 594	1 950
税前利润	14 108	20 954	11 886
息税前利润	16 156	24 548	13 837

10.2 经营杠杆。甲、乙公司生产并销售同种产品，商品售价为 5 元/件，公司成本结构相同（变动成本率为 70%，固定成本为 6 万元）。甲、乙公司 2014 年的部分经营数据见下表。

甲、乙公司 2014 年的部分经营数据

公司	销售量（件）	销售额（万元）	变动成本（万元）	变动成本率（%）	固定成本（万元）	息税前利润（万元）	盈亏平衡点（万元）
甲	8	40	28	70	6	6	20
乙	3.5	17.5	23.25	70	6	−0.75	20

要求：

（1）计算甲、乙公司的经营杠杆系数。

（2）根据计算结果，分析“经营杠杆越大，则息税前利润相对销售的变动必然越敏感”的判断是否正确。

10.3 销售利润率。计算下表中的销售利润率。

中国 4 家企业 2013 年的收入数据

企业名称	营业收入（亿元）	净利润（亿元）	销售利润率（%）
华润双鹤	68	8.7	
东阿阿胶	40.16	12.03	
新华医疗	41.9	2.3	
亿晶光电	26.9	0.688	

10.4 营业利润率。下表是中国电器行业 2011 年的经营业绩状况。

中国电器行业 2011 年的经营业绩状况（单位：亿元）

企业名称	美的电器	格力电器	青岛海尔	海信电器	TCL 集团
营业收入	931	835	736	235	608
营业利润	50	45	40	18	12

要求：

（1）计算各企业的营业利润率。

（2）分析电器行业的营业利润率有何特点。

10.5 总资产收益率和净资产收益率。下表是青岛海尔 2000～2001 年的利润和资产状况。

青岛海尔 2000～2001 年的利润和资产状况（单位：百万元）

年份	经营利润	投资收益	营业外收支净额	净利润	净资产	总资产
2000	370.60	130.19	1.48	424.09	2 810.16	3 933.56
2001	987.33	−105.91	16.46	617.84	4 932.18	6 942.41

要求：

（1）计算 2000 年和 2001 年的总资产收益率。

（2）计算 2000 年和 2001 年的净资产收益率。

10.6 杜邦净资产报酬率与因素分析法。下表是伊利 2012～2013 年的净资产收益率及其影响因素。

伊利 2012～2013 年的净资产收益率及其影响因素

年份	销售利润率（%）	总资产周转率（次/年）	总资产收益率（%）	权益乘数（倍）	净资产收益率（%）
2012	4.13	2.11	8.76	2.63	23.41
2013	6.70	1.81	9.74	2	19.77

要求：采用因素分析法分析伊利 2013 年净资产收益率下降的原因。

10.7 经营资产报酬率。下表是承德露露 2009～2010 年的财务数据。

承德露露公司 2009～2010 年的财务数据（单位：万元）

项目	2009 年	2010 年	项目	2009 年	2010 年
资产总额	111 721	136 994	负债总额	45 288	60 570
经营资产	83 876	89 784	经营负债	45 288	60 570
金融资产	27 844	47 209	金融负债	0	0
净经营资产	38 588	29 214	净金融负债	−27 844	−47 209
税前经营利润	19 411	23 684	税后经营利润	14 054	17 626
利息费用	−125	−347	税后净利息费用	−90	−258
普通股股数	19 008.6	30 413.76	每股收益（元）	0.74	0.58

要求：计算净资产报酬率、净经营资产报酬率、税后利息率、净财务杠杆。

10.8 银行的资本利润率。下表是民生银行 2013～2015 年的财务指标。

民生银行 2013～2015 年的财务指标（单位：%）

年份	资本利润率	销售利润率	风险资产贡献率	资本充足率	资本杠杆
2013	23.17	37.23	6.86	10.61	119.66
2014	20.21	33.44	5.52	10.64	122.20
2015	17.07	30.62	5.21	11.50	123.11

要求：

（1）分析 2013～2015 年各财务指标变动的趋势。

（2）利用因素分析法，以 2013 年为基期和 2015 年为报告期，分析各因素的变动对资本利润率的影响。

【案例讨论题】

总资产报酬率、净资产报酬率和净资产的经济增加值率。

M 公司是一家中央国有企业，拥有两家业务范围相同的控股子公司 A 和 B，控股比例均为 75%。在 M 公司管控系统中，A 和 B 两家子公司均作为 M 公司的利润中心，A、B 公司 2017 年经审计后的财务数据见下表。

A、B 公司 2017 年经审计后的财务数据

项目	子公司 A	子公司 B
无息债务（平均）（亿元）	300	100
有息债务（平均，年利率为 6%）（亿元）	700	200
所有者权益（平均）（亿元）	500	700
总资产（平均）（亿元）	1 500	1 000
息税前利润（亿元）	150	100
适用所得税税率（%）	25	25
平均资本成本率（%）	5.5	5.5

2018 年初，M 公司董事会在对这两家公司进行业绩评价与分析比较时出现了比较大的意见分歧。董事长等认为，股东主要关注净资产回报率，因此，A 公司的业绩好于 B 公司。总经理等认为，总资产报酬率是业绩的评价标准，因此，B 公司的业绩好于 A 公司。假设不考虑所得税纳税调整事项和其他有关因素。

要求：

（1）计算 A、B 公司 2017 年的总资产报酬率（税后）、净资产收益率。

（2）计算 A、B 公司 2017 年的经济增加值和净资产的经济增加值回报率。

（3）比较和评价 A、B 公司的业绩。

第十一章　投资者分析与股票投资

投资是一种通过认真分析，有望保本并能获得满意收益的行为。对于投资者而言，企业的净利润是现金股利和资本增值的最终源泉。因此，考虑企业的净利润、净资产的账面价值与股票价格之间的关系就显得十分重要。

第一节　每 股 收 益

每股收益是指普通股股东每持有一股股份所能享有的企业利润或需承担的企业亏损。它通常被用来反映企业的经营成果，衡量普通股的获利水平及投资风险，是投资者、债权人及其他利益相关者判断公司盈利能力、预测公司发展前景，以及获取未来股利的一个重要指标。每股收益不仅有助于纵向比较同一企业在不同会计期间的经营业绩，而且有助于横向比较不同企业之间的经营业绩，从而了解不同企业之间的盈利能力分布状况和同一个企业的盈利能力变化趋势。

一、每股收益的分类

按照是否存在潜在普通股的影响，普通股的每股收益分为基本每股收益与稀释每股收益。基本每股收益和稀释每股收益都要在利润表中单独列示，在附注中披露其分子和分母的计算过程，以及稀释性潜在普通股的有关信息。

（一）基本每股收益

1. 基本每股收益简介

当公司不存在潜在普通股或潜在普通股不具有稀释性时，企业只需要计算基本每股收益。

1）潜在普通股

潜在普通股就是赋予持有者在报告期或以后期间享有普通股权利的一种金融工具和其他合同，包括可转换公司债券、期权、认股权证、可转换优先股、债转股等。这些潜在普通股会导致公司的股本增加，每股净资产、每股收益和盈利能力发生变化。

（1）潜在普通股的稀释性，是指潜在普通股转换成普通股会减少每股持续正常经营净利润或增加每股持续正常经营净损失的情形。

（2）潜在普通股的反稀释性，是指潜在普通股转换成普通股会增加每股持续正常经营净利润或减少每股持续正常经营净损失，从而导致计算出来的稀释每股收益高于基本每股收益的情形。这里的持续正常经营净利润是指扣除优先股股利和分离出与非持续经营及非正常项目有关的正常经营的净利润。

（3）与美国会计准则和国际会计准则都将非常项目、会计政策变更及重大会计差错更正的影响排除在外不同，中国会计准则规定的持续正常经营净利润并没有剔除非经常性损益的影响。具有稀释性潜在普通股转换为普通股的发行收入，则以报告期间平均市场价格为基础进行计算。

2）基本每股收益

基本每股收益就是可分配给普通股股东的当期净损益除以当期发行在外普通股的加权平均数。其计算公式为

基本每股收益=（净收益−优先股股利）/流通在外普通股的加权平均数

当期净损益包括在本期内确认的全部收益和费用项目，甚至包括所得税费用、非经常性项目及少数股东损益。当企业在会计期间没有发生股本变化时，流通在外普通股的加权平均数就是期初或期末的普通股数量。

举例　股本无变化与基本每股收益。甲公司 2019 年归属于公司普通股股东的净利润为 899 210 704.48 元，年初年末股本均为 1 294 362 109 股。要求：计算基本每股收益。

分析：2019 年度基本每股收益=899 210 704.48/1 294 362 109=0.69（元/股）。

3）流通在外普通股的加权平均数

企业当期发行在外普通股股数发生变化时，企业应当对当期和所有列报期间发行在外普通股的加权平均数进行调整。流通在外普通股的加权平均数就是期初发行在外普通股股数根据当期新发行或回购的普通股股数与相应时间权数的乘积进行调整后的股数。其计算公式为

发行在外普通股的加权平均数=（期初发行在外普通股股数+报告期因公积金转增股本、股票股利分配等增加股份数+当期新发行普通股股数×已发行时间/报告期时间−当期回购普通股股数×已回购时间/报告期时间−报告期缩股数）×报告期末股票分割倍数

（1）当期新发行普通股股数是指报告期因发行新股或债转股等增加股份数。债转股的财务特征是企业的应付账款、长期借款等负债减少，实收资本、资本公积等权益增加。同时，债务企业将获得重组收益，支付的利息等财务费用减少，从而导致净利润增加。发行新股的财务特征是实收资本、资本公积等权益和银行存款增加，同时净利润也可能会增加。

（2）股份回购是指股份公司按一定的程序购回流通在外的本公司股份的行为。中国《公司法》一般禁止公司回购自己的股份，但在减少注册资本，与持有本公司股份的其他公司合并，将股份奖励给本公司职工或者股东因股东大会做出的公司合并、分立决议持异议，要求公司收购其股份的情况下，公司可以回购自己的股份。

（3）缩股，又称为并股或反向股份分割，即同比例减少股票数量，将数股合并为一股。公司股本缩减后，每股面值不变，缩股后减少的股本转入资本公积，股东权益总额不变。如果公司还存在股份分割（拆股），则上述的流通在外的普通股加权平均数还需要乘以股份分割的倍数。

（4）已发行时间、报告期时间和已回购时间一般按照天数计算。有时为了简化，也可以采取按月计算。当企业派发股票股利、公积金转增资本、拆股或并股发生于资产负债表日至财务报告批准报出日之间时，应当以调整后的股数重新计算各列报期间的每股收益。

举例　基本每股收益。某公司在 2018 年初有 10 万股流通在外的股票，7 月 1 日额外

发行了 2 万股股票，10 月 1 日又发行了 3 万股股票，12 月 31 日按照每股股票分割成 2 股。2018 年的净收益为 100 万元，优先股股利总共为 10 万元。要求：计算基本每股收益。

分析：（1）流通在外的普通股的加权平均数=[10×6/12+（10+2）×3/12+（10+2+3）×3/12]×2=23.5（万股）。

（2）基本每股收益=（100−10）/23.5=3.83（元/股）。

2. 股本变动与基本每股收益的计算

股本变动就是公司发行在外的总股本的增加或减少。引起股本变动的原因包括增发新股、派发股票股利和公积金转增资本、拆股和并股、配股、股票回购、债转股等。股本变动增加了基本每股收益计算的复杂性。

1）增发新股

企业发行权益工具所收到的对价扣除交易费用后，确认为股本、资本公积等，同时增加股票数量。企业增发新股是否会造成每股收益的变化，取决于增发新股后资金的使用效率及其是否会增加企业的净利润。

举例　增发新股与基本每股收益。某公司 2015 年度和 2016 年度归属于普通股股东的净利润为 1 300 万元和 1 505 万元。2015 年 12 月 31 日发行在外的普通股为 1 000 万股，2016 年 4 月 1 日按市价 15 元新发行普通股 100 万股，假设不考虑交易费用及其他股数变动因素。要求：计算 2015 年和 2016 年的基本每股收益。

分析：（1）发行新股增加的资金=15×100=1 500（万元），股本和资本公积分别增加 100 万元和 1 400 万元。

（2）2016 年比较利润表中基本每股收益的计算如下：2015 年度流通在外普通股加权平均数=1 000（万股），基本每股收益=1 300/1 000=1.3（元/股）；2016 年度流通在外普通股加权平均数=1 000×12/12+100×9/12=1 075（万股），基本每股收益=1 505/1 075=1.40（元/股）。

2）派发股票股利和公积金转增股本

除了发行现金股利外，企业通常会采取“高送转”的方式派发股票股利或公积金转增资本。资本公积金转增股本是指企业用资本公积金向股东转送股票，从而增加公司股本的行为。股票股利分配，就是企业将留存收益转增股本时向股东赠送股票的行为。 对于股东而言，企业在派发股票股利时需要扣缴个人所得税和缴纳印花税，而在资本公积金转增股本时无须扣缴个人所得税和缴纳印花税。通过公积金转增股本和股票股利分配后，企业的股本和股票数量增加，每股收益下降。

举例　派发股票股利和基本每股收益。某公司 2015 年度和 2016 年度归属于普通股股东的净利润为 1 300 万元和 1 505 万元。2015 年 12 月 31 日发行在外的普通股为 1 000 万股，2016 年 7 月 1 日分派股票股利，以 2015 年 12 月 31 日总股本 1 000 万为基数每 10 股送 3 股，同时以公积金转增股本，每 10 股转增 5 股，每股面值为 1 元。假设不存在其他股数变动因素。要求：计算 2015 年和 2016 年的基本每股收益。

分析：（1）该公司在 2016 年 7 月 1 日发行股票股利 300 万股，减少留存收益 300 万元；资本公积转增股本 500 万股和 500 万元，股本增加 800 万股和 800 万元。

（2）2016 年比较利润表中基本每股收益的计算如下：2015 年度流通在外普通股加权平均数=1 000 万股，基本每股收益=1 300/1 000=1.3（元/股）。2016 年度流通在外普通股加权平均数=（1 000+300+500）×12/12=1 800（万股），基本每股收益=1 505/1 800=0.84（元/股）。

3）拆股和并股

拆股又称股票分割，是指通过同比例地降低股票面值将面额较高的股票转换成面额较低的股票，从而增加普通股数量，降低股票价格。拆股对股本、资本公积和股东权益不会产生任何影响，但会降低每股面值和每股收益。并股又称为股票反分割、缩股，就是通过将多股股票合并为一股，从而减少流通在外的普通股数量，提高每股市价和每股收益。并股会减少股本和股票数量，增加资本公积，但股东权益总额保持不变。

举例　拆股、并股和基本每股收益。某公司 2015 年度和 2016 年度归属于普通股股东的净利润为 1 300 万元和 1 505 万元，2016 年 12 月 31 日资本公积为 600 万元、留存收益为 3 000 万元。2015 年 12 月 31 日发行在外的普通股为 1 000 万股（每股面值为 1 元），2016 年 7 月 1 日按照 1∶2 进行股票分割，假设不存在其他股数变动因素。要求：计算 2015 年和 2016 年的基本每股收益。

分析：（1）股票分割对公司股东权益的影响见表 11-1。

表 11-1　某公司 2016 年 12 月 31 日股票分割对股东权益的影响（单位：万元）

分割前普通股股东权益		按 1∶2 股票分割后普通股股东权益	
股本（1 000 万股，面值 1 元）	1 000	股本（2 000 万股，面值 0.5 元）	1 000
资本公积	600	资本公积	600
留存收益	3 000	留存收益	3 000
股东权益总额	4 600	股东权益总额	4 600

（2）2015 年的基本每股收益仍为 1.3 元/股。2016 年的基本每股收益计算如下：流通在外普通股加权平均数=1 000×2×12/12=2 000（万股）；基本每股收益=1 505/2 000=0.75（元/股）。如果按照股票分割后计算，2015 年的基本每股收益为 0.65 元/股。

（3）如果该公司 2016 年 7 月 1 日按照 1∶2 进行缩股，股本减少 500 万元，资本公积增加 500 万元。2016 年流通在外普通股加权平均数=1 000/2×12/12=500(万股)，基本每股收益=1 505/500=3.01(元/股)。按照缩股后计算，2015 年的基本每股收益为 1 300/500=2.6（元/股）。

从该例可以看出，股票分割和缩股对每股收益的影响很大。为了对不同会计期间的基本每股收益进行比较，财务报表使用者需要将不同年份的基本每股收益调整为股票分割或缩股后的股票数量，否则就很难具有可比性。当股票的面值不同，加上股票分割和缩股的影响时，不同企业之间的基本每股收益就很难具有横向可比性。因此，如果流通在外的普通股数量因为股票股利或者股票分割而增加，或因缩股而减少，必须对所有可比的每股收益进行追溯调整。

4）配股

配股是向原股东按照原有的股权比例发行新股、筹集资金的行为。由于配股价格通常高于股票面值但低于其市价，因此，配股可以看作公司给予老股东一项认股权的股利支付方式。在老股东按照规定的配股价认购股票和支付现金时，企业按照股票的面值增加股本，其差额计入资本公积。

按照低于市价的价格配股，可以被理解为按照市价发行部分股票和无对价赠送部分股票的混合体。配股中包含的送股因素具有与股票股利相同的效果，导致发行在外普通股股数增加，却没有相应的经济资源流入。因此，在企业当期发生配股时，计算的基本每股收益要考虑配股中包含的送股因素和相应的调整系数，据以调整各列报期间发行在外普通股的加权平均数。其计算公式为

每股理论除权价格=（行权前发行在外普通股的公允价值总额+配股收到的款项）/行权后发行在外的普通股股数

调整系数=行权前发行在外普通股的每股公允价值/每股理论除权价格

因配股重新计算的上年度基本每股收益=上年度基本每股收益/调整系数

本年度基本每股收益=归属于普通股股东的当期净利润/（配股前发行在外普通股股数×调整系数×配股前普通股发行在外的时间权重+配股后发行在外普通股加权平均数）

举例　配股与基本每股收益。某企业 2018 年度归属于普通股股东的净利润为 23 500 万元，2018 年 1 月 1 日发行在外普通股股数为 8 000 万股。2018 年 6 月 10 日该企业发布增资公告，向截至 2018 年 6 月 30 日（股权登记日）所有登记在册的老股东配股，配股比例为每 4 股配 1 股，配股价格为每股 6 元，除权交易基准日为 2018 年 7 月 1 日。假设行权前一日的市价为每股 11 元，2017 年基本每股收益为 2.64 元。要求：计算 2018 年的基本每股收益。

分析：（1）假定全部行权，配股的数量=8 000/4=2 000（万股），收到的现金=2 000×6=12 000（万元），增加股本和资本公积分别为 2 000 万元和 10 000 万元。

（2）2018 年基本每股收益的计算如下：每股理论除权价格=（11×8 000+6×2 000）/（8 000+2 000）=10（元/股），调整系数=11/10=1.1。因配股重新计算的 2017 年度基本每股收益=2.64/1.1=2.4（元/股）。2018 年度基本每股收益=23 500/（8 000×1.1×6/12+10 000×6/12）=2.5（元/股）。

5）股票回购

中国企业回购股份多用于股票期权激励、反收购或者稳定股价。公司在股份回购后，既可以注销股份，也可以将回购的股份作为库存股，但都会减少股东权益。库存股仍属于发行在外的股票，但不参与每股收益的计算与收益分配。

（1）股票回购并加以注销。由于股票回购价格往往高于股票的面值，股票回购会减少股本和资本公积。如果股票回购价格高于发行时的价格，则差额部分要减少留存收益，作为出让股份的股东应得到的部分权益。

（2）股票回购作为库存股。由于回购的股票尚未注销，企业需要通过增设“库存股”账户单独反映，作为股本账户的调整账户。库存股在资产负债表中的“资本公积”和“盈余公积”之间列示，作为股东权益的减项。按所回购股份的价款加上相应税费，借记“库存股”科目，按实际支付的购买价款贷记“银行存款”等科目。

（3）股票回购对每股基本收益的影响。股票回购会减少流通在外的普通股股数和每股收益。

6）债转股

债转股是一种将企业的债务转化为股权的债务重组模式，原来的债权债务关系就转变为股权关系，从而导致债务企业的债务减少和股东权益增加，债权人的债权减少而长期股权投资增加。债务人将债权人放弃债权而享有股份的面值总额确认为股本，股份的公允价值总额与股本之间的差额确认为资本公积。重组债务的账面价值与股份的公允价值总额之间的差额确认为债务重组收益，与发行权益性证券直接相关的手续费、佣金等交易成本，冲减资本公积——股本溢价。对于债权人而言，重组债权的账面余额与重组债权后股权的公允价值之间的差额，计入当期损益，而债转股的股权公允价值作为长期股权投资。

从某种程度上说，债转股相当于债务企业对债权人定向发行新股。与一般的发行新股收到现金不同，债务企业在债转股时收到的是债务的减少、财务费用的降低和债务重组利得的增加，从而对基本每股收益具有与可转换公司债券相似的稀释作用或反稀释作用。

举例 债转股与基本每股收益。甲公司 2017 年销售给乙公司货款 1 000 万元，乙公司因债务发生困难无力支付货款。经协商，乙公司以面值为 1 元、公允价值为 8 元的普通股 100 万股抵债。假设乙公司 2017 年流通在外的普通股股数在债转股之前为 1 000 万股，没有优先股，净利润为 440 万元，假设不考虑时间权数。要求：计算乙公司的基本每股收益。

分析：（1）乙公司的债务重组利得=1 000−8×100=200（万元），股本为 100 万元，资本公积=（8−1）×100=700（万元）。

（2）乙公司 2017 年的基本每股收益计算如下：由于债务重组利得包含在净利润之中，因此不需要对净利润调整。流通在外的普通股加权平均数=1 000+100=1 100（万股），基本每股收益=440/1 100=0.4（元/股）。

如果乙公司不进行债转股的债务重组，则净利润=440−200=240（万元），基本每股收益=240/1 000=0.24（元/股）。这意味着，债转股提高了乙公司的基本每股收益。但是，与可转换公司债券不同的是，债转股的反稀释作用包含在基本每股收益之中，而可转换公司债券的反稀释作用则排除在稀释每股收益之外。

（二）稀释每股收益

除了一般的普通股外，公司通常还存在潜在的普通股。这些潜在的普通股可能会对每股收益起到稀释作用或反稀释作用。稀释性潜在普通股是指假设当期转换为普通股会减少每股收益的潜在普通股。稀释每股收益就是基于潜在普通股对于公司普通股份的稀释，对其可能影响的公司收益和普通股股数加以调整，以揭示公司最小可能的每股收益。与基本每股收益相比，稀释每股收益更有助于增加投资者的预测性和决策相关性。借助于表内列示和表外披露，投资者可以根据投资的需要计算出每种稀释可能性的每股收益的大小，并对各类潜在稀释性证券的转换及影响做出最有利于投资的判断和抉择。

1. 稀释每股收益简介

稀释每股收益是以每股收益为基础，假设企业所有发行在外的稀释性潜在普通股均已转换为普通股，从而分别调整归属于普通股股东的当期净利润，以及发行在外普通股的加权平均数而得到的每股收益。其计算公式为

稀释每股收益=稀释性潜在普通股影响调整后的净利润/（流通在外的普通股加权平均数+稀释性潜在普通股加权平均数）

（1）分子的调整。在计算稀释每股收益时，对归属于普通股股东的当期净利润进行调整的内容包括：当期已确认为费用的稀释性潜在普通股的利息；稀释性潜在普通股转换时将产生的收益或费用。这些调整要考虑相关的所得税影响。

（2）分母的调整。在计算稀释每股收益时，当期发行在外普通股的加权平均数应当为计算基本每股收益时普通股的加权平均数，与假定稀释性潜在普通股转换为已发行普通股而增加的普通股股数的加权平均数之和。在计算稀释性潜在普通股转换为已发行普通股时，以前期间发行的稀释性潜在普通股假设在当期期初转换，而当期发行的稀释性潜在普通股则假设在发行日转换。

（3）潜在普通股是否具有稀释性的判断标准，要看其对持续经营每股收益的影响。当潜在普通股当期转换为普通股时，如果会减少持续经营每股收益或增加持续经营每股亏损，则具有稀释性，否则具有反稀释性。

（4）稀释性潜在普通股的类型。潜在普通股包括认股权证、期权、可转换优先股、可转换公司债券、债转股等。在计算稀释每股收益时，如果优先股转化为普通股，优先股股利需要从净收益中移除；如果债券被转换，必须把所有可转换债券的利息从净收益中扣除，并计算税后应计利息。同时，稀释每股收益的分母需要调整：对于可转换债券，按照转换的股票数量直接计入分母；对于股票期权，计入的股票数量等于用超过行权价格部分的收入在公开市场上按照股票市价所购买的股票数。

2. 认股权证与稀释每股收益

认股权证是一种持有人可以在规定期间有权利按照约定价格，向发行人购买或出售标的证券的权利凭证。

1）认股权证的分类

（1）按照发行主体不同，认股权证分为股本认股权证和备兑权证两种。股本认股权证是由上市公司发行的认股权证，持有人行权则导致公司股本增加。备兑权证是由上市公司以外的证券公司、银行等第三方发行的认股权证，持有人行权与否不会增加公司的股本。

（2）按照权利内容不同，认股权证分为认购权证和认沽权证。认购权证是一种买进权利，持有人有权于约定时间以约定价格买进约定数量的标的证券。认沽权证是一种卖出权利，持有人有权于约定时间以约定价格卖出约定数量的标的证券。

2）认股权证的稀释性

按照中国的会计准则，认股权证的行权价格低于当期普通股平均市场价格时，要考虑其对每股收益的稀释性。在计算稀释每股收益时，稀释性认股权证在行权时不调整分子的净利润，但需要对分母的普通股加权平均数进行调整。其计算公式为

增加普通股股数=（拟行权时转换的普通股股数-行权价格×拟行权时转换的普通股股数/当期普通股平均市场价格）×发行在外的时间/报告期的时间

其中，行权价格和拟行权时转换的普通股股数，按照有关认股权证合同确定。当期普通股平均市场价格，按照每周或每月具有代表性的股票交易价格进行简单算术平均计算。当期发行认股权证的，普通平均市场价格应当自认股权证的发行日起计算。

举例　认股权证。武汉钢铁股份有限公司在2007年3月26日发行面值为75亿元分离交易的可转换公司债券时，派发了7.275亿份认股权证，存续期为2007年4月17日到

2009 年 4 月 16 日，行权价为 9.58 元。2008 年，归属于公司普通股股东的净利润为 51.88 亿元，期初和期末普通股股数为 78.38 亿份，该公司 2008 年股价平均为 11.92 元/股。要求：计算基本每股收益和稀释每股收益。

分析:（1）基本每股收益=51.88/78.38=0.662（元/股）。

（2）由于行权价格低于该公司的平均市价，权证持有人会选择全部行权，每股获得收益=11.92−9.58=2.34（元）。认股权证增加普通股股数=7.275×（1−9.58/11.92）×360/360=1.428（亿份）。稀释每股收益=51.88/（78.38+1.428）=0.650（元/股）。

3. 股票期权与稀释每股收益

股票期权是企业授予企业管理者或职工在一定时间内以约定价格购买一定份额的公司股份的权利。

（1）股票期权的股票主要来自定向增发、回购和大股东转让等多种形式。定向增发的财务特征及对每股收益的影响与发行新股类同。大股东转让就是大股东将其持有的公司股票转让给公司的董事、高级管理人员等激励对象，其所需要的资金将由公司部分或全部承担。大股东转让将导致上市公司的现金或银行存款减少，但公司的股本保持不变。其财务特征及对每股收益的影响与用现金回购后不注销股份相同。

（2）股票期权的稀释性。当股票期权的行权价格低于当期普通股平均市场价格时，要考虑其对每股收益的稀释性。在计算稀释每股收益时，作为分子的净利润金额一般不变；分母的调整项目为考虑时间权数基础上增加的普通股股数。其计算公式为

增加普通股股数=（拟行权时转换的普通股股数−行权价格×拟行权时转换的普通股股数/当期普通股平均市场价格）×发行在外的时间/报告期的时间

其中，行权价格和拟行权时转换的普通股股数，按照有关股份期权合约确定。当期普通股平均市场价格，按照每周或每月具有代表性的股票交易价格进行简单算术平均计算。当期发行股份期权的，普通平均市场价格应当自股份期权的发行日起计算。

举例　股票期权与稀释每股收益。某公司 2017 年的净收益为 100 万元，发行在外的股票数量为 10 万股，年初还发行了 2 万份股票期权，行权价为 20 元/股。要求：假如年内股票价格分别为 40 元/股和 10 元/股，分别计算基本每股收益和稀释每股收益。

分析:（1）两种股票价格下的基本每股收益=100/10=10 元/股。

（2）在股票价格为 40 元时，稀释的股票数量=2×（1−20/40）=1（万股），稀释每股收益=100/（10+1）=9.09（元/股）。

（3）在股票价格为 10 元时，稀释的股票数量=2×（1−20/10）=−2（万股），稀释每股收益=100/（10−2）=12.5（元/股），具有反稀释作用，其稀释每股收益与基本每股收益相同，即 10 元/股。

从该例可以看出，期权和认股权证的稀释作用取决于公司普通股的股价，而每股收益又影响股价。这就造成股价和稀释每股收益的相互影响。这样，稀释每股收益的估计要考虑企业的未来收益和未来股价。员工股票期权需要采用库存股票法来稀释每股收益，只有价内期权才会稀释每股收益，而价外期权具有抗稀释作用，不包括在稀释每股收益之中。

4. 可转换公司债券与稀释每股收益

可转换公司债券是一种可以在特定时间、按特定条件转换为普通股票的特殊企业债

券，通常具有较低的票面利率。

（1）可转换公司债券的特性。可转换公司债券与认股权证不同的地方在于，发行方在投资者履行认股权证的合约时会收到一定数量的融资认股款，从而为发行企业提供新的资金和资本，创造新的价值和利润；可转换公司债券在转换前已经为发行公司提供了资金和创造了利润，但债转股和可转换公司债券并未给企业注入新的资金，只是在资金形式和账户上发生了改变。

（2）可转换公司债券的稀释性。对于可转换公司债券，在计算稀释每股收益时，分子的调整项目为可转换公司债券当期已确认为费用的利息等项目的税后影响额；分母的调整项目为假定可转换公司债券当期期初或发行日转换为普通股的股数加权平均数。其计算公式为

稀释每股收益=[归属于普通股股东的净利润+可转换公司债券的利息×（1−所得税税率）]

/（期初发行在外普通股加权平均数+增加的发行在外的普通股股数）

举例　可转换公司债券与稀释每股收益。某上市公司 2015 年归属于普通股股东的净利润为 3.82 亿元，期初发行在外的普通股股数为 2 亿股，年内普通股股数未发生变化。2015 年 1 月 1 日，公司按面值发行 6 亿元的 3 年期可转换公司债券，债券每张面值为 100 元，票面固定利率为 2%，利息自发行之日起每年支付 1 次。该批可转换公司债券自发行 12 个月后至债券到期日期间可转换为公司股票，转换价格为每 100 元债券可转换为面值为 1 元的 10 股普通股。债券利息不符合资本化条件，直接计入当期损益，所得税税率为 25%。假设不具备转换选择权的类似债券的市场利率为 3%。公司在对该批可转换公司债券初始确认时按照金融工具列报的会计准则的规定将负债和权益成本进行了分拆。要求：计算 2015 年的基本每股收益和稀释每股收益。

分析：2015 年该公司稀释每股收益计算如下：基本每股收益=3.82/2=1.91（元/股）；每年支付利息=6×2%=0.12（亿元）；负债成分公允价值=0.12×（1+3%）$^{-1}$+0.12×（1+3%）$^{-2}$+6.12×（1+3%）$^{-3}$=5.83（亿元）；权益成分公允价值=6−5.83=0.17（亿元）。假设转换所增加的净利润=5.83×3%×（1−25%）=0.131（亿元）；假设转换所增加的普通股股数=6/10=0.6（亿股）；增量股的每股收益=0.131/0.6=0.22（元/股）。由于增量股的每股收益小于基本每股收益，可转换公司债券具有稀释作用。稀释每股收益=（3.82+0.131）/（2+0.6）=1.52（元/股）。

5. 回购股票的承诺

当股票的承诺回购价格高于市场价格时，回购股票就具有稀释作用。回购股票增加的普通股股数的计算公式为

增加的普通股股数=承诺回购的普通股股数×（回购价格/当期普通股平均市价−1）

×承诺回购日至报告期末的时间/报告期的时间

举例　回购股票的稀释作用。甲公司 2018 年度归属于普通股股东的净利润为 400 万元，发行在外普通股加权平均数为 1 000 万股。2018 年 3 月 2 日，该公司与股东签署一份远期回购合同，承诺一年后以每股 5.5 元的价格回购其发行在外的 240 万股普通股。该普通股 2018 年 3～12 月平均市场价格为 5 元。要求：计算基本每股收益和稀释每股收益。

分析：2018 年度每股收益计算如下：基本每股收益=400/1 000=0.4（元/股）；增加的普通股股数=240×（5.5/5−1）=24（万股）；稀释每股收益=400/（1 000+24×10/12）=0.39

（元/股）。

6. 可转换优先股

按照优先股股东是否具有转换的权利，优先股分为不可转换优先股与可转换优先股。不可转换优先股就是在发行时规定不会转换为普通股的优先股，可转换优先股是一种可以在特定时间、按特定条件转换为普通股票的特殊优先股股票，通常具有较低的股息率。其财务特征及对每股收益的影响与债转股、可转换债券相同。但是，证监会禁止企业发行可转换优先股，从而限制了优先股的稀释性。

7. 多项潜在普通股稀释每股收益的计算

由于稀释每股收益反映了公司最保守的每股收益，因此反稀释性潜在普通股就要被排除在外。如果潜在普通股转换成普通股会增加持续正常经营每股收益或减少持续正常经营每股亏损，则该潜在普通股具有反稀释作用。

当企业对外发行不同的潜在普通股时，如果单独考查其中某种潜在普通股，那么，这种潜在普通股可能具有稀释作用。但是，如果和其他潜在普通股一并考查时，这种潜在普通股可能就变为反稀释作用。在多种稀释性和反稀释性潜在普通股都存在的情况下，稀释性潜在普通股按照稀释程度从大到小的顺序计入稀释每股收益，直至稀释每股收益达到最小值。每次发行的潜在普通股视为不同的潜在普通股，分别判断其稀释性，而不能将其作为一个总体考虑。通常，股份期权和认股权证排在前面计算，因为其行权一般不影响净利润。计算稀释每股收益的最小值可遵循如下步骤。

（1）根据潜在普通股的稀释性影响，将其可能导致的净利润增加数与普通股增加数相比，计算出各潜在普通股的增量每股收益。

（2）将各潜在普通股的增量每股收益按照从小到大的顺序排列，排在第一位的潜在普通股与公司原有普通股合并在一起，计算出一个新的每股收益数值。如果该值大于基本每股收益，则反稀释效果出现，基本每股收益等于稀释每股收益。如果新的每股收益数值小于基本每股收益，则继续以下步骤。

（3）依次将各潜在普通股与排在前面的所有潜在普通股及原有普通股合并在一起，依次计算出新的每股收益，并与前面最新计算的每股收益数值比较。直到出现下一个每股收益数值超过上一个每股收益为止，那么，上一个每股收益就是最小可能每股收益，即稀释每股收益。

举例 多项稀释性潜在普通股。某公司 2018 年度归属于普通股股东的净利润为 5 625 万元，发行在外普通股加权平均数为 18 750 万股。年初已发行在外的潜在普通股有：①认股权证 7 200 万份，每份认股权证可以在行权日以 8 元的价格认购 1 股本公司新发行股票；②按面值发行的 5 年期可转换公司债券 75 000 万元，债券每张面值为 100 元，票面年利率为 2.6%，转换价格为每股 12.5 元；③按面值发行的 3 年期可转换公司债券 150 000 万元，债券每张面值为 100 元，票面年利率为 1.4%，转换价格为每股 10 元。当期普通股平均市场价格为 12 元，年度内没有认股权证而被行权，也没有可转换公司债券被转换或赎回，所得税税率为 25%。假设不考虑可转换公司债券在负债和权益成分的分拆，且债券票面利率等于实际利率。要求：计算基本每股收益和稀释每股收益。

分析：2018 年度每股收益计算如下。

（1）基本每股收益=5 625/18 750=0.30（元/股）。

（2）稀释每股收益。第一步，假设潜在普通股转换为普通股，计算增量每股收益并排序。认股权证增加的普通股股数=7 200×（1-8/12）=2 400（万股），增加净利润为0。第二步，利率为2.6%的可转换公司债券增加的普通股股数=75 000/12.5=6 000（万股），增加净利润=75 000×2.6%×（1-25%）=1 462.50（万元），增加每股收益=1 462.50/6 000=0.24（元/股）。利率为1.4%的可转换公司债券增加的普通股股数=150 000/10=15 000（万股），增加净利润=150 000×1.4%×（1-25%）=1 575（万元），增加每股收益=1 575/15 000=0.11（元/股）。表11-2是增量每股收益的计算结果。

表 11-2　增量每股收益的计算结果

项目	净利润增加（万元）	股数增加（万股）	增量每股收益（元）	排序
认股权证	0	2 400	0	1
2.6%债券	1 462.50	6 000	0.24	3
1.4%债券	1 575.00	15 000	0.11	2

第三步，分步计入每股收益，见表11-3。因此，稀释每股收益为0.2元/股。

表 11-3　稀释每股收益的计算

项目	净利润（万元）	股数（万股）	每股收益（元/股）	稀释性
基本每股收益	5 625.00	18 750	0.30	
认股权证	0	2 400		
	5 625.00	21 150	0.27	稀释
1.4%债券	1 575.00	15 000		
	7 200.00	36 150	0.20	稀释
2.6%债券	1 462.50	6 000		
	8 662.50	42 150	0.21	反稀释

二、每股收益的杜邦分析法和局限性

除了进行投资者分析外，每股收益还能帮助报表使用者借助于杜邦分析法进行盈利能力分析。但是，每股收益指标存在局限性。

（一）每股收益的杜邦分析法

每股收益的杜邦分析法是从每股收益出发，将每股收益分解为每股净资产和净资产收益率。每股净资产又分解为负债权益比率、负债总额与现金比、每股经营活动现金净流量，净资产收益率分解为权益乘数、总资产周转率和销售利润率，从而结合资产负债表、利润表和现金流量表的信息对企业进行全面财务分析。其计算公式为

每股收益=（净利润-优先股股息）/普通股股数

=[（净利润-优先股股息）/股东权益]×（股东权益/普通股股数）

=股东权益报酬率×每股净资产

其中，普通股股数是指流通在外的加权平均普通股股数；股东权益是指扣除优先股股东权益和少数股东权益后的期末普通股股东权益；每股净资产是指股东权益与股票数量的比率。每股净资产越大，公司的每股股票代表的资产价值越高，创造利润的能力和抵抗风险的能力越强。

提高净资产收益率的途径包括：①扩大销售收入，降低成本费用以提高销售利润率；②提高资产管理水平，扩大销售，以提高资产周转率；③增加负债，提高财务杠杆和权益乘数。随着负债权益比率的增大，每股收益呈现一个先递增后递减的倒 U 形曲线。每股经营活动现金净流量是每份普通股平均占有的经营活动现金流量净额，能够比较真实地反映每股收益的质量。

举例　每股收益的杜邦分析法。表 11-4 是万科房地产公司 2007 ~ 2008 年的每股收益的分解。

表 11-4　万科房地产公司 2007 ~ 2008 年的每股收益的分解

指标	2007 年第一季度	2008 年第一季度	2008 年比 2007 年同期增长率（%）
每股收益（元/股）	0.14	0.11	−21.43
净资产收益率（%）	3.91	2.41	−38.36
总资产收益率（%）	0.012 2	0.006 77	−44.51
权益乘数（倍）	3.21	3.51	9.35
每股净资产（元）	3.58	4.4	22.91

分析：从表 11-4 中可以看出，万科房地产公司的每股收益在 2007 ~ 2008 年下降了 21.43%。这主要是因为净资产收益率下降了 38.36%，后者的下降又归因于总资产收益率下降了 44.51%。同时，权益乘数和每股净资产在此期间分别增长了 9.35%和 22.91%。这说明，万科房地产公司在此期间通过扩大股权融资和债券融资而扩大了资产规模，但资产的使用效率大幅度下降，从而造成每股收益下降。

（二）每股收益的局限性

每股收益反映了普通股的获利水平，有助于评价不同企业之间的相对盈利能力水平，以及同一企业不同时期的盈利水平变化。但是，每股收益的局限性也非常明显。

（1）每股收益不能反映不同时期企业所面临的财务风险。当企业的财务杠杆发生变化时，企业的财务风险增加，而每股收益可能不变或提高。

（2）每股收益不能反映企业所面临的市场风险。当处在不同的生命周期阶段或者不同的行业时，企业面临的市场风险可能不同，而每股收益可能相同。

（3）每股收益不能反映资金投入和收益之间的关系。由于股票只是一个份额的概念，不同股票的每一股在经济上包含不同的资金量。每股收益的高低并不必然表示企业盈利能力的强弱，因为每股收益等于每股净资产与股东权益报酬率之积。因此，两个企业相同的每股收益并不意味有着同样的净资产报酬率。只有在两个公司的每股净资产相等的情况下，每股收益才表示企业盈利能力的强弱。

举例　每股收益与盈利能力。表 11-5 是甲、乙两家公司的每股收益及盈利能力的情况。

表 11-5 甲、乙两家公司的每股收益及盈利能力的情况

公司名称	每股收益（元/股）	每股净资产（元/股）	净资产报酬率（%）
甲	1.0	10	10
乙	0.5	1	50

分析：甲公司的每股收益是乙公司每股收益的 2 倍，但是，甲公司的每股净资产则是乙公司每股净资产的 10 倍。结果，甲公司的净资产报酬率仅为 10%，而乙公司的净资产报酬率为 50%。这意味着，甲公司需要投入 10 元的净资产才能赚得 1.0 元的净利润，而乙公司只需要投入 1 元的净资产就能赚取 0.5 元的净利润。显然，乙公司的盈利能力远远高于甲公司。

（4）每股收益多，股东的分红未必多。公司股利的发放受到每股收益、公司的投资机会、现金流量的大小、股利分配政策等诸多因素的影响。而每股收益又受到净利润及其结构、非经常性损益、优先股股利及各种实际的和潜在的普通股票数量的影响。因此，每股收益甚至比净利润还容易受到操纵。发行新股、债转股、认股权证、定向增发、可转换债券、资本公积金转增股本、分配股票股利、缩股等手段都能在净利润不变的条件下增加或减少每股收益。有人建议将扣除非经常性损益后归属于公司普通股股东的净利润作为计算每股收益的基础。

第二节 股利分配政策

企业的股利分配政策涉及优先股和普通股的股利分配选择。普通股的股利分配又存在现金股利、股票股利、资本公积转增股本、股票回购等方面的选择。本节主要对股利分配进行财务分析和杜邦分析。

一、优先股及财务影响

优先股就是在利润分红及剩余财产分配的权利方面优先于普通股的一种兼具债务性和权益性的有价证券。对于发行人而言，优先股不具有表决权，不会稀释原股东对公司的控制权，同时会降低资产负债率。对于投资者而言，优先股则是一种收益较为稳定、风险相对较低的稳健投资工具。但是，受到制度的制约，不同国家的优先股具有明显不同的特征。

（一）优先股的一般特征

与普通股相比，优先股具有收益固定、股息优先发放、财产优先清偿及股票权利小的特征。优先股的股权主要由公司章程规定，不同公司的优先股可以设有不同的股东权利。优先股的股息可以是浮动的和累积的，不像债券和贷款的利息支付都有约定的日期。在获得优先股股息之外，有的公司甚至规定优先股享有参与剩余利润的分配权。但是，所有的优先股都有以下两种基本的权利。

（1）在公司分配利润时，拥有优先股票的股东比持有普通股票的股东拥有优先权，并享受由事先约定的固定股息率计算所得的固定数额股息，而普通股的红利却不固定。

（2）在公司解散、分配剩余财产时，优先股在普通股之前分配。尽管优先股享有优先的利润分配权和剩余索取权，但是，优先股股东不能主动退股，只能通过优先股的赎回条款被公司赎回。而且，优先股股东参与公司决策和管理的权利受到限制，如无表决权和经营决策权，容易受到公司的信息不对称性的影响和大股东的控制。

（二）优先股的分类

按照优先股的股息累积性、参与剩余利润的分配、可转换性和可赎回性等不同特征，优先股可以分为不同的类别，见表 11-6。

表 11-6 优先股的分类标准

分类标准	是	否
股息率是否固定	固定股息优先股	浮动股息优先股
是否补发之前未能按期发放的股息	累积优先股	非累积优先股
是否与普通股参与剩余利润分配	参与优先股	不可参与优先股
能否转换为普通股	可转换优先股	不可转换优先股
能否被赎回	可赎回优先股	不可赎回优先股
能否回售	可回售优先股	不可回售优先股
是否有投票权	有投票权优先股	无投票权优先股
存续日是否永续	永续优先股	非永续优先股

以下主要介绍 5 种分类。

1. 累积优先股和非累积优先股

按照是否补发之前未能按期发放的股息，优先股分为累积优先股和非累积优先股。累积优先股是指公司在某一时期所获利润和可分配利润无法足额支付优先股股息时，将应付股息累积到次年或以后年份盈利时再支付的优先股。非累积优先股则是指在公司未全额支付且欠优先股股东的股息时，优先股股东不能要求公司在以后年度补发的优先股。

2. 参与优先股和非参与优先股

按照是否与普通股参与剩余利润分配，优先股分为参与优先股和非参与优先股。持有人除按规定的股息率优先获得股息外，还与普通股股东分享公司剩余收益的优先股，这称为参与优先股。持有人只能获取一定的优先股股息，但不能参加公司额外分红的优先股，这称为非参与优先股。

3. 可转换优先股与不可转换优先股

按照能否转换为普通股，优先股分为可转换优先股和不可转换优先股。可转换优先股是指允许持有人在特定条件下把优先股转换成为一定数额普通股的优先股。不可转换优先股则是持有人不能将优先股转换为一定数额普通股的优先股。

4. 可赎回优先股和不可赎回优先股

按照能否被赎回，优先股分为可赎回优先股和不可赎回优先股。可赎回优先股是指在发行后一定时期可按特定的赎买价格由发行公司赎回的优先股。不可赎回优先股则是发行公司不能收回或者持有人不能要求赎回的优先股。

5. 可转换可赎回优先股

可转换可赎回优先股相当于在优先股基础上加入了换股期权。对于持有人而言，当公司经营状况较好时，可选择将优先股转换成普通股，享受普通股东的权益；而在公司经营状况欠佳时，可以不进行转换而享受固定的股息，或要求公司进行股票赎回以避免损失。发行公司在发行股票时容易获得大额的固定融资款，但承担了日后进行转换或赎回的不确定成本的义务，从而有助于初创企业的融资。

（1）会计处理。国际会计准则将可转换可赎回优先股划分为金融负债，其公允价值变动损益在 2018 年前计入当期损益，在 2018 年 1 月 1 日之后计入其他综合收益。按照规定，只要发行金融工具的一方在对自己潜在不利的条件下担负着将现金或其他金融资产交付给持有人，或者是与持有人交换其他金融资产的契约性义务，那么，这种金融工具就是金融负债。只要优先股在固定的日期或可确定的未来日期具有强制赎回、可转换和固定的股息支付的特征，这种优先股就是一种金融负债。

（2）当可转换可赎回优先股的公允价值增加时，则被视为“负债”的增加，计为公司的亏损。当公司信用风险上升时，公司本身的公允价值减少，可转换期权的公允价值减少，则净利润或其他综合收益增加。这就让可转换可赎回优先股的公允价值变动损益具有了“反直觉”效应。

（三）中国特色的优先股特征

2014 年 3 月，证监会颁布的《优先股试点管理办法》确立了中国优先股的独特特征。

1. 中国优先股的发行规定

中国优先股的发行规定的主要内容：①发行主体。公开发行主体只能是上市公司，而非公开发行主体包括上市公司和非上市公众公司。②发行方式。采取一次核准、多次发行的储架发行制度。③面值与股息。优先股每股票面金额为 100 元，其发行价格不得低于优先股票面金额。非公开发行优先股的票面股息率不得高于最近两个会计年度的年均加权平均净资产收益率。④限制转股。上市公司不得发行可转换为普通股的优先股，但商业银行发行的优先股享有强制转换权。即当银行的一级资本充足率下降到警戒线时，银行有权将优先股转换为普通股。⑤股息累计。优先股的股息一般要累计到下一年，优先股采取固定股息率。在有可分配税后利润的情况下，必须向优先股股东分配股息；未向优先股股东足额派发股息的差额部分，应当累积到下一个会计年度；优先股股东按照约定的股息率分配股息后，不再同普通股股东一起参加剩余利润的分配。⑥优先股可以恢复表决权。公司累计 3 个会计年度或连续两个会计年度取消优先股股息支付，或未按约定支付优先股股息的，优先股股东可以恢复表决权，享有与普通股股东同等的表决权，直至公司全额支付当期优先股股息，优先股股东才不再享有该类表决权。因此，发行优先股的公司存在普通股股东表决权被稀释的风险。⑦优先股可以回购，但需要支付所欠股息。⑧优先股发行额度控制。上市公司已发行的优先股不得超过普通股股份总数的 50%，且筹资金额不得超过发行前净资产的 50%。

2. 中国优先股的特征

从以上规定可以看出，中国特色的优先股具有如下 3 个特征。

（1）更具有债券的属性。与国际上流行的优先股更多地具有不可赎回、可转换、股息不累积等普通股的属性相比，证监会规定的优先股是累积的、非参与的、不可转换的和可赎回优先股。但是，当公司不发行优先股股息或发生商业银行强制转换时，优先股股东又恢复表决权。在符合条件的情况下优先股可以作为企业股本和银行的核心资本，从而具有普通股的属性。

（2）融资成本高。中国特色的优先股不仅不能像债券利息那样具有抵税效应，而且没有转股期权来降低融资成本，从而造成优先股的融资成本普遍高于公司债券的融资成本，容易成为公司向关联股东输送利益的一种手段。在优先股分红之前，企业不能向普通股股东进行分红，因此，采用优先股融资会带来企业股息支付的困难，减少普通股分红的可能性。只有当债券的融资额度受到限制，或者优先股能计入公司资本而降低资产负债率时，发行优先股对中国企业而言才是一个理性的选择。

（3）具有银行优先股的权益特征。2014 年 4 月 8 日，银监会和证监会联合发布了《关于商业银行发行优先股补充一级资本的指导意见》，规定商业银行在合约中明确有权取消优先股的股息支付且不构成违约条件，未足额派发股息也不累积；商业银行不得发行附有回售条款的优先股；商业银行要设置将优先股转化为普通股的条款。从这些规定可以看出，商业银行发行的优先股具有更多的权益工具特征。

（四）优先股的会计处理与财务影响

由于优先股具有债务和权益的特征，因此，企业需要按照优先股金融工具的合同条款及反映的经济实质来确定优先股或其组成部分是金融负债还是权益工具。

1. 权益工具和金融负债的划分原则

按照会计准则，如果企业发行的金融工具能无条件地避免交付现金或其他金融资产的合同义务，并且以发行方自身权益工具进行结算时能够以固定数量的权益工具交换固定金额的现金或其他金融资产，那么，这种金融工具就是权益工具。不符合这两个条件的金融工具划分为金融负债。对于优先股而言，企业需要考虑股息支付的自主权、赎回条款和转股条款来确定优先股是否符合金融负债或权益工具的确认条件。

（1）若发行人不能自主地决定股息支付，或承担了支付股息的义务，则该优先股划分为金融负债。若发行人能自主地决定股息支付，在没有赎回义务的情况下，则该优先股划分为权益工具。在强制赎回和持有人有赎回选择权的情况下，优先股作为一种复合工具，需要将承担赎回义务的本金部分确认为金融负债，不承担义务的股息部分确认为权益工具。

（2）对于含转股条款的优先股，在考虑本金赎回和股息支付条款的基础上，还要考虑其转股结算的方式。如果转股条款约定的是交付固定数量的股份，则按照权益工具处理。如果转股条款约定的是交付可变数量的股份，则按照债务工具处理。

2. 作为权益工具核算的优先股

按照规定，在其他权益工具项下增设优先股股本和优先股溢价科目，在其他负债项下增设应付优先股股利科目。作为权益工具的优先股列报在资产负债表的“股本”项目和“资本公积”之间的“其他权益工具——优先股股本”“其他权益工具——优先股溢价”项目，反映发行在外的优先股的账面价值、优先股价值的增减变动余额和利润分配状况。在财务报表附注中，发行人需要披露期末发行在外的优先股的详细情况，主要条款说明，优先股的增减变动情况，优先股股息的设定机制，归属于不同权益工具持有者的净利润、其他综合收益、当期已分配股利、累计未分配股利等权益。

3. 作为金融负债的优先股

当优先股被划分为金融负债时，发行企业按照实际收到的金额和溢价发行优先股，借记“银行存款”等科目，贷记“应付债券——优先股（面值）”“应付债券——优先股（利息调整）”科目。对于同时记为金融负债和权益工具的优先股，按照实际收到的金额借记“银行存款”科目，按照优先股的面值贷记“应付债券——优先股（面值）”科目，然后按负债成分的公允价值与优先股面值之间的差额，借记或贷记“应付债券——优先股（利息调整）”科目，最后按照实际收到的金额扣除负债成分的公允价值的差额，贷记“其他权益工具——优先股”科目。因发行此类混合的优先股而发生的交易费用，也应按照负债成分和权益成分的比例进行分摊。

4. 作为权益工具和金融负债的财务比较

优先股作为权益工具时，优先股股本计入权益，股息作为利润分配的一部分在净利润后列支。优先股作为金融负债时，优先股股本计入负债，股息作为利息支出在净利润之前列支。因此，作为权益工具核算，优先股将增加企业的净资产和总资产，并不会直接影响净利润。作为金融负债核算，优先股会增加企业的负债和资产负债率，派发的股息作为债务利息支出减少了企业的净利润和净资产。作为金融负债和权益工具核算的优先股，则增加了企业的负债和所有者权益，还会减少企业的净利润和每股收益。

举例 优先股的财务影响。2014 年 11 月，中国农业银行发行了国内首只优先股，满足作为权益工具核算的条件。中国农业银行共发行了面值为 100 元、股息率为 4.5%的 4 亿股优先股，扣除发行费用后的筹集资金净额为 399.44 亿元。假设优先股募集资金的投资收益率与非重组类债券相同，都为 4.11%，并假定优先股于 2014 年 1 月 1 日发行，不考虑优先股发行对中国农业银行可用信贷规模的杠杆放大作用。要求：测算优先股发行对主要财务数据和财务指标的影响。

分析：（1）优先股发行对主要财务数据的影响，见表 11-7。首先，与发行前相比，发行优先股增加了利息收入 12.31 亿元和净利润 9.23 亿元，但支付 18 亿元优先股股息之后，减少了归属于母公司普通股股东的净利润 8.77 亿元。这主要是因为优先股股息率高于投资收益率及所得税。其次，股东权益（一级资本）和总资产分别增加了 390.67 亿元和 408.68 亿元，但归属于母公司普通股股东的权益（核心一级资本）则减少了 8.77 亿元。因此，中国农业银行的一级资本充足率得以提高，资产负债率得以下降。

表 11-7 优先股发行对主要资产负债表和利润表项目的影响（单位：亿元）

项目	截至 2014 年 9 月 30 日止 9 个月		
	发行前	发行后	变动
资产负债表项目			
总资产	159 592.49	160 001.17	408.86
应付股利	0	18	18
其他权益工具	0	399.44	399.44
归属于母公司普通股股东的权益	9 571.24	9 562.47	−8.77
股东权益	9 586.93	9 977.60	390.67
利润表项目			
利息净收入	3 177.93	3 190.24	12.31
营业利润	1 962.38	1 974.69	12.31
利润总额	1 972.71	1 985.02	12.31
净利润	1 525.05	1 534.28	9.23
归属于母公司普通股股东净利润	1 524.39	1 515.62	−8.77

（2）优先股发行对主要财务指标的影响见表 11-8。从表中可以看出，中国农业银行的成本收入比下降了 0.096%，平均总资产回报率上升 0.006%，这主要是因为营业利润增加。但是，加权平均净资产收益率和基本每股收益下降了。这说明，在投资收益率低于优先股股息率的情况下，普通股股东向优先股股东转移了部分权益，从而造成每股收益的下降。

表 11-8 优先股发行对农行财务指标的影响

项目	截至 2014 年 1～9 月		
	发行前	发行后	变动
成本收入比（%）	30.798	30.702	−0.096
平均资产回报率（%）	1.332	1.339	0.006
加权平均净资产收益率（%）	22.343	22.225	−0.118
基本每股收益（元）	0.469	0.467	−0.003
稀释每股收益（元）	0.469	0.444	−0.025

二、股利分配

股利分配政策就是公司从公司价值最大化角度决定是否向股东分配股利，以及以何种形式和比例分配股利的政策。股利分配政策在向投资者传达公司持久盈利能力方面具有显著的作用。投资者通过对股利政策的理解和判断，来修正公司持久盈利的预期和投资决策。中国上市公司的利润分配形式主要有现金股利、股票股利和资本公积转增股本 3 种，股票回购是派发现金股利的一种替代形式。每种方式对公司和股东的财务影响都不尽相同。

（一）现金股利

现金股利又称为现金红利，是指公司以现金的形式向股东支付的股利。在中国，分配现金股利常用“10派几元（含税）”的说法，表示“每10股派发现金股利多少元（含税）”。

1. 现金股利的政策规定

2008年10月，证监会发布了《关于修改上市公司现金分红若干规定的决定》，要求准备发行新股的上市公司最近3年以现金方式累计分配的利润不得少于最近3年实现的年均可分配利润的30%；报告期内盈利但未提出现金利润分配预案的公司，应详细说明未分红的原因及未用于分红的资金留存公司的用途。2013年11月，证监会发布了《上市公司监管指引第3号——上市公司现金分红》，明确强调现金分红相对于股票股利在利润分配中的优先顺序，并根据公司的发展阶段和现金支出的情形规定了股利支付率为20%、40%和80% 3种情况。

2. 现金股利分配的纳税影响

按照《中华人民共和国个人所得税法》的规定，股息、红利所得应缴纳个人所得税，以每次收入额为应纳税所得额，税率为20%。同时，对支付利息、股息和红利所得实行源泉扣缴的征收方式，其扣缴义务人是直接向纳税义务人支付利息、股息、红利的单位。对扣缴义务人按照所扣缴的税款，付给2%的手续费。需要注意，税法上的红利是指在只分红不派息的条件下普通股的股利收益，即现金股利；税法上的股息是指在只分派息不分红的条件下普通股的股利收益，即股票股利。

3. 现金股利分配的会计处理

公司分配现金股利有两种来源：一种是从税后利润中分配；另一种是以盈余公积分配。

（1）按照中国的公司法和会计准则的规定，公司当期实现的净利润，加上年初未分配利润和盈余公积弥补亏损后的余额，为可供分配的利润。可供分配的利润按照下列顺序分配：提取法定公积金；应付优先股股利；提取任意盈余公积；应付普通股股东，对于上市公司分配给普通股股东的现金股利；转作资本的普通股股利或增资扩股方案。公司利润分配方案须经股东大会决议批准。

（2）当经营出现亏损时，公司也可以用盈余公积支付股利。公司的盈余公积既可用于弥补亏损、转增资本，也可以用于分派现金股利。公司用盈余公积支付现金股利时要满足3个条件：一是该项分配方案须经股东大会特别决议；二是支付股利后留存的法定盈余公积不得低于股利支付前注册资本金的25%；三是股利支付比率不应超过股票面值的6%。

（3）不管股利分配的来源是税后利润还是盈余公积，其会计处理的程序基本相同。在现金股利宣告发放日，按计算的现金股利总额借记“利润分配——应付现金股利”或“盈余公积——法定盈余公积或任意盈余公积”科目，贷记“应付股利”科目。在现金股利实际发放日，按含税的现金股利总额借记“应付股利”科目，按应代扣代缴的个人所得税贷记“应交税费——代扣代缴个人所得税”科目，按实际支付给股东的税后现金股利贷记“银行存款”或“现金”科目。在次月7日以内上缴代扣税款时，按代扣代缴总额借记“应交税费——代扣代缴个人所得税”科目，按以代扣税款2%计算的代扣代缴手续费贷记“营业外收入”科目，按其实际上缴税务机关的代扣税款贷记“银行存款”科目。

（二）股票股利

股票股利，俗称送红股，是指公司以增发股票的方式代替现金，按股东持有股份的比例向股东支付的股利。从本质上说，股票股利就是留存收益转增资本，包括盈余公积转增资本和未分配利润转增资本两种情形。发放股票股利并没有改变公司的股东权益总额，但是，股票数量、股本和资本公积增加，盈余公积和未分配利润减少。

1. 盈余公积的分类

盈余公积分为法定盈余公积和任意盈余公积，主要用来弥补公司亏损、扩大公司生产经营和增加公司资本。按照《公司法》的规定，法定盈余公积按税后利润的10%提取，法定盈余公积累积额已达到注册资本的50%时可不再提取；任意盈余公积则由公司按照股东大会的决议提取。但是，法定盈余公积转增资本时，所留存的该项公积金不得少于转增前公司注册资本的25%。

2. 股票股利分配的纳税影响

企业用盈余公积金或未分配利润派发红股，属于股息、红利性质的分配，对个人投资者按照20%的税率代扣代缴个人所得税，对于企业投资者免征企业所得税。企业从税后利润中提取的法定公积金和任意公积金转增注册资本，相当于公司以盈余公积金向股东分配了股息、红利，股东再以分得的股息、红利增加注册资本，应就股本增加额按万分之五缴纳印花税。

3. 股票股利分配及其纳税的会计处理

上市公司分配股票股利有两种情况：一是作为利润分配而发放的股票股利；二是用盈余公积转增股本而派送新股。

（1）股票股利转增股本。经股东大会批准作为利润分配发放的股票股利，于实际分配股票股利时，借记“利润分配——转增股本的股利”科目，贷记“股本”科目。用盈余公积分配股票股利转增股本，于实际分配股票股利时，借记“盈余公积”科目，贷记“股本”科目。

（2）代扣代缴个人所得税。在转增股本的同时，按个人股东和证券投资基金分得股票的面值计算税款总额，借记“其他应收款”科目，贷记“应交税金——代扣代缴个人所得税”科目；上缴税款时，按税款总额借记“应交税金——代扣代缴个人所得税”科目，按税款总额的2%计算的代扣代缴手续费贷记“营业外收入”科目，按其差额即实际上缴税务机关的税款金额贷记“银行存款”科目；收到个人股东缴来税款时，按实际收到的税款总额，借记“银行存款”科目，贷记“其他应收款”科目。如果上市公司没有及时收到个人股东应缴纳的税款，则企业要对这部分计入其他应收款的金额计提坏账准备，确认坏账损失。

（3）缴纳印花税。在企业股本增加额按照万分之五缴纳印花税时，借记“管理费用”科目，贷记“银行存款”科目。

举例　股票股利与所得税。有限责任公司A由甲、乙、丙3个自然人投资设立，投资比例为5∶3∶2。为了扩大资本总额，决定用企业盈余公积金和资本公积金转增资本。要求：分别计算甲、乙、丙应纳个人所得税税额。会计分录为

借：盈余公积——法定盈余公积　　　　　　　　　　　　　　　　60万

资本公积——资本溢价　30 万

贷：实收资本——甲　45 万

实收资本——乙　27 万

实收资本——丙　18 万

分析：按照税法文件规定，股份制企业利用资本公积金转增股本不属于股息、红利性质的分配，对个人取得转增股本数额，不作为个人所得，不征收个人所得税。但是，股份制企业利用盈余公积金派发红股属于股息、红利性质的分配，对个人取得的红股数额应作为个人所得征税。因此，股东甲应缴纳个人所得税=60×50%×20%=6（万元），股东乙应缴纳个人所得税=60×30%×20%=3.6（万元），股东丙应缴纳个人所得税=60×20%×20%=2.4（万元）。上述税款由派发红股的 A 公司代扣代缴，收取的手续费=（6+3.6+2.4）×2%=0.24（万元）。会计分录为

借：应交税费——代扣代缴个人所得税　12 万

贷：银行存款　11.76 万

营业外收入　0.24 万

（三）资本公积转增股本

资本公积是投资者的出资超出其在注册资本中所占份额的部分，或者其他人投入的不形成实收资本但所有权归属于投资者的部分资产。资本公积转增股本与利润分配或盈余公积转增股本发放股票股利都没有改变股东权益总额，只是改变了股东权益的内部结构和增加了股票数量，每股净资产和每股收益下降，每股股价也下降。

1. 资本公积转增股本的纳税影响

上市企业用资本公积转增股本不属于股息、红利性质的分配，对个人取得的转增股本数额不作为个人所得，不征收个人所得税。由于资本公积转增股本没有改变股本与资本公积之和，企业也无须缴纳印花税。但是，如果是盈余公积转增股本（股票股利），对作为个人和投资基金的优先股和普通股股东，在转股时则需扣缴个人所得税，企业则需缴纳印花税。表 11-9 是 4 种股东回报方式的不同税收效应。

表 11-9　4 种股东回报方式的不同税收效应

项目	现金股利	股票股利	资本公积转增股本	股票回购
现金流出	是	否	否	是
公司所得税	否	否	否	否
个人所得税	是	是	否（部分）	否
企业缴纳印花税	否	是	否	否

2. 资本公积转增股本的会计处理

经股东大会决议，企业在以资本公积转增股本时，按照转增股本的金额，借记“资本公积——股本溢价”科目，贷记“股本”科目。

3. 资本公积转增股本的财务效应

资本公积转增股本的实质是所有权者权益内部资本结构的调整，不会导致所有者权益

总额的变化。但是，资本公积转增股本具有独特的功能。

（1）增加公司的信誉和实力。资本公积转增股本会导致股票数量和股本增加，从而降低每股收益、每股净资产、每股股利和每股股价，影响市盈率、市净率等财务指标，有利于吸引更多的潜在投资者和公司筹集资金。

举例 资本公积转增股本的稀释作用。某家上市公司2017年的每股净资产为4.50元，每股公积金为2.00元，每股未分配利润为1.50元，总股本为1亿股。假设该公司在2018年3月实施每10股转增5股的分配方案。要求：计算该方案实施后每股净资产、每股公积金和每股未分配利润。

分析：实施资本公积转增股本后，该企业的股本变为1.5亿股。每股净资产=4.50×10/（10+5）=3.00（元/股），每股公积金=（2.00−1×5/10）/1.5=1.00（元/股），每股未分配利润=1.50/1.50=1.00（元/股）。

（2）达到公开上市和筹资的目的。《中华人民共和国公司法》《中华人民共和国证券法》对于有限责任公司和股份有限公司的设立、公开上市和在资本市场的筹资都有注册资本或股本总额的最低要求。显然，资本公积转增股本既增加股票数量又增加股本，是达到上市筹资目的的快捷方式。

（3）对股东和企业的避税效应。以股票溢价形成的资本公积转增股本，不作为股息和红利收入，对于企业投资者免征企业所得税。但是，由于不能增加长期股权投资的计税成本，在以后转让或处置股权时，企业投资者也不得扣除转增的部分，届时也需要缴纳企业所得税。同时，资本公积转增股本并没有改变实收资本和资本公积之和，因此企业也不需要缴纳印花税。相比之下，企业用盈余公积转增资本而导致实收资本和资本公积之和增加时，需要按照万分之五缴纳印花税。

（4）个人投资者的纳税区分。对于个人投资者而言，上市公司和其他股份有限公司以股票溢价形成的资本公积转增股本，不作为股息和红利收入，免征个人所得税；但对于有限责任公司以吸收新股东时资本溢价形成的资本公积转增股本，所有公司以非股票溢价形成的其他资本公积金转股本的，个人要按照利息、股息、红利所得项目，对取得的转增股本数额缴纳个人所得税20%，并以转增额和相关税费之和确认新转增股本的股权原值。这意味着，非上市企业和其他股份有限公司以资本公积转增股本需要代扣代缴个人所得税。

（5）个人投资者收购的税收效应。当个人投资者以股权方式取得被收购企业100%的股权时，若收购价格不低于被收购企业的净资产，被收购企业原盈余积累已全部计入股权交易价格，则新股东取得盈余积累转增股本的部分，不征收个人所得税；若收购价格低于被收购企业的净资产，对于股权收购价格减去原股本的差额部分已计入股权交易价格，则新股东取得盈余积累转增股本的部分，不征收个人所得税；对于股权收购价格低于原所有者权的差额部分未计入股权交易价格，则新股东取得盈余积累转增股本的部分，要按照利息、股息或红利所得项目征收个人所得税。

举例 资本公积转增股本与所得税。某公司以2017年12月31日公司总股本200万股为基数，向全体股东按每10股派发现金股利1元（含税）进行分配，共计分配利润20万元。公司以2017年12月31日总股本200万股为基数，以资本公积向全体股东每10股转增8股，其中股票溢价形成的资本公积转为股本2股，共计资本公积转增股本160万股。

该公司居民企业股东和在国内设立机构的非居民企业股东分别享有总股本的60%和40%。要求：分析居民企业和非居民企业的纳税状况。

分析：在股票溢价形成的资本公积转增股本的情况下，不确认为红利，即200×2/10=40（万元）不作为投资企业的股息、红利收入，不缴纳企业所得税。居民企业应确认股息红利=20×60%+（160−40）×60%=84（万元），免缴企业所得税；非居民企业股东股息红利=20×40%+（160−40）×40%=56（万元），免缴企业所得税。

（四）股票回购

股票回购又称为股份回购，是指上市公司利用留存收益或债务融资以一定的价格购回公司本身已发行在外的普通股或优先股，将其作为库存股或进行注销，以达到减资或调整股本结构的目的。公司回购股票的动机包括规避政府对现金股利的管理，对抗其他公司的敌意收购，实施股权激励计划等。

（1）股票回购的财务效应。对于公司而言，股票回购会造成现金流出和股本收缩。其财务效应包括：①降低企业的流动性，增加企业的财务风险。②提高资产负债率，发挥财务杠杆效应。③随着公司股本减少，每股收益和净资产收益率会在短期内提高，从而提高股票的内在价值。④稳定公司股价。股票回购向投资者传递了公司价值的信号，增加了股票的流动性，让股票价格更加接近于公司的内在价值。⑤股份回购容易造成内幕交易，损害中小投资者和债权人的利益。⑥股票回购可以作为替代现金分红的一种方式。由于具有随意性的特征，股票回购比具有强制性和连续性特征的现金股利更有助于减轻公司分红的压力，提高公司的财务弹性，避免长期的股利支付压力和减少流通在外的普通股数量。

（2）股票回购的税收效应。从2013年开始，对于个人股东而言，上市公司发放的股息红利需缴纳5%～20%的个人所得税，而资本利得享受免税待遇，只是在出售股份时支付千分之二的印花税和佣金。由于派发现金股利需要缴纳个人所得税，而股票回购带来的资本利得只需要缴纳较低的资本利得税，因此，股票回购可以让股东少缴税，从而成为股利分配的替代手段。

举例　股票回购与财务效应。江中药业由江中制药集团控制，于2013年11月29日披露了回购报告书，并于2014年1月8日首次实施回购，2014年5月25日回购期满。2014年1～5月，江中药业支付1.8亿元回购股份1 115万股，将总股本从31 115万股减少到30 000万股。回购后，大股东江中制药集团的股份从42.15%提高到43.54%，社会公众股从57.85%降低到56.46%。表11-10是江中药业2013年和2014年股票回购前后的财务数据。要求：分析该公司股票回购的财务影响。

表11-10　江中药业2013年和2014年股票回购前后的财务数据

项目	2013年6月30日	2013年12月31日	2014年6月30日
每股收益（元）	0.37	0.55	0.31
每股净资产（元）	6.50	6.68	6.35
净资产收益率（%）	5.64	8.28	5.03
销售毛利率（%）	36.89	37.69	51.37
销售利润率（%）	8.98	6.25	6.99

续表

项目	2013 年 6 月 30 日	2013 年 12 月 31 日	2014 年 6 月 30 日
销售费用比率（%）	21.61	24.85	26.10
财务杠杆系数	1.145	1.172	1.164
资产负债率（%）	29.84	28.71	39.24
流动比率（%）	4.92	4.97	2.64
利息保障倍数	8.99	8.57	7.89
应收账款周转率	19.59	57.76	13.81

分析：从表 11-10 中可以看出，在进行股票回购后，江中药业的销售毛利率增加，销售费用比率、财务杠杆系数、资产负债率明显上升，但每股收益、每股净资产、净资产收益率、销售利润率、流动比率、利息保障倍数和应收账款周转率下降。为了缓解股票回购的现金流出，江中药业利用定期存单的质押担保获得流动资金贷款 4 730 万元，其子公司江西九州通药业也再次向银行贷款 1 500 万元。因此，江中药业的股票回购增加了企业的财务风险和资产负债率，盈利能力明显下降。

（五）上市公司股利分配政策的比较

1. 股票股利与现金股利的比较

与现金股利（及股票回购）相比，股票股利能减少企业的现金流出，有利于再投资和保持充足的现金流量；稀释股本，降低股价，便于股票的市场流通。公司在发行新股时，过去的股票股利有助于降低发行价格，吸引更多的投资者，确保股票发行的成功。大幅度的现金分红（及股票回购）容易造成公司的现金流量中断，现金支付利息和股利的能力下降，现金的创收能力和收益质量也随之下降，甚至会造成严重的应收账款风险和流动资产的利用率降低的问题。

2. 股票股利与资本公积转增股本的比较

（1）相同点：第一，资产、负债和股东权益的总额不变，股东权益的内部结构发生改变。资本公积转增股本会导致资本公积减少而股本增加，发行股票股利则导致留存收益减少而股本和资本公积增加。第二，稀释每股收益和每股净资产的效应相同。

（2）不同点：第一，性质不同。股票股利是公司利润分配的形式，资本公积转增股本只是股权账户的内部结转，不具有利润分配的性质。第二，纳税影响不同。企业发行股票股利时需要缴纳印花税，还需要代扣代缴个人所得税，而企业实行资本公积转增股本时无须缴纳印花税，也无须代扣代缴个人所得税。

3. 股票回购与现金股利的比较

（1）相同点：第一，财务影响相同。企业的现金流出增加，资产负债率提高，流动性下降。第二，对股票价格的公告效应相同。股票回购和现金股利都具有向投资者传递公司未来发展信心或股价被低估的信息作用。

（2）不同点：第一，性质不同，现金股利是公司利润分配的性质，股票回购则是缩减资本的形式，不具有利润分配的性质。第二，纳税影响不同。企业发行现金股利时，个人投资者需要缴纳一般个人所得税；而企业回购股票时，个人投资者只需缴纳资本利得税。

第三，对股东权益结构的影响不同。股票回购会减少股本和资本公积，而现金股利则会减少盈余公积和未分配利润。第四，对每股净资产和每股收益的影响不同。股票回购既可能增加也可能减少每股收益和净资产，而现金股利则会减少每股净资产，对未来的每股收益则不发生影响。

三、股利分配的财务分析

股利分配可以采取比较财务报表分析、共同比财务报表分析和比率分析。共同比财务报表分析主要分析现金股利和股票回购的现金流出占现金流量表中的筹资现金流出的比例、股票股利和资本公积转增股本所增加的股本占总股本的比例等。比率分析指标主要有留存收益率、股利支付率、股息率等。

（一）比较财务报表分析

股利分配的比较财务报表分析就是要分析企业发放的现金股利、每股现金股利，以及股票回购金额及其变动。

（二）比率分析

1. 留存收益率

一般来说，公司的净收益有两种用途，即发行股利或当作留存收益。留存收益率就是公司的净收益用于当年留存收益的比例。其计算公式为

留存收益率=（净利润-现金股利）/净利润×100% =1-股利支付率

其中，留存收益不是资产负债表中包含盈余公积和未分配利润的留存收益，而仅指当年净利润用于留存收益的那部分；净利润仅指归属于普通股股东的净利润，等于税后净利润减去优先股股利。一般来说，公司通常要保持60%～75%的留存收益率，以便于通过内部积累而得到长期发展。许多成长中的企业或者新建立的企业都不发放现金股利，保持很高的留存收益率。

2. 股利支付率

股利支付率衡量当期普通股每股收益用于支付股利的比例。现金股利支付率是普通股每股现金股利与每股收益之比，反映了公司在税后利润中向股东支付的现金股利。股票股利支付率就是普通股每股股票股利与每股收益之比。其计算公式为

股利支付率=普通股每股股利/基本每股收益×100%

现金股利支付率=普通股每股现金股利/基本每股收益×100%

股票股利支付率=普通股每股股票股利/基本每股收益×100%

由于股东可以在资本利得或者现金股利之间进行选择，股利支付率没有一个约定俗成的比例。高股利支付率意味着公司的股票价格上涨幅度较小，而低股利支付率可能代表着公司的增长潜力巨大，普通股权益报酬率较高。但是，股利支付率越低，企业的现金流量越多，企业进行过度投资的风险和经营风险越大，股价崩盘的风险也越大。

3. 股利支付率的大小

由于企业的现金股利既可来自年初未分配利润和盈余公积，也可来自当年的税后净利润，股利支付率就可能会超过100%，也可能是负数。一般而言，大多数公司的股利支付率维持在20%～40%。

举例　股利支付率的大小。表 11-11 是 2017 年股利支付率的极端情形。要求：分析表 11-11 中公司的股利支付率特征。

表 11-11　2017 年股利支付率最高和最低的 10 家上市公司（单位：%）

公司名称	股利支付率	公司名称	股利支付率
世荣兆业	328.37	中联重科	-100.20
恒生电子	337.76	盛和资源	-82.19
巨化股份	349.08	卓郎智能	-80.89
常宝股份	364.73	海正药业	-51.13
国创高新	375.00	兰州黄河	-48.86
三维工程	427.69	甘肃电投	-18.20
林海股份	453.19	美达股份	-12.96
莱美药业	581.74	濮耐股份	-9.53
中百集团	842.59	江西长运	-7.28
摩恩电气	883.21	中视传媒	-6.64

分析：从表 11-11 中可以看出，中百集团和摩恩电气的股利支付率超过了 800%，表明其绝大部分股利支付来自留存收益。相反，中联重科、盛和资源和卓郎智能的股利支付率低于-80%，表明这些企业发生了亏损，发放的现金股利全部来自留存收益。

4. 公司的现金股利支付政策选择

根据各年份股利支付率的不同，股利分配政策可以分为剩余股利政策、固定或持续增长的股利政策、固定股利支付率政策及低正常股利加额外股利政策。

（1）剩余股利政策。剩余股利政策要求公司从当年的净利润中留出专门的盈余资金进行投资增值，并以现金股利的方式向股东分红。这种股利政策假定股利分配只是剩余利润的一部分，管理层不必单独考虑股利政策和股东对现金股利的需求。

（2）固定或持续增长的股利政策。该股利政策要求公司在长期中采取支付固定股利的政策，通常适合具有稳定收入和利润的公用事业行业，如供水、供气、供电行业，以及银行业、保险业。只有未来净利润显著增长时，企业才会提高股利发放额。

（3）固定股利支付率政策。该股利政策要求，公司按照税后净利润的一个固定比例作为股东分红的标准。但是，固定股利支付率政策没有考虑股票股利、股票回购等其他有助于增加股东财富的政策。

（4）低正常股利加额外股利政策。该股利政策要求，公司在正常经营年份按照一个较低的比例进行股利发放，但在某些年份利润增加时再额外发放股利，从而满足股东对现金股利的需求。

5. 影响现金股利支付率的因素

现金股利支付率与公司的成长性、大股东的持股比例、净资产收益率显著负相关，与公司的规模呈正相关。在成长阶段，企业的利润率较高，增长较快，投资机会较多，现金股利支付率较低。随着公司进入成熟阶段，市场逐渐饱和，投资机会减少，现金股利支付率逐渐提高。进入衰退期后，公司的盈利能力下降，现金股利支付率停滞不前或者下降。

6. 股息率

股息率指股票的股利收益率。由于股票有优先股和普通股之分，股息率也分为优先股的股息率和普通股的股息率。

1）优先股的股息率

（1）优先股的股息率的含义。优先股的股息率就是优先股的每股股息额与每股面值的比率。其计算公式为

$$优先股的股息率=优先股每股股息额/优先股每股面值\times100\%$$

优先股的票面股息率非常类似于债券的票面利率和存款利率。优先股的票面股息率容易受到企业的信用风险、流动性风险、期限风险及市场利率风险的影响。2015～2017 年，在深圳和上海的上市公司发行优先股的股息率集中在 3.8%～5.8%，平均股息率为 4.8%，但时代电影和贝融股份在 2017 年发行的优先股股息率高达 12.5%。

（2）优先股的股息率的分类。优先股股息率分为固定股息率和浮动股息率两种。在 2014～2017 年，非商业银行上市公司发行的 9 只优先股中，康美药业和中原高速发行的是固定股息率优先股，晨鸣纸业、中国交建、中国电建和中国建筑发行的 7 只优先股都是可调息的附单次跳息 2%。除了可调息部分外，优先股的股息率还会因为参与剩余利润的分配而增加。例如，中原高速的优先股投资者与普通股股东可分享剩余利润的 15%，晨鸣纸业的优先股投资者与普通股股东可分享剩余利润的 50%，而剩余利润等于净利润减去优先股股利和分配的普通股股利之差。因此，优先股的股息率就由票面股息率、可调整的跳息率和每股剩余利润分配率 3 个部分组成。但是，非公开发行优先股的票面股息率不得高于最近两年的加权平均净资产收益率。

2）普通股的股息率

普通股的股息率或股利收益率就是普通股的每股股息额与每股股票价格的比率。其计算公式为

$$普通股的股息率=普通股每股股利/普通股每股市价\times100\%$$

股利收益率取决于公司的股利政策和股票市价，这两者之间往往具有替代关系。股价越偏高，股息率越低。较低的股利可能意味着较多的收益用于公司的发展，股票市价会趋高，结果是股利收益率较低。相反，发行大量的股利可能会对公司的发展不利，较低的股价意味着股利收益率较高。如果公司的普通股权益报酬率超过平均水平，较低的股利收益率更能让投资者满意。不过，偏爱当期收益的投资者可能更喜欢较高的股利收益率。

举例　股利分配。伊利 2012～2016 年的股利分配形式主要是现金股利和转增股本两种形式，没有分配股票股利。现金股利支付率在 2013～2016 年都超过了 50%，尽管 2012 年只有 30.51%。股利收益率的稳定性较高，2013～2016 年都保持在 3%及以上，高于一年期的存款利率，见表 11-12。

表 11-12 伊利 2012～2016 年的股利分配状况

会计年度	分红（元/10 股）	转送股（元/10 股）	现金股利支付率(%)	股利收益率（%）
2012	2.8	—	30.51	0.98
2013	8	5	51.28	3.60
2014	8	10	59.15	3.71
2015	4.5	—	58.92	3.00
2016	6	—	64.42	3.39

7. 分配收益率

对于普通股股东来说，从公司获得的分配包括现金股利、股票股利和资本公积转增股本 3 种形式。因此，分配收益率就等于现金股利收益率、股票股利收益率和公积金转增股本的收益率之和。其计算公式为

全部分配收益率=（现金股利+股票股利+资本公积转增股本金额）/每股市价×100%

=现金股利收益率+股票股利收益率+转增收益率

举例 全部分配收益率。1994～2009 年，中国上市公司的分配收益从约 3%下降到约 1%，见表 11-13。主要原因是现金股利收益率下降了 1%～1.5%，股票股利收益率下降了 0.8%左右，而转增收益率呈现波动状态。

表 11-13 中国上市公司 1994～2002 年的分配收益率（单位：%）

年份	全部分配收益率	现金股利收益率	股票股利收益率	转增收益率
1994	2.96	2.07	0.88	0.01
1995	2.62	1.66	0.89	0.07
1996	2.41	0.73	0.87	0.81
1997	1.42	0.54	0.36	0.52
1998	1.42	0.61	0.31	0.50
1999	1.21	0.64	0.21	0.36
2000	1.17	0.69	0.13	0.35
2001	1.06	0.79	0.08	0.19
2002	1.43	0.99	0.08	0.36

四、现金股利分配的杜邦分析

现金股利分配会影响企业的资本积累率和净资产剩余现金回收率。下面对这两个财务指标进行杜邦分析。

（一）资本积累率

资本积累率就是未用于现金股利分配的净利润占净资产的比率。在不发行新股、不改变目前经营效率和财务政策条件下，资本积累率是净资产所能达到的最大增长率，故又称

为可持续增长率。

1. 资本积累率的含义

在某种程度上说，资本积累率是净资产增长率的特例，即在股本、资本公积和其他综合收益不增长的条件下，留存收益增长带来的净资产增长率。留存收益占股东权益的比例越大，留存收益的增长率越大，企业的资本积累率就越高。

举例　现金股利与资本积累率。老凤祥于 1992 年上市，随后 20 年间每年分派股息 0.1～0.2 元。从 2013 年起，老凤祥每年的现金分红大幅度增加，2013～2016 年平均每年派现 0.86 元。表 11-14 是老凤祥 2013～2016 年的财务数据。要求：对老凤祥高现金分红的资本积累率进行分析。

表 11-14　老凤祥 2013～2016 年的财务数据

项目	2013 年	2014 年	2015 年	2016 年
净资产收益率（%）	26.70	23.82	24.60	20.89
销售利润率（%）	3.43	3.74	3.98	3.91
总资产周转率	3.62	3.14	3.09	2.73
权益乘数	2.15	2.03	2.00	1.96
股利支付率（%）	27.77	36.63	33.12	36.78
现金分红总额（亿元）	3.13	4.49	4.70	5.02
净利润（亿元）	11.30	12.28	14.21	13.65
资本积累率	19.28	15.10	16.45	13.21

分析：从表 11-14 中可以看出，老凤祥的资本积累率在 2013～2016 年出现了下降。主要原因是公司的净资产收益率下降，股利支付率上升。净资产收益率下降的原因并非销售利润率下降，而是总资产周转率和权益乘数下降。

（1）总资产周转率下降主要是因为应收账款周转率和流通资产周转率下降。其中，应收账款周转率从 2013 年的 153.12 次/年下降到 2016 年的 76.1 次/年，流动资产周转率从 2013 年的 4.15 次/年下降到 2016 年的 3.01 次/年，每股经营活动现金净流量从 2013 年的 2.91 元下降到 2016 年的−1.87。这表明，公司的收账速度放慢，坏账损失会增加，资金的使用效率下降。

（2）权益乘数下降则表明公司的偿债能力增强，财务风险降低。但是，股利支付率上升造成公司的现金短缺。现金流量利息保障倍数从 2013 年的 7.73 倍下降到 2016 年的−6.40 倍，说明公司用现金偿付利息的能力大幅度下降。现金营运指数和经营现金收益比也呈下降趋势，分别从 2013 年的 0.93 和 1.35 下降到 2016 年的 0.89 和−0.72。这充分说明，在外部融资受到限制的条件下，企业的股利分配政策对其偿债能力、营运能力和收益质量都有很重要的影响。

2. 资本积累率的杜邦分析

资本积累率的计算公式为

资本积累率=（归属于普通股东的净利润−现金股利）/净资产

=净资产收益率×（1-股利支付率）

=销售利润率×总资产周转率×权益乘数×（1-股利支付率）

其中，净资产是期初和期末净资产的平均数，或者期末的净资产；1-股利支付率=留存收益率。

（二）净资产剩余现金回收率

1. 净资产剩余现金回收率的含义

净资产剩余现金回收率是剩余经营活动现金净流量与平均净资产的比率。它既综合反映了企业利用资本获取现金的能力，也反映了企业的再投资能力和偿债能力。其计算公式为

净资产剩余现金回收率=剩余经营活动现金净流量/平均股东权益余额

剩余经营活动现金净流量=经营活动现金净流量-分配股利、利润或偿付利息所支付的现金

该指标越大，企业利用资本获取剩余现金净流量的能力越强，企业的再投资能力、偿债能力和支付能力越强，企业的持续经营能力也越强。

2. 净资产剩余现金回收率的杜邦分析

如果将剩余经营活动现金净流量与未分配净利润（留存收益）的比率称为留利现金比率，那么，杜邦净资产剩余现金回收率可以分解为

净资产剩余现金回收率=资本积累率×留利现金比率

=销售利润率×总资产周转率×权益乘数×留存收益率×留利现金比率

举例 净资产剩余现金回收率。表 11-15 是某公司 2016～2017 年的财务数据。要求：计算该公司的净资产剩余现金回收率，并进行杜邦分析。

表 11-15 某公司 2016～2017 年的财务数据（单位：亿元）

项目	2017 年	2016 年	变动额
资产平均总额	204.53	176.82	27.71
股东权益平均总额	161.04	153.76	7.28
营业收入	220.89	198.04	22.85
净利润	25.53	17.27	8.26
留存收益	18.69	11.82	6.87
经营活动现金净流量	35.84	21.46	14.38
分配股利、利润或偿付利息所支付的现金	21.17	11.50	9.67
剩余现金流量净额	14.67	9.95	4.72

分析：表 11-16 是对该公司 2016～2017 年的净资产剩余现金回收率及其主要财务指标的杜邦分析。从中可以看出，该公司 2017 年的净资产剩余现金回收率比 2016 年有了显著的提高，增加了 2.64%。这主要是因为资本积累率在 2017 年比 2016 年提高了 3.92%，尽管留利现金比率下降了 5.8%。资本积累率的增长得益于净资产收益率和留存收益率的增加，分别增长了 4.63%和 4.78%。净资产收益率的增长则来自销售利润率和权益乘数的增加，尽管总资产周转率出现了轻微的下降。因此，该公司 2017 年净资产剩余现金回收率的提高得益于销售能力的增强、资本结构的改善及股利政策调整的共同作用，企业整体

的持续经营能力有所增强。但是，总资产周转率和留利现金比率的下降对净资产剩余现金回收率造成一定的负面影响。

表 11-16　某公司 2016～2017 年的净资产剩余现金回收率及杜邦分析

财务指标	2016 年	2017 年	变动额（亿元）
净资产剩余现金回收率（%）	6.47	9.11	2.64
资本积累率（%）	7.69	11.61	3.92
净资产收益率（%）	11.23	15.86	4.63
销售利润率（%）	8.72	11.56	2.84
总资产周转率（次/年）	1.12	1.08	−0.04
权益乘数（倍）	1.15	1.27	0.12
留存收益率（%）	68.45	73.23	4.78
留利现金比率（%）	84.21	78.41	−5.8

第三节　股票投资分析

股票投资的估值方法分为绝对估值法和相对估值法。绝对估值法有自由现金流量贴现估值法、股利贴现估值法等。这些方法通过未来可以预测的各阶段自由现金流量或股利进行折现，获得股票的内在价值。相对估值法有市净率、市盈率、市销率等。这些方法通过行业属性对应的合理估值区间和相应公司的财务指标确定一个合理的价值区间。

以财务报表为基础进行股票估值的基本思想是，股票的内在价值被认为是某个财务指标的资本化乘数。这些资本化乘数采取市盈率、市净率、市销率、自由现金流乘数等财务指标的形式。例如，市盈率是每股盈利的资本化乘数，市净率是每股净资产质量的资本化乘数，市销率是每股销售收入的资本化乘数，自由现金流乘数是自由现金流量的资本化乘数。市净率体现了公司的净资产质量及公司的发展前景，是衡量股票价值的底线。

一、市盈率

市盈率将股票价格与企业的盈利能力结合起来，作为股票估值的重要手段。作为一个反映风险与收益的综合指标，市盈率（P/E），又称股价收益比率、盈利的资本化乘数或本益比，就是普通股每股市价与每股收益的比率。其计算公式为

$$市盈率=每股市价/每股收益$$

其中，每股收益可以采取基本每股收益或者扣除非经常性损益后的每股收益指标；每股市价是报告期每天或每月股票价格的加权平均数，或者某一特定时刻的股票价格。

按照每股收益是采取过去还是预期未来的每股收益的不同，每一种公司股票的市盈率分为静态市盈率和动态市盈率。静态市盈率反映了现时股价与过去业绩之间的倍数关系，动态市盈率反映了股价与未来获利能力之间的倍数关系。

（一）静态市盈率

1. 静态市盈率相关知识

1）静态市盈率的含义

对投资者而言，市盈率有以下 3 层含义。

（1）市盈率反映了投资者为获得未来预期收益的权利所支付的成本，或者投资者愿意为每股 1 元的收益支付多少元的价格。20 倍市盈率的股票比 10 倍市盈率的股票贵，是因为同样得到 1 元的收益，前者支付了 20 元的价格，后者只支付了 10 元的价格。

（2）市盈率代表了投资回收期。市盈率实质上就是在未来收益不变和不考虑权益资本成本的条件下股票的投资回收期，即后续每股收益累加等于当初股票价格所需要的时间。在每股收益不变的条件下，20 倍的市盈率就意味着其投资回收期是 20 年，即按照现在的每股收益需要 20 年才能收回股票的成本。市盈率越高，获得这种权利所支付的成本越高，投资回收期也越长，投资者每年获得的投资收益越低。反之，市盈率越低，投资者支付的权利成本越低，投资回收期越短，投资者每年获得的投资收益越大。

（3）市盈率的倒数体现了股票价格的收益率，是每种股票投资的潜在收益。20 倍市盈率的股票意味着该股票的投资收益率为 5%。市盈率越高，企业业绩的预期也越高，股价下跌的风险很大，而股价上涨的空间则很小，投资收益率也越低。市盈率越低，股价下跌的风险越小，股价上涨的空间越大，投资收益率也越高。因此，股票投资的一种策略就是购买低市盈率的股票。由于股票价格等于市盈率乘以每股收益，因此，市盈率的高低就不能简单地同等于股价的高低。

2）低市盈率的含义

低市盈率的股票分为有增长潜力的低市盈率股票和无增长潜力的低市盈率股票。对于具有增长潜力的低市盈率股票，公司突然地迅猛发展会让投资者获得收益增加和市盈率上升的双重好处。相反，当公司业绩持续增长而股价稳定不变时，则会出现市盈率下降的现象。市盈率陷阱则是指市盈率达到极端低值的时候，悲观的市场预期让投资者预期企业的基本面会继续恶化而进一步压低股价的现象。银行、钢铁、电力、高速公路等大盘股普遍存在市盈率陷阱的现象，即市盈率较低、每股股价低于每股净资产的现象。造成低市盈率的因素包括：①公司属于明显的周期性行业，如钢铁、汽车、有色金属等；②公司的非正经常性收入大幅度增加，但经常性收入出现了下降趋势，投资者不看好公司的前景；③公司处于传统衰落的行业，无增长潜力。

3）高市盈率的含义

高市盈率股票分为两类：一类是微利股、绩差股。例如，每股收益为 0.01 元的股票，股价为 2 元时，市盈率高达 200 倍。另一类是成长类股票。投资者对企业未来发展前景的良好预期会导致市盈率较高。从企业所处的生命周期角度看，成熟期和衰退期行业的公司股票一般有较低的市盈率，而处于成长期的行业的公司股票一般会有较高的市盈率。对于投机者而言，低市盈率的股票缺乏想象和炒作的空间，而高市盈率的股票则反映了投资者对公司成长有预期，尽管其成长的概率很小。

4）市盈率的取值范围

一般而言，如果每股收益是负数，则市盈率小于 0，市盈率没有意义。0～13 倍市盈率的股票价值被低估，14～20 倍市盈率的股票被认为是正常，21～28 倍市盈率的股票价值被高估，28 倍以上市盈率的股票则出现了投机性泡沫。

2. 静态市盈率的计算

静态市盈率就是当期的股票价格与当期每股收益的比率。但是，当股票存在非流通股、股票数量变化及当期每股收益的数据很难获取时，静态市盈率的计算就显得比较复杂。

（1）当期每股收益的数据获取。由于财务报表的滞后性，当期的每股收益一般用最近公开的每股收益代替，如上一报告期的每股收益，投资机构预测的当年每股收益，当年一季度每股收益×4，当年中期每股收益×2，过去下半年每股收益与当年上半年每股收益之和，过去 4 个季度每股收益之和等。这些指标能及时反映公司经营业绩的变化，从而提高投资决策的相关性。但是，因为采用不同的当期每股收益，静态市盈率会存在一定的差异。

举例　静态市盈率和不同的每股收益数据。按照 2007 年 9 月最后一个交易日的收盘价作为当期的股票价格，根据每股收益采取不同的数据，计算的相应的静态市盈率见表 11-17。

表 11-17　不同每股收益数据下的市盈率（单位：倍数）

每股收益的数据	云天化	深南光 A	南宁糖业	ST 中鼎
上一年度的每股收益	46.18	56.06	20.53	13 544.5
预测当年每股收益	41.67	55.64	30.99	45.44
当年一季度每股收益×4	47.92	108.48	22.70	40.69
当年中期每股收益×2	40.94	127.41	64.17	56.86
去年下半年每股收益+当年上半年每股收益	47.21	68.37	81.05	77.57

分析：从表 11-17 中可以看出，当期每股收益采用不同的每股收益数据，静态市盈率差距甚大。尤其是 ST 中鼎在 2006 年的每股收益仅为 0.001 1 元，静态市盈率达到 13 500 多倍。由于该公司在 2007 年度实施了重大资产重组，注入了优质资产，盈利能力发生根本性的变化，导致静态市盈率下降到 100 以下。因此，在比较不同公司的静态市盈率时，每股收益要取相同时期的数据，否则就不具有可比性。

（2）股票数量的变化。当考虑到新股发行、送股、配股、缩股和拆股而产生除权、除息情况时，市盈率还需要对股票数量和股价的变化进行调整。调整的公式为

新股市盈率=当日收盘价/上年每股收益×（上年总股本/本年总股本）

除权后市盈率=当天收盘价/除权前每股收益×（股权登记日收盘价/除权报价）

除息后市盈率=当天收盘价/除息前每股收益×（股权登记日收盘价/除息报价）

（3）股权结构的调整。在中国企业的股权结构中，国有股和法人股不可流通，只能在场外协议转让，其转让价格只有每股净资产的 1.3～1.6 倍。社会公众股是在证券市场可以自由买卖的流通股。由于非流通股在许多公司所占比例较高，将股票价格乘以公司总股本计算的市值高估了其实际市值，从而高估了市盈率。为此，需要对非流通股对市盈率的影响进行调整。包含非流通股的市盈率公式为

包含非流通股的市盈率=（流通股×上市股价+非流通股×每股净资产×调整系数）/净利润

每股净资产=股东权益总额/（流通股股数+非流通股股数）

其中，调整系数就是非流通股的转让价格与每股净资产的比值，一般取 1.2～1.6 倍。

举例　包含非流通股的市盈率。表 11-18 所示为中国沪市非流通股对市场平均市盈率的影响。股价选取 2007 年 9 月最后一个交易收盘价，市场平均市盈率=股票总市值/总的税后净利润。

表 11-18　中国沪市非流通股对市场平均市盈率的影响（单位：倍数）

年份	不包含非流通股的市盈率	包含非流通股的市盈率		
		1.2 倍乘数	1.4 倍乘数	1.6 倍乘数
2003	30.94	19.47	21.39	23.32
2004	22.93	14.62	16.11	17.60
2005	15.05	11.56	12.85	14.14
2006	19.65	13.34	14.76	16.18
2007	54.25	24.96	26.16	27.37

分析：从表 11-18 中可以看出，不包含非流通股的市盈率较高。随着股市从“熊市”进入“牛市”，股价不断高涨，市盈率高估的现象更加明显。在考虑非流通股之后，“熊市”和“牛市”的市盈率差距急剧缩小。随着调整系数的增加和非流通股数量的减少，包含非流通股的市盈率会越来越接近只有流通股的市盈率。

3. 静态市盈率的缺陷

（1）数据具有滞后性。当期每股收益是上一报告期或最近时期每股税后利润的历史数据，投资者无法及时获得未来的每股税后利润数据。由于现时股价的驱动因素是公司未来的盈利能力，因此，静态市盈率就给以未来收益预期为基础的股票投资带来了许多问题。

（2）静态市盈率的大小不能正确反映上市公司的发展情况。静态市盈率蕴含的一个基本假设是，未来若干年内股票的每股收益不变。现实情况是，一部分公司具有很高的成长性，另一部分公司则处于衰落之中。只有一部分成熟的公司才有稳定的每股收益。

（3）静态市盈率忽略了股票估值的许多重要因素。由于市盈率受到企业所处的生命周期、股权成本、资金的时间价值、股本的大小等因素的影响，因此，市盈率处于不断波动的状态，无法准确地估算企业的内在价值。

（4）静态市盈率容易受到经济周期的影响。股价一般在经济繁荣时期比较高，在经济衰退时期比较低，而每股收益可能变化不大。用 7 年或 10 年期的平均盈利取代静态市盈率中的过去一年盈利来计算的市盈率，就是周期性调整的市盈率。这个市盈率可以平滑经济周期的影响，更精确地反映股票估值。

（二）动态市盈率

动态市盈率表示当期的股价与未来获利能力之比，是衡量股票投资价值与风险程度的重要指标。其计算公式为

动态市盈率=当期的股价/预期的未来每股收益

如果预期的未来每股收益高于当期的每股收益，动态市盈率就会小于静态市盈率。

1. 未来每股收益的估算

1）每股收益的选择

动态市盈率意味着，在股价不变的条件下，公司每股收益的持续增长会降低市盈率。或者说，在市盈率保持不变的条件下，公司每股收益的持续增长会提高股票价格。因此，投资股市一定要选择有持续增长潜力的公司。这就意味着，在估算公司的增长潜力时，一定要利用扣除非经常性收益后的每股收益，因为投资收益和营业外收入具有偶然性和不可持续性，只具有短期效应，不具有长期提升股价的能力。但是，偶然的非经常性损益的大幅度增长，会在短期内造成股价的大幅度波动，从而为短期投机或疯狂炒作提供题材。不过，短暂的炒作之后，股价还是要回归价值，而每股收益的持续增长潜力则是支撑股价的基础。这就是动态市盈率的价值所在。

2）未来每股收益的估算方法

（1）直接估算法。直接估算法就是根据企业的发展战略和资本性支出的情况，按照企业的价格、销售量、变动成本、固定成本、经营成本、所得税税率的变动情况，直接估算企业下一年度的毛利、营业利润、利润总额、税后利润和每股收益，进而计算动态市盈率的方法。这种方法要求对企业的财务状况及市场的变化有深入的了解，一般适合管理层和专业投资机构使用。

举例 动态市盈率。甲公司的股本为 2 亿股，当前股价为 7 元/股，当年销售产品 300 万件，产品单价为 50 元，单位变动成本为 25 元，固定成本为 500 万元，企业所得税税率为 20%。为增加产品销售收入，甲公司计划投资 1 000 万元扩建生产线，预期明年投产后产量增加 30%，同期增加固定费用中有折旧费 100 万元和利息支出 50 万元。但因为市场供大于求，为确保新增产量售出，预期销售价格至少应下降 4%，同时原材料价格下降和材料消耗量减少使单位变动成本下降 20%。要求：计算甲公司的动态市盈率。

分析:（1）静态市盈率的计算。当期税后利润=[300×（50−25）−500]×(1−20%)=5 600（万元），每股收益=5 600/20 000=0.28（元/股），静态市盈率=7/0.28=25（倍）。

（2）未来每股收益的计算。预期未来税前利润=300×（1+30%）×[50×(1−4%)−25（1−20%）]−（500+100+50）=10 270（万元），预期未来税后净利润=10 270×（1−20%）=8 216（万元）。预期未来每股收益=8 216/20 000=0.410 8（元/股）。

（3）动态市盈率=7/0.410 8=17（倍）。未来股票价格=当今股价×（静态市盈率/动态市盈率）=7×25/17=10.29（元/股）。预期股票增值=10.29−7=3.29（元/股）。

（2）历史数据估算法。历史数据估算法就是根据过去几年的每股收益及其增长情况，预测未来几年内的每股收益也按照过去的增长率继续增长的一种估算方法。这种方法要求每股收益的增长率在过去几年及未来几年要高度稳定，并且非常接近。如果每股收益的增长率变化太大，那么，采用这种方法估算的动态市盈率就会出现错误。

2. 动态市盈率的计算方法

根据采取每股收益增长率的方式和存续期、股利支付率及股权成本的不同，动态市盈率有以下 4 种不同的计算方法。

1）业绩成长法

业绩成长率就是静态市盈率与每股收益增长率的比率。高速成长的公司在未来更有价值，但也面临着未来经营的高风险。这需要考虑公司用多少资金才能产生预期的增长率和预期实现的可能性大小。用较少资金产生相同增长率的公司会更有价值。

（1）业绩成长率的计算。如果 P_0 表示当期的股价，E_0 表示当期的每股收益，E_1 表示下一期的每股收益，E_1/E_0 表示每股收益增长率或净利润增长率，那么，动态市盈率可以表示为

$$业绩成长率=动态市盈率=静态市盈率/每股收益增长率$$

或者

$$P_0/E_1=(P_0/E_0)/(E_1/E_0)$$

其中，每股收益增长率在计算时去掉百分号，如 2%取值为 2。根据综合杠杆系数，每股收益增长率等于销售收入增长率、经营杠杆和财务杠杆的乘积。这意味着，销售收入增长率越大，财务杠杆和经营杠杆越大，动态市盈率越小。业绩成长率小于 1%的股票是非常好的购买机会，而业绩成长率超过 2%的股票则显得股价偏高，需要卖出。

举例　业绩成长率。假设某公司的股票基年每股收益 E_0=0.5 元/股，市场价格为 P_0=10 元，公司利润的年均增长率为 g。计算在不同利润增长率条件下的业绩成长率。

分析：静态市盈率=10/0.5=20（倍）。表 11-19 是不同收益增长率条件下的业绩成长率。

表 11-19　不同收益增长率条件下的业绩成长率

每股收益增长率	10	20	50	100
业绩成长率	2	1	0.4	0.2

分析：从表 11-19 中可以看出，业绩成长率随着每股收益增长率的提高而不断下降。从投资角度看，每股收益预期的年增长率为 20%以上时，根据业绩增长率的标准，按照每股 20 元的价格购买这种股票才是有价值的投资。

（2）存在股息分配时，调整后的收益增长率等于调整前公司收益的长期增长率加上股息收益率，调整后的业绩成长率等于静态市盈率除以调整后的收益增长率。

举例　股息调整后的业绩成长率。甲公司收益的长期增长率为 12%，股息收益率为 3%，市盈率为 10 倍，则调整股息前的业绩成长率=10/12 × 100%=0.83%，调整股息后的业绩增长率=10/（12+3）× 100%=0.67%。不管股息调整前还是调整后，甲公司的业绩成长率都小于 1%，因而其股票具有投资价值。因此，按照业绩成长率法，只要收益增长率大于市盈率，这种股票就具有投资价值。

2）动态系数法

与业绩成长法强调公司未来的利润增长率会无限地保持恒定不同，动态系数法认为公司保持一定利润增长率的期限是有限的。按照这种方法，动态市盈率就是以静态市盈率为基础，乘以动态系数或年复合增长率的折现值。其计算公式为

$$动态市盈率=静态市盈率\times动态系数=静态市盈率\times(1+g)^{-n}$$

其中，g 为企业每股收益的增长率；n 为企业可持续发展的存续期。

举例　动态市盈率。A 公司的股价为 20 元，2019 年每股收益为 0.38 元，2018 年每股收益为 0.28 元，静态市盈率=20/0.38=52.6（倍），每股收益的增长率=（0.38−0.28）/0.28 ×

100%=35.7%。假设该企业按照每股收益保持 35%的增长率可持续 5 年，n=5，动态系数 A=0.217，动态市盈率=52.6×0.217=11.4（倍）。

由于动态系数与每股收益的增长率成反比。这就意味着，每股收益的增长率越高，动态系数越小，未来的股价越高。按照动态系数法，未来股价的计算公式为

未来的股价=现在的股价/动态系数

举例　动态系数与公司股价的估计。甲、乙两家公司在 2018 年的股价同为 20 元/股，且 2018 年的每股收益均为 0.40 元，静态市盈率同为 50 倍。表 11-20 是甲、乙两家公司 2016～2018 年的每股收益。要求：假设未来 5 年之内保持 2016～2018 年同样的趋势性增长，分析投资哪一家公司的收益比较高。

表 11-20　甲、乙两家公司 2016～2018 年的每股收益（单位：元/股）

公司	2016 年	2017 年	2018 年
甲公司	0.23	0.30	0.40
乙公司	0.40	0.40	0.40

分析:（1）乙公司每股收益的增长率为 0，则动态市盈率等于静态市盈率，即 $50\times(1+0)^{-5}$=50（倍）。由于缺乏成长性，乙公司的投资者只能获得每股收益，其投资收益率为 0.4/20=2%，接近 1 年期的存款利率。

（2）甲公司 2018 年相对于 2017 年的增长率为（0.40−0.30）/0.30 × 100%=33%，2017 年相对于 2016 年的增长率为（0.30−0.23）/0.23 × 100%=30%。如果取年复合增长率为 33%，那么，甲公司的动态市盈率=$50\times(1+33\%)^{-5}$=12（倍）。假如甲公司与乙公司都保持静态市盈率为 50 倍，甲公司到 2023 年的股价=20×（50/12）=83.30（元）。如果投资人用 20 万元在 2018 年投资 1 万股，那么，到 2023 年，他将获利 63.3 万元[（83.3−20）×1]，持有 5 年的投资收益率=63.3/20 × 100%=316.5%，外加每股收益所带来的分红。

（3）如果说乙公司是绩优股，甲公司则是绩优股和成长股，其每股收益的大幅度增长带来了股价的攀升。投资者从投资甲公司的股票获得了巨额的资本利得和不断增长的股利分红，而从乙公司只能获得稳定的股利分红。

3）投资回收期法

市盈率与投资回收期的概念非常相近。假设当期股票价值为 P，当期每股收益为 E，每股收益的年增长率为 g，投资回收期为 n，则在不考虑权益资本的条件下，当期股票价值等于投资回收期内所有每股收益之和。即

$$P=(1+g)E+(1+g)^2E+\cdots+(1+g)^nE$$

当 $g=0$ 时，$P/E=n$，静态市盈率就等同于静态投资回收期。

当 $g\neq0$ 时，$P/E=[(1+g)^n-1](1+g)/g$。这意味着，动态市盈率充分考虑了资金的时间价值，是建立在企业成长性基础上的动态投资回收期。表 11-21 计算了在每股收益增长率和投资回收期变动的情况下市盈率的情况。

表 11-21　在预期收益增长率为 0%～70%和投资回收期为 1～10 年情况下的市盈率

项目		每股收益预期增长率（%）							
		0	10	20	30	40	50	60	70
投资回收期	第 1 年	1	1.10	1.20	1.30	1.40	1.50	1.60	1.70
	第 2 年	2	2.31	2.64	2.99	3.36	3.75	4.16	4.59
	第 3 年	3	3.64	4.37	5.19	6.10	7.13	8.26	9.50
	第 4 年	4	5.11	6.44	8.04	9.95	12.19	14.81	17.86
	第 5 年	5	6.72	8.93	11.76	15.32	19.78	25.30	32.05
	第 6 年	6	8.49	11.92	16.58	22.85	31.17	42.07	56.19
	第 7 年	7	10.44	15.50	22.86	33.39	48.26	68.92	97.23
	第 8 年	8	12.58	19.80	31.01	48.15	73.89	111.87	166.98
	第 9 年	9	14.94	24.96	41.62	68.81	112.33	180.59	285.57
	第 10 年	10	17.53	31.15	55.41	97.74	170.00	290.54	487.17

根据表 11-21，如果公司预期未来 10 年中的年均复利增长率不超过 10%，则市盈率不超过 20 倍。如果投资者愿意接受 20 年的回收期，在增长率不超过 10%的情况下，市盈率也不超过 63 倍。如果实际的市盈率与理论上的市盈率差距过大，则表明该种股票存在过度的投机或泡沫。根据市盈率的公式，可以转换为股票的定价公式

$$P=[(1+g)^n-1](1+g)E/g$$

投资者利用股票的定价公式进行股票投资决策。第一，要确定一个合理的投资回收期。第二，根据公司目前状况、公司资源、能力、战略、组织与前景等预计未来长期的每股收益增长率，并参照同行业类似公司的收益增长率来进行修正。第三，根据市盈率的公式，求出一定收益增长率和投资回收期条件下的市盈率。第四，根据公司上年度的每股收益和合理的市盈率，求出合理的股票价格。如果理论上的股票价格高于实际的股票价格，投资者就可以买入这种股票。反之，则需要卖出这种股票。该模型的缺陷是，假设公司所有的每股收益都归于股东，不存在委托代理问题。在管理层掏空公司的情况下，每股收益和股利支付率都会影响股票价格。因此，投资者保护程度与企业的盈利能力一样，都会对股票价格产生影响。

4）红利折现模型

红利折现模型是股票定价的经典模型。其基本假设是，股票的内在价值是公司派发红利现金流的现值。其计算公式为

$$P=D(1+g)/(k-g)=Em(1+g)/(k-g)$$

其中，g 为每股红利或每股收益的增长率；D 为公司上次发放的每股股利，受到每股收益 E 和股利支付率 m 的影响；k 为投资者对该股票的要求收益率。如果股票实际价格 $P_0>$ 股票内在价值 P，则股票价值被高估，投资应谨慎。如果股票实际价格 $P_0<$ 股票内在价值 P，则股票价值被低估，则股票有投资价值。该模型的缺陷是，如果一个初创企业或者高科技企业长期不发行股利，就很难计算其股票价格。

3. 固定增长的动态市盈率模型

与以上几种计算动态市盈率的方法忽视资金的时间价值和企业的成长价值不同，固定增长的动态市盈率模型则将资金的时间价值和企业的成长价值纳入其中，有利于股票投资决策。

（1）股票价值的分解。公司的股票价格是投资者根据公司当前的利润和发展前景对公司未来盈利能力的一种预期。其一部分来源于未来的股利分配，另一部分来源于公司的增长机会。公司成长性越高，投资者对其未来获利能力和收益增长潜力的预期就越高，股价也随之提高。公司的股票价值（P_0）分为非成长价值（预期每股收益的现值 E_1/r）和成长价值（NPVGO）两个部分，即 $P_0=E_1/r+\text{NPVGO}$。因此，NPVGO 模型下动态市盈率的计算公式为

$$P_0/E_1=1/r+\text{NPVGO}/E_1=r^{-1}(1+\text{NPVGO}/E_1r^{-1})$$

其中，r 为权益资本成本或者投资者要求的必要报酬率；E_1/r 为公司现有的资产价值；NPVGO（net present value of growth opportunity，成长机会现值）为公司成长价值。假设公司在未来不进行外部融资，则公司的成长价值是公司将保留的留存收益进行再投资获得投资超过资本成本收益的能力。如果公司当期的每股收益为 E_0，股利支付率为 m，投资收益率为 k，那么，$\text{NPVGO}=E_0(1-m)k/r$。同时，权益资本成本也受到企业的资产规模、贝塔系数、市净率和资产负债率的影响。

（2）固定增长的动态市盈率模型的含义。该模型表明，动态市盈率受到公司的成长价值、权益资本成本和预期每股收益的影响，且与公司成长机会成正比，与权益资本成本和预期收益成反比。在权益资本成本确定的情况下，公司成长价值和非成长价值的比率影响着动态市盈率的高低。公司成长价值越高，动态市盈率越高；而公司的非成长价值越高，市盈率则越低。当 NPVGO=0 时，即公司将所有的留存收益都用于支付当期股利时，动态市盈率就等于 $1/r$。由于收益分为持续性收益和暂时性收益两部分，因此，当期收益中暂时性收益的比例越高的公司，就越会使高成长性的公司拥有低市盈率，或者使低成长性的公司拥有高市盈率。企业的利润质量越高，或者当期收益中持续性收益所占的比例越大，高成长性的公司就越具有较高的市盈率和股价。

（3）动态市盈率还受到短期收益增长率与长期收益增长率之间的预期差额的影响。动态市盈率可以表示为每股收益率的短期增长率 s 和长期增长率 g 的函数，即 $P/E_1=(s-g)/[r(r-g)]$，其中，r 为权益资本成本。如果长期预期收益增长率恒定或者为 0，那么，$P/E_1=s/r^2$。这意味着，短期收益增长率偏离长期收益增长率会造成动态市盈率的大幅度波动。

4. 市盈率在投资决策中的运用

由于市盈率代表了公司的成长性和收益性，反映了本期获利能力与未来获利能力的差异，因此，在运用市盈率进行投资分析时，需要注意如下事项。

（1）分析公司的股票价格是否真实反映公司的发展潜力，当前的收益是否成为未来收益增长的基础。具有发展潜力和获利能力的高成长公司往往具有投资价值。

（2）公司的发展潜力和获利能力与其所处的行业有很大的联系。因此，行业的平均市盈率水平是评估公司价值的重要参考标准。如果企业的市盈率低于行业的平均市盈率，那

么，低市盈率的企业就具有投资价值，其股票价格就会上升。

（3）分析公司的当期收益构成。持续性收益所占的比例越高，公司的发展潜力越大，其股票越具有投资价值。

（4）分析市盈率形成的因素。市场投机或者利润操纵频繁的股票，其市盈率也会很高，不具有长期投资的价值。

投资者在运用市盈率进行价值判断、风险评估和收益预期时，应选择市盈率较低的公司，因为公司的潜在价值可能被低估。但是，有时具有高市盈率的公司往往能获得更高的收益，更具有投机价值。

5. 影响市盈率的因素

市盈率一般是个股市盈率或微观市盈率。宏观市盈率则是一个国家股市的所有公司市盈率的加权平均数，等于股市的总值与税后净利润的比率。宏观市盈率的影响因素包括以下 5 个方面。

（1）基准利率。基准利率与市盈率的倒数呈正相关。基准利率越高，市盈率越低。

（2）经济增长率。市盈率与经济增长率呈正相关。发达国家市盈率较低，新兴市场经济国家的市盈率较高。

（3）流通股票数量。流通股和总股本数量越多，市盈率越低。因为总股本和流通股数量越低，市场投机和操纵越容易，股价越高。

（4）发行价因素。发行市盈率越高，上市公司筹集的资金越多，盈利能力就越强，账面资产就越多，现行市盈率就越高。

（5）股利支付率。股利支付率越高，市盈率越高。此外，投资方式的可选择性、外汇管制程度、监管体系、金融市场发达程度等因素都会影响宏观市盈率。

6. 市盈率的缺陷

市盈率把股价和盈利能力结合起来，能够评估股票价格的高低。市盈率越低的股票，投资价值越大。但是，利用市盈率进行股票投资分析时，存在如下 4 个缺陷。

（1）每股收益的滞后性。每股收益的数据是上一报告期的财务数据，根据每股收益计算出的市盈率也是上一报告期的数据。对于股票投资者而言，更重要的是要获得未来的盈利情况和未来报告期的每股收益。而且，每股收益只有季度、半年和年度数据，无法完全与每时每刻变化的股票价格相匹配。

（2）每股收益为负数或极小值时，市盈率就失去了投资估值的意义。

（3）市盈率受到企业的盈利能力、投资者期望报酬率、市场利率水平变动的影响较大。

（4）市盈率指标更适合非周期性行业。对于非周期性行业，企业的盈利能力不会随着经济周期的变化而变化，市盈率能很好地反映出股票的投资价值。对于那些深受经济周期影响的行业，其每股收益也会呈现周期性的变化，市盈率的准确性就会变差。此时，市净率会更好地反映出股票的投资价值。

二、股息率与股票投资回报

市盈率的投资价值体现在，企业管理层完全以股东的财富最大化为目标，股票的内在价值就体现了在投资回收期内每股收益的现值。但是，在存在委托代理问题的情况下，股利分配政策会对企业的价值产生影响。

（一）公司价值与股利支付率

公司价值需要考虑公司盈利、股利支付率、再投资收益率和市场基准收益率。如果 V 表示公司价值，E_t 表示 t 年每股税后收益，D_t 表示 t 年每股股利，r 表示公司盈余再投资收益率，k 表示市场基准收益率，b 表示公司盈余再投资比率或 1-股利支付率=（$E_t - D_t$）/ E_t，则

$$V = [(E_t - D_t)r / k + D_t] / k = [(1/b - 1)r / k + 1]D_t / k$$

从该公式可以看出：

（1）若 $r = k$，则 $V = E_t / k$。这意味着，当再投资收益率等于市场基准收益率时，公司价值仅仅与税后利润相关，而与公司股利政策无关。

（2）若 $r > k$ 或者再投资收益率大于市场基准收益率时，股利分配越少，公司价值越大，股利分配为 0 时，公司价值最大。

（3）若 $r < k$ 或者再投资收益率小于市场基准收益率时，股利分配越多，公司价值越大，股利支付率为 1 时，公司价值最大。

（二）市盈率与股息率

股息率或者股利收益率就是每股股利与每股价格之比。股息率与市盈率之间存在下列关系：

股利支付率=股息率×市盈率

在股利支付率比较接近时，股息率的高低主要受到市盈率的影响。高股息率股票具备长期投资价值，与低市盈率股票具有投资价值是同一个意思。市盈率越低，股利支付率越高，股息率就越高。

（三）股票投资回报

（1）股票投资回报的分解。股票投资的回报分解为投资收益和投机收益两个部分。投资收益是一种来自公司红利和盈利增长所带来的股票增值，而投机收益来自市盈率（市净率、市销率）变化的冲击。股票收益在长期中主要取决于公司的盈利增长和分红政策，但在短期中受到市盈率变化的影响较大。由于投机收益的高度不确定性或者受到市场情绪的影响较大，投资者需要对投资收益进行有效的估值来决定对股票的买入或者卖出。

（2）股价变动的分解。在不考虑股息率的情况下，股价变动可以分解为投资收益和投机收益两部分：

持有期股价-买入股价=持有期市盈率×持有期每股收益-买入时市盈率×买入时每股收益
=买入时市盈率×（持有期每股收益-买入时每股收益）
+（持有期市盈率-买入时市盈率）×持有期每股收益
=投资收益+投机收益

（3）股票投资回报率。存在股息率时的股票投资回报率的计算公式为

股票投资回报率=投资收益率+投机收益率

投资收益率=股息率+净资产增长率

净资产增长率=（买入时市盈率×持有期每股收益-股票买入价）/（股票买入价×持有期）

投机收益率=（持有期市盈率-买入时市盈率）×持有期每股收益/（股票买入价×持有期）

举例　股票投资回报率。假如一只股票的最初市盈率为 20 倍保持不变，以每股 30 元的价格买入该股票，每股收益 1.5 元，一年分红 1 元，再假定收益和分红以每年 6%的速度增长，持有期为 5 年。要求：计算该股票的投资收益率和投机收益率。

分析：（1）市盈率不变条件下投资收益的计算。5 年以后，每股收益=1.5×（1+6%）^{5}=1.5×1.338 2=2.007（元），每股价格=市盈率×每股收益=20×2.007=40.14（元），加上 5 年的分红=（1+6%）^{4}+（1+6%）^{3}+（1+6%）^{2}+（1+6%）^{1}+1=5.64（元），那么，5 年后股票的实际价格就会达到约 45.78 元，年投资收益率为 8.8%。

（2）市盈率变化条件下投机收益率的计算。如果 5 年后市盈率从 20 倍降低为 15 倍，则股票价值=2.007×15=30.105（元），加上 5.64 元的红利，则 5 年后的股票价格约为 35.75 元，年收益率为 3.6%，投机收益率=3.6%−8.8%=−5.2%。

因此，市盈率的变化会扩大或者缩小投资收益和股票估值。如果估值的下降伴随着公司基本面的恶化，如低速的盈利增长和红利的减少，那么，投资者就面临投机收益和投资收益双重下降的威胁。

三、市净率

市净率是资本市场投资分析中常用的财务指标，也是公司募股时反映股权价值的重要指标，并常用于银行业的股权转让价格分析。由于市盈率受到每年盈亏波动的影响，因此，利用市盈率测算企业价值的可靠性较差。相比之下，股价与每股净资产的比值，即市净率就比较可靠，因为每股净资产比较稳定，一般为正数。与市盈率侧重于盈利能力的评价不同，市净率更侧重于反映市场对公司资产质量的评价。公司资产质量越好，公司越有发展潜力，其市净率就会越高。每股净资产对股价的解释力越来越优于每股收益，即市净率比市盈率更有助于股票投资决策。

（一）市净率的概念

市净率是每股市价与每股净资产的比率。每股净资产是指股东权益与总资本的比率。其计算公式为

市净率=每股市价/每股净资产

每股净资产=股东权益/流通在外的普通股加权平均数

市净率表明，投资者愿意为每 1 元的账面净资产支付多少元的股票价格。企业的资产中用公允价值计价的比例越大，企业的市净率越接近于 1，如证券公司、保险公司和银行的市净率就是如此。企业的资产中用公允价值计价的比例越低，表外资产和真实的无形资产越多，市净率越高。高科技企业的市净率就是如此。但是，市净率越高，投资者面临的风险越大，因为每股净资产价值越大，公司创造利润和抵抗风险的能力越强。

（二）市净率的分类

由于采用每股净资产的数据不同，市净率分为静态市净率和动态市净率。静态市净率就是当期每股股价与当期每股净资产的比值，动态市净率就是当期每股股价与未来预期的每股净资产的比值。

静态市净率=当期每股市价/当期每股净资产

动态市净率=当期每股市价/预期未来的每股净资产

其中，当期每股净资产通常采用上一年度的期末每股净资产，期初和期末每股净资产的加权平均数，或者最近时期末的每股净资产。预期未来的每股净资产是一个估计数，或者根据历史上的每股净资产进行外推，或者根据企业的发展战略和计划进行具体的估计。

举例　静态市净率。表 11-22 是 2014 年 1 月几家公司新股发行时的市盈率和市净率。要求：分析这些公司发行的股价是否偏高。

表 11-22　2014 年 1 月几家公司新股发行时的市盈率和市净率

公司名称	发行股数（万股）	发行价格（元/股）	每股净资产（元）	市盈率（倍数）	市净率（倍数）
光环新网	1 365	38.3	5.95	37.79	6.44
绿盟科技	2 115	41.00	4.9	37.96	8.37
东方网力	1 470	49.9	5.38	37.75	9.27
博腾股份	2 725	25.1	3.95	34.26	6.35
岭南园林	2 143	22.32	6.83	23.34	3.26

分析：从表 11-22 中可以看出，这些公司的发行价格大多是每股净资产的 5 ~ 10 倍，而且市盈率大多为 30 倍以上。相比之下，2005 ~ 2012 年，在上海证券交易所上市的新股平均发行市盈率为 34.48 倍，平均发行市净率为 3.01 倍；沪市 A 股的平均市盈率为 30 倍，平均市净率为 2.80 ~ 3.00 倍。据此可以判断，这些股票的发行价格偏高。实际上，2020 年 1 月 17 日的收盘价，光环新网为 21.37 元/股，绿盟科技为 20.02 元/股，东方网力为 4.44 元/股，博腾股份为 15.71 元/股，岭南园林为 6.50 元/股。

（三）静态市净率与动态市净率之间的关系

同市盈率一样，动态市净率等于静态市净率乘以动态系数，只不过这里的增长率是每股净资产的增长率。企业净资产的增长，或者来自股东投资的增加，或者来自留存收益的增加。未来的净资产收益率越高，净资产增长率越快，股票的利率风险越小，市净率越大。当每股净资产中包含较多、波动较大的其他综合收益、股票分割、股票增发时，市净率也会发生大幅度的波动。一般来说，市净率确定了股票的安全边际和股价行动的底线，市盈率确定了股价的上限，但都需要考虑资产价值重估所带来的净资产贬值问题。

（四）市净率与股票的内在价值

剩余收益模型认为，股票的内在价值等于账面净资产与未来各期剩余收益贴现值之和。剩余收益就是税后净利润减去股权资本成本后所得的余额，即经济增加值。因此，市净率=1+未来收益率对股权成本的折现值。未来收益率越高，市净率越高；但未来股权成本越高，则市净率越低。未来股价根据市净率的计算公式为

未来股价=当期股价×（静态市净率/动态市净率）

这意味着，未来股价的增长不仅来自净利润的增长，也来自股东投入资本的增加。对于金融企业来说，由于其资产绝大部分是接近于市场价值的流动资产，其净资产的账面价值与实际价值非常接近，因此，如果金融企业没有巨额的不良贷款，那么，市净率可能是筛选价值被低估的金融股的可靠途径。当金融股的市净率低于 1 时，金融企业可能面临着

巨额的不良贷款或者流动性问题。

（五）市净率的缺陷

市净率越低且净资产增长率越高的股票，其投资价值越高。但是，影响股票价格的因素，除了市净率，还有公司所处的市场环境、经营战略、政府政策、市场利率等因素。市净率的缺陷表现在以下 3 个方面。

（1）每股净资产的账面价值容易受会计政策选择的影响。固定资产的折旧方法、无形资产的摊销方法、金融资产的不同后续计量方法、存货发出的计价方法、资产减值损失的评估方法及股权投资的计价方法不同，净资产的账面价值就会存在很大的差异。3 年以上的应收款项、待摊费用、待处理财产净损失和递延资产最好在计算每股净资产时扣除。由于商誉通常是在企业合并时的错误估价，因此，较大的商誉会降低公司的市净率。因此，比较好的办法是，从净资产中扣除商誉，从净利润中扣除一定比例的商誉，从而调整净资产收益率和市净率。如果不同的行业采取不同的会计政策，市净率的可比性就比较差。

（2）每股净资产的账面价值只考虑了有形资产的价值。利用市净率对资本密集型企业进行估值是有道理的，因为有形资产具有清算价值并且是企业现金流的主要来源之一。但是，当企业主要通过软件程序、品牌和数据库创造价值时，这些无形资产的价值就不能立刻计入账面价值。对于人力资本密集型或者技术密集型企业而言，市净率的意义就不大。为此，需要考虑企业的组织资产和人力资本的价值，更加准确地评估企业的价值。

（3）无法适应公司战略的调整。如果公司业务范围随着经营战略的调整或某一会计期间会计政策出现了重大的变化，过去的财务数据或者每股净资产就可能不再具有参考价值，股价会发生剧烈的变化。

四、市销率

市销率（P/S）就是普通股每股股价与每股销售收入的比率，或者企业的市值与销售收入的比值。其计算公式为

市销率=每股市价/每股销售收入=企业的市值/销售收入

其中，销售收入一般是指营业收入或主营业务收入；每股销售收入就是营业收入与流通在外的普通股的加权平均数的比率。市销率表明，投资者愿意为每 1 元的销售收入而支付的价格。

（一）市销率的含义和杜邦分析

1. 市销率的含义

市销率的大小取决于企业的市值和销售收入，企业的市值则受到股价和股票数量的影响。公司股价的变动或者由企业经营业绩引起，或者由市场投机引起。销售收入越高，在市值保持不变的情况下，则市销率降低。如果没有市场投机，则销售收入的提高会引起公司市值的同比例上升，结果会导致市销率不变。销售收入的稳定上升体现出公司的管理水平和盈利能力都较为稳定。因此，市销率的稳定反映出投资者对公司股价保持一个观望态度或者对公司有足够的信心。市销率较低并且公司业绩保持稳定上升的股票，具有较高的投资价值。

2. 市销率的杜邦分析

按照红利折现模型，股价=下一年的预期每股股利/（股权资本成本-股利的平均增长率）。由于下一年的预期每股股利=当年的每股收益×（1+股利的平均增长率）×股息支付率，所以，股价=当年的每股收益×（1+股利的平均增长率）×股息支付率/（股权资本成本-股利的平均增长率）。市销率的杜邦分析为

$$市销率=销售利润率\times（1+股利的平均增长率）\times股息支付率/（股权资本成本-股利的平均增长率）$$

其中，销售利润率=销售毛利率×经营杠杆系数×财务杠杆系数。市销率与公司的销售毛利率、股息支付率和股利的平均增长率呈正相关，而与股权资本成本或市场利率呈负相关。而且，经营杠杆系数和财务杠杆系数越大，市销率越大。

（二）市销率的投资价值

1. 市销率的投资组合

市销率越低，股票的投资价值越大。具有较低市销率的股票在未来具有较高的获利机会，而对于高市销率的股票则只能获得很少的收益甚至是损失。不过，股票市场的自我反馈效应则会将低市销率的股票价格抬高。这意味着，仅以市销率指标构建的投资组合，在一年内的投资表现具有高度的不稳定性，但在持有期为 3 年或 5 年的投资表现则可能获得超额收益。因此，利用市销率进行股票投资，不仅要考虑静态市销率，也要考虑动态市销率，因为动态市销率=静态市销率/销售收入增长率。另外，企业发行的股票数量越多，市场投机难度越大，股价波动越低，市销率越低。对于大公司而言，市销率低于 0.4 倍时是最佳的买进时机，市销率高于 2 倍时则是卖出股票的时机。

举例　市销率。表 11-23 是中国联通 2003～2009 年的股价和市销率。要求：分析在此期间投资的价值性。

表 11-23　中国联通 2003～2009 年的股价和市销率

项目	2003 年	2004 年	2005 年	2006 年	2007 年	2008 年	2009 年
年内最高股价（元/股）	4.15	5.36	3.31	4.78	12.49	13.5	8.16
年内最低股价（元/股）	2.62	2.87	2.43	2.19	4.34	3.59	4.63
每股主营收入（元/股）	3.04	3.34	3.59	3.80	4.74	7.21	7.47
最高市销率（倍数）	1.36	1.60	0.92	1.25	2.63	1.87	1.09
最低市销率（倍数）	0.86	0.86	0.67	0.57	0.91	0.49	0.62

分析：从表 11-23 中可以看出，中国联通 2003～2009 年的市销率，除了个别数值外，大多数在 0.5～1.5 倍波动。2007 年，中国联通的最高股价超过 12 元，市值超过 2 647 亿元，而主营业务收入只有 1 004 亿元，市销率高达 2.63 倍。如果预计公司未来的市销率为 1 倍，销售收入增长率为 10%，那么，公司的市值就需要降低 50%，或者股价下降 50%。2008 年，中国联通的股票价格最低为 3.59 元，市值只有 760 亿元，销售收入为 1 527 亿元，最低市销率只有 0.49 倍。如果仍然预计公司未来的市销率为 1 倍，那么，在销售收入增长率为 10%的条件下，股价就可能会翻一番。这时就需要买进股票。实际情况是，中

国联通在 2010 年的营业收入为 1 713 亿元，比 2009 年增长 11.3%。但是，中国联通的净利润在 2010 年只有 38.5 亿元，比 2009 年下降 59.7%。

2. 市销率与市场环境

在牛市中，低市销率的股票或股票组合往往获得超额收益率。市销率越低，超额收益率越高。但在熊市中，低市销率的股票组合的超额收益率不明显。低市销率的股票组合比低市盈率的股票组合产生的超额收益率高，但收益的方差较大。选择低市盈率的股票组合比选择低市销率的股票组合更能带来稳定的收益，公司规模小时尤其如此。

（三）市销率选股的原则

利用市销率进行股票投资分析时，需要把握如下原则。

（1）选择市销率较低但销售毛利率较高的公司股票。市销率大于 1.5 倍的股票被认为没有投资价值，而市销率在 0.75 倍以下被认为是超级投资股票。由于市销率等于市盈率乘以销售利润率，因此，市销率等于 1 倍，意味着如果销售利润率为 5%，市盈率就为 20 倍。

高毛利率的公司分为两类：一是重资产类的公司，如港口、酒店、高速公路、旅游类公司，其成长性较差，股价涨幅有限；二是轻资产类的高毛利率公司，如医药、酿酒、电子类公司，其成长性较好，股价上涨幅度较大。轻资产和消费垄断型的企业最具有投资价值。

（2）市销率与公司的总股本和流通股本高度相关。总股本和流通股本越小，股价越高，市销率也会越高。因此，小盘股的平均市销率要高于大盘股的市销率。而且，流通股本的比例越小，市销率越高。

（3）不同证券市场的内部分割。综合指数的样本股包括市场上的所有大小盘股，市销率一般较高。成分指数的样本股通常包含平均股本较大、业绩较好的股票，其市销率一般较低。

（4）市销率与当地的基准利率挂钩。由于股权资本成本或基准利率与市销率成反比，因此，在基准利率较低的地方，平均市销率会较高。如果基准利率较高，则市销率会降低。

（5）市销率与成长性挂钩。由于平均股利增长率或销售增长率对市销率有影响，因此，销售增长率较快的公司就比销售增长率较低的公司更具有投资价值。例如，创业板和新三板的市销率较高，沪深两市主板的市销率较低。

（四）市销率的优点

作为股票股价的有效指标，市销率具有以下三大优点。

（1）市销率指标客观性强。销售收入和企业的市价都比较客观，不容易为企业所操纵。收入的确认必须满足风险和报酬的转移，或者所有权的转移条件，并且受到审计、税务机关和利益相关者的直接监督。相比之下，利润指标则不仅受到销售收入、投资收益和营业外收入的影响，而且还受到成本的费用化和资本化分类、折旧和摊销方法、存货发出的计价方法、金融资产和股权投资计价方法、债务重组和资产重组的影响。因此，净利润、每股收益和每股净资产就比每股销售收入更容易操纵。

（2）市销率具有普遍的适应性和稳定性。只要公司有销售收入，即使亏损或资不抵债的公司也能得到一个有意义的价值乘数。由于财务杠杆、经营杠杆和税收杠杆的作用，销售收入比净利润更加稳定。当企业从盈利转向巨额亏损时，销售收入可能长期保持稳定。因此，市盈率因利润的急剧变化可能波动很大，而市销率比较稳定。

（3）市销率的敏感性强。销售收入取决于价格、销售量和产品的种类。价格和销售量会随着企业所处的生命周期阶段不同而发生相应的改变。在初创期，销售量较低，价格较高，企业的收入呈增长趋势，但大量的固定成本造成盈利较少。在成长期，销售量和价格稳步上升，经营杠杆发生作用，盈利水平迅速提高。在成熟期，价格和销售量趋于稳定或下降，经营杠杆和财务杠杆的双重作用使盈利水平出现下降轨迹。在衰退期，价格和销售量进一步下降，盈利水平持续下降。因此，在企业的生命周期里，市销率的周期性表现明显。

（五）市销率指标的缺陷

市销率指标主要用于那些存在初期亏损的高科技和成长企业，帮助剔除那些市盈率比较低、主营业务缺乏竞争力、主要依靠非经常性损益而增加利润的股票。但是，市销率具有如下缺陷。

（1）市销率无法反映成本费用的影响，很难剔除关联销售。企业的盈利能力不仅体现在营业收入上，而且也体现在成本费用上。对于同样的销售收入，如果企业所处的市场结构不同，则企业的盈利能力完全不同。处于垄断行业的企业，就比处于完全竞争行业的企业的盈利能力强，并能获得超额的剩余价值或经济增加值。如果两个企业的市销率相同，那么，具有较高且持续稳定的毛利率或者经营利润率的企业，不仅经营风险更小，而且更具有投资价值。

（2）市销率不适合行业间的比较。市销率反映了投资者对公司增长潜力的认同。由于不同的行业具有不同的业绩增长预期、盈利状况、所处的发展阶段或景气程度，不同行业的市销率没有比较价值。只有公司处于同一个行业时，市销率较低的企业才具有投资价值。

（3）市销率不适合投机者。销售收入比利润更加稳定，依靠市场的不确定性进行投机的人就很难利用市销率制造投机机会和获得超额收益。一般来说，市销率只用于同行业对比和适用于毛利率比较稳定的行业。

利用市盈率和市净率来判断公司股票的投资价值的局限性在于，不仅净利润和净资产容易受到盈余管理和会计政策选择的影响，而且净利润和净资产为负数时难以对公司的股票价值进行合理估价。同时，利用比较客观的市销率来判断公司股票价值的局限性在于，它没有考虑公司的实际盈利能力。因此，投资者最好将市盈率、市销率和市净率结合起来对股票的投资价值做出判断，选择市盈率和市销率较低但市净率较高的股票，同时考虑当时的市场环境、公司的经营状况和政策的变化。

五、自由现金流折现模型

尽管市盈率、市销率、市净率等以价格为基础的指标能帮助我们比较不同股票支付价格的不同，但是，这些指标不能说明股票的内在价值。不考查现金流和资本收益率等因素，我们无法评估市盈率的高低。作为价值投资的一个基本准则，购买股票的价格应该以其内在价值的一定折扣作为交易的标准，然后与各种比率指标计算的价格进行比较。如果股票价格低于内在价值的一定折扣，那么，我们就可以购买这种股票。反之，则不应该购买。

（一）自由现金流乘数

自由现金流乘数（price to free cash flows ratio，P/C）就是每股股价与每股自由现金流量的比率。自由现金流乘数分为静态自由现金流乘数和动态自由现金流乘数，其计算公式为

静态自由现金流乘数=当期每股股价/当期每股自由现金流量

动态自由现金流乘数=当期每股股价/未来每股自由现金流量

=静态自由现金流乘数/每股自由现金流量的增长率

一般而言，投资于低自由现金流乘数和较高的每股自由现金流量增长率的股票能获得较高的收益。但是，一旦获得每股自由现金流量的增长率，就可以利用现金流量折现模型来对股价进行估值和投资。另外，每股股价与每股经营活动现金净流量的比率被称为市现率，而自由现金流量等于经营活动现金净流量减去资本性支出。

（二）自由现金流的折现及折现率

1. 自由现金流的折现

股票的内在价值等于其未来现金流的折现价。采用的现金流应该是自由现金流，即每年能从公司业务中拿出来而不会损害经营的资金。采用的折现率应该等于货币的时间价值加上风险溢价。现金流的现值取决于现金流的数量、时间选择和未来现金流的风险。

举例 现金流的折现。假如在10年期间，稳定性公司（每年增长率为10%）、周期性公司（某些年增长率超过20%，某些年增长率是负数）和风险性公司（一些年份没有现金流，一些年份有高速增长的现金流）的非折现现金流大致为3.2万元，稳定性公司的折现率为9%，周期性公司的折现率为12%，风险性公司的折现率为15%。表11-24为不同类型公司的折现率和自由现金流的差异。

表11-24 不同类型公司的折现率和自由现金流的差异（单位：元）

项目	稳定性公司		周期性公司		风险性公司	
	自由现金流	折现率9%的现值	自由现金流	折现率12%的现值	自由现金流	折现率15%的现值
第1年	2 000	2 000	2 000	2 000	0	0
第2年	2 200	2 018	2 200	1 964	0	0
第3年	2 420	2 037	1 980	1 578	0	0
第4年	2 662	2 056	2 376	1 691	2 000	1 315
第5年	2 928	2 074	2 851	1 812	2 540	1 452
第6年	3 221	2 093	3 421	1 941	3 226	1 604
第7年	3 543	2 113	3 207	1 625	4 097	1 771
第8年	3 953	2 162	3 900	1 764	5 203	1 956
第9年	4 327	2 172	4 681	1 891	6 608	2 160
第10年	4 746	2 185	5 384	1 941	8 326	2 366
合计	32 000	20 910	32 000	18 207	32 000	12 624

2. 折现率

折现率由货币的时间成本和风险溢价决定。货币的时间成本一般采用长期国债的平均利率替代，风险可以用公司股价的波动度相对于市场波动度的大小，或者资本持续损害的可能性来表示。

在估算折现率的风险溢价时，我们应该注意到小公司比大公司更易受到不利事件的冲击，负债较多的公司比负债较少的公司更易受到不景气环境的冲击，处于周期性行业的公司比处于稳定性行业的公司的现金流更难预测。公司管理层获得异乎寻常高的薪水和关联控制的风险较高，竞争优势面窄和弱的公司具有较不稳定的现金流，业务和财务结构越复杂的公司比简单和容易理解的公司更有风险。

没有现成的公式将这些风险因素合并成一个折现率。一个建议是，按照风险的高低将平均风险水平的折现率规定为10.5%，然后确定高风险和低风险公司的分布图，将低风险公司的折现率调为9%，高风险公司的折现率定为13%～15%。将某家公司的风险与分布图的平均风险进行比较，然后确定比特定公司的风险高还是低多少，就可以选出适合这家公司的折现率。这个折现率就是对公司不确定性的大致猜测。

（三）现金流的永续年金价值估计

为了确定股票的价值，我们还需要计算股票的永续年金价值（perpetuity value, PV）。如果估计的最后现金流为 CF_n，期望的现金流增长率为 g，折现率为 R，则永续年金价值的计算公式为

$$PV = CF_n(1+g)/(R-g)$$

举例　永续年金价值的估计。一家企业在第 10 年的现金流将达到 10 亿元，之后的现金流将按照 3%的年率增长，折现率为 11%。该公司第 11 年的现金流的现值为 10×（1+3%）/（11%−3%）=128.8（亿元）。将第 11 年的价值折现为第 1 年的价值为 128.8/（1+11%）^{10} = 128.8/2.839=45.37（亿元）。股票的估算价值就等于第 1～10 年的折现值加上永续年金的折现值，然后除以股份数。

（四）公司股价的估值

现金流的股价估值模型，首先要估算一定时期的自由现金流及其长期增长率、折现率，然后采用现值的公式计算一定时期的自由现金流的现值和永续年金价值的现值，最后计算每股股价。按照现金流的估值模型，每股内在价值的计算公式为

每股内在价值=（永续年金折现值+一定时期的现金流折现值）/股份数

其中，股份数就是发行在外的普通股的加权平均数。

举例　公司内在价值的估算。一家公司的股票市价在 2013 年初为 45 元/股，发行在外的股份数为 2.21 亿股，过去 10 年自由现金流的增长率为 9%，假定 2014 年初的自由现金流等于 2013 年初的自由现金流按照 9%的速度增长，即 5.779×（1+9%）=6.3（亿元）。出于竞争优势的变化、资本需求的增强和周期性因素的考虑，未来 9 年的自由现金流量增长率调整为 5%。要求：计算该公司的每股价值。

分析:（1）第 2～10 年的自由现金流估算为 6.615 亿元、6.946 亿元、7.293 亿元、7.658 亿元、8.041 亿元、8.443 亿元、8.865 亿元、9.308 亿元和 9.773 亿元。

（2）假定永续年金增长率为 3%、折现率为 9%，那么，第 1～10 年的自由现金折现值为 5.779 亿元、5.568 亿元、5.363 亿元、5.167 亿元、4.977 亿元、4.794 亿元、4.618 亿元、4.449 亿元、4.286 亿元和 4.128 亿元。

（3）第 11 年的永续年金价值=9.773×（1+3%）/（9%−3%）=167.769 8（亿元），其现值为 70.867 8 亿元。

（4）公司的内在价值=（5.779+5.568+5.363+5.167+4.977+4.794+4.618+4.449+4.286+4.128）+70.867 8=119.996 8（亿元）。

（5）每股价值=120.009 6 /2.21 =54.3（元/股）。

（6）安全边际的估计。一旦估算了公司的内在价值，我们就需要一个安全边际来排除估值和分析的错误，这个安全边际就是购买股票时在估值基础上的折扣率。安全边际有助于防止我们以过高价格买入，也减轻了过度乐观的估值引起的损害。安全边际与公司的经营风险、乐观程度密切相关。经营风险越大的公司、估算越乐观，安全边际越大。

一般而言，大多数公司的安全边际确定为 30%～40%，具有较强竞争优势的稳定性公司的安全边际为 20%，没有竞争优势的高风险性公司的安全边际确定为 60%。如果股票的估值乘以（1-安全边际）的数值小于市场股票价格，就可以确定购入该种股票。这个公司股价的安全边际=（54.3-45）/45×100%=20.7%。因此，除非有较大的把握确定该公司具有高度的竞争优势，否则这个公司的股票就不能购买。这种稳健的估值方式会排除少数罕见的高盈利公司的投资机会，但也会帮助投资者避免绝大多数投资陷阱。

（五）现金流折现模型的预测误差及解决方案

1. 预测误差

在使用现金流折现模型时，现金流和折现率的预测都是一个问题。对于价值型股票来说，未来的实际增长率高于历史的增长率，但对于成长性股票来说，未来的实际增长率却大幅度低于历史的增长率。这意味着预测多年的现金流是不可靠的，而折现率的略微变动就会导致折现现金流的大幅度波动。

2. 预测误差的解决方案

为了避免预测未来的增长率来估算现金流量的现值，投资者可以采用如下方法。

（1）逆向估算折现现金流量。这种方法在对股权风险溢价和股票的贝塔系数进行一定猜测的基础上，根据当前股价推导现金流量的内含增长率，然后对内含增长率进行评估。一般采取 10 年期的经营利润或者息税前收益的增长率在所有企业中的分布状况作为参考对象。

（2）按照资产清算价值估算。这种方法要求对所有的资产按照一定的权数折现为现金。例如，现金及交易性金融资产按照 100%的权数，应收账款按照 79%～90%的平均数 80%计算，存货按照 50%～75%的平均数 66.7%计算，固定资产按照 1%～50%的平均数 15%计算、无形资产不计算价值。按照清算价值的权数计算的流动资产与流动负债的差额就是净营运资本价值。

（3）预期盈利能力。假设现有状况在未来期间基本维持不变，企业可预期实现的年收益一般采用 5～10 年的经营利润扣除利息费用和税款作为盈利能力的估计值。对预期盈利能力或者永久收益按照资本成本进行资本化，就得到企业价值的评估值。将该预期永久收益与市价的比率与市盈率相比，或者企业评估值与市价的比值与市净率相比，作为选股的基础。

（4）经济周期调整后的市盈率。使用过去若干年（10 年）经通货膨胀调整后的平均盈利作为计算市盈率中每股收益的替代。或者采用当前股价与前次收益峰值对应的股价进行比较，并与当前的市盈率进行比较，以判断当前股价的高低。

第四节 公司价值的评估方法及调整

一、公司价值的评估方法

公司的价值就是公司的公允价值，即理性的买者和卖者在交易公司时所愿意支付和愿意接受的市场价格。评估公司价值的方法包括账面价值调整法、股票和债券市价法、直接比较法、现金流量贴现法和期权定价模型。以下具体介绍前 4 种方法。

（一）账面价值调整法

公司价值评估的起点是公司的账面价值。按照实物资产评估方法，公司的价值就是公司所有的投资人对公司资产要求权价值的总和。根据资产负债表的账面价值，投资人的要求权等于金融性负债、优先股和普通股的账面价值直接相加，或者等于公司的资产扣除经营性负债得出的净资产。前者称为投资人要求权法，后者称为资产负债法。

显然，账面价值调整法忽略了通货膨胀因素或者技术进步所带来的资产贬值的差异。代表着职员、客户、供应商、管理者组织在一起所形成的组织资本一般也不在资产负债表中得到反映。利用公司资产的重置成本或者公允价值代替账面价值，经过调整的账面价值就可能更好地反映公司的市场价值。

账面价值调整法是在公司账面价值的基础上调整通货膨胀、技术进步和组织资本对企业价值影响的一种公司估值方法。对于每种单独的资产而言，要利用价格指数和技术进步率对其账面价值进行调整，以反映其重置成本或公允价值，即资产的重置成本=资产原始成本×（1+物价变动指数）×（1-技术进步率）×（1-已使用年限/规定使用年限）。对于自然资源、存货或者固定资产等资产，可以利用其二手市场或者资源交易市场来估算其变卖价值或者现行市场价格。

举例 账面价值调整法。微笑印刷公司的总资产账面价值为 730.9 万元，其中机器设备的账面价值为 616.6 万元，二手市场的价值为 748.2 万元；流动负债为 148.5 万元，其中短期借款为 58.1 万元和经营性负债为 90.4 万元；非流动负债为 199.6 万元，其中长期借款 176.8 万元和递延所得税负债为 22.8 万元；股东权益为 382.8 万元。要求：根据投资人要求权法、资产负债法和账面价值调整法计算该公司的价值。

分析：投资人要求权法的公司价值=58.1+176.8+382.8=617.7（万元），资产负债法的公司价值=730.9-90.4-22.8=617.7（万元），账面价值调整法的公司价值=730.9-616.6+748.2=862.5（万元）。显然，对资产负债表进行账面价值调整的重置成本法或者变卖价值法，是将公司看作一个单独变卖资产的集合，只有在公司没有特殊的技能、知名度、良好的客户关系时，这种忽略组织资本对其持续经营价值的影响才是符合实际的。当组织资本很重要时，账面价值调整法就不适用于估算公司的价值。

（二）股票和债券市价法

与账面价值调整法利用公司资产的账面价值不同，股票和债券市价法是指利用公司所有发行在外证券的市场价值来对企业价值进行评估的方法。其计算公式为

公司价值=融资性债务的市场价值+股票的市场价值

=股票和债券的市场价值+流动负债的价值-流动资产的价值

证券的价格可以采用评估当日的股票和债券价格、最近半年或者一年的平均债券和股票价格来进行评估。在许多情况下，采用股票和债券的市价法和利用评估日当前的市场价格可以得出公司价值最可靠的估计。如果发行在外的债券和优先股票的平均利息率与市场上期望的平均收益率相接近，相应证券的账面价值就近似于其市场价值。如果投资者打算对某一公司实行控制，控制权的补偿价格就应该单独估算，然后加入债券和股票的市场价值得出公司的价值估计。

举例　股票和债券的市价法。2014 年 12 月 31 日，一家公司的未清偿的短期债务的市场价值为 5.82 亿元、未清偿的长期债务的市场价值为 16.52 亿元、发行在外的股票市值为 79.32 亿元，将债务与股票的市场价值加总，就得到公司的市场价值为 101.66 亿元。

（三）直接比较法

直接比较法是利用类似资产具有类似的交易价格的原则来对企业的价值进行间接评估的方法。使用直接比较法的关键就是找到一个刚刚完成交易的相同或者接近的可比资产，并利用股票和债券市价法获得可比公司的价值。如果两个公司的未来现金流量的相关性较高，这两个公司就具有可比性。可比公司的选择需要考虑行业分类、产品、资本结构、管理深度、人事经验、竞争的性质、盈利、账面价值、信用度等因素，来判断可比公司与目标公司在现金流量方面的相似度。采用直接比较法计算目标公司的价值利用以下公式：

目标公司的价值=可比公司的价值×目标公司与可比公司关键可测量变量的比值

=目标公司的关键可测量变量×（可比公司的价值/可比公司关键可测量变量）

其中，关键可测量变量就是与公司价值指标具有确定关系的变量，如公司的总资产、营业收入、净利润、现金流量、证券的账面价值等。投资银行在评估潜在的企业收购、出售及资产重组时，经常采用市盈率来估算公司价值。

举例　市盈率与公司价值评估。一家投资银行对一家在 2015 年打算出售的 A 运输公司获取了运输行业中 9 家公司在 2013 年和 2014 年的市盈率。7 家公司的市盈率为 11～21 倍，2 家公司的市盈率为 28～51 倍。投资银行去掉了市盈率过大的 2 家公司，然后计算其余 7 家公司市盈率的平均数和中位数，最后乘以目标公司的净利润来估算目标公司的价值，见表 11-25。

表 11-25　A 运输公司 2013 年和 2014 年的价值估计

项目	2013 年	2014 年
A 运输公司的净利润（百万元）	218	269
可比公司市盈率的平均数	16.3	15.9
可比公司市盈率的中位数	16.7	16.5
由平均数得出的 A 运输公司的价值（百万元）	3 557	4 281
由中位数得出的 A 运输公司的价值（百万元）	3 641	4 439

在该例中，假设每个运输公司与 A 运输公司的可比性是相同的。我们可以考虑目标公

司和可比公司的增长率及资本成本的相似度来赋予可比性更强的公司以更大的权数，从而更准确地估算目标公司的价值。

（四）现金流量贴现法

现金流量贴现法就是直接利用目标公司的预期未来现金净流量的现值来估算其价值的方法。现金净流量就是公司所创造的经营活动现金净流量减去公司在厂房、设备及营运资本上的投资等支出后所形成的自由现金流量。假设 $E(\text{CF})$为预期在 t 年的现金流入，k 为资本成本，则公司的现值 PV 为

$$\text{PV} = \sum_{t=1}^{n} E(\text{CF})_t / (1+k)^t$$

企业价值的估算需要确定目标公司的未来净现金流量、企业的寿命和贴现率。未来净现金流量的预测建立在销售收入的预测、各种成本与销售收入的稳定比例关系，以及长期通货膨胀率的预测基础上，然后利用预测的税后净利润推断出经营活动现金净流量。贴现率或资本成本是公司所有资本来源的税后成本的加权平均数，需要根据公司的资本结构综合考虑债务成本、优先股成本和普通股成本。

1. 企业持续经营价值的估计

企业的价值等于持续经营价值（永续年金折现值）和一定时期的现金流折现值之和。为了估算企业的持续经营价值，我们需要选择最后期限和相应的价值评估模型。企业持续经营价值的估算方法有常态增长法、价值拉动因素法和直接比较法。

1）常态增长法

常态增长法假设企业在最后期限达到均衡状态，即企业实际的现金流量在剔除通货膨胀因素之后处于一种平稳的状态，并可无限期地保持下去。均衡状态是指企业的销售收入的增长率、利润率、投资收益率或者现金流量的增长率都保持在一个稳定的水平。名义的现金流量增长率可根据预测的复合通货膨胀率与期望的实际现金流量增长率计算出，即名义现金流量增长率=（1+实际现金流量增长率）×（1+通货膨胀率）−1。企业在最后期限的价值就等于一个预测的无限期的常态现金流量按照加权平均的资本成本折现所得的现值总和。

假如预测的最后时间为 t，$E(\text{NCF}_{t+1})$为在 $t+1$ 时间的期望的正常化的现金流量，k 为加权平均的资本成本，g 为现金流量的长期实际增长率，r 为加强平均的资本成本中所包含的期望通货膨胀率。那么，在最后期限企业的持续经营价值 MV 按照以下公式计算：

$$\text{MV}_t = E(\text{NCF}_{t+1}) / [k-(1+g)(1+r+1)]$$

$$E(\text{NCF}_{t+1}) = E(\text{NCF}_t) \times (1+g)(1+r)$$

举例　常态增长法与持续经营价值。假设微笑公司根据长期的实际经济增长率大约为 2.2%估算企业的现金流量实际增长率为 1%，期望通货膨胀率为 5%。根据$(1+g)(1+r)-1$ 就可以计算出名义现金流量年增长率为 6.05%，假设加权平均资本成本为 13.98%。根据 2020 年估算的净现金流量为 1 823 万元和期望的 6.05%年增长率，2021 年正常化的现金流量就为 1 933 万元。将这些数据代入公式就可以得到：

微笑公司的持续经营的价值=1 933/（0.139 8−0.060 5）=24 375（万元）。

2）价值拉动因素法

价值拉动因素法试图考虑最后期限之后投资的获利情况。价值拉动因素法从税后净营业利润（NOPAT）开始，而税后净营业利润等于净现金流量减去折旧并加上营运资本增加和资本支出。税后净营业利润的未来增长率是企业的投资额和投资回报率的函数，因而持续经营的价值就取决于税后净营业利润用于再投资的比率，以及投资收益率与投资成本的对比关系。

假如预测的最后时间为 t，$E(\mathrm{NOPAT}_{t+1})$为在 $t+1$ 时间的期望的正常税收净利润，k 为加权平均的资本成本，g 为在均衡状态下期望税收净利润的名义增长率，r 为在均衡状态下新投资的期望收益率或基准的市场收益率。企业在最后期限的持续经营价值 MV 按照以下公式计算：

$$\mathrm{MV}_t = E(\mathrm{NOPAT}_{t+1}) \times (1 - g / r) / (k - g)$$

举例　价值拉动模型与持续经营价值。假如微笑公司在 2020 年的正常现金流量为 2 250 万元，折旧为 1 000 万元，投资支出为 1 300 万元，因通货膨胀而增加的营运资本为 317 万元。那么，微笑公司在 2020 年的税后净营业利润为 2 867 万元。假设税后净营业利润的实际增长率为 1%、通货膨胀率为 5%，那么，名义税后净营业利润增长率为 6.05%，2021 年的税后净营业利润为 3 040 万元（2 867×1.060 5）。假设投资收益率为 20%，资本成本为 13.98%。要求：计算该公司 t 年的持续经营价值。

微笑公司 t 年的持续经营价值=3 040×（1−0.060 5/0.2）/（0.139 8−0.060 5）=26 739（万元）。

3）直接比较法

如果公司的持续经营的价值可以通过现有成熟的公司作为可比公司，那么，就可以运用直接比较法来计算目标公司的持续经营价值。通过计算可比公司的财务比率，然后与目标公司在最后期限相应的财务比率的预测值相乘。

举例　直接比较法与持续经营价值。假如微笑公司在 2020 年的 EBIDT（息税折旧前的利润）为 4 400 万元。5 个可比公司的目前市场价值与 EBIDT 的比率为 7.4，趋势价值与 EBIDT 的比率为 7.45，5 年平均的价值与 EBIDT 的比率为 8.4。如果选择微笑公司最后期限的价值为 7.45，那么，根据其 EBIDT 得出的持续经营价值为 32 780 万元（4 400×7.45）。这样，根据常态增长法、价值拉动因素法和直接比较法得出的微笑公司的持续经营价值分别为 24 375 万元、26 737 万元和 32 780 万元。作为大致的平均，微笑公司的持续经营价值确定为 28 000 万元。

2. 公司价值的综合评估

利用各种价值评估方法得出的不同的公司价值需要综合评估。一种方法是根据事先确定的权重加权平均这些价值指标，如将通过账面价值调整法和现金流量贴现法得出的价值各自赋予 0.25 的权重，而由股票和债券市价法得出的价值赋予 0.5 的权重，从而计算出加权平均的最终价值。这是因为，账面价值与市场价值之间的相关性很低，而股票和债券市价法计算的价值直接反映了市场对于公司价值的评估。

直接比较法所估算的价值应赋予的权重主要取决于可比公司是否上市。如果可比公司是上市公司，其权重应该与股票和债券的方法的权重相同；如果可比公司不是上市公司，就相应地给予直接比较法得出的价值以较小的权重。

对于现金流量贴现法得出的价值，应该根据现金流量的预测和资金成本的估计所使用的历史数据的多少赋予权重。如果历史数据较多，估计其价值较为准确，赋予的权重要大一些；如果历史数据较少，估计的企业价值就很难准确，赋予的权重就要小一些。如果评估师对各种估算方法赋予的权重不确定，比较简单的方法就是对各种方法得出的价值进行简单平均，得出公司的价值。

二、公司价值的调整

控制权、非流通股和壳资源都赋予公司不同价值，从而需要对通过以上 4 种方法计算的公司价值进行调整。

（一）公司控制权的价值调整

控制权是一种支配公司管理资源获得额外收益的权利。控股股东拥有一种调整管理层或者出售企业的期权。如果控股股东能从担任目标公司的董事长或者总裁的职位中获得社会声誉或者其他收益，那么，与控制力有关的期权价值要高一些。控制权的价值可以用控制贴水来衡量。控制贴水就是目标公司在接到收购（兼并）通知前的股票价格与实际收购（兼并）价格之差除以收购前的股票价格的比率。

通常，投资银行按照接到收购通知之前 6 周的股票价值与实际支付的收购价值来计算控制贴水。如果 P 为大宗股票交易价格，BV 为每股账面净资产，w 为交易股份所占比例，ROE 为净资产收益率均值，那么，控制权收益（CP）或贴水的计算公式为

$$\text{CP} = w \times (P - \text{BV}) / \text{BV} - \text{ROE}$$

举例 控制权收益。武汉武商集团股份有限公司（鄂武商）是湖北省一家国有商业企业。浙江银泰投资有限公司和武商联集团在 2011 年 3 月分别持有鄂武商的 22.71%和 22.69%的股份。为了夺取鄂武商第一大股东的地位，武商联集团在 2011 年 8 月以每股 21.21 元的价格收购了鄂武商 10%的股份。当时，鄂武商每股账面净资产为 3.91 元，2008 ~ 2010 年的平均净资产收益率为 17.25%。根据公式，鄂武商的控制权收益=10%×（21.21−3.91）/ 3.91−17.25%=26.99%，不具有控制权的少数股权的折扣=1−[1/（1+0.2699）]×100%=21.25%。

一旦获得控制贴水的估计，就可以根据股票和债券市价法或者直接比较法所获得的少数股权价格，加上一个控制贴水来计算具有控制权时公司的价值。如果可比公司是按照整体出售，或者公司的价值是按照现金流量贴现法和账面价值调整法估算出来的，那么，所得出的价值包含具有控制利益的价值，估算少数股权的价值时就必须减掉一个折扣。

由于控制权主要集中在普通股股票，除非公司破产时债权持有人拥有处理资产和确保债务偿还的经营管理权，因此，优先股票和债务的控制贴水一般假设为 0，仅仅对普通股票应用控制贴水。如果普通股票的控制贴水为 20%，普通股票占公司总价值的 10%，那么，公司总价值的控制贴水仅为 2%。

举例 控制贴水。甲公司的价值按照账面价值调整法、股票和债券市价法和现金流量贴现法的计算结果见表 11-26。假设通过这 3 种方法计算的股票价值都包含 25%的控制贴水或者可交易性贴水，表 11-26 所示为不包含控制贴水的公司价值。

表 11-26 甲公司的评估价值（单位：万元）

项目	账面价值法	股票和债券市价法	现金流量贴现法
债务	235	235	235
优先股票	105	105	105
普通股票	408	1 263	1 268
调整后的普通股票价值（25%折扣）	306	947	951
公司总价值	676	1 287	1 291

（二）上市公司非流通股的价值调整

公司的价值等于流通股股数乘以流通股股价加上非流通股股数乘以非流通股股价。非流通股权因为不容易卖掉和变现困难而需要较大的价格折扣，其价格大大低于流通股票的价格。非流通股转让价格与每股净资产和股权交易规模呈正相关，但与每股收益、每股股利及非流通股比例呈负相关。估算非流通股的可交易性折扣有以下 3 种方法。

（1）计算上市公司有限制的股票交易的可观察折扣。如果非流通股或者限制交易的股票有私下交易记录，就可以参照可比的上市公司的股票价格进行估计。

（2）比较上市之前公司私募股票交易价格与公司首次上市发行的交易价格。折扣率的计算公式为

可交易性折扣=公开上市发行每股价格-私下交易期间每股价格

×（公开上市发行期间的工业指数/私下交易期间的工业指数）

（3）计算实施上市发行的成本。对于企业可以自由选择公开上市的国家，控股股东的可交易性折扣不会超过实施股票发行上市所发生的费用，非控股股东的可交易性折扣等于上市费用加上额外的组织成本。公司上市的实施成本包括证券的承销费用、注册费用、法律费用、会计费用、打印和印刷费用、上市手续费、发行公司雇员的时间机会成本及额外的费用，如提供给承销商的认股权证或者其他好处费。

在可以自由上市的国家，企业拥有上市的期权。但是，公开上市就要面对政府的监管、资本市场的评估、竞争对手的恶意收购和大量信息的披露。在上市受到严格审批和管制的国家，企业上市是政府授予的一种特权，非流通股和流通股的价格差异就会进一步放大。

（三）上市公司壳资源的价值调整

在股票和债券发行受到限制的地方，购买上市公司的控制权包括从壳资源所获得的融资现金流量和投资活动现金流量的权利。壳资源是一种带有制度衍生品性质的无形资产，其价值包括上市公司股权资本价值和壳资源的潜在价值，如政府赋予上市公司的市场融资和股权交易、增发新股、配售股票、税收和信贷方面的特权和优惠，良好的知名度和品牌形象，实施股权激励机制，以及公司上市审批所引起的固定交易成本的节约，如花费在上市审批机构的寻租成本、付给律师和证券公司的中介费用、申请过程中的各种公务费用、申请耗费的人力资本费用及延迟上市的机会成本等。因此，买壳方潜在地拥有了一种看涨期权。壳资源的价值取决于购买方是否能够充分利用公开上市所带来的各种投资和融资机会。

1. 壳资源企业的价值

壳资源企业的价值分为资产价值部分和期权价值部分。资产价值部分可以利用未来现金流量贴现法进行评估，期权价值部分需要利用期权模型进行价值评估。壳资源价值的下限是壳资源企业受到亏损和退市风险的制约；壳资源价值的上限取决于兼并企业利用壳资源所获得融资现金流的规模，以及直接上市所获得资产价值倍增的制约。兼并企业的规模越大，经营效益越好，壳资源的价值也就越大，但直接发行上市的可能性也越大。与IPO发行相比，借壳上市的企业交易成本更低，但是，壳资源的价值不如直接上市的公司获得市场价值增加的幅度大。

2. 壳资源价值的估算

由于准备出售壳资源控股权的上市公司一般是一些亏损严重或者净资产价值为负的公司，账面价值调整法、预期收益率法、现金流量贴现法、市盈率法及清算价值法都不适宜估算壳资源的价值。期权法则不仅考虑实物资产的价值，还考虑企业所拥有的期权价值。这对评估亏损或破产企业的价值就非常有帮助。高新技术产业的亏损企业、处于周期性波动行业的亏损企业及重组和得到政策扶持的亏损企业都有很高的股权价值，这些企业的股权可以看作一种看涨期权。因此，壳资源的价值就等于亏损企业的股权价值、公开上市的交易成本及融资价值之和。

（1）亏损企业的股权价值。根据期权定价模型，公司股权的市场价值（V_{E}）与资产价值（V_{A}）具有如下关系：

$$V_{\mathrm{E}}=V_{\mathrm{A}}N(d_1)-e^{-rT}\mathrm{D}\mathrm{N}(d_2),\delta_{\mathrm{E}}=\frac{V_{\mathrm{A}}}{V_{\mathrm{E}}}(\frac{\partial V_{\mathrm{E}}}{\partial V_{\mathrm{A}}})\delta_{\mathrm{A}},N(d_1)=\frac{\partial V_{\mathrm{E}}}{\partial V_{\mathrm{A}}}$$

其中，D为公司债务的账面价值；r为无风险利率；T为债务偿还期限；N（·）为标准正态分布；$d_1=\dfrac{\ln(V_{\mathrm{A}}/D)+(r+0.5\delta_{\mathrm{A}}^2)T}{\delta_{\mathrm{A}}\sqrt{T}},d_2=d_1-\delta_{\mathrm{A}}\sqrt{T}$。

举例　期权与亏损公司定价。假设企业甲的资产现值为1亿元，其债务面值为2亿元，公司资产价值变动的标准差（收益率标准差）为40%。假设公司债务为10年期的零息债券，同期国债的利率为10%。要求：评估该公司股权资本的价值。

分析：对于资不抵债的企业，可以采用期权法来评估其价值。基础资产的现值V_{A}为1亿元，债务的账面价值D为2亿元，债券的有效期限T为10年，无风险利率r为10%，基础资产价格变动的标准差δ_{A}为40%，运用布莱克–舒勒公式得到，d_1=1.971 0，d_2=0.706 1，$V_{\mathrm{E}}=V_{\mathrm{A}}N(d_1)-De^{-rT}N(d_2)=1\times N(1.971\ 0)-2\times e^{-0.1\times10}N(0.706\ 1)=4\ 165$（万元）。该企业股权的评估值为4 165万元。

对于采取各种政策扶植和重组的亏损企业，可以根据成本法先计算出企业的市场价值，然后根据各种调整措施的市场价值对企业的价值进行调整。按照成本法（账面价值调整法），企业的价值等于各种资产的重置成本之和。

举例　重组企业的价值。假设B公司根据成本法估算的现行市场价值为2 000万元，发行在外的债券面值为3 000万元。公司试图采取多种补救措施来挽救公司，各种补救措施可能出现的权重和对亏损企业市场价值的影响见表11-27。

表 11-27　亏损企业获得新生的可能性及对亏损企业市场价值的影响

项目	重组	政策扶植	更换管理人员	保持原状
发生的可能性（%）	50	20	10	20
对亏损企业市价的影响（万元）	+2 000	+1 000	+500	0

分析：各种补救措施的市场价值=2 000×50%+1 000×20%+500×10%+0×20%=1 250（万元），企业的整体市场价值=成本法估算的市场价值+补救措施的市场价值=2 000+1 250=3 250（万元），大于负债 3 000 万元。这就表明濒临破产的企业有获得新生的可能性。

（2）公司上市的交易成本。目标上市公司的交易成本一般是已知的，而并购公司的上市交易成本一般采取直接比较法确定。并购公司购买壳资源的交易成本大约位于目标公司上市的交易成本与最近可比公司上市的交易成本之间。其具体的数值取决于并购公司与目标公司的谈判。

（3）并购公司的融资潜力和规模。收购方的资本成本越大、贷款利率越高、获得配股资格越早、控股比例越大，壳资源价值越大。壳资源的价值还取决于壳公司的产品知名度、与收购方企业的资产和人员的协同性。这样，借壳上市企业的潜在融资规模需要按照一定的折扣率计入壳资源的价值，但期限要限制在借壳上市与有能力单独上市的时间之内。

举例　壳资源价值。假如一家亏损上市企业 ST 乙在 2017 年底的股权价值为 1 亿元，上市交易成本为 1.5 亿元。甲企业是一家并购公司，在 3 年之后有获得上市的资格。如果甲企业成功并购乙企业，则有 50%的概率在未来 3 年获得额外融资 5 亿元。那么，对于甲公司而言，乙企业壳资源的价值=1+1.5+5×50%=5（亿元）。

【本章小结】

本章首先对每股收益和股利分配进行了分析和介绍，尤其是对每股收益和现金股利进行了杜邦分析；其次对依靠财务报表的股票投资指标，如市盈率、市净率和市销率的优缺点进行了讲解，还介绍了自由现金流折现模型；最后讲解了公司价值评估的方法，如账面价值调整法、股票和债券市价法、直接比较法、现金流量贴现法，并分析了控制权、非流通股和壳资源对公司价值的调整。

【思考题】

现金股利支付率。根据下表，分析贵州茅台的股利分配有何特点，并与其 2012～2020 年的股利分配进行比较。

贵州茅台 2001～2011 年的股利分配

年份	每股现金股利（元）	每股股票股利（元）	现金股利支付率（含税）（%）	每股收益（元）
2001	0.60	0.10	37.74	1.59
2002	0.20	0.10	14.60	1.39
2003	0.30	0.30	15.46	1.94
2004	0.50	0.20	23.92	2.09
2005	0.30	0	12.66	2.37

续表

年份	每股现金股利（元）	每股股票股利（元）	现金股利支付率（含税）(%)	每股收益（元）
2006	0.70	0	44.03	1.59
2007	0.86	0	28.30	3.05
2008	1.16	0	28.68	4.03
2009	1.19	0	25.93	4.57
2010	2.30	0.10	42.99	5.35
2011	3.98	0	47.16	8.44
均值	1.10	0.16	29.22	3.31

【练习题】

11.1 配股与每股收益。某股份有限公司 2016 年度归属于普通股股东的净利润为 9 500 万元，2016 年 1 月 1 日发行在外的普通股股数为 4 000 万股，每股面值为 1 元。2016 年 6 月 10 日，该企业发布增资配股公告，向截至 2016 年 6 月 30 日（股权登记日）所有登记在册的老股东配股，配股比例为每 5 股配 1 股，配股价格为每股 5 元，除权交易基准日为 2016 年 7 月 1 日。假设行权前一日的市价为每股 11 元，2015 年基本每股收益为 2.2 元。

要求：

（1）计算每股理论除权价格。

（2）计算配股的调整系数。

（3）根据配股重新计算 2015 年度的基本每股收益。

（4）计算 2016 年度的基本每股收益。

11.2 每股收益与盈利能力。甲公司 2015 年的股东权益为 1 亿元，股本为 1 亿股，净利润为 0.1 亿元，没有发行现金股利。2016 年，该公司的净利润也为 0.1 亿元，股本数量没有发生变化。

要求：

（1）计算 2015 年和 2016 年的基本每股收益。

（2）计算 2015 年和 2016 年的每股净资产。

（3）计算 2015 年和 2016 年的净资产报酬率。

（4）甲公司在 2015 年和 2016 年的盈利能力有变化吗？

11.3 每股收益的因素分析。下表是承德露露 2009～2010 年的财务数据。

承德露露 2009～2010 年的财务数据

年份	每股净资产（元）	净资产收益率（%）	每股收益（元）
2009	3.49	21.26	0.74
2010	2.51	23.27	0.58

要求：利用因素分析法，分析承德露露每股收益在 2010 年下降的原因。

11.4 稀释每股收益和认股权证。某公司 2017 年度归属于普通股股东的净利润为 2 750

万元，发行在外的普通股加权平均数为 5 000 万股，该普通股平均每股市价为 8 元。2017 年 1 月 1 日，该公司对外发行 1 000 万股认股权证，行权日为 2018 年 3 月 1 日，每份认股权证可以在行权日以 7 元的价格认购本公司 1 股新发行的股份。

要求：计算该公司 2017 年基本每股收益和稀释每股收益。

11.5 多种潜在普通股与稀释每股收益。某公司 2018 年发行在外的股票有 100 万股普通股、50 万股优先股。500 万元的可转换债券，利率为 6%，按面值出售，可以转换成 20 万股普通股。公司还按照每股 30 元的价格授予员工购买 10 万股普通股的股票期权，2018 年公司普通股价格平均为每股 40 元。公司当年的净收益为 300 万元，优先股股利为 5 万元，边际所得税税率为 25%。

要求：计算基本每股收益和稀释每股收益。

11.6 资本积累率。甲公司 2018 年的主要财务数据如下：销售收入 10 000 万元，营业利润 1 100 万元，利息支出 100 万元，税前利润 1 000 万元，所得税 200 万元，税后净利润 800 万元，支付股利 400 万元，留存收益 400 万元，期末股东权益 2 000 万元，期末负债 2 000 万元，期末总资产 4 000 万元。

要求：

（1）计算资本积累率、留存收益率、总资产周转率、权益乘数、销售利润率。

（2）分析资本积累率与留存收益率、总资产周转率、权益乘数、销售利润率有何关系。

11.7 市盈率与市净率的不一致性。某制药企业于 1996 年 12 月在中国香港上市，发行 H 股；1997 年 7 月在深圳上市，发行 A 股。该企业 2005～2007 年的财务数据见下表。

某制药企业 2005～2007 年的财务数据

项目	2005 年	2006 年	2007 年
营业收入（元）	1 739 799 081.86	1 722 899 951.19	1 886 978 951.19
净利润（元）	5 415 850.71	22 705 557.86	38 144 284.44
股东权益（元）	1 343 492 616.72	1 343 336 960.31	1 726 754 055.90
总股本（股数）	457 312 830	457 312 830	457 312 830
收盘价（元/股）	2.99	3.17	8.75
市盈率行业中值	25.69	38.57	58.55
市净率行业中值	1.70	2.24	5.93

要求：

（1）计算每股销售收入、每股收益和每股净资产。

（2）计算市盈率、市净率和市销率。

（3）与行业中值相比，评价该公司的市盈率和市净率的高低。

11.8 业绩成长率。甲、乙两家公司在 2009 年之后的 10 年期间年均利润增长率分别为 10%和 30%，投资者分别以 10 倍和 30 倍的市盈率买入这两种股票，并持有 10 年。到 2019 年，这两只股票的市盈率依然为 10 倍和 30 倍。

要求：判断持有哪个公司股票的收益率高。

11.9 期权模型与高科技亏损企业的价值。假设甲企业只生产一种产品 B，甲企业拥有生产 B 产品的专利权为 20 年。B 产品原始投资为 5 000 万元，而当前销售这种产品获得的现金流量为 3 000 万元，计算机模拟表明产品现金流现值的年波动方差为 5%，二年期国债利率为 5%。

要求：计算该高科技亏损公司的价值。

11.10 经济增加值评估公司的内在价值。假设公司的股东权益账面价值为 BV，初始年份的经济增加值为 EVA_0，加权平均资本成本为 WACC，p 为未来年份的经济增加值折现为初始年份的约当系数，$0<p<1$，那么，公司的内在价值 V 的计算公式为

$$V = \mathrm{BV} + p \times \mathrm{EVA}_0 / (1 + \mathrm{WACC} - p)$$

中国联通在 2006 年的净利润为 3 644.61 百万元，利息支出为 1 012.95 百万元，加权平均资本成本为 0.082 6，经济增加值为-7 480 百万元，约当系数 p 为 0.8，股东权益的账面价值为 143 000 百万元，股票数量 N 为 21 196 596 395 股，2006 年 12 月 31 日的股价为 5.65 元。

要求：

（1）计算中国联通的内在价值 V。

（2）计算中国联通股票的真实价值 $P(V / N)$。

（3）根据计算日的股价和真实价值，分析中国联通是否具有投资价值。

【案例讨论题】

市销率与股票投资。2010 年中国企业的市销率为：中兴通讯 1.05 倍，伊利 1.07 倍，格力电器 0.83 倍，三一重工 3.3 倍，苏宁电器 1.32 倍，三元股份 2.8 倍，广电运通 11 倍，碧桂园 54 倍，蒙牛 1.33 倍，双汇发展 1.7 倍，贵州茅台 15.5 倍，承德露露 4.86 倍，皇氏乳业 13.3 倍。

讨论：根据近几年的股价与每股销售收入情况，判断这些公司的投资价值。

参 考 文 献

[1] A I 埃巴．经济增加值：如何为股东创造财富[M]．凌晓东，等译．北京：中信出版社，2001．

[2] K R 苏布拉马尼亚姆，约翰・J 怀尔德．财务报表分析[M]．10 版．宋小明，译．北京：中国人民大学出版社，2009．

[3] 布瑞德福特・康纳尔．公司价值评估：有效评估与决策的工具[M]．张志强，王春香，译．北京：华夏出版社，2001．

[4] 曹欲晓．论会计真实性[J]．会计研究，2001（4）：45-51．

[5] 查尔斯・H 吉布森．财务报表分析[M]．12 版．胡玉明，译．大连：东北财经大学出版社，2012．

[6] 常进雄．非流通股价值、股改对价与解禁股减持回报[J]．财贸经济，2009（6）：29-34．

[7] 戴德明，毛新述，姚淑瑜．合并报表与母公司报表的有用性：理论分析与经验检验[J]．会计研究，2006（10）：10-17．

[8] 杜兴强，章永奎，等．财务会计理论[M]．厦门：厦门大学出版社，2005．

[9] 盖地．增值税会计：税法导向还是财税分离[J]．会计研究，2008（6）：54-55．

[10] 黄世忠．财务报表分析[M]．北京：中国财政经济出版社，2007．

[11] 季斌．基于自由现金流量折现模型的上市公司价值评估：以贵州茅台为例[J]．财会通讯，2012（9）：83-85．

[12] 克莱顿・克里斯坦森．创新者的窘境[M]．胡建桥，译．北京：中信出版社，2014．

[13] 克雷格・迪根．财务会计理论[M]．3 版．方红星，等译．大连：东北财经大学出版社，2010．

[14] 李志强．现金流量信息含量与操纵[M]．成都：西南财经大学出版社，2011．

[15] 刘国梅．浅谈医院应收及预付款项的管理[J]．遵义医学院学报，2011（3）：321-323．

[16] 刘宏，尤谊．经营租赁和融资租赁方式的财务影响之比较[J]．财会月刊（综合），2007（10）：41-42．

[17] 陆鹿．中美会计准则差异及原因探究[J]．财会研究，2013（8）：34-37．

[18] 马丁・J 怀特曼．价值投资：一种平衡分析方法[M]．白钦先，杨涤，马力，译．北京：机械工业出版社，2001．

[19] 马克思．资本论（第二卷）[M]．中共中央马克思、恩格斯、列宁、斯大林著作编译局，译．北京：人民出版社，1975．

[20] 汤谷良，陈嘉祥．少数股东权益：大型集团慎用的双刃剑——基于四家大型中央企业的报表分析[J]．财务与会计，2009（7）：8-10．

[21] 王棣华．试论财务分析与会计分析[J]．世界标准化与质量管理，2007（6）：27-30．

[22] 魏志华，李常青，王毅辉．中国上市公司年报重述公告效应研究[J]．会计研究，2009（8）：31-39．

[23] 沃伦・巴菲特．巴菲特致股东的信：股份公司教程[M]．陈鑫，译．北京：机械工业出版社，2004．

[24] 吴革．财务报告陷阱[M]．北京：文津出版社，2004．

[25] 岳殿民，韩传模，吴晓丹，等．中国上市公司会计舞弊方式实证研究[J]．审计研究，2009（5）：82-89．

[26] 张新民，粟立钟．财务报表分析：理论内涵与学科定位[J]．财务研究，2015（1）：25-33．

[27] 张艳霞．现代企业会计报表的财务分析与会计分析[J]．石家庄经济学院学报，2004（3）：284-286．

[28] 赵彦锋．公允价值计量经济后果研究[M]．北京：经济科学出版社，2012．